最新

基本

イタリアワイン

増補改訂第4版

林　茂
Shigeru Hayashi

CCCメディアハウス

第4版刊行にあたって

私がイタリアでソムリエの資格を取得したのは一九九五年。もう二〇年以上も前のことになります。日本人としてはイタリアにおけるこの資格の最初の取得者でした。

翌年、本書（初版）を刊行し、二〇〇〇年に第2版、二〇〇六年に第3版を刊行しました。第3版刊行以来すでに一〇年以上がたち、初版刊行から数えると二〇年以上もの時が経過したことになります。

この本はもともと、私自身がイタリアワインを勉強した際、そのあまりの多様さから非常に分かりにくく、また日本にイタリアワインを体系的に解説した本がなかったことから、「わかりやすいイタリアワインの本を書こう」と思って書き始めたものです。

本文中には、資料となる規定のみならず、ワインと料理の相性やソムリエの心得などの情報も加えたことから、本書はイタリアワインを勉強される方だけではなく、ソムリエを目指す方、レストランで働く方など多くの読者に恵まれました。

しかし、時間の経過とともにイタリアワインの規定も変わり、また、新しい情報も必要になってきます。この一〇年で、三五だったＤＯＣＧワインが七四に倍増し、ＤＯＣＧ、ＤＯＣの規定ワインの数は四〇七を数えるまでになりました。

そこで今回の第４版では、第６部（イタリアの主なワイン）において、各州・各地方の地図にこの全てを掲載することにしました。イタリアワインを知るうえで地図は非常に大切であると考えたからです。また、地図に続く各州の冒頭解説部分では、その州の特徴を理解していただくためにかなりのページ数を割きました。

さらに、第４部（イタリアワインと料理の相性）では、イタリア料理のみならず、日本料理についても考察し、イタリアワインと日本料理の組み合わせ方についての解説を加えました。これは、日本において今後イタリアワインが和食店でも多く扱われるようになり、家庭で飲まれる機会も増えると考えたからです。

ということで、「この本一冊あればイタリアワインの基本から実践まですべて学べる」イタリアワインの定本としての価値を高めるべく、今回も二五〇ページ以上を加筆することとなりました。

本書前半の読本部分では、イタリアワインの基本を学び、後半では、実際にワインを調べたり覚えたりする際に使っていただければと思います。

イタリアワインのみならず、イタリアの食文化を学び、自分のものにしていきたいと考える読者のみなさんのお役に立てれば、著者としてこれに過ぎる喜びはありません。

林　茂

二〇一七年一二月

装丁　熊澤正人＋村奈諒佳（パワーハウス）
イラスト　マリアエリーザ・レボローニ
写真提供　著　者

最新 **基本イタリアワイン**【増補改訂第4版】●もくじ

第3部　ワイナリーめぐり …… 219

LA VISITA ALLE AZIENDE VINICOLE

第４部 イタリアワインと料理の相性 297

第1部

イタリアワインを楽しむ

IL PIACERE DEL VINO ITALIANO

イタリア人にとってのワインとその楽しみ方

古代ローマ時代、ワインは貴重なものだった。現在のワインとは違い、かなり煮詰まった甘いもので、水を加えて飲んでいた。

教会においても、パンはキリストの体、ワインはキリストの血とされ、司祭はミサのときにワインに水を加えて使用した。宴会の席では、レ・ディ・バンケットと呼ばれるその日の宴会の責任者が、ワインと水の配合を決めたといわれる。

その頃ローマ近郊では、ワイン生産者がオステリア（居酒屋）を無許可で営業することがあった。この居酒屋の店先には、目印としてカシの木の枝で茂みがつくってあった。そこで居酒屋も、葉の茂みを意味するフラスカとかフラスケッタと呼ばれるようになったという。

北イタリアにはパッサテッラという遊びが残っている。数人の仲間がオステリアやタベルナ（軽

食堂、居酒屋）に集まるとカポ（長）を決め、順番にワインを回し飲みし、相手を酔わせる遊びだ。

ロンバルディア州マントヴァの農民の間には、コンパナティコという言葉が残っている。これはパンとワインにサラミかチーズなどを添えただけの貧しい食事のことで、ワインは農民の間では飲物というよりもアリメント（栄養物）と認識されていたことがうかがえる。

また一家の主人が、アノリーニ（この地方の詰め物パスタ）入りスープにワインを加えたものを夕食前に飲み、残ったスープを暖炉の火の中に振りかけるという風習がある。これはベヴェル・イン・ヴィンと呼ばれ、プロテットーリ・デッラ・カーザ（家の守護聖人）に捧げるものとされている。

つまり、ワインは日常生活の中で、力を与えてくれるものとして認識されていたのである。この風習は古代ローマの時代からすでにあったもので、ローマ人は部屋の中央にワイン入りの飲み物を入れた壺を置いて大切にしたという。

アリメントとしてのワインも、時代を経るにしたがって少しずつ変わり、地方によっても異なっていった。

北部アルプスの麓のヴァルテッリーナやアルト・アディジェなどの山岳地方では、ヴィーノ・ブルレと呼ばれるホットワインが飲まれる。これは砂糖やリキュールなどを入れ、体を暖めるために使われた。

もちろん、ワインは料理にも多く使われ、肉や魚の美味しさを引き出す働きもする。リゾット・

アッラ・ミラネーゼ（ミラノ風リゾット）も、最後に白ワインを加えるか、赤ワインを加えるかで、色だけでなく香りや味も変わる。デザートにも各種ワインが使われ、白ワインや甘口ワインだけでなく、辛口の赤ワインも洋ナシのシロップ煮などに加えるとその味を高めてくれる。

ワイン文化の国イタリアでは、ワインベースのカクテルはごく一般的なものになっている。発泡性辛口白ワインにピーチ果汁を加えたベッリーニ、イチゴジュースを加えたロッシーニ、オレンジジュースを加えたミモザのほか、各種ワインを混ぜ合わせたものや、ヴェルモットなどワインベースのリキュールを使ったカクテルも多い。

イタリアの家庭では、子供が一〇歳を過ぎる頃から赤ワインをガス入りの水で割って飲ませる。ブドウの収穫時期になるとブドウを搾ったジュース、モストを子供に飲ませるが、このモストを飲み慣れた子供たちにとって、水で割ったワインの味はそれほど遠いものではない。また古くは、子供の手足をワインで拭くと力がつくと信じられていた。

このように、ワインは子供の頃からごく身近にあるものだった。食卓では祖父母や父母がワインを水同然に飲んでいる。こうした環境に育ったイタリア人は、ワインがアルコール飲料であるといった認識は少ない。今でも、外で食事をとったあと車で帰宅する人は多いが、飲酒運転でつかまった人を見たことがない。おそらくワインはアリメントといった意識があるからだろう。

ワインにいろいろなものを混ぜて飲む工夫もなされた。
バラの花やサンブーコ（ニワトコ）の花を浸して香りをつけたり、果物を加えたサングリアのようなものは、特にデザート用のワインとして用いられた。
ヴェネト地方では今でもエスプレッソコーヒーにグラッパのみならずワインを加えるところもある。

シチリアが原産といわれるハーブ入りワイン、ヴェルモットは、イギリス人によって広く世界に広められた。ヴェルモットは、シチリア島がヨーロッパにおいてアメリカ大陸のような新天地だった時代、トラパニ近くの山中にあるエリチェ・ディ・ヴネレと呼ばれる神殿で、遠路はるばるここを訪れる者に捧げられていたという。長期の船旅の疲れをいやすためにやって来た船乗りたちは、儀式の前にこの樽に詰められた神聖なワインで身を清めた。実際にはかなり強いワインであったようだ。

北イタリアでは今でもウンブレッタといって、朝から一杯のワインを飲んで体を温める習慣がある。

また男たちは、一日の仕事が終わるといつもの場所に集まり、知人が一人増えるごとに一杯のワインが追加され、何杯かのワイングラスを空にして家に帰るのを楽しみにしている。この一杯のワインのことをウンブロ・デ・ヴィンという。ここではワインはアリメントというよりも、知人と一緒に飲んで気分転換をはかるものである。

近年、食後に飲んでいたコニャックやウイスキーのかわりにワインを飲むことがある。これはヴィーノ・ディ・メディタツィオーネ（瞑想のためのワイン）と呼ばれ、食後のおしゃべりをいっそう楽しくするものだ。

おしゃべり好きのイタリア人は、レストランで食事をすませたあとも、なかなか席を立とうとしない。そこで店の主人は隣のテーブルに椅子を乗せ、シャッターをガラガラと下ろしはじめる。このくらいしないと店を出ようとしないからだ。

こんなときに飲むワインは、バローロやバルバレスコ、ブルネッロなど長期の熟成に耐える力強いワインであったり、モスカート（マスカット）やラマンドロ、ピコリット、ヴィン・サントなどの甘口ワインであったりするが、必ず何かつまみのようなものが用意される。

筆者がミラノでレストランの支配人をしていたときの話である。従業員は日本人とイタリア人がほぼ半々だった。昼休みを利用した従業員用の食事の際、なぜかイタリア人には必ず一杯の赤ワインが用意されていた。それを見た日本人スタッフが、われわれにもビールぐらい飲ませてくれてもいいだろうと言い出した。しかし日本人社会では、仕事中にビールを飲むのは好ましくないと判断される。そこで、イタリア人に対しても、ワインは仕事が終わってからにしては、と要求したところ、なんと彼らは食事中にワインを飲む権利があると言い張るのだ。そんなバカな話はないと思いつつ、一応就業規則を調べてみると、なんと「食事には一杯のワイン」とある。まさかと思ったが、いいや、さすがワイン文化の国、これこそアリメントなのだと感心した。

イタリアワイン——近年の変化

イタリアにおけるワインの消費は、一九七〇年代には年間一人当たり一一〇リットルであった。それが四〇年で三分の一に近い四〇リットルまで下がった。

イタリアの食文化、あるいはワインの歴史上、これほど短期間に大きな変化が起こったことはなかったといえる。近年ワインの消費量が減った理由としては、一つには気候の変化がある。以前ほど寒くなくなってきたため、アルコール類の消費量が減ってきたのである。さらに、食事がライト化したことも理由にあげられる。食事が淡白になったのに伴い、ワインも赤ワインから白ワインへと変化し、さらに白ワインからビールに、そして、ソフトドリンクやミネラルウォーターに大きくシフトした。今ではイタリアの水の生産量はフランスを上回り、ヨーロッパ一のミネラルウォーターの生産国になっている。

一方、伝統的にシエスタ（昼休み）が長かったイタリアでも、近年、大都市を中心にシエスタの時間が短縮され、ビジネスマンの生活パターンも変わってきた。

シエスタのために起こっていた午後一時の帰宅ラッシュ、三時の出勤ラッシュはめっきり減った。人々は、あまりお金をかけずに短時間で食事をすませるようになった。街の角々にあるバールはランチを用意する店に変身し、パニーノ（生ハムやチーズなどをはさんだパン）などが流行するようになった。こうなると食事との相性や、午後の仕事のこともあり、ワインを飲む人が大幅に減ることになる。店の雰囲気や食事のライト化から、ビールやミネラルウォーターの消費が大きく伸びる。

こうした時代の変化、あるいは若い人のワイン離れに対して、ワインの生産者側からもいくつかの提案がなされた。

各地方で軽いワインが造られるようになったのもその一つだ。

まずトスカーナ州では、トレッビアーノ種で、アルコール分を低く抑えた軽めのガレストロが造られるようになった。またキアンティの若いワインともいえる軽い赤ワイン、サルメントが夏に飲む赤ワインとして売り出された。

ピエモンテ州では、赤ワイン用のブドウを白ワインと同様の方法で発酵させて造ったフルーティーな白ワイン、ヴェルヴェスコが売り出された。

エミリア・ロマーニャ州の発泡性赤ワイン、ランブルスコは、イタリアのみならずアメリカに渡って大人気を得た。

またフランスのヌーヴォーワインの影響もあって、イタリアにおいてもカーボン発酵させた軽く飲み口のよい新酒、ノヴェッロが造られるようになった。

ごく最近ではヴェネト州の発泡性辛口白ワイン、プロセッコも、手軽な価格で食前、食中を問わず飲まれるようになった。

そして、ロンバルディア州のオルトレポー・パヴェーゼのように、新しいＤＯＣ（統制原産地呼称）規定では各ワインに発泡性のものも認めるなどして、新しい市場を求めて地域ぐるみの対応策が検討されるようにもなった。

一方、こうした流れとは逆に、イタリアワインの高級化もはかられてきた。

一九八〇年代に始まるイタリアファッションの世界的流行に乗って、イタリア料理も世界中で認められるようになっていった。これに伴って知名度が高くファッション性の高いイタリアワインが海外に出て行くようになり、日本のイタリア料理店においても高級イタリアワインが並ぶようになった。

しかし、イタリアファッションのブームも五～六年で終わり、一九八〇年代末には高級ブランド品は在庫の山となっていった。高級イタリアワインも同様の扱いを受け、レストランのワインセラーで眠ることになった。

だが、一九九〇年代に入ると再びイタリアファッションは元気を取り戻してきた。今度は高級品のみならず、費用対効果の高いイタリアのすぐれた素材に人気が集まるようになった。日本においても、景気は今ひとつといいながらもイタリア関連の人気は根強く、それなりの価格で楽しめるイタリア料理店に再び人気が戻った。

こうした状況のなか、円高不況もあって低価格ワインが日本に大量に流入することになった。もともと世界一のワイン生産量を誇るイタリアワインはこの波に乗り、日本のみならず世界各国へ輸出を急激に伸ばすことになった。

この背景には、イタリアワイン生産者の長年にわたる技術向上の努力と、ワイン造りにおける技術の進歩がある。それは、サッシカイア、ティニャネッロ、カブレオなどの、世界に通用する味を意識したワイン造りである。つまり、赤ではカベルネ・ソーヴィニヨン種、白ではシャルドネ種などを使用することであり、また、バニラ香を生むオーク材の樽を使用するといった、世界的な味の流れをつかんだ商品開発である。

バローロのように古く重たいイメージの赤ワインも、今日の軽くなった料理に合わせて、その特徴を残しつつ、比較的軽く、しかも飲みやすいワインに変える努力がなされた。こうしたさまざまな努力が実り、イタリアワインはフランスワインに次ぐものとして認知されるようになった。

一九九〇年代、日本におけるイタリアワインの輸入量は急増した。とはいえ、フランスワインとの差は依然として大きい。今後さらにイタリア的ライフスタイルが人気を得、イタリアの生産者の技術が向上し、気軽でしかも内容のよいイタリアワインが一般家庭に普及するようになれば、本当の意味でのイタリアワインのよさが理解されることになるだろう。

イタリアにおける高級ワイナリーの歴史はフランスのシャトーに比べて浅く、その規模も小さい。

フランスのシャトーが世界のデパートに並ぶ量を毎年生産しているとすれば、イタリアの高級ワイナリーは有名ブティックに並ぶくらいの量しか造っていない。しかし、バラエティーに富んでいるので、個人の好みやライフスタイルに合わせたワインを選ぶことは容易にできる。つまり、イタリアワインを選ぶのは、ブティックでシャツやジャケットに合う自分好みのネクタイやスカーフを探すようなものなのだ。イタリアらしいワイン選びが自由にできるようになれば、イタリアワイン選びももっと楽しいものとなるだろう。

イタリアワインの歴史

ローマ以前

ブドウを原料とした醸造酒であるワインの歴史は古く、文書や絵画、レリーフなどに数多くの記録が残されている。だが、その起源ははっきりしていない。想像できるのは、収穫後、蓄えていたブドウがつぶされ、その果汁が自然に発酵してワインの原型が出来上がったのではないかということである。発祥地は、ブドウの原産地である古代オリエントであることは間違いないだろう。

ともあれ、ワイン造りを本格的に行ったのはメソポタミアのシュメール人で、紀元前三〇〇〇年頃のことであった。やがて、この技術はエジプト、ギリシャを経て紀元前二〇〇〇年頃、イタリアに伝えられた。

イタリアにおけるワイン造りはシチリア島で始まったといわれる。アルファベットを発明し、あらゆる技術をもってカルタゴなどの町を建設したフェニキア人が、シチリア島にワイン造りを伝えたのである。

その後、コリント人がシラクーサ（シチリア島の東岸にある港町）にやって来て、後にギリシャ人が続いた。彼らは新しいブドウの木の植え方や剪定《せんてい》の仕方、ワインの醸造法を伝え、シチリアにおけるワインの品質を向上させていった。

紀元前一〇〇〇年頃になると、手先が器用ですぐれた技術をもったエトルリア人によってさらにすぐれたワイン造りが伝わり、イタリア初期におけるワイン造りの大きな進歩が見られた。

エトルリア人は紀元前八世紀頃イタリア半島の中央部に住み着き、紀元前三世紀頃ローマに征服されるまで、現在のトスカーナ地方を中心に高度な文化を築き、栄えた民族である。

ギリシャ人がブドウの苗を低く植えたのに対し、エトルリア人は苗を高くした。

エトルリア人の影響を受ける以前、イタリアのワイン造りは、北と南ではまるっきり違っていた。ワインの質も現在とは全く逆で、南部イタリアのワインのほうが北部のものより数段すぐれていたといわれる。地中海に面する南部イタリアは、ワイン造りを早くから始めており、気候も温暖でブドウの栽培にも適していたからである。北部は気候がきびしく、技術的にも南部に比べ遅れていた。

ワインの保存法も南と北では異なっていた。南部ではアンフォラと呼ばれる一〇〇〇リットルも入る大きな壺形の土器にブドウの搾り汁を入れて保存した。アンフォラの下部はとがっており、地中に差し込んで保存した。運搬時にもアンフォラを使い、船で運ぶときには船底に砂を敷いてそこにアンフォラを差し込み、段重ねにして運んだ。

一方北部では、ブドウを搾った液を皮も含めて混ぜ合わせ、酵母の働きで温度が上がったところで、ティーノと呼ばれる木の樽を横に半分に切ったような器に保存した。この木の器を使った保存法は南部にも伝えられ、やがてイタリア全土に広まっていった。

古代ローマ時代

古代ローマ時代は三期に分けることができる。

第一の時代はローマ建国の時代から紀元前二世紀、ローマがシチリア島の領有をめぐってカルタゴと争ったポエニ戦争までの時期。第二の時代はポエニ戦争からキリスト誕生までの時期。第三の時代はキリスト誕生から外敵が侵入し、内乱が多発し、ローマが滅亡するまでの時期である。

第一の時代、ワインは高価で金持ちのものとされ、財産としての扱いを受けていた。また、ときには薬としても使用されていた。

飲用は成人男子に限られ、主人が家を留守にして帰ると、女たちがワインを盗み飲みしたかどうかを確かめるため、女の口に自分の口を当ててチェックした。なんとこれが、今のキッスの始まりということだ。

この時代、ワインの原料となるブドウは、食用、高級ワイン用、低級ワイン用の三種に選別されていた。

ワインの醸造では、まっさきに搾ったモスト・ヴェルジネ（一番搾り）は、木か石の器に入れて保存した。次に搾ったものはカルカトリウムというが、これに蜂蜜《はちみつ》を混ぜたものはリフシヴィウムと呼ばれ、アペリティフとして飲まれた。最後に残った搾りかすは、さらに搾って低級ワインの原料となった。

第二の時代は、ワインの醸造法が改良された時代としても知られる。ギリシャから流入した奴隷がギリシャの進んだワイン造りの技術を持ち込んだため、ワインの品質は向上した。生産量も増大し、ワインの商取り引きも活発になった。

南部に比べ技術の遅れていた北部の重いワインも、ローマから伝わった醸造技術のおかげで品質が向上していった。そして、北部のワインのなかでもすぐれたものは、ローマに送られるようになった。さらに、前述したように北部の木の器は南部にも送られるようになり、この時代のワイン造りに大きな進歩を与えることになる。

この時代になると、発酵を終えたワインを熟成させる技術も進んだ。

小さな器に何度も移し替えて保存した。器の口を密閉し、アポテカと呼ばれるキッチンの上の暖かい部屋に置いて熟成を早め、アルコール度数の高いワインを造った。こうしたワインは高級品として扱われていたようだ。雄弁家キケロも、自宅の二階のソライオと呼ばれる倉庫に愛飲するワインを保存していたといわれる。

第三の時代に入ると、ローマの衰退、社会の混乱から低アルコールのワインが増え、質の低下が進んでいった。人々はうさ晴らしのため、そして酔うためにワインを飲み、ワインの品質はますます下がっていった。

この時期にはワイン造りについて記した書物も多く出版された。これらの書物によると、この時代のワインは三つのカテゴリーに分けられていたようだ。

第一は、ローマ近郊のファレルノ、チェクボ、レティコなど高品質のブドウから造られたワイン。第二は、ヴィトゥリカなど生産量は多いが質の低いブドウから造られたワイン。そして第三は、当時技術的に遅れていた北イタリアのワインである。

一方でこの時代は、ワイン醸造の技術がめざましく発展し、醸造上の欠点を改良する数多くの方法が考案された。

まず、モスト（ブドウの搾り汁）には、酸味を取り除くために大理石の粉末が加えられ、さらに濁りを取るために粘土が入れられた。次に、現在でも使われる技術であるが、卵白あるいはヤギの乳を加え透明度を高めた。さらに、アルコール度数の違うほかのワインを加え、ヴィシニと呼ばれるブレンドワインも造られた。

こうして出来たワインは、籐製の網のようなものをフィルター代わりとして用い、不純物を取り除いてから売るようになった。

ワインはクラテーレと呼ばれる土器に入れ、レードルのようなものでサービスしていた。こうした光景は、ポンペイの遺跡に残るワイン専門店（現在のワインＢＡＲのようなもの）跡からも想像することができる。

地中海の覇者となったローマは、ワイン文化の中心地となり、新たな技術を開発していった。領土の拡大とともにブドウの栽培とワイン醸造の技術はヨーロッパ全土に広がり、ワイン文化も伝わっていったのである。

ローマが崩壊したあと、北方からイタリア半島に侵入してきたゲルマン民族は、ローマから伝わったワインを好み、ワイン造りを奨励した。東ゴート王国のテオドリック王やロンゴバルド王、ロタールの保護策などもあり、ワインの生産量はしだいに増えていった。

中世

中世に入ると、ワインの貯蔵法はそれまで主力だった土器から木の樽へと変わった。この変化は、ワインの歴史上重要な意味をもっている。樽の成分がワインに加味され、複雑微妙な味わいと高級感を生み出していくからである。こうして現在のワインの基礎がつくられた。

そしてこの時期、ワインの生産量は大幅に増え、その消費は庶民の間にも広がっていった。また、ワインの種類は、それまでの白ワインから赤ワイン中心となった。

中世初期から七〇〇年頃までを封建領主の時代という。だがこの時期、王や領主の力は衰え、外敵の侵入も多くなり、社会不安は増大した。そのため農民は十分な仕事ができず、ブドウの栽培もしだいに少なくなっていった。わずかに修道院のみが周辺の土地を利用してブドウ作りを行っていただけで、ワイン造りも細々としたものだった。

だがやがて、ブドウの栽培地は少しずつ広がっていった。八世紀以降、領主、修道院を中心に土地改良などの努力がなされ、農業全般が発展することになる。さらに、領主が小作人に土地を与えたため、小作人は自分の取り分を残すため労働に励んだ。

こうしてワインの生産量はしだいに拡大し、力をつけた農民は自分の土地の周囲に囲いを作り、外敵や動物からブドウの木を守った。

さらに土地や苗についての研究も進んでいった。ブドウの木に合う土地を探して苗を育てるようになり、ブドウの木の環境も整備された。当然、ワインの品質も向上していく。

中世も中盤、一〇世紀から一一世紀になると、ワインの飲用は一般庶民にも普及し、高級品だけでなく普及品も出回るようになった。ワインは、城から町に出ていき、商品となったのである。

新しい商売もはじまった。現在のバールのような移動バンケットやカバレッティエーレ、さらにタベルナやオステリアが生まれ、庶民もワインを楽しむことができるようになった。

一二世紀から一三世紀前半にかけては、戦乱に明け暮れる時代が続いたため、ワインを楽しむことが困難な時代となった。だが後半になると、ヴェネツィア、ジェノヴァ、ピサ、アマルフィなど海洋共和国が誕生し、隆盛をみるようになった。

この時期の特色に、ギリシャから流入してきた甘口ワインが、財力をつけた商人や司祭の間で広く愛飲されたことがあげられる。やがてこの甘口ワインは、イタリア南部だけでなく北部でも造られるようになっていった。

中世全般にわたってワインの歴史上特筆されることは、ブドウの苗の改良が行われたことである。中世に生まれた白ブドウには、北部のアルバーナ（ロマーニャ）、トレッビアーノ（マルケ）、中部のヴェルナッチャ（トスカーナ）やグレコ（ラツィオ）などがある。黒ブドウでは、スキアーヴァ（ブレーシャ、マントヴァ）、ネッビオーロ（アスティ）、ネグレット（ボローニャ）、カナイオーロ（トスカーナ）などがある。

またこの時期、ワインの飲用はいっそう普及し、ワイン造りは社会的な要請となっていった。役所によって摘み取りや搾る時期、モストにして置く期間は二〇日間程度とすること、卵白かヤギの乳で透明度を高めることなどが指示された。

特にトスカーナ地方では、この頃から新しいワイン造りが始まったとされる。ブドウの最初の発酵が始まってしばらくして、残りのモストを加え再発酵を促すゴヴェルノ法が開発されたためである。

よく「暗黒の中世」といわれるが、ワインの歴史においては中世は確実に進歩していった時代だったのである。

ルネッサンス期以降

一五世紀中頃、印刷技術が発明されると、ブドウの木や土地に関する情報が印刷物を通して広がるようになり、ワイン造りにも大きく寄与した。

一六世紀に入るとルネッサンスの中心地はフィレンツェからローマへ、さらにはフランスやオランダなどヨーロッパの国々に広まっていった。

当時、ローマ法王シクスツス五世の侍医であったアンドレア・バッチが、ワインの薬効を本にまとめて飲用を奨励したため、ワインはさらに一般に普及することになった。

しかしこの時期は、生産量の多いブドウの木が尊重されるようになったことから、品質的にはあまり大きな進歩を見ることはなかった。だがこれは、市場からの要求がそれほどたくさんあったということで、ワインが一般市民の手の届く商品になっていたということを意味する。

一七世紀に入ると、容器としての瓶が登場した。これはワインの品質保存上、画期的なものだった。それまでは小さな容器に移しかえると変質するため、大きな樽に入れて倉庫で保存するより仕方がなかった。そこで登場したのがフィアスコ型の瓶（コモかぶりの瓶）である。トスカーナ地方ではすでに一四世紀から使われていたこのフィアスコ型の瓶も、一八世紀中頃まではまだまだ高価なものであった。一八〇〇年代に入り、フランスのシャンパーニュ地方で大量に瓶を使いはじめるとしだいに安価なものとなり、一般にも普及するようになった。

一八世紀の後半、イタリアでは特殊なワインが造られるようになった。一七七三年、シチリア島にやって来たイギリス人、ジョン・ウッドハウスが、ポートやシェリー、マディラとほぼ同様の方法で酒精強化ワイン、マルサラを造ったのである。一八〇〇年代になるとシチリアで海運力を誇るフローリオ社がマルサラ造りを独占するようになり、マルサラを広く世界に輸出するようになる。
また、一八世紀にはワイン造りにおいて多くのリサーチが行われ、発酵の過程も注目されるようになった。

トリノ、ブレーシャ、トレヴィーゾ、コネリアーノなど、イタリアの北部には農学校が設立され、ブドウの木やワイン醸造に関する技術を向上させた。この時期には一般ワインの品質も向上し、ブドウの苗の作付け面積も急速に拡大した。

一九世紀に入ると発酵に関する研究が進み、新しいワイン造りが行われることになる。白ワインを低温で殺菌して市場に出すようになったのもこの頃である。また、イタリア国家統一の推進者であったガヴール伯は、ワイン造りの推進者としても知られ、サルデーニャ島などサヴォイア王国の各地でワイン造りを奨励し、イタリアに新しい技術を導入したことでも有名だ。

一九世紀後半には、ヨーロッパ全域でブドウの木の病気、フィロキセラが広まり、ワイン造りは壊滅的な打撃を受けることになる。この被害は一〇年以上も続いた。やがて、この病気に抵抗力のあるアメリカ種をベースに、以前のヨーロッパ種を接木する方法が開発され、再び以前の生産量を回復できるようになったのは、二〇世紀に入ってからのことである。

第２部

イタリアワインについて

IL VINO ITALIANO

イタリアワインの醸造

ブドウの栽培条件

イタリアは地中海に張り出した長靴の形をしており、四季があることから、北と南の気候の差はあるものの、全土がブドウの栽培に適しており、古くからブドウ栽培が行われてきた。

一般的にブドウ栽培に適している地域は、冬に雨が多く、夏に乾燥している地中海性気候に代表される地域ということができる。

気候は、ワインそのものだけでなく、ワインのスタイルにも影響を及ぼす。冷涼な地域ではデリケートなワインが、暖かい地域ではボディーの厚いワインができる。温暖で日照時間の長い地域では甘口ワイン用のブドウ栽培が適しているといわれている。

良質なブドウは、年間平均気温が一五～一六℃以下の土地で産し、特に名醸地は一〇℃に近いところが多い。

次に、年間降雨量は八〇〇〜九〇〇ミリ以下で、ブドウの生育中の春から夏にかけては四〇〇ミリ以下と少ない土地が良好とされる。

芽が出てから開花し、果実が成熟するまでの時期の多量の降雨が好ましくないのは、ブドウの樹の成長が著しくなり、果実に栄養が行き届かないためである。

また、湿気とともに温度が高くなり過ぎると、病害の原因となる。

開花時期の雨は受粉の妨げとなり、「花振るい」を起こし、結実を妨げる原因となる。

土壌もブドウの品質を大きく左右する。

一般的には水はけの良い土地で、あまり肥沃でない土地が良い品質のワインを生むといわれているが、イタリアでは特に丘陵地が良い品質のワインを生むといわれる。

ブドウの栽培方法

ブドウの仕立て方は、気候や土壌によって大きく変わる。棒を立てる方法、垣根を作る方法、棚にする方法、立ち木に絡ませる方法など、古くからブドウの樹の性格やその地方の気候、地形などに合わせていろいろな方法が試されてきた。

どの方法を選択するかは、品種や気候、土地の形状、土壌などによって決められるが、古い歴史を持つ地域では、伝統や栽培者個人の考え方によって決められてきた。しかし今日、ブドウの苗の研究が進み、情報も瞬く間に伝わるようになってきたため、品質を重視したいくつかの栽培方法に集約されつつある。

イタリアの代表的な栽培方法は次の通りである。

アルベレッロ方式

ブドウの樹を小さな盆栽状に仕立てたもので、株仕立てになるが、日陰ができやすくなる。日差しが強く乾燥している南イタリアや、シチリアなど島で多く使われている方法である。

垣根式

垣根仕立てには、グイヨー、コルドーネ方式などがあり、前者は樹一本からのブドウの収穫量を少なくすることにより品質を向上させることができる。後者は幅広い地域で使われている方法で、ブドウの幹から左右に枝を広げ、等間隔に芽を出させることにより、機械による剪定や収穫も可能になる。北イタリアから南イタリアまで多くの地域で、この方法を独自に変化させたトレンティーノ方式やスペロナート方式などが開発されている。

また北イタリアの雨の多い地域では、雨による影響を避けるため、地面から離れた高さに棚を作り、棚状に植えたテンドーネ方式（棚式）が使われているところが多い。

この他、トレンティーノ地方では、谷の中央をアディジェ河が流れ、その両側の斜面や平地に多く苗が植えられていることから、斜めに広げたペルゴラ方式や、これを両側に広げたドッピア・ペルゴラ方式が使われている。

Alberello
アルベレッロ方式

Guyot
グイヨー式

Tendone
テンドーネ方式

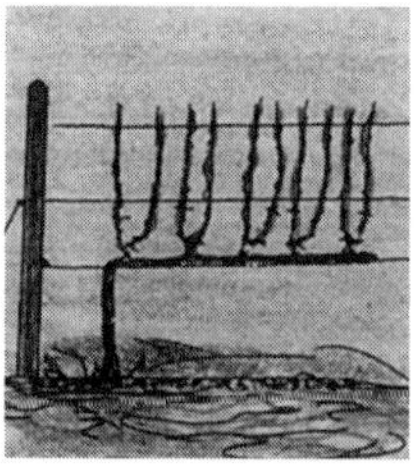

Cordone speronato
コルドーネ・スペロナート方式

Pergola trentina
ペルゴラ・トレンティーナ方式

Pergola trentina doppia
ドッピア・ペルゴラ・トレンティーナ方式

ブドウの四季

秋、収穫を終えたブドウの樹は、葉を落とし休眠に入る。この時期に生産地を訪れると、ブドウの品種によって収穫の時期が異なるため、葉の色相がそれぞれに違い、ブドウ畑の紅葉を見る思いである。

この時期に剪定を行うのだが、この仕事は品質上、また収穫量確保の上からも重要な仕事になる。また、冬の寒さを防ぐために、苗の根元に土を寄せる作業も行われるが、春の発芽前にはまた土を戻し、除草する。

春になり、気温が一〇℃を超えると発芽するが、この時期に不要な芽を取り除き、残った芽に養分を集中させる。

開花はひと房に二〇〇～三〇〇で、その半数が結実する。

夏場には伸び過ぎた枝を取り除き、葉を整理して、必要であれば余分な房を取り除く。

夏から秋にかけてブドウが色づき始めると、糖度が増し、酸が減少していく。この糖はブドウ糖と果糖だが、熟成にともない果糖が増えてくる。含まれる酸は、酒石酸とリンゴ酸である。

九月から一〇月にかけての時期が収穫期となるが、南イタリアでは八月

【ブドウの生育(四季)】

12月～2月	休眠期
4月	発芽期
5月	開花期
6月	結実期
8月～10月	収穫期
11月	落葉期

に始まるところもある。

収穫されたブドウは完熟し、糖度と酸のバランスが良く健全であることが重要である。

収穫はブドウの品質保持のため、気温の低い朝方や午前に行われるのが一般的だが、八月に収穫が行われるシチリアなどの地域では、畑に冷蔵設備を配置するところもある。

ブドウの管理（ブドウの病害）

ワインを造る上で、ブドウの管理は基本的なものであり、またデリケートなものでもある。

ブドウの果皮はやわらかく、果粒も小さく密集しているので、他の果物に比べて病虫害を受けやすいといえる。

主な病害には、ウドンコ病、ベト病、灰色カビ病があるが、防除にはボルドー液が使用されることが多い。

またウィルス病は、ブドウの育成の妨げになるだけではなく、ブドウ自体にも大きな影響を与える。

ウドンコ病

高温多湿が原因で発生する。硫黄を含む農薬散布により予防する。

ベト病

夏から収穫期までに発生しやすい病気で、果実が腐敗する。この病気はボルドー液散布によって予防される。

灰色カビ病

樹齢の高い木に発生するケースが多く、長期の雨などによって発生する。貴腐ワインにするブドウに付着するボトリシス・シネレア菌が原因で、ブドウが腐っていく。この病気にはロブラール液剤が使用される。

フィロキセラ

一九世紀末にアメリカ大陸からボルドーに輸入された苗木から発生し、フランスをはじめヨーロッパ全域に大きな被害を与えた。この害に効く薬はなく、台木を作り、これに従来の品種を接木することによって土着品種や主力品種を継続させることに成功した。

ワインの醸造

ワインはビールや清酒など他の醸造酒と違い、原料となるブドウがそのまま発酵してアルコールを作る。アルコールの原料となる糖分も二〇パーセント前後含まれており、また自然の酵母もブドウに付着していることから、条件が整えばすぐに発酵が始まる。
またワインには、発酵に関する面だけでなく、酸、タンニン、ミネラルなど風味に関係する成分も理想的に含まれている。

ワインの原料となるブドウは生き物であり、産地、品種、収穫年によって、出来上がるワインのスタイルや品質は大きく異なる。

ワインは発酵によって高度のアルコール分が生成されるが、ワインのphは低く、微生物が発生しにくい環境がある。しかし、乳酸菌などアルコール耐性の強い菌だけは生き残るため、貯蔵中のワインの品質はとりあえず保たれることになる。

発酵が終わったばかりのワインは荒々しく、すぐには飲みにくいが、樽や瓶で熟成させることにより、風味を向上させることができる。特に赤ワインは、空気中の酸素に触れ、ゆっくりと酸化されるので、この過程が重要になってくる。

ワインの醸造工程

ワインを醸造するということは、ブドウの果実をアルコールを含んだ保存性の高い飲料に加工するということである。

まず、「除梗《じょこう》・破砕」し、ブドウ果実を「圧搾」して液体（果汁）を取り出す。赤ワインの場合は、果皮、種子、梗を含んだままの液体を発酵させるが、白ワインはこの果実のみを発酵させるので、発酵温度も異なる。

圧搾後の果汁から、排除しなければならない成分を取り除くのが「清澄化」、すなわち「澱引き」で、通常一晩果汁を静置するが、自然発酵を起こさないよう低温で管理する。

発酵用の果汁に含まれる成分を果皮から意図的に抽出する方法にスキンコンタクトがあるが、こ

ワインの醸造工程

〔赤ワイン〕

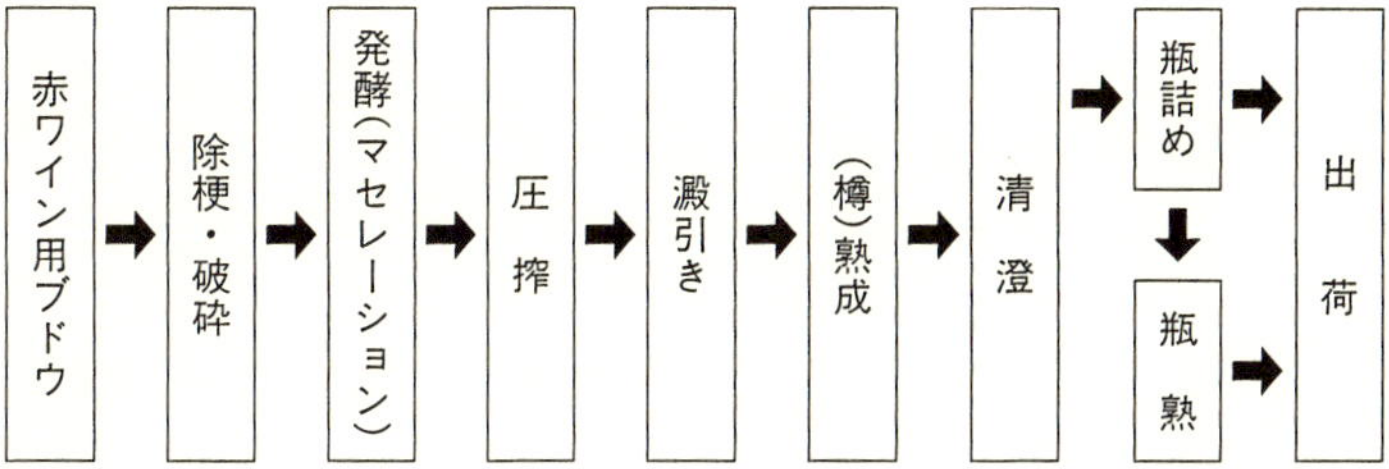

〔白ワイン〕

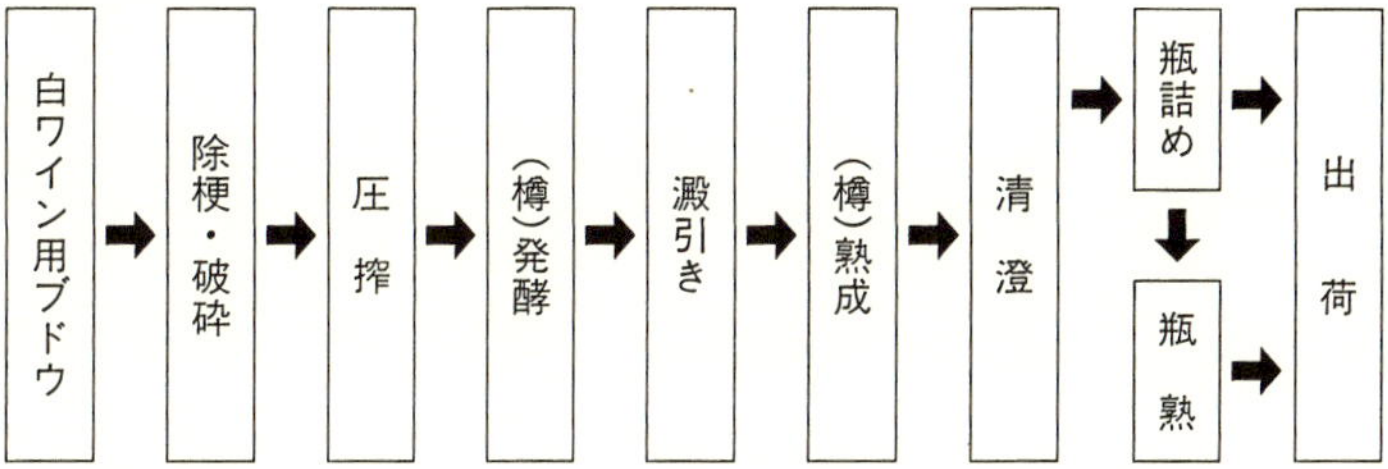

れはもともとは赤ワインの醸し仕込みである。

白ワインの場合は通常一五〜二〇℃、赤ワインの場合は二五〜三〇℃で発酵させる。

マロラクティック発酵を行う場合は、どのようなタイプのワインを目標にしているかによっても方法は異なるが、phは三・五以上、酸化防止剤である亜硫酸濃度も三〇ppm以下に設定される必要がある。マロラクティック発酵は、ワイン内のリンゴ酸を、乳酸菌によって乳酸と二酸化炭素に変換させ、高酸度のワインの酸味をまろやかにし、香味を増す。また微生物の働きを抑えて安定化させることにより、長期の熟成を可能にする効果もある。

発酵後のワインは澱引きされ、「樽熟

成」を経るものは樽で熟成され、「清澄化」、「瓶詰め」され、「瓶熟」を経て出荷されることになる。一部、破砕後直ちに圧搾して果汁を発酵させる場合や、赤、白用ブドウを混合して発酵させ、ワインを造ることもある。

ワインの成分

ワインに含まれる最も多い成分は水で、八〇〜八五パーセントだが、ワインの味を決定する主成分は糖分である。この糖分は酵母によって発酵することでエチルアルコールになるが、これは一般的には一〇〜一四パーセントである。

アルコール以外の成分は、エキス分、総酸として測定される。

エキス分とは、糖類のほかグリセロール、不揮発酸、ミネラル、タンニンなども含まれ、辛口赤ワインで二パーセント前後である。

総酸に含まれる有機酸には、原料となるブドウに由来する酸と発酵中に生産される酸とがある。ブドウに含まれる酸は酒石酸とリンゴ酸で、発酵に由来する酸は乳酸、コハク酸、酢酸などである。

ワインに含まれるアミノ酸やタンパク質は他の醸造酒に比べて少ないが、白ワインの場合は発酵後混濁の原因となるため除去されることが多い。一方、赤ワインの場合は、タンニンと結合して澱引きされるため、ワイン中に可溶性タンパク質はほとんどないと考えられる。この他、ワインにはエステル他の芳香成分も含まれているが、その分量は微量であり、不明な点が多い。

イタリアワインの分類

イタリアワインは、とにかくわかりにくいという人が多い。イタリア生活を経験したシェフですら、あまりよくわからないと答えるほどである。

なぜか？

イタリアワインは古代ローマ帝国以前からの、長い歴史に培われてきた。したがって、その製法も長い伝統の上に築かれたものである。しかも南北に細長いイタリアでは、地方によって気候風土も大きく異なる。たとえ同じブドウを使っても、北と南の気候によって、あるいは土壌によって、その成長には大きな違いが生じる。こうしたブドウの生育の違いから、そのブドウに適した独特の醸造技術が生まれてくる。気候風土や製造技術の違いが、地方特有の味と香りのワインを生み出してくる。それが長い年月にわたって積み重なり、現在の多種多様なイタリアワインとなっていったのである。言ってみれば、イタリアワインのわかりにくさとは、こうした伝統に裏打ちされた多様性に由来するものだといえよう。

事実、法的な規制を伴って製造されるＤＯＣ（Denominazione di Origine Controllata ＝統制原産地呼称）ワイン、ＤＯＣＧ（Denominazione di Origine Controllata e Garantita ＝統制保証原産地呼称）ワインだけでも四〇〇以上に及んでいる。

しかも、その名前の由来が地域名にあったり、ブドウ名にあったり、果ては歴史や物語からとったものにあったりと、とても一筋縄ではいかないバラエティーに溢れており、これがイタリアワインのわかりにくさに拍車をかけている。

また、ワイン自体の分類も、品種、造り方、糖度、アルコール度数、熟成期間などの組み合わせによっては六〇〇〇種にも達する。

まずは、このイタリアワインの分類方法について見てみよう。

一般ワインと特殊ワイン

イタリアのワイン法では、まずワインの醸造方法でワインを分類している。ワインの造り方がノーマルであるか特殊なものであるかによって、ヴィーノ・ノルマーレ Vino Normale とヴィーノ・スペチャーレ Vino Speciale に分けられる。前者は一般にスティルワインといわれるブドウを摘み取り搾って発酵させたワイン、後者は前者の醸造に特殊な技術を加えて造るワインで、発泡性ワインのスプマンテや、アルコールやモストを加えたマルサラなどの酒精強化ワインである。

イタリアでは、DOCGやDOCワインを見ると、この両者が入り混じっている。さらに各DOCワインは、セッコ＝辛口、アマービレ＝中甘口、ドルチェ＝甘口などに分かれており、DOCワイン一つとってもその味を限定することはできないのである。

また、それらのワインには地域名、ブドウの品種名、歴史上のストーリーに由来する名などが冠せられ、ワイン分類をより困難なものにしている。

そこで、アルコール度数、熟成期間、醸造方法、糖度などの違いによって分類されるいくつかの規定について簡単に説明してみると、次のようになる。

地域・アルコール度数・熟成期間による分類

クラッシコ CLASSICO

古くからそのワインを生産していた特定の地域をいう。キアンティ、ヴァルポリチェッラ、バルドリーノ、ソアーヴェ、ヴェルディッキオなどがある。

リゼルヴァ RISERVA

その地域で、規定のアルコール度数、熟成期間を超えたワインをいう。

スペリオーレ SUPERIORE

規定のアルコール度数を超えたワイン。ワインによっては熟成期間を規定したものもあり、リゼルヴァと重なる部分もある。ヴァルテッリーナ地方のサッセッラ SASSELLA、グルメッロ GRUMELLO、インフェルノ INFERNO、ヴァルジェッラ VALGELLA、マロッジャ

MAROGGIAなどのワインが、スペリオーレとしてよく知られている。

造り方による分類

スプマンテ SPUMANTE

イタリアの発泡性ワイン。摂氏二〇度で三気圧以上はスプマンテと呼べる。

ヴィーノ・フリッツァンテ VINO FRIZZANTE

摂氏二〇度で一～二・五気圧の発泡性ワイン。既存アルコール七度、総アルコール九度以上に規定されている。

リクオローゾ LIQUOROSO

モスカート種、マルヴァジア種、アレアティコ種などアロマティックなブドウの品種にアルコールかブドウの蒸留液、凝縮したモストなどを加えて造る。普通は一七・五度程度のアルコール度数だが、一五～二二度に規定されている。

パッシート PASSITO

収穫したブドウを陰干しにして糖度を高めてから醸造するワイン。一般的には甘口ワイン。

レチョート RECIOTO

パッシートと同様に、収穫したブドウを陰干しにして造るワイン。レチョートとはブドウの房の肩の甘い部分、あるいは耳たぶの固さに陰干しするなどの意味から名づけられたといわれる。ソアーヴェ、ヴァルポリチェッラ、ガンベッラーラなどで造られる。

キアレット CHIARETTO

チェラスオーロ CERASUOLO とも呼ばれる。赤ワインと同様の醸造工程で、発酵の途中で果皮を取り除いて造られるロゼワイン。北イタリア、ガルダ湖周辺のワインがよく知られている。

アロマティッザート AROMATIZZATO

混成ワイン。ワインにアルコール、砂糖やハーブ類を加えたもの。アルコール度数は二一度以下。ラベルにヴィーノ・アロマティッザート VINO AROMATIZZATO、ヴェルムト VERMUT、アペリティーヴォ・ア・バーゼ・ディ・ヴィーノ APERITIVO A BASE DI VINO、ヴィーノ・キナート VINO CHINATO のいずれかの表示をしなければならない。

ヴィン・サント VIN SANTO

ヴィーノ・サント VINO SANTO とも呼ばれる。ブドウを収穫した後、ワラの上もしくは吊して数カ月乾燥させ、干しブドウになって糖度が高まったところで果汁を搾って発酵させ、密閉した樽で熟成させたワイン。トスカーナ州を中心とする中部イタリアで多く造られるが、トレンティーノ地方でも造られる。トスカーナ州ではトレッビアーノ種が主体だが、トレンティーノではノジオラ種を使用する。

ノヴェッロ NOVELLO

イタリアにおけるヌーヴォーワイン（新酒）。ヴィーノ・ジョーヴァネ VINO GIOVANE、ヴィーノ・ヌオーヴォ VINO NUOVO などとも呼ばれる。フランスより一八日ほど早い一〇月三〇日に解禁となる。DOCに規定されているものもあるが、そのほとんどはテーブルワイン。造り方には炭酸ガス浸《しん》漬《し》法《ほう》と低温発酵法がある。

糖度による分類

セッコ SECCO

辛口。残糖分が〇〜四グラム/リットル。

アッボッカート ABBOCCATO

薄甘口。残糖分が四〜一二グラム/リットル。

アマービレ AMABILE

中甘口。残糖分が一二〜四五グラム/リットル。

ドルチェ DOLCE

甘口。残糖分が四五グラム/リットル以上。

DOCGとDOCワイン

イタリアワインが法的に整備されたのは一九六三年以降のことで、DOCの上にDOCGが設けられた。DOCGワインはDOCに定められた条件を満たし、さらに国の検査官によるチェックを受けたうえで認定され、DOCGの印紙がボトルに貼りつけられる。この印紙も、合格した量の枚数しか発行されない。二〇一七年現在七四の銘柄が指定されている(60ページからの表参照)。

DOC／DOCGとDOPの規定

二〇一〇年、新ワイン法が導入され、DOC／DOCGは、DOP（保護原産地呼称）と表示されることになったが、従来通りの表示も認められている。欧州連合による特産品認定保護制度導入により、イタリアも二〇〇九年八月にワインの規定を他の食品と同様欧州連合の制度に統一し、DOCG、DOCはDOP（保護地理表示）に、IGTはIGP（保護地理表示）に、VdT（テーブルワイン）はワインとだけ呼ばれるようになった。しかし実際には、DOCG、DOCの旧来の表示のまま出荷されるワインがほとんどで、両方の表示が可能になったといえども混乱を招いたのは事実である。

DOCGワインの基本はあくまでもDOCワインにあり、DOCワインをベースに、より厳しい条件を満たして初めてDOCGへの申請ができる。国がDOCGとして認めるためには、DOCになってから一定期間を経過し、イタリア内外に既に知られるワインになっていることが条件とされ、品質的にもより高いものが求められる。具体的には、ヘクタール当たりの収穫量を一割以上減らすことが要求され、最低アルコール度数が高くなり、最低熟成期間も長く規定されることが多い。DOCGに認められると、毎年国の監査官による試飲が義務付けられ、許可を受けたワインの生産量に相当する色付きの印紙を事前に購入する。この印紙は一二桁の英数字の通し番号で、各地の商工会議所を通じて管理されることになる。生産量の報告は一二月一五日までに行なわなければならない。

イタリアワインの分類

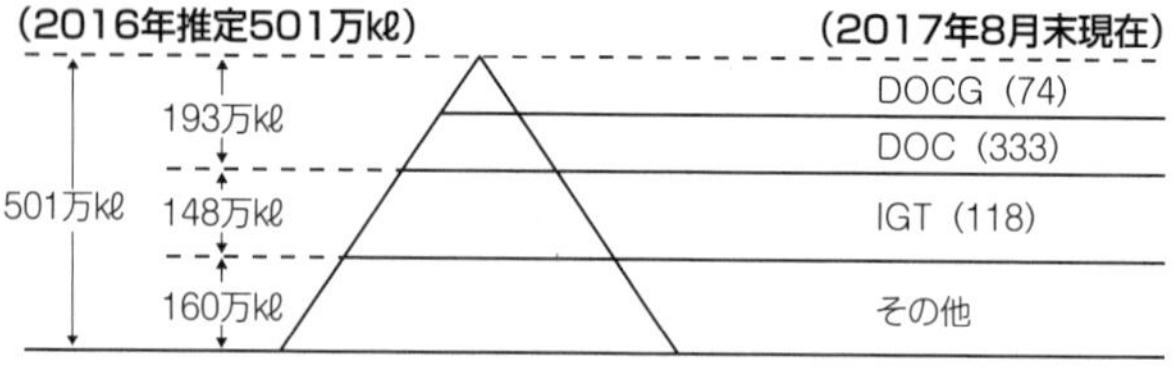

2016年DOCG、DOC州別生産量(推定)

		白	赤	合計(kℓ)	%
1	ヴァッレ・ダオスタ	500	800	1,300	0.07%
2	ピエモンテ	104,000	108,000	212,000	10.98%
3	ロンバルディア	26,200	54,200	80,400	4.16%
4	トレンティーノ・アルト・アディジェ	71,600	30,000	101,600	5.26%
5	ヴェネト	480,200	93,000	573,200	29.68%
6	フリウリ・ヴェネツィア・ジューリア	53,500	11,000	64,500	3.34%
7	リグーリア	2,800	800	3,600	0.19%
8	エミリア・ロマーニャ	53,400	114,000	167,400	8.67%
9	トスカーナ	16,300	156,100	172,400	8.93%
10	ウンブリア	19,200	17,900	37,100	1.92%
11	マルケ	23,400	11,500	34,900	1.81%
12	アブルッツォ	25,800	77,800	103,600	5.36%
13	モリーゼ	400	1,600	2,000	0.10%
14	ラツィオ	61,500	15,800	77,300	4.00%
15	カンパーニア	15,000	8,800	23,800	1.23%
16	プーリア	25,600	54,000	79,600	4.12%
17	バジリカータ	0	3,100	3,100	0.16%
18	カラブリア	1,300	3,800	5,100	0.26%
19	シチリア	71,800	61,600	133,400	6.91%
20	サルデーニャ	29,900	24,900	54,800	2.84%
				1,931,100	100.00%

DOCGリスト

	DOCG名	認定年	州
1	Alta Langa アルタ・ランガ	2011年3月	
2	Asti アスティ	1993年12月	
3	Barbaresco バルバレスコ	1981年9月	
4	Barbera d'Asti バルベーラ・ダスティ	2008年7月	
5	Barbera del Monferrato Superiore バルベーラ・デル・モンフェッラート・スペリオーレ	2008年7月	
6	Barolo バローロ	1981年1月	
7	Brachetto d'Acqui o Acqui ブラケット・ダックイ／アックイ	1996年6月	
8	Dogliani ドリアーニ	2005年7月	
9	Dolcetto di Diano d'Alba o Diano d' Alba ドルチェット・ディ・ディアーノ・ダルバ／ディアーノ・ダルバ	2010年8月	ピエモンテ州
10	Dolcetto di Ovada Superiore o Ovada ドルチェット・ディ・オヴァーダ・スペリオーレ／オヴァーダ	2008年9月	
11	Erbaluce di Caluso o Caluso エルバルーチェ・ディ・カルーゾ／カルーゾ	2011年6月	
12	Gattinara ガッティナーラ	1991年3月	
13	Gavi o Cortese di Gavi ガヴィ／コルテーゼ・ディ・ガヴィ	1998年8月	
14	Ghemme ゲンメ	1997年6月	
15	Nizza ニッツァ	2014年	
16	Roero ロエロ	2004年12月	
17	Ruche' di Castagnole Monferrato ルケ・ディ・カスタニョーレ・モンフェッラート	2010年10月	
18	Franciacorta フランチャコルタ	1995年10月	
19	Oltrepò Pavese Metodo Classico オルトレポー・パヴェーゼ・メトド・クラッシコ	2007年8月	ロンバルディア州
20	Scanzo o Moscato di Scanzo スカンツォ／モスカート・ディ・スカンツォ	2009年5月	

21	Sforzato di Valtellina o Sfursat di Valtellina スフォルツァート・ディ・ヴァルテッリーナ／スフルサット・ディ・ヴァルテッリーナ	2003年4月	ロンバルディア州
22	Valtellina Superiore ヴァルテッリーナ・スペリオーレ	1998年7月	
23	Amarone della Valpolicella アマローネ・デッラ・ヴァルポリチェッラ	2010年4月	ヴェネト州
24	Bagnoli Friularo o Friularo di Bagnoli バニョーリ・フリウラーロ／フリウラーロ・ディ・バニョーリ	2011年11月	
25	Bardolino Superiore バルドリーノ・スペリオーレ	2001年8月	
26	Colli Asolani - Prosecco o Asolo - Prosecco コッリ・アゾラーニ・プロセッコ／アゾロ・プロセッコ	2009年7月	
27	Colli di Conegliano コッリ・ディ・コネリアーノ	2011年10月	
28	Colli Euganei Fior d'Arancio / Fior d' Arancio Colli Euganei コッリ・エウガネイ・フィオール・ダランチョ／フィオール・ダランチョ・コッリ・エウガネイ	2011年1月	
29	Conegliano Valdobbiadene Prosecco コネリアーノ・ヴァルドッビアデネ・プロセッコ	2009年7月	
30	Lison リゾン	2011年1月	フリウリ・ヴェネツィア・ジューリア州／ヴェネト州
31	Montello Rosso o Montello モンテッロ・ロッソ／モンテッロ	2011年10月	ヴェネト州
32	Piave Malanotte o Malanotte del Piave ピアーヴェ・マラノッテ／マラノッテ・デル・ピアーヴェ	2011年1月	
33	Recioto della Valpolicella レチョート・デッラ・ヴァルポリチェッラ	2010年4月	
34	Recioto di Gambellara レチョート・ディ・ガンベッラーラ	2008年8月	
35	Recioto di Soave レチョート・ディ・ソアーヴェ	1998年5月	
36	Soave Superiore ソアーヴェ・スペリオーレ	2001年11月	
37	Colli Orientali del Friuli Picolit コッリ・オリエンターリ・デル・フリウリ・ピコリット	2006年4月	フリウリ・ヴェネツィア・ジューリア州
38	Ramandolo ラマンドロ	2001年10月	
39	Rosazzo ロザッツォ	2011年10月	

40	Colli Bolognesi Classico Pignoletto コッリ・ボロニェージ・クラッシコ・ピニョレット	2010年11月	エミリア·ロマーニャ州
41	Romagna Albana ロマーニャ・アルバーナ	1987年10月	
42	Brunello di Montalcino ブルネッロ・ディ・モンタルチーノ	1980年11月	トスカーナ州
43	Carmignano カルミニャーノ	1991年3月	
44	Chianti キアンティ	1984年10月	
45	Chianti Classico キアンティ・クラッシコ	1984年10月	
46	Elba Aleatico Passito o Aleatico Passito dell'Elba エルバ・アレアティコ・パッシート／アレアティコ・パッシート・デッレルバ	2011年6月	
47	Montecucco Sangiovese モンテクッコ・サンジョヴェーゼ	2011年9月	
48	Morellino di Scansano モレッリーノ・ディ・スカンサーノ	2006年11月	
49	Suvereto スヴェレート	2011年11月	
50	Val di Cornia Rosso o Rosso della Val di Cornia ヴァル・ディ・コルニア・ロッソ／ロッソ・デッラ・ヴァル・ディ・コルニア	2011年12月	
51	Vernaccia di San Gimignano ヴェルナッチャ・ディ・サン・ジミニャーノ	1993年7月	
52	Vino Nobile di Montepulciano ヴィーノ・ノビレ・ディ・モンテプルチャーノ	1981年2月	
53	Castelli di Jesi Verdicchio Riserva カステッリ・ディ・イエージ・ヴェルディッキオ・リゼルヴァ	2010年3月	マルケ州
54	Conero コーネロ	2004年9月	
55	Offida オッフィーダ	2011年6月	
56	Verdicchio di Matelica Riserva ヴェルディッキオ・ディ・マテリカ・リゼルヴァ	2010年3月	
57	Vernaccia di Serrapetrona ヴェルナッチャ・ディ・セッラペトローナ	2004年9月	
58	Montefalco Sagrantino モンテファルコ・サグランティーノ	1992年11月	ウンブリア州
59	Torgiano Rosso Riserva トルジャーノ・ロッソ・リゼルヴァ	1991年3月	

60	Montepulciano d'Abruzzo Colline Teramane モンテプルチャーノ・ダブルッツォ・コッリーネ・テラマーネ	2003年3月	アブルッツォ州
61	Cannellino di Frascati カンネッリーノ・ディ・フラスカティ	2011年12月	ラツィオ州
62	Cesanese del Piglio o Piglio チェザネーゼ・デル・ピーリオ／ピーリオ	2008年8月	
63	Frascati Superiore フラスカティ・スペリオーレ	2011年10月	
64	Aglianico del Taburno アリアニコ・デル・タブルノ	2011年10月	カンパーニア州
65	Fiano di Avellino フィアーノ・ディ・アヴェッリーノ	2003年8月	
66	Greco di Tufo グレコ・ディ・トゥーフォ	2003年8月	
67	Taurasi タウラージ	1993年3月	
68	Castel del Monte Bombino Nero カステル・デル・モンテ・ボンビーノ・ネーロ	2011年10月	プーリア州
69	Castel del Monte Nero di Troia Riserva カステル・デル・モンテ・ネーロ・ディ・トロイア・リゼルヴァ	2011年10月	
70	Castel del Monte Rosso Riserva カステル・デル・モンテ・ロッソ・リゼルヴァ	2011年10月	
71	Primitivo di Manduria Dolce Naturale プリミティーヴォ・ディ・マンドゥーリア・ドルチェ・ナトゥラーレ	2011年3月	
72	Aglianico del Vulture Superiore アリアニコ・デル・ヴルトゥレ・スペリオーレ	2010年8月	バジリカータ州
73	Cerasuolo di Vittoria チェラスオーロ・ディ・ヴィットーリア	2005年9月	シチリア州
74	Vermentino di Gallura ヴェルメンティーノ・ディ・ガッルーラ	1996年9月	サルデーニャ州

イタリアワインの特徴

長靴の形をしたイタリア半島は、ヨーロッパ大陸との付け根の部分にアルプス山脈が走り、半島の背骨に当たる部分をアペニン山脈が、北はピエモンテ州からエミリア・ロマーニャ州、トスカーナ州、ウンブリア州を経て南イタリアまで貫いている。

半島の北から南までおよそ一〇〇〇キロに及ぶ各地方は、当然のことながら、気候も土壌も大きく違い、そのほとんどの地域でワイン造りが行われている。そこにイタリアワインの特徴がある。ブドウを栽培する農家は数十万軒、ワインを瓶詰めする業者の数も二六万五〇〇〇軒に達する。一軒が平均六種類のワインを扱うといわれるから、年間に一六万枚以上のラベルが誕生することになる。

さらに、造られたワインが数年間にわたり市場で出回ることを考えると、はかり知れないラベルの数、ワインが存在することになる。イタリアは過去八年間の平均で、年間四六〇万キロリットルを生産する、フランスを凌ぐ世界一のワイン生産国である。DOCと、さらにきびしい国の検査に合格したDOCGワインを合わせると、四〇〇以上の銘柄一八〇〇種を超えるタイプのワインがあり、ワインの種類がきわめて多く、バラエティーに富んでいることもその特徴といえる。

北イタリアのワイン

北イタリアは、アルプス山脈を境にフランス、スイス、オーストリア、スロヴェニアと接する山がちな地域と、その南に位置するロンバルディア平原からアペニン山脈を越え、アドリア海まで続く地域である。

フランスと接するピエモンテ州は、今から一〇〇〇年以上も前からワイン造りで知られる州である。

特に州中部から南部にかけてワイン造りがさかんで、イタリアワインの王様といわれるバローロやバルバレスコで知られる。いずれも晩秋、ネッビア（霧）が出はじめる頃ブドウを収穫することからネッビオーロと名づけられた品種から造られる。

バローロは、白トリュフで知られる町アルバの南、ランゲの小高い丘で造られる。しっかりとしたタンニンをもち長期の熟成に耐えることから、フランスのボルドーやブルゴーニュの銘醸ワインと比較される。バローロの兄弟分とされるバルバレスコも、アルバに近いバルバレスコ村でバローロと同じ品種から造られる。長期の熟成に耐え、エレガントで繊細な味わいがあり、世界的に人気を得ているが、その生産量はバローロの三分の一以下と少ない。

北部ヴェルチェッリ県のガッティナーラもＤＯＣＧの指定を受けた赤ワインだ。ノヴァーラ県のゲンメと同様、スパンナ（ネッビオーロ）種を使用したワインである。

イタリア以外の国では生産がむずかしい、モスカート種を使用したフルーティーなモスカート・ダスティ、アスティは、一九九三年にＤＯＣＧに指定されたが、特にアスティはスプマンテとしては初めてのＤＯＣＧ指定であった。州の中部から南部にかけてのアスティ、クーネオ、アレッサンドリアの各県で造られる。黄金色を帯びた麦わら色で、モスカートの果実をそのまま瓶に詰め込んだようなフルーティーなワインである。アスティは、特殊な大型タンク内で二次発酵させた発泡性甘口スプマンテ。

このほか、独特の心地良い香りをもつドルチェットや、濃いルビー色で濃密なブドウ香をもつバルベーラ、明るいルビー色で上品な香りの辛口ワイン、グリニョリーノといった赤ワイン、コルテーゼ種から造られるやわらかな酸味を感じさせるガヴィ、近年人気のアルネイスなどの白ワインも、食事に合うピエモンテ州のワインとして知られている。

ピエモンテ州の東に位置するロンバルディア州は、アルプス山脈の中央部からポー川に達する地域。穀物栽培でも知られるが、イタリア経済、商業の中心地として重要な役割を果たしているミラノを中心に、イタリアで最も工業化された地域である。

ワイン造りはさほど盛んではないが、北部ヴァルテッリーナ渓谷、イゼオ湖、ガルダ湖周辺と、南のアペニン山脈の麓でブドウの栽培が行われている。

イゼオ湖の南側丘陵地帯フランチャコルタでは、バルベーラ種、ネッビオーロ種、カベルネ種、メルロー種を使用した食事に向く赤ワインと、各種ピノ種とシャルドネ種から造られる白ワインが知られる。この白ワインとほぼ同様のブドウから瓶内二次発酵を経て生み出されるスプマンテは、一九九四年産から辛口スプマンテとして初めてＤＯＣＧに認められた。

ガルダ湖の南側では、さわやかな辛口白ワイン、ルガーナが造られる。

北部ヴァルテッリーナ渓谷は乾燥肉ブレザオラの産地として知られるが、この地方のキアヴェンナスカと呼ばれるネッビオーロ種からは、しっかりとした赤ワイン、ヴァルテッリーナが造られており、ヴァルテッリーナ・スペリオーレは一九九八年ＤＯＣＧに認められた。またアペニン山脈の麓オルトレポー・パヴェーゼでも近年食事によく合う白・赤ワインが造られ、ミラノなどの大都市で消費されている。

ロンバルディア州の東からアドリア海へと広がるヴェネト州は、東アルプスのイタリア側斜面とヴェネト平野を含み、北から南へと下るにつれて気候が変わり、そこで造られるワインも変化に富んでいる。

ヴェローナに近いソアーヴェの町周辺ではガルガーネガ種、トレッビアーノ・ディ・ソアーヴェ種から造るフルーティーな白ワイン、ソアーヴェがある。キアンティと並んで日本で最もポピュラーなイタリアワインの一つである。同様のブドウを陰干しして搾り、発酵させて造る黄金色のワイン、レチョート・ディ・ソアーヴェもデザート用白ワインとして人気のあるワインで、一九九八年DOCGに認められた。

ルビー色で繊細な風味をもつ赤ワイン、ヴァルポリチェッラは食事に合うワインとして知られるが、同様のブドウを陰干しして糖度を高めてから造るレチョートは、濃いガーネット色でアーモンドの香りをもつ力強いワインである。

ガルダ湖の西岸で造られる明るいルビー色のバルドリーノは、繊細な花の香りをもつ辛口ワイン。ピンク色のロゼはその色調からキアレットと呼ばれる。

オーストリアと国境を接するイタリアの最北端、トレンティーノ・アルト・アディジェ州は、夏暑く、冬の寒さは比較的やわらぐ地方で、ブドウやリンゴの栽培で知られている。

アルプスの雪解け水が流れるアディジェ川の両側で栽培されるのは、シャルドネ、ピノ、ミュッラー・トゥルガウ、シルヴァネル種など、フランスやドイツ系の白ブドウが主体であるが、この地域に古くから存在する黒ブドウのスキアーヴァ種も作られている。かつてはオーストリア領であったことから、一部の地域では今でもドイツ語が日用語として使われている。

この地方に始まる木樽を使ったワインの保存法は、プリニウスの書にも記述があり、トラミネル種を使ったワインは古代ローマの皇帝たちに愛飲されたといわれる。

各農家は今でも細かく区分されており、独自に瓶詰めする農家は少なく、エステートワイナリーが育たない原因となっている。

スロヴェニアと接するフリウリ・ヴェネツィア・ジューリア州は、イタリアの東の端に位置する。ワイン造りの歴史は古く、アクイレイアの町には古代ローマ時代のワイン造りに関する資料が残っている。

水はけのよい丘陵地帯では良質の白ワインが造られる。わずかに苦味を含む辛口の白ワイン、フリウラーノのほか、赤ワインではメルロー種の生産量が多い。

主なブドウ生産地域は、コッリョを中心にした地域と、その北側のフリウリ・グラーヴェ、ウーディネからゴリツィアにかけてのフリウリ・コッリ・オリエンターリの三地域で、白ワインを中心にすぐれたワインが造られている。

フリウリ・コッリ・オリエンターリ地方では、特殊なブドウ、ピコリットが今でもわずかながら作られている。この品種は野生の品種に近く、受粉がむずかしいため生産量がきわめて少なく、ブドウの一粒一粒の糖度が高い。アカシアの蜜を思わせる上品な香りとほのかな甘さのこのワインは、古くはローマ法王やロシア皇帝に愛飲されたといわれる。

このほか、北イタリアでは海岸沿いにフランスと接するリグーリア州、モンブラン・トンネルを境にフランスとの国境に位置するヴァッレ・ダオスタ州がある。リグーリア州では温暖な気候を利用して、麦わら色でフルーティーなヴェルメンティーノ種やピガート種などが作られているが、その生産量は少ない。

アオスタ渓谷ではピノ・ネロ種、ピノ・ビアンコ種、ガメイ種などのフランス系ブドウのほか、ネッビオーロ種などのピエモンテ地方の品種が作られる。北イタリアで最も南に位置し、ポー川からアペニン山脈、東はアドリア海に臨むエミリア・ロマーニャ州では、北部モデナを中心に平坦な地域で生き生きとしたルビー色で独特の香りをもつ発泡性赤ワイン、ランブルスコが造られる。

ボローニャからイモラ、ファエンツァ、フォルリ、リミニと、アドリア海に達する高速道路の両側では、白ワインで初めてＤＯＣＧに指定されたロマーニャ・アルバーナが造られる。この地域の丘陵地帯ではサンジョヴェーゼ種が、平坦な地域ではトレッビアーノ種が作られている。

中部イタリアのワイン

アペニン山脈の南に位置する中部イタリアは、ローマを中心に古くから栄えた地域で、中世以降もフィレンツェをはじめとする都市国家が独自の文化を実らせていた。また、アペニン山脈が北イタリアとの間に走っていることもあり、北イタリアの文化的影響はさほど受けていない。南イタリアとの間を隔てるものは見あたらないが、緑が多く、南の荒涼とした風景とは異なる景観を呈している。

この中部イタリアには、トスカーナ州を中心に北部と並んでワインの名産地が多い。

トスカーナ州は、アペニン山脈の山並みと多くの湖、ティレニア海の海岸線と沖合に浮かぶエルバ島など、美しい自然に恵まれた風光明媚な州で、世界中の人々に親しまれている。こののびやかで変化に富んだ自然のもとで、世界中に知られるキアンティが造り出される。キアンティはシエナ、フィレンツェ、プラート、ピストイア、ピサ、アレッツォの六つの県で造られる。サンジョヴェーゼ種主体のこのワインは、上品なスミレの香りをもち、美しいルビー色で、熟成するとガーネット色を帯びる。ワインの熟成に応じてさまざまの料理を合わせることのできる食事用ワインである。

この地方にはまた、バローロ、バルバレスコと並び世界的に評価の高いブルネッロ・ディ・モンタルチーノがある。サンジョヴェーゼ種を改良して作られたサンジョヴェーゼ・グロッソ種から造られるこのワインは、濃いルビー色で、個性的でエレガントな香りをもち、長期の熟成に耐えられるワインである。

またプルニョロ・ジェンティーレと呼ばれる同種のブドウを使ったヴィーノ・ノビレ・ディ・モンテプルチャーノはシエナの南、モンテプルチャーノの丘陵地帯で、この地方の貴族によって育てられた。

近年ＤＯＣＧに昇格したカルミニャーノはフィレンツェ近くのキアンティ地区にあるが、以前からカベルネ・ソーヴィニヨン種を使用していた。

白ワインでは、薄い麦わら色で熟成につれ黄金色を帯びる、辛口のヴェルナッチャ・ディ・サンジミニャーノがある。魚料理によく合うワインである。

マルケ州は、アペニン山脈の東麓からアドリア海に広がる州で、魚の形のボトルで知られるヴェルディッキオに代表される白ワインの産地として知られてきたが、近年、モンテプルチャーノ種、サンジョヴェーゼ種から造られる赤ワイン、コーネロ、ロッソ・ピチェーノなども人気を得ている。

アペニンの山並みに包まれたウンブリア州はイタリアの緑の心臓と呼ばれ、イタリア半島の中央部に位置する。緑に覆われたゆったりとした丘陵やその谷間では、古くからオリーヴやブドウが栽培されてきた。上品な心地よさをもつ麦わら色のオルヴィエートは、古くから法王やフィレンツェの貴族に愛され、今でもトスカーナでの瓶詰めを認められている。

ペルージャに近いトルジャーノの丘では、サンジョヴェーゼ種、カナイオーロ種から、明るいルビー色で調和のとれた赤ワイン、トルジャーノ・ロッソが造られる。熟成期間が三年以上でアルコールが一二・五度以上あるリゼルヴァは、一九九〇年産よりＤＯＣＧに認められている。

一九九三年よりＤＯＣＧに昇格したモンテファルコ・サグランティーノは、この地方の力強い赤ワインで、キイチゴに似た個性的な香りをもつ。

ローマを中心とするラツィオ州では、古代ローマ時代から特徴のあるワインが造られていた。ソフトで個性的な香りをもつ白ワイン、フラスカティは、古くからローマの貴族やブルジョア階級に好まれていたといわれる。

また古い伝説をもつ白ワイン、エスト！エスト!!エスト!!!もこの地方のワイン。美味しいワインを探すようにと主人の命を受けて旅の先導をしていた従者マルティーノは、美味しいワインのある宿の戸に「エスト！」（ラテン語の〝存在する〟の意）、さらにすぐれたワインの宿には「エスト!!エスト!!!」と記すことになっていた。モンテフィアスコーネに着いたとき、そのワインの素晴らしさに、彼はつい「エスト！エスト!!エスト!!!」と三回繰り返してしまった――これが現在の名前の始まりといわれている。

アブルッツォ州には、トレッビアーノ種から造られるトレッビアーノ・ダブルッツォとモンテプルチャーノ種から造られるモンテプルチャーノ・ダブルッツォがあるが、後者のコッリーネ・テラマーネ地区のワインは近年ＤＯＣＧに認定されている。

南イタリアのワイン

南イタリアは、イタリア半島の南部、長靴形の膝より下に当たる地域で、カンパーニア、バジリカータ、プーリア、カラブリアの各州に、シチリア島、サルデーニャ島を加えるのが一般的だ。

今から二〇〇〇年ほど前の古代ローマ時代、この地方は森林に覆われ、ローマ帝国の穀倉をなしていたといわれる。だがその後、多くの木が切り倒され、熱い日射しとアフリカ大陸から渡ってくるシロッコ（熱風）によって土地が乾燥し、土壌の浸食が激しくなり、現在のような岩がちの地形となった。

しかし、シチリア島とプーリア州は現在でもブドウの生産量が多く、イタリアを代表する量産地になっている。またオリーヴ、トマト、オレンジなどの農産物の生産量も多く、ヨーロッパを代表する農業地帯となっている。

ナポリを中心とするカンパーニア州では、海岸線よりも気候が比較的きびしい山間部でブドウ栽培が行われている。

南イタリアを代表するすぐれた赤ワイン、タウラージは、一九九三年に南イタリアのワインとして初めてDOCGに認定された。ギリシャから移植されたアリアニコ種から造られる、濃いルビー色で独特の濃密な香りをもつ長期の熟成に耐えるワインである。

また、古代ローマ時代から知られる濃い麦わら色をした心地良い香りのグレコ・ディ・トゥーフォ、調和のとれたフィアーノ・ディ・アヴェッリーノなど、熟成に向く白ワインもDOCGに認められている。このほか、ヴェスーヴィオ火山の麓で造られるワイン、ラクリマ・クリスティ・デル・ヴェスーヴィオ（赤、白、ロゼ）も歴史上の逸話で知られるワインである。

長靴の踵の部分に当たるプーリア州では、紀元前二〇〇〇年頃からブドウ栽培が行われていたといわれ、エノトリア（ワインの地）と呼ばれていた。その伝統を受け継ぎ、古くからアレアティコ・ディ・プーリア、モスカート・ディ・トラーニなどの甘口ワインが造られている。

また、アラゴン（スペイン）王フェデリコ二世が建てた歴史的記念物、カステル・デル・モンテ（鷹狩のための城）の名前をつけたワインもある。バラ色がかった明るいルビー色の上品なロゼは、辛口で飲みやすく、海外でも知られている。南部のレッチェ周辺では、ネグロアマーロ種やプリミティーヴォ種から造られるワインが近年人気を集めている。

シチリア島は、その生産量のわりにDOCワインの数が少ない。しかし、コルヴォ、レガレアーリ、ドンナフガータ、プラネタなどすぐれたブランドワインも多く、海外にも多く輸出されている。

シチリア島の西の端、トラパニに近いマルサラの地で造られる酒精強化ワイン、マルサラは、ワインの熟成、色、糖分によって区別され、料理のみならずアペリティーヴォ（食前酒）やディジェスティーヴォ（食後酒）としても使われる。

そのほか、チュニジアに近いパンテッレリア島には特有のアロマをもつ甘口ワイン、モスカート・ディ・パンテッレリアがある。またシチリア島の北にあるエオリエ諸島には、マルヴァジア種を使った甘口ワイン、マルヴァジア・デッレ・リパリといったワインがある。

またシチリア島の南部、ラグーザ周辺で造られるチェラスオーロ・ディ・ヴィットーリアは、ネーロ・ダヴォラ種、フラッパート種から造られる赤ワインで、二〇〇五年シチリア島で初めてＤＯＣＧに認められた。

地中海のもう一つの島、サルデーニャ島のワイン造りは一五世紀以降スペインの影響を受け、一八世紀以降は島を支配したサヴォイア家によって大きな進歩を見ることになる。モスカート、ヴェルナッチャ、マルヴァジアなどの品種に加え、リグーリア州経由でヴェルメンティーノなどの品種も伝わり、白ワインの生産が盛んになった。

オリスターノの守護聖女、ジュスティーナの涙から生まれたと伝えられるヴェルナッチャ・ディ・オリスターノは、琥珀色を帯び、アーモンドの花の香りをもつ上品でしっかりとした味の辛口ワイン。ほかにも一九九八年にＤＯＣＧに認められた深い味わいのある白ワイン、ヴェルメンティーノ・ディ・ガッルーラがある。島の全域で造られるカンノナウ・ディ・サルデーニャは濃いルビー色で、熟成果実や松ヤニの香りがあり、長期の熟成に耐える赤ワインである。

イタリアの主なブドウ品種

イタリア半島では、古代ローマ時代以前からワインが造られていた。南部ではギリシャから伝わったブドウが植えられ、エノトリア（ワインの地）と呼ばれていた。古代ローマ時代には、中部、北部、さらには今日のドイツ、フランス、スペインにもワイン造りが伝えられた。中世には都市国家が発展し、中部イタリアを中心に新しいワインが数多く生み出され、中世以降は反対に北イタリアにおいて周辺のドイツやオーストリア、フランスなどから新しい品種が流入した。

地中海の島、サルデーニャ島には、スペインの南部のカタルーニャ地方からの移民が多く、いくつかのスペインの品種が持ち込まれた。

イタリア半島は、北はアルプスの麓から南はアフリカに近いパンテッレリア島まで南北に長い国で、山がちであることから、地方によって気候、風土も大きく違い、同じ品種のブドウでも各地で別の名前で呼ばれるようになったものが多い。

気候や土壌によるブドウの生育の違い、あるいは製造方法の違いが、イタリア各地方特有の味と香りの異なったワインを生み出し、それが長い年月にわたって積み重なり、現在のような多種多様な品種、ワインを持つようになった。

また、ワインは古くからキリスト教において、「パンはキリストの体、ワインはキリストの血」といわれるように、キリスト教の儀式に用いられてきたことから、イタリア各地の教会では、独自にブドウを植えワインが造られてきた。この古くからの伝統がイタリア各地に残り、多くの品種、多くのワインが造られてきたのも事実である。こうしたことから、イタリアワインはイタリア全土で造られ、今日においてもたくさんの種類が造られている。

イタリアを三つに分けると、北イタリア、中部イタリア、南イタリアに分かれる。各地域は、その歴史、地理、地域性などから使われるブドウも大きく違っていた。北イタリアは、国境を接する、フランスやオーストリアなどの国から多くの品種が運ばれた。中部イタリアでは、紀元前のエトルリア時代から存在していたといわれるトレッビアーノ種やサンジョヴェーゼ種を中心にワインが造られてきた。南イタリアでは、ローマ以前からギリシャの影響を受け、多くの品種がギリシャから運ばれ、今日にも伝えられている。

それでは、まずこれらの地域の特性と使用品種について見ていくことにしよう。

北イタリアのブドウ品種

北イタリアでは、ピエモンテ州におけるブドウ栽培の歴史が古く、イタリアワインの王様といわれるバローロやバルバレスコ、ガッティナーラやゲンメなどのＤＯＣＧとして認められるワインの原料となるネッビオーロ種が赤ワイン用品種として知られるが、このほか、日常ワインとしてこの地方の人々に親しまれるバルベーラ種やドルチェット種、グリニョリーノ種などがある。また甘口ワイン用としてブラケット種、辛口、甘口両方に使われるフレイザ、ボナルダ種などがある。

白ブドウでは、ＤＯＣＧに認められるコルテーゼ・ディ・ガヴィ種、近年人気のアルネイス種、甘口スプマンテ、アスティの原料となるモスカート・ビアンコ種などがある。

モンブラン・トンネルでフランスと接するヴァッレ・ダオスタ州では、ガメイ種やピノ・ネロ種、プティ・ルージュ種などの黒ブドウのほか、シャルドネ、ピノ・グリージョ、ミュッラー・トゥルガウ、マルヴォイヅィエ種など白ブドウが作られている。

海岸沿いにフランスと接するリグーリア州では、ヴェルメンティーノ、ピガート種などの白を主体にロッセーゼ、オルメアスコ種などの赤ワイン用ブドウが作られている。

ロンバルディア州では、ヴァルテッリーナ渓谷でキアヴェンナスカと呼ばれるネッビオーロ種から作られるヴァルテッリーナのワインがある。フランチャコルタでは、ピノ・ビアンコ、シャルドネ、ピノ・ネロ種から瓶内二次発酵させたスプマンテ、白ワインが造られるほか、赤ではバルベーラ、カベルネ・フラン、メルローなどの品種が作られている。

北イタリア・ロンバルディア州パヴィア県の南部に位置し、イタリア語で「ポー川を越えた地域」を意味するオルトレポー・パヴェーゼでは、赤はバルベーラ、白はシャルドネ、ピノ種をはじめ、北イタリアの多くの品種が作られる。

ヴェネト州では、ヴェローナ周辺でコルヴィーナ、ロンディネッラ種からヴァルポリチェッラ、バルドリーノなどの赤ワインが、ガルガーネガ、トレッビアーノ・ディ・ソアーヴェ種からソアーヴェが造られるが、このほか、辛口スプマンテとして知られるプロセッコに使われるグレーラ種、シャルドネ、フリウラーノ、ピノ・グリージョ、リースリングなどの白、カベルネ、メルロー、ラボーゾなどの黒ブドウが植えられている。

トレンティーノ・アルト・アディジェ州では、二つのＤＯＣの中に六〇以上の種類のワインが認められている。古くからスプマンテ用のピノ・ネロ、シャルドネ種が作られ、ピノ・ビアンコ、ピノ・グリージョ、ソーヴィニヨン、トラミネルなどの白、スキアーヴァ、ラグレイン、メルロー、カベルネなどの赤の品種が植えられている。

フリウリ・ヴェネツィア・ジューリア州もトレンティーノ・アルト・アディジェ州と同様にＤＯＣの下に多くの品種が連なっている。白ブドウが主体で、フリウラーノ、ピノ・グリージョ、リースリング、マルヴァジア、リボッラ・ジャッラ、トラミネル、シャルドネ、ソーヴィニヨン、ヴェルドゥッツォなど、黒ブドウではメルロー、カベルネ、ピノ・ネロ、レフォスコ、スキオッペッテイーノ種などがある。

エミリア・ロマーニャ州の北部、エミリア地方の平地では、サラミーノ、ソルバーラ、グラスパロッサなどのランブルスコ種から発泡性赤ワインが造られ、丘陵地帯ではバルベーラ、ボナルダ、メルロー種などの赤をはじめ、シャルドネ、トレッビアーノ、ソーヴィニヨンなどの白ブドウが植えられている。

また、南部のアペニン山脈に沿ったロマーニャ地方では、ＤＯＣＧに認められるアルバーナ種、トレッビアーノ種などの白、サンジョヴェーゼ種主体の赤が造られている。

中部イタリアのブドウ品種

アペニン山脈を境にエミリア・ロマーニャ州の南に位置する中部イタリアは、古くはローマを中心に栄え、中世にはフィレンツェをはじめとする都市国家が独自の文化で栄えた。

ワイン造りは、トスカーナ州を中心に盛んで、キアンティは世界で最もよく知られるイタリアワインといってもいいだろう。サンジョヴェーゼ種主体でカナイオーロの他カベルネ、メルローなどの品種が加えられるようになった。

トスカーナ地方の中部から南部にかけては、赤はサンジョヴェーゼ種が多く植えられており、カナイオーロ種、モンテプルチャーノ種などと組み合わされることが多い。サンジョヴェーゼ種は、あらゆる栽植法に適し、ルビー色でスミレの香りや果実味のあるワインになる。

サンジョヴェーゼ種を改良して作られたサンジョヴェーゼ・グロッソ種から造られるＤＯＣＧブルネッロ・ディ・モンタルチーノのワインは、長期の熟成に耐えることでよく知られる。同様のブドウ、プルニョロ・ジェンティーレを使用したヴィーノ・ノビレ・ディ・モンテプルチャーノもＤＯＣＧに認められるワインだ。

一九九〇年ＤＯＣＧに昇格したカルミニャーノは、キアンティに使うブドウのほか、カベルネ・ソーヴィニヨン種を加える。このほか、キアンティとほぼ同様のブドウを使用するワインには、ＤＯＣＧモレッリーノ・ディ・スカンサーノ、モンテカルロ・ロッソ、モンテスクダイオなどがある。

白ブドウでは辛口のＤＯＣＧヴェルナッチャ・ディ・サン・ジミニャーノがあるが、他のほとんどの地域の白ワインはトレッビアーノ種が主体でヴェルメンティーノ種などが加えられる。

アドリア海側のマルケ州では、魚の形をしたボトルで知られるヴェルディッキオに代表される白ワインが造られる。ヴェルディッキオ種主体でトレッビアーノ種、マルヴァジア種などが加えられる。一方、赤では、サンジョヴェーゼ種、モンテプルチャーノ種を使ったワインが多い。

イタリアの緑の心臓と呼ばれるウンブリア州は、海に面していないが、緑が多くゆったりとした丘陵地には、古くは紀元前八世紀のエトルリア時代からブドウが植えられていた。プロカニコと呼ばれるトレッビアーノ種とヴェルデッロ種を使ったオルヴィエートは、ローマ法王にも愛飲されていた。

ペルージャに近いトルジャーノの丘では、サンジョヴェーゼ種、カナイオーロ種からトルジャーノ・ロッソ・リゼルヴァが造られる。この地方の大地主ジョルジョ・ルンガロッティの努力によってＤＯＣＧに認められた。

また、モンテファルコで作られるサグランティーノ種もＤＯＣＧに認められている。濃い赤色でキイチゴを思わせる個性的な香りを持つ。このほかウンブリア地方では、トスカーナとほぼ同様のブドウが植えられている。

ローマを中心とするラツィオ州には、伝説を持つ白ワイン、エスト!エスト!!エスト!!!がある。トレッビアーノとマルヴァジア種から造られるが、同様の組み合わせでフラスカティが造られる。ローマでよく飲まれる白ワインだ。このほか、赤はチェザネーゼ、サンジョヴェーゼ、モンテプルチャーノ、アレアティコなどの品種が多く植えられている。

南イタリアのブドウ品種

ナポリを中心とするカンパーニア州は、アヴェッリーノ県を中心とする内陸部に古くからブドウが植えられ、ＤＯＣＧに認められるタウラージは、アリアニコ種から造られる。またヴェスーヴィオ火山の麓では、ピエディロッソ種、白ではコーダ・ディ・ヴォルペ種が植えられ、ラクリマ・クリスティのワインを生み出している。このほか、白ではフィアーノ種、ファランギーナ種、グレコ種などが植えられている。

アブルッツォ州では、ほぼ全土でモンテプルチャーノ種とトレッビアーノ種が作られ、広いＤＯ

Cに属するが、質の差は大きい。

モリーゼ州は、赤はモンテプルチャーノ種、アリアニコ種、白はトレッビアーノ種が主体。バジリカータ州もアリアニコ種が主体。

プーリア州は、多くの農産物を産出するが、ブドウの生産量も多く、白はパンパヌート種、トレッビアーノ種、ヴェルデーカ種が主体、赤はモンテプルチャーノ種、サンジョヴェーゼ種、プリミティーヴォ種、ネグロアマーロ種が主体で、白ワインでは、マルティーナ・フランカ、ロコロトンド、サン・セヴェロ、赤ではサリチェ・サレンティーノ、サン・セヴェロ、ロゼではカステル・デル・モンテなどのDOC、DOCGが知られている。

カラブリア州には、ガリオッポ種主体の赤とグレコ・ビアンコ種主体の白で知られるDOCチロのワインがある。

シチリア島は、イタリアを代表するブドウの量産地のひとつだが、古くはマルサラの原料となるカタッラット種、グリッロ種、インツォリア種の他、主に甘口用の白ブドウとなるマルヴァジア種やモスカート種も植えられている。一方、赤用ブドウでは、近年チェラスオーロ・ディ・ヴィットーリアに使われるネーロ・ダヴォラ種やエトナ・ロッソに使われるネレッロ・マスカレーゼなどの品種が注目され、多く栽培されるようになった。また、ピニャテッロ種、フラッパート種なども植えられている。

最後にサルデーニャ島だが、この島にはスペイン、カタルーニャ地方から移植されたブドウが多く、カンノナウ種、カリニャーノ種、モニカ種などの黒ブドウのほか、白ではヴェルメンティーノ種、ヴェルナッチャ種、甘口ワイン用モスカート種、またアルゲーロ周辺のみに植えられているトルバート種など、この島独自の品種も存在する。

赤ワイン用ブドウ品種

サンジョヴェーゼ（Sangiovese）

・栽培地域：北部と南部の一部を除く全州

サンジョヴェーゼ種は、イタリアの赤ワイン用ブドウとしては最も普及している品種で、世界でも最もよく知られているブドウだろう。トスカーナ州をはじめ、エミリア・ロマーニャ、マルケ、ウンブリア、ラツィオ、プーリア、カンパーニア、ヴェネトとイタリアのほとんどの州で植えられ、日本でもよく知られるＤＯＣＧキアンティ（トスカーナ州）やロマーニャ・サンジョヴェーゼ（エミリア・ロマーニャ州）、ＤＯＣＧモレッリーノ・ディ・スカンサーノ（トスカーナ州）、ＤＯＣＧトルジャーノ・ロッソ（ウンブリア州）などに使用されている。

また、ＤＯＣＧブルネッロ・ディ・モンタルチーノやＤＯＣＧヴィーノ・ノビレ・ディ・モンテプルチャーノに使用されるサンジョヴェーゼ・グロッソ種もサンジョヴェーゼ種の仲間である。

このブドウは病気に強く、あらゆる栽植法、土壌に適し、収穫量も多い。

特にキアンティのような粘土質、石灰質土壌を好み、単醸すると濃いルビー色で、タンニンがあ

り、調和の取れたほろ苦い後口が心地よいワインになる。若いときにはスミレの香りや果実の風味があり、熟成すると酸味が弱まり、エステル香が強くなる。

主なワインとしてはトスカーナ州のキアンティがあるが、サンジョヴェーゼ種主体でカナイオーロ種を加えて甘味を添え、バランスの取れた味わいのワインになる。

古くからキアンティが造られている地域、キアンティ・クラッシコ地区では、年間三〇〇〇万本近くのワインが造られているが、これはキアンティ全体の四分の一の量。キアンティの生産地域は広く、フィレンツェ、アレッツォ、プラート、ピストイア、ピサ、シエナと六つの県にまたがっている。このほか七つの指定地域（サブゾーン）がある。

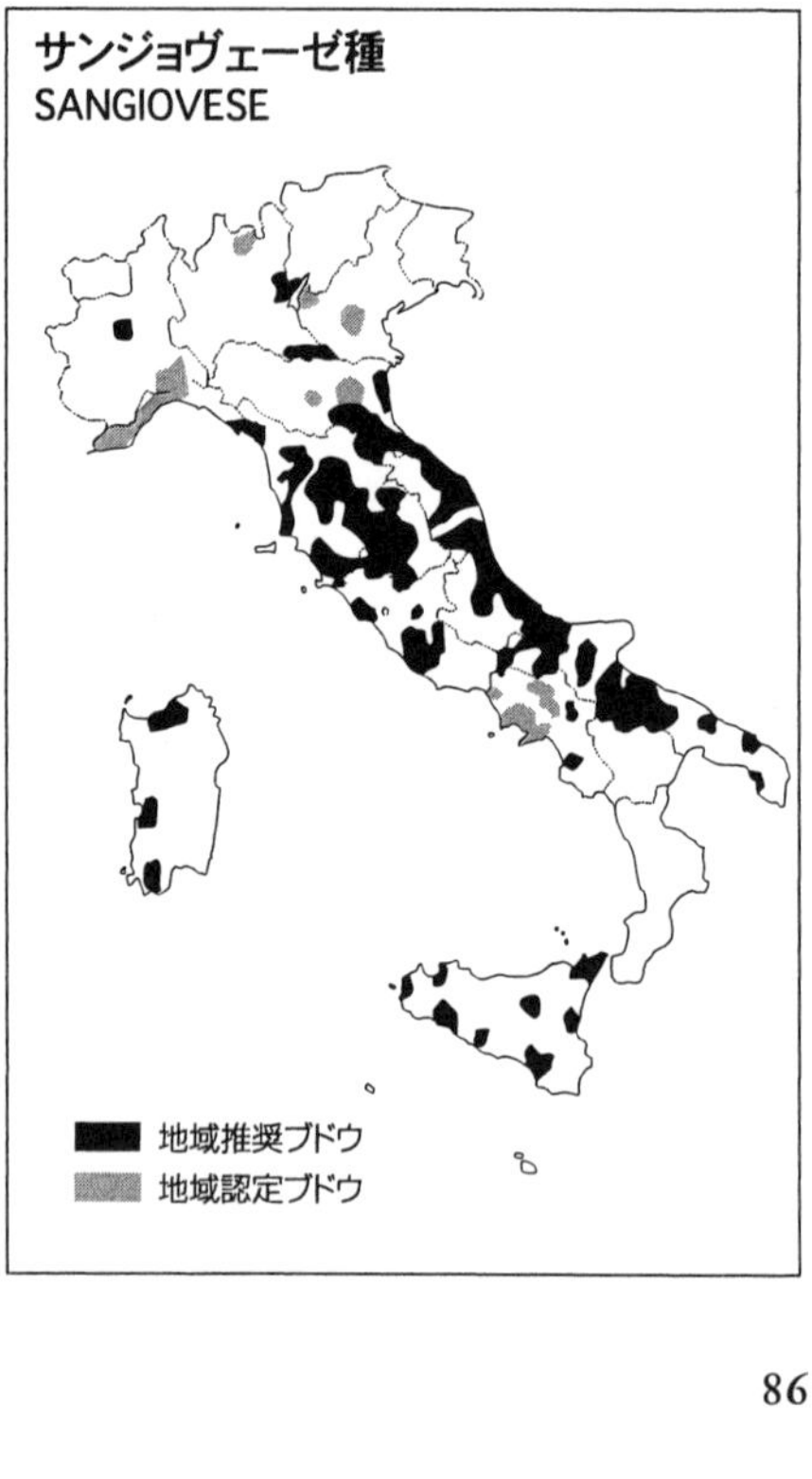

キアンティ・クラッシコは独自の協会を持ち、ヘクタール当たりのブドウの収穫量を七・五トン以下に制限し、熟成も一一カ月とキアンティより厳しい独自の規定がある。

キアンティはクラッシコも含め毎年一億三〇〇〇万本というＤＯＣＧ、ＤＯＣを代表する生産量を誇るワインになっている。

次にサンジョヴェーゼ種を多く使用するワインにロマーニャ・サンジョヴェーゼがある。ロマーニャ地方のボローニャからリミニにかけての丘陵に植えられ、コストパフォーマンスの高いワインが造られている。

さらにモンテカルロ、ポミーノ・ロッソなどもサンジョヴェーゼ種主体のＤＯＣである。

サンジョヴェーゼ種から生まれたブドウにサンジョヴェーゼ・グロッソ種がある。一九世紀の中頃、モンタルチーノに住むクレメンティ・サンティという勘の鋭い男とその仲間が、サンジョヴェーゼ種のクローン（分枝系）からサンジョヴェーゼ・グロッソ種（ブルネッロ種）を開発した。

このブドウは、石灰質土壌を好み、ワインにすると濃密で個性的な香りを含み、サンジョヴェーゼ種と比べて色が濃く、タンニンも多い力強いワインになる。グロッソとは、太いという意味だ。

ブルネッロは、一八六九年、モンテプルチャーノ農業博覧会で金賞を獲得し、以後、海外でも知られるようになり、今日人気のワインになった。アルコール分一二・五パーセント以上、六二カ月以上の熟成を必要とする。赤身肉のローストやジビエ料理の他、パルミジャーノ・レッジャーノ、ペコリーノなど熟成硬質チーズにも合う。

同地域で同じブドウから造られ、アルコールの規定が〇・五パーセント低く、熟成も一〇カ月のロッソ・ディ・モンタルチーノはブルネッロよりも四年も早く市場に出される。

また、プルニョロ・ジェンティーレと呼ばれるサンジョヴェーゼ・グロッソ種主体のワイン、ヴィーノ・ノビレ・ディ・モンテプルチャーノは、シエナ県モンテプルチャーノの標高六〇〇メートルの丘陵で造られ、辛口の赤ワインになる。一八世紀以降、ノビレ（高貴）と呼ばれるようになったこのワインにもブルネッロ同様、ロッソ・ディ・モンテプルチャーノというDOCワインがあり、四カ月の熟成で出荷することができる。

近年、一九六八年のサッシカイアの誕生以降、トスカーナ地方でもカベルネ・ソーヴィニヨン種主体のワインが多く造られるようになったが、同様の方法でサンジョヴェーゼ種主体、カベルネ・ソーヴィニヨン種を加えたワインも多く造られるようになった。

アンティノリ社の「ティニャネッロ」、ルフィーノ社の「モドゥス」、サンフェリーチェ社の「ヴィゴレッロ」、またサンジョヴェーゼ種にメルロー種を加えたフレスコバルディ社の「ルーチェ」、サンジョヴェーゼ種とメルロー種を半々で造るマッツェイ社の「シエピ」、シラー種とカベルネ・ソーヴィニヨン種を加えたバンフィ社の「スッムス」などもある。

さらにヘクタール当たりの収量を抑え、サンジョヴェーゼ種一〇〇パーセントのワインも造られるようになった。フォントディ社の「フラッチャネッロ・デッラ・ピエーヴェ」、イゾレ・エ・オレーナ社の「チェッパレッロ」、モンテヴェルティネ社の「レ・ペルゴレ・トルテ」などがある。

またアンティノリ社のようにカリフォルニアにサンジョヴェーゼ種を植え、アメリカ産のサンジョヴェーゼ種のワインを造り始めた生産者もある。このように、サンジョヴェーゼ種は、イタリアを代表する品種として輸出されるようになった。モンタルチーノのタレンティ社は、南北アメリカをはじめとする世界各国にサンジョヴェーゼ種の苗を輸出するようになっている。

ネッビオーロ（Nebbiolo）

・栽培地域：ピエモンテ地方を中心にアオスタ地方、ロンバルディアの一部

・別名：スパンナ（Spanna）、キアヴェンナスカ（Chiavennasca）、ピコテネル（Picotener）

　イタリアワインの王様と称されるバローロに使われる品種として知られるネッビオーロ種は、古く

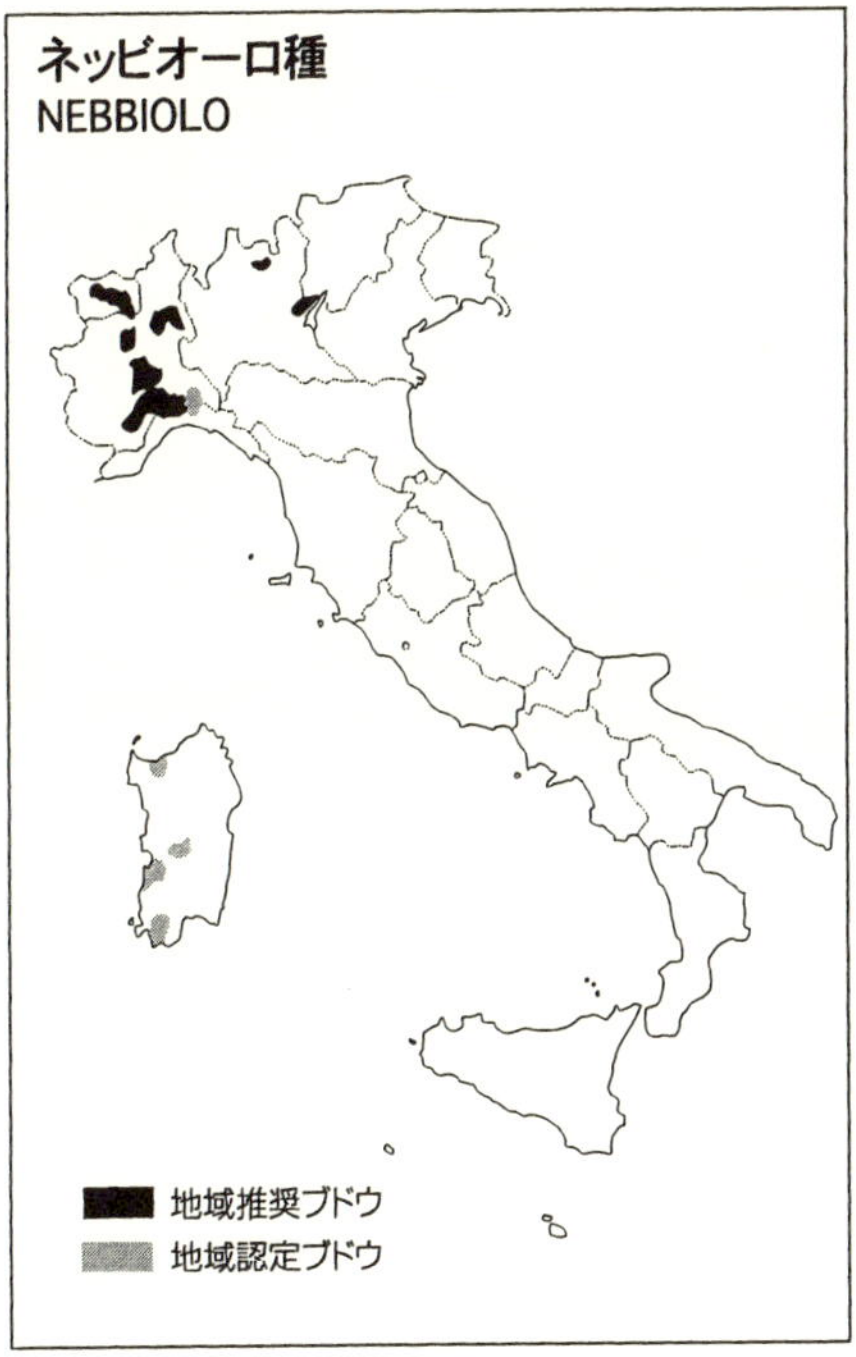

は古代ローマ時代からあったといわれ、一三〇〇年代の文献にも残るピエモンテ州など北イタリアで古くから知られる品種。現在でも北イタリアの最高級品種として知られ、アルバを中心とするピエモンテ州南部のランゲと呼ばれる地域に多く植えられている。さらに、ピエモンテ州の北に位置するヴァッレ・ダオスタ自治州、東に位置するロンバルディア州でも力強い赤ワインを生み出している。

ネッビオーロの名前の由来は、このブドウの表面にロウ粉が多くつき、それが霧（ネッビア）のように見えるためといわれる。また、このブドウの収穫時期が他のブドウよりも遅く、一一月の霧が出始める頃になってから摘み取ることからネッビオーロと呼ばれるようになったともいわれる。

ネッビオーロ種には、ランピア、ミケ、ロゼ、ボッラの四種があるが、ブドウの収穫量が多いランピア種が多く栽培されていた。しかし、近年は品質が高く収穫量の少ないミケ種も多く植えられるようになった。ロゼとボッラは現在ではほとんど植えられていない。

ネッビオーロ種は、石灰質、粘土土壌、水はけの良い丘陵地で日の当たる南向きの斜面を好む。ピエモンテ州では、この品種をグイヨー式に植えるが、栽培の難しい品種でもある。ワインにするとやや薄めのガーネット色で、熟成に従いレンガ色を帯びる。エーテル香、スミレの香りを含み、アルコール、タンニン、酸などを多く含むことから、長期熟成型の赤ワインになる。

ネッビオーロ種から造られるワインには、バローロをはじめ、ＤＯＣＧバルバレスコ、ＤＯＣネッビオーロ・ダルバ、ＤＯＣＧロエロ、ＤＯＣカレーマ、ＤＯＣＧガッティナーラ、ＤＯＣＧゲンメなどのピエモンテ州のワインが知られる。

また、ロンバルディア州の北部、ヴァルテッリーナ渓谷では、キアヴェンナスカと呼ばれるネッビオーロ種からＤＯＣＧワインに指定されたヴァルテッリーナ・スペリオーレのワインが造られる。この地方では、収穫したブドウを屋内で陰干しし、糖度を高めてから醸造したスフォルツァートと呼ばれる力強い赤ワインも造られている。

ピエモンテ州の北側、モンブラン・トンネルを境にフランスと接するヴァッレ・ダオスタ州でもピコテネルと呼ばれるネッビオーロ種が植えられている。また、サルデーニャ島の一部では地域の認定ブドウとしてネッビオーロ種が認められている。

ネッビオーロ種から造られるワインとして最もよく知られるのはバローロだが、ランゲの小高い丘や丘陵の二〇〇〇ヘクタールの土地には七〇〇軒近くの農家が密集する。規模は平均すれば一軒二ヘクタール程度と小さい。生産地域は、ランゲの中心にあり、カスティリヨーネ・ディ・ファッレット、セッラルンガ・ダルバ、ラ・モッラ、バローロなどの地区で構成される。

年間一〇〇〇万本以上を生産するようになったが、一九九五年以来、例年ブドウの出来が良かったこともあり、価格が大幅に上昇し、高価なワインになっている。古くは一万〜一万五〇〇〇リットルの大樽で熟成させ、一部の生産者は、さらに一〇〇リットルほどのダミジャーノと呼ばれるガラスの容器に密閉して保管していたが、今日ではオークの小樽を熟成に使用する生産者も増え、各社が独自の造り方で長期の熟成にも耐え、かつ比較的早くからも飲める新しいバローロを造るようになった。

昔、このワインは甘口ワインとして造られていたが、一九世紀サヴォイア王朝の時代に発酵が完全に行われるようになり、今日のスタイルの辛口ワインになった。

一八世紀から存在する生産者にジャコモ・ボローニャ、ジャコモ・コンテルノ、テヌータ・カッレッタ、一九世紀後半からワイン造りを始めた生産者に、マルケージ・ディ・バローロ、フランチェスコ・リナルディ、ピオ・チェーザレなどがある。また近年素晴らしいワインを生み出している生産者に、ブルーノ・ジャコーザ、チェレットなどがある。

一方、ＤＯＣＧバローロの弟分として知られるワイン、ＤＯＣＧバルバレスコは、バローロよりも南東に位置し、アルバの南、タナロ川の南側の二五〇～四〇〇メートルの丘陵地帯にあるバルバレスコ、ネイヴェ、トレイゾ、サン・ロッコなどの村で造られ、イタリアで最もブドウ畑が密集している地域といわれるが、その生産量は年間三五〇万本とバローロの三分の一。ブドウの品種はバローロと同じネッビオーロ種だが、土地や気候のわずかな差から、バローロとは違った味わいのエレガントなワインが生み出される。

アジーリ、ラバヤ、マルティネンガ、ファセット、アルベザーニ、ジャコーザなどの地区で構成され、ガイヤ、チェレット、マルケージ・ディ・グレジ、ブルーノ・ジャコーザ、ブルーノ・ロッカなどの生産者が知られている。

熟成したＤＯＣＧバルバレスコのワインは、牛肉の煮込み料理、ブラザートやストゥファート、野ウサギの煮込み料理にも向く。一般的にＤＯＣＧバローロよりも、なめらかでおとなしいワインといわれるが、時にはバローロを凌ぐ力強さを持つワインに出くわすこともある。バローロに比べて比較的早く市場に出されることから、エレガントで飲みやすさを競うワインが多く、バローロとは別のファンも多く持つワインだ。

バローロ、バルバレスコ同様、ＤＯＣＧに認められるワインにガッティナーラ、ゲンメがある。ＤＯＣＧガッティナーラは、ヴェルチェッリ近くで造られるキイチゴの香りを含むワイン。一方、ＤＯＣＧゲンメは、ノヴァーラ近くで造られる上品で力強いワイン。残念ながら両ワインとも生産量が極めて少なく、世界に知られるまでには至っていない。

これに対し、アルバを中心とする広い地域を持つＤＯＣネッビオーロ・ダルバ、ランゲ・ネッビオーロは、バローロやバルバレスコの地域からは外れるものの、場所によっては掘り出し物の素晴らしいワインがあり、価格的にも興味深い。また、タナロ川の左岸、ロエロ地区でもネッビオーロ種のワインがＤＯＣＧに認められている。

ヴァルテッリーナ渓谷では、古くから山の斜面にネッビオーロ種が植えられた。谷間の南向きの傾斜がかなり厳しい岩場でブドウが栽培されており、作業に機械は使用できず、人間の力のみでブドウ作りが行われてきた。このブドウ主体のＤＯＣワインにヴァルテッリーナがあるが、ネッビオーロ種を九〇パーセント以上使用したヴァルテッリーナ・スペリオーレはＤＯＣＧワインで、サッセッラ、グルメッロ、インフェルノ、ヴァルジェッラ、マロッジャなど指定地域名で呼ばれる。

また、ヴァルテッリーナのブドウを陰干しして醸造する力強い赤ワイン、スフォルツァートは一六〇〇年代、この谷の領主であったセルトリ・サリス家によって生み出され、一七〇〇年代には、病人にスプーンで飲ませる貴重なワインだった。このワインを造るには、ブドウの質だけではなく、陰干しする三カ月間の気候も大切で、毎年できるわけではない。出来上がったワインは、ブドウを陰干しすることによって、良い年のバローロと同程度の糖度に達するといわれ、力強いワインになるが、その生産量は極めて少ない。このワインも二〇〇一年産からＤＯＣＧに認められている。

バルベーラ（Barbera）

・栽培地域：ピエモンテ地方、ロンバルディア地方を中心にほぼイタリア全土

バルベーラ種は、ピエモンテ州のモンフェッラートに起源があるといわれる品種で、現在ではロンバルディアのオルトレポー・パヴェーゼ他、ヴェネト、フリウリ、マルケ、エミリア・ロマーニャ、アブルッツォ、サルデーニャなどイタリア各地で栽培されている。また、イタリアの移民によってアルゼンチン、ブラジル、南アフリカ、カリフォルニアなどにも運ばれ、今日でも栽培されている。

ＤＯＣＧ、ＤＯＣとしてはピエモンテ州のアルバ、アスティ、モンフェッラートの三つの地域が認められている。各ＤＯＣで一部加えていいブドウによって味が異なるが、ワインにすると濃いルビー色でワインらしい香りや花の香りがあり、辛口からやや酸味を感じる軽めのもの、しっかりとした味わいの長期熟成型ワインもある。

一般的には食事用のワインだが、酸味やタンニンも含むことから、肉を使ったソースのパスタやリゾット、ピエモンテの肉の煮込み料理「グラン・ボッリーティ」や、ミラノの伝統料理で雑肉をヴェルツァと呼ばれるチリメンキャベツと一緒に煮込んだ「カッソーラ」という料理にも合う。また、ピエモンテの冬の料理、溶かしバターとオリーヴオイル、アンチョビ、ニンニクで作ったソースを温め、これに細く切ったピーマン、フィノッキオ、セロリ、カルドなどの野菜を浸して食べる「バーニャカウダ」などにも良く合う。

最近では、日常ワインであったこのバルベーラも、酸やタンニンを多く含むことから、ブドウの収穫量を減らしオークの小樽で熟成させ、長期の熟成がきくワインに仕上げる生産者が増えてきた。

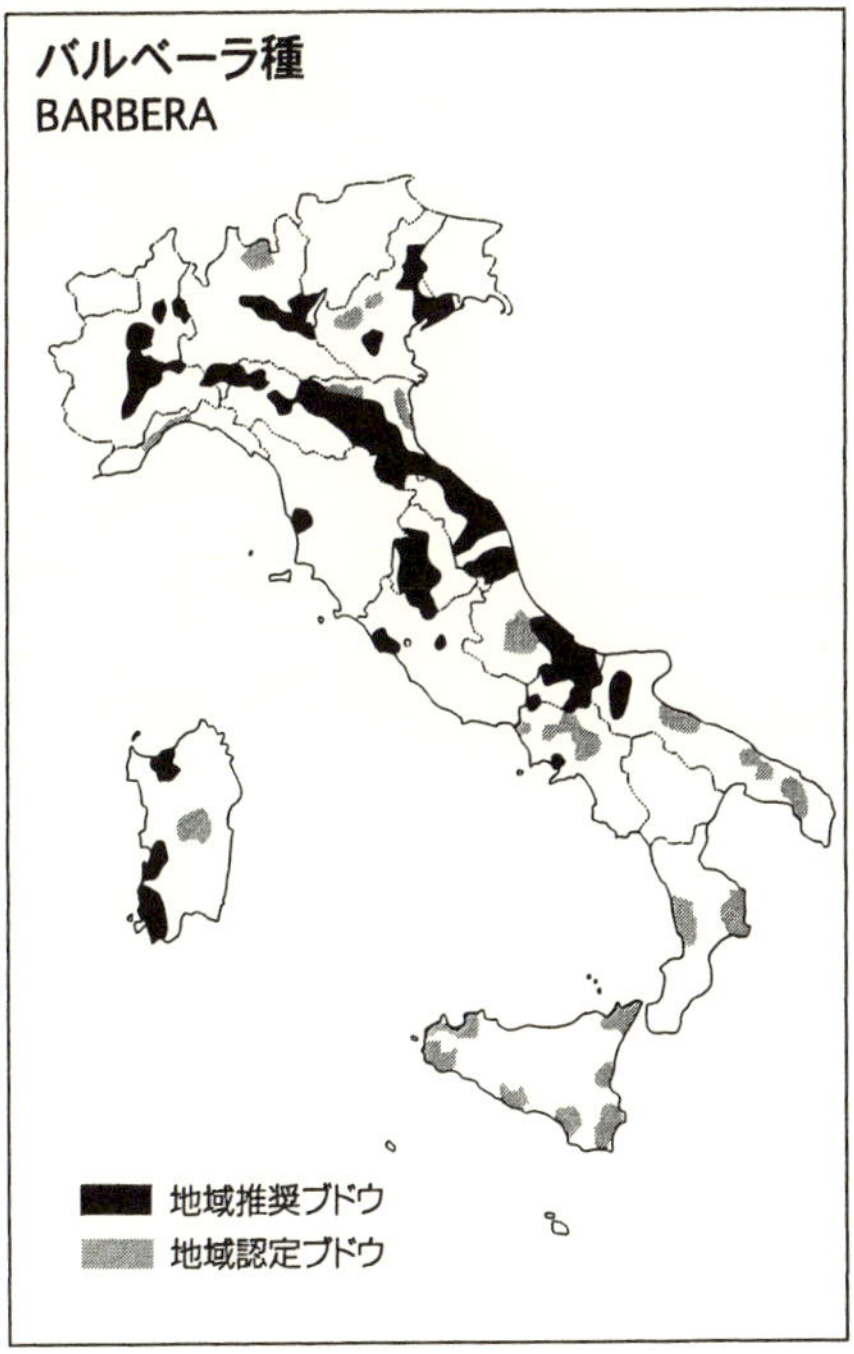

「ヴァルマ VARMAT」や「ランゲ・ラリジ LANGHE LARIGI」などバルベーラ一〇〇パーセントの優れたワインも生み出されるようになった。また、「ヴィルトゥス VIRTUS」（バルベーラ種、カベルネ・ソーヴィニヨン種）、「ヴィッラ・マリス VILLA MARIS」（ネッビオーロ種、バルベーラ種）、「コウンタック COUNTACC」（カベルネ・ソーヴィニヨン種、ネッビオーロ種、バルベーラ種）、「ジョルジョーネ・ヴィッラ GIORGIONE VILLA」（バルベーラ種、ネッビオーロ種）などカベルネ・ソーヴィニヨン種やネッビオーロ種など他の力強い黒ブドウとの配合も試されるようになり、バルベーラ種を使用したバラエティーに富むワインが生み出されるようになってきている。

ドルチェット（Dolcatto）

・栽培地域：ピエモンテ地方、中部イタリアの一部
・別名：ドリシン、ドッセート

ドルチェット種もピエモンテ州の重要な黒ブドウの一つで、特にランゲ地区ではネッビオーロ種に次ぐ重要な品種になっている。古くは、ドリシン種、ドッセート種などと呼ばれ、リグーリア州に近いオルメアスコ種に始まった品種といわれている。

ピエモンテ州モンフェッラートを中心に、リグーリア、ロンバルディアのオルトレポー・パヴェーゼでも栽培されている。ルビー色で独特のワインらしい香りがあり、ほろ苦く調和の取れた辛口赤ワインになる。

アスティ、アルバ、ドリアーニ、ディアノ・ダルバ、アックイ、オヴァーダの六つの地域でDO

CG、DOCに認められている。使用ブドウはドルチェット種一〇〇パーセントで、アルコール分が一二・五パーセントを超え、一四カ月以上の熟成を経たものはスペリオーレと表示できる。

ドルチェット種
DOLCETTO

六地区で年間三〇〇〇万本のワインが生産されているが、ブドウの生産はアルバ周辺のランゲ地区に集中している。古くはデザートワインとして甘口にされていたといわれるが、現在では辛口ワインとして北イタリアの料理に合う日常ワインとして知られている。

サラミ類の前菜、肉やきのこを使ったパスタ料理やラビオリ、アニョロッティなどの詰め物パスタに向く。この他ポレンタを添えた肉の煮込み、ロビオーラなどの若いチーズにも向く。

ピノ・ネロ（Pinot Nero）

・栽培地域：ヴェネト地方、アルト・アディジェ地方、フリウリ地方、ロンバルディア地方

フランスのブルゴーニュとシャンパーニュ地方で多く栽培される品種で、フランスからイタリアに伝えられた品種。この品種は古代ローマ時代にプリニウスが「エルヴァアナチェア・ピッコラ」と記した品種が原種ではないかといわれている。ピノ種のファミリーにおいて最も重要な品種で、今日、世界中で栽培されている。しかし、シャンパーニュ地方やドイツ、スイスで栽培される品種とブルゴーニュの品種は異なる。一般的には泥土質、石灰質土壌を好み、風通しのよい丘陵の砂地や、あまり肥沃でない土地を好む。

イタリアでも多くスプマンテ用に使われるほか、赤ワイン用としても使われることも多くなった。ワインは明るいルビー色で、繊細で香りが高い。苦味とアロマを含み、熟成させると割と早めにレンガ色に変わる。白ワイン用としては瓶内二次発酵させる辛口スプマンテに向く。イタリアでは、単一で赤ワインか、シャルドネ種と合わせてスプマンテに使用されることが多い。フランチャコルタ、オルトレポー・パヴェーゼ、アルト・アディジェ、ブレガンツェ、ピアーヴェなどのＤＯＣＧ、ＤＯＣワインに使われている。

グリニョリーノ（Grignolino）

・栽培地域：ピエモンテ地方

・別名：バルベジーノ、ヴァルバジーノ、ロッセット

この品種は一七〇〇年代終わり頃、すでにピエモンテで栽培されていたという記録が残されているピエモンテ独自の品種。痩せた土地を好み、バルベジーノ、ヴァルバジーノ、ロッセットなど多くの別名でも呼ばれ、モンフェッラート・カザレーゼ、アスティ地区でＤＯＣに指定されている。

九〇パーセント以上使用し、残りは色が濃く甘味を含むフレイザ種が加えられる。

ＤＯＣワインの生産量は、三〇〇〇万本と少ないが、ピエモンテ独自のワインとして北イタリアの大都市で人気がある。

このブドウは、ワインにすると明るく薄いルビー色で、デリケートなワインらしい香りがあり、わずかな苦味の中にアルコールを感じる。一般的には若いうちに消費されるが、四年から五年の熟成も可能だ。

肉入りソースのパスタ料理や仔牛、鶏肉、ウサギ、仔羊などの白身肉のローストや煮込み、またピエモンテ地方の名物料理、肉類のミックスフライにも向く。

モンテプルチャーノ（Montepulciano）

・栽培地域：アドリア海沿岸の地域

中部イタリアのアドリア海側で最も重要な黒ブドウの品種。マルケ地方からプーリア地方まで、アブルッツォ地方、モリーゼ地方とこの品種が主な黒ブドウとなっている。

特に、このブドウが生まれたであろうと推測されるアブルッツォ州のペスカーラ周辺では多く植えられ、主力ワインであるＤＯＣＧ、ＤＯＣモンテプルチャーノ・ダブルッツォはＤＯＣＧキャンティとほぼ同量が生産されている。

この品種は古くは、サンジョヴェーゼ種の仲間ではないかといわれていたが、ＤＮＡ鑑定の結果全く別の品種であることが分かり、今日では品種の特性が注目されるブドウになっている。

暑く乾いた気候を好み、収穫は標高によって変わるが、九月から一〇月に行われる。

アブルッツォ地方以外では、ＤＯＣＧコーネロ、ＤＯＣロッソ・ピチェーノなどのようにサンジョヴェーゼ種などの品種と混醸されることが多い。

ワインにすると、濃いルビー色で、チェリーやマラスカの香りを含み、しっかりとした果実の味わいがあり、まろやかなタンニンを含む。

なお、トスカーナ地方のヴィーノ・ノビレ・ディ・モンテプルチャーノはこれらとは全く別のワインで、プルニョロ・ジェンティーレと呼ばれるサンジョヴェーゼ・グロッソ種で造られ、ワインの名前は生産される町の名前からとられている。

アリアニコ（Aglianico）

・栽培地域：カンパーニア地方、プーリア地方、バジリカータ地方

・別名：グアニコ、グアニカ、ガリアーノ

アリアニコ種の起源は古く、古代ローマ時代ギリシャから移植されたブドウに由来し、ヘッレニカ、つまり「ギリシャ伝来のブドウ」を意味する。フェニキア人がギリシャから持ち込んだ品種といわれている。グアニコ、グアニカ、ガリアーノとも呼ばれ、イタリア半島のティレニア海沿いのカンパーニア地方から南の地方に植えられている。石灰質泥土質土壌を好み、初めはエトルリア人が植えたブドウの樹に差し替えて植えられた。このブドウは、一五世紀末、当時ナポリを支配していたアラゴン王朝時代に知られるようになり、エッレニカともエッラニコとも呼ばれていた。

アリアニコ種を使ったワインで最も知られているのは、タウラージ（カンパーニア州）で、古くからバローロに並ぶ長期熟成型赤ワインとして知られ、一九七〇年にＤＯＣ、一九九三年には、南イタリアのワインとして初めてＤＯＣＧワインに認められた。

タウラージは、最初はヴェスーヴィオ火山の麓で造られていたが、しだいに内陸のアヴェッリーノ方面で造られるようになった。現在は、ナポリから内陸に二つ山を越えたサバト川の上流、ナポリ〜バーリの高速道路に沿ったアヴェッリーノとモンテフレダーネの間、イルピーニアを中心とする地域で造られている。ブドウの仕立ては、ダブルグイヨー式、一ヘクタール当たり五〇〇〇本、収穫量は一〇トン。三年間の熟成を要するが、現在では大樽と小樽の両方での熟成が多い。ワインはスミレの香りを含み、辛口で力強く、二〇年以上の熟成にも耐える。

次に、同じくカンパーニア州ベネヴェント周辺の標高三〇〇〜六〇〇メートルの丘陵地帯で造られるDOCGアリアニコ・デル・タブルノがあるが、石灰質泥土質の土壌に一ヘクタール当たり五〇〇〇本が植えられ、森の木の実やタバコの香りを含み、アロマティックでしっかりした味わいのワインとなる。生産量は年間五万本ほどと少ない。

さらに南のバジリカータ州ヴルトゥレ山の麓で造られるDOCGアリアニコ・デル・ヴルトゥレ・スペリオーレは、一五世紀アラゴン王朝時代から知られるワインだが、近年まで北イタリアの混合用ワインとして売られていた。このワインは三年間の熟成を要し、熟成には主に大樽が使用されるが、スミレの香りを含み、チェリーやアーモンドの味わいがある。五年以上熟成させたものはリゼルヴァと表示できる。

また、カンパーニア州カゼルタ県で造られるDOCファレルノ・デル・マッシコは、古代ローマの時代から知られるワインで、モンテ・マッシコの麓で造られる。アリアニコ種六〇パーセント以上、ピエディロッソ種四〇パーセント以下とタウラージとほぼ同様の品種を用いる。忘れられたワインになっていたが、ヴィッラ・マティルデ社によって今日再び知られるようになった。

プリミティーヴォ（Primitivo）

・栽培地域：プーリア地方
・別名：ジンファンデル、モレローネ、ウーヴァ・ディ・コラート、ウーヴァ・デッラ・コラート

プーリア地方のブドウとして知られるこの品種の来歴ははっきりとしていないが、バルカン半島

経由で移植されたブドウではないかといわれている。その後、ハンガリー経由でアメリカのカリフォルニアやオーストラリアにもたらされ、ジンファンデルと呼ばれるようになった。これはすでにＤＮＡ鑑定で明らかにされている。

このブドウは開花や果実の熟成が早く、八月末には収穫がはじまることから、プリミティーヴォと名付けられたといわれ、高温、少雨気候に適し、収穫量の多いブドウでもある。色が濃くアルコール分も高くなることから、古くは北イタリアや西ヨーロッパにバルクワインとして売られていた。

現在では、プーリア地方を中心に、バジリカータ、アブルッツォ、カンパーニア、サルデーニャなどの地方でも栽培されている。

ワインにすると、青みを帯びた濃いルビー色で、スパイスの香りを含み、円やかで果実の味わいの強いワインになる。

主なＤＯＣＧ、ＤＯＣワインに、プリミティーヴォ・ディ・マンドゥーリアがあるが、このワインの甘口は、二〇一一年ＤＯＣＧに認められた。このほか、ジョイア・デル・コッレ、グラヴィーナ（プーリア）、マテーラ（バジリカータ）、チレント（カンパーニア）などのＤＯＣに使われている。

ネグロアマーロ（Negroamaro）

・栽培地域：プーリア地方

・別名：ニクラ・アマーロ、アブルッツーゼ、ウーヴァ・カーネ、アルベーゼ、イオニコ、マンジャヴェルデ、ネーロ・レッチェーゼ

プーリア州のレッチェを中心にプーリア地方で栽培される土着ブドウ。その来歴は定かではないが、ギリシャから伝わったものではないかといわれている。

このブドウ独特の黒い色と、苦味のある味わいから、ネグロアマーロと呼ばれるようになった。レッチェを中心に、ブリンディシ、ターラントでも多く栽培され、プーリア地方の黒ブドウとしても栽培面積の多いブドウとなっているが、このブドウも古くは生産量が多く、色が濃くアルコール度数が高くなることから、バルクワインとして売られていた。

濃いスミレがかったルビー色で、日当たりが良く風通しの良い、石灰質泥土壌を好む。

ワインにすると、ガーネット色を帯びた濃いルビー色で、森の木の実など小さな果実の香りやたばこの香りを含み、苦味がある。

マルヴァジア・ネーラ、サンジョヴェーゼ、モンテプルチャーノなどの品種と混醸されることが多く、ロゼワインにされることも多い。

DOCワインでは、サリチェ・サレンティーノ、マルティーノ、ブリンディシ、ジョイア・デル・コッレ、レヴェラーノ、リッツァーノ、スクインツァーノ、コペルティーノなどに使われる。

ネーロ・ダヴォラ（Nero d' Avola）

・栽培地域：シチリア島
・別名：カラブレーゼ

シチリア島で最も重要な品種だが、紀元前五世紀にはすでにシチリアに存在していたといわれる。シチリアを代表する赤ワイン用ブドウだが、ギリシャから伝えられ、島の南、シラクーサとラグーザの間にあるアヴォラの町にちなんで名付けられたといわれている。現在では、シチリア島の全土に植えられているが、ラグーザ、ノートなどが主な生産地である。ブドウは、アルベレッロ方式やテンドーネ方式で植えられてきたが、最近ではグイヨー式が主力になってきている。

特にカステルダッチャのドゥーカ・ディ・サラパルータ社（コルボ）やヴァッレルンガのレガレアーリ社のワインに多く使われており、これらのワインは世界中に輸出されている。

なかでも、ネーロ・ダヴォラ種を一〇〇パーセント使用し、今日非常に高い評価を得ているワインに「ドゥーカ・エンリコ DUCA ENRICO」がある。大樽と小樽で各一年熟成され、さらに瓶熟を一年経て出荷される。エレガントで厚みがあり力強いワインになる。このワインの出現により、一九八〇年代後半からネーロ・ダヴォラ種が注目されるようになった。

このほか、ネーロ・ダヴォラ種を使ったワインには、「タンクレディ TANCREDI」のように、カベルネ・ソーヴィニヨン種とネーロ・ダヴォラ種を半々に使用し、インターナショナルな味わいを意識したワインもある。

カンノナウ（Cannonau）

・栽培地域：サルデーニャ島全土

・別名：アリカンテ

カンノナウ種は、サルデーニャ島の全土に植えられている黒ブドウだが、一五世紀末のスペイン王朝支配の時代にスペインから持ち込まれた。スペインではアリカンテと呼ばれている。

一七八〇年にナポリで書かれた本に初めてカンノナウの名前が登場するが、一八〇〇年代に正式にカンノナウと名付けられることになる。特に重要な生産地は、カリアリを中心とする地域で、他に特定地域の指定を受ける地域もある。盆栽のように低いアルベレッロ方式で植えられ、大樽で八〜一〇カ月熟成されたワインは、松脂やブドウ香を含む辛口で力強いワインになる。

アルコール度数が一三パーセントを超え、二四カ月の熟成を経たものはリゼルヴァと表示できる。

このほか、明るい桜色のロゼやリキュールタイプのリクオローゾも造られるが、なかでもリクオローゾ、ドルチェ・ナトゥラーレに属する甘口ワイン「アンゲル・ルイユ ANGHELU RUJU」は独特の香りと甘味があり、しっかりとした味わいの甘口赤ワインである。

その他の赤ワイン用ブドウ品種

イタリアには生産量こそ少ないが、その地方独自の赤ワイン用ブドウも今日に伝えられている。

ピエモンテ州からロンバルディア州にかけては、ソフトな甘口ワインに仕上げられるフレイザ種やボナルダ種がある。

トレンティーノ・アルト・アディジェ州には、鮮やかなルビー色でキイチゴを思わせる香りのテロルデゴ種やスキアーヴァ種、マルツェミーノ種がある。ヴェネト州には、ＤＯＣヴァルポリチェッラやＤＯＣＧアマローネ、ＤＯＣバルドリーノの原料になるコルヴィーナ種、ロンディネッラ種、モリナーラ種、ネグラーラ種などがある。

フリウリ地方には、フルーティで個性的な草の風味を持つレフォレスコ種や近年ロンキ・ディ・チャッラ社によってＤＯＣに認められるようになったスキオッペッティーノ種がある。

エミリア地方には、発泡性赤で知られるランブルスコ種、トスカーナにはサンジョヴェーゼ種に合わせるカナイオーロ種、ウンブリアにはＤＯＣＧとして知られるサグランティーノ種がある。

南イタリアは、カラブリアのガリオッポ種、シチリアのカラブレーゼ種、フラッパート種、ネレッロ・マスカレーゼ種、サルデーニャのカリニャーノ種などがある。

白ワイン用ブドウ品種

モスカート（Moscato）

・栽培地域：イタリア全土

モスカート種は、ギリシャ原産のブドウといわれるが、現在でもイタリアのほぼ全土で栽培されている。

　アロマティックで、甘さを多く含むブドウであるため、甘口ワインにされることが多いが、このブドウから造られるワインの数はイタリアで最も多い。主な栽培地域は、ピエモンテ、プーリア、シチリア、サルデーニャの各州。モスカート種には、ＤＯＣＧアスティに代表されるモスカート・ビアンコ種のほか、モスカート・ジャッロ種、モスカート・ローザ種などがある。

モスカート・ビアンコ種
MOSCATO BIANCO

　ＤＯＣＧに認められるアスティやモスカート・ダスティ、ＤＯＣのモスカート・ディ・パンテッレリアなどはモスカート・ビアンコ種から造られる。また、モスカート・ジャッロ種、モスカート・ローザ種はトレンティーノ・アルト・アディジェ州を中心にフリウリ・ヴェネツィア・ジューリア州でも栽培されている。

　モスカート・ビアンコ種はデリケートな品種で、丘陵地を好み、粘土質や湿気のある土地を好ま

ない。モスカート・ジャッロ種は、石灰質や玄武岩のある丘陵を好み、モスカート・ローザ種は粘土質で珪質土か砂利の混じった土壌を好む。

香りの特徴は各種ともマスカットやバラを思わせる芳香にあり、造られるワインは三種に分かれる。通常のスティルワインにすると、マスカットのアロマが残り、アルコール度の低い軽めのワインになる。次に発泡性ワイン。マスカットの香りをそのまま瓶に詰めたようなフルーティで甘味を含むワインになる。

最後にパッシート（天日で乾燥させた）にする方法で、このワインは黄金色から琥珀色のアルコール度が高い甘口ワインになる。

モスカート・ビアンコ

この品種から造られ、最もよく知られるワイン、アスティは、一九九三年、甘口・スパークリングワインとして初めてＤＯＣＧに認められた。毎年七〇〇〇万〜八〇〇〇万本が生産されている。アスティからクーネオ、アレッサンドリアの三つの県にまたがり、七〇〇〇軒の農家が九〇〇〇ヘクタールの広い地域でこのワイン用ブドウを作っている。古くは海底であった水はけの良い地質からなる丘陵から甘いマスカットの香りを持つ独特のワインが生み出される。

一八六五年、シャンパーニュ地方でワイン造りを勉強したカルロ・ガンチャがタンク内で二次発酵させるシャルマー法を用いてアスティ・スプマンテを造り始めた。

今日では、ドイツ、アメリカをはじめとする世界各国に輸出され、日本への輸出も増えている。

同様のブドウを使用し、アスティのベースワインとして造られていたモスカート・ダスティも、一九九三年アスティと同時にＤＯＣＧに認められている。このワインもフルーティでマスカットのアロマティックな香りを残す甘口ワインになる。アルコール度の低い、弱発泡性のフレッシュな味わいのワインとして人気を得ている。

両ワインともにパネットーネなどのパンケーキやクレープ、ザヴァイオンソースをかけたタルトなどのケーキ類に合う。

次にＤＯＣモスカート・ディ・パンテッレリアがあるが、このワインはシチリア島の南、アフリカに近いパンテッレリア島でヅィビッボと呼ばれるモスカート・ビアンコ種一〇〇パーセントで造られる。この島は風が強く、日差しも強いため、苗は盆栽のように低く、苗の根元に穴を掘って低く植えられている。ブドウの収穫量も一ヘクタール当たり三トンと少なく、そのため樹齢が五〇年を超えるものも少なくない。

天日乾燥させたパッシート（陰干しして糖度を高めた甘口ワイン）も造られる。ナチュラルなものは黄金色、パッシートしたものは琥珀色になる。マスカットの独特のアロマティックな香りを含み、わずかにナツメヤシの苦味を感じる。

最後にヴァッレ・ダオスタ州のシャンバーヴェ・モスカートがある。アオスタ渓谷の六〇〇メートル近い南東向きに植えられ、フレッシュなものとパッシートが造られる。古くは世界に知られるワインで、一四世紀、ブルボンの王様に贈られたという記述も残されている。

モスカート・ローザ

モスカート・ローザ種は、トレンティーノ・アルト・アディジェ州とフリウリ・ヴェネツィア・ジューリア州でのみ栽培されている品種。呼び名の由来はブドウの色よりもむしろバラの香りからきており、バラの香りの強いワイン。ブドウの収穫量が少ないのは、この木が雌花のみを持つため。ワインにするとアロマティックでバラの香りが強く、美しいガーネット色の甘口赤ワインになる。イチゴやプラムを使ったトルタや乾燥させた菓子類などに向く。

モスカート・ジャッロ

この品種はモスカテル、モスカットとも呼ばれ、トレンティーノ・アルト・アディジェ州を中心にヴェネト、ロンバルディア、フリウリ、シチリアの各州で植えられている。中世にヴェネツィア人によってギリシャから伝えられたものと思われる。石灰質の丘陵地を好み、冬の寒さに強く、ブドウの収穫量も比較的多い。

甘口ワインにすると、マスカットの香りを含むデザート用ワインになり、フルーツや森の木の実を使ったタルトやマチエドニア（フルーツポンチ）などに合う。

また、辛口ワインにすると、アロマや味わいを失うが、食事に向く日常ワインになる。

トレッビアーノ（Trebbiano）

・栽培地域：トスカーナ地方を中心にイタリアほぼ全土

・別名：プロカニコ

トレッビアーノ種は、トスカーナ、エミリア・ロマーニャ、ヴェネト州を中心にイタリア全土で栽培される白ブドウで、イタリアで最も多く栽培されている白ワイン用品種である。

この品種の起源は古く、紀元前からエトルリア人が今日のトスカーナ州に当たる地域で栽培していたといわれる。また、古代ローマのプリニウスの『自然史』の中にもトレプラニスの平野で生産されるヴィニウム・トレプラヌムと記されている。

非常に強い品種で、あらゆる土壌に適し、ブドウの生産量が多いことからイタリア全土に広まり、フランスに渡ってユニ・ブランと呼ばれるようになった。

混醸用のブドウとして使われることが多いが、ヴェルモットやブランデーの原料として使われるほか、甘味が強いことから、アチェート・バルサミコ（ブドウの搾り汁を煮詰め、ワインヴィネガーと合わせて小樽で数年熟成させた熟成酢）の原料としても使用される。ワインにすると、黄色を帯びた麦わら色でブドウや果実の香りがあり、主に魚や卵料理に向くワインになる。

トレッビアーノ種は、いくつかの種類に分かれるが、まず最も古いと思われるトレッビアーノ・トスカーノ種は、トスカーナ州をはじめとする多くの州で栽培されている。次にトレッビアーノ・ジャッロ種。この品種は主にローマ周辺で栽培されている。また、トレッビアーノ・ロマニョーロ種は、主にエミリア・ロマーニャ地方で栽培されている。最後にトレッビアーノ・ヴェロネーゼ種だが、DOCソアーヴェ（ヴェネト州）やDOCルガーナ（ロンバルディア州）などのワインの原料になっている。

トレッビアーノ・トスカーノ

この品種はエトルリアに始まる品種といわれ、トレッビアーノ種の原種といわれている。専門家、アンドレア・パッチョの著書では、古代エトルリアのルーニ領土（今のトスカーナの海岸沿いの地方）が発祥の地で、「ヴィニウム・トレブラヌム」と呼ばれていたと解説している。

トスカーナをはじめ、ウンブリア、ラツィオ他の各州で多く栽培されている。DOCワインには、

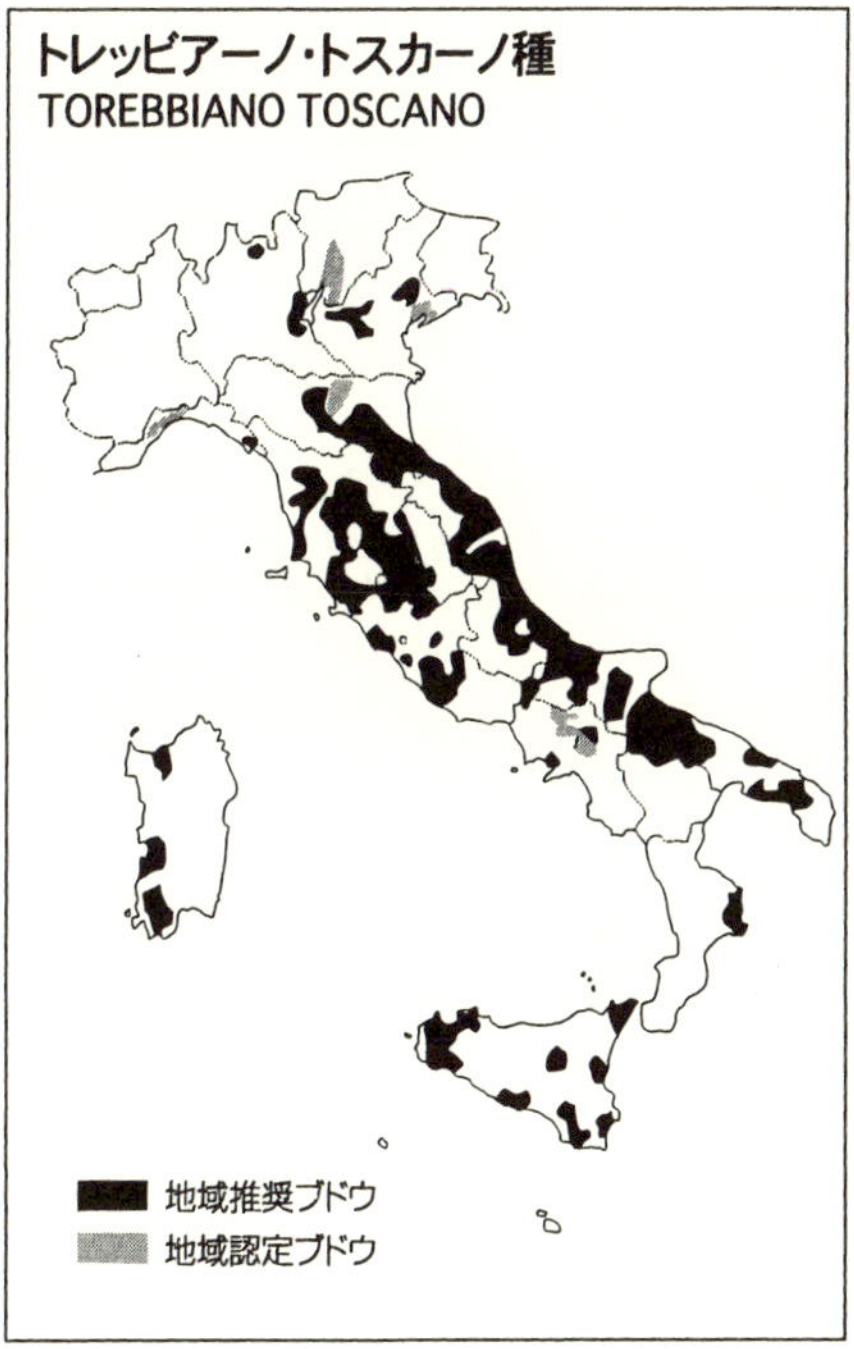

エルバ・ビアンコ、モンテカルロ・ビアンコ、ボルゲリ・ビアンコなどトスカーナのワインのほか、ＤＯＣトレッビアーノ・ダブルッツォ（アブルッツォ州）、ＤＯＣトルジャーノ・ビアンコ（ウンブリア州）、ＤＯＣサンニオ・ビアンコ（カンパーニア州）、ＤＯＣオルヴィエート（ウンブリア州。このワインでは品種名をプロカニコと呼ぶ）など多くの白ワインに使用されている。

トルジャーノ・ビアンコは、ペルージャから南西に二〇キロほどの小高い丘にある街、トルジャーノで造られるワインで、トレッビアーノ・トスカーノ種にグレケット種が加えられる。トルジャーノにワイン博物館と五ツ星ホテルを持つルンガロッティ社によって、ＤＯＣＧに認められるロッソ・リゼルヴァとともに知られるようになった。アペリティフからスープ類、野菜入りパスタや魚料理、白身肉の料理にも向く。

アブルッツォ州全域で造られるＤＯＣトレッビアーノ・ダブルッツォもこの品種から造られる。この地方でボンビーノ・ビアンコと呼ばれるトレッビアーノ・ダブルッツォ種と混醸され、アンティパストから野菜入りリゾット、魚料理に向く白ワインになる。

トレッビアーノ・ロマニョーロ

ロマーニャ地方、ボローニャからフォルリにかけての地域を中心に植えられている品種で、一四世紀にローマ教皇がアヴィニョンに幽閉された時期にこの地方からフランスに持ち込まれ、ユニ・ブランと呼ばれるようになった。ロマーニャ・トレッビアーノは、この品種を八五パーセント以上使用したワイン。また、この品種はトレッビアーノ・デッラ・フィアンマとも呼ばれ、熟成するとブドウが黄金色を帯び、炎のように見える。

トレッビアーノ・ジャッロ

グレコ・ジャッロなどとも呼ばれるこの品種は、主にラツィオ州のローマ周辺で栽培され、ＤＯＣＧ、ＤＯＣフラスカティやＤＯＣザガローロ、ＤＯＣコッリ・アルバーニなどのワインに使用されている。この品種はトレッビアーノ・トスカーノ種に補足的に使用されることが多い。

トレッビアーノ・ヴェロネーゼ

ガルガーネガ種と混醸して、世界に知られるソアーヴェの原料になる。ヴェネト州の広い地域で栽培されている。ブレーシャと接する地域では、この品種からルガーナが造られる。ルガーナはこの品種を九〇パーセント以上使用し、古代ローマ時代からすでにブドウが植えられていたといわれるガルダ湖の南側で造られるワインで、第二次大戦後、徐々に生産量を増やし、世界でも知られるワインになった。新鮮でソフトな味わいがあり、リゾット・ミラネーゼほか、淡水魚の料理などにも向く白ワインになる。

マルヴァジア（Malvasia）

・栽培地域：中部イタリアを中心にイタリア全土

マルヴァジア種は、ギリシャからイタリアに伝えられた品種だが、その種類は多く、またイタリアのほぼ全土で栽培されている。なかでもイタリア中部では、この品種がギリシャから伝わる以前からエトルリア人によって栽培されていたといわれるトレッビアーノ種と混醸され、ＤＯＣＧ、Ｄ

OCフラスカティ（ラツィオ州）やDOCエスト！・エスト!!エスト!!!（ラツィオ州）など古くから造られるワインの原料になった。

この品種は、丘陵地と平野部では全く異なるワインになる。石灰質の丘陵地では黄色がかった麦わら色でアルコール度が高めのアロマティックなワインになり、甘口にされることが多い。一方、平野部では緑色がかった麦わら色の軽くて飲みやすいワインになる。

マルヴァジア種には多くのファミリーがあるが、これは、ヴェネツィア人が中世にギリシャから多くの甘口ワインを輸入していたためで、アルコール分が高く、アロマの強いワインの総称であり、これが流行していた。

南イタリアのバジリカータ州では、古くはアリアニコ種と混醸され、今日ではモスカート種と混醸されてスプマンテにされることもある。中部のエミリア・ロマーニャ州からロンバルディア州南部のオルトレポー・パヴェーゼ地域にかけては、アロマティックなマルヴァジアの種類が植えられる。エミリア・ロマーニャ州のピアチェンツァ、パルマ、ロンバルディア州南西部のパヴィアの丘陵の日当たりの良いところでアロマティックなワインにされる。

また、ローマを中心とするラツィオの丘陵の日当たりの良いところにもマルヴァジア・デル・ラツィオ種が植えられ、トレッビアーノ種や他のマルヴァジア種と混醸される。サルデーニャ島には、ビザンチンの時代にギリシャから伝わったと思われる品種がある。今日主にカリアリ周辺で栽培されているが、石灰質珪土質土壌で、暑く、乾いた気候を好む品種。黄色がかった麦わら色から黄金色で、アーモンドの苦味を含むしっかりした味わいのワインになる。DOCにはマルヴァジア・ディ・ボーザ、マルヴァジア・ディ・カリアリがある。

このほか黒ブドウの品種もある。トレンティーノ・アルト・アディジェで栽培されるマルヴァジア・デル・カソルツォ種は、甘味のあるアロマを含み、弱発泡性ワインに向く。ピエモンテ州には、マルヴァジア・スキエラーノ種があり、アロマティックで甘口のワインにされる。南イタリアのバジリカータ州マテーラとポテンツァ周辺にもアロマティックでアルコールの高い甘口になる品種がある。また、プーリア州ブリンディシにもマスカットの香りを含む品種が植えられている。

マルヴァジア・ビアンカ・ディ・カンディア

このブドウはアロマを多く含み、他のファミリーの品種と異なる。マルヴァジア・ローザとも呼ばれるが、これは芽がピンク色をしているためといわれる。泥土質の丘陵地を好み、ローマ周辺の丘陵地に多く植えられている。

濃い目の麦わら色で旨味があり、アロマを含むワインになる。ラツィオ、エミリア・ロマーニャ、ウンブリア、トスカーナ、リグーリアなどの州で栽培され、DOCG、DOCフラスカティ、DOCエスト！エスト!!エスト!!!、DOCコッリ・アルバーニ、DOCマリーノ、DOCコッリ・ディ・パルマなどに使われる。

マルヴァジア・ビアンカ・ルンガ

マルヴァジア・デル・キアンティとも呼ばれ、古くからキアンティ地域で栽培されてきた。伝統的にキアンティに少量ながら使用され、色と香りに特徴を与えた。あまり寒くならない丘陵地を好み、ブドウは長く伸びるためこの名前が付けられた。

黄色から麦わら色のアロマを含む酸のしっかりしたなめらかなワインになる。ヴェネト、ウンブリア、プーリア、ラツィオなどの州にも植えられ、トレッビアーノ種との相性が良いことから、ＤＯＣオルヴィエート、ＤＯＣコッリ・アメリーニなどのワインに使われるほか、ヴィン・サント（トスカーナのデザートワイン）用にも使用される。

マルヴァジア・イストリアーナ

この品種は、一三世紀にヴェネツィア人によってギリシャからもたらされたものといわれ、白、ロゼ、黒のブドウがある。フリウリ地方に植えられ、ゴリツィアの農学校によって広められた。麦わら色がかった黄色で、やや緑がかっており、香りは弱く、わずかに苦味を含むデリケートな辛口ワインになる。フリウリのコッリヨ、カルソ、フリウリ・コッリ・オリエンターリ、アクイレイア、ラティザーナなどのＤＯＣワインに使用される。

マルヴァジア・デッレ・リパリ

この品種は、紀元前五〜六世紀にギリシャからシチリア島に伝えられた品種といわれ、今日でもリパリ島を中心とするエオリエ諸島で栽培されている。乾燥気候を好み、黄金色でデリケートな香りを含み、ハチミツやアンズの味わいの甘口ワインにされる。

マルヴァジア・ビアンカ

マルヴァジアの名前は、ギリシャの港で中世にはヴェネツィア共和国の領地であったモネンヴァジア港の名に由来する。一一世紀にはすでにヴェネツィア人によって、シチリア州、カラブリア州、プーリア州、カンパーニア州など南イタリアに運ばれていた。

ワインは黄色がかった麦わら色で、旨味も含み、酸のバランスが良い。今日でもレヴェラーノ他甘口、辛口のDOCG、DOCワインに使用される。

マルヴァジア・ネーラ

白ブドウのマルヴァジア同様ギリシャ伝来のブドウ。プーリア州のレッチェ、ブリンディシ、ターラント中心に植えられている。この地方の他の黒ブドウと混醸されるほか、その大半がロゼワインにされている。

プーリア、サリチェ・サレンティーノ、レヴェラーノ、コペルティーノなどに使用されている。

ガルガーネガ（Garganega）

・栽培地域：ヴェネト地方

一五世紀の文献によると、ガルガーネガ種は当時ボローニャ（エミリア・ロマーニャ州）からパドヴァ（ヴェネト州）にかけて植えられる品種だった。その後、この品種はヴェネツィアからヴェローナにかけてのヴェネト州で広く栽培されるようになった。このブドウはヴェネト地方で多く栽培

されることから、トレッビアーノ種の仲間、あるいはプロセッコ（グレーラ）に近いといわれている。また、サルデーニャ島のヌラグス種、ギリシャ伝来のグレカニコ種の仲間ではないかという説もあるがその来歴ははっきりとしていない。

　ブドウの房は肩のところで二つに分かれ、さらに真中から下に長く伸びていて、ちょうど人がマントを肩にかけているような形に見える。非常に強い品種で、石灰質から火山性土壌まで幅広い土壌に適合し、特に日当たりの良いところで育つ。

　ブドウの収量は多めで、ペルゴラやテンドーネ方式の植え方が向くが、寒さにはあまり強くない。ヴェネト地方のヴェローナ、ヴィチェンツァを中心に平野部、丘陵部を選ばず栽培されている。また、ヴェネト地方のソアーヴェ、ガンベッラーラ、コッリ・ベリチ、コッリ・エウガネイなどの多くのＤＯＣＧ、ＤＯＣの主原料となっている。

　ワインは麦わら色で、苦味を含むアーモンドやサクランボ、ニワトコを思わせる香りを含む。アロマを含む辛口で、アルコール分は少なめ、なめらかでアロマ、酸のバランスも良い。食用にされることもあるが、スティルワインの他、スプマンテやパッシートして甘口ワインにされることもある。

　特に、ソアーヴェの丘陵地の沖積土壌、石灰質土壌、玄武岩を含む火山灰質土壌でもそれぞれに特徴を持つワインが生産されている。ワインの味わいも、石灰質土壌ではフロレアルになり、火山性土壌ではグレープフルーツのような柑橘系の香りを含む。

ＤＯＣＧレチョート・ディ・ソアーヴェやレチョート・ディ・ガンベッラーラもこの品種主体で造られ、アロマを含む心地良い甘味のワインになる。

ピノ・ビアンコ（Pinot Bianco）

・栽培地域：ヴェネト地方、フリウリ地方を中心にほぼイタリア全土

ピノ種には、ピノ・ネロ種、ピノ・ビアンコ種、ピノ・グリージョ種と三種があるが、いずれも一八世紀から一九世紀にかけてフランスをはじめとする北部の隣接する国からイタリアに伝えられた品種。寒い気候を好む品種であったため、北イタリアを中心に栽培されてきたが、近年では世界的な

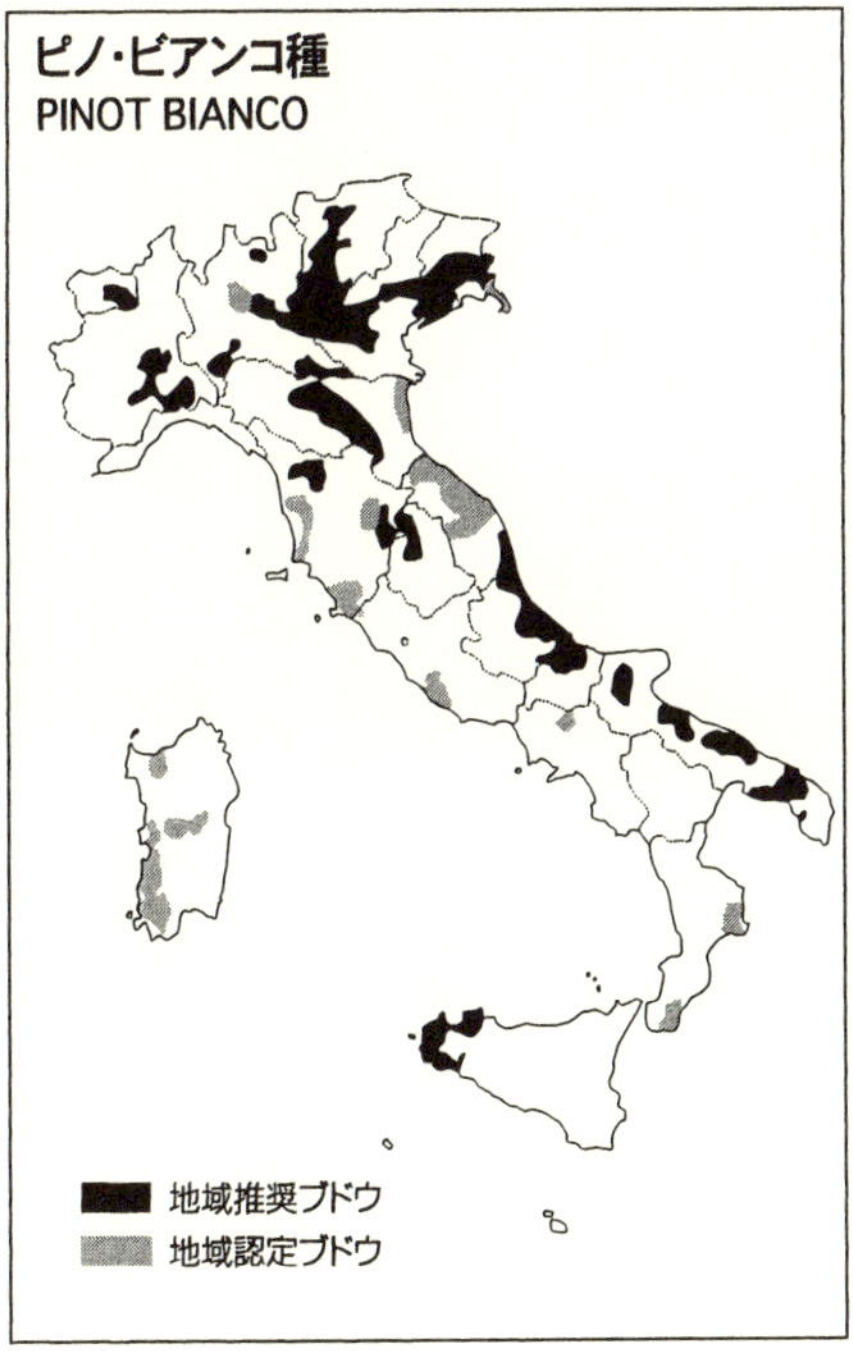

流行から、中部、南部イタリアでも栽培されるようになり、今ではイタリアのほぼ全土で栽培されている。

ピノ・ビアンコ種は長い間シャルドネ種の仲間と考えられていたが、一九〇六年、モローン博士によってピノ種の仲間であることが確認された。この品種は早生育ちであったことから、ドイツやフランスで栽培されていたが、一部の病気に弱いことから石灰質土壌に植えられることがなかった。しかしイタリアの風通しの良い丘陵や谷間に植えられるようになり、アロマを含むしっかりしたワインとして知られるようになった。

この品種は、あまり肥沃ではない丘陵地や谷間を好み、寒さに強い。ワインは麦わら色で香りが強く、アロマのきいた辛口になる。中程度のボディで酸のバランスが良く、熟成にも向く。また、スプマンテ用にも多く使われている。

伝統的にはトレンティーノ・アルト・アディジェ州をはじめ、ヴェネト州、ロンバルディア州、フリウリ・ヴェネツィア・ジューリア州など、北イタリアで多く栽培されてきた。

フランチャコルタ、ガルダ、アルト・アディジェ、トレンティーノ、コッリョなどのＤＯＣＧ、ＤＯＣワインに使われる。

ピノ・グリージョ（Pinot Grigio）

・栽培地域：トレンティーノ・アルト・アディジェ、フリウリ、ロンバルディア地方ほか

この品種は、ピノ・ネロ種の変種といわれている。一四世紀にフランス、ハンガリーで知られる

ようになり、スピレールもしくはルランダーと呼ばれていた。一八世紀の初めにはドイツで広まり、ルランドという生産者によって知られるようになり、一八〇〇年代末にイタリアに入ってきた。丘陵地の泥土質土壌や谷底を好み、グイヨー式に植えられることが多い。

ワインにすると、明るい金色がかった黄金色で、ややピンク色を帯びることもある。わずかな香りとアルコールを感じる酸のバランスの良い辛口で、わずかに苦味を含む。近年アメリカ市場で人気を得たことをきっかけに知られるようになった。スプマンテ用または遅摘み用にも使われるが、他の二種よりもワインの質としては低い。しかしイタリアでは多く栽培されている。

アルト・アディジエ、フリウリ・アクイレイア、コッリヨ、ブレガンツェなどのＤＯＣワインがある。

コルテーゼ（Cortese）

・栽培地域：ピエモンテ地方南部中心に北イタリア
・別名：ビアンカ・フェルナンダ（ヴェネト）

コルテーゼ種は、北イタリアのピエモンテ州、アスティとアレッサンドリア中心に植えられる品種で、ロンバルディア、リグーリア、ヴェネトなど他の北イタリアでも栽培される。

黄色がかった麦わら色で、デリケートで特徴的な芳香を含み、わずかに甘味も感じる辛口ワインになる。単醸にも混醸にも向くが、甘口ワインやスプマンテにされることもある。

ガヴィやモンフェッラート・コルテーゼのほかオルトレポー・パヴェーゼ、コッリ・トルトネージなどのDOCG、DOCワインに使われる。

アルネイス（Arneis）

・栽培地域：ピエモンテ地方アルバを中心とする地域

この品種の伝来は不明であるが、ビアンケット・ピエモンテ種のファミリーに入る。砂地を含む軽い丘陵地を好み、スパリエーラ方式に植えられることが多い。

ワインは薄い麦わら色で、繊細な香りを含み、果実香と旨味のあるバランスの良いワインになる。コルテーゼ種やファヴォリータ種と混醸されることが多い。またパッシートやスプマンテ用にも向く。DOCGロエロやDOCランゲに使用される。

カタッラット（Catarratto）

トラパニ周辺を中心にシチリア全土に植えられているシチリアの土着品種。ビアンコ・コムーネ種とビアンコ・ルチド種の二種があり、その生産量は多く、イタリア全土でもトッレビアーノ種に次ぐ地域で栽培されている。生産されるカタッラット種の八割がルチド種で、品質が高いためとい

われる。

古くは酒精強化ワイン、マルサラの原料として多く使われてきたが、今日ではイタリア全土に植えられ、多くのDOCワインに使われている。

通常は伝統のアルベレッロ方式に植えられ、ブドウの生産量が多く、アルコールが高く、酸も多めのワインになる。単一でワインにすると、ソーヴィニヨンに似た香りを放つ。

マルサラほか、アルカモ、エトナ、コンテア・ディ・スクラファーニ、メンフィ、サンブーカ・ディ・シチリア、サンタ・マルゲリータ・ディ・ベリチェなどのDOCに使用されている。

ヴェルドゥッツォ・フリウラーノ（Verduzzo Friulano）

・栽培地域：フリウリ地方

フリウリ地方のウディネ周辺を中心に古くから植えられる品種。ヴェルデ種とジャッロ種があったが、今日ではそのほとんどがジャッロ種。ラマンドロ地区ではラマンドロとも呼ばれ、甘口デザートワインが造られている。日当たりの良い丘陵地を好み、乾燥してあまり肥沃でない土地を好む。

ワインにすると黄金色がかった黄色になり、ブドウの心地よい香りを含む。ややタンニンがあり、甘味と果実味、ハチミツの味わいがある。

辛口とデザート用の甘口にされるが、辛口用にはデリケートな味わいの白ワイン用に混醸されることが多い。ウディネ周辺のポルデノーネやゴリツィアを中心に植えられている。フリウリ地方のほとんどのＤＯＣに単醸ワインとして認められている。

インツォリア（Inzolia）

・栽培地域：シチリア島全土およびトスカーナ地方のエルバ島周辺
・別名：アンソニカ（トスカーナ）、インソリア

シチリア島の主に西部、トスカーナ地方の海岸沿い、エルバ島、モンテ・アルジェンターリオ周辺で植えられている品種。古くは、ギリシャの商人が運んできたもの。あるいは、中世にノルマン人がフランスから移植したともいわれるが来歴は定かではない。

ブドウは粒が大きく、暑く雨の少ない気候でも対応できるため、多く海岸沿いに植えられている。単一でワインにするとしっかりした味わいで熟成のきくワインになる。

古くは酒精強化ワイン、マルサラの原料、あるいはヴェルモットの原料として使われてきたが、近年では、多くのＤＯＣワインに使用されるようになった。

シチリアでは、サラパルータ、アルカモ、コンテア・ディ・スクラファーニ、エリチェ、シャッカ、メンフィなどのＤＯＣに、トスカーナでは、エルバ、コスタ・デッラルジェンターリオのＤＯＣに使われている。

ヴェルドゥッツォ・トレヴィジャーノ（Verduzzo Trevigiano）

・栽培地域：ヴェネト地方

二〇世紀の初めにサルデーニャ島から運ばれ、トレヴィーゾ周辺からピアーヴェにかけての地域に植えられるようになったといわれるが、サルデーニャの現存ブドウには同種のブドウは見当たらない。

ワインは麦わら色で乾いたデリケートな苦味を含む味わいがあり、ややアルコールと香りが強く旨味を含む。

ヴルドゥッツォ・フリウラーノ種などのブドウと混醸されることが多い。

フリウラーノ (Friulano)

・栽培地域：フリウリ地方、ヴェネト地方

・別名：トカイ、トレビアネッロ、トカ・ビアンコ、タイ

フリウリ地方とヴェネト地方に多く植えられている品種で、特にフリウリ地方で最も生産量の多い白ブドウ。ゴリツィア、ウディネを中心に栽培されている。

かつてはトカイ・フリウラーノと呼ばれ、ハンガリーから運ばれたという説もあるが、定かではない。一七〇〇年代にはすでに「トカイ」と呼ばれていた。フランスではすでに消えてしまい、現在チリで一部植えられている品種、ソーヴィニオンナス種に似ているといわれる。残念ながら、EU統合にともない、「トカイ」の名前が使用できなくなった。

あまり湿度の高くない石灰質土壌を好む。グイヨー、コルドーネ・スペロナート式に植えられることが多い。

ワインは緑がかった麦わら色で、心地好いワインのデリケートな香りがあり、アーモンドの苦味や干草の香りも含むなめらかな辛口。この地方の品種、リボッラ・ジャッラと混醸されることが多い。飽きのこない味わいで、食事を通して飲める、食事に良く合う辛口になる。フリウリのほか、ヴェネト州ではトレビアネッロと呼ばれ、多くのＤＯＣワインに使われている。

ピコリット（Picolit）

・栽培地域：フリウリ・コッリ・オリエンターリ、コッリヨ

ピコリットの歴史は古く、古代ローマ皇帝やロシア皇帝も愛飲したといわれるが、長い間忘れ去られ、一七〇〇年代に一時名声を博する。第二次世界大戦後、かろうじて、フリウリ地方に受け継がれていた品種をロッカ・ベルナルダ社が商品化し、知られるようになった。しかし、その生産量は二〇万本前後と少ない。

ピコリットは、その実が小さく、果粒も一房に三〇粒程度しかつかず房が小さいことから、ピコリットと呼ばれるようになった。もともと野生に近い品種で、雌しべと雄しべが反転し、結実しにくいことから、ブドウの粒が少なく、この粒に成分が凝縮される。木樽を使って、ゆっくりと発酵させることが多く、デリケートな味わいになる。

ワインは濃い目の麦わら色で、乾燥させるとさらに輝く黄金色へと変わる。デリケートな果実の甘い香り、ハチミツや各種スパイス、アンズの味わいがあり、トータルとして心地良いアロマが残る。甘いといえば甘く、甘くないといえば甘くない、複雑な味わいが長続きする。熟成ペコリーノチーズやゴルゴンゾーラにハチミツをたらして合わせてみると思いのほかよく合う。

ヴェルメンティーノ・ビアンコ（Vermentino Bianco）

・栽培地域：リグーリア地方を中心にサルデーニャ島、トスカーナ地方の海岸沿い、マルケ地方

一般にヴェルメンティーノと呼ばれる品種。スペインからイタリアに伝わったといわれるが、はっきりとしたルートはわかっていない。一三〇〇年頃、コルシカ島を経て、一四〜一八世紀の間に伝わったと思われる。一八〇〇年代初めにリグーリア州のサンレモ周辺に植えられたという記録が残されている。その後、さらに南のトスカーナ州マッサ・カラーラ方面へも移植された。近い品種にファヴォリータ種やピガート種がある。

平地でも栽培されるが、海の近くの風通しの良い、乾いた丘陵地を好み、寒さには弱い。食用にされることもあるが、ワインにすると麦わら色で緑がかった色になる。デリケートでフルーティな香りを含み、やわらかく、わずかに苦味を残す辛口。一年程度の瓶熟で味わいを増す。乾燥させてデザートワインにすると、ハチミツの香りを含む甘口ワインになる。他のブドウと混醸されることも多い。辛口、甘口用のほか、スプマン

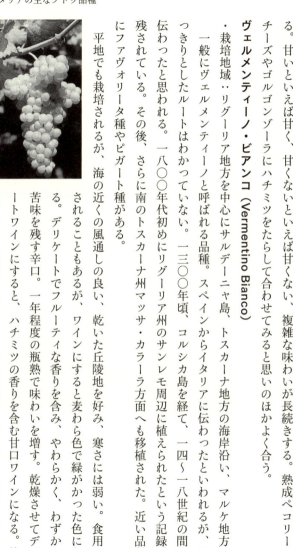

テ用にも使われる。

リグーリア地方を中心にサルデーニャ島北部、トスカーナ州、マルケ州などに植えられている。

主なワインには、サルデーニャ島のDOCヴェルメンティーノ・ディ・サルデーニャ、DOCGヴェルメンティーノ・ディ・ガッルーラ、リグーリア州のDOCチンクエ・テッレ、DOCコッリ・ディ・ルーニ、トスカーナ州のDOCボルゲリ、DOCモンテカルロなどがある。

ヴェルメンティーノ・ネーロ種は、トスカーナ州の海岸沿いで栽培される品種だが、ビアンコ種によく似ていることから、突然変異で黒ブドウになったものと思われる。

ヴェルナッチャ（Vernaccia）

・栽培地域：トスカーナ地方、マルケ地方、サルデーニャ島の一部

ヴェルナッチャ・ディ・サン・ジミニャーノ

ヴェルナッチャ種には、多くの類似品種が存在するが、この品種はギリシャから運ばれ、リグーリア地方のチンクエ・テッレにある海岸沿いの村、ヴェルナッツァに始まり、この名前が付けられたといわれる。

文献としては、一二七六年のサン・ジミニャーノの役所に残されたものが最も古い。今日でも、サン・ジミニャーノ周辺に多く植えられている。

石灰質の砂地を好み、グイヨー式に植えられることが多いが、ブ

ドウの収穫量も多い。

ワインは薄い麦わら色で、香りが強く、アロマティックで、アルコールも感じる。多少熟成させたほうが味わいのあるワインになる。

トレッビアーノ種と混醸されることが多い。ヴェルナッチャ・ディ・サン・ジミニャーノ（DOCG）のほか、ヴィン・サントにも使われる。

ヴェルナッチャ・ディ・オリスターノ

この品種のサルデーニャ島への伝来は古く、フェニキア人によってもたらされたといわれているが確かではない。一四世紀にスペインから伝わったという説もある。沖積土壌の暑い気候を好む。

ワインにすると琥珀色でやや緑色を帯びる。エーテル香が熟成にしたがって増してくる。苦味を含む辛口ワインで、ピーチの香りがある。アルコール分も一五パーセント以上と高くなる。DOCには、ヴェルナッチャ・ディ・オリスターノがあるが、辛口からアルコールを加えたリクオローゾまでがある。

ヴェルナッチャ・ネーラ

この品種は黒ブドウで、マルケ州アンコーナ周辺に植えられ、二〇〇四年、DOCGに認められたヴェルナッチャ・ディ・セッラペトローナに使用されている。

アルバーナ（Albana）

・栽培地域：ロマーニャ地方

・別名：アルバノーネ、アルバーナ・グロッサ、アルバーナ・グラッポロ・ルンゴ

古代ローマ時代から知られる品種。現在ではロマーニャ地方に植えられている。古くは、ローマ周辺のコッリ・アルバーニに植えられていたが、一五世紀にはすでにボローニャ周辺で栽培されるようになっている。

アルバノーネ、アルバーナ・グロッサ、アルバーナ・グラッポロ・ルンゴなどとも呼ばれ、下に長く伸びた房の形が特徴。泥土質の丘陵地を好むが、風に弱い。糖分を多く含むことから、「マッキナ・ディ・ズッケロ」（砂糖製造機）と呼ばれ、辛口から甘口、パッシート、スプマンテまでのワインが造られる。

黄色から琥珀色までの、フルーツ香を含み、苦味、タンニンも感じるアロマティックなワインになる。ロマーニャ地方、フォルリ、ラヴェンナ、ボローニャ周辺で多く栽培されている。

ヴェルディッキオ（Verdicchio）

・栽培地域：マルケ地方

マルケ地方の品種としてよく知られている。ブドウの色が緑色をしていることから、ヴェルデ（緑）、ヴェルディッキオと名付けられたといわれる。

この品種のＤＮＡ鑑定をしたところ、トレッビアーノ・ディ・ソアーヴェ種、トレッビアーノ・

ディ・ルガーナ種と同様であることがわかっている。

ブドウの収穫量は少なめで、日当たりの良い丘陵地を好む。土壌は泥土質、石灰質土壌が良いとされている。

ワインにすると麦わら色で緑がかっていて、香りが強く、アーモンドの苦味を含み、一～二年程度の熟成に向く。パッシートやスプマンテにされることもある。

DOCGカステッリ・ディ・イエージ・ヴェルディッキオ・リゼルヴァ、DOCGヴェルディッキオ・ディ・マテリカ・リゼルヴァ、DOCヴェルディッキオ・デイ・カステッリ・ディ・イエージ、DOCヴェルディッキオ・ディ・マテリカほかのワインに使用される。

その他の白ワイン用ブドウ品種

カンパーニア地方には、古くは果実の甘味にミツバチが集まったためアピエーナ（ミツバチ）と呼ばれたフィアーノ種、ローマ時代にすでにヴェスーヴィオ火山の麓で栽培され、しっかりした味わいのワインになるグレコ種、ファランギーナ種、房の形がキツネの尻尾に似ていることからコーダ・ディ・ヴォルペ（イタリア語でキツネの尻尾の意）と名付けられたコーダ・ディ・ヴォルペ種があり、シチリアには、マルサラ用に多く使われてきたグリッロ、カタッラット種が、またサルデーニャには、スペインのカタルーニャ地方から伝わり、今日アルゲーロで作られているトルバート種などがある。

特殊なワイン、食前・食後酒、コーヒー

スプマンテ

スプマンテSPUMANTEとは、イタリア製の発泡ワイン（スパークリングワイン）のことである。日本では甘口のアスティ（スプマンテ）だけがスプマンテのように思われているが、イタリアではそのほかさまざまな種類のスプマンテがある。

スプマンテの種類および造り方

スプマンテは二つのクラスに分類できる。

一つはＶＳＰＲＤ（VINO SPUMANTE DI QUALITÀ PRODOTTO IN REGIONE DETERMINATA）。ＥＵ（ヨーロッパ連合）内で規定の条件に適したものをほかのスプマンテと区別するために決めたもので、イタリアのＤＯＣスプマンテといえる。ほかにＶＳＱ（VINO SPUMANTE

DI QUALITÀ）があるが、名前の知られているアスティ（スプマンテ）やプロセッコ、瓶内二次発酵させたスプマンテは前者に属する。

摘み取ったブドウを圧搾し果汁をとり、これをアルコール発酵させるとベースワインになる。スプマンテは、これをさらに遠心分離機にかけ、酵母を一度取り除き、再び酵母と糖分を加え第二次発酵を行うことで発泡性を得ている。

また、二次発酵の方式により、大型タンク内二次発酵と瓶内二次発酵に分けられる。

大型タンク内二次発酵

スプマンテの製造において特筆すべきことは、二〇世紀に入って大きな改良がなされたことである。マルティノッティ教授が発案したシャルマー法で、これにより大型タンクでの合理的な製造が可能となった。

この方法は瓶内二次発酵のメカニズムを応用したもので、ガス圧に耐える円筒形の発酵タンクを巨大なガラス瓶と考えればよい。この大型の特殊なタンク（アウトクラーヴェ）を用いることで、泡を作るための第二次発酵時に大量のワインを発泡させることができるようになった。発酵のための温度をコントロールし、冷却で発酵を止めることもできる。さらに、不要になった酵母をフィルターで分離することも可能になった。

ブドウの香りを保ち続けることを特性にしている果実風味のスプマンテや、プロセッコのようなアロマに富むスプマンテ、さらにブドウの天然の果実の味を強く新鮮に保たなくてはならないアスティ（スプマンテ）のようなアロマの強い甘口スプマンテにとっては、このシャルマー法をベースにした造り方がきわめて適しているといえる。

瓶内二次発酵

ワインを直接瓶の中でゆっくりと再発酵させ、発酵中に生じた澱《おり》を瓶の口に集め取り除き、同じ瓶に再打栓して製品にする方法である。シャンパーニュ地方ではじまった方法であることから、古くはシャンパーニュ法とも呼ばれた。イタリアではこの伝統的な方法で造られたワインを、メトド・クラッシコ（スプマンテ・クラッシコ）と呼ぶ。

この方法に適するブドウは、ピノ・ネロ種、シャルドネ種がメインで、ピノ・ビアンコ種、ピノ・グリージョ種なども使われる。

単一ブドウあるいは混醸によって造られたワインに砂糖と酵母、さらに清澄作用物質を加え、瓶に詰める。瓶詰めされたワインはカンティーナ（ワイン倉庫）内に水平に積み上げられ、第二次発酵を待つ。瓶内二次発酵は発酵がゆっくりであればあるほど、したがって低温であればあるほど炭酸ガスがゆっくりとワインの中に溶け込む。適当な時間を経て発酵が進むと、次に瓶の口をゆっくりと下に向け楕円形の穴（PUPITRE）に差し込んでいく。ほとんど水平の状態からゆっくりと回転させられ、瓶の口が下になることで、瓶内の沈殿物（澱）は口の部分に集まってくる。

こうした作業には一カ月ほどの時間を要する。この過程で発泡は終わり、追加された糖分は完全に発酵され、酵母は沈殿物として集められる。瓶の口の部分に集められた沈殿物を取り除く作業は、現在では瓶の口を冷凍機で凍らせ、栓を抜いて凍った澱を除去する方法がとられる。不足した瓶内にはほかの瓶からワインが注ぎ足され、きのこ型の耐性コルクと金具で留められる。

こうして造られたスプマンテは、残存糖分によって次のように表示される。

・ブルット BRUT（残糖分一五グラム／リットル未満）。
・エクストラドライ EXTRA DRY（残糖分一二〜二〇グラム／リットル）。
・セッコ SECCO（残糖分一七〜三五グラム／リットル）。
・アッボッカート ABBOCCATO（残糖分三三〜五〇グラム／リットル）。
・ドルチェ DOLCE（残糖分五〇グラム／リットルを超えるもの）。

瓶内二次発酵させたスプマンテも、ブドウの種類を定めない限り、瓶の中味の味を保証するのはむずかしい。実際、ルガーナ、シチリア産トレッビアーノ種を使ったものなどさまざまで、全部がこの方法に適しているとはいえない。

スプマンテの問題点と今後の展望

シャンパンに次いでアスティ・スプマンテを一五〇〇年前に世に送り出した国であるにもかかわらず、イタリアのスプマンテの世界における知名度は今ひとつといえる。

それにはいくつかの理由がある。まず第一に、イタリアでスプマンテと名づけられるものには甘口もあれば辛口もあるというふうに、種類が多すぎる点である。ほかの国のクラス分けからすると、この分類の複雑さは問題といえる。問題解決のためには、「スプマンテ」の名前の種類分けをきちつとすることが最も重要といえるだろう。

第二に、日本におけるヨーロッパの食文化が古くからフランスを中心に発展してきたこと。イタリアの食文化が親しまれるようになったのはつい最近のことだ。このように、食文化イコールフランスのイメージが強い場合、発泡性ワインといえばシャンパンということになる。イタリアワインそのものの知名度が低いうえ、甘口スプマンテ（アスティ・スプマンテ）が最初に日本に入ってきたため、「スプマンテ」イコール甘口、というレッテルが貼られてしまった。イタリアのスプマンテを知ってもらうためには、プロセッコをはじめとするアロマを含んだフルーティなものや、アスティなどのスプマンテの新しい飲み方を提案するなど、プレゼンテーションの仕方を工夫する必要がある。

マルサラ

イタリアには四〇七ものＤＯＣ、ＤＯＣＧの規定ワインがあるが、一九六三年、最初のＤＯＣに指定されたワインのひとつにマルサラ MARSALA がある。

シチリア島の最西端にあるマルサラの名前はアラビア語起源といわれ、アラーのマルス（アラーの神の港）、つまりアラブ人がアフリカ大陸（チュニジア）から東に向かい、最初にたどり着いた港であったことからこう呼ばれた。

古くから漁港として栄え、現在でもアラゴスタ（伊勢エビ）や鮮魚の供給基地となっている。また遠浅の海岸を利用した塩田による塩作りも盛んであった。現在ではこの塩田の一部を改造して魚の養殖も行われている。

　このマルサラで造られるのが、ヴィーノ・マルサラの名前で世界的に有名になったマルサラワインである。

マルサラの歴史と分類

　マルサラの歴史は全くの偶然から始まった。一七七三年のことである。イギリス人のジョン・ウッドハウスはソーダを作るのに必要なアーモンドの殻を買い付けるため、エリザベス号に乗りシチリアに向かっていた。ところが嵐に遭い、目的地と違うマルサラの港に入港を余儀なくされてしまった。そこでたまたま口にしたワインがいたく気に入ったのである。彼は、当時イギリス人が大好きだったシェリー酒のように、このワインにアルコールを加えて売ることを思いついた。そして造りはじめたのがマルサラである。マルサラは一八世紀から一九世紀初めにかけて、ヨーロッパで広く愛飲された。ウッドハウスはネルソン提督率いる艦隊にもマルサラを売ったほどである（提督はシェリーに似たイタリア産マルサラが大好物であった）。

　その後、このマルサラ造りを拡大し、広く世界に知らしめたのはフローリオ・ファミリーであった。

　フローリオ Florio 社の起源は一八世紀末といわれる。当時パレルモの地で流行したマラリアに効くといわれたキニーノ（キニーネ）を売り大金を得ると、その後海運業にも乗り出して成功をおさめ、一九世紀初頭にマルサラ造りを始める。一九世紀末には海運力を生かしてマルサラの名前を世界に知らしめた。さらにマグロ漁業など、シチリアのあらゆる産業を手にし、イグナツィオ・フローリオの時代には最盛期を迎え、ファミリーは「レ・ディ・シチリア（シチリアの王）」とまで呼ばれた。

しかしその後、ファミリーは商業主義に走り、マルサラ造りのゾーンは大幅に拡大されていった。玉子入り、コーヒー入り、クリーム入りなど、さまざまなものが添加された飲物までマルサラと呼ばれるようになったため、市場はしだいに乱れていった。

一八九一年、イグナツィオが死亡した後、同社の経営はさらに悪化し、一九二九年にはトリノにあるチンザノ社の傘下に入り、現在ではアマレット・ディ・サロンノで知られるイルヴァ・サロンノ社によって経営されている。一時は一二〇社あったマルサラ造りの会社も、現在では十数社に減っている。

ＤＯＣの規定によると、マルサラの生産地はマルサラの位置するトラパニ県となっている。グリッロ種、カタッラット種の二種で八五％以上、ほかにインツォリア種など白ブドウを一五％加えてよいことになっている。

マルサラは大別すると、フィーネ、スペリオーレ、ヴェルジネの三種に分けられる。熟成一年以上をマルサラ・フィーネ（アルコール分一七％）、二年以上をスペリオーレ（アルコール分一八％）、四年以上をスペリオーレ・リゼルヴァ、五年以上をヴェルジネまたはソレーラス（アルコール分一八％）、そして一〇年以上はソレーラス・リゼルヴァかストラヴェッキオと呼ぶ。

また、色分けすると、黄金色のオーロ、琥珀色のアンブラートの二種類のほか、ルビー色のルビーノ（ピニャテッロ、カラブレーゼ、ネレッロ・マスカレーゼなど赤用ブドウを七〇％、残りは白用ブドウを使用してよい）がある。

タイプはセッコ（辛口）、セミ・セッコ（薄甘口）、ドルチェ（甘口）の三種があり、残糖分はそれぞれ〇～四％、四～一〇％、一〇％以上となっている。甘口と辛口の差はほとんどの場合、色と呼び名に対応する。それは、ブドウを煮詰めた「モストコット」や圧縮した「モストコンチェントラート」を加えるからで、モストコットを一％以上加えるアンブラートの場合、色も濃く甘味も強くなる。

先に大別した三種のうち、マルサラ・フィーネは菓子などの加工用として使用されているものがほとんどで、瓶詰めされていない場合が多く、スペリオーレは甘口、辛口の両用、ヴェルジネはアルコールのほか何も足さない辛口タイプである。

また、マルサラ・アッルウォーヴォ（玉子風味）、キナート（キナ風味）などはマルサラ・スペチャーレと呼ばれていたが、基本的にはマルサラに香料を添加したもので、現在はほとんど造られていない。

マルサラの造り方

日本では多くの解説書で「マルサラ酒」としているため、スピリッツかリキュールのような

「酒」の一種であると想像する人が多いが、マルサラはあくまでワインの範疇に入る。

すべて特定地域のブドウから造った材料を使用しており、ＤＯＣ指定を受けている。使用するブドウは、グリッロ種、カタッラット種で八五％以上、その他インツォリア種など白ブドウを一五％加えてよいことになっている。さらに、ベースになるワインに加えられるアルコールも、モストコットも、モストコンチェントラートも、パッシートしたブドウから造るモストの樽にアルコールを加え二〜三カ月熟成させた「シフォーネ」も、すべて同地域の同種のブドウから得たものを使用しているため、ＤＯＣに認められている。このことから、ここでは「マルサラ酒」ではなく「マルサラワイン」としたい。

マルサラワイン造りは次のようになる。発酵を終え、出来上がったアルコール分一二〜一三％のベースワインに、同種のブドウを蒸留したアルコールを加え、種類によってはモストコット（モストを煮詰めたもの）などが加えられる。そして樽に入れられる。熟成の後、デカンティングされ、マイナス七〜八度で冷やし、フィルターにかけて瓶詰めされる。

マルサラワインの特徴は、この生産地独特の気候から生み出されるブドウにあるといわれる。シチリア島の西端に位置するマルサラの周辺は、日中熱い風が吹き、夜は海から運ばれた湿気がブドウ畑を覆い、特にグリッロ種のブドウをこの地域独特のものに育て上げる。年間五〇〇ミリと降雨量が少ないため、平均でもヘクタール当たり八トンと収穫量は少ない。内陸の一部を除いてほとんどが苗を小さく低く植えたアルベレッロ方式で、気候に合ったブドウ作りが行われている。

マルサラの町の料理

マルサラの町は海に面しているが、その海岸は遠浅で海草が茂っている。そこにはウナギやアナゴをはじめ、さまざまな魚が生息している。これらの魚とトマトを合わせたソースで作るデュラム小麦のニョッキ、「ニョッキ・ディ・セモラ・ドゥーラ」は、最後に野生のフェンネルで味付けした歯ごたえのあるおもしろい料理だ。またマルサラの港はカジキマグロをはじめとするマグロ漁の基地になっており、スモークした切り身や、ボッタルガと呼ばれるマグロの卵の塩漬けなどがアンティパストとして利用されている。さらにアラゴスタ（伊勢エビ）も捕れ、最近では生きたままミラノなどの消費地へ空輸されている。そのほかタイ、ヒラメ、サラゴ（イサキ科）、デンティチェ（マダイ）など、魚の豊富な地域である。これらの魚を塩で包んでオーブンで焼いただけの料理「ペッシエ・イン・クロスタ・ディ・サーレ」（魚の塩包焼）も、この地でとれる塩を使った、マルサラならではの料理だ。また、サボテンの実を皮をむいて生で食べたり、皮と種の間の部分を薄くむいてフライにしたりしている。生だとパパイヤとマンゴーを合わせたような味だが、フライにするとピーマンのような食感に変わる。

この地で最も知られているのは菓子類だ。ヒツジの乳から作った新鮮なリコッタチーズを使用したカンノーリ（筒状菓子のリコッタ詰め）や、クロスタータ、カッサータが有名だ。この町一といわれるパスティッチェリア（菓子専門店）、「アロハ Aloha」のディエゴ氏は、ヒツジがフレッシュな草を食べはじめる九月から三月に作ったものが美味しいという。

最後にもう一つ、忘れてはならないのは「パスタ・ディ・マンドルラ」（マルツァパーネ＝マジパン）で、ゆでたアーモンドのペーストに砂糖、バニラ、シナモン、レモンピールを加えて作った菓子だ。オーブンで強火で焼くと三カ月はもつ。フルーツや野菜の形にして色をつけると、とても楽しいお菓子の出来上がりである。イタリアを代表する多くの素朴な菓子は、この地方から生まれた。

デザートワイン

デザートワインの種類

イタリアで造られるデザートワイン用ブドウにモスカート（マスカット）種がある。各地でさまざまなデザートワインが造られているが、モスカート種をベースにしたデザートワインは六〇種以上もある。

そのなかで最も重要なワインのひとつにアスティ（ＤＯＣＧ）がある。古くからイタリアを代表するデザートワインで、前述したように現在でもスプマンテといえばこのワインを連想する人が多い。ほかに瓶内二次発酵させたシャンパンタイプの辛口スプマンテがあるが、日本での知名度は低い。また、アスティでもナチュラルタイプのモスカート・ダスティがある。

ブドウはモスカート・ビアンコ種一〇〇％で造られる。シチリアの南にあるパンテッレリア島のモスカート・ディ・パンテッレリアに使われるブドウ、ヅィビッボ種もモスカート・ビアンコ種である。ほかにモスカート・ローザ、モスカート・ジャッロという甘口用のモスカート種もある。

モスカート種と同様、ほぼイタリア全土で造られている品種に、マルヴァジア種がある。ワインとしては四〇種以上あるが、甘口デザートワインとして造られるのは三〇種ほどで、残りは辛口ワインにされる。マルヴァジア種で造られたワインで最も知られているのがマルヴァジア・デッレ・リパリで、シチリア島の北、エオリエ諸島で造られる甘口デザートワインである。

ほかに、北イタリアのヴェネト州にはレチョートと呼ばれる甘口ワインがある。レチョートとは「耳」の意で、ブドウの房の肩の部分をイタリアでは耳と呼ぶことに由来するとも、またブドウを耳たぶの固さにまで乾燥させて使うという意味でその名がつけられたともいわれている。このレチョートも、中甘口の赤ワインとしてよく知られている。レチョート・ディ・ソアーヴェをはじめとして一〇種以上が甘口ワインである。

これに対し、シチリアではパッシートと呼ばれるワインが一〇種類ほどある。レチョートと同様の意味合いで使われるこの甘口ワインは、シチリアをはじめとする南イタリアに集中している。

最後に、貴腐ワインと比べても決して劣らない、天然で特殊なワイン、ピコリットを紹介しないわけにはいかない。その名は古くから知られ、ローマ法王をはじめ多くの人々に愛されてきたが、生産量がきわめて少ないため外国にはあまり輸出されず、知名度はもうひとつだがイタリアを代表する希少デザートワインである。

最近、イタリアでは上級ワインを少量飲む傾向が強く、デザートワインにも人気が集まり、各地でさまざまなタイプのデザートワインが造られるようになっている。

北イタリア、アオスタ渓谷のヴィーノ・パッシート・レ・ムラーリエのように寒い地方のモスカート種をパッシートしたものや、シャルドネ種、アルネイス種をパッシートしたものも試されるようになり、有名なレストランでデザートワインをオーダーする楽しみも増えた。

今後伸びる可能性のあるものに、ブラケットやモスカート、ピコリットのようなナチュラルなものがある。なかでも特にアルコール度の低いワインは可能性が大きい。というのは、五・五％ほどのアルコールだとビール感覚で飲めるからだ。

味がよく、ナチュラルで飲みやすければ、毎日飲んでもよい、食事以外でも飲める、軽い食事にも合うというふうに、飲む機会も増えるだろう。今後、バラエティーに富むイタリアのデザートワインは十分期待できそうである。

主なデザートワイン

ここでは、イタリアのデザートワインでも代表的なものと、人気のあるナチュラルなものを、DOCワインに絞って取り上げる。

ヴィン・サント VIN SANTO

中・北部イタリアで主に造られるが、トスカーナのものが最も有名で、ヴィン・サントといえばトスカーナ産が出てくることが多い。ヴィーノ・サント VINO SANTO とも呼ばれる。

歴史は古く、ギリシャからイタリアにワイン造りが伝えられた時代に最初に普及したのがこのヴィン・サントといわれる。ギリシャは高温で乾燥した気候だったため、収穫したブドウをそのまま天日で乾燥させ、糖分を高めてから圧搾し果汁を取っていた。

これに比べてイタリア中・北部は、乾燥はしていてもギリシャのように気温が高くならないため、収穫後は室内で一〇〇日前後をかけ、ゆっくりと乾燥させる。トスカーナ州ではトレッビアーノ種、マルヴァジア種などを中心に使用する。

乾燥させたブドウを破砕除梗《じょこう》し、圧搾機で搾る。果汁を一晩寝かせ、その上澄み液だけをワイン用として樽に入れ、発酵させる。糖分が高いため、長い時間をかけてゆっくりと発酵させる。アルコール度一四～一六%で自然に発酵がとまり、熟成用小樽に移される。熟成は五～六年、密封して行われるため、ゆっくりと香りが高められ、ナッツのような香ばしい香りをもち、酸味のバランスのよい上品な味わいのデザートワインとなる。

トスカーナでは、特産のアーモンド入りハードビスケット、ビスコッティ・ディ・プラートをこのワインに浸しながら食べる習慣がある。

アスティ ASTI／モスカート・ダスティ MOSCATO D'ASTI

すでに説明したように、ギリシャが原産地といわれているモスカート種はイタリア全土で栽培されている。その種類も多様で、ビアンコ（白）、ジャッロ（黄色）、ネロ（黒）、ローザ（バラ色）がある。

アスティに使用されるのは一〇〇%モスカート・ビアンコ種となる。果肉が堅く甘味が強いこの種は、特徴のあるアロマと酸味をもつ。普通の品種と違い、粘土質や湿気のある土地を好まない、比較的デリケートな品種だ。生産されるのはピエモンテ州のアスティ、アレッサンドリア、クーネオの一部である。

アスティの名を有名にしたのは一八六〇年代、フランスのシャンパーニュから帰ったカルロ・ガンチャである。耐圧発酵タンクを使ったシャルマー法でアスティ・スプマンテを造った。

ワインは麦わらのようなやや濃い黄色で、マスカット種独特の香りがあり、アロマ、酸のバランスがよい。

造り方は、摘み取ったブドウを圧搾し、果汁を得る。これをアルコール発酵させ白ワインを造る。スプマンテにするにはさらに遠心分離機にかけ、酵母を一度取り除く。濾過《ろか》のあと冷蔵し、再び酵母を加え、アウトクラーヴェ（普通横型のタンク）内で第二次発酵を行い再び冷却する。その後、濾過して酵母を除去し瓶詰めする。

一九九三年にＤＯＣＧに指定された。

モスカート・ローザ MOSCATO ROSA

モスカート・ローザ種についての参考文献はほとんどないが、現在、トレンティーノ・アルト・アディジェ州、フリウリ・ヴェネツィア・ジューリア州で栽培されている。丘陵地で風通しがよく、粘土質で砂利の混じった土壌を好む。果実は濃い鮮やかな海のような青さをしており、タンニンも含んでいる。

ワインにすると濃い赤色になり、ボディは軽くすっきりしている。やわらかいアロマとバラの花のような芳香が特徴である。

サン・ミケーレ醸造学校のものが有名だが、希少なワインのため非常に高価だ。

モスカート・ディ・パンテッレリア MOSCATO DI PANTELLERIA

シチリア島の南西一一〇キロ、チュニジアから七〇キロと、アフリカ大陸にほど近いところにパンテッレリア島がある。夏、シロッコ（アフリカからの熱風）が吹けば、気温は五〇度以上にもなるという。

ここに植えられた苗はヅィビッボと呼ばれるモスカート・ビアンコ種で、正式にはモスカート・ディ・アレッサンドリア種と呼ばれる。名前のとおりアフリカから渡ってきたという説もあれば、スペインから渡ってきたという説もある。

この島は風が強いため、栽培地の周囲には囲いが施されている。苗はあまり大きくならず、支柱も立てられない。ヴェンデミア（収穫期）は八月一〇日頃から九月二〇日頃と早く、樹齢三五年ほどの木が中心で、ヘクタール当たり七トンほどしか収穫できない。

色は濃い黄金色、アロマが強くモスカートの独特の香りをもつ。微妙な甘味があるため、ビスケットやパスティッチェリア（菓子類）に合う。

マルヴァジア・デッレ・リパリ MALVASIA DELLE LIPARI

マルヴァジア種はヴェネチア人がクレタ島を経てイタリアへ運んだといわれる。イタリアのほぼ全土で栽培されているが、一般的には乾燥した日当たりのよい丘陵地帯を好む。果実は酸味、甘味ともにあり、マスカットのようなアロマがある。典型的なブドウは黄色がかった麦わら色で、金色を帯び、アルコール度も高い。グリセリンが多く、とろっとしている。しかし平野部に植えると緑色がかった麦わら色になり、レモンの風味をもち、アロマを失うようである。

マルヴァジア・デッレ・リパリはシチリア島の北方にあるエオリエ諸島で造られる。マルヴァジア・デッレ・リパリ種九五％以下、コリント・ネロ種五～八％を使用する。ブドウの生産の八〇％はサリーナ島で、残りの二〇％がリパリ島で栽培されている。ワインにすると、特徴のあるアロマと黄金色が、デザートワインとしての上品さをよりいっそうひきたてる。ハウネル Hauner 社のものがよく知られている。ハウネル氏はもともとデザインの仕事をしていたドイツ人だが、この島にきて有名無実となっていたこのワインを独自の手法でよみがえらせた。四五年ほど前から北イタリアでも売られるようになり、現在では多くの有名レストランのワインリストに載るようになった。アルコール度はそれほど高くなく、酸味と甘味のバランスがよく、自然のブドウの甘さがよく出ているため、有名なレストランの作るデザートに合わせやすいフレッシュデザートワインであるといえる。

ブラケット・ダックイ BRACHETTO D' ACQUI

ピエモンテ州アスティとアレッサンドリアで造られる甘口ワイン。ブラケット種ブドウの生産地域はきわめて狭い。このワインは赤ワインながら甘口で、発泡性と弱発泡性のものがある。濃いルビー色で、繊細な香りをもつ。神経性の病気や病後の回復期に薬効があるともいわれる。

ブドウは七〇年ほど前にはそれなりの量が造られていたといわれるが、現在の生産量は非常に少ない。

ピコリット PICOLIT

ピコリットについて、近年多くの研究者が調査を行っている。それは、このワインが独自であり、生産量が過少なためである。

名前の由来について、エノロジスト、ピエロ・ピッタロは著書で次のように説明している。

(1)出来上がる液果と房の量の少なさ（ピッコラ・クアンティタ）からピコリットと呼ばれた。

(2)産出されるブドウの小粒なこと（ピッチョレッツァ）から出た。

解説では双方とも正しいのではないかとしている。

この品種は起源もこれまでの栽培地域も全く不明で、何度かの消長を繰り返しながら、現在のフリウリ地方に残ったようである。正確にはマンツァーノ、ロッカ・ベルナルダ、コルノ・ディ・ロザッツォ、チャッツラの丘陵地で、これらの地域は本来火山性の土地である。

また、この品種は植物学的に珍しいもので、野生ブドウに近い。通常、栽培されるブドウは房に果粒がびっしり実る。これは、栽培している苗が雌・雄両方を有する両性花をもっているからである。ところが野生ブドウでは、木によって実がついたりつかなかったりする。これは雌雄が別々の木になっているからで、雄性花の株にはほとんど実がつかず、雌性花の場合でもほんの少ししか実がつかないことが多い。

これは雌性花の雄ずいが反転しているためで、子房に雄性花の花粉がつきにくく、受粉しにくいためである。こうした不完全花は花振い（花が受粉しにくい）を起こしやすく、果粒の密度はきわめて粗になる。通常、各房に一五〜三〇粒しか結実しない（普通の木では一〇〇〜一五〇粒）。一般のブドウはヘクタール当たり一〇〜一六トンのブドウが収穫できるが、ピコリットの場合は三〜五トン程度とかなり少ない。

収穫されたブドウは室内で一〜一〇日程度乾燥させる。その後、破砕除梗、圧搾して得た果汁は、二カ月近くかけてゆっくりと発酵させる。アルコールが一五％ほどになると、発酵中に生じたグリセリンも増える。一年以上樽熟（現在ではバリックを使用）して瓶詰めされるケースが多い。

ワインは黄色がかった麦わら色で、金色に見えるときもある。調和のとれた蜂蜜の香りは独特のものである。味もほんのりと甘い微妙なものであるが、口に含んでも味わいが最後まで変わらない優雅さがある。すべてのデザートに合うような幅の広さをもっているが、あまり冷やしすぎないようにするのが肝心だ。辛口チーズと合わせるのもおもしろい。ロシア皇帝やローマ法王などが愛飲したというこの希少ワインは、現地でも普通のワインの二〇〜三〇倍する高価なものだ。一度飲んでみると病みつきになりそうなワインである。

デザートとデザートワイン

これまで見てきたように、デザートに合わせるワインはイタリアには数多くある。したがってドルチェだけでなく、季節によってはその時期のフルーツにワインを合わせることもできる。

日本で以前、若い女性を中心に有名になった「ティラミス」もイタリアのデザートだが、これは第二次世界大戦後、ヴェネト州で生まれたものである。もともとはピエモンテ州にあったザヴァイオンをベースにして、生クリームチーズのマスカルポーネを加えて変化をつけたものである。このティラミスには、モスカート・ダスティやピコリットが合う。またブラケットのように、病後の回復によいとされているものもある。季節のフルーツにはブラケットやモスカートが合う。

近年はフレッシュタイプのデザートワインが多くなってきているが、これは食事そのものがヘビーな料理から軽くナチュラルなものに変わってきているためである。当然、それに合わせるワインも軽くなる。デザート、デザートワインにおいても同様のことがいえるだろう。

これも近年の傾向だが、イタリアにいてさえピコリットのような素晴らしいワインはなかなか手に入らなくなってきた。フリウリ地方に行っても、生産者はこのワインを売ろうとしない。値段に関係があるわけではない。希少であり、自分でも数えるほどしか造れないから売りたくないというのだ。大切な客が来たときに出したいという、イタリア人らしい考えから売らないのである。

こういうわけで、イタリアの量産できない素晴らしいワインはなかなか日本の市場に入ってこない。しかし消費者側からすれば、このようなワインほど手に入れたくなる。量産が可能になり、長持ちさせられる技術の開発・向上を願うばかりである。

その意味では、今から一五〇年も前、フレッシュなマスカットの味を瓶に詰め、アスティ・スプマンテとして世に送り出したカルロ・ガンチャの功績は大きい。

また、日本のイタリアレストランには、ケーキ類に合うデザートワイン、フルーツに合うデザートワインを最低二〜三種類は用意し、常にサービスできるようにしてほしい。なぜなら、グラス一杯のデザートワインが、食事のしめくくりのデザートの味を何倍にも引き立ててくれるからだ。

ノヴェッロ（新酒）

以前、イタリアでは一三〇〇万本以上のヴィーノ・ノヴェッロVINO NOVELLOが造られた。そのほとんどは北部と中部で造られているが、最も多いのはヴェネト州で、続いてトスカーナ、トレンティーノ・アルト・アディジェ、エミリア・ロマーニャ州と続く。

ノヴェッロ用のブドウとしては、イタリアでは六〇種類以上のものが使用されるが、そのうち最も多く使われるのがサンジョヴェーゼ種である。

また一九八九年から、一部のノヴェッロが正式にＤＯＣとして認められるようになった。

最も早くノヴェッロを造りはじめたのがヴェネト州のバルドリーノで、これはＤＯＣワインとなっている。一九九二年にはロマーニャ・サンジョヴェーゼも、生のタンニンが新酒用に向くことから造られるようになり、ノヴェッロのＤＯＣとして認められた。

ノヴェッロ・ワインの造り方

エミリア・ロマーニャ州のサンジョヴェーゼ種を使ったノヴェッロは、ＤＯＣワインとして認められている。

新酒用の技術であるカーボン発酵法は、一八七七年、フランスのパスツール研究所で開発されたもので、一九三五年以降フランツィによってボジョレー地区を中心に使用されるようになり、各国に広まった。

ロマーニャ・サンジョヴェーゼの規定では、新酒のフレッシュさを出すカーボン発酵は使用ブドウの半分以上となっている。

サンジョヴェーゼ種を八五%、それに色と香りづけをするために認定ブドウを一五%加えることができる。

通常九月上旬に収穫が開始され、六~七回に分けて摘み取り、別々に発酵させる。最終的にこれらのワインは混ぜ合わされ、均一の味に整えられる。カーボン発酵にはフレッシュなブドウが必要とされるため、熟成したブドウのみ、手摘みで収穫される。

横式タンクの中央上部にある入口から、収穫されたブドウが直接入れられる。タンクの約三分の一までブドウが入ると、タンクを左右に少しずつ揺すって中のブドウを崩し、全体の二〇%に当たるブドウのジュースが出たところでカーボンガスが注入される。酸素が完全に抜けたかどうかはローソクの火をタンク内にかざして確認する。こうして酸素のない状態で発酵が行われる。

一〇日間ほど浸漬させ、サンプルのブドウを取り出し、半分に割って浸漬度合いがチェックされる。ブドウの中心の種の部分まで完全にピンク色に変わったところでタンクから取り出し、プレスしてアルコール度数三~四%の液体を遠心分離機にかけ、温度を下げて静置する。これに選別した酵母を加え、一週間かけてちょうど白と赤の発酵の中間の温度、二〇～二五度で発酵させる。

最終的に六～七%の糖分を残すため、再度低温で遠心分離機にかけ酵母を取り除く。さらに卵白とベントナイトで清澄し、フィルターにかけて低温で五～六日間静置したあと、最終ミクロフィルターを通して瓶詰めされる。

出来上がったワインはきれいなルビー色で、フレッシュなブドウのフルーツ香があり、飲み口もやわらかい。

イタリアのノヴェッロとフランスのヌーヴォーの違い

ノヴェッロはフランスのヌーヴォーよりも二〇日ほど早く解禁となる。これはイタリアがフランスより南に位置するためで、当然ブドウの熟成も早いからだ。ノヴェッロはヨーロッパ内には一〇月三〇日に出荷される。ＥＵ外へ空輸される場合は一〇日前、すなわち一〇月二〇日に出荷される。船便の場合は二四日前、一〇月六日に出荷が認められている。

フランスではヌーヴォー用にガメイ種が主に使われるが、イタリアでは六〇種以上のブドウが使われる。醸造法もイタリア各地の気候、さまざまな品種に合った醸造法が用いられるが、フランスでは冷却による温度調節がほとんどで、カーボン発酵の比率はきわめて低い。

出来上がったワインのアルコール度数は、フランスでは一二度であるのに対して、イタリアでは一一・〇～一一・五度と低く、ワインの味のバランスを取るのがむずかしい。また、一般的にフランスのヌーヴォーが辛口であるのに対し、イタリアのノヴェッロはフレッシュ感があってやわらかく、飲みやすい。

食前・食後酒

イタリアではワイン同様、数多くの食前酒（アペリティーヴィ＝Aperitivi）や食後酒（ディジェスティーヴィ＝Digestivi）が造られてきた。そのなかには北イタリアの特産品、グラッパのようにブドウの搾りかすを蒸留した酒もあるが、ほとんどはハーブ類や植物の葉や根を原料とする薬用酒である。

薬用酒として最も知られたイタリア独自の酒にアマーロがあり、その種類は二六〇以上あるといわれる。

アマーロとは、苦味を意味するイタリア語で、一般的には木の皮や根、ハーブ類が材料で、その苦味に合わせて砂糖を加えたものが多い。主にストレートで食後に飲まれる。

その他、よく知られたものにカンパリやフェルネットブランカなどがある。ここではその中のいくつかを紹介しよう。

アマーロ・ブラウリオ

ロンバルディア州の最北端、スイスとの国境に近い南アルプス山麓の町、ボルミオにあるペローニ社は、一八七〇年代からアマーロ・ブラウリオを造っている。

開発者ペローニ氏は、薬局を営むかたわら薬草酒を造りはじめ、これを自分の薬局で薬草酒として売っていた。最初の年は三六本しかできなかったという。

この会社では、アマーロ一万八〇〇〇リットルのタンク一本分を生産するのに七五〇キログラムのハーブ類を使い、二年間樽で熟成させる。通常のアマーロには熟成させるものが少ないだけに、ブラウリオはまさに別格のアマーロということができる。甘味と苦味のバランスのよさが売りものの、南アルプス産リキュールだ。

アマーロ・ブラウリオの造り方

ペローニ社では原材料にセイヨウノコギリソウ、リンドウの根、ビャクシンなど一六種類の天然のハーブ類を使用する。タンクに五〇度のアルコールを入れ、これにハーブ類を浸し、常温で約一カ月置いてエキスを抽出する。この間、毎日三回、攪拌《かくはん》作業が行われる。これに砂糖液と井戸から汲み上げた地下水を加えて、アルコール分二一%に調整される。さらに三週間、大型タンクで静置される。

これを、さらに約一万リットルの大樽で一年半、続いて四〇〇～五〇〇リットルの樽で六カ月ほど熟成させるという。最後にフィルターにかけて瓶詰めし、出荷される。

冷やしてストレートで飲んでもいいが、氷を浮かべ炭酸水で割っても悪くない。

カンパリ

アペリティフ（食前酒）として世界中で知られているビター系リキュール、カンパリは、一八六〇年、ガスパレ・カンパリによって生み出された。彼は、ミラノのドゥオモ（大聖堂）の前にあった自分のバーの地下室で調合を始め、カンパリを創り出したのである。

カンパリは、オレンジピール、キャラウエイ・シーズ、コリアンダー、カルダモン、リンドウの根など種々の草根木皮を配合して造る。現在ではカンパリ・ソーダのほかカンパリ・オレンジ、カンパリ・グレープフルーツ、さらにイタリアを代表するカクテル、ネグローニ（カンパリ三分の一、ウォッカまたはジン三分の一、マルティーニ・ロッソ三分の一）にも使われている。瓶ごと冷凍庫に入れ、とろりとするほどに冷えたものをシェイカーでシェイクして食後に飲んでも美味しい。

カンパリの造り方

カンパリを造るにあたって最も重要なのは、四〇種類以上に及ぶ原料の配合である。カンパリ社では、その配合は社内でも秘密とされており、現在でも社の幹部が週二回出社し、配合を行っている。

アマーロ・ブラウリオ

カンパリ

一万リットルのステンレスタンクが三六本並ぶミラノ郊外の工場では、原料のほか、配合に使用する蒸留水の製造装置も独自に持っている。工場長によると、原液ははかりしれない反応を起こす可能性があるので常に蒸留水を使用するのだという。ほかに例を見ないこだわりを持つ会社といえる。

原料に蒸留水を加え、二日間静置したのち九六%のアルコールが加えられると、二週間後にはアルコール分六九%の原液ができあがる。この間、二日に一回、タンクの攪拌が行われる。次に、砂糖液と天然色素コチニアニンが加えられ、一カ月ほど静置され、その後フィルターにかけられて瓶詰めされる。世界一六九カ国に輸出されている。

国によってアルコール規定が違うため、二〇度から二八・五度まで、アルコール度数の異なる約一五種類の製品を造る。ちなみに日本には二四度の製品が輸出されている。

近年、ビター飲料が注目されるなか、カンパリ・ソーダはもちろん、カンパリ・オレンジ、カンパリ・グレープフルーツもプレミックスの市場で重要な位置を占めている。

アヴェルナ

シチリア島にある伝統的なアマーロで、リンドウの根を主体とする薬草酒を商品化したもの。アルコール分は三四%で、一八六八年、サルヴァトーレ・アヴェルナが発売した。

アマレット

女性に人気があり、主に食後にストレートで飲まれるが、氷を加えてもよい。

アマレットはその香りから一般にアーモンド・リキュールと呼ばれるが、原料はアーモンドではなくアンズの核である。

一六世紀、ロンバルディア地方に住む画家のベルナルディーノ・ルイーニという男に、あるモデルの女性が愛の証しにこのリキュールの造り方を教えたという言い伝えがある。

造り方は、アンズの核をアルコールに浸漬させ、抽出した原液にシロップを加える。アルコール度数は二四〜二八度。

イタリアでは食後や来客時にストレートで飲むケースが多いが、甘いフレーヴァーを生かしカクテル用にも多く使われる。またこの香りをつけたクッキー状の菓子もよく知られている。

ミラノからコモ湖に向かって約一〇キロ、高速道路沿いに位置するサロンノの町で、アマレットと呼ばれるこのリキュールを最初につくったのはイルヴァ・サロンノ社。アメリカ、日本をはじめ一三〇カ国に輸出し、世界中で知られている。

アペロル

パドヴァにあるバルビエリ社の製品。ダイオウ、キナ、リンドウの根などの原料を、ワインから造ったスピリッツに浸漬したもの。アルコール分は二五%で、そのままアペリティフとしても飲まれるが、冷やして食後に飲んでも美味しい。

フェルネットブランカ

フェルネットとはイタリア・アルプス地方の薬草抽出液で造る薬の一般名称。これを酒として飲みやすくし、商品化したのがフェルネットブランカ社。非常に苦味の強い酒だが、イタリア人には人気がある。アルコール分四五%。

その他の食前・食後酒

その他、イタリアの食前・食後酒には、ボリビア産のキナ、カリサヤなどの樹皮を主原料にしたキナ・マルティーニや、オレンジの果皮を主体にキナの樹皮の抽出成分を加えたビッター・マルティーニ、シチリア産のアニスを主体に、クローヴ、フェンネル、コリアンダーなどを加えた苦味の強い酒ペトルス、アニスの種子をアルコールに浸漬し蒸留したアニゼット、アニスやバニラなど七〇種以上の薬草を使って造られるガリアーノなどがある。また、マラスキー原酒にエルダーベリー、グリーン・アニスを配合したサンブーカも、モリナーリ社のものがよく知られている。これは、コーヒー豆を浮かべ火をつけて飲むという珍しい飲み方をする。

ワインを主原料とする食前・食後酒

ワインを主原料とする酒にヴェルモットがあるが、これは一般のスティルワインに薬草、香料、天然色素などを加えて造られる。一八世紀末からイタリアのピエモンテ地方で造られるようになった。

白ワインをベースに、一五〜四〇種の香草、薬草を配合し、最後にアルコールを加えて造る。アペリティフとして使われることもあるが、食後のカクテルの材料として使われることも多い。ガンチャ社、チンザノ社、マルティーニ&ロッシ社の製品が知られている。

その他、マルサラ、バローロ・キナートなどのリキュールタイプのワインもある。

さらに食後酒として、イタリアではブランデーも造られている。市場の約半分はブトン社とストック社で占められている。

グラッパ

グラッパと聞いても日本ではピンとこない人がほとんどだろう。しかしイタリア、特に北イタリア（バッサーノ・デル・グラッパ）では、グラッパをめぐって戦争が起こったほど生活に密着し、永年親しまれてきた。

グラッパはブドウの搾りかすを蒸留して造ったアルコール分の強い酒で、主な生産地域はフリウリ・ヴェネツィア・ジューリア、ヴェネト、トレンティーノ・アルト・アディジェ、ロンバルディア、ピエモンテ、ヴァッレ・ダオスタ、エミリア・ロマーニャといった北イタリア各州である。

蒸留の方法としては、釜に直接ブドウの搾りかすを入れ、水を加えて蒸留する昔ながらの直火式、湯せんで蒸留する湯せん式、その他蒸気式、低圧式がある。現在ではこれらを組み合わせた方法でも造られている。

グラッパを造る会社

グラッパは古くから北イタリアのあらゆるワイン生産地で造られてきたが、近年、その製法、ボトル、デザインなどに関してすばらしい会社が出現している。ピエモンテ州ではレヴィ社、マローロ社、グアルコ社、ロヴエロ社、カステッロ・ディ・バルバレスコ社が人気も高く、高品質のグラッパを生み出している。トレンティーノ・アルト・アディジェ州ではセニャーナ社、バロッツィ社が、ヴェネト州ではボッテーガ社が、またフリウリ・ヴェネツィア・ジューリア州ではノニーノ社、マスキオ社などが独自のグラッパを造り、ボトル、パッケージにおいてもオリジナリティーを発揮し、人気だけではない素晴らしい商品を造り出している。

マローロ社の製法

グラッパを造る会社のほとんどはその地で取れたヴィナッチャ（ブドウの搾りかす）をサイロに入れて保管し、年間を通じて蒸留するのが一般的だった。これに対し、飲料の世界的なライト化傾向、さらには料理のライト化も重なって、グラッパも従来の商品よりも軽く、よりソフィスティケートされた商品が好まれるようになってきた。こうした状況のなかで近年、ブドウの品種を分けて蒸留する方法（モノ・ヴィティーニョ）が考え出された。こうした造り方を始めた会社の一つにピエモンテ州アルバのマローロ社がある。

パオロ・マローロ氏はスクオラ・エノロジカ・ディ・アルバ（アルバ農学校）の先生を務めるかたわら、午後は自宅で趣味としてグラッパ造りを始めた。同氏いわく、「私が小さい頃、家の近くにグラッパの蒸留所がありました。興味本位でよくサイロを覗いたものです。中にはカビがいっぱい生えたヴィナッチャが詰まっていました。子供心にも、これではいいグラッパはできないと思いましたね」

こうした経験からパオロ氏は、できるだけフレッシュなヴィナッチャを使い、各ブドウの品種の個性を生かすというコンセプトのもとに、バンニョ・マリア（湯せん）方式のグラッパ造りを始める。一九七七年のことだった。以後、生産量は少ないが新しい流れを作った会社として、その製品はすでに日本にも紹介されている。

マローロ社には二トンと一トンの湯せん釜がある。それぞれにヴィナッチャ五〇、水五〇の割合で入れ、焦げないように、またメチルアルコールが残らないように混ぜながら、九〇度から一〇〇度の温度で約一時間ほど蒸留する。次に、ここで得られたアルコール度数五～一五度の蒸留液を連続式蒸留機にかける。これも二機あり、一二の層に段が重ねられている。一段一段上がっていくにつれて重い水は下に落ち、濃度の高いアルコールは上へ上へと上っていく。この作業は二時間ほど続く。あとは前留、後留が取り除かれ、アルコール度数七〇～七五度のグラッパができあがる。これに水を加えるわけだが、ブドウの品種によってその量は異なる。したがってマローロ社の商品はブドウの品種によってアルコール度数が違っており、四二度のモスカート種から六〇度までの商品がある。

グラッパ・ディ・モスカート

リモンチェッロ

カンパーニア地方では魚ベースの食事の後、エスプレッソ・コーヒーを飲み、食後酒としてリモンチェッロを飲む習慣がある。

リモンチェッロはナポリ周辺の海岸線からサレルノまでのアマルフィ海岸、カプリ島、イスキア島など、日当たりが良く、気候の穏やかな海岸線で採れる、柔らかく香りの高いレモンの皮が原料として使用される。この原料となるレモンがリモンチェッロの美味しさのポイントとなる。

飲み方は、よく冷やしてトニック・ウォーターやスパークリング・ワインで割ってロング・ドリンクとして食前酒にしたり、フリーザーに入れてとろとろの状態にしてストレートで食後に飲んだりすることが多い。

また、リモンチェッロはアイスクリームやレモンシャーベットにかけてもいいし、マチェドニア(フルーツポンチ)、イチゴなどにかけてもよい。

アマルフィ海岸では、チョコレートではなく、このリモンチェッロと生クリームのプロフィットロールや、名物デザート〃ババ〃(きのこ型のスポンジケーキ)をリモンチェッロ入りシロップに浸して販売しているものもある。

リモンチェッロは私がミラノに駐在していた一九九〇年頃からイタリア全土に広がり、人気のリキュールになった。これは、ナポリ出身のピッツァ職人やピッツェリアが、このリモンチェッロを食後酒としてサービスするようになったからだろう。それまで長年主力であった色の濃いアマーロ類に対し、色が明るく、レモンの清々しい香りのするリモンチェッロは、消費者にとって健康的に映ったのも事実だろう。

ブームを経て定着したリモンチェッロは、今日、日本の梅酒造りと同様に、家庭でも多く造られるようになり、ピッツェリアや家族経営のトラットリアでも自家製のものが用意されるようになった。

造り方は簡単で、青く新鮮なレモンの皮を薄く切り取り、アルコールに浸し、これに砂糖で作ったシロップを加え、フィルターにかけるだけ。通常は一カ月ほどでできあがる。

エスプレッソコーヒー

イタリアのコーヒー市場と日本市場への期待

イタリアには一六万軒のバールBarがあるといわれるが、そこで出されるコーヒーは必ずエスプレッソと決まっている。イタリアではコーヒーとエスプレッソは同義語で、バールで「カフェ」と注文すると自動的にエスプレッソが出てくる。

バールでのコーヒー豆の消費量は、年間四万五〇〇〇トンにのぼる。家庭でも一八万トンが消費されている。それでも一人当たりの年間消費量が一〇キログラム以上の北欧の国々と比べると、約五キログラムとさほど多いほうではない。

コーヒーの大量消費国を地図上で見ると寒い国がほとんどで、これからすると、その味が好まれるというよりも、気候や習慣によって消費されていることがわかる。

事実、コーヒーを一回に飲む量と、酸味、苦味の関係は、国によって、また地域によってはっきりと違ってくる。アメリカ北部、シアトルでは、酸味の強いコーヒーにさらにレモンの皮を入れて飲むという。また、一人当たりの年間消費量が世界で最も多いフィンランドでも、酸味のあるコーヒーが好まれ、一回に飲む量も多い。つまり、冬が寒く長期にわたる地方では、座って生活する時間が長いため、自然と一杯の量も多くなるのだ。

イタリアにおいても、北と南とではコーヒーに対する嗜好にかなりの差がある。ミラノ、トリノを中心とする北イタリアでは、冬寒いことから酸味が好まれ、比較的浅いローストで、一杯のエスプレッソの量が三〇〜四〇ccと南イタリアに比べて多い。

フィレンツェやローマを中心とする中部イタリアでは中程度のロースト、ナポリ、パレルモなどの南イタリアの都市では強めのローストで、その量はミラノの半分くらいになる。つまり、南下して気温が上がるにつれ、コーヒーの苦味が増し、その量も少なくなるということだ。ただ、同じ南イタリアでもサルデーニャ島だけは酸味の多い浅いローストが好まれる。
世界的には強めの焙煎で有名なイタリアのコーヒーだが、同じイタリアでも北と南とでは豆の焙煎も一杯の量も大きく違ってくるのである。

それでは、イタリアンローストがほかの国に比べ強くなったのはなぜであろうか。もともとコーヒー豆はデリケートなもので、浅いローストでは欠点が出やすい。そこで、イタリア人は味が変化しないように強めにローストし、マシンの圧力でアロマを十分に出し、少量のエスプレッソの中に香りを閉じ込めることを考え出したのである。

食後に一杯、会議の席で一杯、道で出会った知人と一杯、待ち合わせのついでに一杯と、エスプレッソコーヒーは今日のイタリア人にとって欠かせないものとなっている。

日本人がイタリアに来て食事をすると、「もうお腹いっぱい」といいながらも、濃厚なカプッチーノを注文する。これにはイタリア人ウエイターもびっくり。食事の量が少なかったのかと考え込んでしまう。というのは、イタリアでは食後はエスプレッソと決まっているからだ。目いっぱい食べ、これでもかとデザートを頬張り、もうこれ以上おなかに入らない。そこで消化を助けるために飲む薬がエスプレッソなのだ。確かに苦味があり、少量しかないエスプレッソは、薬といわれればそのようにも感じられる。

日本人は古くからお茶を飲んできた。一回に飲むお茶の量も多かった。そこで、アメリカから入ってきたアメリカンコーヒーが大流行し、日本に定着した。

しかし、近年イタリアのファッションや食が日本に入りはじめ、香りと味が凝縮されたエスプレッソコーヒーにめざめた。この刺激を欲する日本人は、今後ますます増えていくだろう。

ラベルの読み方

イタリアでは毎年、二〇万枚近くの新しいワインラベルが誕生している。このおびただしい数のワインを理解するには、ラベルを読む知識がぜひとも必要になってくる。

ラベルはワインの中身を評価するものではないが、ワインの性格、内容を知るための、またどの地域でどのようにして造られたワインなのかを知るための、大切な情報が記されているものである。

自分の欲しいワインを選ぶには、まずラベルを正確に読み、どのようなワインなのかを知ることが第一歩である。

● DOCG（統制保証原産地呼称）ワイン

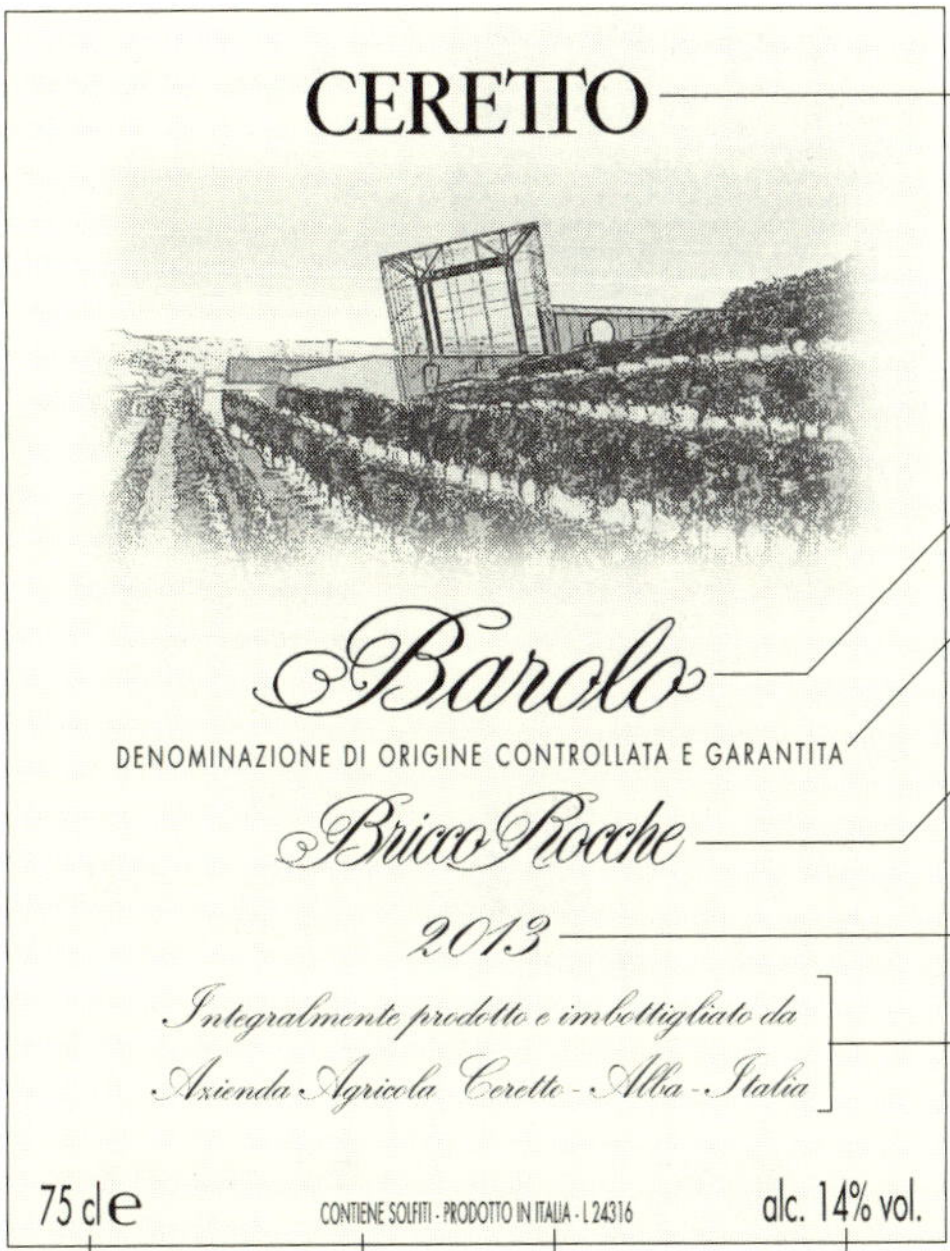

商号：チェレット

DOCG名：バローロ

DOCGワインであることを示す

ワインを醸造した醸造所名：ブリッコ・ロッケ

ブドウの収穫年：2013年

生産・瓶詰業者名及び所在地：チェレット社 アルバ、イタリア

ワイン容量：750mℓ（eはEU公認容量を示す）

酸化防止剤含有

イタリア製

アルコール度数：14%

DOC（統制原産地呼称）ワイン

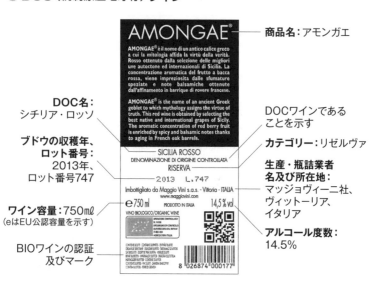

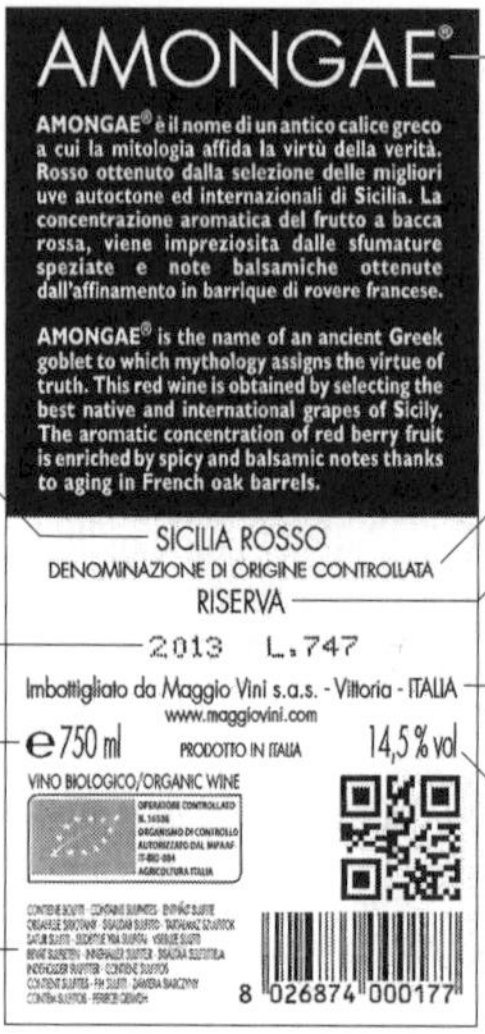

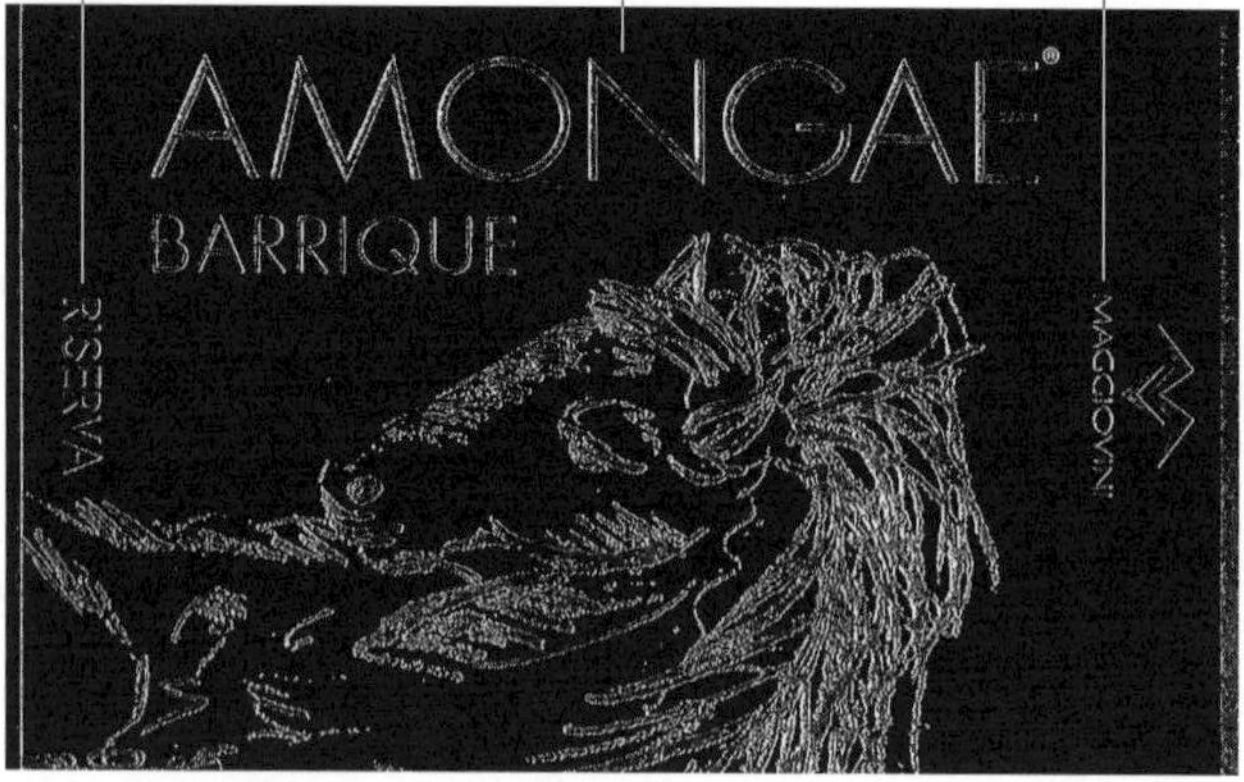

● I.G.T.（地理表示つきテーブルワイン）

生産者ファミリーの紋章

ブランド名（畑名）：
シエピ

ブドウの収穫年：
2013年

I.G.T名：
I.G.T.トスカーナ

生産者名：マッツェイ社
（フォンテルートリ）

● I.G.T.（地理表示つきテーブルワイン）

裏ラベル

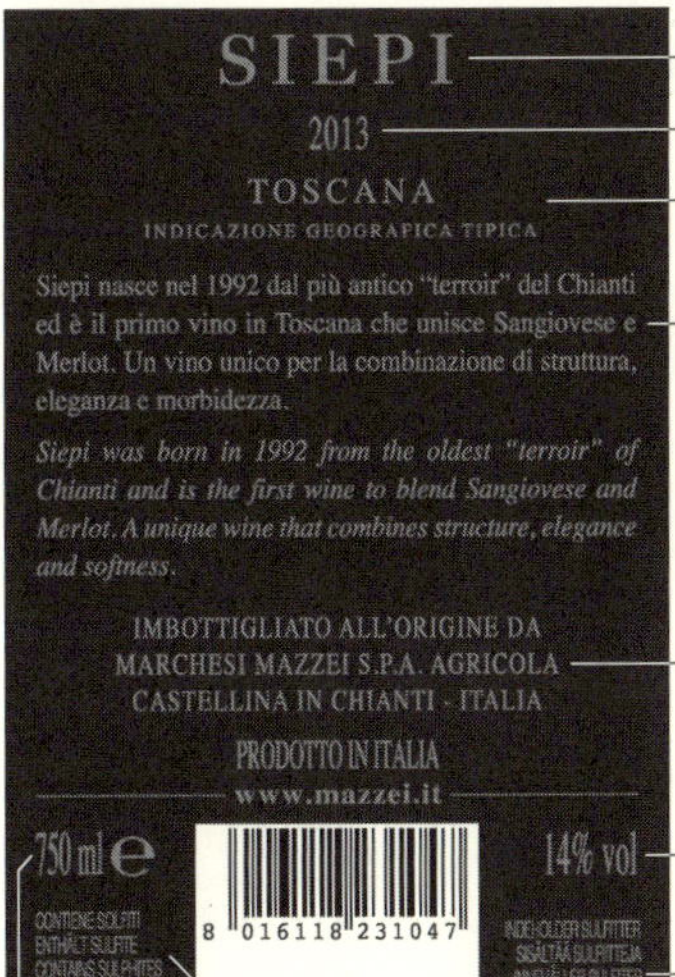

ブランド名（畑名）：シエピ

ブドウ収穫年：2013年

I.G.T名：I.G.T.トスカーナ

商品説明

生産・瓶詰業者名及び所在地：
マルケージ・マッツェイ社
カステッリーナ・イン・
キアンティ、イタリア

アルコール度数：14%

酸化防止剤含有

ワイン容量：750㎖
（eはEU公認容量を示す）

● V.d.T.（テーブルワイン）

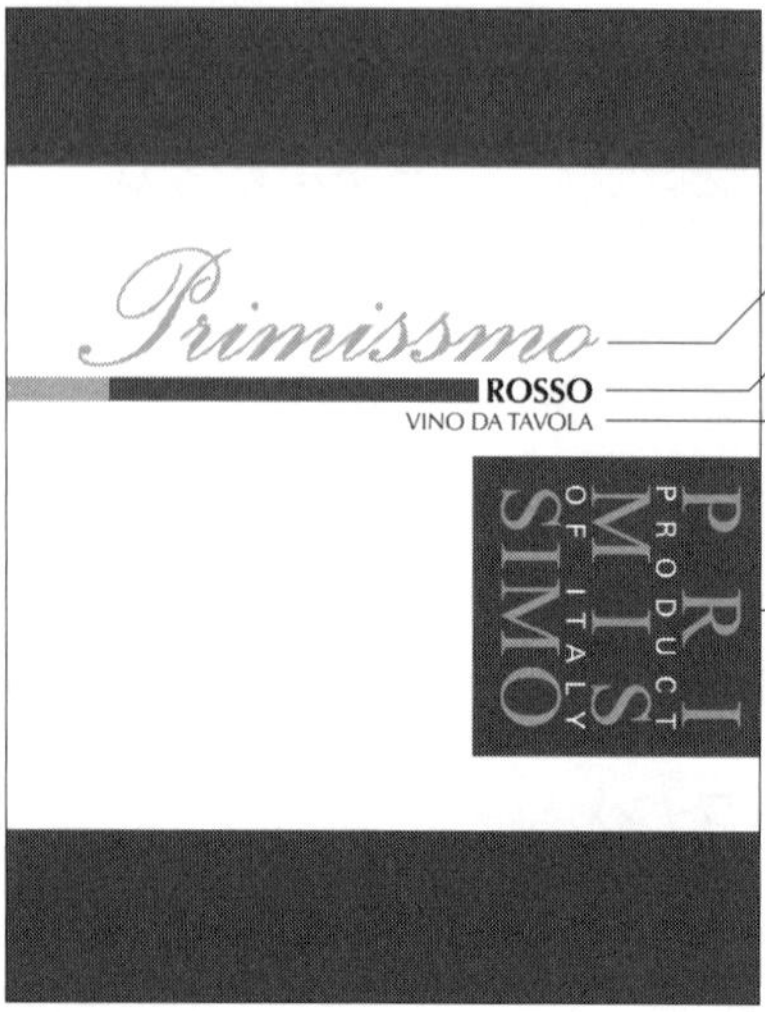

商号：プリミッシモ

ワインの種類：赤ワイン

ワインのカテゴリー：
テーブルワイン

商号：
プリミッシモ　イタリア製

● V.d.T.（テーブルワイン）
裏ラベル

輸入販売業者名

生産・瓶詰業者名
及び所在地：
ドラガーニ社
オルトーナ、イタリア

ワインの評価の仕方

ワインの利き酒の方法は他の酒類と同様、まず色を見、次に香りを嗅ぎ、そして口に含んで味わう。

素早く正確にワインを分析するためには、この動作を特定の条件のもとできっちり行わなくてはならない。

初めのうちはゆっくりでも良いので、正確に行うように心がけたい。

実際のワインの品評会では、まず部屋の明るさがチェックされ、テーブルの上には色が見やすいように白い紙、もしくはテーブルクロスが敷かれる。これにワインを映して色を正しく表現するためだ。

また、試飲に使われるグラスは全て同形のものとする。形によって香りの伝わり方などが違ってくるからだ。

当然、使用するグラスはきれいに洗浄して乾かしてあり、洗剤の匂いが残っていないものでなければならない。

それではイタリアワインの評価の仕方を「見る」、「香りを利く」、「味わう」の順に見ていくことにしよう。

ESAME VISIVO エザーメ・ヴィジーヴォ（視覚による分析）

ワイングラスに半分ほどワインを注ぎ、グラスの脚の部分をしっかりと持って目の高さまで上げ、透明度、色相、濃度、さらに発泡性であれば泡の大きさ、量、出具合などを見る。

光は自然光が望ましいが、三八〇〜七六〇ルックスを必要とする。

COLORE コローレ（色）

もともと色はブドウの色由来のものが中心だが、発酵、熟成などによっても変わってくる。

評価はトナリタ TONALITA（色相）、リンピデッツァ LIMPIDEZZA（透明度）などで行う。

LIMPIDEZZA リンピデッツァ（透明度）

醸造したばかりのワインは少し濁っている。トラヴァーゼ他の工程を経て透明度は増してくる。ただし、濁っているワインでもディフェクトがあるとはいいがたい。その成分が良い香りにつながっていることもあるからだ。

しかし一般的に、濁っているワインはマイナスの評価を受けることが多い。

EFFERVESCENZA エッフェルヴェシェンツァ（発泡度）

ワインの泡の出方は炭酸の質に由来する。ワインの泡はワイン中にガスが多量に含まれているために出てくるもので、フリッツァンテ FRIZZANTE（二〇℃で二・五気圧以下）とスプマンテ SPUMANTE（二〇℃で三気圧以上）に分かれる。泡の大きさはフィーニ FINI（小さい）からグロッセ GROSSE（大きい）、泡の量はヌメローゼ NUMEROSE（多い）からスカルセ SCARSE（少ない）で表現される。また、泡の出方はペルシステンテ PERSISTENTE（持続性）で表現される。

ESAME OLFATTIVO エザーメ・オルファッティーヴォ（香りの分析）

香りの分析はワインの分析のうち最も重要といわれ、ここに注力して時間をかける。香りを嗅ぐのは通常二つのパターンで行う。まず最初に初回の香りをインプットしておく。次に数度に分けて香りの分析を行う。

ワインの香りを吟味するときは、白ワイン、赤ワインの差はあるが、温度は通常飲む適性温度よりもやや高めのほうが良い。

というのは、温度が低いと香りが立ちにくいためで、香りの特徴が分かりにくくなるからだ。白ワインであれば一〇～一二℃、赤ワインであれば二〇℃前後が良い。

香りを嗅ぐ作業はワインを吟味する上で最も難しいといわれているが、経験を積むことによって、より多彩な表現ができるようになる。これについては日頃から花や草などの香りに注意し、香りを覚えておく必要がある。

また、香りのインテンシタ INTENSITÀ（強さ）、ペルシステンツァ PERSISTENZA（持続性）についても、しっかりと把握しておかなければならない。

ワインの香りを総合的に評価する言葉に、プロフーモ PROFUMO やアローマ AROMA のような言葉があるが、前者は瓶内熟成時に変化する香りが主になり、後者はブドウあるいはワインそのものが持つより強い香りと考えて良い。

ワインの香りの源泉は三つに分けられるが、これは工程上の三つの段階に由来する。

プリマーリ PRIMARI（第一段階）はブドウそのものに由来する香りで、フルーツや花、果実の香りなどがある。

セコンダーリ SECONDARI（第二段階）は発酵中に生まれる香りで、瓶内二次発酵をさせるスプマンテのパンを焦がしたような香りは発酵由来の香りである。

テルツァーリ TERZARI（第三段階）は発酵後の熟成段階で生まれる香りで、カカオの香りは焦がした樽由来、バニラは新樽の小樽由来の香りである。

ESAME GUSTATIVO エザーメ・グスタティーヴォ（味の分析）

最後にワインを口に含み、評価の仕上げを行う。まず一口、口に含み、舌の上で空気に触れさせ、空気を吸い込んで味わいを読み取る。味わいは大別すると、甘味、酸味、アルコール、厚み、まろやかさ、渋味などに分けられるが、〝強さ〟や〝持続性〟も香りと同様重要である。我々の舌には四つの味覚が備わっているが、舌の先で感じる甘味は、生まれたときに母親の乳を探すのに役立たせるためで、一秒ほどで甘味を感じる。舌の側面には鹹味《かんみ》（塩辛さ）、酸味の順に味を感じる組織ができている。

そして、舌の一番奥に苦味や渋味を感じる組織がある。ここは非常に複雑な仕組みでできていて、花の蕾のようになっており、苦味を感じるまでに三〜四秒を要するが、一度感じた苦味は長く保存される。一方、甘味、鹹味、酸味はすぐに消えてしまう。

最後に、もう一度分析したワインを見直し、ワイン全体のハーモニー、熟成度合い、料理との相性などを見て、ワインの評価は終わる。

ワインを評価する場合の主な表現

イタリアワインの評価をする場合、日本でワインを表現する場合とは違った表現をすることが多い。

実際にワインの〝テクニカル・シート〟を見る場合、あるいは生産者の表現を聞く場合でも、その言葉の意味を知り、理解しておく必要がある。

ここでは具体的にワインを試飲し、評価を表現する場合の用語をまとめてみた。

Limpidezza リンピデッツァ（透明度）

brillante（cristallino）ブリッランテ（クリスタッリーノ）

スプマンテの場合、光にかざして見たときの輝き。

molto limpido モルト・リンピド

特に白ワイン、もしくはロゼワインの透明度が高いことを示す。赤の場合は上級規定ワイン。

limpido リンピド

ある程度の透明度の高さをいう。

velato ヴェラート

やや透明度が低い場合。DOCクラス以上のワインには当てはまらない。

torbido トルビド

一般的なワインではなく、自家消費用ワインなどに見られる透明度の低いワイン。

Persistenza olfattiva ペルシステンツァ・オルファッティーヴァ（香りの持続性）

molto persistente モルト・ペルシステンテ

アロマの充分に感じられるワインに多い。

persistente ペルシステンテ

厚みがあり、長期熟成型ワインに多い特徴。

abbastanza persisitente アッバスタンツァ・ペルシステンテ

平均的な出来のワインで、ポジティブな表現となる。

poco persistente ポコ・ペルシステンテ

上級ワインには適さない表現だが、テーブルワインクラスにはあり得る表現。

sfuggente スフッジェンテ

ブドウの苗や土壌に由来するもので、ネガティブな表現といえる。

Intensità olfattiva インテンシタ・オルファッティーヴァ（香りのインテンシティ）

molto intenso モルト・インテンソ

アロマを充分に感じるワインに多い。特に甘口、パッシート、リキュールタイプに多い。

intenso インテンソ

長期熟成型のワイン、もしくは新酒などに多い。

abbastanza intenso アッバスタンツァ・インテンソ

高品質ワインには欠かせない表現である。

leggero レッジェーロ

ワインの欠点であることも考えられるが、一部のワインの特徴でもある。

tenue テヌエ

高品質ワインとしては欠点となる。テーブルワインとしては了解できるものもある。

Qualità クワリタ（味わいの質の評価）

molto fine モルト・フィーネ

上級ワインには必要な要素となる。一般ワインにとってはプレステージとなる。

fine フィーネ

上級ワインにとっては当然の表現である。

abbastanza fine アッバスタンツァ・フィーネ

上級ワインにとってはどうにか面目を保てる程度の表現。

comune コムーネ

テーブルワインに対して適当な表現。

grossolano グロッソラーノ

テーブルワインとしてもあってはならない表現。ワインメーカーの資質を疑われる。

Intensità インテンシタ（味わいのインテンシティ）

molto intenso モルト・インテンソ

甘口ワインやパッシートワインに多く当てはまる表現。

intenso インテンソ

割合タンニンが多く、やや辛口または熟成型ワインに多い。

abbastanza intenso アッバスタンツァ・インテンソ

規定ワインには当然の表現。テーブルワインにとっては充分な表現となる。

leggero レッジェーロ

通常は厚みがない場合で、ネガティブな表現となる。しかし、一部の白の規定ワインには、こういったワインもある。

tenue テヌエ

ワインとしては不充分という表現になる。

Persistenza ペルシステンツァ（味わいの持続性）

molto persistente モルト・ペルシステンテ

甘口ワインやパッシート、タンニンの多いワインに多い。味わいが長く続き、一〇秒以上ある場合の表現。

persistente ペルシステンテ

味わいが比較的長続きし、五〜一〇秒続くワイン。

abbastanza persistente アッバスタンツァ・ペルシステンテ

規定ワインには必要な表現。味わいが三〜五秒続くワイン。

poco persistente ポコ・ペルシステンテ

味わいが長続きしないワイン。規定ワインには不足な表現となる。

corto コルト

ほとんど味わいが残らないワイン。ワインとしてはネガティブな表現。

Grado di Dolcezza グラード・ディ・ドルチェッツァ（味わいの中の甘さの度合）

secco セッコ

甘味をほとんど感じないワイン。

abboccato アッボッカート

わずかに甘味を感じる薄甘口。

amabile アマービレ

中程度の甘さを感じる中甘口。

dolce ドルチェ

モスカートのように、まず前面に甘さの現れる甘口ワイン。

molto dolce モルト・ドルチェ

パッシートやパッシート・リクオローゾなどのワインに多く見られる。

Grado di Acidità グラード・ディ・アチディタ（味わいの中の酸の度合）

piatto ピアット

ほとんど酸味を感じないワイン。したがって味わいもわずかとなる。

poco fresco ポコ・フレスコ

一部の品種でアルコール度の低いワインとしては良いが、何とか合格という程度である。

abbastanza fresco アッバスタンツァ・フレスコ
ワインの酸度としては適性で、特に長熟ワインには良い表現。

fresco フレスコ
酸味の多いワイン。特に白ワインに多い。

acidulo アチドゥロ
出来上がったばかりの赤ワインに多い。酸を強く感じるバランスの悪いワインの表現。

Grado di Tannicità グラード・ディ・タンニチタ（味わいの中のタンニンの度合）

carente カレンテ
普通の赤ワインとしてはタンニンの足りないワイン。

poco tannico ポコ・タンニコ
通常の赤ワインとしてはややタンニンが足りない程度。

giustamente tannico ジュスタメンテ・タンニコ
ちょうど良い程度の、バランスの良いタンニンを含んだワイン。

tannico タンニコ
通常よりも多めにタンニンを含んだ赤ワイン。

allappante アッラッパンテ
非常にタンニンの多いワイン。口の中にタンニンがへばりつくほどのもの。

Componente Alcolica コンポネンテ・アルコリカ（味わいの中のアルコールの度合）

debole デボレ

アルコール度数が低く、他の酸やタンニンも低いワイン。

leggero di alcol レッジェーロ・ディ・アルコール

通常よりもアルコール度がやや低めのワイン。

caldo カルド

一二%程度のアルコールを感じるワイン。

molto caldo モルト・カルド

一三%以上のアルコールで、しっかりした味わいのワイン。

alcolico アルコリコ

一四〜一五%を上回るアルコール度数のワインで、しっかりした構成のワイン。

Corpo di Vino コルポ・ディ・ヴィーノ（味わいの中の厚みの度合）

magro マグロ

全くワインの厚みを感じられないとき、それはワインの欠点となる。

leggero di corpo レッジェーロ・ディ・コルポ

通常あるべきワインの力強さがやや足りないワイン。

di corpo ディ・コルポ

品質的に見てほぼ納得のいく力強さを備えたワイン。

pieno ピエノ

構成が充分で、力強さ、味わいも充分なワイン。

pesante ペザンテ

あまりに構成がしっかりしていて味わいが強く、バランスに欠けるワイン。

Morbidezza モルビデッツァ（味わいのやわらかさ）

carente カレンテ

酸やタンニンが強すぎてバランスの悪いワイン。発酵直後のワインなど。

poco morbido ポコ・モルビド

わずかに酸のすぎる白ワインや、酸やタンニンのすぎる若い赤ワイン。

morbido モルビド

やわらかさと固さのバランスの取れたワイン。熟成赤ワインなど。

rotondo ロトンド

残糖を含んだり、熟成によるバランスが取れた申し分のない味わいのワイン。

pastoso パストーゾ

糖分やアルコール分を充分に含んだパッシートのようなワイン。

Armonia アルモニア（味わいのバランス）

armonico アルモニコ

ワインの全ての成分がバランス良く整っているワイン。

equilibrato エクイリブラート

多くのワインの成分がバランスの良いワイン。

abbastanza equilibrato アッバスタンツァ・エクイリブラート

酸、アルコール、タンニンなど一部の成分のバランスがいまひとつのワイン。

leggermente equilibrato レッジェルメンテ・エクイリブラート

重要な成分のバランスが良くないワイン。

disarmonico ディスアルモニコ

重要な成分のバランスが悪く、多すぎたり少なすぎたりするワイン。

Qualità クワリタ（ワインの質）

molto fine モルト・フィーネ

高品質ワインで味わいが特別に良い。卓越した味わいのワイン。

fine フィーネ

DOCなどの規定に当てはまるワイン。

abbastanza fine アッバスタンツァ・フィーネ

何とか規定ワインの内容に届くワイン。

comune コムーネ

テーブルワインの内容に何とか届く程度のワイン。

grossolano グロッソラーノ

味わいが充分でなく、発酵もしくは熟成が充分に行われていないワイン。

Stato Evolutivo スタート・エヴォルティーヴォ（ワインの熟度の評価）

giovane ジョーヴァネ

まだ充分に熟成していないワインで、酸が多すぎたりしているケースが多い。

pronto プロント

熟成を経て、充分に味わえる段階のワイン。

maturo マトゥーロ

色相、香り、味わいが良い段階に達したワイン。

leggermente vecchio レッジェルメンテ・ヴェッキオ

熟成の良い段階を通り越して、欠点が出始めているワイン。

decrepito デクレピト

酸化によって香り、味わいが変質してしまったワイン。

試飲時の用語一覧表

Scheda di degustazione dell'Associazione Italiana Sommelier (A.I.S.). Le numerose suddivisioni facilitano l'analisi organolettica anche da parte di degustatori alle prime esperienze in materia. Serve per la descrizione del vino.

TERMINOLOGIA PER LA DEGUSTAZIONE DEL VINO

ESAME VISIVO

COLORE
-Giallo Verdolino
-Giallo Paglierino
-Giallo Dorato
-Giallo Ambrato
-Rosa Tenue
-Rosa Cerasuolo
-Rosa Chiaretto
-Rosso Porpora
-Rosso Rubino
-Rosso Granato
-Rosso Aranciato

LIMPIDEZZA
-Velato
-Abbastanza Limpido
-Limpido
-Cristallino
-Brillante

FLUIDITÀ (Consistenza)
-Fluido
-Poco Consistente
-Abbastanza Consistente
-Consistente
-Viscoso

EFFERVESCENZA
GRANA BOLLICINE
-Grossolane
-Medie
-Fini
NUMERO BOLLICINE
-Scarse
-Poche
-Numerose
PERSISTENZA
-Evanescente
-Fugace
-Persistente

ESAME OLFATTIVO

INTENSITÀ
-Carente
-Poco Intenso
-Abbastanza Intenso
-Intenso
-Molto Intenso

PERSISTENZA
-Carente
-Poco Persistente
-Abbastanza Persistente
-Persistente
-Molto Persistente

QUALITÀ
-Comune
-Poco Fine
-Abbastanza Fine
-Fine
-Eccellente

DESCRIZIONE
-Aromatico
-Vinoso
-Floreale
-Fruttato
-Franco
-Fragrante
-Erbaceo
-Speziato
-Etereo
-Ampio

SENTORI PERCEPITI
DI FIORI: acacia-biancospino-iris-ginestra-rosa-violetta-sambuco-fior di pesco-tiglio...
DI FRUTTA FRESCA: limone-fragola-lampone-marasca-mora-ciliege-ribes-ananas-banana-mele-pesca-albicocca...
DI FRUTTA SECCA: nocciole-mandorle-fichi-prugne...
VEGETALI: erba-fieno-limoncella-menta-tabacco-sottobosco-alloro-finocchio-mallo di noce...
DI SPEZIE: anice stellato-cannella-chiodi di garofano-pepe-nocemoscata-legno di liquirizia...
VARI: caffè tostato-mandorle toste-vaniglia-resina-catrame-tartufi-creosoto-cacao-caramello-lieviti-crosta di pane-miele-ambra-muschio-cuoio-pelliccia-selvaggina-cacciagione-confettura di...

ESAME GUSTATIVO

ZUCCHERI
-Secco
-Abboccato
-Amabile
-Dolce
-Stucchevole

ALCOLI
-Leggero
-Poco Caldo
-Abbastanza Caldo
-Caldo
-Alcolico

POLIALCOLI
-Spigoloso
-Poco Morbido
-Abbastanza Morbido
-Morbido
-Pastoso

MORBIDEZZA — DUREZZA

ACIDI
-Piatto
-Poco Fresco
-Abbastanza Fresco
-Fresco
-Acidulo

TANNINI
-Molle
-Poco Tannico
-Abbastanza Tannico
-Tannico
-Astringente

SALI MINERALI
-Scipito
-Poco Sapido
-Abbastanza Sapido
-Sapido
-Salato

STRUTTURA GENERALE O CORPO DEL VINO
-Magro
-Debole
-Di Corpo
-Robusto
-Pesante

EQUILIBRIO
-Poco Equilibrato
-Abbastanza Equilibrato
-Equilibrato

INTENSITÀ
-Carente
-Poco Intenso
-Abbastanza Intenso
-Intenso
-Molto Intenso

PERSISTENZA
-Corto
-Poco Persistente
-Abbastanza Persistente
-Persistente
-Molto Persistente

QUALITÀ
-Comune
-Poco Fine
-Abbastanza Fine
-Fine
-Eccellente

CONSIDERAZIONI FINALI

ARMONIA
-Poco Armonico
-Abbastanza Armonico
-Armonico

STATO EVOLUTIVO
-Immaturo
-Giovane
-Pronto
-Maturo
-Vecchio

Tipicità ティピチタ（ワイン全体の個性）

molto tipico モルト・ティピコ
理想のティピカルな色相、香り、味わいのあるワイン。

tipico ティピコ
多少の差異はあるものの、ティピカルな色相、香り、味わいのあるワイン。

abbastanza tipico アッバスタンツァ・ティピコ
ワインの構成に差異はあるものの、その特徴を感じさせるワイン。

poco tipico ポコ・ティピコ
一部には特徴はあるものの、多くの部分で異なっているワイン。

atipico アティピコ
ラベルのワインに必要な特徴がほとんど見られないワイン。

具体的な香りの表現

前述したように、ワインの香りはその発生の時期によって三つの種類に分けることができる。ブドウ果実由来のプリマーリ、発酵中に生まれるセコンダーリ、熟成中に生まれるテルツァーリである。

若い白ワインには、フレッシュな白や黄色い花の香りが含まれ、また白い果肉のフルーツの香りも多く含まれる。さらにアロマを含むハーブの香り、ミネラルの香り、野菜の香りなども含まれる。

一方、白ワインが熟成すると、黄色い花、熟成トロピカルフルーツの香り、フレッシュフルーツ、あるいはフルーツの果肉の香り、乾燥フルーツ、スパイスの香りなどが生まれる。

赤ワインは、若いときには赤い花やスミレ、ピンクや赤の果実の香り、ミネラル、野菜の香りなどを含む。

熟成すると、赤い花やスミレのドライフラワー、赤やピンクの果実の砂糖漬け、スパイス、トーストの香りの他、動物香やエーテルなども生まれる。

それでは具体的に、花の香り、ハーブ、スパイス、トースト、フルーツ、草や野菜、動物香、エーテル香などのイタリア語表現を解説することにしよう。

花の香り

若い白ワインに多く含まれるものが多い。

acacia（アカーチャ）アカシア

artemisia（アルテミーシア）ヨモギ

biancospino（ビアンコスピーノ）西洋サンザシ（若い白）

fiori d'arancia（フィオーリ・ダランチャ）オレンジの花

fiori di campo（フィオーリ・ディ・カンポ）野草

fiori di vite（フィオーリ・ディ・ヴィーテ）ブドウの花

gelsomino（ジェルソミーノ）ジャスミン（若い白）
geranio（ジェラニオ）ゼラニウム
giacinto（ジャチント）ヒヤシンス
ginestra（ジネストラ）エニシダ
glicine（グリチネ）フジ
iris（イリス）アイリス（若い赤）
mimosa（ミモーザ）ミモザ
mughett（ムゲット）スズラン
narciso（ナルチーゾ）スイセン
rosa（ローザ）バラ（若い赤）
sambuco（サンブーコ）ニワトコ（ソーヴィニヨンの特徴的な香り）
viola（ヴィオーラ）スミレ（ネッビオーロ、サンジョヴェーゼの特徴的な香り）
tiglio（ティーリオ）シナノキ

アロマティックハーブ

若い白ワインに多く含まれる。
alloro（アッローロ）月桂樹
basilico（バジリコ）バジリコ（リースリングの特徴的な香り）

finocchio（フィノッキオ）フェンネル
lavanda（ラヴァンダ）ラヴェンダー
maggiorana（マッジョラーナ）マジョラム（ピガートの特徴的な香り）
menta（メンタ）ミント
origano（オリガノ）オレガノ
prezzemolo（プレッツェーモロ）イタリアン・パセリ
rosmarino（ロズマリーノ）ローズマリー
salvia（サルヴィア）サルヴィア、セージ（モスカート・ビアンコの特徴的な香り）
timo（ティーモ）タイム（ピガートの特徴的な香り）

フルーツ

若い白または若い赤ワインに多く含まれる。

agrumi（アグルーミ）柑橘類
albicocca（アルビコッカ）アンズ
amarena（アマレーナ）サワーチェリー
ananas（アナナス）パイナップル（シャルドネの特徴的な香り）
ciliegia（チリエージャ）チェリー
datteri（ダッテリ）ナツメヤシの実

fico（フィーコ）イチジク
fragola（フラゴラ）イチゴ（ボナルダの特徴的な香り）
frutta cotta（フルッタ・コッタ）コンポート
frutta candita（フルッタ・カンディータ）キャンディドフルーツ
frutto di bosco（フルット・ディ・ボスコ）森のベリー類
frutti esottico（フルッティ・エゾティコ）トロピカルフルーツ
frutta secca（フルッタ・セッカ）ドライフルーツ
kiwi（キウイ）キウイ
marasca（マラスカ）マラスカチェリー
mela（メーラ）リンゴ
melone（メローネ）メロン
nespola（ネスポラ）ビワ
noce di cocco（ノーチェ・ディ・コッコ）ココナッツ
pera（ペーラ）ナシ（プロセッコ）
pesca（ペスカ）モモ（モスカート・ビアンコの特徴的な香り）
prugna（プルーニャ）プラム（熟成赤）
uva moscato（ウーヴァ・モスカート）マスカットのブドウ

スパイス

瓶内や木樽内での熟成中に生まれる香りが多い。

anice（アニチェ）アニス

cannella（カンネッラ）シナモン

chiodi di garofano（キオディ・ディ・ガロファノ）クローブ、丁字

curry（クッリー）カレー

ginepro（ジネープロ）ジュニパー

noce moscata（ノーチェ・モスカータ）ナツメグ

pepe bianco（ペペ・ビアンコ）白コショウ

pepe nero（ペペ・ネロ）黒コショウ

pepe rosa（ペペ・ローザ）赤コショウ

pepe verde（ペペ・ヴェルデ）緑コショウ

vaniglia（ヴァニーリア）ヴァニラ

zafferano（ザッフェラーノ）サフラン

zenzero（ゼンゼロ）ジンジャー

トースト香

瓶内二次発酵中や樽での熟成中に生まれる香りが多い。

affumicato（アッフミカート）スモーク
cacao（カカオ）カカオ
caffè（カッフェ）コーヒー
catarame（カタラーメ）タール
cioccolato（チョッコラート）チョコレート
fumo（フーモ）煙
mandorla（マンドルラ）アーモンド
nocciola tostato（ノッチョーラ・トスタート）ローストしたヘーゼルナッツ
pane tostato（パーネ・トスタート）パンのトースト
tabacco（タバッコ）タバコ

ミネラル

熟成白ワインや熟成赤ワインに多く含まれる。
benzina（ベンズィーナ）ガソリン
ghiaia（ギアイア）砂利
grafite（グラフィテ）黒鉛
idrocarburi（イドロカルブーリ）石炭
inchiostro（インキオストロ）インキ

petrolio（ペトローリオ）石油
polvere da sparo（ポルベレ・ダ・スパーロ）発砲粉（火薬のにおい）
salmastro（サルマストロ）海水を含んだ
salice（サリーチェ）シリカゲル

草や野草

アロマの多い白や赤ワインに多く含まれる。
alghe marine（アルゲ・マリーネ）海苔
asparagi（アスパラジ）アスパラガス
bosco（ボスコ）森林
erba（エルバ）ハーブ
fagiolini（ファジョリーニ）サヤインゲン
felce（フェルチェ）シダ、ワラビ
fieno（フィエーノ）干し草
foglia di fico（フォリア・ディ・フィーコ）イチジクの葉
foglie secche（フォリエ・セッケ）枯れ葉
frutta acerba（フルッタ・アチェルバ）熟していない果実
muschio（ムスキオ）麝香《じゃこう》

peperone verde（ペペローネ・ヴェルデ）グリーンピーマン
tartufo（タルトゥーフォ）トリュフ

動物香

熟成赤ワインに多く含まれる。
cuoio（クオイオ）なめし革
lana bagnata（ラーナ・バニャータ）ぬらした毛糸
pelliccia（ペッリッチャ）毛皮
selvaggina（セルヴァッジーナ）狩猟肉

エーテル香

熟成赤ワインに多く含まれる。
cera（チェーラ）ロウソク
iodio（イオディオ）ヨウ素
medicinale（メディチナーレ）薬草
plastica（プラスティカ）プラスチック香
sapone（サポーネ）石鹸
smalto（ズマルト）エナメル

その他の香り

amaretto（アマレット）アンズの核

biscotto（ビスコット）ビスケット

burro（ブッロ）バター（新樽使用の小樽醸成）

caramello（カラメッロ）キャラメル

china（キーナ）キーナ（キニーネ）

cipria（チプリア）おしろい粉

crosta di pane（クロスタ・ディ・パーネ）パンを焼いた香り（スプマンテ）

formaggio（フォルマッジョ）チーズ（スプマンテ）

legno（レンニョ）木

lievito（リエヴィト）酵母（スプマンテ）

liquirizia（リクイリツィア）リクリス、甘草

miele（ミエーレ）ハチミツ

pino（ピーノ）松

torrone（トッローネ）ヌガー

イタリアのソムリエについて

ソムリエとは？

ソムリエとは、レストランのワインの取り扱いに関するプロであって、料理に合わせたワインの選択において顧客にアドバイスし、サービスを行うものである。

また、働く組織の中で与えられた責任と経験のレベルに応じてワイン他の飲料を購入し、管理、販売する。

レストランなどのオープニングにおいては、サービスに関わる人間の組織化に寄与し、あるべき方向性を定める仕事を行う。

さらにスタッフを組織し、動機付けを行い、職務の遂行並びにその補強も行う。

ソムリエの最も重要な仕事は、顧客の満足とレストランの利益のためにソムリエ自身が気配りし、店の雰囲気作りにも積極的に参加することである。

古来ワインは聖職者の飲み物として扱われ、それを扱う人間は神秘的なオーラにまとわれていた。ワインの専門家とは、他の誰もが知覚しない芳香と味わいを感知するものであった。

ソムリエという言葉の起源は、プロヴァンスのSAUMALIER、つまりSOMME／SOMMIERである。この言葉は、動物にワゴンで食べ物や飲み物を運ぶ管理者を意味した。時が経つにつれ、その意味はテーブルでサービスをする人間というふうに変わっていったようだ。

現在のようなソムリエの職業は一九世紀、大型レストランやホテルのオープニングに起用されたのが始まりだった。

今日、ソムリエは世界中で幅広く発展してきており、現在世界の三〇カ国以上がＡＳＩ（世界ソムリエ協会）に参加している。

ソムリエの仕事

ソムリエのイメージは近年変わりつつある。

長い時間をかけてワインの知識を深め、サービスに従事してきたソムリエであっても、より深く広い角度からの知識と技術が常に要求される。

さらに、ワインの管理や購入、ワインリストの作成改廃などの日常業務もこなさなければならない。

ソムリエが持つ知識は常に科学的な根拠に基づかなければならず、わずかな情報や自身の経験の蓄積だけであってはならない。絶え間ない情報収集の努力が、その専門性を豊かにしていくのである。したがってソムリエは、料理によく合うワインをアドバイスし、注意深くサービスする専門家であるだけでなく、顧客が快適に過ごせるよう注意を向けなくてはならない。顧客の邪魔はもちろんのこと、不当な要求をしたり、卑屈な態度をとってはならない。さらに、最初の一瞬でその顧客のニーズを理解し、要望に合ったサービスをすることが重要である。

この職業は、豊かな専門的技術、人間性、そして感性を必要とする。そのため、しっかりした知識と強い感受性が要求される。

ソムリエはワインに隠された香り、わずかな色の相違、味わいの深さなどを正確に評価して教えることができ、この貴重な飲み物であるワインを好きになってもらうために、料理との最良の相性を提案する。

こうすることによって、顧客が人生において幾度か出会う重要な瞬間をうまく演出できなくてはならない。

ソムリエの仕事は、人生の質の向上にも密接に関係している。洗練された雰囲気を作り出すことによって、より良いサービス、素晴らしい料理との相性など顧客の要望をみたし、同時に長い歴史を持つワインの文化を教える。それには熟練と情熱とが必要とされる。

顧客の満足度は、ソムリエの知識や個人の素養に比例するといっても過言ではない。

ソムリエは、自身の権限を行使できるプロであり、時にはその知識と経験から、顧客の要望に応えるだけでなく、より良い方向に導くこともできる存在である。

ソムリエと顧客、ソムリエと同僚の関係は、職業倫理に基づき、最大限の敬意が払われなければならない。また、顧客や同僚の機密も保たれなければならない。

ソムリエは、常に新しい情報収集に努力するが、特にイタリアのようにハム類、チーズの他、多くの優れた食材を有する国においては、その食材を知るだけでなく、できる限り多くの機会を利用して試食し、その味わいを自分のものにしておく必要がある。

最後に、ソムリエは業界の他、社会についてあらゆる情報を持つほうが良いのだが、これがキャリア志向の野心になってはならない。次の目標に到達するための努力を継続し、顧客獲得などの職務の遂行、同僚への配慮が常に必要とされる。

ソムリエの条件

ソムリエの存在はレストランの名声を高めるものだが、近年その専門性の継続、あるいは組織に若干の障害が生じているのも事実だ。それは、若者が厳しい仕事を好まず、努力をあまりしない傾向にあるからだ。

近年の日本の状況はともかく、イタリアでは、不十分な、あるいは間違った情報から、短期的な雇用に偏る一部の事業主により、若者が情熱を持って中長期的な目標に向かって努力をすることが難しくなっている。ソムリエになるためには、資格取得のための専門コースの受講や、継続的な勉強と知識の修得が必要不可欠である。

しかし、ソムリエの資格はあくまでも資格であって、実際の技術の修得の多くは現場で経験を積むなかで行われる。こうした経験からのみ、専門的な仕事についての新たな技術が学べ、自身のワイン理論や伝統料理についての知識を深めることが可能になってくる。

そして、料理とワインの相性を見出すという魅力的かつ複雑な仕事の実現のために、伝統を基本に置きつつ、市場の変化に常に前向きに対応していくことも必要である。

さらにソムリエは、世界のワインと食物についての知識を修得することも当然必要だが、それ以外にもコミュニケーションや販売プロモーションに必要な知識も備えておかなければならない。

もしソムリエが評判の良いレストランで働くことによって自ら利益を得ることができたとすれば、逆にそのソムリエの仕事によって店のイメージを改善することもまた可能になる。

今日のソムリエは、レストランにおけるマネージメントグループの一員となる資格を持っており、新しいスタイルの販売案を打ち出すことも、決定することも可能である。しかし、ソムリエ自身はあくまで専門知識を持つスペシャリストであり、謙虚で、決して高慢であってはならず、常に顧客の意向を伺うものでなければならない。

ソムリエにふさわしい者は、その場にふさわしい品位とスタイルを持っていなくてはならない。

つまり、レストランのどんなタイプの顧客に対しても注意を払い、適切な方法で顧客を喜ばせることができなくてはならない。

そのためには、一般的な教養を身につけることは当然だが、業界独自の事柄においても知識を深めることが求められる。

ソムリエの行動には大胆さと開かれた精神が伴わなくてはならない。これによりすべての人と意思疎通ができ、変化にも柔軟に対応できるようになる。そして、現在ではあまりいわれないことだが、個人の人間性についてもまた、決して忘れてはならない。人間性こそ常に顧客との正しい関係を築くために必要とされるものだからである。

仕事の正確さと同時に礼儀正しさやユーモアというものもソムリエの基本素養として必要不可欠なものであり、その結果として顧客や上司、同僚から信頼を得ることができる。

ソムリエの専門性

ソムリエは技術だけでなくサービスのルールを知り、理解していなければならない。たとえソムリエであっても、基本は他のサービスに当たる人間と変わりがないからだ。

ワインや他のドリンクを理解しているのはもちろんのこと、ブドウの栽培、ワインの醸造、ワインの表記、記述法、法律などについては、その知識を広めておく必要がある。

また、ワイン独特の神秘的部分を解説できる、といったテイスティング技術を理解していることも、ソムリエにとって不可欠である。それによって、ワインを評価し、顧客により良いアドバイスをすることが可能になるからだ。

常に最良のものを提案するために、ソムリエはワインと料理の相性の原則を知り、実際に当てはめることができなくてはならない。

これにはワインの知識だけでなく、料理の調理法に関する知識も必要とされる。さらに、素材や食材についても充分な知識が必要とされる。これは、ソムリエにとって最も重要なテイスターとしての能力を伸ばすだけでなく、他のワインとの比較をも可能にする。

また、これはソムリエの新しい役割として重要なポイントになってきているが、ワインの購入、管理は、品質のみならず経営者の問題も考慮して行わなくてはならない。

次に、ソムリエにはコミュニケーション能力も必要とされる。これは、対顧客だけではなく、ワインの流通業者をはじめとする取引先との関係においても重要である。

外国語の修得も重要であることは言うまでもないだろう。

ソムリエは、常に前進し、自らのプロ意識を強めていくために、決して「行き着いた」と感じてはならない。絶え間ない知識の修得と、さまざまな事柄に興味を持つことで、既に知っているワイン、自分にとっては未知の新しいワインの区別なく試飲し、確かな情報を得る努力が必要とされる。

ワインの管理

レストランにおいて、ワインやリキュール他の飲み物は、原価が高価なものが多いため、その管理は慎重に行われなければならない。特に、限られた数量ではあるが高価なワインやグラッパなどの在庫は、レストランにとって大きな資産となる。

ワインの購入は、過去の販売量と今後の予測、現在の在庫をベースに行われる。夏場のロゼワインや年末のスパークリングワインなど、イベントが提案されるときは、これらの数量をあらかじめ考慮に入れておかなければならない。

ワインは供給元から見本を取り寄せ、ソムリエが中心になって試飲するが、評価をより確実なものにするために、レストラン内で試飲会を企画するのもいいだろう。厨房のシェフやフロア・マネージャーほか、時には常連客やこの分野のエキスパートに意見を聞くのも良い。

正しく効率的にワイン倉庫の管理をするためには、ワインの在庫状況、購入予定、在庫管理の費用などを考慮しなければならない。ワインの貯蔵には適当なスペースを当て、同時に商品の回転を考えて、常に在庫が充分であるように、管理がしっかり行われていなければならない。

このとき重要なのは、ワインを地域や種類といった論理的な基準で分類し、ケースに適当な番号をつけて保存することだ。先入先出や、場合によっては破瓶もチェックできるような仕組みになっていると良い。

在庫や出し入れされるワインを管理するには、平均コスト法と呼ばれる計算方法（CMP法）を用いれば簡単に計算できる。個別に購入したときの購入価格を購入量で割ったもので、ワインの現実的な価値を示す。

利益を正しく算出するためには、出入庫の記録をしっかり取ることが大切である。それに加えて、従業員や経営者が消費したもの、あるいはカビ臭のあるワインなども記録しておくようにする。これらは全てコストに反映させるべきものだからである。

ワイン管理におけるソムリエの最も重要な仕事は、原価計算を熟知することである。これにより、真の販売価格の算出が可能になるからだ。

また、ソムリエはワイン倉庫の責任者であって、ワインが理想的な状態で保存されていることを保証しなくてはならない。

通常レストランは、長期保存用とデイリーストック用の二つのワイン倉庫を持っている。最適条件として、地面から適度の湿気が伝わり、湿度六〇〜七〇%に保たれているのが望ましい。また温度は一〇〜一五℃で、できる限り一定に保つようにする。空気の流れが強すぎてはならないが、なるべく換気を良くする。明りは覆いをしたランプやナトリウム電灯が望ましく、ネオンランプやワット数量が七五を超えるものは避けるべきである。これらの電灯が発する紫外線はガラスを通ってワインを劣化させる。いわゆる光による味覚の変化を引き起こすことになるからだ。

ワイン倉庫には飲料のみを保存しなければならない。サラミ、チーズ、柑橘類、ニンニクや匂いの強い他の食品を一緒に保存すると、それらの匂いはコルク栓を通して吸収されてしまう。

近くにボイラーやオーブンなどがあってはならないのはいうまでもないだろう。さらに、ワインは外部からの振動を嫌うので、振動のない場所であることが望ましい。

ワインのボトルは普通中央に面するよう、壁に沿って棚に配置されるが、可能であれば棚には保温性が高く、振動を和らげる木を使いたい。ボトルはコルクの栓が常にワインと接するように、水平に置く。

ワインは倉庫内の温度、ワインの熟成年数、回転の早さなどによって配置される。

通常、床に近いほうが温度が低いので、回転の早いものは上に置く。

ワインにはカードをつけ、ワイン名、生産者名、ヴィンテージなどを記入する。ワインの検索を簡単にするために、地域別あるいは色別にすると分かりやすい。

一般的には、当日用のワインはレストランのサービスルーム内、もしくは隣接した部屋に置かれるが、光や温度の変化には充分気をつけなければならない。

赤は一二～一八℃、白は六～一〇℃が望ましい。

ワインリスト

ワインリストはレストランの名刺、すなわちレストランを紹介するものといってよい。そのためリストは、きれいに配置され、完璧な状態で、汚れもなく、読みにくいところがあってはならない。また、リスト上のワインの名前がラベルにある情報と完全に対応するよう、綴りの間違いなどがあってはならない。

ワインリストは、ソムリエの好みや店のスタイルに基づきさまざまであるが、読みやすく感じの良いものにすることを忘れてはならない。手書きメニューは、気品があれば良いものだが、正確な綴りで書かれ、読みやすいことが絶対不可欠である。

ワインリストは容易に、かつ気持ち良く読まれなくてはならない。そのためには、各頁に載せるワインの数量を控え、行間をゆったり空けることが望ましい。

ワインリストには種々のタイプのものが存在する。「アルバムメニュー」では、多くの頁を使い、各頁ごとに地域あるいはワインのタイプ別に分けている。この種のメニューでは、生産者の情報や、ソムリエのアドバイスなどを紹介する頁も挿入することができる。このメニューの利点は、全ての頁を再版することなく、特定の頁を入れ代えて使うことができることである。

見開きの大きな紙のメニューは顧客の目を引き、一目で全てのワインを見ることができる。ただ、顧客があまりワインのことを知らない場合、混乱する危険性もある。

したがって、ワインリストにあまり長い説明を書き込むことは避け、主な情報のみを記しておくべきだろう。つまり、ワイン名、生産者名、ヴィンテージ、価格といった基本的な情報である。時には特別な情報を入れてもよいだろうが、いずれにしてもシンプルで明快なものが望ましい。

顧客の選択を容易にするために、ワインリストでは少数を提案するに留めておくのも良い（ただし高級店の場合は難しいかもしれない）。

地域を限定したワインリストを作ることもできるが、これはその地方の料理主体の小規模なレストランでのみ可能なことである。ワインは通常、タイプ（発泡性、白、赤、甘口など）、地域、価格、ヴィンテージなどによってリストされる。

できる限り頻繁に在庫量をチェックするためにも、常にワインリストは更新されていることが必要である。もちろん、ワインの価格を変えたり、品切れになったりした場合には、素早く行動することが大切だ。

一～二種の品切れでメニューの再印刷を避けるには、星印でマークし、「品切れ」と下部に記入しておいても良いだろう。

ワインリストはまた、レストランの広告手段でもあるのだから、魅力的なデザインやグラフィックは非常に重要である。

高級なワインリストにするために、革の表紙を使うのも良い。小規模なレストランなら、厚紙や他の素材を使用したものでもよいだろう。紙を使用した場合、高品質で優雅なデザインを考えるが、過度の装飾は避け、シンプルに徹するほうが良い。決して必要以上に重くなってはいけない。

その他メニューに含めるべき情報として、メニューを作成したソムリエの名前、そのホテルまたはレストランの正式名称、住所や電話番号などが挙げられる。先に述べた通り、ワインリストは店の顔、店の名刺の役割を果たすものだからである。

ワインの品質と価格の関係は、ワインリストの作成において基本的なポイントの一つだ。価格を正しく決定するためには、前年の売上げ、すなわち消費されたワインの数、タイプと購入価格帯を分析する必要がある。ソムリエは、この分析とレストランの経営を考慮に入れ、低価格帯、中価格帯、高価格帯、超高級品に分けて作成する。

低価格帯のものは、量を売ることができる利点がある。そして、これらのワインから、かなりの利益を得ることができる。中価格帯のワインは幅広いため、単純に品質と価格の関係を示すことは難しい。したがってソムリエは、ワインを評価する能力を持ち、幅広い知識からこれを判断しなければならない。高価格帯のワインは高品質であることがまず基本にある。しかし、それらの調達は困難な場合が多い。こうした理由から、日頃からインポーターやセールスマンとのコンタクトを密にし、調達を可能にする人間関係を築き上げておくと良い。これらのワインの存在は、メニュー、そしてレストランに輝きを与えるものである。超高級品は、品質も高く高価だが、特定の年にしか造られず、その生産量も限られているので、抜栓する機会に恵まれた人間には、心のこもった、注意深いサービスが要求される。

【レストランのワイン販売価格の基本】

〈ワインの種類〉	〈販売価格〉
低価格帯	仕入コスト×3.5
中価格帯	仕入コスト×3
高価格帯	仕入コスト×2
超高級品	仕入コスト×1.5

＊これらはあくまでも目安で、それぞれのレストラン、ホテルの経営方針や考え方によって異なる。

イタリアでソムリエの資格を取得するには

AISのソムリエ資格

ＡＩＳ（イタリアソムリエ協会）は、イタリアの各州ごとに支部があり、この支部をまとめる本部をミラノに置く。イタリア全国でＡＩＳに入っている会員数は二万人以上。主な支部は、ロンバルディア、ラツィオ、ヴェネト、トスカーナなどであるが、その中でもロンバルディア支部は会員二〇〇〇人以上と最も大きい。

イタリアにおいて外国人がソムリエの資格を取得するには、ある程度イタリア語を学ぶ必要がある。三年以上イタリアに住み、それなりの勉強をしていれば、各コースの授業内容は理解できるだろう。協会のソムリエ資格を取得するには、三段階のコースを終了しなければならない。第一の段階はワインの造り方、試飲の仕方などベーシックな内容、第二の段階は試飲の際のテクニックやイタリア各地のワイン、世界のワインなどについての知識、第三の段階はワインと料理の相性を中心に、イタリア料理の素材やレシピなど応用編である。

全コースとも毎日三～四品の試飲があり、各自は事前に渡されたワイングラスを持参する。各コースごとに試験があり、その試験をパスしないかぎり、先のコースへ進むことはできない。

AISのマーク

私が受講したときには、各コースは適宜開始されていた。レストランで働く人のためには午後三時半からのコース、一般向けには午後九時からのコースがあり、一回は二時間半ほどの授業。各コースには一〇回の授業があり出欠をとる。三回以上欠席すると試験を受けさせてもらえなかった。イタリア語がある程度できるようになって、イタリアの食文化に興味を持つようになったら、この資格にトライしてみてはどうだろうか。

私の経験から言わせていただくと、ワインの正しい試飲の仕方、香りや味の表現の仕方など、役に立つ内容が多い。そして、何よりも実践で役に立つのがワインと料理の合わせ方だ。イタリア料理を食べる機会が多いだけに、料理を選びながらワインを探す楽しみは忘れることができない。読者の皆さんにも、イタリアの良さを理解し、楽しんでいただくために、ぜひ料理と同様ワインについても学んでみることをおすすめする。

イタリアの「食」への関心の高まり

私がイタリアと付き合いはじめたのは一九八二年からのことだから、もうずいぶん長いことになる。

当時、海外レストランの仕事に携わることになったのだが、当初はどの国に行くかは全くわからなかった。ある日、同期三人が担当役員に呼ばれ、一人はアカプルコ、一人はサンパウロ、そして私はミラノ行きが決まった。

翌日から渋谷の語学学校でのイタリア語集中講座が始まった。三カ月後にイタリアに赴任したときは、イタリア語少し、経理少し、レストランの仕事少しと、あまり戦力にならない存在だった。

レストランは多忙をきわめ、店を預かる責任を感じつつ仕事に追われる毎日が続いた。それでもせっかくイタリアまで来たのだから、自分なりに何か一つくらい身につけて帰ろうと決心した。

そこで、毎日どんなに遅く帰ってもワインを一本開けることにした。そして、飲んだワインのラベルを集めはじめた。ラベルを貼ったノートが一冊、二冊と増えるうちに、空瓶の山ができ、なおかつ空瓶にはカビが生えだした。けれども、七〇〇枚以上のラベルを貼ったノートには、誰と食事をしたか、何を食べたかなどが記してあり、あとで見返すとそのときの情景が浮かんできて、一枚の絵のようになった。

三年ほどでこのラベル集めもやめてしまった。しかし、帰国後イタリア食品の輸入を始め、さらにミラノ事務所開設で再度イタリアへ赴任するにあたり、再びワインへの関心が高まった。それは、「食」に興味をもちはじめたからだ。イタリアの食は常にフランスのうしろに位置づけられてきたが、素晴らしい素材から生み出されるイタリア料理はきっと日本でも認められる、そんな思いからイタリア料理の基本となる素材を取り上げた著書を出版することになった。

北イタリア方言に悩まされたソムリエへの道

こうなると、食とワインの相性を語るうえでワインを学ばざるをえない。数年前、あるエノテカ（ワイン専門店）の講座に通い、それなりの成績で修了していたが、これだけではもの足りない。趣味ではなく実際にワインを勉強するためにはイタリアソムリエ協会の資格を得るしかないと決心し、三年間のコースに挑んだ。

このコースは夜九時から一一時半まで。コースを三回以上欠席すると試験も受けられないため、仕事が入った日は補講を申し出た。講義では北イタリア方言が続出、皆が笑うときに笑えない。さらに唯一のアジア人ということもあってやたら指名され、出来はともかく有名人となった。三年目の最終試験は、ワインと料理の相性実践、筆記、面接の三部門だが、この筆記試験、なんと三〇問のうち半分の質問の意味が理解できない。イタリア人も何人か手を挙げて質問の意図をただしていたが、私も負けじと何度も手を挙げた。知識というよりイタリア語の問題が最も難関の試験だった。

第３部

ワイナリーめぐり

LA VISITA ALLE AZIENDE VINICOLE

ピエモンテ州のワイナリー

バローロを代表する会社、チェレットCERETTO社

ピエモンテ州を代表するワイン、バローロは、バローロの町を中心とするクーネオ県一帯のランゲと呼ばれる小高い丘陵が続く地域で造られる。この伝統あるバローロの地域にあって、常に新しい技術に取り組んできたのがチェレット社である。

同社はブルーノとマルチェッロの二人の兄弟によって経営され、今日四人の子供たちが経営の中心になってきている。年長のブルーノ氏はマーケティング、販売、パブリシティーを担当し、マルチェッロ氏はブドウの管理からワイン造り、ファイナンシャルの部分を担当した。しかし何事も決定は二人で行うという。自社エノロジストのほか、ブドウの苗の研究で有名なトリノ大学のモランド教授、トータル・クオリティー・コントロールのラナーティ教授を招いて、品質管理に力を注いできた。

チェレット社は、品質、価格ともトップクラスの会社だが、同社のワインはあくまでも品質に見合った価格であるとブルーノ氏は言う。短い期間に市場の動きで値段を変えてしまうと、長期的にみて品質と価格に差が生じてしまうからだ。

チェレット・ファミリーは両氏の祖父の時代からこの地方でブドウを作っていた。父親の時代の一九三五年頃、ダミジャーノと呼ばれる五〇リットルほどの大瓶に入れたワインを、アルバの市場に売っていた。戦後、この二人の兄弟はそれを通常の瓶に詰め、「チェレット」の名でボトルワインとして売りはじめた。

一九五〇年代末に、現在のバローロとバルバレスコの農園を買い、ブドウの栽培に力を入れはじめた。七〇年以降はイギリス、アメリカなどに輸出を始め、日本にも八八年から輸出を開始している。現在は九〇万本を、国内六〇%、世界二〇カ国に四〇%の割合で販売しているが、将来的には半々にもっていきたいという。

国内では六〇人のセールスマンをもち、六〇%をレストランに、残りをエノテカに販売する。

ブルーノ氏が五〇年前、ランゲの重要性について熱っぽく語ったとき、誰も耳を貸さなかったと言う。

「その時代からわれわれは土地や苗に力を入れてきた。ブドウの収穫量を落としても質を高めてきた。白ワイン用の設備に投資をし、点在する各クリュワイナリーにも醸造設備を整えてエステート化をはかってきた。

当社はあくまでも伝統を重んじる会社だが、ボトルやラベルのデザインにはシルヴィオ・コッポラやジャコモ・ベルサネッティなど有名デザイナーを思いきって採用している。販売網も独自に開拓した。ワインの知識があり、ほんとうにワインが好きなセールスマンを自分で選んだ。消費者を対象に試飲会を何度となく繰り返し、重要な顧客は自園に招き、試飲会を開いた。一九九〇年からは食品、ワインの研究に対してインターナショナルな賞を設けた。

また、ワイナリーの環境を守るため、ブドウ園近くに民家が建たないよう交渉している。五年ほど前からは農薬を使わずブドウを作れるよう、注意深く農作業を行う仕組みをつくりはじめた。こうした意味で、ほかの会社よりも常に先を見すえて仕事をしてきた」

さすが業界のリーダーらしい発言が続く。ワインビジネスについて同氏は言う。

「残念ながら、われわれのワイン販売の経験は六〇年ほどしかない。フランス人は二〇〇年も前からやってきた。この意味でわれわれはまだ未熟といえるだろう。

また、ブドウは当たりはずれの多い商品だ。たとえばネッビオーロ種は、収穫がネッビア（霧）の出はじめる一〇月中旬と遅いブドウだ。この地方の気候条件からすれば非常にリスクが大きい。五～一〇年に一、二度はよい年に恵まれるが、一九九一年以降のように悪い年が続くこともある。九二年の収穫時には一五日間も雨が降った。私は九一年と九二年にはクリュワインを造らなかった。一部の内容のよいブドウも、すべて下のクラスのワインに入れた。もちろんバルバレスコも同様だ。

ワインの販売価格は半分になったが、クリュの品質は守れたと思う。逆に言えば、消費者は内容のよい品を安く飲めることになる。だから、こうした年のバローロをぜひ飲んでほしい。フランスでは今までやってきたことだが、イタリアのメーカーも消費者もこれに慣れなければならない。したがって、私の個人的な意見だが、ガイヤのワインは高すぎると思う。消費者にもそれがわかる日が来るだろう」

さすがに事業を一歩一歩積み上げてきた人だけに、言うことも厳しい。

「将来は一〇〇万本を売れる会社にしたい。バローロ一〇〇〇万本のうち高級品が一〇〇万本。そのうちの一割を売りたい。われわれの子供たちもまだ若いので、一緒に仕事をしていきたい。今後は誰が飲んでもわかるワイン造りを心がけたい。アメリカのレストランオーナーには毎年イタリアにバカンスに来てもらっている。もう二〇年以上続けている。今では説明をする必要もなくなった。彼らが自分で楽しんでくれるからだ。こんな関係を今後も続けていきたい」

チェレット社では一九九〇年から、バローロ、バルバレスコともに、自社用に作った特製のバリック（オーク材の小樽）を使用している。最初はリスクを感じたが、世界的に好まれる傾向にあるやわらかい味にするためにこの方法を用いたという。

ステンレスタンク内で一カ月ほど、一八〜二〇度の温度でマロラクティック発酵を行い、その後樽で二年ほど熟成させる。六カ月間寝かせ最終澱引きをする。その後瓶に詰めて一年間瓶熟させる。

チェレット社では、バローロ、バルバレスコのほか、ドルチェット、アルネイスも造っている。

ブランジェ BLANGE' と呼ばれるアルネイスの名前は、「パン屋のワイン」という意味の方言で、南フランスに出稼ぎに行ったこの地方の人が、この土地を所有していたことから付けられたものである。

さらにベルナルディーナの農園では、カベルネ・ソーヴィニヨン、メルローなど世界的に名の知られている品種が作られている。モスカートも合わせ、チェレット社は七つの農園をもつ。

日本市場においても今後楽しみな会社といえるだろう。

チェレット社の主なワイン

バローロ・ブリッコ・ロッケ・DOCG　BAROLO BRICCO ROCCHE DOCG

バローロ・ブルナーテ・DOCG　BAROLO BRUNATE DOCG

バローロ・プラポー・DOCG　BAROLO PRAPÒ DOCG

CERETTO

チェレット社のロゴマーク

ブランジェのラベル

バルバレスコ・ブリッコ・アジリ・DOCG　BARBARESCO BRICCO ASILI DOCG
バルバレスコ・ベルナルドット・DOCG　BARBARESCO BERNARDOT DOCG

消費者のニーズを読みとるミケーレ・キアルロ MICHELE CHIARLO 社

ピエモンテ地方のワイン集積地アルバから北に向かい、ニッツアからカネッリに向かう途中、バルベーラ・ダスティの最良地区の中心地カラマンドラに一九五六年、ミケーレ・キアルロ社は設立された。

以来、現オーナーのミケーレ氏が五〇年にわたりワイン造りを行ってきた。所有する畑は二〇ヘクタール。生産するワインも多岐に及ぶ。

ガヴィ、バルベーラ、バルバレスコ、バローロと、各ワインともに数種を造っている。ベースのシンプルなワインからクリュ・ワインまで、市場の要望に応じて的確に造る。

ミケーレ氏のポリシーははっきりしている。素晴らしい畑を買い進め、その畑をきっちりと管理し、良いブドウを得るのがオーナーの役目、といい切る。当然、ワイン造りには自信がある。長年、その時代時代に市場で望まれるワインを造り続けてきたからだ。

「ラ・コート」バルベーラ・ダスティ、バローロ・チェレクイオ、バローロ・カンヌビといったワインはどれも、個性を持ちながらソフトな味わいがあり、飲みやすい。中でもミケーレ氏の思い入れの強いのが「ラ・コート」バルベーラ・ダスティだ。バルベーラ種から造られる最高のワインを

ミケーレ・キアルロ社の農園

造りたい。その思いから生まれたワインで、このワインが出来上がるまでには五〇年を要した。ミケーレ氏の言葉には現役ワインメーカーとしての自信があふれている。

「ラ・コートは、自分の造るバルベーラの五%にしか過ぎないが、このワインがあってこそ、他のバルベーラの良さが分かる」のだという。

MICHELE CHIARLO

ミケーレ・キアルロ社のロゴマーク

息子のアルベルト氏がマーケティングを担当。ステファノ氏がワイン造りを担当し、三人で手分けして世界各国にも出向く。

「イタリア市場は、この二〜三年で随分変わったが、内容が良く、価格的に手の届くワインであれば売れる。今はワインBARでの消費がポイントだ」と現役オーナーとしての顔も見せてくれた。

ミケーレ・キアルロ社の主なワイン

バローロ・チェレクイオ・DOCG　BAROLO CEREQUIO DOCG

「ラ・コート」ニッツァ・DOCG　“LA COURT” NIZZA DOCG

「フォルナーチ・タッサローロ」ガヴィ・DOCG
“FORNACI TASSAROLO” GAVI DOCG

「レヴェレート」ガヴィ・DOCG　“REVERETO” GAVI DOCG

世界にピエモンテのワインを知らしめたガイヤGAJA社

ガイヤ社は一八五九年、ジョヴァンニ・ガイヤによって創立され、現オーナーのアンジェロ氏は四代目に当たる。

アンジェロ氏は世界中を飛び回り、バルバレスコのみならずイタリアワインを世界に知らしめた人物ということができる。その魅力は、正確なワイン造りとブレンドの魔術。それにフランクなトークのおもしろさで聞く人を引きつける。

GAJA

ガイヤ社のロゴマーク

アンジェロ氏は一九九〇年代にトスカーナにあるワイナリーを購入した。九四年にはモンタルチーノ、九六年にはボルゲリ地区にカマルカンダ農園を加えた。この農園では、サンジョヴェーゼのほか、カベルネ、メルローを作る。

世界で名を馳せたアンジェロ氏にとって、ピエモンテ以外の名醸地で良質のワインを造る、というのは当然といえば当然の流れであったろう。しかしながら、アンジェロ氏はこんな話もしている。

「私はネッビオーロ種のブドウの産地に生まれ、ネッビオーロのブドウ畑で育った。だから、このブドウの本当の良さを分かってほしい。そうすれば、イタリアワインの世界におけるこのブドウの位置づけももっと変わってくるだろう」と。

たとえの話がおもしろい。俳優ジョン・ウェインは、ブドウに例えるとカベルネ・ソーヴィニヨンなのだそうだ。常に主役であり、圧倒的な迫力で自分をアピールする。

一方、マルチェッロ・マストロヤンニはネッビオーロなのだという。マストロヤンニは常に表に出るわけではなく、共演する女優の魅力を引き出し、観客をうっとりさせる。

ネッビオーロも料理と合わせると控えめなワインで、その料理の味わいをより一層引き立ててくれる。そんな品種なのだという。

ワインは食事があって初めて評価されるべきで、イタリアワインの良さはぜひ食事の席で評価したいものだ。

ガイヤ社の主なワイン

バルバレスコ・DOCG　BARBARESCO DOCG
「スペルス」ランゲ・ネッビオーロ・DOC　“SPERSS” LANGHE NEBBIOLO DOC
「ガイヤ・エ・レイ」ランゲ・DOC　“GAJA & REY” LANGHE DOC
「マガーリ」ボルゲリ・DOC　“MAGARI” BOLGERI DOC

五五〇年の歴史を誇る由緒あるテヌータ・カッレッタ TENUTA CARRETTA 社

一四六七年に始まる歴史を誇るテヌータ・カッレッタ社は、ピエモンテ州の南部、アルバの北側、ロエロ地区に位置する。ロエロ公爵が所有していたが、一九八五年アルバの大手繊維メーカー、ミローリオ家の所有に移った。

この会社の農園は二〇一四年、ユネスコの世界遺産に指定された、ランゲ、ロエロ、モンフェッラート地区に位置し、この地域に六五ヘクタールのブドウ畑を所有する。

ネッビオーロ、アルネイス、バルベーラ、ドルチェット、ファヴォリータなどの品種を栽培しているが、バローロ村の一区画、カンヌビにも、二・六ヘクタールを所有し、毎年この畑からバローロ「カンヌビ」を生み出している。

また、バルバレスコを生産するトレイゾ村のカッシーナ・ボルディーノにも六・五ヘクタールを所有し、バルバレスコ「カッシーナ・ボルディーノ」を生み出している。

この会社の農園内には、ミシュランの星を持つレストランがあり、ブッティックホテルも一〇室を持つ。入口のワインショップを併設し、観光客や訪問者を厚くもてなしている。
歴史と伝統を保ちながら農園的には新しい施設、設備を組み込み、まさにピエモンテを代表する会社といえる。

テヌータ・カッレッタ社の主なワイン

バローロ・カンヌビ・DOCG　BAROLO CANNUBI DOCG
バルバレスコ・カッシーナ・ボルディーノ・DOCG
BARBARESCO CASSINA BORDINO DOCG
ロエロ・アルネイス・カイエーガ・DOC　ROERO ARNEIS CAIEGA DOC
バルベーラ・ダルバ・ブリック・クエルチャ・DOC
BARBERA D' ALBA BRIC QUERCIA DOC

テヌータ・カッレッタ社のロゴマーク

バローロ・カンヌビのラベル

女性オーナーのパッションから生まれた
カッシーナ・カストレット CASCINA CASTLET 社

この農園は、現オーナーのマリア・ボリオ女史が、一九七〇年代にトリノのエノテカ（ワイン商）をやめ、コスティリオーネにあるこの農園に移り住んだのが始まり。また、この農園は、花嫁の持参金として大叔母が所有していた畑を彼女が譲り受けたものだ。

海抜三〇〇メートル、二八ヘクタールのブドウ畑には小鳥のための巣箱が置かれ、アマゾン流域の森林を保護するための融資プロジェクト、ＯＴＯＮＧＡにも参加している。

畑にはこの地方に古くから植えられているバルベーラ種やモスカート種が植えられ、一部のワインはカベルネ種を加えてある。バルベーラ・ダスティ・スペリオーレ、モスカート・ダスティ、モンフェッラート・ロッソなどのワインを造る。

ワイン造りにおいては、近代技術を取り入れ、設備に投資し、瓶のデザインにも独自のこだわりが施してある。

マリア女史は、イタリアにおける「Le Donne del Vino（女性のワイン生産者協会）」の役員も務め、女性ならではの独自のワイン造りを行っている。

カッシーナ・カストレット社の主なワイン

「リティーナ」バルベーラ・ダスティ・スペリオーレ・ＤＯＣＧ

“LITINA”BARBERA D' ASTI SUPERIORE DOCG

「パッスム」バルベーラ・ダスティ・スペリオーレ・DOCG

“PASSUM”BARBERA D' ASTI SUPERIORE DOCG

「ポリカルポ」モンフェッラート・ロッソ・DOC

“POLICALPO”MONFERRATO ROSSO DOC

CASCINACASTLET

カッシーナ・カストレット社のロゴマーク

ロンバルディア州のワイナリー

ヴァルテッリーナの名門コンティ・セルトリ・サリス CONTI SERTOLI SALIS 社

古代ローマ時代の詩人ヴェルギリウスや博物学者プリニウスの書にも残されているように、ロンバルディア地方北部、スイスと国境を接するヴァルテッリーナで造られるワインは古くから知られていた。

アルプスに分け入る標高四〇〇〇メートルの谷間にあるセルトリ・サリスの城は、一六〇〇年代中頃、ジョヴァンニ・サリスの夏の別荘として建てられたものである。アッダ川沿いに建てられた城の中庭には色とりどりのバラの花が咲き乱れ、涼しい川風がゆったりと流れ、避暑にはもってこいの場所となっている。

ヴァルテッリーナの谷間は、ブレザオラ（牛モモの乾燥肉）で知られるように乾燥しており、かつては比較的軽いワインが造られた。

　というのはブドウの糖度が低かったためで、これを高めるために考えられたのが〝スフォルツァート〟ワインだ。ほかの地方のネッビオーロ種に比べ糖度が低いため、三〇％ほど乾燥させ、糖度を高めてから醸造するワインで、今でも四方に通気用の窓が開いた城の屋根裏部屋には、麦わらを敷いた棚が用意されている。

　丁寧に手摘みされたブドウは棚の上で乾燥される。この作業の最初の一五日間はカビが生えやすいため、十分な注意が必要だ。約一〇〇日間の乾燥後、政府の役人の立会いのもと、ブドウを搾って発酵させる。普通は大樽で熟成させるが、この会社では四五〇リットルほどのオーク樽を使い一八カ月熟成させる。アルコール度数が一四・五％に達したスフォルツァートは瓶に詰め、さらに五〜六カ月熟成させてから出荷される。

コンティ・セルトリ・サリス社
のスフォルツァート
「CANUA」のラベル

熟した果実の香りとマラスキーノ（マラスカチェリーから造った酒）のようなコクがありながら、エレガントさを保つ絶品のワインだ。ブドウの出来のよい年しか生産しないため、すぐに売り切れてしまう。一九九〇年以降では、九五年、九七年、二〇〇一年、二〇〇二年、二〇〇四年、二〇〇五年、二〇〇六年、二〇〇七年がよい年といわれている。

昔は貴族の間でしか飲まれることのなかったワインで、重要な客人にだけはおすそ分けがあったという。ただしそれも、グラスではなくスプーンで出されたというのだから、その貴重さのほどもわかろうというものだ。この地方特産のチーズであるビットや肉料理に合うワインだ。

特に、黒ブドウから造る白ワインのトッレ・デッラ・セレーナは、オーク材の小樽を用いたもので、特産のブレザオラによく合うワインに仕立てている。一九九四年産は一二・五％のアルコール度で、バニラ香とパンを焼いた香りがあり、今後が楽しみなワインである。

コンティ・セルトリ・サリス社の主なワイン

「カヌア」スフォルツァート・ディ・ヴァルテッリーナ・DOCG
“CANUA” SFORZATO DI VALTELLINA DOCG

「コルテ・デッラ・メリディアーナ」ヴァルテッリーナ・スペリオーレ・DOCG
“CORTE DELLA MERIDIANA” VALTELLINA SUPERIORE DOCG

サッセッラ・ヴァルテッリーナ・スペリオーレ・DOCG
SASSELLA VALTELLINA SUPERIORE DOCG

グルメッロ・ヴァルテッリーナ・スペリオーレ・DOCG
GRUMELLO VALTELLINA SUPERIORE DOCG

近代設備を誇るカ・デル・ボスコ CA' DEL BOSCO 社

カ・デル・ボスコ社が創立されたのは一九六〇年代末。この地域はミラノから近く、イゼオ湖周辺の高級別荘地であるというほかは、それほど知られる地域ではなかった。

そこに、一九七〇年になって、親の意志によってワイン造りを勉強し始めたマウリツィオ・ザネッラ氏がとてつもないワイナリーを建て始めた。当時としては常識を覆すものばかりで、イタリアワイン醸造におけるルネッサンスともいわれた。

私が初めて訪問したのは一九八三年。当時、地下のワイン倉庫は地面に開いた大きな穴で、これがワイン倉庫になるなど全く想像がつかなかった。そのとき若きザネッラ氏は、このワイン倉庫の上にヘリポートを作り、世界各国からの要人を出迎える、といっていたが、それも数年で実現された。

畑の土を入れ替え、苗を植え直し、醸造にはカリフォルニア大学の人間を当たらせ、熟成用小樽はコンピューター管理されていた。

当時、ザネッラ氏はまだ二〇代だった。あらゆる事柄を、すべて新しい考え方で行った。

現在、カ・デル・ボスコ社はフランチャコルタ八区域に一七四ヘクタールのブドウ畑を所有し、六種類のフランチャコルタ（ブルット、サテン、クヴェ・アンナマリア・クレメンティなど）を生産している。また、クルテフランカの赤、白、ピノ・ネロを使用した「ピネーロ」、カベルネ中心の「マウリツィオ・ザネッラ」などのインターナショナルな味わいのワインも造っている。

スプマンテは各地の品評会で常にトップの座を占め、イメージのみならず、品質面においても間違いなくイタリアのリーダー格ということができる。

この農園を訪問するといつも、〝農園〟というより〝映画のスタジオ〟に来ている気分になる。設備がスタイリッシュに組み立てられているからだろうか。

その中をザネッラ氏が自分で来客を導き、説明を行う。超一流の設備と人間味あふれる対応で、本物のワイン造りの凄さを感じさせてくれる会社である。

カ・デル・ボスコ社の主なワイン

「クヴェ・アンナマリア・クレメンティ」フランチャコルタ・DOCG
“CUVÉE ANNAMARIA CLEMENTI” FRANCIACORTA DOCG

フランチャコルタ・ブルット・DOCG　FRANCIACORTA BRUT DOCG

「シャルドネ」クルテフランカ・DOC
“CHARDONNAY” CURTEFRANCA DOC

「マウリツィオ・ザネッラ」IGT・ロッソ・デル・セビーノ
“MAURIZIO ZANELLA” IGT ROSSO DEL SEBINO

Ca'del Bosco

カ・デル・ボスコ社のロゴマーク

カ・デル・ボスコ社のラベル

トレンティーノ・アルト・アディジェ州のワイナリー

アルト・アディジェの星、アロイス・ラゲーデル ALOIS LAGEDER 社

トレンティーノ・アルト・アディジェ州は、トレンティーノ地方とアルト・アディジェ地方に分かれるが、アルト・アディジェ地方のワインは近年、世界市場において高品質ワインとしての位置づけが確立されている。

この地方は以前オーストリア領であった地域で、今日でも日常会話はドイツ語である。

ワイン造りの歴史は古く、古代ローマの学者プリニウスの書にも、この地方に始まる木樽によるワインの貯蔵法についての記述がある。

この地方を代表する会社にアロイス・ラゲーデル社がある。一八五五年に創立されたこの家族経営の会社は、一〇〇〇メートル以上の南アルプスの山岳地帯に位置する。

六〇ヘクタールの自園とワイン醸造設備に投資を行い、品質本意の経営を維持し、今日アルト・アディジェ地方のリーダー的存在になった。

伝統ワインの他、単一畑のワイン、エステートワインと三つのカテゴリーのワインを造る。

私がこの会社のワインと出会ったのは一九八三年頃、私がミラノでレストランの支配人をしていたときだ。「レーヴェンガング」というシャルドネ種から造られたエステートワインが気に入り、店でも使っていたため、ふくよかで芳醇なこのワインの生産者を見たくなり、ボルツァーノにあるラゲーデル社を見学に行ったのである。

白はピノ・ビアンコ、ピノ・グリージョ、ソーヴィニヨン、シャルドネ、赤はカベルネ、メルロ

ALOIS LAGEDER

アロイス・ラゲーデル社のロゴマーク

セラーの入り口

ーなどだが、エステートであるカゾン・ヒルシュプルムで造られる「コンテストCONTEST」は圧巻だ。マグレ地区の石灰質で砂の多い土壌で育つピノ・グリージョ、シャルドネ、ヴィオニエから造られるワインだが、計算された造りで、バランスが良い。イタリアを代表する白ワインである。

オーナーのアロイス氏は背が高く痩せ形で、目の色も明るく、見るからにドイツ系と思われる人物だ。物腰がやわらかく控えめで、とてもワイン造りの名手という雰囲気ではないが、イタリアを代表するワインメーカーの一人である。

アロイス・ラゲーデル社の主なワイン

「コンテスト」 ヒルシュプルン・ビアンコ・ＩＧＴ
“CONTEST” HIRSCHPRUNN BIANCO IGT
「レーヴェンガング・シャルドネ」 アルト・アディジェ・ＤＯＣ
“LÖWENGANG CHARDONNAY” ALTO ADIGE DOC
「ベネフィツィウム・ポレール・ピノ・グリージョ」 アルト・アディジェ・ＤＯＣ
“BENEFIZIUM PORER PINOT GRIGIO” ALTO ADIGE DOC
コール・レミグブルグ・カベルネ・ソーヴィニヨン
COR RÖMIGBERG CABERNET SAUVIGNON

ヴェネト州のワイナリー

世界に知られるアマローネを代表するマアジ MASI 社

ヴェネト州は今日、質量ともにイタリアを代表するワイン生産地となっている。このヴェネト州を代表する会社にマアジ社がある。

毎年四月に行われる世界最大規模のワイン見本市、ヴィニタリー Vinitaly の開催地ヴェローナに本拠地を持つマアジ社は、サンドロ・ボスカイーニ氏のもと、同氏の兄弟と長男のラッファエレ氏と長女のアレッサンドラ女史による家族経営の会社である。

その歴史は古く、創立も一八世紀に遡り、文字通りヴェローナのワイン造りの歴史そのものを語り得るファミリーである。

詩人ダンテの子孫であるセレゴ・アリゲーリ伯爵家の畑のブドウからもワインを造り、販売する。

六〇〇ヘクタールのブドウ畑から造られるワインは一千万本近くに達し、もはやファミリー経営とはいえない規模になってきている。

マアジ社のワインで最も重要なのはアマローネだろう。四種のアマローネは、ワインの骨格を作るコルヴィーナ種、酸を与えるモリナーラ種、色あいを整えるロンディネッラ種から造るが、これらは収穫後、風通しのよいフルッタイオ（ブドウ乾燥屋）で三カ月ほど乾燥される（冬場湿度の低いヴァルポリチェッラの谷間の七カ所で乾燥される）。そして、ワインの熟成には伝統の桜の木の小樽を使用する。高価な樽だが独特の果実味を残し、チェリーの香りづけに重要だ。一九八一年からは毎年九月にマアジ賞の授賞式がある。この賞はヴェネト地方、あるいはヴェネト地方のワインを世界に知らしめた著名な芸術家や科学者などに贈られるもので、二十数回を重ね、熟成倉の樽には著名人の名が刻まれている。

外国からの訪問者に備え、各国語を話す従業員もファミリーと一緒に働く。日本語を話すスペシャリストも常時対応できる体制になっている。こうしたあらゆる種類の従業員を上手にまとめあげているのは、やはりオーナーのサンドロ氏だ。常に配慮は怠らないが、現場の仕事は各人に任せる。これが若い人がのびのびしている理由だろう。

サンドロ氏の夢は膨らむ。アマローネの手法を熟知し、独自の方法で、また世界のあらゆる地域でそれを試し、新しいワインを造りたい。実際、すでにフリウリ地方やアルゼンチンでこれを実行し、良い結果を生んでいる。

一〇〇〇万本のワインを造りながらも家族経営の基本を崩さないサンドロ氏の夢は尽きない。ヒュー・ジョンソンは、この会社を〝ヴェローナのワインの試金石〟と評している。

マアジ社の主なワイン

「コスタセーラ」アマローネ・クラッシコ・DOCG
“COSTASERA” AMARONE CLASSICO DOCG

「カンポフィオリン」IGT・ロッソ・デル・ヴェロネーゼ
“CAMPOFIORIN” IGT ROSSO DEL VERONESE

「ブローロ・ディ・カンポフィオリン」IGT・ロッソ・デル・ヴェロネーゼ
“BROLO DI CAMPOFIORIN” IGT ROSSO DEL VERONESE

MASI
AGRICOLA

マアジ社のロゴマーク

マアジ社のワイン

「オザール」IGT・ロッソ・デル・ヴェロネーゼ “OSAR” IGT ROSSO DEL VERONESE

プロセッコの生みの親、カルペネ・マルヴォルティ CARPENÈ MALVOLTI 社

コネリアーノ・ヴァルドッビアデネのプロセッコは、ヴェネト州の州都ヴェネツィアから北西四〇キロのところに位置するコネリアーノからヴァルドッビアデネまでの三五キロの間に広がる緑の連なる丘陵地六五〇〇ヘクタールで造られるワインで、約三二〇〇の生産者があり、毎年九〇〇〇万本のDOCGプロセッコが生産されている。

さらに、ヴェネト州の他のDOC、IGTクラスのワインも含めると、プロセッコは五億本を超え、イタリアの発泡性ワインとしてはアスティをはるかに凌ぐ数量になっている。

一八六六年、このコネリアーノにカルペネ社を創立した屈指の醸造家であり化学者でもあったアントニオ・カルペネは、一八七六年、イタリア最初のワイン醸造学校を設立した。この学校は今日でもイタリアを代表する醸造学校のひとつである。

現オーナーのエティーレ・カルペネ氏は四代目に当たり、学者でもある同氏は一九五五年以降品質中心の経営を行って海外にも進出、世界三八カ国に販売している。

石灰質泥土壌を好むプロセッコ種の名前は、フリウリ地方の地名に由来するといわれるが、ヴェネト州のこの地域ではアロマを多く含み、甘味を感ずるスパークリングワインとして造られるようになった。最初はブドウのモストを瓶に入れて砂地に埋め、一定の温度に保ったものを翌年三月頃

から取り出し、パスクワ（イースター）のお祝いのワインとして飲まれていた。

今日プロセッコは、そのアロマを含むソフトな味わいと手頃な価格から食前酒として多く飲まれるようになり、イタリア各地のバールやリストランテのみならず、世界各国でも消費されるようになった。これも、一三〇年以上にわたるカルペネ・マルヴォルティ社の継続的な努力の結果といえるだろう。

同社はスプマンテ・プロセッコの他、瓶内二次発酵させたメトド・クラッシコ、熟成ブランデー、グラッパなども生産している。

毎年五月には学生や一般のガストロノミーを集めたイベントやソムリエ・コンテストなどを実施し、プロセッコのリーダーとして市場の活性化にも努めている。

カルペネ・マルヴォルティ社のロゴマーク

カルペネ・マルヴォルティ社の主なワイン

プロセッコ・ディ・コネリアーノ・DOCG・エクストラ・ドライ
PROSECCO DI CONEGLIANO DOCG EXTRA DRY

タレント・メトド・クラッシコ・ミッレジマート
TALENTO METODO CLASSICO MILLESIMATO

スプマンテ・ロゼ・ブルット　SPUMANTE ROSÉ BRUT

伝統ソアーヴェの造りを守るエステートワイナリー、カンティーナ・デル・カステッロ CANTINA DEL CASTELLO 社

カンティーナ・デル・カステッロ社は、中世のたたずまいを残すソアーヴェの街の中心にそびえる、カステッロ・スカリジェロ（デッラ・スカラ家の城）を見上げる、コルテピットーラのサン・ボニファーチョ伯爵家の屋敷に施設を構える。ヴェローナの由緒ある貴族であったピットーラ家は、一三世紀にこの屋敷を建て、その後はサン・ボニファーチヨ家の住居となっていた。屋敷の地下に掘られたトンネルは、お城と行き来をする通路として使われていたという。

この農園は、カンティーナ・デル・カステッロ（お城の貯蔵庫）と呼ばれるように、お城への通路になっていたところは、今日でもレチョート・ディ・ソアーヴエ・クラッシコの熟成用に使われている。

生産するワインは、一三万本とそれほど多くはないが、ソアーヴエ・クラッシコ地区のワインのみ生産する。ガルガーネガ種八〇パーセント、トレッビアーノ・ディ・ソアーヴエ二〇パーセントで造られるワインは、花や果実の心地よい香りを含みミネラル感があり、上品な味わいがある。

オーナーのアルトゥーロ氏は、後世にソアーヴエ本来の味わいを残していきたい、そして、その品質の高さを消費者にわかってもらいたい、と語る。

伝統ソーヴェの味わいを今に伝える数少ない造り手である。

カンティーナ・デル・カステッロ社の主なワイン

ソアーヴェ・クラッシコ・プレッソーニ・DOC　SOAVE CLASSICO PRESSONI DOC
ソアーヴェ・クラッシコ・カルニーガ・DOC　SOAVE CLASSICO CARNIGA DOC
レチョート・ディ・ソアーヴェ・コルテピットーラ・DOCG
RECIOTO DI SOAVE CORTEPITTORA DOCG

CANTINA del CASTELLO
AZIENDA VITIVINICOLA
di

カンティーナ・デル・カステッロ社の
ロゴマーク

フリウリ・ヴェネツィア・ジューリア州のワイナリー

国境のエステートワイナリー、ロンキ・ディ・チャッラ RONCHI DI CIALLA 社

イタリアの北東端、スロヴェニアと国境を接する地域にフリウリ・コッリ・オリエンターリがある。この地域の中心地ウーディネからさらに東へ向かい、あと数キロで国境に達する場所にロンキ・ディ・チャッラ社の農園がある。

ロンキとは、山の上にある猫の額ほどの土地をさす。石灰質、粘土質のこの土地の地質はポンカと呼ばれ、二万年前にできた岩が砂となった場所で、崩れた石も一年足らずで砂状になる、ブドウ作りに適した土壌である。九七%が森林であるこの丘陵のほんのわずかな土地でブドウの栽培が行われているが、この環境から独特のワインが生まれる。

今から約五〇年前、独自のワイン造りを目指してこの地に移り住んだラプッツィ夫妻は、その日から全く新しい人生を送ることになった。

ラプッツィ氏はシャトー・ワイナリーを目指し、ブドウの苗からワインの熟成まですべてにこだわる。最初は八ヘクタールの土地を購入し、苗作りに精を出した。人間の顔や体形がそれぞれ違うようにブドウの苗も違うので、自分の土地に合った苗は自分で選ばねばならない。

ＤＯＣの規定ではヘクタール当たり一一トンのブドウを生産できるところを、同氏は白ワイン用で六トン、赤ワイン用で三〜四トンしか作らない。

枯れた木は毎年植え直し、根切りをして水分と空気に触れさせる。肥料も自然のものだけにし、農薬は一切使わない。畑の堆肥《たいひ》も、家畜に与えるエサに抗生物質が入っていれば、最終的にはブドウを通じてワインにも影響を与える。だから、たとえ高価でも腐葉土を使う。人間のビタミンと同様必要なものなので、隔年に使用するという。このために特殊な装置をブドウ畑に置いて害虫の発生を事前に予知できる仕組みをつくった。また温度、湿度を記録するセンサーも畑に取り付けた。

特徴のある自然環境を長期にわたって変化させないため、自然条件を変えないよう努力する。変化が起これば、一〇年、二〇年のうちにワインの味も香りも自然に変化してしまうからだという。

収穫したブドウはゆっくりと醸造し、白ワインは三年後、赤ワインは四年後に出荷される。

赤ワインはポリフェノールの量をチェックしながら一日二、三回攪拌し、約一カ月間発酵させる。出来上がったワインはタンクに入れ、一年間静置し、自然にデカンティングする。

ロンキ・ディ・チャッラ社のラベル

白ワインは各種ブドウを一緒に搾り、オーク材の小樽に入れ、低温で発酵させる。二日に一回程度樽内を攪拌し、約一年間樽内におく。出来上がったワインはフィルターにかけ、七〜八カ月の瓶熟の後出荷することになる。

赤ワインも一五〜一八カ月間オークの小樽に入れるが、木の香りが勝ちすぎないようにしながらタンニンとポリフェノールのバランスをチェックする。オーク樽の使用はあくまでも長期の熟成ワインに整えるためだけだという。

ラプッツィ・ファミリーには二人の息子がいて、二人ともワインの勉強をし、あとを継いだ。ワイン造りもエノロジストなしで家族皆の意見で決めてきた。家族で運営できる農園を目指しているため、年六万本以上のワインは造らない。そして、出来たワインの七割を国内で、残りの三割を輸出にまわしている。

ラプッツィ氏がこの地にこだわった理由はいくつかある。

多くの民族が二〇〇〇年前から往来し、ワインの文化も早くから伝わった重要な地域だった。一九四三年までこの地はオーストリア領で、同氏の祖父はオーストリア人だったという。そして、彼の子供たちはスロヴェニアの生まれになっている。州都のウーディネに行くよりも、スロヴェニアのヌオーヴァ・ゴリツィアに行くほうが近かったからだ。そのため、子供たちのあらゆる書類はローマの大使館を通さなければならなかったという。

ほかにも苦労話はある。

この地方に古くから伝わる品種、スキオッペッティーノ種の話だ。ほとんど忘れ去られたこの品種を、ラプッツィ氏はこだわりをもって育てはじめた。しかし、政府の認可を受けていないブドウであったため、最初の三年間に、当時としては大金の六〇〇万リラの罰金が科せられた。

生活は決して楽ではなかったという同氏だが、このブドウを作り続け、一九七五年、ノニーノ社主催のコンテストで見事優勝し、その結果、初めて法律的にもこの品種を使用したワイン造りが認められるようになったという。こうして、このワインにはスキオッペッティーノ・ディ・チャッラという名がつけられた。

「四〇年前は若かったし、自分のしている仕事は正しいと思っていた。二人の子供が大きくなり、農業を勉強している今でも、自分の仕事は間違っていなかったと思っている。家族でブドウを植え、納得のいくワインを家族で造れる量だけ造ることに専念したい」と言っていた。

ロンキ・ディ・チャッラ社の主なワイン

「スキオッペッティーノ・ディ・チャッラ」フリウリ・コッリ・オリエンターリ・DOC
“SCHIOPPETTINO DI CIALLA” FRIULI COLLI ORIENTALI DOC

「チャッラビアンコ」フリウリ・コッリ・オリエンターリ・DOC
“CIALLABIANCO” FRIULI COLLI ORIENTALI DOC

「チャッラ・ピコリット」コッリ・オリエンターリ・デル・フリウリ・ピコリット・チャッラ・DOCG
“CIALLA PICOLIT” COLLI ORIENTALI DEL FRIULI PICOLIT CIALLA DOCG

「レフォスコ・ダル・ペドゥンコロ・ロッソ」フリウリ・コッリ・オリエンターリ・DOC
“REFOSCO DAL PEDUNCOLO ROSSO” FRIULI COLLI ORIENTALI DOC

独自のワイン造りで世界に認められるイエルマン JERMANN 社

フリウリ・ヴェネツィア・ジューリア州はイタリアの北部東端の州で、北はアルプスを隔てオーストリアと、東はスロヴェニアと国境を接し、古代ローマの時代から地方への通路となっていたため、古くからワイン造りの歴史を持つ地域である。

一八八一年、この地方のワインの集積地ゴリツィアに近いファラ・ディゾンツォにオーストリアから移住してきたイエルマン・ファミリーは、小作人からスタートし、一九世紀の終わりには畑の所有者となった。

現オーナーのシルヴィオ氏の祖父、シルヴィオの時代からの畑は代々ファミリーに受け継がれ、一九六六年、シルヴィオ氏もこれを継承すべくヴェネト州にあるコネリアーノワイン醸造学校に入り新しいスタイルのワイン造りを学んだ。

その後シルヴィオ氏は、一度はカナダ移民を計画したが再考し、イゾンツォにおけるワイン造りに励むことになった。

彼は若いときに、フリウリ地方のワイン造りでは一目置かれる人物、マリオ・スキオペット氏の教えを受け、そのワイン造りに磨きをかけた。

その結果、一九七三年から造る「ヴィンテージ・トゥニーナ」が生み出された。不遇でありながら官能的な恋人の名前を冠したこのワインは、ソーヴィニヨン、シャルドネ、リボッラ・ジャッラ、マルヴァジア・イストリアーナ、ピコリットと、この地方独自の多くのブドウから造られる。木樽は使用せず、長い時間酵母を残しておくことによって、繊細で複雑、かつエレガントなワインに仕上げられている。この他の白、赤ワインもともに独自のワイン造りからＩＧＴに属するが、世界各国から高い評価を得ている。

イエルマン社の主なワイン

ヴィンテージ・トゥニーナ・ＩＧＴ　VINTAGE TUNINA IGT

ヴィナーエ・ＩＧＴ　VINNAE IGT

ワー・ドリームス・ＩＧＴ　WERE DREAMS IGT

イエルマン社のロゴマーク

エミリア・ロマーニャ州のワイナリー

ロマーニャ地方のワイン造りの旗手、ゼルビーナ ZERBINA 社

エミリア・ロマーニャ州は、ランブルスコなど一般的には量産ワインの地として知られているが、アペニン山脈沿いのロマーニャ地方では、サンジョヴェーゼ種を主体に良質のワインが造られている。

ボローニャからアドリア海に向かう高速道路の左側、アペニン山脈沿いは、イタリアの白ワインとして初めてＤＯＣＧワインに認められたロマーニャ・アルバーナの産地になっている。ワインは辛口から甘口までのタイプがあるが、このアルバーナ種にボトリシス菌が付着した貴腐ブドウを使って初めて甘口ワインを造った女性オーナーがいる。

クリスティーナ・ジェミニアーニさん。彼女はボローニャ大学、ボルドー大学に通い、独自でワイン造りを勉強し、これらのワインを生み出した人だ。

このワインのラベルにはチェスの盤が描かれている。ワインの名前は「スカッコ・マット」、チェスの最後の一手という意味だ。名前からも、いかにこのワインへの思い入れが強いかがうかがわれる。このワインはイタリア国内の需要に応じきれないほどの人気ワインになっている。

ゼルビーナ社は、陶器の町として知られるファエンツァに近い丘陵に位置する。この農園をクリスティーナさんのファミリーが購入したのは一九五〇年代のはじめ。

四〇ヘクタールの自園には、サンジョヴェーゼ種、アルバーナ種などが植えられている。

サンジョヴェーゼ種主体のピエトラモーラ、マルツィエーノなどの力強い赤ワインは、スーパータスカンを相手に十分戦えるワインだ。

クリスティーナさんは、自分の娘はブドウの樹と同様に育てた、と言ってはばからない。ワインジャーナリストのご主人と一緒に過ごせるのは月に数日というが、あまり仕事の話はしないという。オーナーとして、ワインメーカーとして、そして一児の母として働く彼女のたくましい姿には、自然体ながら他を寄せ付けない強さが滲み出ている。

ゼルビーナ社の主なワイン

「ピエトラモーラ」ロマーニャ・サンジョヴェーゼ・スペリオーレ・リゼルヴァ・DOC
“PIETRAMORA” ROMAGNA SANGIOVESE SUPERIORE RISERVA DOC

「マルツィエーノ」ＩＧＴ・ラヴェンナ・ロッソ　“MARZIENO” IGT RAVENNA ROSSO

「トッレ・ディ・チェパラーノ」ロマーニャ・サンジョヴェーゼ・スペリオーレ・ＤＯＣ

“TORRE DI CEPARANO” ROMAGNA SANGIOVESE SUPERIORE DOC

「スカッコ・マット」ロマーニャ・アルバーナ・パッシート・ＤＯＣＧ

“SCACCO MATTO” ROMAGNA ALBANA PASSITO DOCG

FATTORIA
ZERBINA

ゼルビーナ社のロゴマーク

「スカッコ・マット」のラベル

トスカーナ州のワイナリー

イタリアワインの大御所、アンティノリANTINORI社

アンティノリ社は、ジョヴァンニ・ディ・ピエロ・アンティノリが、一三八五年、フィレンツェのワインギルドに加盟してから六〇〇年以上にわたり、ワイン造りを続けている。二六代という長い歴史を持つ現オーナーは、ピエロ・アンティノリ氏。氏には三人の娘がいるが、三人ともこのワインビジネスに携わっている。

「スーパータスカン」として名高いティニャネッロ農園は、キアンティの中心地、サン・カッシャーノに位置する。一七〇〇ヘクタールという広大な農園を所有し、二〇〇〇万本を生産する。

現在、この農園では新しい試みがなされている。三月初めはまだ苗の剪定をしたばかりで何もないが、苗の根元が線状に白く見える。これは、ピエロ氏の発案で、根元の地中四〇センチほどまで白い石を埋めてあるのだ。この石は、畑の中にあった大きなものを、小さく砕いたものだ。こうすることによって雑草を抑え、病気を予防することができる。しかし、最も興味深いのは、ミクロクリマを助けるということだ。

現在は二七ヘクタールの畑でトライアルしているが、通常の畑の五倍のコストがかかるという。

ピエロ氏によると、白い石のおかげでブドウの収穫が一〇日前後早まったという。つまり、石が太陽の熱を吸い込み、夜まで温度を保つため、ブドウの生育が早まるというのだ。これによりアルコールも高まり、タンニン、ポリフェノールの量も増えたという。しかも、これが酸を失わずに可能になった。標高四〇〇メートルの夜は温度が下がるので、石の効果は絶大なのだ。

ANTINORI
26 Generazioni

アンティノリ社のロゴマーク

今後、ティニャネッロの全ての畑に石を入れる計画になっている。多少の費用はかかるが、「一九七一年から造り始めたワインの、三〇周年のターニングポイント」だとピエロ氏はいっていた。

常に新しいことを行ってきた同氏は、「我々の六五〇年の歴史も、その時代には常に新しいことだった。つまり、新しいことが伝統を作り、その伝統の上にまた新しいことが積み上げられていく」ので、革新なしには伝統はあり得ないという。

「私は四〇年間ワイン造りの仕事を楽しませてもらった。世の中が変わる時期で幸運だったかもしれない。しかし、自分の仕事を楽しみ、新しいことを行うことによって、自分の仕事の意味を見出してきた」

アンティノリ社の主なワイン

「ティニャネッロ」ＩＧＴ・トスカーナ　“TIGNANELLO” IGT TOSCANA

「ソライア」ＩＧＴ・トスカーナ　“SOLAIA” IGT TOSCANA

「バディア・ア・パッシニャーノ」キアンティ・クラッシコ・リゼルヴァ・ＤＯＣＧ
“BADIA A PASSIGNANO” CHIANTI CLASSICO RISERVA DOCG

「ヴィッラ・アンティノリ」ＩＧＴ・トスカーナ　“VILLA ANTINORI” IGT TOSCANA

ブルネッロの生みの親、ビオンディ・サンティ BIONDI SANTI社

モンタルチーノの町はトスカーナ州シエナの南東五〇キロ、標高四〇〇〜六〇〇メートルの丘陵地にある。人口約六〇〇〇人と小さな町だが、一四世紀にシエナ共和国の要塞都市として栄えた。現在でも町の佇まいには当時の面影が残されている。かつてこの土地は岩が多く、耕作の難しい土地だった。夏には丘が黄色く見えるほど石灰質が強い。

クレメンティ・サンティという勘の鋭い男がこの土地でワインを造り始めたのは今からおよそ一五〇年ほど前のこと。彼は、この土地にあったサンジョヴェーゼ種のクローネ（分枝系）からブルネッロ種（サンジョヴェーゼ・グロッソ）を発見した。この優良種はサンティ氏の自園の中でも特に粘土質の岩土壌で生育され、力強いワインを生み出した。キアンティなどと比べ、色が濃いことか

ら「ブルネッロ」と名づけられた。

サンティ氏は、栽培、醸造に飽くなき研究を重ね、一八六七年、パリの万国博で金賞を、そして一八六九年にモンテプルチャーノの農業博で、ブルネッロのワインとして初めて金賞を獲得し、これがこのワインの輝かしい第一ページとなった。

その後、後を継いだ母方のフェルツィオ・ビオンディ氏がビオンディ・サンティ家と命名し、モンタルチーノの基礎を築いていく。二〇世紀に入ってからは、タンクレディ・ビオンディ氏の功績もあり、モンタルチーノの名は国内外に広く知られていった。

一九九四年九月、現オーナーの五代目フランコ氏は、イル・グレッポで一世紀にわたるブルネッロのワイン造りを記念して、百年祭を催した。

私の訪問時、農園で出迎えてくれたのは、分厚いコートをまとった老紳士、フランコ氏であった。

ビオンディ・サンティ社の
ロゴマーク

ブルネッロ・ディ・モンタルチーノのラベル

鋭い目が印象に残る人で、杖を持って歩くが言葉は確かである。来訪者に対してはいつも自身で対応する。長い間に積み重ねられたプレゼンテーションはすでにパターン化され、流れるようである。会社の歴史。現在の経営について。次は大樽のある部屋へ。さらに一〇〇年以上前のボトルのある部屋へ。

自身が造り始めてから、ワイン造りの方法は変えていないという。今日でもリゼルヴァは同氏が試飲して決めると話していた。当時とても八四歳とは思えなかった。まさにパッションの世界である。

ビオンディ・サンティ社の主なワイン

ブルネッロ・ディ・モンタルチーノ・ＤＯＣＧ　BRUNELLO DI MONTALCINO DOCG

「サッソアッローロ」ＩＧＴ・トスカーナ　“SASSOALLORO” IGT TOSCANA

「ヴィッラ・ポッジョ・サルヴィ」ブルネッロ・ディ・モンタルチーノ・ＤＯＣＧ

“VILLA POGGIO SALVI” BRUNELLO DI MONTALCINO DOCG

サッシカイアでイタリアワインを変えた
テヌータ・サン・グイド TENUTA SAN GUIDO 社

ヒゲをはやし、背が高く、トスカーナの人とは思えない風貌のセバスティアン・ローザ氏に農園を案内してもらった。

計三〇〇〇ヘクタールの広大な農地は、ワイナリーと競馬用の馬の飼育会社に分かれている。

ワイナリーには八〇人近くが携わり、馬の飼育には四〇人ほどが働いている。サッシカイアの畑は七五ヘクタール、一八万本を生産するが、他にグイダルベルト GUIDALBERTO ブランドのワイン用に五〇ヘクタール、一二万本が造られている。

ピサの学生だったマリオ・インチーザ・ロケッタ侯爵は、ボルドースタイルのワインをイタリアで造りたいと考えていた。数種類のブドウを試した結果、グラーヴに似たこの地域にカベルネ種を植えたのは一九四〇年代の終わり。ピエロ・アンティノリ氏の意見も加え、一九六八年産から市場に出され、見事、世界に名だたるワインの仲間入りを果たした。

カベルネ・ソーヴィニヨン八五%、カベルネ・フラン一五%で造られるこのワインの二〇〇二年産を試飲したが、いつもとはもちろん違うワインになつているものの、この難しい年を実にエレガントに仕上げている、という印

TENUTA SAN GUIDO

テヌータ・サン・グイド社のロゴマーク

象を得た。
ストーリーだけでなく、ワイン造りのきめ細かさも光る会社である。

テヌータ・サン・グイド社の主なワイン

「サッシカイア」ボルゲリ・サッシカイア・DOC
"SASSICAIA" BOLGHERI SASSICAIA DOC
「グイダルベルト」IGT・トスカーナ
"GUIDALBERTO" IGT TOSCANA

「サッシカイア」のラベル

ブルネッロの歴史を刻むバルビ BARBI 社

バルビ社のオーナー、フランチェスカ・コロンビーニ女史は、モンタルチーノ草創期にビオンディ・サンティとともに活躍したジョヴァンニ・コロンビーニの実の娘だ。男性社会といわれるワイン業界にあって随一の女性実力者で、業界では、「シニョーラ・デル・ブルネッロ（ブルネッロの貴婦人）」の名で呼ばれている。同女史は、モンタルチーノとその展望について、次のように語った。

「一六〇〇年代にイングランド王が愛飲していたことからもわかるように、この土地のワインは、古くから知られる希少なワインでした。第二次世界大戦前までは、自家消費に近い状況でほとんど

BARBI COLOMBINI

バルビ社のロゴマーク

外に出されておらず、多くがフィレンツェの業者によって樽売りされていました。ところが近年、この土地の小生産業者もしだいにその重要性がわかってきました。わずか一〇〇〇ヘクタールの土地でしか造られておらず、法律でも一ヘクタール当たり八トンと限られた量しか造れない。本当に意識してアピールできるようになったのは、つい最近のことです。

かつてこの町を訪れる人は、近くのキアンチャーノ温泉に向かう途中でモンテプルチャーノの町と名前を間違えて立ち寄る人がほとんどでした。

しかしここ十数年間に、モンタルチーノの素晴らしいワインの名は世界中に知られるようになり、人々はたった数本のワインを買い求めるために、この丘に登ってくるようになったのです。

町には何軒ものワイン専門店ができました。夏のバカンスの途中に立ち寄る人も増えました。むかしは、シエナの町のように国内外の観光客が訪れることなど考えられないことでしたが。

モンタルチーノの今後の展望は非常に明るいと思っています。問題があるとも思えません。というのは、それなりの長い時間を経て認められるようになったモンタルチーノのワインは、すでに世界に知られているからです。品質管理をしっかりしていけば、さらに可能性が大きくなります。

第一に、ブドウの木のさらなる改良です。これはトスカーナの大学の力を借りて取り組んでおり、すでにそれなりの成果が出ています。

第二に、地質の分析です。これまでこの土地では、自然堆肥しか使ってきませんでした。それが最良だといわれていたからです。しかし、これは今後取り組むべき課題です。

そして第三に、設備の見直しと改良です。現在でも素晴らしいワインとして、一〇〇年も耐えうるワインとして知られていますが、それが決して最良であったとは言い切れません。つまり、偉大なワインでも、さらなる改良の余地があり、もっとよくなる可能性を秘めているのです。

また、モンタルチーノのワイン生産者は、他業界、あるいは外国から、投資の対象として参入したケースも少なくありません。むしろそれが、世界的に知られ、可能性のあるワインであることを、人々に伝えるために大きく役立っていると思います」

偉大なワインをもちながらも、さらにそれを改良していく気持ちを強く持ち続ける同女史。語られる言葉から、このワインが今後ますます偉大なワインになっていくだろうと確信させられるのだった。

バルビ社の主なワイン

ブルネッロ・ディ・モンタルチーノ・ＤＯＣＧ　BRUNELLO DI MONTALCINO DOCG

ブルネッロ・ディ・モンタルチーノ・リゼルヴァ・ＤＯＣＧ　BRUNELLO DI MONTALCINO RISERVA DOCG

ロッソ・ディ・モンタルチーノ・ＤＯＣ　ROSSO DI MONTALCINO DOC

ブルネッロ・ディ・モンタルチーノ・ヴィーニャ・デル・フィオーレ・ＤＯＣＧ　BRUNELLO DI MONTALCINO VIGNA DEL FIORE DOCG

六〇〇年、二四代にわたり独自のファミリー哲学でキアンティを造り続けてきたマッツェイMAZZEI社

古くは、一四世紀からワイン造りに携わるマッツェイ家は、二四代目に当たる今日まで、家族経営を継続している。

一三九八年一二月二六日、当時のオーナー、セル・ラポ・マッツェイが、この土地で造られるワインに、初めて「キアンティ」と名付けた。

一八世記には、フィリッポ・マッツェイが、アメリカ第三代大統領のトーマス・ジェファーソンのために、ペンシルヴェニア州でブドウの植樹を行い、アメリカ独立の土台造りに貢献した。

今日、マッツェイ社は、キアンティ・クラッシコ地区のグレーヴェ・イン・キアンティに一一七ヘクタールのブドウ畑を持つフォンテルートリ農園を所有する。また、同じトスカーナの南部海岸沿いの地域には三四ヘクタールのベルグアルド農園を所有し、インターナショナルな品種も植えている。さらに、シチリア島南部のノートに二一ヘクタールのジゾラ農園を所有し、土着ブドウのネーロ・ダヴォラ種などのワインを独自の味わいに仕上げている。

特に、フォンテルートリ農園は、標高二〇〇メートルから五〇〇メートルに一二〇の区画を持ち、別々に発酵、グラヴィティーフローで三階建ての地下に運び熟成させる。熟成庫の壁からは五つの地下水が流れだし、天然の環境が保たれている。

MAZZEI
1435
マッツェイ社のロゴマーク

まさに、伝統キアンティの中に近代技術をうめ込んだ数少ない革新的な会社といえるだろう。

マッツェイ社の主なワイン

「カステッロ・フォンテルートリ」キアンティ・クラッシコ・ＤＯＣＧ
“CASTELLO FONTERUTOLI” CHIANTI CLASSICO DOCG
ミックス36・ＩＧＴ・トスカーナ　MIX 36 IGT TOSCANA
「シエピ」ＩＧＴ・トスカーナ　“SIEPI” IGT TOSCANA

マルケ州のワイナリー

マルケ州を代表するウマニ・ロンキ UMANI RONCHI 社

長靴形のイタリア半島のちょうど太腿の後ろに当たり、アドリア海に面したマルケ州のワインは、イタリアにおいてもあまり知られることはなかったが、近年注目されるようになってきた。

それも、特徴のあるヴェルディッキオ種から造られる白ワインのみならず、モンテプルチャーノ種、サンジョヴェーゼ種から造られるコーネロ（DOCG）やロッソ・ピチェーノも含めての話だ。

その牽引車的な役割を果たしているのが、ウマニ・ロンキ社である。

このワイナリーは、一九五〇年代にヴェルディッキオ・デイ・カステッリ・ディ・イエージの中心地、クプラマンターナに設立され、数年後、現オーナーのビアンキ・ベルネッティのファミリーに引き継がれた。

現在、ヴェルディッキオを中心に生産するカステルベッリーノと、ロッソ・コーネロを中心に生産するオジモの二カ所に生産施設を持つ。そして、ヴェルディッキオ・クラッシコ地区に一一〇ヘクタール、ロッソ・コーネロ地区に六〇ヘクタール、さらにモンテプルチャーノ・ダブルッツォの生産地域にも三〇ヘクタールの自園を所有する。

ヴェルディッキオ種からはクラッシコ・プレニオ、カザル・ディ・セッラ、モンテプルチャーノ種からはサン・ロレンツォ、クマロなどコストパフォーマンスの高い良質のワインが造られている。またペラーゴは、カベルネ・ソーヴィニヨンとモンテプルチャーノ、メルロー種から造られるインターナショナルな味わいのワインといえる。

今日では四〇〇万本以上を生産する会社になり、息子のミケーレ氏が世界中を飛び回り、マルケ州を代表する生産者としての役割を果たしている。

ウマニ・ロンキ社の主なワイン

「クマロ」コーネロ・リゼルヴァ・DOCG
"CUMARO" CONERO RISERVA DOCG

「ペラーゴ」IGT・マルケ・ロッソ "PELAGO" IGT MARCHE ROSSO

「サン・ロレンツォ」ロッソ・コーネロ・DOC
"SAN LORENZO" ROSSO CONERO DOC

「ヴェッキエ・ヴィーニエ」ヴェルディッキオ・デイ・カステッリ・ディ・イエ

UMANI RONCHI

ウマニ・ロンキ社のロゴマーク

ージ・クラッシコ・スペリオーレ・DOC

“VECCHIE VIGNE” VERDICCHIO DEI CASTELLI DI JESI CLASSICO SUPERIORE DOC

ウンブリア州のワイナリー

ワイン文化の総合化を目指すルンガロッティ LUNGAROTTI 社

イタリアの「緑の心臓」と呼ばれるウンブリア州におけるワインの中心地、トルジャーノは、ローマとフィレンツェの中間、州都ペルージャの近郊にある。紀元前のエトルリアの時代から城塞の町として栄えたが、近くには聖者フランチェスコの町アッシジ、焼物の名所デルータの町があり、歴史と芸術が交錯する土地である。

この小さな町トルジャーノに一九七四年四月、ワイン博物館が設立された。ワインに関する技術的、考古学的、歴史的、芸術的、そして民族学的収集品が二一の部屋に集められている。中央オリエントのワイン醸造の起源から、ワインをもたらした地中海一帯の海上、陸上商業路の解説と用具類、たとえばヒッタイトの壺やローマ時代のガラス瓶、アンフォラ、エミリア・ロマーニャ地方の壺、ワインを薬として使用していた時代の陶器や神話の世界のマジョリカ焼きなど、さらに中世のワインに関する古文書と図像解釈書のほか、当時使われていた一〇メートル以上もある圧搾機やその機能図、つい最近まで使用されていた樽職人の道具一式などがぎっしり展示されている。

この博物館は現在、ルンガロッティ財団によって運営されているが、ワイナリーを支えていたジ

LUNGAROTTI

ルンガロッティ社のロゴマーク

ルンガロッティ社の運営する博物館

ヨルジョ&マリアグラツィア・ルンガロッティ夫妻の発想によって設立されたものだ。ジョルジョ・ルンガロッティ氏がウンブリア地方のワインを世界に広めた功績は大きい。一九六八年にDOCに認められたトルジャーノのワインをベースに、独自のポリシーのもとにワインを造り、関連事業を進めた。ワイン専門家の興味を引くためにはじめたワインの品評会〝バンコ・ダッサッジョ・ディ・ヴィーニ・ディターリア〟は、今やイタリア一のワイン品評会の座を獲得している。

　この地方の良さを世界中の人々に知ってもらうために、高級五つ星ホテル、トレ・ヴァゼッレも建設した。今日ではさらに、アグリツーリズモや特産品の土産物屋、オリーヴオイルの博物館も完成し、まさに「村起こし」を実践してきたワイナリーといえる。

　基本のワイン造りでは、常に最新の技術を取り入れてきた。三五年以上前に他社に先がけてバリック樽の使用をはじめ、カベルネ、シャルドネなどインターナショナルな品種も試した。瓶熟用ワイン倉庫には二〇〇〇万本近いワインが息づいている。時間をかけても良いワインを造る、というポリシーは変わらない。この努力によって一九九〇年、トルジャーノ・ロッソ・リゼルヴァがDOCGに認められた。

　トルジャーノに二五〇ヘクタールの自園を持ち、近年モンテファルコにも二〇ヘクタールを加え、自社のブドウから消費者にやさしいワインを造る。さらに今日、ジョルジョ氏の娘、キアラ女史とテレーザ女史が経営に当たり、女性のワイナリーとしての一面も加えた。ウンブリアのワインの歴史に残るワイナリーである。

ルンガロッティ社の主なワイン

「ルベスコ・ヴィーニャ・モンティッキオ」トルジャーノ・ロッソ・リゼルヴァ・ＤＯＣＧ
“RUBESCO VIGNA MONTICCHIO” TORGIANO ROSSO RISERVA DOCG

「トッレ・ディ・ジャーノ・ヴィーニャ・イル・ピーノ」トルジャーノ・ビアンコ・ＤＯＣ
“TORRE DI GIANO VIGNA IL PINO” TORGIANO BIANCO DOC

「ルベスコ」ロッソ・ディ・トルジャーノ・ＤＯＣ
“RUBESCO” ROSSO DI TORGIANO DOC

「サン・ジョルジョ」ＩＧＴ・ロッソ・デッルンブリア
“SAN GIORGIO” IGT ROSSO DELL’ UMBRIA

カンパーニア州のワイナリー

伝統を技術で磨くマストロベラルディーノ MASTROBERARDINO 社

ナポリを中心とするカンパーニア州は、豊かで温暖な気候であったため、古くから多くの異民族の侵略を受け、その結果さまざまな文化が混じり合った独自の文化が生まれた。今日では世界中で親しまれているパスタやピッツァなども、この土地から生まれた料理である。

ラクリマ・クリスティ（キリストの涙）と呼ばれるワインも、ヴェスーヴィオ火山の麓で生まれた古い伝説を持つワインだ。

しかし、この地方のブドウ栽培の中心は海岸線ではなく、山を二つほど越えた内陸部のアヴェッリーノの町を中心に行われてきた。ブドウの品種はギリシャから伝わる古い品種がほとんどであるが、そのひとつアリアニコ種から造られる力強い赤ワイン、タウラージは、一九九三年、南イタリ

マストロベラルディーノ社のロゴマーク

アのワインとして初めてＤＯＣＧに認められた。麦わら色で調和の取れた長熟タイプの白ワイン、フィアーノ・ディ・アヴェッリーノ、独特のアロマを持つ白ワイン、グレコ・ディ・トゥーフォも、近年ＤＯＣＧに認められている。これらの伝統あるワインを世界に知らしめた由緒ある会社がマストロベラルディーノ社だ。

この会社は一七二〇年に設立された、イタリアでも指折りの伝統を誇る会社だ。オーナーのアントニオ氏は学者になりたかったというだけあって、技術面へのこだわり、またこの地方の歴史的な部分へのこだわりを人一倍強く持っている。

カベルネ・ソーヴィニヨン、シャルドネといった流行の品種には一切とらわれず、この地方の伝統的なブドウの改良と品種向上にこだわり、伝統品種をかたくなに守ってきた。

一方、ワイン醸造時のプレッサーやフィルター、冷却設備などはすべて最先端のものを導入し、とても南イタリアとは思えない近代的な設備をととのえている。

この歴史ある会社の一〇代目に当たるアントニオ氏の息子、ピエロ氏は、大学教授の肩書きがありながら経営にも参画し、若いスタッフを起用して新しいシステムを押し広げている。

「ワイン造りは芸術だ」と言い切るアントニオ氏は、ボトルやラベルのデザインにもこだわる。また、ポンペイの遺跡の中で、二〇〇〇年前の古代ローマのワイン造りも再現してみせた。歴史に残る会社でなければ成し得ない貴重な試みといえるだろう。

マストロベラルディーノ社の主なワイン

タウラージ・ラディーチ・ＤＯＣＧ　TAURASI RADICI DOCG
フィアーノ・ディ・アヴェッリーノ・ＤＯＣＧ　FIANO DI AVELLINO DOCG
グレコ・ディ・トゥーフォ・ＤＯＣＧ　GRECO DI TUFO DOCG
「モーレ・マイヨルム」フィアーノ・ディ・アヴェッリーノ・ＤＯＣＧ
“MORE MAIORUM” FIANO DI AVELLINO DOCG

白ワインで圧倒的人気を誇るテッレドーラ TERREDORA 社

テッレドーラ社は、一七二〇年に設立されたイタリアでも指折りの歴史を誇る会社、マストロベラルディーノ社の流れをくむ。ナポリの内陸に六〇キロに位置する、モンテフスコに農園を持つこの会社は、一九七八年に設立された。

アヴェッリーノからモンテフスコにかけての地域に一二〇ヘクタールを所有するカンパーニア州を代表する生産者の一つで、オーナーのワルテル氏は、マストロベラルディーノ社の伝統をもとに、息子のルーチョ氏の助けを借りてイタリアを代表する白ワインを造りだした。特に、グレコ・ディ・トゥーフォは世界に名だたる白ワインとして表彰されたこともある。また、フィアーノ・ディ・アヴェッリーノやタウラージなど、この地方を代表するＤＯＣＧワインを生産している。

現在は若くして亡くなったルーチョ氏の遺志を受け継ぎ、トータルバランスの良い、多くのワインが造られている。

テッレドーラ社の主なワイン

タウラージ・ファティーカ・コンタディーナ・DOCG
TAURASI FATICA CONTADINA DOCG

グレコ・ディ・トゥーフォ・DOCG　GRECO DI TUFO DOCG

フィアーノ・ディ・アヴェッリーノ・DOCG　FIANO DI AVELLINO DOCG

テッレドーラ社のロゴマーク

プーリア州のワイナリー

プーリア地方の品質の要、リヴェーラ RIVERA 社

プーリア州はトマトやオリーヴオイルなど、イタリアの農産品の重要な供給地であるが、ワインの生産量においてもシチリア島、ヴェネト州と並んで最も多い州である。

このプーリア州の中央、アドリア海に向かうムルシア丘陵のアンドリアにディ・コラート家がワイナリーを設立したのは一九〇〇年代初頭。現オーナー、カルロ氏の父ジュゼッペ氏は、石灰質でブドウの栽培に適したこの農園をリヴェーラと命名した。

一九五〇代年に入り、カルロ氏はカステル・デル・モンテ地区の新しいワイン造りに着手し、ネーロ・ディ・トロイア、ボンビーノ・ビアンコ、アリアニコなどの土着品種に加え、シャルドネ、ソーヴィニヨンなどの品種を植えた。

リヴェーラ社のロゴマーク

この地方の中心に位置するカステル・デル・モンテの城は、一三世紀に当時この地方を治めていたフェデリーコ二世が鷹狩りのために建てさせた城である。イタリアではめずらしい正八角形の城の壁は、五メートル以上はある。中に入ると夏でもひんやりとするほどだ。

城からの眺望は壮観で、規則正しく植えられたオリーヴの古木が遠く海岸線まで続き、その合間にブドウの木が植えられている。リヴェーラ社所有の八五ヘクタールの畑はほとんどが深層凝灰岩土壌で、標高一六〇〜一八〇メートルに位置する。年間一五〇万本のワインを生産するが、プーリア地方の伝統的なワイン造りを基盤に、海外でも通用するインターナショナルなワイン造りも行っている。

土着品種ネーロ・ディ・トロイア七〇%、モンテプルチャーノ三〇%で造られる「イル・ファルコーネ」（鷹の意）は、しっかりした味わいの力強いワインで、伝統品種を使ったインターナショナルなワインといえる。また、近年リリースしたネーロ・ディ・トロイア一〇〇%で造られる「プル・アプーリアエ」はトレ・ヴィッキエーリを獲得している。

今日、カルロ氏の息子、セバスティアーノ氏も経営に参加し、世界各国に出向いて自社ワインのアピールのみならずプーリア地方の紹介も熱心に行う。プーリア地方を代表するワイナリーである。

リヴェーラ社の主なワイン

「イル・ファルコーネ」カステル・デル・モンテ・ロッソ・リゼルヴァ・DOCG

“IL FALCONE” CASTEL DEL MONTE ROSSO RISERVA DOCG
「プレルーディオ・ヌーメロ・ウーノ」カステル・デル・モンテ・シャルドネ・DOC
“PRELUDIO No.1” CASTEL DEL MONTE CHARDONNAY DOC
ロゼ・カステル・デル・モンテ・DOC　ROSÈ CASTEL DEL MONTE DOC
「トリウスコ」IGT・プーリア・プリミティーヴォ
“TRIUSCO” IGT PUGLIA PRIMITIVO
「プル・アプーリアエ」カステル・デル・モンテ・ネーロ・ディ・トロイア・DOCG
“PUER APULIAE” CASTEL DEL MONTE NERO DI TROIA DOCG

ヴェネト出身のファミリーが洗練されたワインを造るカンテレ CANTELE 社

プーリア州の南部、イタリア半島のほぼ踵の先に当たる地域、レッチェ県グアニャーノに位置するカンテレ社は、ヴェネト州出身のジョヴァンニ・バッティスティ・カンテレが設立した会社。彼は、ヴェネツィア県プラマッジョーレに生まれ、ブローカーとして、南イタリアのワインを購入し、北イタリアに販売する仕事をしていたが、一九五〇年代に、この地でワインを造る決心をし、レッチェに移り住んだ。

息子のアウグストが、ヴェネト州のコネリアーノ・ワイン醸造学校を卒業し、もう一人の息子、ドメニコが販売を担当した。今日、この二人の兄弟の子供たち四人が一緒になって経営に携わり、プーリアの土着品種を使って、北イタリアテイストのワインを造り、海外でも高い評価を得る、新進気鋭のワイナリーに成長した。

プーリア州の土着品種をエレガントに造り、プーリアワインを広く世界に輸出している会社であるが、その原動力となっているのは若い世代であり、彼らのきっちりと役割分担されたチームワークがワイナリーの成長をもたらしている。

この活力ある会社から造り出されるワインは、サリチェ・サレンティーノのテロワールを生かした南イタリアとは思えないさわやかなワインで、将来が楽しみな会社である。

カンテレ社の主なワイン

「アマティーヴォ」ＩＧＴ・サレント　“AMATIVO” IGT SALENTO

「テレザマナーラ」ネグロアマーロ・ＩＧＴ・サレント
“TERESAMANARA” NEGROAMARO IGT SALENTO

サリチェ・サレンティーノ・リゼルヴァ・ＤＯＣ
SALICE SALENTINO RISERVA DOC

CANTELE
カンテレ社のロゴマーク

シチリア島のワイナリー

シチリア島のユニークな料理

地中海最大の島シチリア島は、全般に山がちで、今もときどき噴火するエトナ山で知られるように火山が多く、溶岩や乾燥した地域が広がる。

古くから栄えた島で、紀元前一〇世紀頃フェニキア人が住み着いたのを皮切りに、ギリシャの植民地となり、その後カルタゴ、ローマ、紀元後六世紀にはビザンチンの支配を受けた。さらにアラブ、ノルマン、一二〜一三世紀はドイツ、フランスの支配を受けた。そして一三世紀以降はスペインの支配下にあり、一九世紀に統一されたイタリアに組み込まれた。

このように長い歴史のなかで数多くの異民族の支配を受け、それぞれの文化が複雑に入り混じり、南北イタリアとはまた別の、独自の文化を築き上げた。

州都パレルモの西にあるモンデッロの町は、イタリア北部の人たちの別荘地として夏ににぎわう。ここに一九六九年以来営業しているレストラン「チャールストン Charleston」があった。海辺というよりも海の中に建つこのレストランから眺める岬の光は、明るくきらきらと輝いている。

この店の総支配人サン・カルロ・ハッサン氏にシチリア料理について聞いた。

「シチリア料理は魚と野菜をふんだんに使う料理です。もちろん、パスタの種類も豊富です。ナス、トマト、セロリにケッパーを加えたカポナータ、コメで作ったコロッケ、アランチーニなどはシチリア料理といえましょう。またアラブ料理として有名なクスクスは、肉の代わりにシチリアでは魚を使います。手で丸くしたパスタを蒸し、魚のスープをかけて食べたりします。意外にサッパリした味ですよ。

シチリアには、ここでしか食べられない美味しいものがあります。これはフレッシュな素材を必要とするからですが、その代表がカンノーリというリコッタチーズを使った筒状のお菓子です。砂糖づけの果物入りアイスケーキ、カッサータも美味しいデザートです」

この道のプロ、ハッサン氏は、さすがにシチリアの宣伝となれば流暢だ。一階四〇〇席、二階三〇〇席、シーズン中は常に二〇〇〜三〇〇人の来客があるというシチリアを代表するレストランだ。

ソムリエのジョルジョ・ドラゴッタ氏に最近人気のワインについて聞いてみたところ、白ワインではシチリアの上級品が人気で、多くの人がノッツェ・ドーロやコロンバ・プラティノを指名するとのことだった。

こうした話からもシチリアワインが少しずつ変わってきていることがうかがえる。

シチリアワインの歴史を作ったタスカ・ダルメリータ TASCA D'ALMERITA 社

シチリアの州都パレルモから車で一時間ほど内陸に入った所に位置するタスカ・ダルメリータ農園は、タスカ伯爵家によって運営されている。第二次世界大戦前には一二〇〇ヘクタールの土地を持つ大地主だった。現在でも五〇〇ヘクタールの所有地のうち四〇〇ヘクタールにブドウが植えられ、一〇〇ヘクタールの借地からのブドウも使用して年間三〇〇万本のワインを生産している。

タスカ・ファミリーは常に新しい技術を取り入れつつ、一方ではその土地固有の特徴を守ってきた。標高四〇〇~七〇〇メートルにあるレガレアーリの畑は、日照時間はもちろんのこと、昼夜の温度差が五℃以上あり、ブドウにアロマが宿る。

農園を囲む自然にも意味があるという。アーモンドの樹、小麦や大麦、オリーヴの木、それに自然の除草剤といわれる羊の群れ。あるいはローズマリーなどのハーブ類、雨水を保持するためのユーカリの木、そしてそこに野生の鴨や鷺、野うさぎ、山あらしなどの動物が生息する自然環境が、そこに住む人間だけではなく、ブドウにも好影響を与える。

私の訪問時、大雨のなか自分の車で出迎えに来てくれたオーナーのルーチョ・タスカ氏は明るく語ってくれた。

長男のジュゼッペ氏、次男のアルベルト氏と三人で、イタリア国内のみならず海外にも行く。イ

タスカ・ダルメリータ社の農園

タリア各地の有力ワイナリー一八社によって結成されたグランディ・マルキのグループに入っていて良かったという。各社ともファミリー経営で、皆人がいい。イタリア各地の理想的なワイン生産者の集まりだとも言っていた。

会社は二〇〇四年から農園の改築に入った。シチリアの自然の真中にあって、風景を壊さないようにとの配慮から建物にはすべて天然の石を使用し、父親が気に入っていたという、トルコを思わせる濃い

TASCA D'ALMERITA

タスカ・ダルメリータ社のロゴマーク

青色ですべての窓枠や扉が塗られている。二五年前に訪問したときにはタスカ伯爵からソーヴィニヨン・タスカ種の話をうかがい、主家で昼食をご馳走になった。白い手袋をはめた給士がその場で揚げた〝カンノーリ〟（筒状の菓子）に羊乳のフレッシュリコッタチーズを詰めた、甘くアロマの利いた味が忘れられない。

ルーチョ氏の代になって、自社でのワインの販売もはじめた。近隣農家のブドウも、栽培についてアドバイスしながら買い上げる。地域が再生し、若い人がシチリアにとどまることを願ってのことだ。この話を聞いて、古くからこの土地の領主として生きてきたタスカ・ファミリーの根幹に触れたような気がした。

タスカ・ダルメリータ社の主なワイン

「ロッソ・デル・コンテ」コンテア・ディ・スクラファーニ・ロッソ・DOC
“ROSSO DEL CONTE” CONTEA DI SCLAFANI ROSSO DOC

「ノッツェ・ドーロ」コンテア・ディ・スクラファーニ・ビアンコ・DOC
“NOZZE D'ORO” CONTEA DI SCLAFANI BIANCO DOC

ワイン造りのセンスが光るドンナフガータ DONNAFUGATA 社

私が最初にこの会社を訪問したのは一九九〇年。ガブリエッラ女史が夫のジャコモ氏の助けを借りてスティルワインを造りはじめて間もない頃だった。設備はマルサラにある古い工場にあった。

ガブリエッラ女史の斬新なアイデアからドンナフガータという社名が生まれ、ワインにも興味深い名前が付けられ、ラベルにも独自のデザインが施された。今日でもこの会社の最終デザインは彼女が行っているという。

ネーロ・ダヴォラとカベルネ・ソーヴィニヨン種で造られるワイン「タンクレディ」の命名も彼女だ。あの「山猫」に出てくるアラン・ドロン扮するタンクレディをイメージさせる。伝統品種と新興の品種の組み合わせを見事にワイン名に反映させた。

この会社はコンテッサ・エンテッリーナ（DOC）地区に一四〇ヘクタールの畑を所有するが、周囲の畑も合わせると二六〇ヘクタールになる。またシチリアの南、アフリカに近いパンテッレリア島にも四二ヘクタールの自園を持ち、ズィビッボ種から二種の甘口ワイン「カビール」と「ベン・リエ」を造る。白ワインは主にマルサラ周辺のブドウを中心にマルサラで造る。

長女のヨセ女史がファイナンスとマーケティングを担当し、長男のアントニオ氏が生産と販売を担当する。二四〇万本のワインを生産するが、八割が国内で、そのうち二割がシチリア島で消費される。

他のイタリアの名醸地のワインよりも三割程度安い価格を保ち、しかも以前よりさらにソフトな味わいのワインを造れるようになった。これからはもっとシチリア独自の雰囲気を出していきたいと語るヨセ女史は歌手でもある。ミラノやニューヨークで公演を行った経験もある。芸術のセンスは母から娘へも受け継がれているようだ。

ドンナフガータ社の主なワイン

「ミッレ・エ・ウナ・ノッテ」コンテッサ・エンテッリーナ・ＤＯＣ
“MILLE E UNA NOTTE” CONTESSA ENTELLINA DOC
「タンクレディ」コンテッサ・エンテッリーナ・ＤＯＣ
“TANCREDI” CONTESSA ENTELLINA DOC
「キアランダ」コンテッサ・エンテッリーナ・ＤＯＣ
“CHIARANDÀ” CONTESSA ENTELLINA DOC
「ベン・リエ」パッシート・ディ・パンテッレリア・ＤＯＣ
“BEN RYÉ” PASSITO DI PANTELLERIA DOC

DONNAFUGATA®
ドンナフガータ社のロゴマーク

シチリア南部を代表し、ＢＩＯ化を推しすすめる会社、マッジョヴィーニ MAGGIOVINI 社

マッジョヴィーニ社は、シチリア島南部ラグーザに位置する、シチリア南部を代表するワイナリーだ。オーナーのマッシモ・マッジョ氏は、シチリア唯一のＤＯＣＧワイン、チェラスオーロ・ディ・ヴィットーリアの生産者保護協会会長を務めるワインメーカーで、シチリア・エノロジスト協会の役員も歴任している。

今日、一〇〇ヘクタールの農園を所有し、五〇万本以上のワインを生産するが、「ラスーラ」ブ

ランドを造るＢＩＯ農園は、もともと貴族が所有していた農園で、まず苗から始め、年々生産量を増やしている。まず、苗を植える環境を作る。昔のようにオリーヴ、オレンジ、イチジク、アーモンドなどのシチリア独自の木を植え、農園内に以前の香りを戻す。自然が戻れば多くの鳥や動物たちを呼び戻すことができる。彼はシチリアでシチリアでしか出来ないＢＩＯワインを目指している。

今日、多くのワイン生産者が独自のＢＩＯワイン造りを目指す。その中において、自然環境に配慮し、その土地でしか造れない最良のワインを生み出そうと努力する、数少ないシチリアのワイン生産者だろう。

マッジョヴィーニ社の主なワイン

チェラスオーロ・ディ・ヴィットーリア・ＤＯＣＧ
CERASUOLO DI VITTORIA DOCG

「アモンガエ」シチリア・ロッソ・リゼルヴァ・ＤＯＣ
“AMONGAE”SICILIA ROSSO RISERVA DOC

ラスーラ・ネーロ・ダヴォラ・ＢＩＯ・ＩＧＴ　RASULA NERO D’AVOLA BIO IGT

MAGGIOVINI
マッジョヴィーニ社のロゴマーク

イタリアのワイン保護協会

イタリアワインの生産者にとって、CONSORZIO（保護協会）は極めて重要な意味を持つ。ＤＯＣＧ、ＤＯＣ、ＩＧＴの規定作成や、そのワインの苗についての情報から収穫、熟成、販売までの全てにおいて貴重な情報源であり、それらを管理・保護する機関である。

さらに、そのワインのイメージ向上や消費者への情報提供、海外への販売促進活動、市場における模倣製品の監視まで行う。主にＤＯＣＧ、ＤＯＣ、ＩＧＴの規定ワインの監督である。

保護協会は、国から正式に任命された機関であり、また国の機関に対して正式に申し入れのできる機関でもある。

二〇一〇年、保護協会に関する規定が見直され、品質の向上、販売促進活動、消費者への情報提供など、生産地呼称に関する市場の監視を含めた全ての事柄について保護活動を行うことが確認された。保護協会は、過去2年間にその規定ワインの四〇％以上の生産者が参加し、認定ブドウ作付け畑の六六％以上を有することが条件とされ、イタリア農林大臣から認定を受けることになった。

保護協会は、通常ブドウの苗木の仕立て、剪定の仕方、収穫、発酵、熟成、瓶詰までの全ての工程において指導を行い、品質向上に努めるほか、印紙の発行や生産量についての情報収集、国の機関への報告などを行う。また、ワインの規定の見直しや、ＤＯＣＧなど上級ワインへの昇格の申し出なども行う。

ソアーヴェワイン生産者保護協会（CONSORZIO TUTELA VINI SOAVE）

ソアーヴェは一九六八年にＤＯＣに認定され、一九七〇年代から海外への輸出が増大したため、生産者保護協会としても、ブドウ作り、ワインの生産のみならず輸出への販売促進活動も推し進めることになった。近年、輸出比率が八割を超え、海外におけるプロモーション活動も盛んに行うようになっている。

とはいえ、イタリアにおける最大のワインイベントであるVINITALYが毎年四月にヴェネト州ヴェローナで行われるため、この機会に地元の利を生かし、見本市会場のブースではラジオやテレビ番組、フェイスブックへの配信など毎年様々な催しが企画されている。

ソアーヴェワイン生産者保護協会の地元における主な活動は春と秋の二回あり、五月にソアーヴェ・プレヴューとワイン祭りが行われ、イタリアのみならず世界各地から一〇〇人近くのジャーナリストやワイン関係者が集まる。また、九月に行われるソアーヴェ・ヴァーサスとブドウ祭りには

SOAVE
CONSORZIO TUTELA

町ぐるみでフェスティバルが企画され、多くの観光客が訪れる。

近年、特に興味深いのは、ソアーヴェが中心となって二〇一二年に結成された、火山性土壌で造られるワイン（VOLCANIC WINE）の試飲会の、イタリア各地での実施である。ソアーヴェの火山性土壌から造られるドゥレッロやガンベッラーラなどのヴェネト州のワインのほか、シチリア島のエトナ山麓やリパリ島、パンテッレリア島で造られるワイン、ヴェスーヴィオ火山やサルデーニャ島のワインなどの試飲が行われ、保護協会で独自に造られるワインをアピールし、品質訴求や販売促進活動につなげていることである。

コネリアーノ・ヴァルドッビアデネ・プロセッコ保護協会（CONSORZIO TUTELA DEL VINO CONEGLIANO VALDOBBIADENE PROSECCO）

この協会は一九六二年に設立され、七年後の一九六九年にコネリアーノ・ヴァルドッビアデネ・プロセッコがＤＯＣに認定された。今日、このＤＯＣＧ地域内のほぼ全ての生産者がこの保護協会に加盟している。協会には、ブドウの生産者、ワイン醸造および瓶詰業者が加盟し、組織内の各専門部署や外部研究機関との連携のもと、ブドウ栽培や醸造技術の改善に重要な役割を果たしている。

保護協会は、ブドウの仕立て、剪定から収穫時期に至るまで、ブドウの栽培に関する全ての段階

Consorzio di Tutela
CONEGLIANO VALDOBBIADENE
DOCG
PROSECCO SUPERIORE
DAL 1876

を監督し、醸造、瓶詰めに関しても同様に指導、監督を行っている。

二〇〇九年のDOCG昇格を機に、国の認定するヴァロリイタリア社を介して、品質管理、トレーサヴィリティーの確立に力を入れている。また、クリュの畑の選定も行い、「リーヴェ(急斜面にあるブドウ畑)」を四三選定した。「リーヴェ」は単一の村もしくは集落で栽培されたブドウのみで造られ、その個性が十分に発揮されている。

販売、特に輸出に関しても力を入れており、毎年五月第三週の週末にヴィーノ・イン・ヴィッラが開催される。一三世紀まで歴史をさかのぼる荘厳なお城に一〇〇以上の生産者が集まり、世界各国からジャーナリスト、ワイン関係者を招いて試飲会やセミナーを実施する。さらに、年間を通じて展示会や試飲会が各地で催され、この地方のワインと食、ワインと芸術に関する企画は、季刊誌「Conegliano Valdobbiadene」に掲載されている。

DOCGプロセッコを生産する、コネリアーノからヴァルドッビアデネに至る三五キロに及ぶ美しい丘陵地は、ユネスコ世界遺産の登録待ちであり、登録されればこの地域で造られるワインのイメージが一層高まることは間違いなく、保護協会はさらなる働きかけを行っている。

第４部

イタリアワインと料理の相性

LA COMPATIBILITÀ VINI E CIBI

ワインと料理の組み合わせの基本

イタリアの食事にはワインが欠かせない。たとえ地域の気候や民族の起源が違っていても、イタリアの食卓には必ずワインがあった。

また、各地域で生まれた素材を生かした料理の中身は、バラエティーに富んでいる。イタリア料理が地方料理といわれるゆえんだ。

ワインはその料理に合わせて造られたと思われる。たとえば、エミリア・ロマーニャ州のバターや脂肪の多い料理に合わせ、ランブルスコのような発泡性赤ワインが造られたように。

一方、バローロのようにすぐれたワインの産地では、ワインに合わせてブラザートやストゥファートなどの料理が生み出されたようだ。

料理に合わせたワインができるのと同じように、その土地のすぐれたワインに合わせた料理法が生み出されもするのだ。

いずれにせよ、ワインと料理を合わせるにはそれなりの基本がある。ここでは一皿の料理だけではなく一回の食事に出る料理全体のバランスを考えながら、代表的なイタリアのワインと料理の組み合わせを考えてみることにしよう。

イタリア料理は、アンティパスト、プリモ・ピアット、セコンド・ピアット、チーズ、デザートと続くため、メニューの内容を考え、各料理に合ったワインを用意するのは当然だが、その次に出る料理に合わせたワインを選ぶ必要もある。つまり、選んだワインによって次に続く料理を考え直さなければならないケースも出てくるわけだ。

料理に合わせたワインの選び方にも、それなりの理由がある。まず、軽いワインから重いワインに移していくこと。当然のことながら料理もこの方向が望ましい。

赤ワインはその造り方からもわかるとおり、一般的には白ワインよりアルコール度が高く、タンニン、その他の成分も多く含み、重いワインということができる。

一方、白ワインは赤ワインよりも消化吸収が早いため、白ワインから始めて赤ワインに変えていけば体内に自然に吸収されていくことになり、胃や肝臓への負担は少ない。これとは逆に赤ワインから始めると、体内で吸収の遅い赤ワインと吸収の早い白ワインが同時に吸収されることになり、胃や肝臓への負担が大きくなる。もちろん、赤ワインのタンニンやその他の成分で舌の働きがにぶくなり、白ワインのデリケートな味わいもわかりにくくなる。

つまり、多くの皿が並ぶ食事の場合、各料理のそれぞれに合うワインを選択するだけでは不十分で、料理の流れに合わせたワインを選ばなければならないのだ。

次に、イタリア料理で注意しなければならないものにパスタ料理がある。イタリア料理には不可欠といえるパスタ料理は、ほとんどプリモ・ピアットとして出される。このパスタ料理に合うワインは、基本的にはそのソースとの相性を考えればよい。

トルテッリーニのような詰め物パスタの場合には、詰め物の中身が野菜なのか、チーズなのか、肉なのか、またそのソースとの調和を考えればよいのだ。

さて、パスタ料理の次にくるセコンド・ピアットだが、今度はすでに選んだワインを中心に考えることになる。

オリーヴオイルベースのパスタ料理であれば白ワインを選ぶことになるので、次にくる料理は、この白ワインに合わせた魚料理や玉子料理ということになる。

一方、詰め物パスタやラザーニャなどの肉入りソースのパスタ料理を選んだときには、すでに赤ワインを合わせているので次に白ワインは選びにくい。したがって同程度の赤ワインか、さらに重い赤ワインを選び、これに合わせた肉料理や濃いソースの料理を選ぶことになる。

こうした原則ともいうべきものは、何度となく繰り返すうちに自然と身についた昔からの経験の産物と思われるもので、あくまで目安であり絶対的なものではない。料理の内容やワインの熟成度によって弾力性をもたせなければならない。

また、同じ料理であっても料理人によって多少違った味になったり、地方によっては多少違ったレシピの場合もあるので、その場で最もふさわしいと思われるワインとの組み合わせを考えればよいだろう。

だが実際には、コースすべての料理にワインを合わせることができる場合は少なく、むしろそうでないケースの方が多い。

こうした場合には、同じワインに何品かの料理を受け持たせればよい。たとえば、アペリティフからプリモ・ピアットまでいける辛口スプマンテか辛口の白ワインを選ぶ。次にセコンド・ピアットの肉料理とチーズに合う赤ワインを選ぶ。最後にデザートに合う甘口のスプマンテかパッシートした甘口のワインを選び、食後まで楽しむ、といったふうに。

もし一種類のワインしか選べない場合には、最も重要と思われる料理に合わせるか、料理全体のバランスでワインを選ぶとよい。

パスタ料理とサラダだけで終わりたい場合はパスタのソースに合うワインを選べばいいし、魚の前菜と肉料理の両方を楽しみたい場合には、ロゼワインを選ぶかタンニンが少なく若くて軽い赤ワインを選ぶ。

忘れてはならないのは、ワインに合わない食べ物もあるということだ。たとえば、ワインヴィネガーやレモンを多用したすっぱい料理はワインの味を殺してしまう。

アーティチョークやほうれん草などの野菜もワインには合わせにくいし、チョコレートや香辛料の強いものもワインと合わせるのはむずかしい。

イタリアには、ワインと料理の相性を語るとき、必ず引き合いに出される話があるので紹介しよう。イタリア語に「インフィノッキアーレ infinocchiare」という言葉がある。これはフィノッキオ（フェンネル）でごまかすという意味である。むかしのワイン商が内容のよくないワインを客に売りつける際、先にフェンネルを多用した料理を食べさせ、味がわからなくなったところでワインを試飲させて売りつけたという話から生まれた言葉で、〝ごまかす〟〝だます〟という意味で一般にも使われるようになった。

こんな話も頭に入れて、ワインと料理の組み合わせを考えると、料理とワインがいっそう美味しくなり、楽しい食事の時間をすごすことができるだろう。

イタリアワインと料理の相性

ワインの味わい

ワインと料理の相性をみる場合、まず最初に考えなければならないのは、ワインの味わいの基本構成である。ワインがいったいどういう味わいから出来上がっているかを知ることだ。

まず第一に、「甘さ」がある。

甘さを感じるのは舌の先の部分で、一秒後には甘さを感じる。これは私たちが生まれたばかりの頃、目も見えず母乳の乳を探り当てる際、すぐに乳の甘さを感じ取る必要があったからだ。

ワインの場合、この甘さが「柔らかさ」と表現されることもある。甘さを感じさせる成分は、糖分、エチルアルコール、グリセリンなどである。一般的に一二%のアルコールは六〇グラムのブドウ糖の甘さに匹敵するといわれている。

そして、この「甘さ」や「柔らかさ」は、ワインをサービスする温度が上昇するにしたがい、増してくる。

次に「酸味」がある。

酸味は、舌の側面で通常二秒後には感じるといわれている。ワインの大きな特徴となっているこの酸は、味わうとさわやかさや旨さの感覚を与える。この感覚も「柔らかさ」と関係してくる。

第三に「塩味」である。

塩味もやはり舌の側面でだいたい二秒程度で感じることができる。

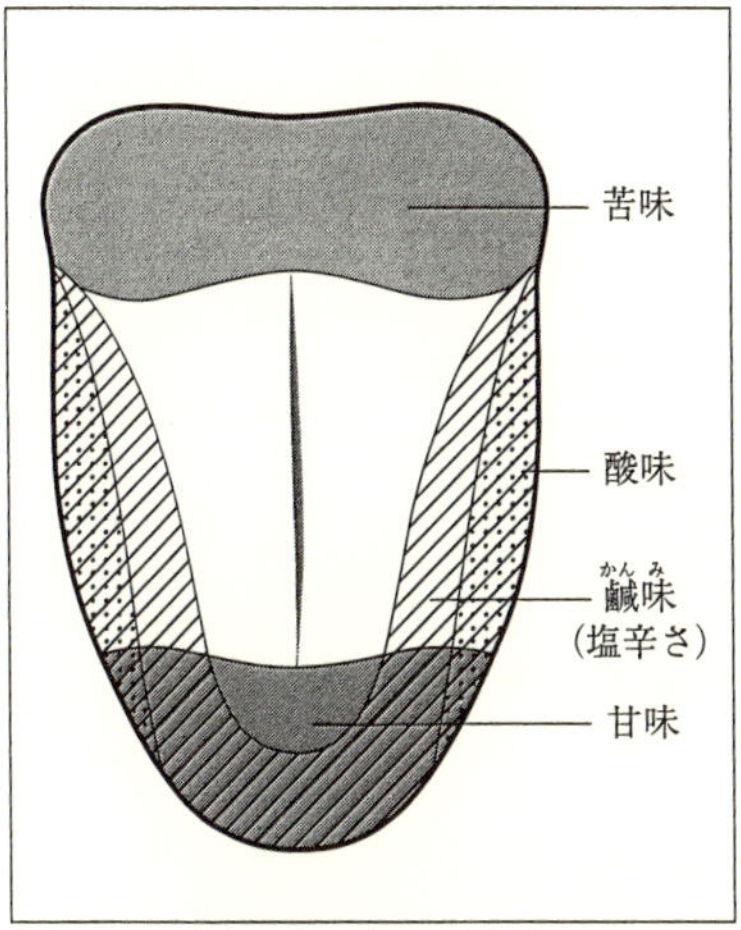

《舌の味を感じる部分》

　このワインに含まれるわずかな塩味はミネラル分に由来するが、ワインの場合、他の成分の影響を受けるので、塩味を直接感じることは少ない。

第四に、「渋味」、「苦味」である。

この感覚は舌の一番奥の部分で感じることができる。ここには非常に複雑な花のつぼみのような突起ができており、一度感じた渋味、苦味は長く保存されるようになっている。

　昔、人間が美しい色の木の実を採って食べようとしたが、この実には渋味、苦味を含む有毒な成分が含まれていた。

この渋味、苦味を感知できる人間は、これを食べずに生き残ってきた。したがって、この味覚は私たちのＤＮＡの中に備わっているが、舌の一番奥にあり、人間にとって一般的には未開発の味覚になっている。口の中では三〜四秒で感じるので、後からジワッとくる感じになる。

主に赤ワインに多く含まれるタンニンに由来するこの感覚も、ワインの温度が上昇するにしたがい薄れていく。

ワインの味わいのバランスは、白ワインであれば「酸味」と「柔らかさ」が同レベルであること。赤ワインでは「酸味」と「タンニン」の和が「柔らかさ」と同レベルであると、バランスの良いワインということができる。

イタリアワインのカテゴリー

スプマンテ

イタリアのスプマンテは、大別すると、二次発酵をタンクで行うシャルマー法（マルティノッティ法）というタイプと、瓶内で行うシャンパン法（メトド・クラッシコ）のタイプに分かれる。

前者はプライマリーなどブドウの香りを保つ造り方で、スタイルによって食前酒からデザート用にまで使用できる。プロセッコなどのタイプは食事を通して楽しむことができるが、瓶詰後はできる限り早い時期に消費するのが望ましい。

後者は一八カ月以上の熟成を経ているものがほとんどで、セコンダリーな酵母の香り、原料ブドウの酸の強さなどをベースにしているものが多いため、食前酒から前菜までに使われることが多い。時には食事を通して飲まれることもある。

瓶内二次発酵させたものは黄色がかった薄い麦わら色で、やや緑がかっており、シャルマー法のものは、プロセッコに代表されるように緑を帯びた麦わら色をしている。

泡は小さく連続して発生しているものが良い。香りは、瓶内二次発酵のものはロースト香、パンを焼いた香り、バター、酵母、チーズ、リンゴ、スパイス、干しイチジクなどの香りを含む。一方のシャルマー法のものは、フレッシュ感があり、花や果実の心地好い香りがある。

味わいは、瓶内二次発酵のものは辛口で、酸がしっかりしていて、中程度のボディで、アロマを含み、繊細でデリケートな味わいがある。一方シャルマー法のものは、辛口で新鮮であり、ソフトな酸と中程度のボディである。

サービス温度は、シャルマー法のもので七～八℃、瓶内二次発酵させたもので八～一二℃。

〈シャルマー法で造られるワイン〉

アスティ

プロセッコ（コネリアーノ・ヴァルドッビアデネ）

プロセッコ

プロセッコ（アゾロ）

ドゥレッロ

〈瓶内二次発酵法で造られるワイン〉

フランチャコルタ

トレンティーノ・スプマンテ

アルタ・ランガ

ドゥレッロ

若い辛口白ワイン

ブドウの収穫から二年以内の若い辛口白ワイン。通常、色は薄い麦わら色で、多少緑がかったものが多い。白い花の香り、リンゴやピーチなど白い果実のフレッシュな香りを含む。辛口で酸味が中心となり、弱めのボディのワインになっている。アルコールは一二％以下のものが多い。サービス温度は八〜一〇℃。

アルカモ・ビアンコ

マルティーナ・フランカ

ピノ・グリージョ（トレンティーノ）

ビアンコ・ディ・クストーツァ

ノジオーラ（トレンティーノ）

シャルドネ（トレンティーノ）

ソアーヴェ
チンクエテッレ
サンニオ・ソロパカ・ビアンコ
エルバ・ビアンコ
フリウラーノ（アクイレイア）
フラスカティ
ロマーニャ・トレッビアーノ
ロコロトンド
ルガーナ

〈合わせる料理〉
魚、卵、生ハム、パテなどを使った軽いアンティパスト
軽めのソースのパスタ、リゾット
シンプルな魚料理

中程度の熟成で、なめらかでアロマティックな白ワイン

ブドウの収穫年から二年以上の熟成が可能な白ワイン。色は麦わら色から黄金がかった麦わら色まで。バナナやパイナップル、マンゴーなどの香りや乾燥フルーツの香りを含む。辛口で、酸はそれほど強くなく、中程度のボディで、アルコールは一二％を上回るものが多い。サービス温度は八

〜一〇℃。
ロマーニャ・アルバーナ・セッコ
シャルドネ（アルト・アディジェ）
シャルドネ（コッリヨ）
エトナ・ビアンコ・スペリオーレ
ソアーヴェ・スペリオーレ
フィアーノ・ディ・アヴェッリーノ
グレコ・ディ・トゥーフォ
フラスカティ・スペリオーレ
ヴェルナッチャ・ディ・サン・ジミニャーノ
ピノ・ビアンコ（アルト・アディジェ）
ピノ・グリージョ（コッリヨ）
ヴェルナッチャ・ディ・オリスターノ

〈合わせる料理〉
アンティパスト全般（辛すぎるものは除く）
肉を使わないソースのパスタ、リゾット
軽めのスープ

魚のグリル、ロースト

辛口ロゼワイン

一年で飲むワインから三年以上熟成できるワインまでさまざま。ほのかなバラ色からチェリー、薄いルビー色まで。バラやスミレなどのフレッシュでデリケートな香りを含む。またキイチゴやイチゴの香りを含むものもある。辛口でそれなりの酸を含み、ボディは弱いものから中程度のものまで。アルコールは通常一一%以上。サービス温度は一二〜一四℃。

ラグレイン・ロザート（アルト・アディジェ）
カステル・デル・モンテ・ロザート
チロ・ロザート
エトナ・ロザート
オルトレポー・パヴェーゼ・ロザート
サリチェ・サレンティーノ・ロザート
モンテプルチャーノ・ダブルッツォ・チェラスオーロ
リヴィエラ・デル・ガルダ・ブレシャーノ・キアレット
〈合わせる料理〉
サラミ、鶏肉、チーズ入りのアンティパスト
肉を使ったソースのパスタ、リゾット

軽いソースの鶏肉、仔牛肉、豚肉など
白身肉の料理

軽めの若い赤ワイン

ブドウの収穫から二年目までの軽めの若い赤ワイン。明るいルビー色からスミレ色を帯びたルビー色をしたものが多い。ブドウの果実香を含み、バラやスミレのほか、キイチゴ、イチゴなどのフレッシュな香りがある。辛口で控えめな酸があり、中程度のタンニンで、ボディは弱めのものから中程度のものまで。アルコールは一二％以下が多い。サービス温度は一六〜一八℃。

バルベーラ（コッリ・ボロニエーゼ）
バルベーラ（オルトレポー・パヴェーゼ）
バルドリーノ
カステル・デル・モンテ・ロッソ
ドルチエット・ダルバ
フレイザ（ランゲ）
グリニョリーノ（アスティ）
ランブルスコ（レッジャーノ）
マルツエミーノ（トレンティーノ）
メルロー（コッリ・エウガネイ）

ロッセーゼ・ディ・ドルチェアクア
ロマーニャ・サンジョヴェーゼ
スキアーヴァ・デル・トレント
ヴァルポリチェッラ
〈合わせる料理〉
鶏肉、豚肉、仔牛肉など白身肉の料理
肉、チーズなどを使ったソースのパスタ、リゾット

中程度の熟成のしっかりした赤ワイン

ブドウの収穫から二年以上、数年間の熟成が可能な赤ワイン。色相はルビー色からガーネット色まで。リーベスやアマレーナ・チェリー、プラムなどの赤い果実の香り、乾燥果実、スパイスなどの香りを含む。辛口でタンニンを充分に感じ、酸のバランスが良く、しっかりとした構成で、アルコールは一二％以上のものが多い。サービス温度一六～一八℃。

アリアニコ・デル・タブルノ
キアンティ・クラッシコ
キアンティ・リゼルヴァ
ヴァルテッリーナ・スペリオーレ
ネッビオーロ・ダルバ

ピノ・ネロ（アルト・アディジェ）
レフォスコ（フリウリ・コッリ・オリエンターリ）
コーネロ
ロッソ・ディ・モンタルチーノ
ロッソ・ディ・モンテプルチャーノ
サリチェ・サレンティーノ・ロッソ
ロマーニャ・サンジョヴェーゼ・スペリオーレ
モレッリーノ・ディ・スカンサーノ

〈合わせる料理〉
肉類の煮込み料理
肉類のグリル、ロースト
狩猟肉の料理

長期熟成赤ワイン

通常四年以上、長期にわたって熟成可能な力強い赤ワイン。色相は濃いルビー色からガーネット色、オレンジがかった色までさまざま。熟成による複雑性に富んだ香りを持つ。森のベリー類やプラム、ペッパーをはじめとするスパイシーな香り、シナモン、リクリス、コーヒー、カカオ、タバコなどの香りを含む。

辛口でなめらか、熟成にしたがいタンニンがソフトになってくる。構成もしっかりしており、アルコールは一二・五%以上のものがほとんど。サービス温度は一六〜二〇℃。

バローロ
バルバレスコ
ガッティナーラ
スフォルツァート・ディ・ヴァルテッリーナ
アマローネ・デッラ・ヴァルポリチェッラ
ブルネッロ・ディ・モンタルチーノ
ヴィーノ・ノビレ・ディ・モンテプルチャーノ
キアンティ・クラッシコ・リゼルヴァ
モンテファルコ・サグランティーノ
サッシカイア（ボルゲリ）

〈合わせる料理〉
赤身肉の料理
しっかりした味わいの煮込み料理、ジビエ料理

さまざまなワインの合わせ方

ワインと料理の相性を見る場合、通常とは異なる場合もあるので補足的な説明を加えることにする。

●若い赤ワインを魚料理に合わせる

海に面し、魚貝類の多く穫れるマルケ州では、古くから軽い赤ワインの若いものを「ズッパ・ディ・ペッシエ（魚介類のスープ）」などに合わせてきた。ある程度しっかりした味つけの魚料理であれば、若い赤ワインにも合わせることができる。

●生ハム、サラミ類に発泡性や甘味を含む白ワインを合わせる

味わいがあり、コショウのきいたサラミ類であっても、ある程度構成がしっかりしていて甘味を含む白ワインや発泡性白ワインを合わせることができる。生ハムの産地パルマでは、パルマの生ハムに地元で造るマルヴァジア種のアロマを含む辛口スプマンテを合わせるが、これが実に良い相性である。

●甘口ワインやリキュールタイプのワインはデザートの他にも合うものがある

ゴルゴンゾーラのような青カビチーズや熟成トーマ、ペコリーノなどのチーズに甘味の強い白ワインやリキュールタイプのワインを合わせることができる。また、フォアグラのようにたっぷりのバターを使い、濃い味わいの料理にもこれらのワインを合わせることができる。

●料理の色でワインを合わせることができる

例えば、野菜やフルーツなどの緑や黄色の混じった料理には白ワイン、トマトやスパイスを使った赤や濃い色の煮込み料理には赤ワインというふうに、料理の色合いでワインを選ぶこともできる。

●夏場には赤ワインを少し冷やしてサーブする

夏場には気温も上がるため、常温といってもワインの温度も上がってしまう。夏場には用意される料理の味つけも多少軽くなるので、赤ワインもサービスする際、少し低めの温度にすると料理との相性も良くなる。

●酸っぱい料理にワインは要らない

ワインヴィネガーのしっかりかかったサラダや魚介類のマリネ、肉類のマリネなど強い酸味をともなう料理には、ワインではなく水のほうが良い。また、ヨーグルトや牛乳、乳製品の料理にも同様のことがいえる。

●アーティチョークはワインの味を殺す

アーティチョークなど色が濃くエグ味の強い野菜を生に近い状態でサービスする場合、合わせるワインは極めて難しくなる。特にアーティチョークには渋味の成分などが多く含まれるため、力強い赤ワインでも全く味わいが感じられなくなってしまう。

●蒸留酒やリキュールを料理に大量に使うと……

これらの味わいやアロマの極端に強いものを料理に多用した場合、合わせるワインは非常に難しくなる。ワインの個性が全く感じられなくなるので、使用する量を控えるか、ワインを合わせないか、ということになる。

●デザートには瓶内二次発酵の辛口スプマンテは合わない

デザートは甘味の強い料理になるので、スプマンテであればアッボッカートやドルチェタイプなど、残糖分の多いもののほうが良い。あるいは甘口ワインを合わせるのが良い。

●スパイスを多用した料理にもワインを合わせることができる

エスニック料理のような場合、味わいやアロマが強く、さらに辛い場合が多いので、合わせるワインの選択は難しくなる。辛くない場合は、ボディのしっかりしたワインは必要ない。白でも赤でも良いが、ソフトな味わいでアロマを多く含むワインが合う。

ペッパーを多用した料理には、やわらかく、味わいのあるワインが良い。シナモンを使ったものにはまろやかな味わいのワインが必要。一方、カレーにはむしろ甘味とアロマを多く含む白ワインが良く、これに肉が入れば、やわらかく構成のしっかりした赤ワインが合う。

イタリア各地のワインと料理

ヴァッレ・ダオスタ州のワイン

ヴァッレ・ダオスタ州は、イタリア北西部に位置し、アルプス山脈を隔てて北はスイス、南西部はフランスと国境を接し、南部はピエモンテ地方と接するため、造られるワインにはフランス、ピエモンテ地方の品種が多く使われている。

その名前からも分かるように、谷間にある小さな州で、マッターホルン、モンブランといった名峰を仰ぐ山岳地帯にあり、ブドウが植えられている谷間の斜面も標高一〇〇〇メートルを超える地域もあって、極めて厳しい自然条件の中でブドウが育てられている。このため、ワインの生産量もイタリア全土の一パーセントにも満たない量で、また観光地でもあることから、そのほとんどが地元で消費され、輸出に回されるワインの量も非常に少ない。

ブラン・ド・モルジェ（BLANC DE MORGEX）

この地方のワインは、一つのDOCしか存在しない。統合されて一つになっている。

谷間の斜面には石を使ってテラス状に作られた段々畑にブドウが植えられているが、モルジェ、ラ・サッレの地域では、プリエ・ブラン種主体のデリケートな辛口白ワインが造られている。ヨーロッパで最も高い、標高一二〇〇メートルに畑のある地域で、ブドウの開花から収穫までの時間が短く、イタリアにおける最も貴族的な味わいの白ワインの一つに数えられている。

酸のしっかりとした辛口であることから、魚貝類のスープ、エビなど甲殻類のグリル、魚貝類の串焼きなどに向く。

アルヴィエール（ARVIER）

モルジェの東に位置するアルヴィエールは、プティ・ルージュ種を主体とした赤ワイン。この地方のブドウ生産者からなる組合が一九七八年に結成されてDOCに組み込まれた。

それほど量は造られていないが、熟成も可能なワインで、若いうちは白身肉や鶏肉などのグリルなどに合うが、熟成したものは「ポレンタ・コンチャ」などポレンタにチーズを加えた料理、フォンターナチーズなどのほか、赤身肉のロースト、サラミ、「サルシッチェ・エ・ポレンタ（ソーセージとポレンタの料理）」などに合う。

ヌス（NUS）

州都アオスタに近いヌスでは、ヴァン・ド・ヌス、ピノ・ネロ、プティ・ルージュなどから造られる赤と地元でマルヴォイヴィエと呼ばれるピノ・グリージョから造られる白、それにこれをパッシートした甘口ワインが造られる。

濃密な香りを含む赤ワインは、「モチェッタ」と呼ばれるこの地方の鹿や山羊から作られる生ハムや、中程度熟成させたフォンティーナチーズなどに合う。一方の白ワインは、「インサラータ・ディ・ペッシェ（魚貝類のサラダ）」やスープ類、魚介類のグリルなどに合う。また、甘口ワインは菓子類やブラ、トーマなどの辛口チーズのほか、食事外にも楽しむことができる。

シャンバーヴェ（CHAMBAVE）

ヌスの東側に続くシャンバーヴェは、プティ・ルージュを主体にドルチェット、ガメイ、ピノ・ネロで造られる赤のほか、モスカートの風味を残す白と甘口白がある。

赤はアオスタ風の仔牛のカツレツやフォンティーナチーズに合う。辛口の白はマスのグリルのタルタルソースや卵料理に合う。一方のパッシートはマスカットの濃密なアロマを残し、独特の甘さを感じる甘口で、ザバイオンソースをかけたデザートやフォアグラ、またゴルゴンゾーラなど辛口青カビチーズにも合う。

モンジョヴェ（MONTJOVET）／ドンナス（DONNAS）

州の南部、モンジョヴェからドンナスにかけての地域では、ネッビオーロ種中心の赤ワインが造られるが、補助品種としてフレイザ、ピノ・ネロ、ガメイ、ドルチェット、プティ・ルージュなどが加えられる。

ワインはガーネット色を帯びた色になるが、アーモンドの香りを含み、後口に苦味のあるワインになる。肉類のローストやブラザート、ストゥファートといった肉の煮込み料理のほか、トーマやカステルマーニョなどのチーズにも合う。

このほか、ヴァッレ・ダオスタでは、その品種を八五パーセント以上使用したシャルドネ、ミュッラー・トゥルガウ、プティ・アルヴィーン、ピノ・グリージョ、ピノ・ネロ（白用も）、プティ・ルージュなどのワインもDOCに認められている。

独特のアロマを感じる辛口のミュッラー・トゥルガウには、トロータ・ナトゥラーレ（銀色のマス）のバター焼き、米とニョッキ、ポレンタの料理などが合う。美しいルビー色になるガメイは、果実味があり、わずかな苦味を感ずる辛口になるため、アオスタ風トリッパの料理やフォンティーナチーズを加えたリゾット、若いフォンティーナチーズなどに合う。

また、赤い果実の味わいを残すピノ・ネロは、調和の取れた辛口ワインになるので、アオスタ風の鹿肉の料理やフォンティーナチーズに合うが、軽く搾って造る白ワインは、魚介類のスープや甲殻類のグリルなどに合う。

ピエモンテ州のワイン

エルバルーチェ（ERBALUCE）

構成のしっかりしている辛口白ワインで、若飲みタイプのワインなので、一〇℃程度の温度でサービスすると良い。

川マスのムニエルや淡水魚のオーブン焼きなどの料理に合う。パッシートした甘口は菓子類やトルタ、パンケーキなど酵母を使ったケーキ類に合う。また、フォアグラにも合う。発泡性スプマンテはアペリティフに向く。

バローロ（BAROLO）

バローロは食卓でサービスするときには最低七〜八年の熟成を経たものを抜栓したい。

バロン型のグラスが望ましいが、赤身肉のローストやステーキのほか、野菜とワインと一緒に煮込んだブラザードやストラコット、ストゥファアートなどの肉の煮込み料理に合う。また、ジビエ料理やカステルマーニョ、ブラなどの熟成チーズにも向く。

バルバレスコ（BARBARESCO）

バルバレスコは五年以上の熟成を待って抜栓したい。やはりバローロ同様、数時間前の抜栓が望ましい。バロン型のグラスを使用し、一八℃程のサービス温度が良い。

赤身肉のローストをはじめ、「レプレ・イン・チヴェ（野ウサギを赤ワインと香草で煮込んだ料理）」、熟成パルメザンチーズなどが合う。

ロエロ・アルネイス（ROERO ARNEIS）

比較的若飲みタイプのワインだが、近年弱々発泡性タイプのワインが多く造られるようになり、二〜三年の間、充分に楽しめるワインになっている。
サービス温度は八〜一〇℃が望ましく、食前酒から各種アンティパスト、魚介類のフライやグリル、卵料理などの幅広い料理に合わせることができるほか、クレッシェンツァやベル・パエーゼなどの軟質チーズにも合う。

ドルチェット（DOLCETTO）

ドルチェット種を使ったワインは、ピエモンテ州で九つのＤＯＣに認められているが、古くから日常ワインとして地元の人々の食卓に上がってきた。今日でも食事を通して楽しむことのできるワインであることから、トリノやミラノなど北イタリアの大都市でも人気のあるワインである。
サービス温度は一六〜一八℃が望ましく、サラミや仔牛肉のツナソース、タルタル肉など、この地方の名物アンティパストに良く合う。また地元でプリンと呼ばれるアニョロッティやラビオリにも合う。メインでは鶏肉や仔牛肉のグリルのほか、ポレンタを添えた料理、また、ロビオーラやブラの中程度の熟成チーズにも良く合う。

バルベーラ（BARBERA）

バルベーラも食事を通して楽しむことのできるワインとしてピエモンテやロンバルディアの人々の間で親しまれてきたワインである。特に冬の料理「ボッリート・ミスト」や「カッソーラ」などの内臓の煮込み料理の脂肪分を拭い去ってくれる、しっかりした酸を持つワインとして合わせることが多い。また、カステルマーニョやゴルゴンゾーラの中程度の熟成チーズにも合う。

アスティ（ASTI）、モスカート・ダスティ（MOSCATO D'ASTI）

この甘口発泡性ワインは、マスカットの心地好いアロマを含み、デリケートな甘味があり、アルコール度数も低いため、デザートワインとしてはうってつけのワインである。リンゴやピーチ、チェリーなどをのせたタルト類、クレープ、ザバイオンソースをかけた「パン・ディ・スパーニャ（スポンジケーキ）」などに合う。

イタリアではナターレ（クリスマス）やパスクワ（イースター）のときに、このワインとパネットーネ、パンドーロ、コロンバなどのパンケーキを合わせて飲むことが多い。

ガヴィ（GAVI）

コルテーゼ種から造られる、ピエモンテ州を代表するこの白ワインは、デリケートな酸を持ち、魚料理に良く合うワインとして知られている。また、「ミネストレ・イン・ブロード」などのパスタ入りスープにも合う。

瓶内二次発酵させたスプマンテは食前酒から生ガキなど、生の海産物に良く合う。

ガッティナーラ（GATTINARA）、ゲンメ（GHEMME）

地元でスパンナと呼ばれるガッティナーラとゲンメは、ＤＯＣＧワインながらその生産量は極めて少ない。ネッビオーロ種から造られるこれらのワインは四年以上の熟成が望ましい。

レプレ・アロスト（野ウサギのロースト）やこの地方の名物料理「パニッサ（インゲン豆入りリゾット）」、肉類のグリル、熟成パルメザンチーズなどに合う。

フレイザ（FREISA）

フレイザ種を使ったDOCはアスティからアルバにかけて四種あるが、辛口と中甘口がある。ソフトな飲み口のワインになることから、発泡性の辛口は食事を通して飲むことのできる庶民のワインとして人気がある。

ピエモンテ地方独自のピーマンを使った前菜やプリン（詰め物パスタ）、鶏肉や仔牛肉のグリル、肉類のフライなどに合う。中甘口タイプはビスケットやタルト類に合う。

ロンバルディア州のワイン

ロンバルディア州は、北はアルプスを境にスイスと国境を接し、南部はポー川までも穀倉地帯、東はイタリア最大の湖、ガルダ湖までの地域で、ブドウ栽培が盛んとはいえないが、近年高品質ワインが造られるようになっている。北部のソンドリオを中心とするヴァルテッリーナ渓谷には地元でキアヴェンナスカと呼ばれるネッビオーロ種が植えられ、ヴァルテッリーナ・スペリオーレ、スフォルツァートなどのワインがDOCGに認められている。

東部のベルガモからイゼオ湖にかけてのフランチャコルタの丘陵では、瓶内二次発酵によるスプマンテがDOCGに認められている。

また南部のパヴィア県オルトレポー・パヴェーゼの丘陵では、古くからピエモンテ地方のヴェルモットやスプマンテの原料となるブドウが作られてきたが、近年独自のワインも造られるようになった。

ヴァルテッリーナ・スペリオーレ（VALTELLINA SUPERIORE）

サッセッラ（SASSELLA）、グルメッロ（GRUMELLO）、ヴァルジェッラ（VALGELLA）、マロッジャ（MAROGGIA）、インフェルノ（INFERNO）の指定地域（サブゾーン）ワインもある。

ソンドリオの町の反対側の南向き斜面にあるサッセッラのワインには、この地方特産の蕎麦粉を使ったパスタ料理「ピッツォッケリ」が合う。この料理は蕎麦粉を主体に小麦粉、卵、塩、牛乳を加えて練り、延ばして細く切って、ゆで上げたパスタに野菜やチーズを混ぜた料理。

ポレンタに溶かしたチーズをかけた「ポレンタ・タラーニャ」、肉類のロースト、肉の煮込み料理、熟成チーズなどにも合う。

この他の地域のワインも同様に、これらの料理と合わせることができる。

スフォルツァート・ディ・ヴァルテッリーナ（SFORZATO DI VALTELLINA）

スフォルツァートは収穫したキアヴェンナスカのブドウを翌年一月から二月まで陰干しして、三五〜四〇%の水分を取り、三〇日ほどの時間をかけてゆっくりと発酵させたワイン。

通常のヴァルテッリーナよりも力強く、濃い辛口ワインになるため、赤身肉のローストやボッリート・ミストなどの煮込み料理、熟成チーズなどに合う。

フランチャコルタ（FRANCIACORTA）

シャルドネ、ピノ・ビアンコ、ピノ・ネロ種から造られるスプマンテで、一九九七年にＤＯＣＧ

に昇格した。ブレーシャ県のイゼオ湖南側のフランチャコルタの丘陵で造られ、「カデル・ボスコ（CA' DEL BOSCO）」、「ベッラヴィスタ（BELLAVISTA）」、「ベルルッキ（BERLUCCHI）」などのブランドで知られる。ロゼ、白ブドウのみで造られるサテンもＤＯＣＧに認められている。

食前酒のみならず、地元ではイゼオ湖のマス料理に合わせるが、食事を通して楽しむことのできるスプマンテである。

オルトレポー・パヴェーゼ（OLTREPÒ PAVESE）

オルトレポー・パヴェーゼのロッソは、バルベーラ種を主体にクロアティーナ、ウーヴァ・ラーラ、ヴェスポリーナ種などから造られる。

ミラノの伝統料理「カッソーラ」に合うことから、ミラネーゼが五〇リットルほどのダミジャーノを持って買いに来る。このミラノ料理は冬の名物料理で、雑肉とチリメンキャベツの煮込み料理。このワインは肉類のローストにも合う。サービス温度は一四～一六℃と少し低めが良い。そのほかの料理としては、バルベーラは、サラミやブラザート、ラビオリなどに合う。

リースリングはフレッシュ感のある白ワインで、魚介類のマリネのほか、食事を通して楽しむこともできる。また、ピノ・ネロ種から造られるスプマンテは、アスパラ入りリゾットやスフレなどにも合う。

ルガーナ（LUGANA）

トレッビアーノ・ディ・ルガーナ種主体で造られるルガーナは、ロンバルディア州ブレーシャ県とヴェネト州のヴェローナ県の両県にまたがる地域のガルダ湖南側で造られるワイン。年間一五〇〇万本と生産量は近年増えてきている。上品でソフトな味わいから、地元のレストランにおいても人気のワインである。

「リゾット・ミラネーゼ（サフランと骨髄入りミラノ風リゾット）」や淡水魚の料理に合う。また、食前酒から、食事を通して楽しむことのできるワインでもある。

リヴィエラ・デル・ガルダ・ブレシャーノ・キアレット
(RIVIERA DEL GARDA BRESCIANO CHIARETTO)

ブレーシャ県のガルダ湖畔で造られる濃いめの美しいロゼワイン、キアレットは、グロッペッロ種主体で、サンジョヴェーゼ種、バルベーラ種、マルツェミーノ種などを加えて造られる。

ほろ苦い独特の風味を残す辛口で、多くの料理に合わせることができるこの地方の独自のロゼワインである。

ロンバルディア地方の名物料理「リゾット・アッラ・ミラネーゼ」のほか、ソーセージ、チーズ、パンなどを詰めて半円形のラビオリのような形のパスタに仕上げた「カゾンセイ」やサラミ類、白身肉の料理に向くほか、食前酒から食事を通して楽しむことのできる万能ワインである。サービス温度は、一二～一四℃。

トレンティーノ・アルト・アディジェ州のワイン

この州はイタリア最北部に位置する州で、北はオーストリアと、西はスイスと国境を接し、東南にドロミテ山脈が走る。

北部のアルト・アディジェ地方は、第一次世界大戦前はオーストリア領であったことから、今日でもドイツ語が日常語になっている。DOCアルト・アディジェがアルプス地帯に属することから、「スッドティロル（SÜDTIROL）」とラベルに表記され、ドイツ語が併記されている。

標高が一〇〇〇メートルに達する山の南向き斜面にブドウが植えられているところもあり、寒暖の差があることからアロマを多く含むワインが多く生み出されている。

料理はスペックをはじめとする肉を使い、「カネデルリ」と呼ばれる、固くなったパンを砕いて丸め、スープや肉料理に添えて出すニョッキのようなものがあり、一般的には素朴な料理が多い。

マルツェミーノ（MARZEMINO）

若きモーツァルトがトレント南のロヴェレートを訪れ、あの「ドン・ジョヴァンニ」を書いたとき、マルツェミーノの味わいが忘れられず、歌詞の中に「あの美酒、マルツェミーノを注げ」という台詞が生まれたという。

ワインはソフトな味わいの赤ワインで、食事を通して楽しむことができる。特にコテキーノやザンポーネなど脂肪分を多く含むサラミ類に良く合う。また、ポルチーニ茸などきのこ入りのポレンタやきのこ類をニンニク、パセリと塩、コショウで炒めたトリフォラーティなどの料理に良く合う。鶏肉のグリルなどにも合うが、少し低めの一四〜一六℃でサービスすると良い。

テロルデゴ・ロタリアーノ（TEROLDEGO ROTALIANO）

テロルデゴ種は、この地方独自のブドウだが、トレンティーノ地方の南部、ヴァル・ディ・ノンの人口にある陽当たりの良い平地がこのブドウの生育に適していた。もともとはロタリアーノに近いソルニ地方に植えられていた。

ワインは紫色を帯びたきれいなルビー色で、濃厚は果実味があり、アロマを含んでいるため、若いうちはきのこ入りリゾットやポルチーニ茸のスープ、白身肉のローストなどの料理に合うが、低めの温度が望ましい。熟成させたものは肉類の煮込みや小鳥とポレンタの料理「ポレンタ・エ・オゼイ」や肉類のグリルなどにも向く。

スキアーヴァ（SCHIAVA）

スキアーヴァ種は、この地方独自のブドウである。非常にブドウの粒が強く、これを搾るときに力を要するブドウで、名前の由来は、古くローマ時代にさかのぼるといわれる。

もともとクレモナやブレーシャ、フリウリなどで植えられていたが、今日ではトレンティーノ・アルト・アディジェ地方のみとなっている。ワインは少し薄めのルビー色で、飲み口が良く、食事に良く合うワインであることから、地元では食事を通して飲まれることが多い。特に鶏肉に代表される白身肉のグリルやフライ、ローストなどの料理に合う。一四〜一六℃とやや低めの温度でサービスすると良い。

ノジオーラ（NOSIOLA）

このブドウはトレンティーノ地方独自の白ブドウで、一九世紀の初めからこの地方に植えられている。この地方の土壌と三五〇〜四〇〇メートルの土地や気候に合っており、心地好いワインが多く生み出されている。ソフトな味わいがあり、食前酒から食事を通して楽しむことのできる白ワインである。特に野菜や魚を使った軽めの味付けの料理に合うが、この地方の川や湖の魚のフライやオーブン焼きなどに良く合う。

ヴィーノ・サント（VINO SANTO）

この地方のヴィーノ・サントは北イタリアではめずらしくＤＯＣに認められている。ノジオーラ種主体で造られるこのワインは、湖の周辺で熟成させると素晴らしいワインになる。特に貴腐のついたブドウを翌年一月まで乾燥させ、ゆっくりと発酵させると、黄金色の甘い香りの強い甘口ワインになる。熟成に四〜六年を要するが、なかには十数年の熟成を経てリリースされるワインもある。もともとトブリーノ湖畔のトブリーノ城周辺で一九世紀の初めに造られていたものが、ハプスブルグ家によってウィーンやロシアに運ばれて知られるようになった。

長い間このワインは、薬として保存されていたが、今日では希少な甘口ワインとしてデザートや瞑想用に飲まれることが多い。熟成青カビチーズにも合う。

トレント・スプマンテ（TRENTO SPUMANTE）

二〇世紀の初め、ジュリオ・フェッラーリやエキープ・チンクエのメンバーたちがシャンパーニュ地方で瓶内二次発酵の技術を学んで帰り、この地方でのスプマンテ造りが始まった。そしてトレンティーノ地方に多くのシャルドネ種が植えられるようになった。

今日この地方で造られるDOCスプマンテは、「タレント（TALENTO）」と表示されるようになっている。

食前酒に向くことはいうまでもないが、軽い昼食や魚主体の料理であれば、食事を通して楽しむことができる。

ヴェネト州のワイン

ヴェネト州は、近年DOCG、DOCの上級ワインの生産量だけでなく、全ワインの生産量でもイタリア一を誇る州になってきている。

もともと一五〜一六世紀にはヴェネツィア共和国として大発展を遂げた歴史のある地域で、南部のポー川流域では、小麦やトウモロコシ、米などが作られ、山がちな北部や南部の丘陵地ではブドウの栽培が盛んであるほか、酪農も発達し、チーズ類も多く生産されている。

以前は、ワインの生産量は多いものの、あまり優れた品質のワインは少なかった。毎年ヴェローナで開催される世界最大規模のワイン見本市「ヴィニタリー（VINITALY）」の効果もあり、州全体の質が向上してきている。

ヴァルポリチェッラ（VALPOLICELLA）

ヴァルポリチェッラは、ヴェローナの北側、アディジェ川をはさんだ丘陵で造られる赤ワインで、ヴェネト州を代表する赤ワインである。古くからこのワインが造られてきたクラッシコ地区は、ネグラーラ、マラーノ、フモーネ、サンタンブロージョ、サンピエトロ・イン・カリアーノの地域である。

もともとこのワインは、古くから造られていたワインだが、名前の由来はラテン語で、たくさんの谷間で多くのワインが造られているところ、という意味であったらしい。

量産されるワインの一つに数えられ、毎年四〇〇〇万本以上が造られるが、コルヴィーナ、ロンディネッラ種などから造られる。ルビー色で独特のアーモンドを思わせる香りを含み、ほろ苦く風味のある辛口ワインになる。アルコール分が一二パーセントに達したスペリオーレや甘口のレチョート、一四パーセント以上で濃いワイン、アマローネもここから昇格したＤＯＣＧ。

若いものは、少し冷やして「リジ・エ・ピジ（グリーンピースと米の料理）」やパスタ料理などに合う。アマローネは肉類のローストやブラザートなど、肉の煮込み料理に、また甘口のレチョートはベリー類のタルトなどのデザートに合う。

ソアーヴェ（SOAVE）

ガルガーネガ種主体でトレッビアーノ・ディ・ソアーヴェ種などを加えて造られるソアーヴェは、毎年六〇〇〇万本近く生産される、世界で最も良く知られているイタリア産白ワインである。ヴェローナからヴェネツィアに向かう途中にあるソアーヴェの城を中心に造られているこのワインは、アルコール度数が一二パーセントを超えるスペリオーレ、ブドウを陰干しした甘口、レチョートとスプマンテがＤＯＣＧワインに認められている。

もともとソアーヴェの名前は、この地方に南下したロンゴバルド族のスヴェーヴィに由来する。ワインは明るい麦わら色で、上品で独特の香りを含み、わずかに後口に苦味が残る辛口。軽いアンティパストから淡水魚の料理、魚介類の網焼き、リゾットなどに合うが、食事を通して楽しむことのできるワインである。

スペリオーレは、エビや貝類のほか、白身肉の料理にも合わせることができる。また、甘口のレチョートは、ヴェローナ名物のパンドーロやパネットーネといったパンケーキのほか、ゴルゴンゾーラなどの青カビチーズにも合わせることができる。

バルドリーノ（BARDOLINO）

バルドリーノは、ガルダ湖東側の小高い土地で造られる赤ワインで、ヴァルポリチェッラと同様、コルヴィーナ、ロンディネッラ種主体で造られるが、湖に近いことからソフトな味わいのワインになる。

美しいピンク色のワイン、キアレットは、上品で繊細なワインであることから、多くの料理に合わせることができる。また、アルコールが一二パーセント以上のスペリオーレはＤＯＣＧに認められている。

明るいルビー色からガーネット色までのこのワインは、上品で繊細な花の香りを含み、調和の取れた辛口になるため、パスタ料理やスープのほか、豚肉や仔牛肉のソテーなどに合う。スペリオーレは肉類のほか、アジアーゴなどこの地方の熟成チーズにも合う。

プロセッコ（PROSECCO）

プロセッコの原料となるグレーラ種を使ったワインはヴェネト州だけではなく、フリウリ他の州でも造られるようになり、現在ではグレーラと呼び名が変更されたが、トレヴィーゾ県のコネリアーノ・ヴェネトから北のヴァルドッビアデネにかけての三五キロの丘陵地帯で造られるワインはＤＯＣＧに昇格した。フレッシュ感があり、フルーティなこのスプマンテは近年イタリアのみならず世界中で人気の発泡性ワインになっている。

トータルプロセッコの生産量は五億本を超え、ＤＯＣソアーヴェをはるかに凌ぐ量になってきている。

もともとグレーラ種は、フリウリ地方のプロセッコに始まるといわれるが、ヴェネト州の北東部の石灰質泥土壌の丘陵に良く合ったため、この地で多く栽培されるようになった。

ＤＯＣＧコネリアーノ・ヴァルドッビアデネ・プロセッコ（CONEGLIANO VALDOBBIADENE PROSECCO）は、八五パーセント以上グレーラ種を使用し、年間九〇〇〇万本が造られる。スプマンテのほか、弱発泡性のフリッツァンテもあるが、その大半はスプマンテ。

リンゴやナシ、桃のフレッシュな香りを含み、わずかに苦味を感じる辛口は、食前酒として最適だが、カクテル用のほか、魚中心であれば食事を通して楽しむことのできるワインである。多くのイタリア人は帰宅前に「プロセッキアーモ（PROSECCHIAMO＝プロセッコを飲もう）」といって友人を誘い、バールでプロセッコを一杯、そういうワインになっている。

フリウリ・ヴェネツィア・ジューリア州のワイン

イタリア北東部東端の州で、北はアルプスを隔ててオーストリアと、東はスロヴェニアと国境を接し、南はアドリア海に臨む州である。降水量の多い地方で、古くは養蚕が盛んであった。北部山岳地帯では牧畜が盛んで、扇状地で風通しの良いサン・ダニエレは、生ハムの生産地として知られている。

スロヴェニアとの国境までの丘陵地には、フリウリ・コッリ・オリエンターリ、コッリョとブドウの生産地が続き、この丘陵地帯から南の平野部にかけては、グラーヴェ、ラティザーナ、アクイエリア、イゾンツォと続く。また、東に伸びる岩がちの海岸線にはカルソのＤＯＣがある。

特にスロヴェニアと国境を接する小高い丘の連なる地域は、「ポンカ」と呼ばれる細かい砂からできた土壌で、素晴らしい白ワインを生み出す地域として知られている。

この地方独自のブドウに、すでにＤＯＣＧに認められているピコリットやヴェルドゥッツォ、それにフリウラーノなどの白ブドウのほか、レフォスコ、スキオッペッティーノなどの黒ブドウもある。

ヴェルドゥッツォ（VERDUZZO）

ヴェルドゥッツォ種は大別すると二種に分けることができる。まず、ヴェルデ種は主に平地で栽培されることが多く、辛口ワインに向く。一方のジャッロ種は、丘陵に植えるとアロマを含む甘口になる。近年ＤＯＣＧに認められたラマンドロ（RAMANDOLO）はこの品種から造られる。このワインは、年間三〇万本ほど生産されているが、ラマンドロ、ニミス、ファエデス、トルラーノ、セデリスで造られている。通常、干しブドウ状にして糖度を高めてから発酵させるこのワインは、黄金色から琥珀色までがあり、甘く濃密な香りを含む。また、しっかりした味わいで甘味があり、わずかにタンニンを感じる。

この地方の名物デザート「ストゥルコ（ストゥルーデルのようなもの）」などの甘味類、菓子類に向く。また、ゴルゴンゾーラなどの青カビチーズにも向く。一方の辛口は、サービス温度を下げ、魚のフライや野菜リゾット、魚介類のリゾット、魚のグリル、ブロデット（魚のスープ）など魚を中心とする料理と良く合う。

フリウラーノ（FRIULANO）

この品種は、ハンガリーの甘口、トカイ（TOKAJI）と同様の名前であるため、この名前を使用できなくなり、フリウラーノと呼ばれるようになった。このブドウはフリウリ地方で最も多く作られている白ブドウだが、乾いた土壌を好むため丘陵地に植えられることが多い。

この品種は、ハプスブルグ家全盛の時代にハンガリーから運ばれたという説がある。一方、一六世紀にフリウリの貴族、フォルメンティーニがハンガリーに伝え、実際に今日ハンガリーではフランスで呼ばれているのと同様のフルミンと呼ばれている。いずれにしてもハンガリーのトカイはフォーティファイドワインであり、フリウリでは辛口で全く異なるワインになっている。

ワインはアルコールが一一・五パーセント以上のスペリオーレと二四カ月以上の熟成を要するリゼルヴァがある。明るい麦わら色で上品な香りを含み、厚みのある辛口で、わずかな苦味を含む。

サン・ダニエレ産の生ハムなどの前菜から魚介類中心の料理であれば、食事を通して楽しむことができる万能ワインである。特に「リジ・エ・ビジ（グリーンピース入りリゾット）」や魚のグリルに良く合う。私の最も好きなタイプの白ワインである。

リボッラ・ジャッラ（RIBOLLA GIALLA）

フリウリ地方全土に植えられている白ブドウで、ヴェネツィア人が運んだ品種であり、すでに一三〇〇年代にはこの地方に植えられていた。フリウリ地方の人々に愛される品種で、一一月、まだ濁って発酵中のこのワインを焼栗と一緒に飲むのを楽しみにしている。

ワインは緑がかった麦わら色で、アカシアの花を思わせる甘い香りを含み、しっかりした酸の辛口になる。アスパラ入りリゾットや魚介入りリゾット、あるいは白身魚のオーブン焼き、塩竈焼きなどの魚料理に合う。

ピコリット（PICOLIT）

ピコリット種は、古代ローマ時代から栽培されていた品種だといわれる。古い品種で、ローマ法王やロシア皇帝、フランス王室などでももてはやされていたといわれている。しかし現在では、コッリヨとフリウリ・コッリ・オリエンターリでしか栽培されておらず、後者は二〇〇六年DOCGに認められている。

この品種は特殊な品種で、ブドウの樹が野生に近く、雌しべと雄しべが反転していることから受粉も難しく、通常一房に一〇〇～一五〇粒ほどの実がつくが、ピコリットの場合は小さな粒が一五～三〇程度しかつかず、甘味が凝縮される希少な品種である。

黄金色から濃いめの黄金色で、干しブドウの甘い香り、繊細なアカシアやオレンジの花のような香りを含み、さわやかな甘味と酸のバランスの良い、エレガントな味わいのワインになる。ストゥルーデルなどのリンゴを使ったパイや菓子類のほか、ゴルゴンゾーラなどの青カビチーズ、ハチミツをかけた熟成ペコリーノ・サルドなどのチーズ類にも良く合う。

リグーリア州のワイン

リグーリア州は北イタリアの西部、フランスと国境を接し、東西に長く伸び、フランスのコート・ダジュールから続く海岸線沿いの地域である。この海沿いの地域は気候が穏やかで海から急な斜面になっており、この南向きの斜面ではオリーヴ、柑橘類とともにブドウも植えられている。

もともとこの地方は観光地であり、ワインの生産量もそれほど多くないことから、ほとんどのワインは地域のホテルやレストラン、土産用として消費され、イタリアの大都市で販売されたり、輸出されたりするワインの量は極めて少ない。

チンクエ・テッレ（CINQUE TERRE）

ラ・スペツィア県、スペツィア湾の北西にあって、海から以外は道がなかったことから、チンクエ・テッレと呼ばれる陸の孤島となっていたが、今日では電車に乗ればトンネルでつながるこれらの村を訪れることができる。険しい斜面に作られた段々畑には、ブドウの樹が植えられ、今日でも車の入らないヴェルナッツァやマナローラ、リオマジョーレなどの村には中世の集落の面影がそのまま残されている。

このワインはボスコ種、アルバローラ種、ヴェルメンティーノ種などから造られる。ボスコ種を使ったワインは古くは紀元前のポンペイの遺跡にあったアンフォラ（土器）に「コルニーリア」と記され、チンクエ・テッレの一つの村の名前があり、既にその頃から知られていた。次にアルバローラ種は、エトルリア時代の町、ルーニにあったブドウといわれ、一六世紀になって再び法王パオロ三世によって知らしめられたといわれる。

この地方では一九七三年に生産者組合が結成され、一九八二年から共同で工場を作り、瓶詰めが行われるようになった。

ワインは麦わら色で、繊細で上品な花の香り、新鮮な白い果実の香りが含み、個性的でサッパリとした味わいの辛口。香草を使ったムール貝の蒸し焼き、コッツェ・アッラ・マリナーラや海産物と野菜をオイルと酢で混ぜたサラダ、カッポン・マグロなどの料理に良く合う。また、リグーリア地方の名物料理、ペスト・ジェノヴェーゼを使った手打ちパスタ、トレネッテ・アル・ペストや野菜のタルト、トルテ・ディ・ヴェルドゥーラ、海産物のフライ、フリット・アッラ・マリナーラ、イセエビのサラダ カタルーニャ風、アラゴスタ・アッラ・カタラーナ、鯛の紙包み焼き、オラータ・アル・カルトッチョなど海産物の料理に良く合う。

ロッセーゼ・ディ・ドルチェアックア（ROSSESE DI DOLCEACQUA）

フランスと国境を接するサンレモ、インペリアのある地方、ドルチェアックアを中心に一一の村で造られているワイン。このワインは構成がしっかりしていて香りが高く、エレガントな味わいがある。今日でもアルベレッロ方式に植えられ、リグーリア州で唯一この方法で仕立てられている地域。

ロッセーゼ種の起源は古く、ギリシャ、フェニキアの時代に遡るといわれる。古代ローマのプリニウスの書によると、古代ローマの拡大する時期に多く植えられた品種と書かれている。ネッビオーロ種のベースになったものともいわれるが定かではない。

ワインにすると紫がかったルビー色で、乾いたバラの花の香りを含み、円やかで滑らかな味わいになる。後口にわずかに苦味が残るが一四～一六℃と少し低めの温度で楽しみたい。

ジェノヴァ風仔牛肉の詰め物料理「チーマ・アッラ・ジェノヴェーゼ」、サンレモ風ウサギの料理「コニーリオ・サンレモーゼ」、山羊肉の蒸し煮「ストゥファート・ディ・カプラ」などのほか、白身肉のグリルやロースト料理、中程度の熟成チーズに合う。

ピガート・リヴィエラ・リグレ・ディ・ポネンテ（PIGATO RIVIERA LIGURE DI PONENTE）

インペリア、サヴォーナ、ジェノヴァの三県で作られるブドウ。このブドウはアルベーゼ地方独自のブドウで、ブドウの粒に小さな点が見られることからピガートと呼ばれるようになった。ギリシャ人が運んだマルヴァジア種から生まれた品種といわれているが、近年ヴェルメンティーノ種の亜種ではないかともいわれる。

ワインは輝く麦わら色で、アーモンド、ピーチ、シトロンなどの香りを含み、しっかりとした味わいがあり、余韻が長い。独特の味わいのワイになることから、鯛やスズキのオーブン焼き、リグーリア地方の詰め物料理、リピエネ・リグレなど、しっかりした味わいの料理に合う。

コッリ・ディ・ルーニ（COLLI DI LUNI）

リグーリア州とトスカーナ州にまたがる広い地域のラ・スペツィア県とマッサ県で造られるこのワインには、ヴェルメンティーノ種、トレッビアーノ・トスカーノ種から造られる白とサンジョヴェーゼ種主体で造られる赤のほか、ヴェルメンティーノがＤＯＣに認められている。白は麦わら色で繊細で心地好い花や新鮮な果実の香りを含み、アロマのある辛口で、軽いアンティパストからイワシの料理をはじめとする海産物全般の料理に向く。

一方の赤は濃いめのルビー色で赤い果実を思わせる香りを含み、繊細でデリケートな辛口赤ワインになる。リグーリア風のウサギの料理などの白身肉の料理や苦いチーズに向くが、熟成させたものは肉類のグリルやローストに向く。

エミリア・ロマーニャ州のワイン

エミリア・ロマーニャ州は、アペニン山脈の北側からポー川までの、イタリア半島の付け根部分に東西に横たわるような形の州で、北イタリアに属する。

ポー川を境にロンバルディア州とヴェネト州、西はピエモンテ州、リグーリア州、南はトスカーナ州、マルケ州と接し、東はアドリア海に面している。川の中央をピアチェンツァからリミニまでエミリア街道が貫き、古代から交通の要衝として栄えてきた。

ポー河流域は、水に恵まれた穀倉地帯で、小麦、トウモロコシなどを作るが、パルマの生ハムやパルメザンチーズに代表されるハム類やチーズなど酪農製品の生産地としても名高い。

エミリア地方とロマーニャ地方は、ワイン造りにおいて全く異なる地域で、エミリア地方ではランブルスコ種を主体とした弱発泡性の赤ワインが多く、ロマーニャ地方はスティルワインが主体である。エミリア地方では、バルベーラ、ランブルスコ、マルヴァジア、ピニョレットなどの品種が植えられているが、一方のロマーニャ地方では、サンジョヴェーゼ、トレッビアーノ、アルバーナに集中している。コッリ・ボロニエージとコッリ・ピアチェンティーニ、ロマーニャ地方の丘陵地のサンジョヴェーゼ、アルバーナなどから造られるワインの品質が年々高まってきている。

ロマーニャ・アルバーナ（ROMAGNA ALBANA）

このワインの歴史は古く、古代ローマの時代にすでに知られていた。一八〇〇年代までトレッビアーノのファミリーで、フランスに渡ったユニ・ブランに近い品種と思われていたが、ボローニャの農学者、デクレシエンテによって独自の品種であることが明らかにされ、一九八七年、DOCGに認められた。古くは、糖分を多く含んでいたことから、マッキナ・ディ・ズッケロ（砂糖製造機）と呼ばれていた。ボローニャからエミリア街道沿いに東に向かってフォルリ、ラヴェンナの各県で造られる。辛口、中甘口、甘口、それにパッシートがある。一二カ月以上熟成させたリゼルヴァもある。また、貴腐菌の付着した貴腐ワインも造られるようになり品質的にも高い評価を得ている。

辛口から甘口まで麦わら色で熟成に従い黄金色を帯びる。独特の熟成果実香があり、アロマを含んだ辛口から甘口までになる。

辛口は魚貝類のグリルやオーブン焼き、中甘口は卵料理や詰め物パスタの料理に、甘口は甘味類や食事外にも向く。パッシートは濃密な甘い香りを含み、甘味類や辛口熟成チーズやゴルゴンゾーラなどの青カビチーズに合う。

このほか、スプマンテもDOCに認められている。

ロマーニャ・サンジョヴェーゼ（ROMAGNA SANGIOVESE）

イタリアの黒ブドウとして最も良く知られるサンジョヴェーゼは、中部イタリアを中心に古くから栽培されていることから、エトルリア時代から存在したのではないかといわれている。

フォルリ県とラヴェンナ県、ボローニャ県の広い地域で造られるこのワインは、アルコールが一二パーセントを超えるスペリオーレと、二年以上の熟成を要するリゼルヴァのほか、五〇パーセント以上カーボン発酵を要するノヴェッロ（新酒）もある。

ワインは明るいルビー色で熟成させたものはガーネット色を帯びる。スミレの花の香りを含み、適度なほろ苦さがある。若いうちは少し冷やして、生ハムやサラミの他ラグー入りパスタやトルテッリ、オーブンで焼いたラザーニャなどに合う。熟成させたものは、ワインで煮込んだ鴨の料理やジビエ料理にも合う。

ロマーニャ・トレッビアーノ（ROMAGNA TREBBIANO）

トレッビアーノの歴史は古く、エトルリアに遡る。フォルリ県、ラヴェンナ県、ボローニャ県の広い平野地で栽培されている。

弱発泡性のフリッツァンテ、スプマンテもあるが、軽めのアンティパストのほか、魚ベースの食事を通して楽しむこともできる。特にボローニャ風卵焼きのほか、スープ入りトルテッリーニなどの料理に合う。

ランブルスコ（LAMBRUSCO）

今日ランブルスコには多くの種類があるが、そのオリジンはソルバーラ（SORBARA）だといわれる。水はけの良い砂地を好むこの品種は、セッキア川とパナロ川の間で栽培されるようになり、その周囲に広がっていった。

また、酸の多い品種であることから、発泡性に向き、さらに発泡性にすることによって輸送にも耐えるワインになったため、その多くがアメリカに輸出され、「イタリアン・コカ・コーラ」と呼ばれるほどであった。

現在はソルバーラ、グラスパ・ロッサ、サンタ・クローチェ、レッジャーノのＤＯＣになっているほか、ロンバルディア州のマントヴァでもＤＯＣに認められている。

そのほとんどが辛口から薄甘口、中甘口、甘口まであり、弱発泡性も多い。ワインは明るいルビー色で、心地好いスミレの香りを含み、新鮮で独特の風味があり、バランスの取れたワインになる。カッペレッティやトルテッリーニなどの詰め物パスタやハーブ入りリゾットなどに合うが、塩で煮込んだだけのボッリート・ミスト（肉の煮込み）や、この地方の名物ザンポーネやパルミジャーノ・レッジャーノなどにも良く合う。通常は一四〜一六℃程度にやや冷やしてサービスすると良い。

トスカーナ州のワイン

トスカーナ州は、イタリアの中部にあり、西側の海岸線はティレニア海に面し、東側はアペニン山脈沿いにエミリア・ロマーニャ州、マルケ州、南はウンブリア州、ラツィオ州と接している。ゆったりとした、なだらかな丘陵地で知られ、古くはエトルリアの時代からのブドウ栽培とワイン造りで知られる地方で、州都フィレンツェとシエナを中心とする地域で造られるキアンティは、イタリアを代表するワインである。

また、上級ワインの生産地としても知られ、ヴェネト州、ピエモンテ州と並ぶＤＯＣＧワインの宝庫となっている。ＤＯＣＧワインには、キアンティ同様サンジョヴェーゼ種主体の赤にブルネッロ・ディ・モンタルチーノ、ヴィーノ・ノビレ・ディ・モンテプルチャーノ、カルミニャーノ、モレッリーノ・ディ・スカンサーノ、白はヴェルナッチャ・ディ・サン・ジミニャーノがある。

　近年注目されているのはティレニア海沿いの地域である。グロッセート県のスカンサーノを中心とする地域で造られるモレッリーノ・ディ・スカンサーノは、二〇〇六年ＤＯＣＧに認められた。この地方の黒い馬の名前にちなんでモレッリーノと名付けられたサンジョヴェーゼ種主体で造られる。海から近いことから果実味あふれる生き生きとしたワインが造られてきたが、近年長熟タイプのワインも造られるようになった。ワインは濃いルビー色でブドウの果実そのものの香りやエーテル香を含み、なめらかで調和の取れた味わいになる。

　マレンマのあるグロッセートから北に行ったところにボルゲリのＤＯＣがある。「スーパー・タスカン」としてトスカーナのワイン造り、さらにはイタリアのワイン造りを大きく変えたワインに「サッシカイア」がある。このワインは、一九六八年、トスカーナのワイン造りに新しい一ページを切り開いたワインだが、ボルドーから運ばれたカベルネ種から造られる。競馬馬の関係からフランスのロートシルト家と親しくなり、その苗を譲り受けたのが始まり。長期の熟成に耐えるこのエレガントなワインは世界に知られるワインになった。

　この他ボルゲリの北に位置するモンテスクダイオ、南に位置するヴァル・ディ・コルニアでもサンジョヴェーゼ主体にカベルネ・ソーヴィニヨン、メルローなどを加えた興味深いワインが造られるようになっている。

このやり方のほとんどの赤ワインはフィレンツェ風Ｔボーンステーキや赤身のグリル、ソテーなどの料理に合う。また白ワインは、白身魚のソテーや紙包み焼きなどの料理に合う。

キアンティ（CHIANTI）

トスカーナの中心を成すワインはやはりキアンティである。キアンティと古くからこのワインが造られてきたキアンティ・クラッシコは、現在別のＤＯＣＧとして区別されているが、キアンティは毎年一億本、キアンティ・クラッシコは三〇〇〇万本生産されており、イタリアの規定ワインでは最大の量である。生産地域もフィレンツェ、シエナ、アレッツォ、ピサ、ピストイア、プラートの六つの県の広い地域で、キアンティ、キアンティ・クラッシコのほか、七つの指定地域を加え、さらにリゼルヴァを合わせると一八種のキアンティが存在する。地域によって多少規定は異なるが、サンジョヴェーゼ種主体でカナイオーロ種他を加えて造る。カベルネ・ソーヴィニヨンやメルローも一〇パーセントまで加えて良いことになっている。

ワインは生き生きとしたルビー色で、熟成に従いガーネット色を帯びてくる。スミレの花などの個性的でワインらしい香りを含み、なめらかで酸を感じさせる心地好い飲み口のワインになる。

ワインの種類や熟成度合いによって異なるが、一般的には食事を通して楽しむことのできるワインで、フィレンツェ風トリッパやリボッリータなどの豆料理のほか、「ビステッカ・フィオレンティーナ（フィレンツェ風Ｔボーンステーキ）」にも良く合う。熟成を経たものは、猪の煮物やジビエ料理、熟成させたペコリーノチーズなどにも合う。

ブルネッロ・ディ・モンタルチーノ（BRUNELLO DI MONTALCINO）

ブルネッロ・ディ・モンタルチーノのワインは、他のトスカーナ地方のワインに比べ、その歴史は浅く、一五〇〇年ほどである。一八六〇年代、モンタルチーノに住むクレメンティ・サンティを中心とするグループがサンジョヴェーゼ種のクローンからサンジョヴェーゼ・グロッソ種（ブルネッロ種）を生み出した。

このブドウから造られるワインは、ブルネッロと呼ばれるように色が濃く、しっかりした構成で力強いワインになる。石灰質土壌を好むデリケートなブドウである。一八六九年、モンテプルチャーノ農業博覧会で金賞を得たのがこのワインの出発点となっている。ワインは濃いルビー色で力強く、スミレや赤い果実、スパイスなど複雑性に富む香りがあり、しっかりとしたタンニンを含む。

この濃い味わいのワインには、地元では「スコッティーリア」などトマトとトウガラシで味付けした肉の煮込み料理や「スペッツァティーノ（小口切りした肉の料理）」、赤身肉のロース、ジビエ料理、熟成させたペコリーノやパルメザンチーズなどを合わせる。

ヴィーノ・ノビレ・ディ・モンテプルチャーノ（VINO NOBILE DI MONTEPULCIANO）

このワインの歴史は古く、このワインが実際に売り買いされた一四世紀の記述が残されている。また、この土地の貴族、ランチエリオがローマ教皇パオロ三世に仕え、御用達ワインになっていた。一七世紀後半、作家フランチェスコ・レディは著書『バッコ・イン・トスカーナ』の中で、「モンテプルチャーノは全てのワインの王」と記した。こうしたストーリーの中から、このワインに「ノビレ（高貴）」という言葉が付け加えられた。

この地方でプルニョロ・ジェンティーレと呼ばれるサンジョヴェーゼ・グロッソ種主体で造られるこのワインは、ルビー色で繊細で上品なスミレの香りを含み、タンニンのバランスも良い調和の取れたワインになる。

「アリスタ」と呼ばれる豚肉をニンニク、ローズマリーなどで味付けした料理や肉類の煮込み料理のほか、肉類のグリル、野鳥の料理、熟成させた辛口チーズなどに合う。

ヴェルナッチャ・ディ・サン・ジミニャーノ（VERNACCIA DI SAN GIMIGNANO）

サン・ジミニャーノは、フィレンツェからシエナに向かう途中に位置し、中世からの塔のある街として知られる。ワインの生産量はそれほどでもないが、トスカーナを代表する白ワインである。一三世紀にリグーリア地方のチンクエ・テッレにあるヴェルナッツァにギリシャから運ばれた品種が起源ではないかといわれている。一六世紀には良く知られるワインになり、ダンテの『神曲』やボッカチオの『デカメロン』にも登場している。

このワインには、甘口やリクオローゾもあるが、辛口は濃い麦わら色をしており、熟成に従い、黄金色を帯びる。上品な白い花の香りを含み、しっかりとしたアロマと後口にほろ苦さが残る、しっかりとした味わいのワインである。イカやエビのフライ、焼き魚あるいはこの地方の名物料理で薄切りのパンとトマト、タマネギ、バジリコなどをオリーヴオイルと混ぜて味付けした料理や鶏肉、仔牛肉、豚肉などの白身肉のソテーにも合う。また、あまり熟成の進んでいない中程度の熟成度のペコリーノチーズにも良く合う。

ウンブリア州のワイン

ウンブリア州は、イタリア半島のちょうど真ん中に位置し、海に面していない州だが、緑が多いことから「イタリアの緑の心臓」と呼ばれている。アペニン山脈の西側に広がる盆地を中心とする地域で、人口は八〇万人程度で、トスカーナ州の四分の一に過ぎない。

気候的にもトスカーナ州と似ているため、比較されることが多いが、あまり知名度が高いとはいえない州である。

しかし、ローマに通じる交通の要所であることから、古代ローマの時代や中世には重要な位置付けにあった。また、イタリアの守護聖人、聖フランチェスコの町として知られるアッシジ、州都ペルージャ、スポレートなど中世に栄えた美しい都市国家であった都市が多く点在しているのもこの州の魅力である。

農業は集約型で行われているが、ワインの生産地としても古くから知られ、トルジャーノ・ロッソ・リゼルヴァやモンテファルコ・サグランティーノはＤＯＣＧワインに認められている。白ワインでは古くから造られるオルヴィエートが知られている。ペルージャに近いトルジャーノには、世界に知られるルンガロッティワイン博物館がある。この博物館のコレクションは、世界的にも貴重なものになっている。

トルジャーノ・ロッソ・リゼルヴァ（TORGIANO ROSSO RISERVA）

一九六八年にDOCに認められ、一九九〇年にDOCGに昇格した。

トルジャーノの町の大地主であったジョルジョ・ルンガロッティの努力によってDOCGに認められたといっても過言ではないワインである。この地ではすでに古代ローマの時代にブドウが植えられていたといわれるが、中世のベネディクト派修道院に多く記録が残されている。一九五〇年代にこの土地のワインを復活させたのがジョルジョ・ルンガロッティ。二五〇ヘクタールの自園の最も良い畑にサンジョヴェーゼ種七〇パーセント、カナイオーロ種三〇パーセントの割合でブドウを植え、当初一二年の熟成を経てからリリースしていた。「消費者に飲める段階になったワインを供給する」というポリシーを持っていた彼は、熟成庫に数百万本のワインを眠らせていた。

ワインはルビー色で熟成に従いガーネット色を帯びる。上品なスミレやスパイスの香りを含み、調和の取れたワインで、良い年のものは数一〇年の熟成に耐える。

サラミやペコリーノやパルメザンなどの熟成硬質チーズに合う。この地方では「ポルケッタ・ディ・マイアリーノ（仔豚の詰め物料理）」に合わせる。また、赤身肉のロースト、熟成を経たワインは野鳥の料理にも合う。

モンテファルコ・サグランティーノ（MONTEFALCO SAGRANTINO）

このワインは、ペルージャの南、アッシジからスポレートにかけての地域で最も標高の高いことから「ウンブリアの手すり」と呼ばれるモンテファルコの丘陵で造られる。サグランティーノ種一〇〇パーセントで造られるが、この品種の由来は定かではない。中世にはすでにモンテファルコで栽培されていたといわれるが、フランチェスコ派の修道士がポルトガルから持ち帰ったという話もあれば、プルニウスの著書にある「イトゥリオーラ」という品種が起源であるという説もある。いずれにしても、長い間この地方独自の品種として教会で守られてきた。

古くは甘口ワインにされていたが、近年しっかりとした辛口ワインとして評価され、一九九三年、辛口、甘口ともにＤＯＣＧに認められた。

濃いルビー色でイチゴやラズベリーを思わせる甘い香りを含み、コクのあるワインになる。辛口は肉入りソースのパスタ料理から赤身肉のロースト、野鳥の料理、熟成チーズなどに向く。甘口は「チチェルキアータ（この地方の砂糖漬け果物とアーモンドを揚げ、蜂蜜をかけたドルチェ）」、「トルコロ（この地方のドーナツ型パンケーキ）」などのデザートに合う。

オルヴィエート（ORVIETO）

オルヴィエートはウンブリア地方で最も古いワインといわれ、紀元前七世紀にエトルリア人によって造られていたといわれる。エトルリア人の作った凝灰岩の洞窟の中の温度の低いところで保存されたため、発酵が進まず、糖分を残した甘口となっていたことから、今日でも甘口から辛口まで四種のワインがＤＯＣに認められている。

以前はプロカニコと呼ばれるトレッビアーノ種主体であったが、今日ではグレケット種主体で造られるようになっている。

やや濃いめの麦わら色で、上品で心地良い花の香りを含み、まろやかな味わいで後口にわずかに苦味のあるワインになる。

辛口は甲殻類を中心に海産物のフライや魚のグリルなどの料理、卵料理、しっかりとした味わいのスペリオーレは、白身肉のソテーなどの料理にも合う。薄甘口、中甘口はビスケットやドルチェに、甘口は各種ドルチェほか、フォアグラやゴルゴンゾーラなどの青カビチーズにも向く。

その他のウンブリア州のワイン

このほかウンブリアには、各地の丘陵地帯や湖の周辺で造られるＤＯＣワインがあるが、赤はサンジョヴェーゼ種主体、白はトレッビアーノ種、グレケット種主体で造られる。

黒トリュフを使ったギオッタソースのほかは、トマトやラグーのソースを使った「フラスカレッリ」や「ウンブリチェッリ」などの手打ちパスタの料理が多く、手頃な価格の地元の赤ワインを合わせることが多い。

マルケ州のワイン

マルケ州はイタリア半島の中東部に位置し、北はエミリア・ロマーニャ、西はトスカーナ、ウンブリア、南はアブルッツォ、ラツィオと接し、東はアドリア海に面している。

人口一四〇万ほどの小さな州だが、農業は重要な産業になっている。内陸にはアペニン山脈が走り、海からと山からの風が生み出すミクロクリマと大きなうねりを持つ丘陵地が特徴である。アンコーナを中心に、古くはギリシャとの交易があり、アペニン山脈の向こう側のエトルリアとの中間にあって、商取引が得意のピチェーノ人によって発展し、この地方の農産品も多く輸出してきた。

もともと魚の形をした瓶で知られる白ワイン、ヴェルディッキオを中心とする白ワインの産地としての位置付けにあったが、近年ＤＯＣＧに認められたコーネロのような赤ワインでも知られるようになった。また発泡性の赤ワイン、ヴェルナッチャ・ディ・セッラペトローナや、独自の果実味を持つラクリマ・ディ・モッロ・ダルバなどのワインも少量生産ながら個性のあるワインである。

コーネロ（CONERO）

アンコーナ県のアドリア海沿いのコーネロ山を中心とする丘陵地帯で造られるこのワインは、モンテプルチャーノ種八五パーセント以上で造られる。紀元前三世紀、カルタゴの将軍ハンニバルが、アルプス山脈を越えてこの地に着いたとき、病気に罹った馬にこのワインを飲ませたというエピソードが残るほど古くから知られるワインであった。

しっかりとしたルビー色で、独特のワイン香を含み、ソフトでなめらかなタンニンがあり、心地良い飲み口のワインになる。チェリーやマラスカ、リコリスなどの香りを含む。

コーネロの名前はアンコーナ湾を見守るコーネロ山に由来するが、古くはこの地方に昔から自生していた西洋コケモモ、海桜（コマロヌ）の呼び名から派生したといわれる。

古代ローマの学者プリニウスは、「アドリア海沿いで最も優れたワイン」と記している。

多くの料理と合わせることのできるワインで、ラグーソースのパスタ、内臓を使ったラザーニャ、この地方のウサギや仔豚などのスパイシーな料理、熟成させたものは、赤身肉のステーキやジビエ料理、この地方産の熟成フォルマッジョ・ディ・フォッサなどにも合う。

ヴェルディッキオ・デイ・カステッリ・ディ・イエージ（VERDICCHIO DEI CASTELLI DI JESI）

マルケ地方を代表するこのワインの歴史は古く、古代ローマですでに知られる名前であった。アンコーナ県のイエージを中心とする地域で造られる。

ヴエルディッキオ種は、古い品種で、ブドウの色がヴエルデ（緑）であったことからこう呼ばれるようになった。トレッビアーノ・ディ・ソアーヴエやルガーナなどの品種に近い品種である。

ワインは緑色がかった麦わら色で、アーモンドの香りを含み、アロマがあって、酸もしっかりしており、後口にわずかに苦味を残す。瓶の形から魚料理用ワインというイメージが確立されているが、食事を通して楽しむことのできるワインである。軽いアンティパストから魚介類のリゾット、野菜と魚を使った料理、卵料理、あるいは魚介類のスープ、マリネ、フライなどにも良く合う。

熟成させたものは白身肉のソテーや若いペコリーノチーズに合わせることができる。

ロッソ・ピチェーノ（ROSSO PICENO）

ロッソ・ピチエーノは、アンコーナ、ピチエーノ、マチエラータの三つの県の広い地域で造られるワイン。コーネロと反対にサンジョヴエーゼ種八五パーセント以上で造られるが、チエリーやマラスカ、リコリスなどの香りを含み、風味があり、調和の取れたワインで、リーズナブルなプライスであることが多い。

この地方では、若く軽いこのワインをブロデット（この地方の魚のスープ）にも合わせる。

また、熟成させたこのワインをカピトーネ（大ウナギ）の網焼きなどと合わせる。通常はサラミや肉類のローストなどに合わせることが多いが、チーズを生地の中に詰めて揚げたパン、パンツェロッティやポルケッタ（仔豚の丸焼き）などの料理にも合わせる。

ヴェルディッキオ・ディ・マテリカ（VERDICCHIO DI MATELICA）

ヴェルディッキオ・デイ・カステッリ・ディ・イエージと同様の品種から造られるが、出来上がったワインはかなり違ったものになる。

また、このワインは生産量も少なく、イエージの一〇分の一の量である。内陸の気候の厳しいところで造られるこのワインは、海に近いイエージと違い、深い谷間の石灰質を多く含んだ土地で造られるため、酸がしっかりしていて独特のアロマを多く含み、ミネラル分を感じさせる辛口ワインになる。

「ズッパ・ディ・ペッシエ」などの魚介類のスープや魚介入りリゾット、魚のグリルなど、少し塩や味付けが強い魚料理に合わせるとこのワインの本領が発揮される。

海産物のほか、白身肉や若い硬質チーズなどにも向く。

アブルッツォ州のワイン

アブルッツォ州は、イタリアの中東部に位置する州で、東はアドリア海に臨み、北はマルケ州、南はモリーゼ州と接している。もともとは、モリーゼ州を含む州であったが、一九六五年に二つの州に分かれている。現在では中部イタリアに分類されているが、以前は南イタリアに含まれていた。州の中央には、三〇〇〇メートル級のグラン・サッソがそびえ、海岸線を除いてほとんどの地域が山岳地帯となっている。

ブドウのほかオリーヴ、果物などの農産物があるが、近年モンテプルチャーノ種から造られる赤ワインは、コストパフォーマンスが高いことから、数年で生産量が倍増している。

この黒ブドウを使って造られるコッリーネ・テラマーネがＤＯＣＧワインに認められているが、ＤＯＣではモンテプルチャーノ・ダブルッツォとトレッビアーノ・ダブルッツォのワインが主力で、もう一つのＤＯＣ、コントログエッラの生産量はわずかである。

モンテプルチャーノ・ダブルッツォ・コッリーネ・テラマーネ
(MONTEPULCIANO D'ABRUZZO COLLINE TERAMANE)

ＤＯＣモンテプルチャーノ・ダブルッツォを生産する地域はアブルッツォ州全域に及び、生産量は多いものの品質の差が大きかったが、二〇〇三年、テラーモ県の丘陵地コッリーネ・テラマーネがＤＯＣＧに昇格した。モンテプルチャーノ種九〇パーセント以上、サンジョヴェーゼ種一〇パーセント以下で造るこのワインは、しっかりとしたタンニンを含む、力強い長熟ワインとなる。

アルコール分は一二・五パーセント以上で、一二カ月以上の木樽熟成を要し、瓶熟含めて二年以上の熟成を経てリリースされる。スミレがかったルビー色で熟成に従いオレンジ色を帯びてくる。ブドウの果実の香りを残し、心地好いスパイス香を含む辛口赤ワインである。

赤身肉のグリルやローストに向くが、この地方の名物料理「アニエロ・アル・コットゥーロ（仔羊肉の煮物料理）」やジビエ料理、ペコリーノなどの熟成チーズにも合う。

モンテプルチャーノ・ダブルッツォ（MONTEPULCIANO D’ABRUZZO）

モンテプルチャーノ種のブドウは近年までサンジョヴェーゼ種の異種といわれてきたが、今日では独自のブドウとして人気を得ている。イタリアの中部から南部にかけてのアドリア海側に多く植えられ、ワインにすると濃いルビー色になり、ブドウの香りを含む果実味の豊かなワインになる。

このワインは若いうちはトマトや肉類のソースを使ったパスタ料理や白身肉のグリル、サラミ類に向くが、熟成させたものは赤身肉のグリルやステーキ、煮物にも合う。

このブドウから造られるロゼは、この地方でチェラスオーロ（CERASUOLO）と呼ばれるが、これはワインの色が桜の花の色に似たロゼであるためで、シチリアのチェラスオーロ（赤ワイン）とは異なる。このロゼはサラミやハムに向くが、白身肉のグリルやローストのほか、「ズッパ・ディ・ペッシェ（魚介類のスープ）」や脂肪分の多い魚の煮物料理にも合う。

トレッビアーノ・ダブルッツォ（TREBBIANO D’ ABRUZZO）

古代ローマの歴史家プリニウスは、このワインの始まりはカラブリア州のトレーヴィであると記し、この地方では一六世紀までこのワインのことを「トレブラヌム」と呼んできた。

一九六〇年代にＤＯＣに認められ、ボンビーノ・ビアンコ（トレッビアーノ・ダブルッツォ）、トレッビアーノ・トスカーノ主体で造られる。

ワインは麦わら色でリンゴなどの熟成果実の香りを含み、なめらかで風味があり、後口にわずかに苦味を含む辛口になる。前菜から野菜を使ったパスタやリゾット、魚料理、卵料理など多くの料理に合わせることができ、食事を通して楽しめるワイン。プロヴォローネなどの若いチーズにも合う。

モリーゼ州のワイン

モリーゼ州は面積も少なく人口もわずか三二万人と日本の地方都市ほどの人口である。海に面しているにもかかわらず、内陸的な印象の強い州で、農業と畜産業が中心である。また、海外への移民が多い州でもある。

ワインはアブルッツォ州と同様、モンテプルチャーノ種主体の赤とトレッビアーノ種主体の白からなるＤＯＣモリーゼとビフェルノが主要なものである。他にペントロ・ディ・イセルニアがあるが、このワインはイタリアにおいてもほとんど見かけることがない。

カンポバッソ県のビフェルノ、モリーゼがこの州を代表するワインである。

赤はモンテプルチャーノ、アリアニコが主体であり、白はトレッビアーノ・トスカーノ、ボンビーノ・ビアンコ、ファランギーナ、マルヴァジアなど、ティレニア海側のブドウも入ってきているが、近年ピノ・ビアンコ、ソーヴィニヨン、シャルドネなどのインターナショナルな品種を使ったワインも造られるようになってきている。

赤は「コニーリオ・アッラ・モリザーナ（モリーゼ風ウサギ肉の串焼き）」に代表される肉類のローストやグリルに合う。また白は新鮮な辛口が多く、ハムや野菜入りリゾットや卵料理、魚料理に合わせることができる。

ラツィオ州のワイン

ラツィオ州はイタリアの中西部、ティレニア海沿岸に位置し、東にはアペニン山脈があり、北はトスカーナ、南はカンパーニア州と接し、オルヴィエートなどのワインはウンブリア州境で造られている。

州都は、ローマ帝国の中心であり、キリスト教の総本山として知られる永遠の都、ローマ。気候が穏やかで緑豊かな丘陵地帯には小麦畑の他牧畜地帯が広がり、一部で白ワイン用のブドウやオリーヴが栽培されている。

赤ワインは、チェザネーゼ種を使ったワインの他はこれといって知られるワインはないが、白では辛口から甘口までを持つフラスカティや歴史上のエピソードで知られるワイン、エスト！エスト!!エスト!!!などがある。その多くはトレッビアーノ種、マルヴァジア種主体で造られる白ワインである。

ローマ周辺のカステッリ・ロマーニの丘陵地帯では軽めの白ワインが多く造られるが、一〇〇〇万本生産するフラスカティ中心である。

北部のアルト・ラツィオは、カステッリ・ロマーニよりも面積が広く、多くのDOCを持つが生産量はあまり多くない。ウンブリアとの州境で造られるオルヴィエートをはじめ、エスト！エスト!!エスト!!!ディ・モンテフィアスコーネ、チェルヴェテーリなどのDOCがある。

また南部はアプリーリアやチルチェオなど、海岸線に開かれた平野がある。赤で唯一個性を示しているのはチェザネーゼ種である。

フラスカティ（FRASCATI）

古くからローマ人に愛されてきたワインで、古代ローマのアウグストゥス帝の時代に多く造られるようになり、その後、戦乱の時代に畑は荒れ果てたが、教会や修道院によって守られ、一六世紀にはローマ法王パオロ三世に大変好かれたといわれる。

当初苗はアルベレッロ方式に植えられていたが、一九世紀末には棚式に植えられた。二〇世紀に入ると、イギリス他の国にも運ばれるようになった。今日でも、ローマ一の繁華街、トラステヴェレのお祭りの際にはこのフラスカティが振る舞われる。

ワインはマルヴァジア種とトレッビアーノ種七〇パーセント以上で造られ、輝くような麦わら色。甘口は琥珀色を帯びる。上品で個性的な白ブドウの果実思わせる香りを含む。辛口は酸がしっかりしているが、甘口は円やかでなめらかな味わいのワインになる。アマービレ（中甘口）、カンネッリーノ（甘口）、ドルチェ（甘口）、スプマンテ、スペリオーレがある。

辛口は多くの料理に合わせることができる。前菜から魚ベースのパスタやリゾットなど食事を通して楽しむことができる。また、アルコール度数の少し高いスペリオーレは、ローマの名物料理、仔牛の薄切り肉にハム、チーズをはさんでソテーした「サルティンボッカ」にも合う。中甘口、甘口は、リコッタチーズを使ったタルトやレーズン入りの菓子パン、マリトッツオなどに合う。

エスト！エスト!!エスト!!!ディ・モンテフィアスコーネ
(EST! EST!! EST!!! DI MONTEFIASCONE)

興味深い名前がつけられたワインである。一二世紀、当時の皇帝ハインリッヒ五世の従者の話から始まった。

ワイン好きの司教、ヨハネス・デフクがローマ法王に会うために旅立ち、途中美味しいワインのある宿を見つけるために従者を先に行かせ、宿の扉に「EST（ある）」と書くように命じた。従者はモンテフィアスコーネに着くと、このエストを三回繰り返してしまった。これがこのワインの名前の由来である。司教はこの地が気に入り、ここで生涯を終えたということだ。

ワインの生産地は北部ボルセーナ湖周辺の丘陵地とヴィテルヴォ県。火山灰土壌で白ワイン造りに向く。トレッビアーノ種六五パーセント以上、マルヴァジア種二〇パーセント以上で造られるこのワインは、明るい麦わら色をしており、さわやかで調和の取れた辛口ワインになる。

辛口は軽いアンティパストや淡水魚の料理、野菜入りパスタやリゾット、卵料理などに向く。薄甘口、中甘口は、リコッタチーズ入りトルタや菓子類に向く。

マリーノ（MARINO）

ローマ県のマリーノ、カステルガンドルフォ周辺で造られるこのワインは、地元ではフラスカティに並んで人気のある白ワイン。

マルヴァジア種主体で造られるが、古くはローマ市内に生産者が直営販売所を設けていた。

辛口から甘口までいくつかの種類があるが、ペッローネ、ボンビーノ・ビアンコ、マルヴァジア、トレッビアーノ、パッシート、ヴェンデミア・タルディーヴァ（遅摘み）などのタイプのワインもDOCに認められている。

ワインは薄い麦わら色から濃い麦わら色までで、繊細な香りと上品な味わいがある。薄甘口から甘口までのワインは、甘いフルーツの香りを含み、個性的な味わいのワインになる。辛口は、ローマの名物料理で、アーティチョークを丸のままフライパンで揚げ焼きした「カルチョーフォ・アッラ・ジュディア」、唐辛子とパンチェッタ、トマトソースで作る「スパゲティ・アマトリチャーナ」などローマ独自の料理に合う。また、食事を通して楽しむこともできる。

甘味のあるワインでもよく冷やせば、魚料理や魚介類のスープにも合わせることができる。

カンパーニア州のワイン

カンパーニア州は、イタリア南部のティレニア海に面する州で、ちょうどイタリア半島のスネに当たる部分に位置する。海沿いにラツィオ州、バジリカータ州と接し、内陸部でモリーゼ、プーリアの両州と接する。

州都のナポリは、古くから多くの民族の侵略を受け、その度にさまざまな異文化が取り込まれ、独特の文化が育まれてきた。特に食に関しては、イタリアの食の宝庫といえる地方である。また、カプリ島、ポンペイを中心に世界有数の観光地としても知られるが、ナポリ周辺では工業のほか、農業も盛んに行われている。

この地方のワイン造りの歴史は古く、現在でもヴェスーヴィオ火山の麓に植えられたブドウから造られるラクリマ・クリスティ・デル・ヴェスーヴィオは世界に知られるワインである。内陸部のアヴェッリーノを中心とする地域では、タウラージ、フィアーノ、グレコ、アリアニコ・デル・タブルノの四つのＤＯＣＧワインが造られており、イタリアでも指折りの上質ワインの生産地となっている。

タウラージ（TAURASI）

ナポリから内陸に六〇キロほど入ったアヴェッリーノの街周辺で古くから造られるワインで、バローロ、バルバレスコと比較され、南イタリアを代表する長熟赤ワイン。南イタリアで最初のＤＯＣＧに認められたワインである。

タウラージとは、このワインが造られる地域名で、アリアニコ種八五パーセント以上、ピエディロッソ種一五パーセント以下で造られ、三年以上の熟成を要する。アリアニコの名前は、「ヘッレニカ」つまり「ギリシャ伝来のブドウ」を意味し、古代ローマ時代にギリシャから伝わった品種で、一五世紀末のナポリ王国、アラゴン王朝期こう呼ばれていた。

一九七〇年ＤＯＣに、一九九三年にＤＯＣＧに認められている。

ワインは濃いルビー色で熟成にしたがいガーネット色を帯びる。スパイスの香りを含む独特で濃密な香りがあり、酸がしっかりとしていてタンニンも充分に感じられる力強い長熟ワインである。

赤身肉など肉類のローストに向くが、「ビステッカ・アッラ・ピッツァイオーラ（トマトとニンニクで味付けした牛肉のソテー）」や肉類の煮込み料理にも合う。熟成をさせたものはジビエ料理やペコリーノチーズなどの熟成硬質チーズに良く合う。

フィアーノ・ディ・アヴェッリーノ（FIANO DI AVELLINO）

古代ローマ時代から造られていたワインといわれ、古くは「アピアヌム APIANUM」あるいは「ヴィーノ・アッピアーノ VINO APPIANO」と呼ばれていた。アピ（蜂）が寄ってくるほど甘いブドウであったことからこう呼ばれた。

二〇〇三年産からＤＯＣＧに認められるこのワインは、標高五〇〇メートル、火山性の土壌で栽培されるブドウを使用するが、内陸部の冷涼な気候のため、ブドウの収穫は一〇月と北部と変わらない。糖度が高くなるブドウであるため、発酵温度の調節が難しく、ガスを含むワインにされていたが、アヴェッリーノ農学校他の努力により、今日のような辛口長熟ワインが完成した。

ワインは濃いめの麦わら色で、マスカットや熟したフルーツ、ヘーゼルナッツのような香りを含み、調和の取れた辛口になる。イワシを使ったパスタ料理やガルム（魚醤）を使った、しっかりした味付けの魚料理、また、スフレや軟質チーズなどにも向く。

グレコ・ディ・トゥーフォ（GRECO DI TUFO）

このワインは、ナポリから内陸に入ったアヴェッリーノからさらに先のベネヴェントにかけての丘陵地帯で造られるワインで、二〇〇三年産からフィアーノ・ディ・アヴェッリーノ同様ＤＯＣＧに昇格した。スプマンテもＤＯＣＧに認められている。

このワインに使われるグレコ種は、ギリシャからナポリに運ばれた。最初はヴェスーヴィオ火山の麓に植えられ、アミネア・ジェミナ・マイヨールと呼ばれた。多くの学者がこの名前を記している。トゥーフォと呼ばれる凝灰岩の土壌で造られることから、こう呼ばれるようになった。

ワインは濃い麦わら色で、ピーチやヘーゼルナッツの香りを含み、わずかに苦味を感じる辛口。イセエビのグリルやムール貝の蒸し焼き、甲殻類や魚介類のスープ、トマトを使ったパスタ料理、カンパーニア地方の名物料理「アクア・パッツァ」などにも合う。また、プロヴォローネやペコリーノなどの若いチーズにも向く。

ラクリマ・クリスティ・デル・ヴェスーヴィオ（LACRYMA CHRISTI DEL VESUVIO）

カンパーニア州で最もよく知られるこのワインは、ＤＯＣヴェスーヴィオのアルコール分が一二パーセントを超える上級品で、赤、白ともにラクリマ・クリスティと呼ばれ知られるようになっている。伝説から名付けられた名前であるが、ヴェスーヴィオ火山の麓に植えられたブドウが幾多の噴火に耐え、その生命力の強さから名付けられたともいう。

白はコーダ・ディ・ヴォルペ種、赤はピエディロッソ種から造られる。白はミネラルを感じる辛口で、トマトソースのパスタや魚介類のリゾット、海産物のグリルなど多くの料理に合わせることができる。一方の赤は、しっかりしたルビー色で調和の取れた味わいのワインになる。白身肉の料理や「ティンバッロ（タンバル型に作った米やパスタを詰めてオーブンで焼いた料理）」や中程度の熟成のペコリーノチーズなどに合う。

この州にはほかに、ファレルノ・デル・マッシコのように古くから造られているワインもある。カンパーニア州は独自の土着ブドウを守り続ける、イタリアでも数少ない州で、伝統料理との組み合わせも多く残されている地方である。

プーリア州のワイン

プーリア州はイタリア半島の長靴の踵に当たる州で、北側と南半分がアドリア海とターラント湾に臨む長い海岸線を持つ。また、北西はモリーゼ州、西南はカンパーニア州、西はバジリカータ州と接する。

古くからギリシャ、ローマ、ビザンチンと、多くの人種に支配された地域だが、今日でも海を隔てたマケドニアや旧ユーゴスラビアなどの国々からのボート難民も多い。

この州は肥沃で広大な平野を持ち、そこでは、オリーヴ、ブドウ、小麦、果樹などが多く生産され、特にオリーヴオイルは全イタリアの半分以上を生産している。また、ワインもシチリア、ヴェネトと並び、毎年トップの生産量を競っている。古くからブドウが作られていた土地であり、多くのDOCワインを持つが、中でも、サリチェ・サレンティーノ、プリミティーヴォ・ディ・マンドゥーリア、カステル・デル・モンテなどが知られている。

カステル・デル・モンテ（CASTEL DEL MONTE）

州都バーリの西に位置するコラートを中心とする地域で造られるこのワインは、一四世紀初頭すでに知られるワインであった。カステル・デル・モンテというのは、一三世紀中葉、この土地を治めたフェデリーコ二世が鷹狩り用に作った正八角形の珍しい城。城の上に登ると、海までの見晴らしは素晴らしく、周辺にはブドウの樹とオリーヴの木が交互に植えられている。

最初はウーヴァ・ディ・トロイア、ボンビーノ・ネーロから造られる赤のみだったが、後に白、ロゼが加わった。白はパンパヌート、トレッビアーノ、シャルドネ、ボンビーノ・ビアンコなどから造られるが、上品で新鮮な辛口になる。

前菜から魚料理、甲殻類などに向くが、この地方の小魚のフライやトマトを使ったパスタ料理にも合う。赤は調和の取れた心地好いワインで、赤身肉のグリルや硬質チーズ、サラミなどに向く。ロゼは、赤と同様のブドウから造られるが、前菜から野菜料理、この地方の名物料理で「ティエッラ」と呼ばれる浅鍋で煮たり焼いたりした料理や魚介類のスープに合う。

サリチェ・サレンティーノ（SALICE SALENTINO）

近年人気のネグロアマーロ種を八〇パーセント以上使用し、マルヴァジア・ネーラなどの品種を加えて造られるこのワインは、レッチェ県サリチェ・サレンティーノを中心に造られるが、地元ではこのブドウを「アルベーゼ」、「ジョニコ」などとも呼ぶ。

フルーツ香を残し、軽いスパイス香を含み、わずかに後口に苦味を残すワインとなる。

近年までその多くが北にバルクワインとして売られてきたが、ＤＯＣに認められてからは、その生産量が年々大きく増えてきている。

前菜から肉入りソースのパスタ、肉類のローストなど食事を通して楽しむことのできるワインである。熟成したものは、ブラザード（肉の煮込み料理）や熟成辛口チーズなどにも向く。このＤＯＣにはロゼやロゼのスプマンテも認められているが、調和のとれたなめらかな赤ワインで、パスタ料理や白身肉の料理に合う。

プリミティーヴォ・ディ・マンドゥーリア（PRIMITIVO DI MANDURIA）

プーリア州南部のターラント県とブリンデシ県のマンドゥーリアを中心とする地域で造られる。ベースとなるプリミティーヴォ種は、カリフォルニアに運ばれ、ジンファンデルと呼ばれる品種になった。

ワインはスミレ色帯びた鮮やかなルビー色で、独特の個性的な香りを含み、アロマを含んだまろやかな味わいのワインになる。独特の香りと味わいのあるワインで、豚肉などの白身肉のソテーといった料理に合う。

プーリア州のロゼワイン

プーリア州のロゼワインは古くから人気のあるワインだが、ベースになるブドウにはネグロアマーロやマルヴァジア・ネーラが使われる。カステル・デル・モンテでは一五〇万本が生産され、サリチェ・サレンティーノ、レヴェラーノ、スクインツァーノ、リッツァーノでも合計七〇万本ほどが生産されている。

　これらのロゼは赤ブドウをソフトに搾り、後は温度管理を行い、白ワインと同様に造る。もともとこの地方のワインは、ネグロアマーロ主体の非常に重いワインで、アルコールも高いワインが多かったため、これを軽くすべくロゼワインが造られるようになった。そして、このロゼは果実味があり、シンプルで若飲みのワインとして世界中で人気を得たため、プーリア州のワイン造りにとって重要な役割を果たしてきた。

　若飲みがほとんどで、白ワイン同様一〇℃程度に冷やして食事を通して楽しむことができる。この地方の野菜と魚の料理や肉類の網焼き、バーリ風の米とムール貝のオーブン焼き、カブの葉と空豆の料理、オレッキエーテのラグーソース、仔羊の内臓のはさみ焼きなど、地元の料理に欠かすことのできないワインとなっている。

バジリカータ州のワイン

バジリカータ州は、イタリア半島のちょうど土踏まずに当たる地域で、東はターラント湾、南はティレニア海、北はプーリア、南はカラブリア州に接している。古くは「ルカニア」と呼ばれ、ルカノアルペン山脈と、そこに広がる丘陵地帯からなる州だが、乾燥した土地が多く、海沿いの地域を除いて今日でも開発の遅れた地域である。

農業が中心で、穀物のほか、オリーヴの栽培と牧畜が主な産業だが、近年、野菜の栽培や酪農も行われるようになってきている。

古代ギリシャ時代からブドウの樹が植えられていた土地であるが、今日ではヴルトゥレ山の南西部の火山性の丘陵で造られるアリアニコ・デル・ヴルトゥレのみが知られる。

アリアニコ・デル・ヴルトゥレ（AGLIANICO DEL VULTURE）

バジリカータ州には、ヴルトゥレのほか、ポテンツァ県のモリテルノ周辺でメルロー、カベルネ・ソーヴィニヨンを主体とする赤とロゼを造るテッレ・デッラルダ・ヴァル・ダグリというＤＯＣがあるが、この州のワインとしては、アリアニコ・デル・ヴルトゥレに集約される。

品種としては、アリアニコのほか、モンテプルチャーノ、サンジョヴェーゼ、マルヴァジア、トレッビアーノなどが作られている。

ポテンツァ県のヴルトゥレを中心とする地域で、アリアニコ一〇〇パーセントで造られるこのワインは、ルビー色で熟成にしたがいガーネット色を帯びる。繊細で独特の香りを含み、辛口から薄甘口スプマンテまでがある。また、三年熟成のスペリオーレ、五年熟成のスペリオーレ・リゼルヴアはDOCGに認められている。しっかりと造られたこの赤ワインは長期の熟成に耐える。辛口は肉類のローストやステーキに向くが、地元の料理、ポテンツァ風鶏肉の料理、仔牛レバーの料理などにも合う。また、ヴェッキョリゼルヴァなど熟成タイプのワインは、野鳥や野ウサギなどのジビエや赤身肉のロースト、肉の煮込み料理、ペコリーノなどの熟成硬質チーズなどに合う。

カラブリア州のワイン

カラブリア州は、イタリア半島の長靴のつま先に当たる州で、北はバジリカータ、南は海を隔ててシチリア島を望み、西はティレニア海、東はイオニア海に囲まれている。

西のティレニア海側では、柑橘類やイチジクなどの果実栽培が盛んで、イオニア海に臨む地域では、カタンツァーロ県を中心にガリオッポ種を主体とする赤ワインが造られている。中でもチロ・ロッソは、古くから知られるワインで、長期の熟成に耐えるワインになる。

また、この地方は「エノトリア（ワインの地）」と呼ばれ、古代ギリシャ時代、二五〇〇年前からブドウが植えられていた、ワイン造りの長い歴史を持つ地域であるが、今日、品質的にもそれほど存在感のある州ではない。

地域は大別してイオニア海側とティレニア海側に分かれるが、ティレニア海側にDOCの半数以上がある。一方のイオニア海側の地域では、カタンツァーロ県のチロを中心に古くからワイン造りが行われてきた。白はグレーコ・ビアンコ種主体のワインが多く、赤、ロゼは、ガリオッポ種主体で、これにネレッロ・カプッチョ、アリアニコなどの品種が加えられることが多い。

ガリオッポ種は、地元ではウーヴァ・ネーラ、ガリオッポ・ネーラ、マリオッコ・トンドなどとも呼ばれるギリシャ伝来の品種で、アリアニコやフラッパート種とも近い品種といわれている。ワインにするとアルコール度が高く、力強いワインになる。

チロ（CIRÒ）

チロは、イタリアでは古くから知られるワインで、クロトーネの北に位置するチロ周辺で造られる。カラブリア州のＤＯＣの八〇パーセント以上を生産し、州を代表するワインになっている。

ガリオッポ種主体で造られるロッソは、ルビー色からバラ色まで色調はさまざまで、繊細で力強く、タンニンを感ずる辛口になる。肉類のローストや仔山羊の詰め物料理、半硬質チーズなどに向くが、若いものは「サルデッラ」と呼ばれる生の子イワシを塩と唐辛子で漬け込んだものに良く合う。

ロゼは、赤と同様のブドウから造られるが、オレンジ色を帯びた薄い桜色で繊細な花の香りの残る辛口になる。白身肉や肉入りのパスタ料理、若いチーズなどに合う。

白はグレーコ・ビアンコ種主体で造られるが、麦わら色がかった黄色で、独特の花の香りを含み、野菜料理やカジキマグロなどカラブリア州の料理に合う。食事を通して楽しむことのできるワインである。

シチリア州のワイン

シチリア島は地中海最大の島で、地中海の交通の要所であり、豊かな島であったことから多くの多民族による支配を受け、独自の文化が育まれてきた。

シチリア島とその周辺の島からなるシチリア州は、北はメッシーナ海峡を隔てて本土のカラブリア州と対する。州都は北西部の海沿いの都市、パレルモ。島の内陸部は山がちで東部には富士山とほぼ同じ高さを誇るエトナ山があり、今でも火山活動が続いている。

古くは緑の多い島だったが、サハラ砂漠からのシロッコ（熱風）の影響で、島の多くが乾燥した土地になった。

この島におけるブドウ栽培の歴史は、イタリアで最も古いといわれ、紀元前八世紀には既にフェニキア人によってブドウが植えられていたといわれる。また、今日でもヴェネト州、プーリア州と並び、ブドウの生産量の多い州で、古くからのワインも多く残されている。これはマルサラ、モスカート・ディ・パンテッレリアなどのワインである。

以前は白ワイン主体であったが、近年ネーロ・ダヴォラ種をはじめとする土着品種を使った赤ワインが人気を得、長期熟成の可能性についても語られるようになっている。

マルサラ（MARSALA）

マルサラは、シチリア島で古くから造られる酒精強化ワインだが、その原料すべてに規定があり、イタリアの初期のＤＯＣの一つである。シチリア島の西端の町、マルサラの名前は、アラーの神のマルス（港）に由来し、チュニジアから渡ってきたアラブ人が名付けた。

マルサラ造りは、一七七三年、ソーダを作るのに必要なアーモンドの殻を買いにやって来たイギリス人、ジョン・ウッドハウスによって始められた。その後このワインを広く世界に知らしめたのは、当時キニーネ（薬）を売って得た金で海運業を興し、力のあったフローリオ社で、船を使ってマルサラを広く世界に広めた。

マルサラは熟成年数によって、フィーネ（一年以上）、スペリオーレ（二年以上）、スペリオーレ・リゼルヴァ（四年以上）、ヴェルジネ（五年以上）に分けられる。また色によって、黄金色の「オーロ」、琥珀色の「アンブラート」、ルビー色の「ルビーノ」、さらに残糖度によってセッコ（辛口）、セミ・セッコ（中辛口）、ドルチェ（甘口）に分けられる。

熟成期間の短いフィーネは、菓子やザバイオン、スカロッピーネなどの料理用に使われることが多く、甘口や中辛口のタイプは、シチリア名物で新鮮な羊乳のリコッタチーズで作る「カッサータ」や「カンノーリ」などのデザートに良く合う。また、ヴェルジネや辛口のものは、よく冷やして食前酒、あるいは中程度の熟成のチーズに合わせることができる。

アルカモ（ALCAMO）

アルカモは、トラパニ県のアルカモとパレルモ県にまたがる地域で造られる白ワインで、クラッシコ、スプマンテ、ヴェンデミア・タルディーヴァ（遅摘み）もＤＯＣに認められている。

カタッラット種六〇パーセント以上で、これにインツォリア、グリッロ、グレカニコなどの品種を加えて造られる。薄い緑色がかった麦わら色で、新鮮な香りを持つ辛口ワインになる。

魚や野菜を使った前菜から魚類のグリルやスープまで食事を通して楽しむことができる。地元ではナスのロール巻き、野菜のフリットなどに合わせる。遅摘みの甘口は菓子類他のデザートに向く。

パンテッレリア（PANTELLERIA）

このワインは、イタリア最南端の島、パンテッレリア島で造られる甘口ワイン。この島は溶岩でできている風の強い島で、ワインのほか、香り高いケーパーでも知られる島である。

シチリア島よりもチュニジアに近く、この島で「ヅィビッボ」と呼ばれるモスカート・ビアンコ種一〇〇パーセントで造られる。DOCには、ドラート、スプマンテ、リクオローゾなども認められているが、それぞれ残糖のある甘口で、ヘクタール当たりのブドウの収穫量も七トン以下と少ないため、ブドウの凝縮度も高い。

味わいはマスカットの風味を残す甘口で、シチリアの名物菓子、カッサータやカンノーリのほか、ビスケットや甘い菓子類に向く。

このほかブドウを天日で乾燥させたパッシートもDOCに認められているが、独特のマスカットのアロマが強く、なめらかで心地好い甘口ワインになる。羊乳リコッタチーズで作ったデザートやしっかりとした味わいのデザートに合う。また、よく冷やして食事外でも楽しむことができる。

チェラスオーロ・ディ・ヴィットーリア（CERASUOLO DI VITTORIA）

シチリア島の南部、ラグーザ県のヴィットーリアとカルタニセッタ県で造られる、シチリア最初のＤＯＣＧワイン。「チェラスオーロ」とはアブルッツォ地方ではロゼワインを指すが、ここでは赤ワインを指す。ケラソスという赤い実のなる低木が多くあることから、こう呼ばれるようになった。

この地方でカラブレーゼとも呼ばれるネーロ・ダヴォラ種主体で、フラッパート種を加えて造られるこのワインは、濃いルビー色で、ブドウの果実の香りやザクロの香りを含み、しっかりとした味わいの赤ワインになる。若いうちは肉類のソースを使ったパスタ料理や白身肉の料理に合うが、熟成させたものは赤身肉のロースト料理に合う。

サルデーニャ州のワイン

サルデーニャ島は、シチリア島に次いで地中海で二番目に大きい島、イタリアにおいても独自の文化を持つ島といわれている。

古くはフェニキア人の支配を受け、その後ローマ、ビザンチンなど、さまざまな権力の支配下におかれたことから、人々は美しい海岸線に住まず、内陸の山奥に羊とともに住み、星を見て暮らしたことによって独自の民族性が生まれた。

島全体が岩に覆われているため、昔から大きな木は生えず、またあまり豊かではなかった。しかし、近年コスタズメラルダに代表される美しい海岸線の開発が行われるようになり、リゾート地として知られるようになった。

ワイン造りの歴史はそれほどなく、一九世紀にサヴォイア家の支配を受けるようになってから発展した。また、カンノナウ、カリニャーノ種などスペイン系の品種が多いのも他の州との相違点である。ワインの生産量の五分の四が白で、ヴェルメンティーノ種が多い。

ヴェルメンティーノ・ディ・ガッルーラ（VERMENTINO DI GALLURA）

一九九六年、サルデーニャ島で最初のDOCGに認められたワイン。島の北部から中部にかけてのサッサリ、ヌオーロを中心に造られている。

ヴェルメンティーノ種で造られるこのワインは、薄い麦わら色から麦わら色で、白い花や果実の心地好いデリケートな香りを含み、辛口で後口にわずかな苦味を感じる。

前菜から魚介類中心の料理であれば、食事を通して楽しむことのできるワインである。特に生ガキやイセエビなどに合うが、島の名物「アラゴスタ・アッラ・カタラーナ（カタロニア風イセエビのサラダ）」、「フリッティ・ディ・マーレ（海産物のフライ）」などの料理に合うほか、甲殻類や魚のグリル、「ズッパ・ディ・ペッシェ（魚介類のスープ）」などにも合う。

ヴェルメンティーノ・ディ・サルデーニャ（VERMENTINO DI SARDEGNA）

サルデーニャ島全土で造られるワイン。ヴェルメンティーノ種八五パーセント以上で造られるこのワインは、魚料理全般に向くワインとして知られるが、フレッシュな辛口で、食前酒から食事を通して楽しむことができる。日本料理にも良く合うワインである。

カンノナウ・ディ・サルデーニャ（CANNONAU DI SARDEGNA）

スペインからこの島に伝わったアリカンテ種がカンノナウと呼ばれるようになった。フランスではグルナッシュと呼ばれている。

島の中部ヌオーロ県、南部のカリアリ県中心に造られる。ワインにすると濃いルビー色で熟成にしたがいオレンジ色を帯びてくる。ブドウの独特の香りと松ヤニのような香りを含み、余韻が長く、しっかりと造られたものは長期の熟成に耐えるワインとなる。

辛口、中甘口、甘口のほか、ロゼ、リクオローゾ（辛口、甘口）などあらゆるタイプのワインが造られている。また、カポ・フェッラート（CAPO FERRATO）、オリエーナ（OLIENA）、イエルズ（JERZU）、クラッシコ（CLASSICO）の特定地域のブドウから造られたものは、地域名をラベルに記載することができる。

若いうちは、あらゆる料理に合わせることができるが、熟成させたものは、赤身肉のローストや猪肉のグリルなどに合う。甘口やリクオローゾは、チーズを使ったデザートや瞑想用にも向く。

ヴェルナッチャ・ディ・オリスターノ（VERNACCIA DI ORISTANO）

ヴェルナッチャ種は、一四世紀にスペインからこの島に伝わったと思われる品種で、オリスターノの守護聖女ジュスティーナの涙から生まれたという言い伝えもある。

アルコール度数が一五度を超える辛口白ワインで、最低二年以上、スペリオーレは三年、スペリオーレ・リゼルヴァは四年以上の熟成を要する。ワインは黄金色で、熟成にしたがい琥珀色を帯びる。アーモンドの花の香りを含み、繊細でしっかりした辛口になる。

非常に辛口のワインで、食前酒から甲殻類、貝類の料理、また白身肉の料理に良く合う。リキュールタイプの辛口は、マルサラの辛口のように食前酒としても良い。

カリニャーノ・デル・スルチス（CARIGNANO DEL SULCIS）

このワインは、カリニャーノ種を使用し、島の南西部、スルチスを中心とした地域で造られる。ロッソ、ロザート、ノヴェッロ、リゼルヴァ、スペリオーレ、パッシートがある。濃いめのルビー色で、心地好い甘い香りを含み、果実味がある。島の名物、仔牛や小山羊のグリルなどに合うが、熟成させたものは肉類のロースト、ジビエ料理に向く。ロゼはサラミ類、半硬質チーズなどに向く。パッシートは、デザートのほか、食事外でも楽しむことができる。

このほか、島全体で造られるワインに、モニカ種から造られる白、モニカ・ディ・サルデーニャ（甘口から辛口）、モスカート種から造られるモスカート・ディ・サルデーニャ（甘口、リクオローゾ）がある。南部のカリアリ周辺では、ジロ種から造られる赤、ジロ・ディ・カリアリ（辛口、甘口、リクオローゾ）、マルヴァジア種から造られるマルヴァジア・ディ・カリアリ（辛口、甘口、リクオローゾ）、ナスコ種から造られるナスコ・ディ・カリアリ（辛口、甘口）、ヌラグス種から造られる辛口白ワインがある。北西部アルゲーロでは、独自の品種、トルバート種を使ったアロマのある白ワインなどが造られている。

このように、この島ではほとんどのワインに甘口やリキュールタイプが認められており、個性の多い島の料理に合わせて、これらのワインが造られてきたことが想像できる。

イタリア各地の郷土料理とワインの組み合わせ

イタリア各地の郷土料理は、その土地の素材を生かした変化に富んだ料理だ。地方性、季節感にあふれた各地の料理は、その地方で造られるワインに関係し、ワインも料理と関係する。長い半島のそれぞれの地域で生まれたワインと郷土料理の組み合わせを、北からみていくことにしよう。

北イタリアでは、伝統的にバターとチーズを使った料理が多い。

ピエモンテ州には白トリュフ入りのチーズフォンデュ、〝フォンドゥータ〟がある。この料理には、あまりタンニンの強くないネッビオーロ・ダルバが合う。

ピエモンテ風肉を詰めたパスタ〝アンニョロッティ〟にはドルチェエット、牛肉の煮込み料理〝ブラザート〟や〝ストゥファアート〟には、この地方を代表するしっかりとした赤ワイン、バローロがよく合う。

ロンバルディア州の野菜のスープ〝ミネストローネ・アッラ・ミラネーゼ〟にはピノ・ネロ・オルトレポー・パヴェーゼ、サフランと骨髄入りリゾット〝リゾット・アッラ・ミラネーゼ〟にはビアンコ・ディ・クストーツァが合う。

古くから仔牛をよく食べたこの地方には、有名な仔牛料理がたくさんある。仔牛の薄切り肉にツナソースを合わせた〝ヴィテッロ・トンナート〟にはテッレ・ディ・フランチャコルタ・ビアンコが、仔牛の胃袋をトマトとセロリで煮込んだ料理〝ブセッカ〟にはクルテフランカ・ロッソが、仔牛のスネ肉の輪切りの煮込み料理〝オッソ・ブーコ〟にはオルトレポー・パヴェーゼ・バルベーラが合う。

さらに、冬の料理とされる各種残り肉とキャベツの一種ヴェルツァの煮込み料理〝カッソォーラ〟にはオルトレポー・パヴェーゼ・ボナルダなど、脂肪分をねぐい取ってくれる弱発泡性の赤ワインが供されることが多い。

ミラノの南ゴルゴンゾーラ村で生まれた青カビチーズ、〝ゴルゴンゾーラ〟には、赤ワインとしてはオルトレポー・パヴェーゼ・バルベーラ、甘口ワインではレチョート・ディ・ソアーヴェやピコリットなどがよく合う。

またクリスマス用のパンケーキ、〝パネットーネ〟にはピエモンテ産やオルトレポー・パヴェーゼ産のモスカートが合う。

ヴェネト州の北部ではポレンタ（とうもろこしの粉を練って作った料理）が知られる。小鳥のローストにポレンタを添えた〝ポレンタ・エ・オゼイ〟には辛口で苦味の強い赤ワイン、アマローネが添えられる。南部では塩ダラを塩抜きしてほぐし、野菜、アンチョビ、牛乳を加えて練り上げた〝バッカラ・アッラ・ピアチェンティーナ〟があるが、この料理にはこの地方で最もよく知られるソアーヴェが合う。

リグーリア州の料理といえば、なんといってもこの地方の気候から生まれる香り高いバジリコをすりつぶし、オリーヴオイル、松の実、粉チーズを加えた〝ペスト・ジェノヴェーゼ〟である。この料理には、リグーリアの海岸線で造られる白ワイン、チンクエ・テッレが合う。また、〝ズッパ・ディ・ダッテリ〟（マテ貝のスープ）にはチンクエ・テッレのアルコール度を高め、甘口にしたシャッケトラが合う。

エミリア・ロマーニャ州は脂肪分の多い料理で有名だが、生ハムや詰め物パスタ、それにモルタデッラやコテキーノなどのソーセージ類で知られる。

豚肉、牛肉をモルターレ（すりつぶす）し、豚の脂身を混ぜ、腸詰めにしてからスモークしたソーセージ〝モルタデッラ〟にはロマーニャ・サンジョヴェーゼが合う。豚足に脂肪分たっぷりの肉を詰めたクリスマス用の〝ザンポーネ〟には、この地方の発泡性赤ワイン、ランブルスコが合う。

また生ハムとメロンを組み合わせたパルマの〝プロシュット・エ・メローネ〟には、やや甘口のロマーニャ・アルバーナ・アマービレを、詰め物パスタ〝トルテッリーニ〟にはランブルスコを合わせる。パルミジャーノ・レッジャーノチーズには、熟成したロマーニャ・サンジョヴェーゼのほか、ブルネッロなどの熟成ワインが合わせられる。

　トスカーナ州も食では有名な地方だが、キアーナ牛の〝ビステッカ・アッラ・フィオレンティーナ〟には熟成キアンティやブルネッロ・ディ・モンタルチーノ、ヴィーノ・ノビレ・ディ・モンテプルチャーノなど、力強い赤ワインが合う。

　ティレニア海側、リヴォルノの〝カッチュッコ・リヴォルネーゼ〟（リヴォルノ風魚のスープ）にはモンテカルロ・ビアンコやエルバ・ビアンコなどが合う。

　野菜を煮込み、パンを入れた素朴な農民料理〝リボッリータ〟には若いキアンティを合わせる。

　シエナ名産のドルチェであるアーモンド、蜂蜜、果皮の砂糖漬けなどを固めた〝パンフォルテ〟には、熟成されたヴィン・サントが用意される。

　ウンブリア州は黒トリュフで有名なところだが、ワインはトリュフを使った料理の内容に合わせればよい。この地方の冬の狩猟期の料理〝パロンバッチ・アッラ・ギオッタ〟（鳩の煮込み料理）にはトルジャーノ・ロッソ・リゼルヴァが、フェンネルを詰めた仔豚の丸焼〝ポルケッタ〟には、モンテファルコ・サグランティーノなどの力強い赤ワインがよく合う。

　ラツィオ州の料理に〝ニョッキ・アッラ・ロマーナ〟がある。デュラム小麦を原料とするニョッキのトマトソースだが、この料理にはフラスカティが合う。

　仔牛の薄切り肉と生ハムのバター焼〝サルティンボッカ〟には辛口のフラスカティが、ローマっ子の大好きな料理、子羊のオーブン焼〝アバッキォ〟にはサンジョヴェーゼ・ディ・アプリーリアが合う。

アブルッツォ州には、古くから知られる手打ちパスタの料理〝マッケローニ・アッラ・キタッラ〟がある。鉄線を張り、生パスタを押し切って作ったスパゲッティ状のパスタにトマトソースを使った料理だが、この料理にはモンテプルチャーノ・ダブルッツォが合う。同様に仔豚の丸焼〝ポルケッタ〟にもこのワインが用いられる。

カンパーニア地方の料理としては、スパゲッティやピッツァがあまりにも有名だ。

牛肉のビステッカにトマト、ニンニク、オレガノをのせた〝ビステッカ・アッラ・ピッツァイオーラ〟には、アリアニコ種から造るしっかりとした赤ワイン、タウラージが合う。

この地方の名産である水牛の乳から作るチーズ、〝モッツァレッラ・ディ・ブファラ〟は、生でサラダにしても、オーブンで焼いてもよいが、グレコ・ディ・トゥーフォやフィアーノ・ディ・アヴェッリーノなどの白ワインが合う。

漁師が船の上で海水を使ってトマトとオリーヴオイルで作ったといわれる〝アックアパッツァ〟にも、これらの白ワインが合う。

シチリア島には、アラブ人が伝えたといわれる魚介類のソースと蒸したデュラム小麦の粒で作った料理〝クスクス〟がある。この料理にはアルカモ・ビアンコやエトナ・ビアンコなどの白ワインが合う。

生の羊乳から作ったリコッタチーズを利用したドルチェ、〝カンノーリ〟や〝カッサータ・シチリアーナ〟には、モスカート・ディ・パンテッツレリアなどの甘口モスカートが合う。

最後にサルデーニャ島だが、海産物に恵まれるこの島の名物、伊勢エビや魚介類の網焼きには、辛口でアルコール度数の高いヴェルナッチャ・ディ・オリスターノや旨味の詰まったヴェルメンティーノ・ディ・ガッルーラが合う。この島の独特のサラミ類には辛口の赤ワイン、カンノナウ・ディ・サルデーニャが、〝ペコリーノ・サルド（チーズ）〟にもこの力強い赤ワインを合わせることができる。

イタリアワインと日本料理

もっと日本にイタリアワインを！

四〇年ほど前まで、日本に輸入されるイタリアワインは、世界各国から輸入されるワインの二～三パーセントでしかなかった。今日でも、フランスワインは四五パーセントと輸入ワインの約半分を占め、価格の手ごろなチリワインも多く輸入されるようになった一方で、一万軒を超えるイタリアレストランをもってしても、イタリアワインの日本市場におけるシェアは一七パーセント前後と、十数年前からあまり増えていない。

本国イタリアのワイン生産はフランスを凌ぎ、輸出量においてもフランスを上回り、世界一を誇っているにもかかわらず、である。

古くから日本においてフランスワインがこれほど受け入れられたのは、西洋料理＝フランス料理、ワイン＝フランスワインという図式があったためだ。フランスワインはフランス料理店だけでなく、中華料理店、日本料理店でも取り扱われるようになった。

一方、イタリアはフランスを凌ぐワイン輸出国でありながら、日本に輸入されるイタリアワインのほとんどが、イタリア料理店で消費されていた。輸入がイタリア関連の専門業者によって行われていた、という事情もあった。

それが一九八〇年代のイタリアブーム、さらにイタリアの高級品ブームにのって、日本にも高級イタリアワインが輸入されるようになり、酒類メーカー、卸売業者、フランス系輸入業者などが参入して、イタリアワインのシェアは大幅に拡大した。

とはいっても、二〇パーセントに届かない。そのシェアはフランスの三分の一と、他の先進国におけるイタリアワイン輸入の割合には達していない。

すでに述べたように、イタリアでは古くからワインが飲まれてきた。キリスト教で認められ、聖なる飲み物として人々の間に定着し、受け継がれてきた。イタリアにおけるワイン造りの歴史の長さとイタリア各地の独自性があいまって、各地に独自の料理が生まれ、その土地で造られるワインと合わされることが多かった。

時にはランブルスコのように、その土地の名物であるバターやパルメザンチーズ、トルテッリーニ（ひき肉などの詰め物パスタ）、ザンポーネ（豚の足のつま先に肉を詰めたクックドサラミ）など、チーズ、肉加工品の脂肪分を拭い去るようにと、発泡性に作られた辛口赤ワインもある。

一方、バローロやバルバレスコなど伝統の力強いワインの産地であるピエモンテ地方のアルバを中心とする地域では、古くから牛肉を赤ワインでマリネにしてからたくさんの野菜と一緒に煮込むブラザードやストゥファート（蒸し煮にした肉料理）、ストラコット（肉の煮込み料理）などの料理が生まれた。

これも、この地方にすばらしい長熟赤ワインが古くからあったため、ということができる。

いずれにしても、南北に長いイタリアの中部から南部にかけての地方では、気候も温暖で野菜やハーブ野菜が育ちやすく、味わいもあったことから、これらの野菜や素材をあまり調理せず、シンプルな方法で仕上げた料理が多い。

これらのシンプルな料理に合うように造られたイタリア各地のワインは、酸を残し、さわやかで果実感のある味わいに仕上げられているのだ。

食事に合わせることが大前提

南北に長い半島と島国。イタリアと日本はまず地理的によく似ている。さらに北半球に位置し、四季があり、気候的にもほぼ同様である。

海に囲まれ四季があることから、海沿いではハーブ類、ハーブ野菜が育ち、料理にアクセントを加えている。新鮮な魚介類が多くとれることも共通点といえるだろう。内陸の国では、新鮮な魚介類は手に入りにくかったのだ。

イタリアや日本など海に面した国ではこうした新鮮な素材が豊富にあったことから、この素材のよさを生かすべく、調理法がシンプルになった。これがイタリア料理と日本料理の基本的な共通点ということができる。

互いに野菜やほかの素材の新鮮さにこだわり、シンプルな味付けであるところがよく似ているから、天ぷらや南蛮漬けなど、もともとイタリアをはじめとするヨーロッパの国々で行われていた、魚介類を保存するための調理法が日本に伝わり、自然に取り入れられ、今日のように人気メニューになったのも理解できる。

日本料理とイタリア料理では、調理するうえでの味付けは異なるものの、素材の扱い方や調理のしかたには共通点が多い。近年、日本では薄切りにした生肉の料理、カルパッチョが人気を得て、イタリアでは刺身や寿司が流行するのも納得できる。

イタリアにおけるワインは、ワイン新興国とは違い、ワインだけで飲むように造られたものは少なく、大半のワインが食事に合わせて飲まれることを前提に造られている。

こう考えると、シンプルな味わいのイタリア料理に合わせて造られたイタリアのワインが、同様にシンプルな味わいの日本の料理に合わないはずがない。

近年までイタリアの白ワインはほとんど木樽を使用せず、前菜から魚料理にまで合わされてきたわけで、これらのシンプルな味わいのワインは、素材を大切にする日本料理にも合わせることができる。

当然のことながら、日本の家庭における料理は、日本を原点として中国、フランス、イタリアと多くの国の料理が取り入れられている。こうした、ある程度西洋化した日本の家庭料理に、近年輸入が大幅に増え、バラエティーの増したイタリアのワインを合わせることは、より容易になってきていると考えられる。

イタリアの、さわやかな酸とフルーティさが特徴の白ワインや、シンプルでバランスがよく、食事を通して飲んでも飽きのこない赤ワインは、日本料理に合うだけでなく、日本人の味覚そのものによく合う、ということができるだろう。

小樽で熟成させ、ヴァニラ香やタンニンのきいたワインや、甘みを感じさせるほどのコクと厚みのあるワインが日本料理に合うとは思えない。

それでは、どんな料理とどのようなワインを合わせることができるのか、具体的にその相性を試してみよう。

イタリアワインと日本料理の相性

日本では一九世紀の後半まで、一般的には野菜と魚中心の料理を食べていて、赤身肉を使うことがなかった。米を主食に醤油、味噌、米酢、ショウガ、ワサビ、山椒、スダチ、唐辛子などで味付けした料理を食べてきたのである。これらの調味料は味や香りが個性的で、ワインを合わせるのがむずかしいといわれている。

しかし煮物には酒を調味料として使うことが多く、近年ではワインも使うようになっていることから、日本料理にワインを合わせることは、それほどむずかしくなくなってきている。

日本の料理には普通、軽いものからある程度しっかりした味わいのものまでの白ワインで、酸味があり、樽香のないものが合うが、料理別に見ていくと、赤ワインも合わせることができる。

とくにイタリアでは、赤ワインも日常の料理に合わせることを前提に造られたものが多く、肉と野菜を使った日本の料理にも十分に合わせることができる。

メニュー別の、日本料理に合わせられるイタリアワインは「イタリアワインと日本料理の組み合わせ・実践編」を参照してほしい。

ブドウ品種別・日本料理との合わせ方

サンジョヴェーゼ種を使ったワイン

この品種はイタリアの赤ワイン用のブドウとしては最も普及しているもので、キアンティなど中部イタリアのワインに多く使用されている。

ルビー色でタンニンを感じさせ、厚みがあり、酸のバランスのよいワインになるが、トスカーナ州やウンブリア州では甘みを含むカナイオーロ種などと混醸されることが多い。

若いうちはゴマだれのしゃぶしゃぶや肉じゃがなどに、熟成したものは焼肉やステーキなどに向く。リーズナブルな価格のキアンティであれば、すき焼きやウナギのかば焼きなどにも合わせることができる。

バルベーラ種を使ったワイン

バルベーラ種は、北イタリアで多く栽培されている。弱発泡性の日常ワインから、小樽熟成させた上級品まであるが、一般的には食事用の赤ワインである。

鮮やかなルビー色で、酸とタンニンに特徴があるので、弱発泡性のものは酢豚や鶏の手羽焼きなどに合う。しっかりした味わいのものは、豚肉のショウガ焼きや焼き肉、すき焼きなどにも向く。

メルロー種を使ったワイン

北イタリア東部で多く作られるメルロー種を使った赤ワインは、そのほとんどが日常ワインとして消費されている。

シンプルな辛口に仕上げられるこのワインは豚カツや牛タン、鶏肉の竜田揚げなどの料理に合う。

ドルチェット種を使ったワイン

ドルチェット種はピエモンテ地方を代表する品種で、北イタリアの大都市や地元で多く消費されている赤ワイン用に使われている。

ルビー色で果実味があり、適度のタンニンを含んでいるので、多くの肉料理に向く。豚カツ、串揚げ、ハンバーグ、焼き肉のほか、マグロの角煮などの味付けの濃い魚料理にも合う。

トレッビアーノ種を使ったワイン

トレッビアーノ種はエトルリア時代から中部イタリアで作られていたといわれる、イタリア中部中心に古くからある品種。

麦わら色でブドウの香りを含む辛口白ワインになる。フラスカティ、オルヴィエート、ルガーナ、ソアーヴェなどに使われるが、アルコール分をしっかり作り、酸に特徴のあるシンプルな味わいで、刺身サラダや豆腐サラダなどのサラダ類、カブの煮物、ダイコンとイカの煮物などの煮物料理にも合わせることができる。

マルヴァジア種を使ったワイン

この品種はイタリア全土で作られているが、主に中部イタリアで栽培され、フラスカティやエスト！エスト!!エスト!!!などの白ワインに使用されている。

辛口にすると、緑がかった麦わら色で、レモンの香りを含み、わずかな苦味を含むが飲みやすいワインになる。

独特のアロマ（強い香り）を含んでいるので、中華風のサラダ、小アジのフライ、野菜の天ぷら、野菜炒めなどに向く。

ピノ・ビアンコ種を使ったワイン

この品種は北イタリアで多く作られており、しっかりした味わいの辛口白ワインに仕上げられ、長期の熟成が可能であることも知られている。

香辛料やヴィネガーを使った料理にも負けないワインであることから、エビ類のサラダ、焼きギョーザ、ロールキャベツ、ナスとピーマンの炒め物などの料理に向く。

ピノ・グリージョ種を使ったワイン

このブドウから造られるワインは、ピノ・ネロ種で造ったものと似ているといわれており、アルコールを感じるしっかりした味の白ワインになるので、スープ類やきのこを使った料理に合う。

若くフレッシュなものは天ぷらなどの揚げ物に、しっかりした味わいのものはカキ鍋やイカの塩焼きなどに合う。

ガルガーネガ種を使ったワイン

この品種はヴェネト州で多く栽培され、ソアーヴェやガンベッラーラなどの白ワインに多く使われている。石灰質、火山性土壌に適し、バラエティーに富むワインを生み出すが、乾燥させて醸造する甘口のレチョートは、黄金色のデリケートな甘口ワインになる。

若く軽いものは刺身や天ぷらに、しっかりした味わいのものは寿司などに向く。熟成させたものは、和食を通して楽しむことができる。甘口は、カステラやどら焼きなどにも合う。

イタリア伝来の日本料理

イタリアが原点となり、日本に伝えられたと思われる料理がいくつかある。

まずは、今や日本を代表する料理となり、外国人にも人気の「天ぷら」がその代表だろう。その他に「南蛮漬け」「カルパッチョ」などがある。

天ぷら

日本料理として誰もが疑うことのない天ぷらだが、日本に入ってきたのは比較的新しい。

一六世紀の中葉に種子島にたどりついたポルトガル人の宣教師は、日本に鉄砲を伝えただけでなく、日本においてキリスト教の布教活動を行っていた。

その布教活動のひとつとして、「クワルトロ・テンポレ」と呼ばれる四季の斎日の食についても教えた。肉を使わない食事が主たる目的で、この「テンポレ」の時期は魚や野菜を細かく切り、衣を付けてあげた料理を作った。

イタリアではこうした揚げ物料理を「フリット」という。

この斎日の料理の呼び名「テンポレ」が料理の名前になり、「テンプラ」と発音されるようになった。

揚げるときの温度に気をつけるようにということから、テンペラトゥーラ（温度）がなまって「テンプラ」になったという話もあるが、天ぷらには今日でも肉が使われておらず、キリスト教の「テンポレ」起源説のほうが説得力がある。

南蛮漬け

天ぷらとほぼ同時期、一六世紀中頃に西洋から日本に伝えられた。当時日本では、中国よりも南の国のことを「南蛮」と呼び、日本との貿易を許されたルートを経由した取引を南蛮貿易と呼んでいた。

そこで、ヨーロッパからこのルートを通って入ってきた料理も南蛮と名づけられたと考えられる。

海に面した日本では、豊富な魚介類を保存する方法として適していたこの「南蛮漬け」が取り入れられた。あまり長持ちせず、足の早い小魚などを油で揚げ、酢でマリネにした料理だ。

この料理法は、イタリアでも古くから知られていた。

中世のヴェネツィアが栄えたころ、この町ではすでに「ペッシエ・イン・サオール」という料理が作られていた。丸々一尾のイワシをしっかりと油で揚げ、これをタマネギ、ニンジンなどの野菜とワインヴィネガーでマリネにする。

同様の方法で、長持ちしない魚の保存に使われた料理法は北イタリアにもある。身のやわらかい湖の魚を使った「ペッシエ・イン・カルピヨーネ」がそれで、今日でも伝統ミラノ料理の店に行くと用意されていることが多い。

また、南イタリアでは「エスカ・ペッシエ」、スペインでは「エスカベーチエ」と呼ばれるほぼ同様の料理があることから、日本と同様の自然条件にあった地中海沿岸の料理が日本に伝えられたということができよう。

カルパッチョ

最近日本でもよく使われる料理名に「カルパッチョ」がある。

もともとは生肉を薄切りにして並べ、パルメザンチーズなどを薄くそいでのせた料理で、下にルッコラを敷いたり、ソースをかけたりする料理だ。

この料理が知られるようになったのは一九八〇年代はじめのイタリアにおける「ヌオヴァ・クッ

チーナ・イタリアーナ」（新イタリア料理）の時期で、ヴェネツィアにある「ハリーズ・バー」というレストランの料理が火付け役となった。

そしてイタリアでは、生の魚を使い、薄く切ってオリーヴオイルやレモンを使った料理も、同様に「カルパッチョ」と呼ぶようになった。

これは当時イタリアで人気を集めつつあった日本の刺身をモチーフにした料理といっていいだろう。私はこのころ、日本料理店でこの生魚の料理を宣伝していた。

この料理が日本にも輸入されるようになり、生の魚を多く食する日本人の好みにあったことから人気を得て、多くの料理店のメニューに載ることになった。

ワインと料理の組み合わせ表

イタリアソムリエ協会のソムリエスクールでは、メルカディーニ氏の方法を使ってワインと料理を別々に評価し、一つの円内にまとめてその相性を評価する（ＡＩＳメルカディーニ法）。

ワインは、香りの強さ、まろやかさ、酸味、アルコールなどをそれぞれ一〇点満点で評価し、中心から遠いほど強く感じたように記入する。一方料理は、甘味、多汁性、脂っこさ、芳香性、風味の強さなどを同じ円内の相対するポジションに置き、同様に一〇点満点で評価する。この二つを別々に線で結ぶと、互いにバランスが取れているかどうかを見ることができる。この表の特徴は、料理に対してどの部分が不足しているか、あるいは多すぎるかが個々に確かめられる点にある。慣れるまでは面倒だが、この表が頭に入ってくれば、自然にワインと料理の相性について想像がつくようになる。

いくつかのワインと料理の組み合わせ例をみることにしよう。

ワインと料理の組み合わせ表

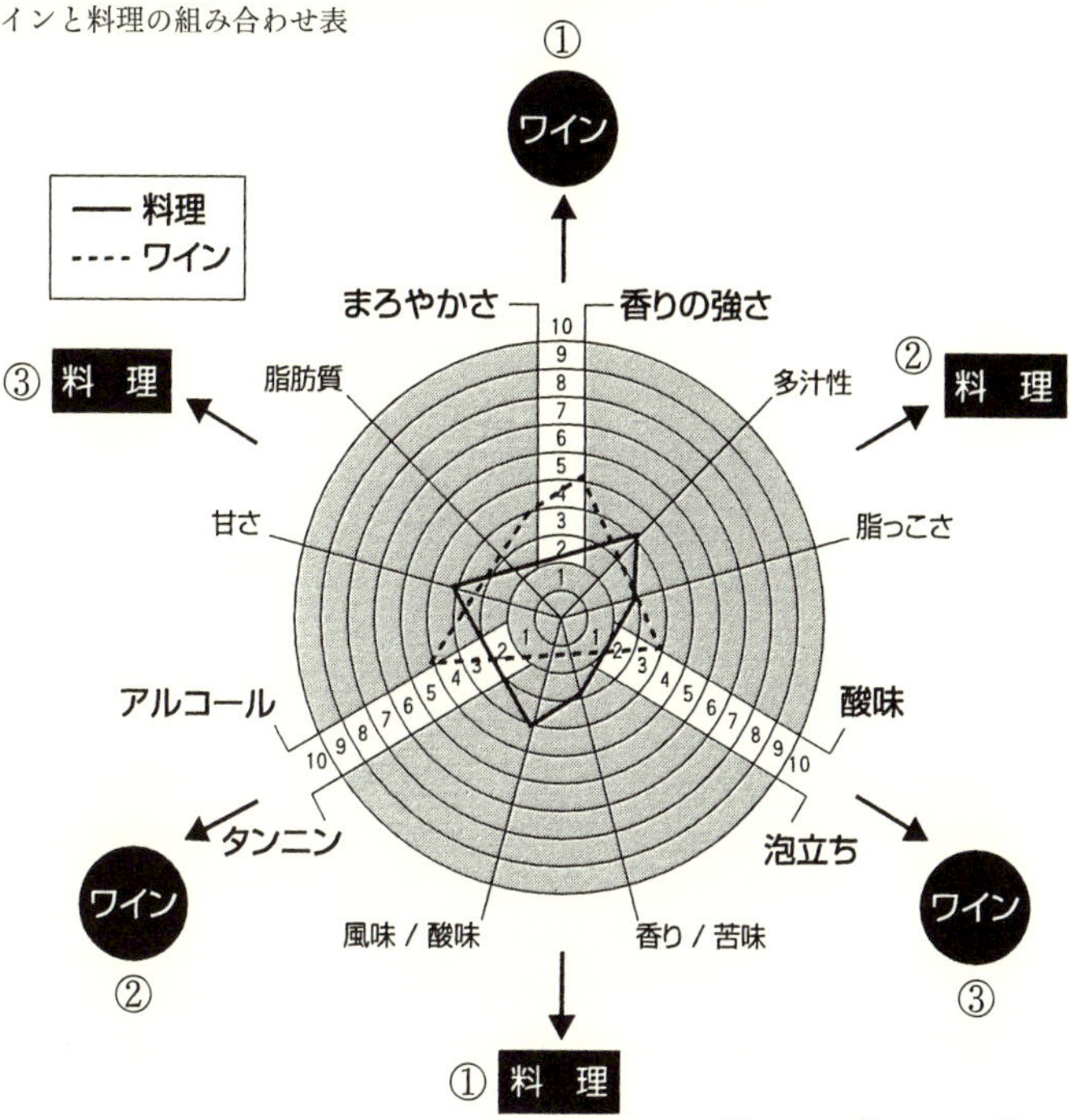

表を見てわかるとおり、
①料理の風味や酸味、香り、苦味などを、ワインのまろやかさ、香りの強さが、
②料理の脂っこさや多汁性を、ワインのアルコールやタンニンが、
③料理の甘さや脂肪質を、ワインの酸味や泡立ちが、それぞれ消しあっている。
つまり、ワインと料理がそれぞれの特徴を互いに消し合ったり、同系統の味わいのために両者を高め合ったりして互いの味わいのバランスを取っている。

したがって、ワインと料理を合わせることにより、互いの味わいをより一層引き立てることができる。

ほたて貝とトレヴィザンの料理とアルネイス・ブランジェの相性

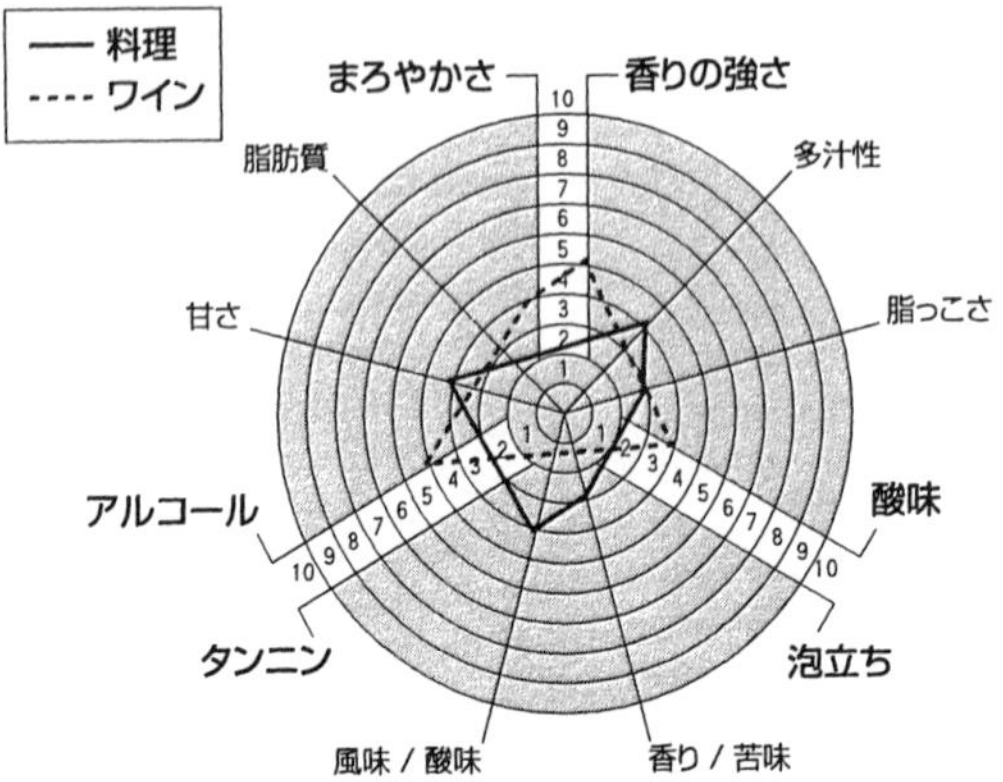

このワインのポイントとなるまろやかさと香りの高さが、料理の風味、苦みなどの大きさと合い、互いの良さを引き出し合って、味わいのバランスを取っている。

タリアテッレの鶏レバーソースとコッリョ・ピノ・ビアンコの相性

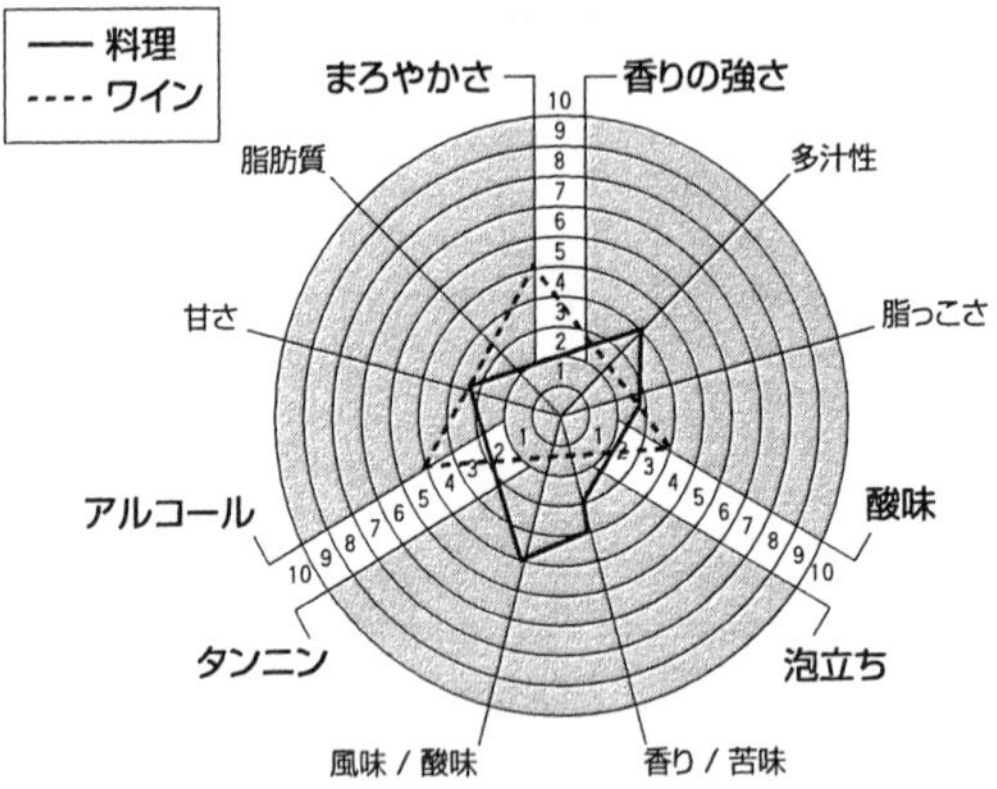

比較的風味や多汁性の強いこの料理に、アルコールもあり、まろやかさも含むしっかりとした味わいのワインを合わせることで全体のバランスを取っている。

イラクサ入りリゾットとルガーナの相性

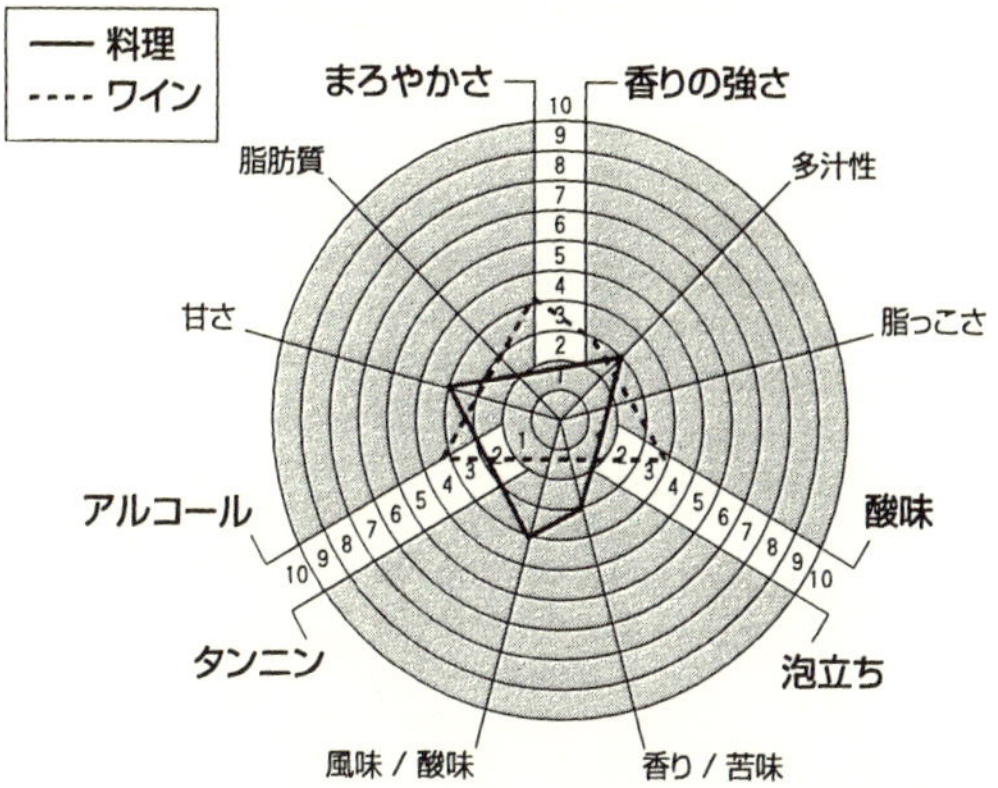

ワインも料理も味わいのボリュームはそれほどでもないが、料理の風味とワインのまろやかさが上手にバランスを取り、味わいを整えている。

子羊のリブ肉のグリルとキアンティ・クラッシコの相性

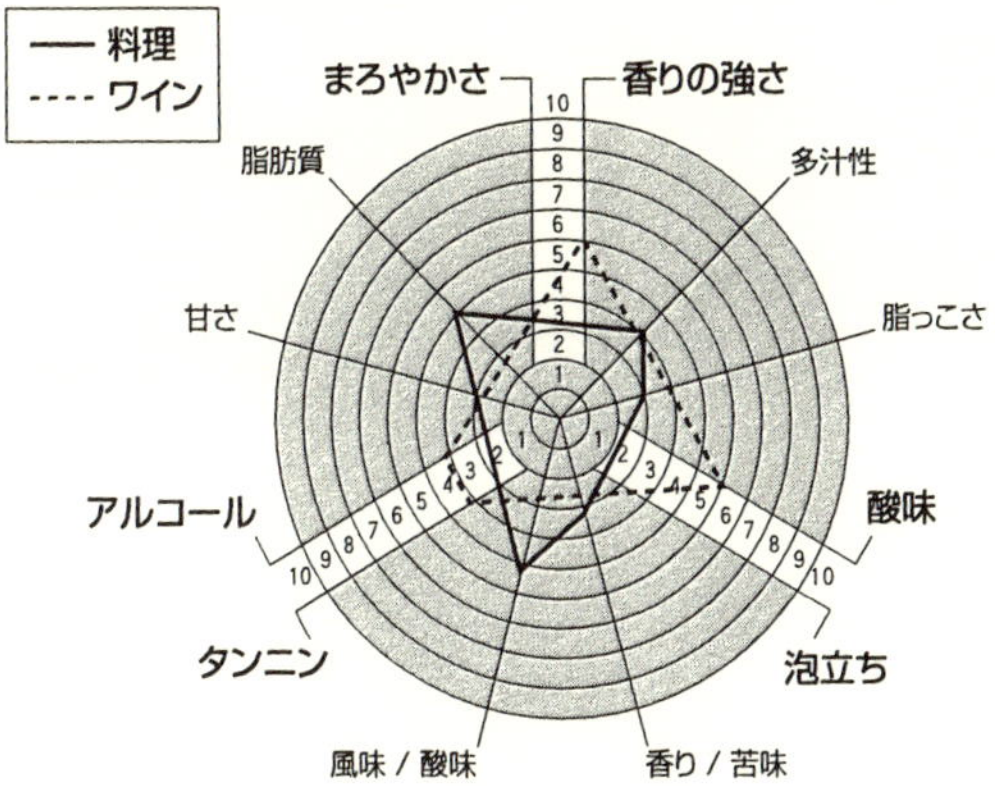

肉の風味とワインの香りが互いに消し合い、肉の脂肪分とワインの酸味が互いに消し合って、ワインと料理の理想的な組み合わせになっている。

フォルマッジョ・ディ・フォッサ（ロマーニャとマルケ地方にまたがる地域で作られるミックス乳のチーズ）とレチョート・デッラ・ヴァルポリチェッラの相性

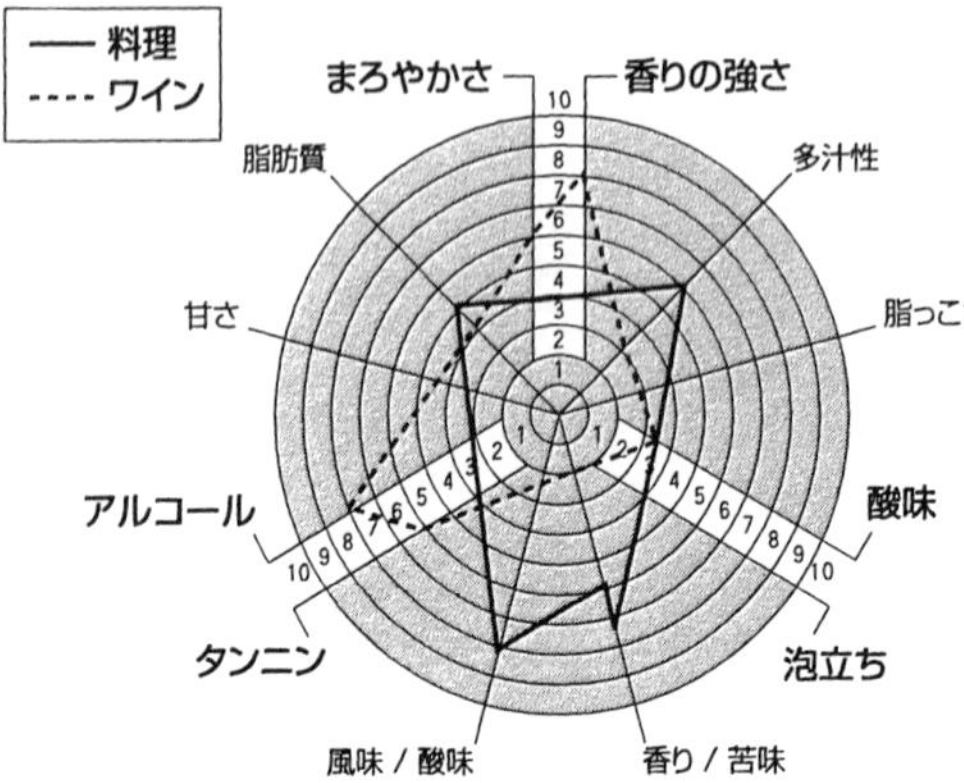

チーズの風味の強さにワインの香りの強さが対応し、チーズの旨味の部分にワインのアルコールが対応してバランスを取っている。

桃のブルーベリーソースとブラケット・ダックイの相性

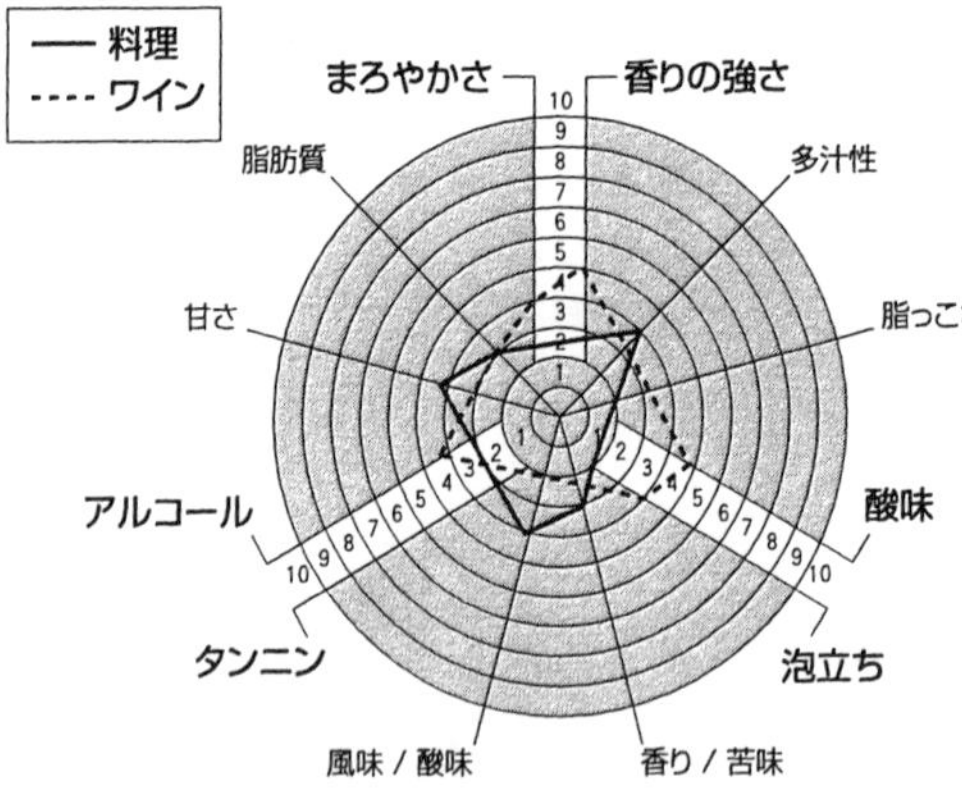

料理の風味、甘さに対し、ワインの酸味、香りが対応し、料理全体の味わいをワインが包み込むような形になっている。

チェリー入りズコットとロマーニャ・アルバーナ・ドルチェの相性

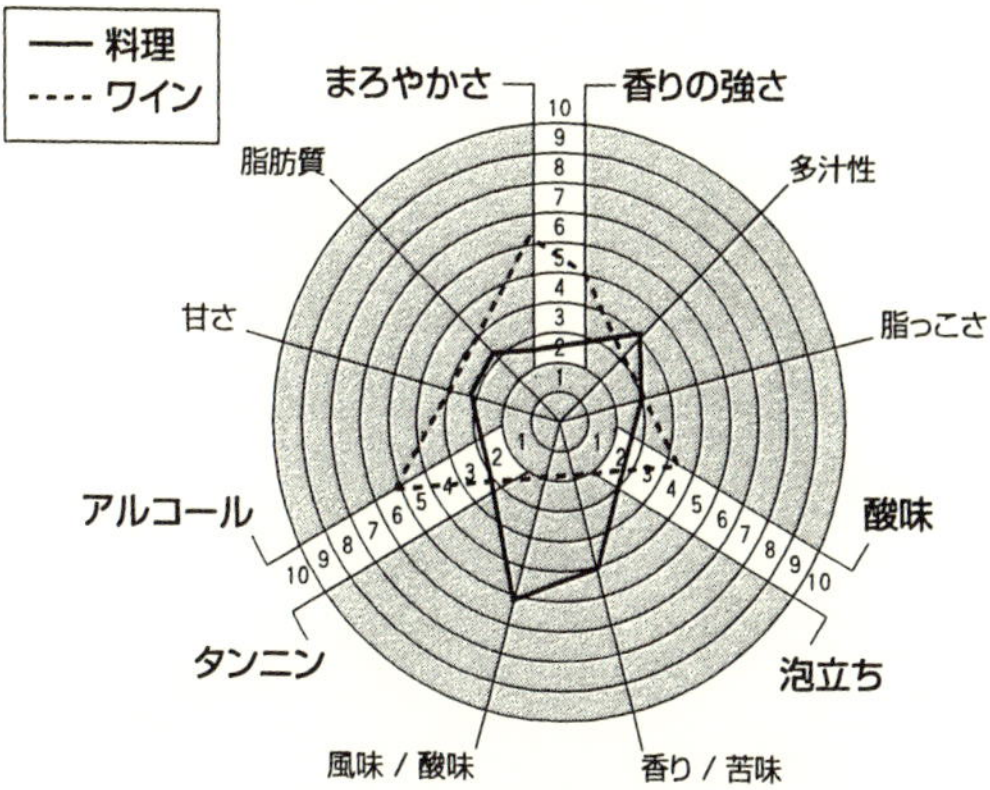

料理の風味や香りにワインのまろやかさが対応し、料理全体の味わいをワインの強めのアルコールと酸味が補い、一層味わいの深いものにしている。

豚肉とゴボウの卵とじ

◇Orvieto Superiore《オルヴィエート・スペリオーレ》

◇Frascati Superiore《フラスカティ・スペリオーレ》

卵が肉とゴボウの仲を取り持つ役目を果たしている料理。全体の味付けがやや甘みを帯びるので、まろやかでバランスのとれた、アルコールを感じる熟成辛口白ワインが合う。

ロールキャベツ

◇Torgiano Bianco《トルジャーノ・ビアンコ》

◇アルネイス主体の白ワイン

◇Pomino Bianco《ポミーノ・ビアンコ》

ベーコン、塩、コショウで味付けし、和カラシで食べることも多い。野菜と塩の味わいがベースなので、やや酸味を感じ、味わいのある辛口白ワインが合う。

〈味噌〉

以前、金山寺味噌はワインに合わないものかと試してみたことがある。多くの味噌は、塩分が強くワインには難しい部分があったが、この味噌はソフトな味わいで甘味があるからか、アロマを含む辛口白ワインに合った。

金山寺味噌

◇アルト・アディジェ地方のピノ・ビアンコ

◇フリウリ地方のシャルドネ

◇マルケ地方のヴェルディッキオ・スペリオーレ

◇シチリアのカタッラット主体のワイン

◇Soave《ソアーヴェ》

旨煮

◆メルロー、ドルチェット、ボナルダなどの日常赤ワイン
◆Bardolino Chiaretto
バルドリーノ・キアレット
◆Castel del Monte Rose
カステル・デル・モンテ・ロゼ

肉や野菜をみりん、砂糖、醤油などで甘辛く煮た料理。和カラシを加えれば甘辛の味わいに幅ができ、ソフトな味わいの赤ワインやロゼワインと合わせることができる。

サバの味噌煮

◇フリウリ地方のソーヴィニヨン種、ヴェルドゥッツォ種、リボッラ種などを使ったワイン
◆Bardolino　バルドリーノ
◆Rosso Piceno　ロッソ・ピチェーノ

サバの切り身を味噌で煮込み、酒、砂糖、ショウガで味付けする。比較的味の濃い魚料理なので、アロマを含むしっかりした味わいの辛口白か、なめらかであまりタンニンを感じない赤ワインが合う。

酢豚

◇アルト・アディジェ地方のソーヴィニヨン
◇Lacryma Christi del Vesuvio Bianco
ラクリマ・クリスティ・デル・ヴェスーヴィオ・ビアンコ
◆Bardolino Chiaretto
バルドリーノ・キアレット

揚げた豚肉と野菜を炒め、味付けしてとろみをつける。甘酸っぱいので、酸味とミネラル感のある辛口白ワインやソフトな味わいのロゼワインが合う。

ふろふきダイコン

◇アルト・アディジェ地方のピノ・グリージョ
◇Vernaccia di San Gimignano
ヴェルナッチャ・ディ・サン・ジミニャーノ

昆布ダシで煮込んだダイコンに練り味噌をかけ、ユズの皮をのせる。ダイコンの甘みに味噌のアクセントがつくので、ソフトな味わいではのかな甘みを感じる新鮮な白ワインが合う。

小アジを二度揚げしてダイコンおろし、もしくは塩を添える。カラッと揚げ、塩味で食べるので、しっかりした味わいの辛口白ワインが合う。

サバの竜田揚げ

◇Fiano di Avellino
フィアーノ・ディ・アヴェッリーノ
◆Alto Adige Lagrein Rose
アルト・アディジェ・ラグレイン・ロゼ
◆Castel del Monte Rose
カステル・デル・モンテ・ロゼ

サバをショウガ醤油に漬け込み揚げたもの。サバに味がしみ込んでいて濃いめの味わいなので、ミネラル感と個性があり、旨味を含む辛口白ワインか、辛口ロゼワインが合う。和カラシを添えれば軽めの赤ワインと合わせることができる。

ナスのはさみ揚げ

◇Greco di Tufo
グレコ・ディ・トゥーフォ
◆Bardolino　バルドリーノ
◆ヴェネト地方のメルロー

ナスに挽肉をはさんで揚げる。ナスの甘みに油の厚みと肉の旨味が加わるので、個性があり、旨味を含むしっかりとした白、もしくは軽めの赤ワインが合う。

〈煮物〉
煮物料理には魚や肉のほか、たっぷりの野菜を使用し、醤油、酒、みりん、味噌、酢などでやや甘めの味つけをするため、酸のバランスがよく、旨味のある辛口白ワイもしくはソフトな味わいの赤ワインが合う。

肉じゃが

◆Romagna Sangiovese
ロマーニャ・サンジョヴェーゼ
◆フリウリ地方のメルロー
◆Chianti　キアンティ（軽めの若いもの）

日本人のだれもが好むメニューだが、ジャガイモとタマネギの甘み、牛肉の旨味には、心地よい酸味、果実味とわずかにタンニンを感じるバランスのよい赤ワインが合う。

レモンと醤油で食べるときは、アロマを含み、ミネラル感のあるしっかりした味わいの辛口白ワインが合う。

鶏肉の照り焼き

◆ドルチェット種主体の赤ワイン
◆Oltrepò Pavese Bonarda
オルトレポー・パヴェーゼ・ボナルダ
◆Romagna Sangiovese
ロマーニャ・サンジョヴェーゼ

ソテーした鶏肉に甘辛いタレをからめて焼く。照り焼きはソースの味わいが強く出るため、あまりタンニンを含まない、バランスのよい赤ワインが合う。

焼きギョウザ

◇Fiano di Avellino
フィアーノ・ディ・アヴェッリーノ
◈Castel del Monte Rose
カステル・デル・モンテ・ロゼ
◆Chanti
キアンティ（軽めの若いもの）

肉やニラなどを細かく切って皮に詰めて焼き、醤油で食べる。油分も多く含まれ、醤油の味つけになるので、しっかりした味わいの白や辛口ロゼ、酸があり、あまりタンニンを感じさせない軽めの赤ワインなどが合う。

〈揚げ物〉
揚げ物は衣をつけて油で揚げるため、素材の味わいに加えて油の重さ、甘みが加わり、さらにソースをかけて食べることが多いので、素材に比べ比較的重目のワインを合わせるとよい。

魚のフライ

◇Curtefranca Bianco
クルテフランカ・ビアンコ
◇Gavi　ガヴィ
◇Verdicchio Superiore
ヴェルディッキオ・スペリオーレ

魚の切り身に塩をしてパン粉をつけて揚げる。タルタルソースで食べることが多く、多少コクが出るので、酸とアルコールのバランスがよく、味わいのある辛口白ワインが合う。

小アジの唐揚げ

◇アルト・アディジェ地方のシャルドネ
◇フリウリ地方のリースリング
◇エミリア地方のマルヴァジア

サバの塩焼き

◇ピエモンテ地方のガヴィやアルネイスなどの白

◇Vernaccia di San Gimignano
ヴェルナッチャ・ディ・サン・ジミニャーノ

◆アルト・アディジェ地方のラグレイン・ロゼなど

脂ののったサバに塩をして焼き、ダイコンおろしで食べるのが一般的。サバの脂に塩味が加わるので、アロマと旨味を含み、しっかりした味わいの白ワインや、辛口のロゼワインが合う。和カラシを加えると味わいのバランスが変わり、不思議に赤ワインにも合う。

イカの醬油焼き

◇Trebbiano d'Abruzzo
トレッビアーノ・ダブルッツォ

◇Martina Franca
マルティーナ・フランカ

イカの皮をむき、醬油と酒に漬けて網焼きにする。イカを生で食べるときよりも旨みが加わっているので、バランスがよく、アルコールや酸を感じさせる辛口白ワインが合う。

ブリの味噌漬け焼き

◇Greco di Tufo
グレコ・ディ・トゥーフォ

◇Romagna Albana
ロマーニャ・アルバーナ（辛口）

◆北イタリアのボナルダなど

脂ののったブリを味噌に漬けて網焼きにする。ブリの脂に味噌の旨みが加わっているので、アルコールを感じ、しっかりした味わいの辛口白ワインや、酸があり甘みがあって、あまりタンニンを感じさせない軽めの赤ワインが合う。

ニシンの七味焼き

◆バルベーラ主体の赤ワイン

◆Valpolicella ヴァルポリチェッラ

◆Rosso Conero ロッソ・コーネロ

脂ののったニシンを醬油とショウガ、七味、ニンニクで味付けして焼く。ニシンの脂とショウガなどのコントラストのある味わいの料理なので、酸がしっかりしていて、生き生きとした若い赤ワインが合う。

カキのバター焼き

◇木樽を使ったトレンティーノ地方のシャルドネ

◇フリウリ地方のリースリング

マグロの山かけ

◇Frascati Abbocato
フラスカティ・アッボッカート
◈Bardolino Chiaretto
バルドリーノ・キアレット
◆ヴェネト地方のソフトな味わいの軽めのメルロー

醤油に漬けたぶつ切りのマグロに、すりおろしたヤマイモをかける。マグロの赤身の成分とヤマイモに含まれる味わいのコクから、甘みのある白、ソフトなロゼ、軽めの赤ワインなどが合う。

セリのゴマ和え

◇サルデーニャ島のヴェルメンティーノ
◇ウンブリア地方のトルジャーノ・ビアンコ

醤油、米酢、砂糖を使ったゴマ和え。ゴマの風味とセリの香りがアクセントになっているので、バランスがよく、しっかりとした味わいある辛口白ワインが合う。

小アジの南蛮漬け

◇フリウリ地方のソーヴィニヨン
◇アルト・アディジェ地方のリースリング
◇Vernaccia di Oristano
ヴェルナッチャ・ディ・オリスターノ

小アジをしっかり揚げてから、タマネギ、ニンジンなどの野菜と一緒に米酢で漬けてあるので、アロマを含み、しっかりした味わいの、もしくはアルコール度の高い辛口白ワインが合う。

鶏肉と野菜のおろし和え

◇Vernaccia di San Gimignano
ヴェルナッチャ・ディ・サン・ジミニャーノ
◇Greco di Tufo　グレコ・ディ・トゥーフォ

鶏肉とシイタケ、キュウリにダイコンおろしを和え、酢を加えたもの。米酢を使うので、酸とアロマがあり、しっかりした味わいの辛口白ワインが合う。

〈焼き物〉

魚を焼く場合、塩もしくは味噌、あるいは醤油などをつけて焼くことが多く、魚本来の味わいに加え、味付けによって合わせるワインが変わってくる。比較的香りが高くアロマの強い辛口白ワイン、もしくはわずかなタンニンを含む辛口ロゼ、軽めの赤ワインを合わせるとよい。

・ゴマだれで食べる場合

◇木樽熟成させたアルト・アディジェのソーヴィニヨンやピノ・グリージョ
◆Lagrein Rosato　ラグレイン・ロザート
◆Romagna Sangiovese
ロマーニャ・サンジョヴェーゼ

ゴマにはかなりの香りと味わいが含まれているので、さらにアロマのきいた成熟した白か、辛口ロゼ、あまりタンニンを感じさせない軽めの赤ワインと合わせることができる。

〈すき焼き〉

◇Orvieto Superiore
オルヴィエート・スペリオーレ（旨味とコクのあるもの）
◇フリウリ地方のヴェルドゥッツォ（少し熟成させたもの）
◆Barbera d'Asti　バルベーラ・ダスティ
◆Chianti　キアンティ
◆Valpolicella Ripasso
ヴァルポリチェッラ・リパッソ

すき焼きには肉だけではなく野菜や豆腐などをたっぷり入れるが、調味料に日本酒のほか砂糖なども使い、やや甘口の濃い味付けになる。これを生卵に通して食べることによって味わいがまろやかになり、肉の脂肪分も覆いかくされる。そこで、普通であれば赤ワインを合わせたいところだが、しっかりとして味わいのある、少し熟成した厚めの白ワインを合わせることもできる。赤ワインなら、あまりタンニンを感じないバランスのよいものがよい。また、樽熟成が少ない方が望ましい。

〈和え物、酢の物〉

野菜をベースにダシや酢、砂糖、味噌、塩などを使ったこれらの料理は、バランスがよく、どちらかというとアロマを含む、辛口からやや甘口の白ワインが合う。

アサリと小松菜の和え物

◇Soave　ソアーヴェ
◇Verdicchio dei Castelli di Jesi
ヴェルディッキオ・デイ・カステッリ・ディ・イエージ

味付けにはダシと醤油を使うが、青野菜と貝の組み合わせなので、バランスのとれた白ワインが合う。

・江戸前寿司

①◇Pino Bianco　ピノ・ビアンコ（各種）
◇Chaldonnay　シャルドネ（各種）
◇Pino Grigio　ピノ・グリージョ（各種）

②◇Vernaccia di San Gimignano　ヴェルナッチャ・ディ・サン・ジミニャーノ
◇Soave Superiore　ソアーヴェ・スペリオーレ
◇アルバーナの辛口

③◆Bardolino　バルドリーノ
◆Romagna Sangiovese　ロマーニャ・サンジョヴェーゼ
◆北イタリアのボナルダ

白身の魚から貝類まで、またマグロの赤身からトロまで種類は幅広い。そのほとんどを生のまま使うので、辛口の白からタンニンがやわらかく熟した赤ワインまで、ワインも幅広く合わせることができる。まず、フレッシュ感のある北イタリアの辛口白ワインからはじめ、次に、ある程度アロマがあり、しっかりした味わいの辛口白ワインへと移していけばよいだろう。そして、マグロの漬けや脂ののったサバには、コショウや和カラシなど調味料の工夫をして、まろやかな味わいの赤ワインか、熟成を経てタンニンもほぐれ、まろやかな味わいになった赤ワインを合わせることができる。

〈しゃぶしゃぶ〉

牛肉を薄切りにし、ダシをとった沸騰水の中にさらして脂肪分を落とし、これをレモン醤油やポン酢醤油、あるいはゴマだれで食べる。肉だけではなくたっぷりの野菜も一緒に食べるので、通常は白ワインが合う。どうしても赤ワインを合わせたい時には、比較的タンニンが少なく、ソフトな味わいのものを選べばよい。もちろん、肉の質によってはしっかりした味わいのワインも喜ばれるだろう。アロマのしっかりした辛口スプマンテも合う。

・ポン酢醤油などで食べる場合

◇Frascati Superiore　フラスカティ・スペリオーレ
◇Gavi　ガヴィ

酸と旨味が加わるので、これに負けない酸と旨味を持ったワインが必要になる。まろやかでしっかりした味わいの辛口白ワインが合う。

・ハマチ、ブリ、イワシ、サバなど

◇Greco di Tufo
グレコ・ディ・トゥーフォ

◇Soave Superiore
ソアーヴェ・スペリオーレ

◆Bardolino Chiaretto
バルドリーノ・キアレット

◆Alto Adige Lagrein Rosato
アルト・アディジェ・ラグレイン・ロザート

◆Castel del Monte Rose
カステル・デル・モンテ・ロゼ

脂が多い魚や血合い肉を持つ魚には、醤油にワサビ、ショウガ、ニンニク、唐辛子などを使うので、旨味があり、アルコールを感じさせる辛口白ワインや辛口のロゼワインが合う。

・マグロ

◆Bardolino バルドリーノ

◆サンジョヴェーゼ主体の軽めの赤ワイン

赤身とトロの部分では全く違った味わいになるが、オリーブオイルやコショウなどを使うと、比較的タンニンが少なく、味わいがまろやかな赤ワインに合う。

〈寿司〉

関西風と江戸前で作り方や味わいが大きく違ってくる。

・関西風の寿司

◇Frascati Superiore
フラスカティ・スペリオーレ

◇Orvieto Abbocato
オルヴィエート・アッボッカート

◇Vermentino di Gallura
ヴェルメンティーノ・ディ・ガッルーラ

魚を塩と酢でしめたり焼いたり、煮たりすることが多く、寿司飯にも昆布だしを入れて炊き、やや甘めの味付けになっているので、合わせるワインもやや甘みがあり、酸味もある辛口白ワインがよい。

イタリアワインと日本料理の組み合わせ・実践編

料理名	合わせるワイン
〈天ぷら〉	◇Soave　ソアーヴェ ◇Verdicchio dei Castelli di Jesi ヴェルディッキオ・デイ・カステッリ・ディ・イエージ ◇Gavi　ガヴィ ○Prosecco　各種プロセッコ（スプマンテ）

魚介類と野菜、きのこなどに衣を付け、油で揚げる。小麦粉と油を使うことから甘みと油分を含むため、新鮮味のある白ワインや、さわやかな発泡性辛口白ワインなどが合う。

〈刺身〉

刺身にする魚によって合わせるワインは変わってくるが、刺身に塩を使うと白ワインを合わせやすい。醤油には旨味の成分も含まれているため、醤油をつけて食べるとワインが負けてしまって合わせにくくなる。

・スズキ、タイなど	◇サルデーニャ島のヴェルメンティーノ ◇ロマーニャ地方のトレッビアーノ ◇Soave　ソアーヴェ（若いもの）

醤油とワサビで食べることが多いので、比較的酸を感じる辛口白ワインが合う。

・ヒラメやカレイなど	◇Vernaccia di San Gimignano ヴェルナッチャ・ディ・サン・ジミニャーノ ◇Gavi　ガヴィ ◇Romagna Albana ロマーニャ・アルバーナ（辛口）

他の白身魚と比べると比較的脂肪分が多く、酢醤油やショウガ醤油などを使うことがあるので、アロマがあり、アルコールを感じる辛口白ワインが合う。

〈Secondo〉

Angiulottus
アンジュロットゥス
(子羊の乾燥肉の料理)

◆Cannonau di Sardegna Rosso
カンノナウ・ディ・サルデーニャ・ロッソ

◆Aglianico del Vulture
アリアニコ・デル・ヴルトゥレ

子羊の肉を小さく切り、羊乳から作ったチーズを混ぜ合わせ、練って乾燥させ、これを湯に通して、トマトベースのソースや肉汁をかけ、さらにチーズをかけて食する料理。

〈Dolce〉

Seadas
セアダス

◇Moscato di Cagliari
モスカート・ディ・カリアリ

◇Frascati Dolce
フラスカティ・ドルチェ

世界で最も古いデザートといわれる、サルデーニャの名物デザート。小麦粉と卵、少量のラードを練って生地を作り、薄い板状にして切り分け、短冊切りのペコリーノチーズをのせ、これを包み、油で揚げ、上からハチミツをかけたシンプルなデザート。

リキュールを浸したスポンジケーキを器の底と周りに貼り付け、羊乳から作ったリコッタチーズと砂糖のクリームを塗り、カンディーティ（果物の砂糖漬け）を段重ねし、器から抜いて全体にクリームを塗り、上にカンディーティの飾りをし、冷蔵庫で冷やした料理。

Cannoli
カンノーリ

◇Moscato di Pantelleria Naturale
モスカート・ディ・パンテッレリア・ナトゥラーレ
◇Orvieto Dolce
オルヴィエート・ドルチェ

小麦粉で作った生地を小さく切って薄く伸ばし、筒状にして揚げ、カンディーティ、チョコレートの小片、砂糖などと新鮮な羊乳リコッタチーズを混ぜたクリームを詰め、粉砂糖をまぶしたドルチェ。

Sardegna

サルデーニャ州

料理名	合わせるワイン

〈Antipasto〉
Aragosta alla Catalana
アラゴスタ・アッラ・カタラーナ
（カタルーニャ風伊勢エビのサラダ）

◇Vermentino di Sardegna
ヴェルメンティーノ・ディ・サルデーニャ
◇Friuli Colli Orientali Friulano
フリウリ・コッリ・オリエンターリ・フリウラーノ

スペインのカタルーニャ地方から来た人々が持ち込んだ料理と言われる。生、もしくは軽くボイルした伊勢エビに、トマト、オリーブオイル、パセリ、ニンニク、などのソースをかけたサラダ料理。

〈Primo〉
Impanadas
インパナダス
（肉・野菜入りパイ）

◆Cannonau di Sardegna Rosato
カンノナウ・ディ・サルデーニャ・ロザート
◆San Severo Rosso
サン・セヴェロ・ロッソ

パン粉を水で練り、生地を作り、袋状にする。豚肉と仔牛肉を賽の目状に切り、ベーコン、玉ネギを炒めてこれを袋につめ、アーティチョーク、乾燥トマト、サフラン、コショウ、パセリ、バジリコなどを刻んだものを加え、蓋をしてオーブンで焼く、お祭りの料理。

〈Primo〉

Pasta con le sarde
パスタ・コン・レ・サルデ
(イワシ入りパスタ)

◇Alcamo Bianco
アルカモ・ビアンコ

◇Friuli Isonzo Pinot Grigio
フリウリ・イゾンツォ・ピノ・グリージョ

生のいわしの頭と中骨を取り、薄塩をしておく。別に玉ネギとニンニクをオリーブオイルで炒め、イワシを加え、野生のフェンネル、松の実、アンチョビ、パセリ、干しブドウを入れ、サフランと塩、コショウで味付けしたソースを作り、茹で上げパスタと和えた料理。

Spaghetti con Sugo di Melanzane
スパゲッティ・コン・スーゴ・ディ・メランザーネ
(なすのスパゲッティ)

◇Contessa Entellina Ansonica
コンテッサ・エンテッリーナ・アンソニカ

◇Vernaccia di San Gimignano
ヴェルナッチャ・ディ・サン・ジミニャーノ

輪切りにしたナスをオリーブオイルで炒め、トマトソースと合わせ、茹で上げスパゲッティに加え、塩漬けのリコッタチーズをまぶした料理。

〈Secondo〉

Costoletta alla Siciliana
コストレッタ・アッラ・シチリアーナ
(シチリア風仔牛のカツレツ)

◆Etna Rosso
エトナ・ロッソ

◆Colli Berici Merlot
コッリ・ベリチ・メルロー

マリネした仔牛の切り身に、溶き卵をつけ、ニンニクとパセリのみじん切りと粉チーズをまぶしてパン粉をつけてオリーブオイルで揚げた料理。

Pesce Spada alla Graticola
ペッシェ・スパーダ・アッラ・グラティコラ
(カジキマグロの網焼き)

◇Etna Bianco
エトナ・ビアンコ

◇Lacryma Christi del Vesuvio Bianco
ラクリマ・クリスティ・デル・ヴェスーヴィオ・ビアンコ

カジキマグロの切り身を白ワインとオリーブオイルに浸し、しばらく置き休ませてから網焼きにし、最後に漬け汁をかけ、洋パセリとオレガノ、塩、コショウで味付けをしたメッシーナからカターニャにかけての料理。

〈Dolce〉

Cassata
カッサータ

◇Marsala Superiore Demisecco
マルサラ・スペリオーレ・デミセッコ

◇Malvasia delle Lipari
マルヴァジア・デッレ・リパリ

カラーピーマンを2つに切り、種を抜き、皮を湯剝きにしたものをトマトソースと合わせ、バジリコを添えた料理。パスタ用ソースに使うこともある。

〈Primo〉

Melanzane alla Parmigiana
メランザーネ・アッラ・パルミジャーナ
(パルマ風ナスのグラタン)

◆Lamezia Rosso
ラメツィア・ロッソ
◆Colli Bolognesi Barbera
コッリ・ボロニェージ・バルベーラ

ナスの薄切り、ゆで卵、モッツァレッラチーズ、肉団子などに、トマトソースをまぶし、オーブンで焼いた、カラブリア風ナスのグラタン。

〈Secondo〉

Involtini di Pesce Spada
インヴォルティーニ・ディ・ペッシェ・スパーダ
(カジキマグロの包み焼き)

◇Cirò Bianco
チロ・ビアンコ
◇Collio Ribolla Gialla
コッリョ・リボッラ・ジャッラ

カジキマグロを薄く切り、その中にモッツァレッラチーズ、ハム、パセリなどのハーブを入れて包み、小麦粉を付けてバターで炒め、白ワインで仕上げた料理。

Asticciole alla Calabrese
アスティッチョレ・アッラ・カラブレーゼ
(カラブリア風牛肉の串焼き)

◆Cirò Rosso
チロ・ロッソ
◆Friuli Colli Orientali Refosco
フリウリ・コッリ・オリエンターリ・レフォスコ

牛フィレ肉を薄く切り、これにモッツァレッラチーズとソーセージをのせ、巻いて包み込み、ローリエ、パンと交互に串に刺し、オリーブオイルを敷いたフライパンで強火で焼いた料理。

Sicilia

シチリア州

料理名	合わせるワイン

〈Antipasto〉

Arancini di Riso
アランチーニ・ディ・リゾ
(シチリア風ライスコロッケ)

◆Etna Rosato
エトナ・ロザート
◆Castel del Monte Rosato
カステル・デル・モンテ・ロザート

コメを出し汁で炊き、丸いおにぎり状にし、その中に白ワインで煮込んだ牛肉などの細切れ、チーズを詰め、溶き卵とパン粉をまぶし、揚げた料理。

〈Primo〉

Orecchiette con le Cima di Rape
オレッキエッテ・コン・レ・チーマ・ディ・ラペ
(カブラ菜の穂先入りオレッキエッテ)

◇Castel del Monte Bianco
カステル・デル・モンテ・ビアンコ

◇Bianco di Custoza
ビアンコ・ディ・クストーツァ

耳の形をしたショートパスタ、オレッキエッテを茹でてカブラ菜の穂先を加え、オリーブオイル、黒コショウ、ニンニクを加えただけのシンプルなパスタ料理。カブラ菜の代わりに、カリフラワーやブロッコリーを使用しても良い。

〈Secondo〉

Seppie Ripiene
セッピエ・リピエーネ
(イカの詰物料理)

◆Castel del Monte Rosato
カステル・デル・モンテ・ロザート

◇Soave Superiore
ソアーヴェ・スペリオーレ

イカをきれいに洗い、内臓を抜き、中に卵、パン粉、ニンニクと洋パセリのみじん切りを塩、コショウした具を詰める。ジャガイモのスライスをオーブン皿に敷き、塩水を浸して、イカをのせ、オリーブオイルとペコリーノチーズ、洋パセリを加え、塩、コショウで味つけしたパン粉をまぶし、オーブンで焼いた料理。

〈Dolce〉

Mandorle Attorrate
マンドルレ・アットッラーテ
(アーモンドとチョコレートの菓子)

◇Moscato di Trani
モスカート・ディ・トラーニ

◇Ramandolo
ラマンドロ

アーモンドを茹で、オーブンで焼いておく。次に卵白をホイップして砂糖を混ぜ、手鍋に入れ、これに溶かしたチョコレートを加えて火から下ろし、混ぜながらアーモンドを加え、適当な大きさに分けて冷まして固めたプーリア地方の伝統的なドルチェ。

Calabria

カラブリア州

料理名	合わせるワイン

〈Antipasto〉

Peperone alla Calabrese
ペペローネ・アッラ・カラブレーゼ
(カラブリア風ピーマンのトマト煮)

◆Cirò Rosato
チロ・ロザート

◆Alto Adige Lagrein Rosato
アルト・アディジェ・ラグレイン・ロザート

ンニク、ミント、唐辛子でボイルし、両者を併せて冷蔵庫で2日間ほど休ませた料理。

〈Primo〉

Pasta alla Potentina
パスタ・アッラ・ポテンティーナ
（ポテンツァ風パスタ料理）

◆Cirò Rosato
チロ・ロザート

◇Romagna Albana Secco
ロマーニャ・アルバーナ・セッコ

とうもろこしの粉に、ラード、塩、水を加えてよく練り、2cmほどの正方形のパスタを作る。別にオリーブオイル、トマト、塩、コショウでトマトソースを作り、茹で上げたパスタと和え、ペコリーノチーズをまぶす。

〈Secondo〉

Agnello alla Lucana
アニェッロ・アッラ・ルカーナ
（ルカーニア風子羊の料理）

◆Terre di Cosenza Donnici Rosso
テッレ・ディ・コセンツァ・ドンニチ・ロッソ

◆Valtellina
ヴァルテッリーナ

子羊肉を適当な大きさに切り、セロリ、玉ネギ、トマトの実の部分、ローズマリー、月桂樹の葉を鍋で炒め、これに水を加え、弱火で2時間程煮込み、塩、コショウで味付けした料理。

Puglia

プーリア州

料理名	合わせるワイン

〈Antipasto〉

Acquasalsa
アクアサルサ
（プーリア風パンツァネッラ）

◇Locorotondo
ロコロトンド

◇Romagna Trebbiano
ロマーニャ・トレッビアーノ

十字軍の兵士に出された農民の料理といわれる。薄切りにしたパンに水をかけ、布で水気を取り、半分に切ったトマトをこれにすり付け、パンにトマトの果肉を染み込ませ、周りの硬い部分を取り除く。これに、オレガノと塩、玉ネギのみじん切りをふりかけ、オリーブオイルをかけて食する、農民の質素な料理。

ナポリ湾では、マダコが多くとれることから、この料理が生まれた。土鍋にタコを入れ、オリーブオイル、トマト、ニンニク、赤唐辛子、洋パセリを加えてやわらかく煮込んだ料理。

〈Primo〉

Spaghetti alla Puttanesca
スパゲッティ・アッラ・プッタネスカ
(娼婦風スパゲッティ)

◇Fiano di Avellino
フィアーノ・ディ・アヴェッリーノ
◇Vernaccia di San Gimignano
ヴェルナッチャ・ディ・サン・ジミニャーノ

太めのスパゲッティを茹で、トマトソースに、洋パセリ、黒オリーブ、ケッパー、アンチョビなどを加え、和えた料理。

〈Secondo〉

Bistecca alla Pizzaiola
ビステッカ・アッラ・ピッツァイオーラ
(ピッツァ風ステーキ)

◆Taurasi
タウラージ
◆Gattinara
ガッティナーラ

牛肉をソテーして、ニンニク、オレガノ、コショウで味付けしたトマトソースで軽く煮た料理。

Capretto con Piselli all'Uovo
カプレット・コン・ピゼッリ・アッルオーヴォ
(子山羊とグリーンピースの白ワイン煮)

◆Sannio Solopaca Rosso
サンニオ・ソロパーカ・ロッソ
◆Valpolicella
ヴァルポリチェッラ

古くからのナポリの復活祭の料理。子山羊肉のぶつ切りを玉ネギと一緒に炒め、グリーンピースを加え、白ワインとブイヨンを加えて煮込み、最後に溶き卵、洋パセリ、粉チーズを加えた料理。

Basilicata

バジリカータ州

料理名	合わせるワイン

〈Antipasto〉

Alici alla Lucana
アリーチ・アッラ・ルカーナ
(ルカーニア風イワシのサラダ)

◇Etna Bianco
エトナ・ビアンコ
◆Castel del Monte Rosato
カステル・デル・モンテ・ロザート

生のイワシを水で流しながら良く洗い、頭と骨を抜いて、身を重ね、小麦粉をまぶしてオリーブオイルで揚げ、よく油を落とす。一部を水とヴィネガー、ニ

Gnocchi alla Romana
ニョッキ・アッラ・ロマーナ
(ローマ風ニョッキ)

◇Colli Albani
コッリ・アルバーニ
◇Etna Bianco
エトナ・ビアンコ

セモリナ粉（デュラム小麦の荒挽き）を水で練り、棒状にして輪切りにしたものにバターとパルメザンチーズをかけてオーブンで焼いた料理。

〈Secondo〉

Saltimbocca alla Romana
サルティンボッカ・アッラ・ロマーナ
(ローマ風サルティンボッカ)

◇Frascati Superiore
フラスカティ・スペリオーレ
◆Rosso Piceno
ロッソ・ピチェーノ

仔牛肉にセージと生ハムをのせ、薄く小麦粉をまぶし、バターで炒め、白ワインで蒸し煮にした料理。

Abbacchio alla Romana
アッバッキョ・アッラ・ロマーナ
(子羊のロースト・ローマ風)

◇Frascati Superiore
フラスカティ・スペリオーレ（3～4年熟成）
◆Chianti Classico
キアンティ・クラッシコ

子羊の肉を適当な大きさに切り、ニンニクとオリーブオイル、白ワインを加えて煮る。水分が飛んだら、アンチョビ、ローズマリー、ヴィネガーを加え、水分が飛ぶまで火にかける。

Campania

カンパーニア州

料理名	合わせるワイン

〈Antipasto〉

Cozze al Vino Bianco
コッツェ・アル・ヴィーノ・ビアンコ
(ムール貝の白ワイン蒸し)

◇Sannio Solopaca Bianco
サンニオ・ソロパーカ・ビアンコ
◇Bianco di Custoza
ビアンコ・ディ・クストーツァ

ムール貝にニンニクと洋パセリ、白ワインで蒸し煮にした料理。トマトを入れても良い。

Polipi Affogati
ポリピ・アッフォガーティ
(おぼれダコ)

◇Lacryma Christi del Vesuvio Bianco
ラクリマ・クリスティ・デル・ヴェスーヴィオ・ビアンコ
◆Bardolino Chiaretto
バルドリーノ・キアレット

〈Dolce〉

Parrozzo
パッロッツォ

◇Moscadello di Montalcino
モスカデッロ・ディ・モンタルチーノ
◇Recioto di Gambellara
レチョート・ディ・ガンベッラーラ

卵黄に砂糖を混ぜ、アーモンドのペーストにも砂糖を混ぜて練り、粉砂糖、アーモンド、小麦粉、バターと混ぜ、これにホイップした卵白を少しずつ加え、小分けしてオーブンで焼き、上から溶かしたチョコレートをかけたドルチェ。

Lazio

ラツィオ州

料理名	合わせるワイン

〈Antipasto〉

Puntarelle all'Acciuga
プンタレッレ・アッラッチューガ
(プンタレッレのアンチョビソース)

○Marino Spumante
マリーノ・スプマンテ
◆Rosso Piceno
ロッソ・ピチェーノ

プンタレッレは古くはローマでしか食べられなかった冬の野菜。今ではミラノでもスピガータと呼ばれるようになった。中心の芽の部分と皮をむいて縦に細かく裂いた茎を水にさらし、アンチョビの油漬け、ニンニク、ケッパー、オリーブオイルで作ったソースに付けるか、かけるかする料理。前菜としてもサラダとしても良い。

〈Primo〉

Spaghetti all'Amatriciana
スパゲッティ・アッラマトリチャーナ
(アマトリーチェ風スパゲッティ)

◇Marino
マリーノ
◇Verdicchio di Matelica
ヴェルディッキオ・ディ・マテリカ

ラツィオ州アマトリーチェ周辺で生まれた料理。赤唐辛子とパンチェッタ(ベーコンの一種)のトマトソースをスパゲッティと和え、粉ペコリーノチーズをまぶして食べる料理。

Spaghetti alla Carbonara
スパゲッティ・アッラ・カルボナーラ
(炭焼き風スパゲッティ)

◇Frascati Superiore
フラスカティ・スペリオーレ
◇Gavi
ガヴィ

茹で上げスパゲッティにパルメザンチーズと溶き卵を加えて手早くかき混ぜ、ベーコンやたっぷりのコショウをまぶして食べる、栄養価満点の料理。

アブルッツォ地方では「マッケローニ」とはすべてのパスタを指すが、このパスタは、鉄線で作った手打ちのロングパスタ。茹で上げたパスタに、トマトソースを和えるが、ソースには唐辛子を加える。地元ではこれにリコッタチーズを熟成させた塩の効いたものをかけて食する。

〈Secondo〉

Brodetto Abruzzese
ブロデット・アブルッツェーゼ
(アブルッツォ風魚介類のスープ)

◆Montepulciano d'Abruzzo Cerasuolo
モンテプルチャーノ・ダブルッツォ・チェラスオーロ

◆Salice Salentino Rosato
サリチェ・サレンティーノ・ロザート

魚介類のスープの中でも、アブルッツォ風は、伊勢エビと唐辛子を使う特徴がある。鍋にオリーブオイルを熱し、薄切りの玉ネギを炒め、唐辛子を加えて辛味を付けた後取り出す。冷やした玉ネギにワインヴィネガーを加えてすり潰し、鍋に戻してブイヨンを加えて熱し、一口大の伊勢エビ他の魚を入れ、塩、コショウで味つけした料理。

Molise

モリーゼ州

料理名	合わせるワイン

〈Primo〉

Fusilli al Pentro
フジッリ・アル・ペントロ
(フジッリの赤ワインソース)

◆Pentro d'Isernia
ペントロ・ディゼルニア

◆Barbera del Monferrato
バルベーラ・デル・モンフェッラート

子羊肉のミンチに小麦粉をまぶし、玉ネギとオリーブオイルで炒める。これにお湯でのばしたトマトソースを加え、塩、唐辛子とワインを少しずつ加えて鍋に蓋をして煮込み、ラグーを作る。これを茹で上げフジッリと和え、ペコリーノチーズをまぶした料理。

〈Secondo〉

Coniglio alla Morisana
コニーリオ・アッラ・モリザーナ
(モリーゼ風ウサギ肉の串焼き)

◆Biferno Rosso
ビフェルノ・ロッソ

◆Ovada
オヴァーダ

ウサギの肉を大きめに切り、塩コショウしてローズマリー、洋パセリをふり、生ハムを巻いてサルヴィア、ソーセージなどを交互に串に刺し、オリーブオイルをたっぷりかけてオーブンで焼いた料理。

カポコッロをスライスしてのせて食する。

〈Secondo〉

Costoletta del Curato
コストレッタ・デル・クラート
(香味野菜ソースかけ仔牛のステーキ)

◆Torgiano Rosso
トルジャーノ・ロッソ
◆Curtefranca Rosso
クルテフランカ・ロッソ

オルヴィエートの名物料理。春から夏にかけて10種類以上のハーブ野菜のソースを作り、これを仔牛のステーキにかけて食べる料理。

〈Dolce〉

Mostaccioli
モスタッチョリ

◇Orvieto Amabile
オルヴィエート・アマービレ
◇Oltrepò Pavese Moscato
オルトレポー・パヴェーゼ・モスカート

イタリアの守護神、聖フランチェスコが望んだ最後の食べ物だったといわれる。すり潰したアーモンドと小麦粉を混ぜ、これにキャラメル状にした砂糖を加え、良く練って生地を作り、厚さ1cmほどのひし形に切り分け、オーブンで焼いたもの。

Abruzzo

アブルッツォ州

料理名	合わせるワイン

〈Antipasto〉

Crostini di Pecorino
クロスティーニ・ディ・ペコリーノ
(ペコリーノチーズのクロスティーニ)

◇Trebbiano d'Abruzzo
トレッビアーノ・ダブルッツォ
○Gavi Spumante
ガヴィ・スプマンテ

卵黄を塩、コショウをしてよく混ぜ、卵白は別にホイップして両者を併せ、これにペコリーノチーズを加える。これを焼いたパンの上にのせ、オーブンで焼く。

〈Primo〉

Maccheroni alla Chitarra
マッケローニ・アッラ・キタッラ
(パスタのキタッラ風)

◆Montepulciano d'Abruzzo Cerasuolo
モンテプルチャーノ・ダブルッツォ・チェラスオーロ
◆Bolgheri Rosato
ボルゲリ・ロザート

〈Secondo〉

Porchetta
ポルケッタ
（子豚の丸焼き）

◆Rosso Piceno
ロッソ・ピチェーノ
◆Trentino Marzemino
トレンティーノ・マルツェミーノ

中程度の大きさの豚の腹に、野生のフェンネル、ニンニク、ローズマリー、コショウなどを混ぜて詰め、ゆっくりと丸焼きにしたもの。薄く切って、田舎風のパンに挟んで食べる。スパイシーな料理。田舎の祭りにはなくてはならない食べ物である。

Scottadito
スコッタディート
（子羊の網焼きマルケ風）

◆Rosso Conero
ロッソ・コーネロ
◆Aglianico del Taburno
アリアニコ・デル・タブルノ

この料理は、指を火傷をする、という意味の料理。子羊のあばら肉を骨ごと切り、すり潰したニンニク入りオリーブオイルに浸して、網焼きにした、極めて素朴な料理。

Baccalà in Umido al Pomodoro alla Marchigiana
バッカラ・イン・ウミド・アル・ポモドーロ・アッラ・マルキジャーナ
（タラの煮込みマルケ風）

◇Verdicchio di Matelica
ヴェルディッキオ・ディ・マテリカ
◇Roero Arneis
ロエロ・アルネイス

水に浸して塩抜きし、軟らかくした塩ダラを小さく切り、小麦粉をまぶしてオリーブオイルで揚げたものを温めておいた皿に並べ、あらかじめオリーブオイル、トマト、ニンニクとパセリのみじん切り、塩、コショウで作っておいたソースをかけた料理。

Umbria

ウンブリア州

料理名	合わせるワイン

〈Antipasto〉

Pizza al Formaggio
ピッツァ・アル・フォルマッジョ
（チーズ入りピッツァパン）

◆Colli Perugini Rosso
コッリ・ペルジーニ・ロッソ
◆Romagna Sangiovese
ロマーニャ・サンジョヴェーゼ

ペコリーノチーズと卵、牛乳、オリーブオイル、小麦粉でピザ状に焼いたパン。これに、肩から背中にかけての豚の肉を塩漬けにして熟成させたウンブリア産

Ribollita
リボッリータ
(豆類の煮込み料理)

◇Colline Lucchesi Bianco
コッリーネ・ルッケージ・ビアンコ
◆Alto Adige Lagrein Rosato
アルト・アディジェ・ラグレイン・ロザート

ハーブ野菜、 豚の骨などと一緒にインゲン豆をオリーブオイルを加えて煮てスープを作り、 たまねぎの薄切りをのせ、 オーブンで焼いた料理で、 2度火を通すことから煮直した料理 「リボッリータ」 と呼ばれる豆料理。

〈Secondo〉

Bistecca alla Fiorentina
ビステッカ・アッラ・フィオレンティーナ
(フィレンツェ風Tボーンステーキ)

◆Chianti
キアンティ
◆Salice Salentino Rosso
サリチェ・サレンティーノ・ロッソ

名産キアーナ牛の骨付き肉を使い、 Tボーンステーキにしたもの。 分厚く切った肉を炭火で焼き、 レアーに仕上げたものに、 たっぷりのオリーブオイル、 コショウと塩をかけたシンプルな料理。

Cacciucco Livornese
カッチュッコ・リヴォルネーゼ
(リヴォルノ風魚貝煮込み)

◇Vernaccia di San Gimignano
ヴェルナッチャ・ディ・サン・ジミニャーノ
◇Romagna Albana Secco
ロマーニャ・アルバーナ・セッコ

リヴォルノの名物料理で、 その日の魚を使用するが、 通常、 ボラ、 ホウボウ、 イカ、 タコ、 エビ、 ムール貝などを一緒に煮込んだ料理。 下魚の煮込み料理。

Marche

マルケ州

料理名	合わせるワイン

〈Primo〉

Lasagne Incassettate all'Anconitana
ラザーニェ・インカッセッターテ・アッランコニターナ
(アンコーナ風ラザーニャ)

◆Rosso Piceno
ロッソ・ピチェーノ
◆Collio Merlot
コッリョ・メルロー

小麦粉と卵でラザーニャの生地を作り、 鍋にバター、 みじん切りにした豚の脂身を入れて炒め、 牛肉、 鶏肉を加えて色付くまで炒める。 ワインと塩、 コショウで味付けし、 最後にレバーを入れてソースを作る。 茹でたラザーニャとこのミートソース、 粉チーズを交互に重ね、 バターをのせてオーブンで焼いた料理。

〈Secondo〉

Anguilla Fritta
アングイッラ・フリッタ
(うなぎの揚げ物)

◆Gutturnio
グットゥルニオ
◆Colli Perugini Rosso
コッリ・ペルジーニ・ロッソ

小さめのウナギの骨を取り、頭と尾を取ってぶつ切りにして、小麦粉をまぶす。フライパンに多めに油を入れて揚げ、色付いたら取り出して、油を落としてサーヴする。

Bollito Misto
ボッリート・ミスト
(茹で肉の盛り合わせ)

◆Colli Piacentini Bonarda
コッリ・ピアチェンティーニ・ボナルダ
◆Barbera d'Alba
バルベーラ・ダルバ

牛タンや鶏肉、豚足や、ザンポーネ、コテキーノなどの詰め物を一緒に煮込み、パセリ、ケッパー、ニンニクとオリーブオイルで作ったサルサヴェルデやクレモナの名産モスタルダ(果物のマスタード入り砂糖漬け)と一緒に食べる伝統料理。

Toscana

トスカーナ州

料理名	合わせるワイン

〈Primo〉

Pappa col Pomodoro
パッパ・コル・ポモドーロ
(トマト入りパン粥)

◇Pomino Bianco
ポミーノ・ビアンコ
◇Trebbiano d'Abruzzo
トレッビアーノ・ダブルッツォ

スープ仕立てのトマト入りパン粥。ニンニク、バジリコ、コショウで味付けしたシンプルなトスカーナ地方の農民の料理。

Zuppa di Fagioli
ズッパ・ディ・ファジョーリ
(いんげん豆入りスープ)

◇Val di Cornia Bianco
ヴァル・ディ・コルニア・ビアンコ
◇Roero Arneis
ロエロ・アルネイス

いんげんと香味野菜をたっぷり使ったスープに、硬くなった薄切りパンを添えたシンプルな料理。

〈Secondo〉

Buridda di Seppie
ブリッダ・ディ・セッピエ
(イカの煮込み)

◆Golfo del Tigullio Rosato
ゴルフォ・デル・ティグッリオ・ロザート

◆Alghero Rosato
アルゲロ・ロザート

玉ネギとニンニク、ニンジン、セロリと松の実、洋パセリを用意し、鍋にオリーブオイルでソフリットする。これにイカとピーマンを加え、白ワインを加えて煮込み、ジャガイモとトマトを加え、コショウをして、ゆっくりと煮た料理。

Emilia-Romagna

エミリア・ロマーニャ州

料理名	合わせるワイン

〈Primo〉

Gnocco Fritto
ニョッコ・フリット
(揚げニョッキ)

◆Colli Piacentini Bonarda
コッリ・ピアチェンティーニ・ボナルダ

◆Trentino Merlot
トレンティーノ・メルロー

小麦粉とラードを溶かしたものと混ぜ、少量の重曹と塩を加えて固くなるまでしっかり練り、棒状に伸ばし、7cm程の長さに斜めに切り、ラードで揚げて油を切ってサーヴする。

Piadina
ピアディーナ

◆Romagna Sangiovese
ロマーニャ・サンジョヴェーゼ

◆Breganze Rosso
ブレガンツェ・ロッソ

小麦粉に重曹と塩を加えてよく混ぜる。ラードをやわらかくしてこれに加え、しっかり練り、薄く伸ばしてこれをオーブンで焼き、熱いうちに生ハム、チーズをのせた料理。

Lasagna alla Bolognese
ラザーニャ・アッラ・ボロニェーゼ
(ボローニャ風ラザーニャ)

●Lambrusco di Sorbara
ランブルスコ・ディ・ソルバーラ

◆Rosso Piceno
ロッソ・ピチェーノ

茹でたパスタの間にミートソースと粉チーズを敷き、これを幾層にも積み重ね、オーブンで焼いた料理。

Liguria

リグーリア州

料理名	合わせるワイン

〈Antipasto〉

Pesto al Genovese
ペスト・アル・ジェノヴェーゼ
(ジェノヴァ風バジルペースト)

◇Riviera Ligure di Ponente Vermentino
リヴィエラ・リグレ・ディ・ポネンテ・ヴェルメンティーノ
◇Soave
ソアーヴェ

ペストは伝統的に大理石の器でフレッシュなバジリコをすり潰し、ニンニク、松の実、粉のペコリーノチーズとパルメザンチーズ、オリーブオイルで硬さを調整し、茹で上げパスタに混ぜる。トロフィエと呼ばれるねじったショートパスタが有名。

Acciughe Marinate
アッチューゲ・マリナーテ
(イワシのマリネ)

◇Riviera Ligure di Ponente Pigato
リヴィエラ・リグレ・ディ・ポネンテ・ピガート
◇Trentino Chardonnay
トレンティーノ・シャルドネ

生のイワシをきれいに掃除し、水洗いして器に敷き、これにレモンを絞って半日おき、オレガノとオリーブオイルを入れ、休ませてサーヴする。

Cappon Magro
カッポン・マグロ
(山海の幸のサラダ)

◇Cinque Terre
チンクエ・テッレ
◇Verdicchio di Matelica
ヴェルディッキオ・ディ・マテリカ

「カッポン」とは去勢鶏のことだが、この料理とは関係ない。海と山の幸をボイルして積み上げ、パセリ、ニンニク、ケッパー、アンチョビなどで作ったソースをかけた料理。

〈Primo〉

Risotto Ligure
リゾット・リグレ
(リグーリア風リゾット)

◇Colli di Luni Bianco
コッリ・ディ・ルーニ・ビアンコ
◇Alghero Torbato
アルゲーロ・トルバート

トマトとニンニク、バジリコ、塩でソースを作る。別の鍋にオリーブオイルを熱し、刻んだクルミをいため、色付いたら米を入れ、白ワインを加えてなじませ、ブイヨンと先のソースを少しずつ加え、最後に粉チーズを混ぜて仕上げた料理。

Friuli-Venezia Giulia

フリウリ・ヴェネツィア・ジューリア州

料理名 / 合わせるワイン

〈Antipasto〉

Aringa Salata alla Friulana
アリンガ・サラータ・アッラ・フリウラーナ
(塩ニシンのフリウリ風)

◇Friuli Grave Pinot Bianco
フリウリ・グラーヴェ・ピノ・ビアンコ
◇Roero Arneis
ロエロ・アルネイス

掃除したニシンを冷水からゆっくりボイルし、 オリーブオイル、 ヴィネガー、 コショウ、 ニンニクなどで味付けした料理。 プリモ、 セコンドとしても使われるお祭りの料理。

〈Secondo〉

Cevapcici
チェヴァプチーチ
(トリエステ風肉のミックスグリル)

◆Friuli Colli Orientali Schioppettino
フリウリ・コッリ・オリエンターリ・スキオッペッティーノ
◆Vino Nobile di Montepulciano
ヴィーノ・ノビレ・ディ・モンテプルチャーノ

トリエステ、 ゴリツィアのティピカルな料理。 辛口ソーセージ、 豚肉、 牛肉、 子羊肉などを網焼きにした料理。

〈Dolce〉

Crostoli
クロストリ

◇Ramandolo
ラマンドロ
◇Moscadello di Montalcino
モスカデッロ・ディ・モンタルチーノ

バターを溶かし砂糖、 少量の塩と牛乳を加え、 別に用意した小麦粉をバター、 卵、 ラム酒とレモンに加え、 生地を作り、 これを薄く伸ばし適当な大きさに切り、 オリーブオイルで色付くまで揚げ、 砂糖をまぶした温かいドルチェ。

Frittelle di Riso
フリッテッレ・ディ・リゾ
(ライスのフリッテッレ)

◇Friuli Colli Orientali Verduzzo Friulano
フリウリ・コッリ・オリエンターリ・ヴェルドゥッツォ・フリウラーノ
○Asti
アスティ

牛乳、 米、 砂糖、 小麦粉、 干しブドウ、 松の実、 バター、 卵、 酵母を入れて膨らまし、 薄く伸ばして適当な大きさに切り、 揚げて粉砂糖をまぶしたイースターのドルチェ。

Trentino-Alto Adige

トレンティーノ・アルト・アディジェ州

料理名	合わせるワイン

〈Primo〉

Canederli
カネデルリ

◇Alto Adige Sauvignon
アルト・アディジェ・ソーヴィニヨン
◇Colline Lucchesi Bianco
コッリーネ・ルッケージ・ビアンコ

パンのやわらかい部分を細かくして、バターを加え、小麦粉、牛乳、卵、洋パセリ、塩、ナツメグなどを加え、団子状に固めたもの。カネデルリは、スープの具にしたり、クラウティとともに、あるいは、肉料理の添え物としても使用できる。

〈Secondo〉

Fagioli e la Carne Salata
ファジョーリ・エ・ラ・カルネ・サラータ
(牛肉の塩漬けと豆の料理)

◆Trentino Pinot Nero
トレンティーノ・ピノ・ネロ
◆Nebbiolo d'Alba
ネッビオーロ・ダルバ

塩漬けの牛の腿肉を軽く火にかけ、ボイルして味つけした豆を添えた料理。

〈Dolce〉

Kraphen Tirolese
クラッフェン・ティロレーゼ
(チロル風クラッフェン)

◇Trentino Moscato Giallo
トレンティーノ・モスカート・ジャッロ
◇Orvieto Dolce
オルヴィエート・ドルチェ

小麦粉、卵、生クリーム、オリーブオイルと少量のグラッパなどのアルコールに少量の塩を加えた生地を揚げ、ジャムなどを詰めるか、添えたドルチェ。

Strudel
ストゥルーデル

◆Trentino Moscato Rosa
トレンティーノ・モスカート・ローザ
◇Moscato di Noto
モスカート・ディ・ノート

バターと和えた干しブドウとリンゴのスライスに生クリーム、パン粉、粉々にしたアーモンドビスケット、砂糖を混ぜて具を作り、レモンの皮、ラム、シナモンなどを加え、生地で包んで焼き、蜂蜜をかけたドルチェ。

バッサーノ・デル・グラッパ（北部）のティピカルな料理。アスパラを蒸し焼きにして独自のソースをかけた料理。

〈Primo〉

Risotto Nero di Seppia
リゾット・ネロ・ディ・セッピア
（イカ墨のリゾット）

◇Breganze Bianco Superiore
ブレガンツェ・ビアンコ・スペリオーレ
◇Friuli Colli Orientali del Friuli Verduzzo
フリウリ・コッリ・オリエンターリ・ヴェルドゥッツォ

玉ネギとニンニクのみじん切りを炒め、トマト、白ワインとイカの身を加えて煮込む。別に用意した米をブイヨンで炒め、これらを合わせて、イカ墨を加え、最後にバターとオリーブオイルを加える。

Risi e Bisi
リジ・エ・ビジ
（米とえんどう豆の料理）

◇Soave
ソアーヴェ
◇Torgiano Bianco
トルジャーノ・ビアンコ

コメにグリーンピース、豚バラ肉、ニンニク、玉ネギとバターを加えて炒め、最後に粉パルメザンチーズを加え料理。アヒルの肉や、ソーセージを加えた料理もある。ヴェネツィアの春の料理。

〈Secondo〉

Fegato alla Veneziana
フェガト・アッラ・ヴェネツィアーナ
（ヴェネツィア風仔牛の肝臓の炒め物）

◆Breganze Rosso
ブレガンツェ・ロッソ
◆Grignolino d’Asti
グリニョリーノ・ダスティ

細かく刻んだ玉ネギをオリーブオイルで色付くまで炒め、薄切りの仔牛の肝臓を加えて素早く炒め、ポレンタを添えた料理。

〈Dolce〉

Fugazza
フガッツァ

◇Recioto di Soave
レチョート・ディ・ソアーヴェ
◇Malvasia delle Lipari
マルヴァジア・デッレ・リパリ

小麦粉、砂糖、卵、クローブに酵母を加え練って、寝かし、オーブンで焼いたパンケーキ。

Veneto

ヴェネト州

料理名	合わせるワイン

〈Antipasto〉

Pesce in Saor
ペッシェ・イン・サオール
(イワシのマリネ・ヴェネチア風)

○Prosecco
プロセッコ(各種)
○Alto Adige Spumante
アルト・アディジェ・スプマンテ

イワシを丸のまま揚げて、玉ネギ、ヴィネガー、砂糖、オリーブオイルで覆い、寝かした料理。

Granseola alla Veneziana
グランセオラ・アッラ・ヴェネツィアーナ
(くもガニのサラダ・ヴェネツィア風)

○Prosecco
プロセッコ(各種)
◇Cinque Terre
チンクエ・テッレ

くもガニをボイルし、肉の部分を取り出し、これにジャガイモ、セロリ、洋パセリなどを加え、レモン、オリーブオイル、マヨネーズ、塩、コショウで味付けし、殻に入れてサーヴする。

Paté di Fegato alla Veneziana
パテ・ディ・フェガト・アッラ・ヴェネツィアーナ
(ヴェネツィア風レバーのパテ)

◆Bardolino
バルドリーノ
◆Etna Rosso
エトナ・ロッソ

仔牛のレバーに玉ネギ、洋パセリ、バター、オリーブオイル、ワインに塩、コショウで味付けした料理。

Baccalà Mantecato
バッカラ・マンテカート
(干しダラの料理ヴェネト風)

◆Bardolino Chiaretto
バルドリーノ・キアレット
◇Vermentino di Gallura
ヴェルメンティーノ・ディ・ガッルーラ

名前は塩ダラだが、通常干しダラをよく水で戻し、叩いて細かくし、牛乳とオリーブオイル、ニンニクを少量加え、かき混ぜながらクリーム状になるまで煮込んだ料理。

Asparagi alla Bassanese
アスパラジ・アッラ・バッサネーゼ
(アスパラのバッサーノ風)

◇Breganze Pinot Grigio
ブレガンツェ・ピノ・グリージョ
◇Trebbiano d'Abruzzo
トレッビアーノ・ダブルッツォ

Busecca
ブセッカ
(トリッパの煮込み)

◆Riviera del Garda Bresciano Chiaretto
リヴィエラ・デル・ガルダ・ブレシャーノ・キアレット

◆Grignolino d'Asti
グリニョリーノ・ダスティ

ボイルしたトリッパに塩、コショウし、玉ネギ、トマト、セロリ、ニンジンなどを加え、ローズマリー、丁子などを入れ、煮込んだ料理。

Ossobuco alla Milanese
オッソブーコ・アッラ・ミラネーゼ
(ミラノ風仔牛スネ肉の輪切りの煮込み)

◆Oltrepò Pavese Barbera
オルトレポー・パヴェーゼ・バルベーラ

◆Rossese di Dolceacqua
ロッセーゼ・ディ・ドルチェアクア

玉ネギ、ニンジン、セロリを細かく切り、バターで炒める。小麦粉をまぶした仔牛のスネ肉の輪切りを加えてさらにいため、塩、コショウで味付けし、ワインを加えて煮込んだ料理。

〈Dolce〉

Panettone
パネットーネ

◇Oltrepò Pavese Moscato
オルトレポー・パヴェーゼ・モスカート

○Asti
アスティ

◇Recioto di Gambellara
レチョート・ディ・ガンベッラーラ

ミラノのクリスマスケーキ。パン生地カンディーティ(砂糖漬けフルーツ)、乾しブドウなどを入れて焼いた砲台型のパンケーキ。今ではクリスマスの時期にはイタリア全土で売られている。

Lombardia

ロンバルディア州

料理名	合わせるワイン

〈Antipasto〉

Alborelle in carpione
アルボレッレ・イン・カルピオーネ
（鯉のカルピオーネ）

○Oltrepò Pavese Riesling Spumante
オルトレポー・パヴェーゼ・リースリング・スプマンテ

Pesce in carpione
ペッシェ・イン・カルピオーネ
（魚のカルピオーネ）

◇Frascati Amabile
フラスカティ・アマービレ

湖周辺のティピカルな料理。湖の魚をフライにし、ワインと水、ヴィネガー、玉ネギを加え、寝かした冷たい料理。

〈Primo〉

Minestrone alla Milanese
ミネストローネ・アッラ・ミラネーゼ
（ミラノ風ミネストローネ）

◆Riviera del Garda Bresciano Chiaretto
リヴィエラ・デル・ガルダ・ブレシャーノ・キアレット

◆Castel del Monte Rosato
カステル・デル・モンテ・ロザート

ラルド、玉ネギ、ニンニク、豆、グリーンピース、チリメンキャベツ、ポテト、ニンジンを2時間以上煮込んだ料理。粉チーズをかけても良い。

〈Secondo〉

Rostin Negaa
ロスティン・ネガア
（ミラノ風仔牛のソテー）

◆Curtefranca Rosso
クルテフランカ・ロッソ

◆Torgiano Rosso
トルジャーノ・ロッソ

仔牛の骨付きあばら肉のロースに粉をまぶし、バターで炒め、白ワインを加えて仕上げた料理。ミラノ風は、ロスティン・ネガアと呼ばれている。

Cassoeula
カッソーラ
（雑肉の煮込み）

◆Oltrepò Pavese Bonarda
オルトレポー・パヴェーゼ・ボナルダ

◆Barbera d'Alba
バルベーラ・ダルバ

豚肉ベースの雑肉、ソーセージに、チリメンキャベツ、セロリを加えて長時間煮込んだミラノの冬の料理。

〈Primo〉

Tajarin al tartufo
タヤリン・アル・タルトゥーフォ
（トリュフ入りタリオリーニ）

◆Dolcetto d'Asti
ドルチェット・ダスティ

◆Valpolicella
ヴァルポリチェッラ

卵のみでタリオリーニを作り、バターとパルメザンチーズを混ぜる。シーズンにはトリュフをかける。

Agnolotti alla Piemontese
アニョロッティ・アッラ・ピエモンテーゼ
（ピエモンテ風アニョロッティ）

◆Barbera del Monferrato
バルベーラ・デル・モンフェッラート

◆Rosso Piceno
ロッソ・ピチェーノ

豚肉、仔牛肉、ソーセージを茹で、オリーブオイル、ニンニク、玉ネギ、にんじんとハーブを加えてボイルし、ボイルしたほうれん草、卵、パルメザンチーズをかける。この具を、パスタに包み、小さめの詰め物を作る。これを茹でてバターとサルヴィアで和えた料理。

〈Secondo〉

Bollito Misto Piemontese
ボッリート・ミスト・ピエモンテーゼ
（ピエモンテ風茹で肉の盛合わせ）

◆Barbera d'Alba
バルベーラ・ダルバ

◆Rosso Conero
ロッソ・コーネロ

牛肉、仔牛肉、鶏肉、牛舌などをしっかりと茹で、ハーブやモスト・コットなどのソースに付けて食べる冬の料理。

〈Dolce〉

Bonet
ボネ

◇Moscato d'Asti
モスカート・ダスティ

◇Oltrepò Pavese Moscato
オルトレポー・パヴェーゼ・モスカート

牛乳、卵、チョコレートにアマレット、砂糖を加えて作ったプディング。

〈Secondo〉

Bistecche alla Valdostana
ビステッケ・アッラ・ヴァルドスターナ
（アオスタ風ステーキ）

◆Valle d'Aosta Arnad Montjovet
ヴァッレ・ダオスタ・アルナッド・モンジョヴェ

◆Breganze Pinot Nero
ブレガンツェ・ピノ・ネロ

牛肉に衣を着けて、バターで揚げた上に、ハムとフォンティーナチーズをのせ、オーブンで焼いた料理。

Piemonte

ピエモンテ州

料理名	合わせるワイン

〈Antipasto〉

Carne alla Tartara
カルネ・アッラ・タルターラ
（牛肉のタルタル）

◆Dolcetto d'Alba
ドルチェット・ダルバ

◆Piave Cabernet
ピアーヴェ・カベルネ

牛生肉を細切れにし、オリーブオイル、レモン、ニンニク、ハーブ数種を加えた生肉の料理。

Peperoni ripieni
ペペローニ・リピエーニ
（ピーマンの詰め物）

◆Ovada
オヴァーダ

◆Montepulciano d'Abruzzo
モンテプルチャーノ・ダブルッツォ

半分に切って中身を抜いたピーマンに、コメ、オリーブオイル、バター、アンチョビ等を詰め、オーブンで焼いた料理。

Fonduta
フォンドゥータ
（フォンデュ）

◆Grignolino d'Asti
グリニョリーノ・ダスティ

◆Colli Bolognesi Merlot
コッリ・ボロニェージ・メルロー

湯煎にかけた牛乳の中でフォンティーナチーズを溶かし、バターと卵黄を加えて、揚げたパンやバターライスの上にかけてサーヴする料理。トリュフがあればさらに良い。

イタリア各地の名物料理とワインの組み合わせ・実践編

南北に長いイタリアは、北はアルプスの麓から南はアフリカに近いパンテッレリア島まで気候も歴史も異なる。イタリア各地の名物料理を紹介しながら、その土地のワインとその土地以外のワインとの組み合わせを考えてみた。

Valle d' Aosta

ヴァッレ・ダオスタ州

料理名	合わせるワイン

〈Primo〉

Polenta concia
ポレンタ・コンチャ

◆Valle d' Aosta Rosso
ヴァッレ・ダオスタ・ロッソ
◆Curtefranca Rosso
クルテフランカ・ロッソ

とうもろこしの粉を練って作ったポレンタは、北イタリアの代表的な食べ物だが、アオスタ渓谷では、練り上げる時に、牛乳とフォンティーナチーズをふんだんに入れる。オーブン焼きもある。

La Soupe Paysanne
ラ・スープ・パイサンヌ
(スープ・パイサンヌ)

◇Valle d' Aosta Müller Thurgau
ヴァッレ・ダオスタ・ミュッラー・トゥルガウ
◇Trentino Sauvignon
トレンティーノ・ソーヴィニヨン

ライ麦パンとトーマチーズ、バターと玉ネギで作ったスープ。

Gnocchi alla Fontina
ニョッキ・アッラ・フォンティーナ
(フォンティーナ入りのニョッキ)

◇Valle d' Aosta Pinot Grigio
ヴァッレ・ダオスタ・ピノ・グリージョ
◇Vernaccia di San Gimignano
ヴェルナッチャ・ディ・サン・ジミニャーノ

ジャガイモのニョッキにバター、サイコロ状のフォンティーナチーズを加えてオーブンで焼いたもの。

Grepes alla Valdostana
クレープ・アッラ・ヴァルドスターナ
(アオスタ風クレープ)

◆Valle d' Aosta Nus Rosso
ヴァッレ・ダオスタ・ヌス・ロッソ
◆Montefalco Rosso
モンテファルコ・ロッソ

フォンティーナチーズをクレープで包んで、バターで揚げた料理。

Panna Cotta
パンナ・コッタ

◇Moscato d'Asti
モスカート・ダスティ

◇Orvieto Abboccato
オルヴィエート・アッボッカート

まず砂糖と水でカラメルを作る。別に砂糖を加えた生クリームに水で溶かしたゼラチンを加え、沸騰後、自然に冷ます。先のカラメルを型に入れ、生クリームを入れて冷蔵庫で半日以上冷やす。簡単なレシピだがうまく固めるのがむずかしい。

Tiramisù
ティラミス

◇Recioto di Soave
レチョート・ディ・ソアーヴェ

◇Vino Santo Trentino
ヴィーノ・サント・トレンティーノ

まず卵黄と卵白に分け、卵黄に砂糖を加えて10分ほどかき混ぜ、マスカルポーネチーズを加えてさらに混ぜる。卵白はミキサーで固くなるまで混ぜ、ゆっくりと卵黄のソースに混ぜあわせクリームを作る。ビスケットにコーヒーを浸しておく。器にクリームを薄く敷き、その上にビスケットを重ねる。これを2〜3回繰り返し最後にクリームで覆い、カカオをふりかけ30分ほど冷ましたあと半日冷蔵庫で冷やす。

Zuppa Inglese
ズッパ・イングレーゼ
(リキュールを浸み込ませたケーキ)

◇Valle d'Aosta Chambave Passito
ヴァッレ・ダオスタ・シャンバーヴェ・パッシート
◇Cinque Terre Sciacchetra
チンクエ・テッレ・シャッケトラ

イギリス風ズッパとはいうがイギリスからきたものではなくイタリアのお菓子。牛乳、砂糖、バニラ、卵と小麦粉でクリームを作り冷ましておき、ラム酒、アルケルメス酒などに浸し薄めに切ったスポンジケーキと交互に重ね、卵白のホイップをのせ中火のオーブンで20分ほど焼いたお菓子。

Crostata di Amarene
クロスタータ・ディ・アマレーネ
(黒サクランボのタルト)

◆Trentino Moscato Rosa
トレンティーノ・モスカート・ローザ
◇Romagna Albana Dolce
ロマーニャ・アルバーナ・ドルチェ

アマレーナと呼ばれる、甘味が強く濃い色のサクランボを使ったタルト。小麦粉、卵、レモンピールで生地を作ってパイ皿に敷き、砂糖とレモンで煮た黒サクランボをのせる

Zabaione al Marsala
ザバイオーネ・アル・マルサラ
(マルサラ入りザバイオーネ)

◇Recioto di Gambellara
レチョート・ディ・ガンベッラーラ
◇Marsala Superiore
マルサラ・スペリオーレ

ザバイオンという言葉はトリノの菓子作りの守護聖人サン・パスクアーレ・バイロンに由来するといわれる。18世紀末シチリアで生まれ、その後マルサラを混ぜ現在のレシピになったが、日本でもブームになったティラミスの原点であったことは間違いないだろう。卵黄と砂糖に少量の水を入れ湯煎でよくかき混ぜながらマルサラを少しずつ加え、ホイッパーでなめらかになるまで泡立てる。冷まして冷蔵庫に入れておくと食べやすい。

Torta di Mele
トルタ・ディ・メーレ
(リンゴのタルト)

◇Colli Orientali del Friuli Picolit
コッリ・オリエンターリ・デル・フリウリ・ピコリット
◆Alto Adige Moscato Rosa
アルト・アディジェ・モスカート・ローザ

まずリンゴを薄切りにしてレモン汁に浸す。溶かしバターに砂糖、卵、小麦粉、酵母を加えて生地を作る。オーブン皿にバターを塗り、パン粉をまわりにつけてから生地を入れ、上にリンゴを並べる。砂糖、バターを上にかけオーブンで40分ほど焼く。砂糖をかけてサーヴする。

Sopressa Vicentina DOP ソプレッサ・ヴィチェンティーナ・DOP （ヴィチェンツァ産ソプレッサ） 〈ヴェネト州〉	◇Gambellara ガンベッラーラ ◆Castel del Monte Bombino Nero カステル・デル・モンテ・ボンビーノ・ネロ

ヴェネト州ヴィチェンツァ産ソプレッサは豚肉に少々の塩とスパイス（こしょう、シナモン、クローブ、ナツメグ、ローズマリー、にんにく）を混ぜ合わせたものを腸詰にして、最低60日の熟成を経てリリースされる。地元では窯焼きのパンと合わせて食べる。

Dolci

ドルチ

料理名	合わせるワイン
Panettone パネットーネ	○Asti アスティ ◇Oltrepò Pavese Moscato オルトレポー・パヴェーゼ・モスカート

ミラノのクリスマスケーキ。10世紀頃ロンバルディア地方にあったグラン・パーネ・ミラネーゼが、15世紀末頃パネットーネになったといわれる。パン生地に砂糖漬けフルーツや干しブドウを入れるが、これはお祝いの印。

Cannoli カンノーリ	◇Malvasia delle Lipari マルヴァジア・デッレ・リパリ ◇Passito di Pantelleria パッシート・ディ・パンテッレリア

シチリアの代表的なドルチェ。裏ごししたフレッシュな羊乳リコッタチーズに、砂糖、砂糖漬けフルーツ、チョコレートの小片を混ぜ、筒に巻いて揚げた皮に詰めたお菓子。

Cassata カッサータ	◇Valle d'Aosta Nus Malvoisie ヴァッレ・ダオスタ・ヌス・マルヴォイズィエ ◇Malvasia delle Lipari マルヴァジア・デッレ・リパリ

シチリアを代表するドルチェ。裏ごしした羊乳リコッタチーズに砂糖を加えてかき混ぜ、卵黄、ラム酒などを加えてクリームを作り、器にスポンジケーキと交互に段重ねして作ったケーキ。凍らせてセミフレッドしたものもある。

Prosciutto di Parma DOP
プロシュット・ディ・パルマ・DOP
(パルマ産プロシュット)
〈エミリア・ロマーニャ州〉

○Colli di Parma Malvasia Spumante
コッリ・ディ・パルマ・マルヴァジア・スプマンテ
○Conegliano Valdobbiadene Prosecco
コネリアーノ・ヴァルドッビアデネ・プロセッコ

原料はイタリア北・中部11州で飼育された豚の厳選されたモモ肉と塩だけを使用する。一定期間静置させた後にぬるま湯で洗い熟成させる。熟成期間中には、皮のついていない部分にラードのペーストを塗る「スンニャトゥーラ」の作業が行われる。12カ月の熟成が終わると、熟練した専門家が馬の骨で作った針を数か所刺し込み評価し、表面の皮に「パルマの王冠」マークの焼き印をする。パルマ産プロシュットの特徴は丸みのある形状で、スライスすると内側はバラ色とかぐわしい香り、まろやかな味わい。

Prosciutto di San Daniele DOP
プロシュット・ディ・サン・ダニエーレ・DOP
(サン・ダニエーレ産プロシュット)
〈フリウリ・ヴェネツィア・ジューリア州〉

◇Friuli Colli Orientali Verduzzo Friulano
フリウリ・コッリ・オリエンターリ・ヴェルドゥッツォ・フリウラーノ
●Trentino Spumante Rosato
トレンティーノ・スプマンテ・ロザート

アルプスを見渡す丘陵地にある風通しの良い小さな町で生産されるこの生ハムは、塩漬けにして肉を保存するケルト民族の習慣を発祥としてローマ時代に磨き上げられた。中世には生ハムの現物納の形で税金が支払われていたほど珍重されていた。爪の付いた足先がついており、スライスすると身はやわらかく、薔薇色がかった赤色をしている。心地よい香りが特徴で、繊細でまろやかな味わいがある。最低13カ月の熟成を要する。

Prosciutto Toscano DOP
プロシュット・トスカーノ・DOP
(トスカーナ産プロシュット)
〈トスカーナ州〉

◆Bolgheri Rosato
ボルゲリ・ロザート
●Oltrpò Pavese Metodo Classico Rose
オルトレポー・パヴェーゼ・メトド・クラッシコ・ロゼ

プロシュット・クルード(生ハム)は中・北部イタリアで広く生産される。トスカーナ産プロシュットもその中の代表的なひとつで、原料に使われるのは豚のモモ肉と塩だけ。肉に塩を揉み込み、寝かせ、ぬるま湯で洗い、じっくりと熟成させる。肉の皮がついていない部分にラードを塗るが(スンニャトゥーラ)、ラードの他、米、塩、ゴマを刷り込む点が特徴。最低10カ月の熟成を要する。

Salumi

サラミ

料理	合わせるワイン
Coppa Piacentina DOP コッパ・ピアチェンティーナ・DOP 〈エミリア・ロマーニャ州〉	○Colli Piacentini Malvasia Frizzante コッリ・ピアチェンティーナ・マルヴァジア・フリッツァンテ ◇Greco di Tufo グレコ・ディ・トゥーフォ

ピアチェンツァの谷では今日なおコッパの生産はパンチェッタやサラーメのように伝統的な方法で作られる。エミリア・ロマーニャとロンバルディアで飼育された豚肉のみを使用し、製造および熟成についてはピアチェンツァ県内に限定されている。原料には豚の首の筋肉のみを使い、肉には手作業で塩を揉み込む。塩の他少量のシナモン、クローブ、ローリエ、ナツメグで香りづけをし、その後にひもで結び、吊って熟成させる。円筒形で1.5kg以上の製品となるが、甘味を含むデリケートな味わい、また熟成した後の芳香が特徴。

料理	合わせるワイン
Culatello di Zibello DOP クラテッロ・ディ・ジベッロ・DOP (ジベッロ産クラテッロ) 〈エミリア・ロマーニャ州〉	◇Colli Bolognesi Classico Pignoletto コッリ・ボロニェージ・クラッシコ・ピニョレット ○Alghero Torbato Spumante アルゲーロ・トルバート・スプマンテ

パルマから約35kmの距離にあるパダーノ平原の南に位置するジベッロ村で生産される。この土地の特有の夏の暑さと秋の霧が熟成をゆっくり進ませる。またこの土地特有の湿気が重要で、柔らかな熟成感溢れるクラテッロが出来上がる。原料には、大きめの豚モモ肉の、上部のやわらかい部位を使用し、塩他をまぶして揉み込み、静置した後豚の膀胱に詰め、典型的な洋ナシの形になるように紐で縛る。10カ月以上の熟成を経ると、芳香を含み、やわらかく繊細な味わいのクラテッロが完成する。

料理	合わせるワイン
Prosciutto di Carpegna DOP プロシュット・ディ・カルペーニャ・DOP (カルペーニャ産プロシュット) 〈マルケ州〉	◇Verdicchio di Materica ヴェルディッキオ・ディ・マテリカ ◇Collio Ponot Grigio コッリョ・ピノ・グリージョ

豚の飼育のための基本的飼料である樫の原生林が密生するマルケ州のこの地域は、15世紀からの生ハム作りの歴史を誇る。このプロシュットはスライスするとサーモンピンクをしており、よく研いだ細長いナイフを使って肉の筋肉繊維に沿って切ると、歯ごたえのあるスライスを味わえる。

このチーズはロンバルディア州の北端、南アルプス山中のヴァルテッリーナ渓谷で作られる。平地の工業化されたチーズと違い、今でも手作りで、雪の解ける3カ月間しか生産できず、その量もわずか。牛乳と10%のヤギ乳を原料とし、6カ月ものから1～3年熟成されたものまであるが、10年以上熟成されたものは辛く、アロマのきいた味になる。30～50cmの円盤形で高さは10cmほど。

Toma Piemontese
トーマ・ピエモンテーゼ
(辛口半硬質タイプ)

◆Alto Adige Cabernet
アルト・アディジェ・カベルネ

◆Barbera d'Asti
バルベーラ・ダスティ

このチーズはアオスタ渓谷からピエモンテ地方にかけて作られるが、アオスタの山岳地帯とピエモンテの丘陵地帯では違ったものとなる。サヴォイア家のチーズとしても知られている。ローマとトーマをかけたフランス語から名づけられたといわれる。20～30cmほどの円盤形で10cmほどの厚さがあり、熟成によって甘口から辛口まである。

Ragusano DOP
ラグサーノ・DOP
〈シチリア州〉

◇Vittoria Bianco
ヴィットーリア・ビアンコ（若いもの）

◆Cerasuolo di Vittoria
チェラスオーロ・ディ・ヴィットーリア（熟成させたもの）

シチリア州のラグーザ県全域、シラクーサ県の一部で生産される練る工程を経たチーズ。牛乳（全乳）で作り、熟成3～6カ月のフレスコは甘みがあって繊細。熟成6カ月を超えるスタジオナートは次第にやや辛口になる。外皮は弾力性があって、黄ばんでおり、形状は長方形。重さは12～16kg。他に燻製したアッフミカートがある。若い者はそのまま食べ、熟成したものは粉末状にして料理に使うことが多い。

Raschera DOP
ラスケーラ・DOP
〈ピエモンテ州〉

◆Barbera d'Alba
バルベーラ・ダルバ

◆Salice Salentino Rosso Riserva
リチェ・サレンティーノ・ロッソ・リゼルヴァ

ピエモンテ州クーネオ県全域で作られる半硬質のチーズで牛乳に羊乳や山羊乳を加えることもある。圧搾工程を経て作られ、熟成期間は1～3カ月。角形（重さ7～10kg）と丸型（重さ5～8kg）がある。外皮は薄く、灰色を帯びた赤色か黄ばんだ色。生地は弾力があり色は乳白色か象牙色。程よい辛口で熟成につれて強みが増す。ラスケーラの中には、ラスケーラ・ディ・アルペッジョという特殊なタイプもあるが、これは海抜900m以上の高地にあるモンガレーゼの9つの村だけで、高地の草で育った牛の乳から作られる。

Montasio DOP
モンタジオ・DOP

◆Friuli Colli Orientali Refosco dal Peduncolo Rosso
フリウリ・コッリ・オリエンターリ・レフォスコ・ダル・ペドゥンコロ・ロッソ

◆Friuli Colli Orientali Schioppettino
フリウリ・コッリ・オリエンターリ・スキオッペッティーノ

Parmigiano Reggiano DOP
パルミジャーノ・レッジャーノ・DOP

◆Barbera d’Alba
バルベーラ・ダルバ

◆Vino Nobile di Montepulciano
ヴィーノ・ノビレ・ディ・モンテプルチャーノ

一般にパルメザンチーズと呼ばれるが、パルマとレッジョ・エミリアの原産地呼称チーズ。1000年前からポー川流域で作られてきているが、古くは2500年前エトルリア人が現在とほぼ同様の方法で作っていたといわれる。粉にしてパスタ料理にかけられることが多いが、生のまま小割りにして食べても美味しい。

Pecorino Romano DOP
ペコリーノ・ロマーノ・DOP
（熟成させたもの）

◆Brunello di Montalcino
ブルネッロ・ディ・モンタルチーノ

◆Sagrantino di Montefalco
モンテファルコ・サグランティーノ

Provolone Piccante
プロヴォローネ・ピッカンテ
（辛口プロヴォローネ）

◆Torgiano Rosso Riserva
トルジャーノ・ロッソ・リゼルヴァ

◆Ghemme
ゲンメ

Pecorino Toscano DOP
ペコリーノ・トスカーノ・DOP
（熟成させたもの）

◆Carmignano
カルミニャーノ

◆Brunello di Montalcino
ブルネッロ・ディ・モンタルチーノ

Pecorino Sardo DOP
ペコリーノ・サルド・DOP
（熟成させたもの）

◆Cannonau di Sardegna
カンノナウ・ディ・サルデーニャ

◆Vino Nobile di Montepulciano
ヴィーノ・ノビレ・ディ・モンテプルチャーノ

Bitto della Valtellina DOP
ビット・デッラ・ヴァルテッリーナ・DOP
（ヴァルテッリーナ産ビット）

◆Valtellina Superiore
ヴァルテッリーナ・スペリオーレ

◆Taurasi
タウラージ

Castelmagno DOP
カステルマーニョ・DOP

◆Barbaresco
バルバレスコ

◆Barolo
バローロ

ピエモンテ地方クーネオ県カステルマーニョ村で生まれたチーズ。1000年近く前に始まったといわれるこのチーズは、牛乳、ヤギ乳、羊乳を混合して作られたが、今では牛乳がほとんど。熟成すると表面の赤褐色が内部へと浸透していく。独特の強い風味があり、バローロやバルバレスコを楽しむにはうってつけの半硬質チーズ。

Formaggi Stagionati（熟成チーズ）

Gorgonzola DOP
ゴルゴンゾーラ・DOP

◆Gattinara
ガッティナーラ

◇Marsala Vergine
マルサラ・ヴェルジネ

今から1000年以上も前に、ロンバルディア州の中心ミラノ近郊のゴルゴンゾーラ村で作られたブルーチーズ。軽く塩づけしたあと、青カビが生えやすいように釘で表裏に穴が開けられ、85〜90%の湿度の熟成倉で寝かされる。脂肪分48%と多く、3〜6カ月の熟成を要するピカンテと、早くから食べられるドルチェとがある。フランスのロックフォール、イギリスのスティルトンと並んで世界の三大ブルーチーズと称される。

Grana Padano DOP
グラナ・パダーノ・DOP

◇Oltrepò Pavese Riesling
オルトレポー・パヴェーゼ・リースリング

◆Oltrepò Pavese Barbera
オルトレポー・パヴェーゼ・バルベーラ

パルメザンチーズと外見も作り方もよく似ているが、内部の色はやや薄く、製法も塩漬工程が違うためやや塩分がきつく感じられる。生産地域もパルメザンチーズよりも広く価格も一般的には手頃。

Asiago DOP
アジアーゴ・DOP

◆Trentino Cabernet
トレンティーノ・カベルネ

◆Valpolicella Classico
ヴァルポリチェッラ・クラッシコ

ヴェネト州のアジアーゴ村で羊乳から作られていた大型のペコリーノ・アジアーゴというチーズが、現在のアジアーゴの元祖といわれている。現在は牛乳から作るが熟成によって2種に分けられる。18カ月以上熟成したものは芳香があり風味が強い。

Formaggio Medio Invecchiamento（中程度の熟成チーズ）

Bra（duro）DOP
ブラ・DOP
（硬いタイプ）

◆Dolcetto d'Alba
ドルチェット・ダルバ
◆Nebbiolo d'Alba
ネッビオーロ・ダルバ

ピエモンテ州クーネオに近いブラの村がこのチーズの生産地。やわらかいテネロと硬いドゥーロの2種があるが、硬質のドゥーロは6カ月もすると表面が褐色化する。乳酸発酵臭がある。

Caciocavallo
カチョカヴァッロ

◇Orvieto Classico Abboccato
オルヴィエート・クラッシコ・アッボッカート
◆Cirò Rosso Classico
チロ・ロッソ・クラッシコ

南イタリアで作られるひょうたん型のチーズ。2個の荷物をひもで結んで馬の鞍に下げたような形であったため、カッチョ・ア・カヴァッロ（馬にかけたチーズ）という意味からこの名前がつけられた。脂肪分44%の半硬質チーズ。

Formaggio di Fossa
フォルマッジョ・ディ・フォッサ

◆Romagna Sangiovese
ロマーニャ・サンジョヴェーゼ
◆Montepulciano d'Abruzzo
モンテプルチャーノ・ダブルッツォ
◆Rosso di Montalcino
ロッソ・ディ・モンタルチーノ

このチーズは歴史上の逸話に出てくるほど古くから造られていた。15世紀末、マルケ州とロマーニャ地方の接する地域で、フランスのシャルル8世と当時のナポリ王フェルディナンドが戦っている最中、この地方の人々はこのチーズを地中に埋め、隠し持っていたというのである。今でも11月25日の聖カテリーナ祭のときに、このチーズを取り出して販売する。四角い形で苦みとアロマのバランスのよいチーズ。

Fontina DOP
フォンティーナ・DOP

◆Valle d'Aosta Nus Rosso
ヴァッレ・ダオスタ・ヌス・ロッソ
◆Valdadige Pinot Nero
ヴァルダディジェ・ピノ・ネロ

フランスとの国境、モンブランを望むヴァッレ・ダオスタ州の名産。独特の香りがありフォンデュ用としてよく使われる。ポレンタの料理に使われることも多い。アオスタ峡谷のフォンタン牧草地がその名の由来。夏の間放牧された牛の乳から作られ、食べやすく栗のような味わいが特徴。

Pecorino Sardo DOP Fresco
ペコリーノ・サルド・DOP・フレスコ

◇Vernaccia di Oristano
ヴェルナッチャ・ディ・オリスターノ

◇Pomino Bianco
ポミーノ・ビアンコ

サルデーニャ島全域で生産が認められている、通常はフィオーレ・サルドと呼ばれる羊乳硬質チーズ。3カ月ほどで熟成が終わるが、表面は褐色化し特有の香りと味を生む。

Pecorino Toscano DOP Fresco
ペコリーノ・トスカーノ・DOP・フレスコ

◇Vernaccia di San Gimignano
ヴェルナッチャ・ディ・サン・ジミニャーノ

◆Chianti
キアンティ（若いもの）

トスカーナ州で古くから造られていた超硬質チーズ。カチョッタとも呼ばれる。一般に用いられるようになったのはパルメザンチーズよりも古く、16世紀頃までは最も消費量の多いチーズだった。一度固めた際これを細かく砕くが、ドングリ大と米粒大の2種があり、大きいほうはフレッシュで40日ほど、小さいほうは6カ月ほど熟成させる。他の地域産と見分けるため、灰を表面に塗ったものもある。おもな生産地区はコルトーナ、バルガ、ピエトラ・サンタ、キアンティ、ルカルドなど。

Taleggio DOP
タレッジョ・DOP

◆Curtefanca Rosso
クルテフランカ・ロッソ

◆Ghemme
ゲンメ

ロンバルディア州ベルガモの北部の谷間、タレッジョ村で生まれたチーズ。外皮を水や地酒で洗うことからウォッシュタイプと呼ばれる軟質チーズ。ブルーノ・アルピーナ種の牛乳を使うため脂肪分が48%と高い。板状で外皮は熟成につれ赤茶色になるが、中はやわらかいカスタードクリーム状の色になる。味は柔らかでコクがあり、熟成にしたがいアロマティックになる。現在は北イタリア各地で作られている。

Montasio DOP Fresco
モンタジオ・DOP・フレスコ

◆Friuli Grave Merlot
フリウリ・グラーヴェ・メルロー

◆Collio Pinot Nero
コッリョ・ピノ・ネロ

フリウリ・ヴェネツィア・ジューリア州で作られていたが、現在ではヴェネト州のベッルーノ、トレヴィーゾ周辺地域で作られる。以前はヤギ乳や羊乳も混ぜられていたが、今はほとんど牛乳で作られる。熟成するにしたがって苦味とコクの混じった独特の風味を持つ半硬質、硬質チーズ。

Formaggi

フォルマッジ

料理名	合わせるワイン

Fresco　フレスコ（フレッシュチーズ）

Mozzarella di Bufala DOP
モッツァレッラ・ディ・ブファラ・DOP
（水牛の乳だけで作ったモッツァレッラチーズ）

◇Salice Salentino Bianco
サリチェ・サレンティーノ・ビアンコ
◇Fiano di Avellino
フィアーノ・ディ・アヴェッリーノ

イタリア南部の代表的なチーズであり、イタリア固有のチーズ。ピッツァに欠かせない材料であったことから世界中で知られるようになったが、今では生で食べられることが多い。脂肪分が40%以上あり、薄く切ってサラダやパニーノにはさんで食べる。

Robiola di Roccaverano DOP
ロビオラ・ディ・ロッカヴェラーノ・DOP

◆Barbera d'Asti
バルベーラ・ダスティ
◆Chianti
キアンティ（若いもの）

ピエモンテ州のロッカヴェラーノやアクイ・テルメでヤギ乳から作られる軟質チーズ。20日間ほど保存できるが、オイル漬けにしたり、唐辛子で保存したりもする。16cmほどの円盤状で約200g。タイムの香りがあり、甘味を感ずる。生産量も300トン足らずと少なく、組合を通して販売されている。

Provolone Dolce
プロヴォローネ・ドルチェ

◇Friuli Colli Orientali Chardonnay
フリウリ・コッリ・オリエンターリ・シャルドネ
◇Friuli Grave Pinot Bianco
フリウリ・グラーヴェ・ピノ・ビアンコ

南イタリアで始まり、現在では北イタリアでも大量につくられるようになった、モッツァレッラのように糸状に伸ばす工程を経た硬質チーズのひとつ。もともとはナポリ地方で試作の中から生まれたため、プローヴァ（試す）からプロヴォローネと呼ばれるようになった。

Pecorino Romano DOP Fresco
ペコリーノ・ロマーノ・DOP・フレスコ

◇Frascati
フラスカティ
◆Morellino di Scansano
モレッリーノ・ディ・スカンサーノ

ローマを中心とするラツィオ州とサルデーニャ島で生産が認められている羊乳から作る硬質チーズ。塩分が多く酸味もあり独特の風味が特徴。

Pollo alla Cacciatora
ポッロ・アッラ・カッチャトーラ
(猟師風鶏肉の料理)

◆Valtellina Superiore Sassella
ヴァルテッリーナ・スペリオーレ・サッセッラ
◆Friuli Grave Cabernet
フリウリ・グラーヴェ・カベルネ

浅鍋にオリーブオイル、細かく叩いた豚バラ肉、刻んだ玉ネギを入れて軽く炒め、一口大の鶏肉を入れ両面に焼き目をつけてワインをふりかける。さらにトマトを入れ、塩、コショウで味つけし、ブイヨンを加え煮詰めて出来上がり。ニンニク、ジャガイモ、ピーマンなどを使うヴァリエーションもある。

Fritto Misto di Carne
フリット・ミスト・ディ・カルネ
(肉のミックスフライ)

◆Rossese di Dolceacqua
ロッセーゼ・ディ・ドルチェアクア
◆Ovada
オヴァーダ

仔牛肉、牛肉、豚肉、牛の内臓を厚さ約5ミリの手のひら大に切る。牛の脳はきれいに洗い、レモン汁をかけ、レモン皮を入れて20分ほど茹で、ひと口大に切っておく。フェンネルは塩を加えて茹で、縦に薄切りにしておく。これらを小麦粉、溶き卵、パン粉の順に付け、塩をふりながら揚げ、レモンを添えてサーヴする。

Bagna Cauda
バーニャ・カウダ
(生野菜のアンチョビソース)

◇Roero Arneis
ロエロ・アルネイス
◆Grignolino d'Asti
グリニョリーノ・ダスティ

この料理は北イタリア、ピエモンテ地方の冬の料理。不足しがちな野菜を食べるにはもってこいの料理だ。まずバターとオリーブオイルを鍋に入れ、骨を抜いてみじん切りにしたアンチョビを混ぜソースを作る。これに牛乳に浸しスライスしたニンニクを加える。ピーマン、セロリ、ニンジンなどの野菜を一口大に切り、このソースにつけて食べる。逆に野菜の上にこのソースをかけるとアンティパストとして使える。

どの厚さに切ってあるのが特徴。網を使った炭火焼きが望ましい。最後に塩、コショウする。オリーブオイルをかけてもよい。

Carpaccio《カルパッチョ》

◆Friuli Colli Orientali Merlot《フリウリ・コッリ・オリエンターリ・メルロー》
◆Alto Adige Pinot Nero《アルト・アディジェ・ピノ・ネロ》
◆Dolcetto d’Alba《ドルチェット・ダルバ》

この料理がイタリア料理として知られるようになったのはつい最近のこと。簡単かつ健康的で美味しい料理であるため、多くのヴァリエーションが生まれたが、もともとはピエモンテ地方の料理。薄切りの牛肉にオリーブオイル、ワイン、ケッパー、塩、コショウで作ったソースをかけ、薄くスライスしたパルメザンチーズをかける。下にルーコラ（香りのある野菜）を敷くことも多い。

Brasato《ブラザート》
（牛肉の蒸し煮ブラザート）

◆Montefalco Sagrantino《モンテファルコ・サグランティーノ》
◆Barbaresco《バルバレスコ》
◆Taurasi《タウラージ》

牛肉の固まりに穴を開け、バラ肉の薄切りを詰め込んでおく。鍋にバターを熱し、肉にワインをふりかけながら炒める。次に刻んだ玉ネギ、ニンジン、セロリ、クローブを加えて軽く炒め、裏ごししたトマトを加え、塩、コショウで味つけし、ブイヨンを入れ弱火で6時間ほど煮込む。

Trippa alla Milanese《トリッパ・アッラ・ミラネーゼ》
（ミラノ風トリッパの料理）

●Lambrusco《ランブルスコ》（各種）
◆Oltrepò Pavese Rosso《オルトレポー・パヴェーゼ・ロッソ》
◆Romagna Sangiovese《ロマーニャ・サンジョヴェーゼ》

トリッパ（牛の胃袋）はローマではプリモだが、ミラノではセコンドの料理。トリッパはよく洗い、ゆっくりと煮てやわらかくしておく。鍋にバターを熱し、トリッパをセージ、刻んだ玉ネギ、ニンジン、セロリとともに炒める。これにトマトを加え、塩、コショウして煮込み、粉チーズをふりかけてサーヴする。好みでブイヨンを加えるが、茹でインゲン豆を加えることもある。

でなく南イタリアにも同様の料理があり、全イタリア的な料理といえる。

Saltimbocca alla Romana
サルティンボッカ・アッラ・ロマーナ
(ローマ風仔牛のサルティンボッカ)

◆Romagna Sangiovese
ロマーニャ・サンジョヴェーゼ
◆Morellino di Scansano
モレッリーノ・ディ・スカンサーノ

仔牛の腿肉を薄切りにして少し叩き、塩、コショウをする。この肉にセージ、生ハムをのせて巻き込み、これに小麦粉をまぶして楊枝でとめ、フライパンで両面をしっかり焼く。別に白ワインとバターでソースを作り、これを肉にかけてサーヴする。

Ossobuco
オッソブーコ
(仔牛のスネ肉の煮込み)

◆Barbera del Monferrato
バルベーラ・デル・モンフェッラート
◆Oltrepò Pavese Bonarda Vivace
オルトレポー・パヴェーゼ・ボナルダ・ヴィヴァーチェ（弱発泡性）

フライパンにバターを熱し、小麦粉をまぶした仔牛のスネ肉の輪切りを入れ、両面ともしっかりと焼き、中火にしてブイヨン、ワインを繰り返し振りかけ、塩、コショウで味を調える。フライパンから下ろす前にニンニク、パセリ、レモンピールで作ったソース（グラモラータ）を肉の上からかけて出来上がり。この料理には骨の髄を食べるための細長いスプーンが必要になる。ミラノではこのスプーンのことを、「税の徴収人」と呼んでいた。

Vitello Tonnato
ヴィテッロ・トンナート
(仔牛のツナソース)

◇Valdadige Bianco
ヴァルダディジェ・ビアンコ
◇Trentino Sorni Bianco
トレンティーノ・ソルニ・ビアンコ

これはイタリア北部の夏の料理。仔牛肉を丸のまま白ワインと玉ネギ、ニンジン、クローブ、ローリエ、塩、コショウで一昼夜かけてマリネにする。翌日肉の水気を切って布に包み、マリネにした液（ゴヴェルノ液）とブイヨンを加えて中火で煮る。これを薄切りにして、卵、オリーブオイル、レモン汁、裏ごしたツナ、白ワイン、ヴィネガー、ケッパーを混ぜたソースと合わせて出来上がり。

Bistecca alla Fiorentina
ビステッカ・アッラ・フィオレンティーナ
(フィレンツェ風Tボーンステーキ)

◆Chianti
キアンティ
◆Vino Nobile di Montepulciano
ヴィーノ・ノビレ・ディ・モンテプルチャーノ

骨付きのリブロースからフィレにかけての特別な肉を、フィレンツェ風に4cmほ

Tonno in Umido
トンノ・イン・ウミド
(マグロの煮込み)

◇Friuli Grave Pinot Grigio
フリウリ・グラーヴェ・ピノ・グリージョ
◆Castel del Monte Rosato
カステル・デル・モンテ・ロザート

浅鍋にオリーブオイルを熱し、つぶしたニンニクを炒め色づいたら取り出す。そこにマグロの切り身を入れ、表裏を軽く焼き、塩、コショウする。さらに白ワインを入れて煮詰め、火から下ろしたら、ケッパー、サフラン、白ワインを加えておく。オーブン皿に先のマグロを並べ、オリーブオイル、パン粉、バジリコ、ケッパーのみじん切りとくずしたトマト、黒オリーブを加え、塩、コショウしてオーブンで焼く。

Baccalà in Umido
バッカラ・イン・ウミド
(塩ダラの煮込み)

◇Lugana
ルガーナ
◆Bardolino Chiaretto
バルドリーノ・キアレット

塩抜きしたタラの切り身に小麦粉をまぶし、高温で揚げ、小さく切り分けておく。玉ネギの薄切りを塩、コショウで色付くまで炒め、アンチョビ、ケッパー、干しブドウ、松の実を加えて炒め、さらに先のタラを加える。焦げないように炒め、火から下ろしたらレモン汁、パセリをふりかけてサーヴする。

Fritto Misto di Mare
フリット・ミスト・ディ・マーレ
(海産物のミックスフライ)

◇Romagna Albana Secco
ロマーニャ・アルバーナ・セッコ
◆Alto Adige Lagrein Rosato
アルト・アディジェ・ラグレイン・ロザート

小魚、イワシ、エビ、イカなどを洗って水分を拭き取り、塩をしておく。大きめの魚の場合は頭と骨を除き切り身にしておく。これに小麦粉をまぶし、オリーブオイルまたは他の油で揚げ、レモンを添えてサーヴする。

Carne　肉

Costolette di Vitello alla Milanese
コストレッテ・ディ・ヴィテッロ・アッラ・ミラネーゼ
(ミラノ風仔牛のカツレツ)

◆Curtefranca Rosso
クルテフランカ・ロッソ
◆Riviera del Garda Bresciano Rosso
リヴィエラ・デル・ガルダ・ブレッシャーノ・ロッソ

骨付きの仔牛ロース肉を骨と同じ厚さ(2cmほど)に切り、叩いてやわらかくして平らに広げておく。肉に塩をして溶き卵に通し、パン粉をたっぷりまぶして、バターを熱したフライパンで揚げる。パン粉のかわりにグリッシーニを粉にして使ってもよい。ウィーンの料理と比較されるが、イタリアではミラノだけ

Branzino al Sale
ブランジーノ・アル・サーレ
(スズキの塩包み焼き)

◇Trentino Chardonnay
シャルドネ・トレンティーノ
◇Friuli Colli Orientali Pinot Bianco
フリウリ・コッリ・オリエンターリ・ピノ・ビアンコ

簡単な料理だが、新鮮な魚があれば美味しい料理になる。オーブン皿に粗塩を2cmほどの厚さに敷き、その上にきれいに洗ったスズキをのせ、全体を粗塩で覆う。オーブンに入れ、塩の表面が焼けてきたら皿を取り出し、塩を除きスズキの身をはずして皿に盛りサーヴする。

Sogliola con Salsa all'Uovo
ソリオラ・コン・サルサ・アッルオーヴォ
(舌ビラメの卵ソース)

◇Torgiano Bianco
トルジャーノ・ビアンコ
◇Soave
ソアーヴェ

舌ビラメの切り身に小麦粉をまぶしてバターでしっかりと焼いておく。別に卵黄とマルサラ、塩、コショウを混ぜ合わせてソースを作る。舌ビラメにこのソースをかけ、しばらく煮てサーヴする。

Branzino all'Acqua Pazza
ブランヅィーノ・アッラクア・パッツァ
(スズキのアクア・パッツァ)

◇Collio Sauvignon
コッリョ・ソーヴィニヨン
◇Collio Malvasia Istriana
コッリョ・マルヴァジア・イストリアーナ
◇Fiano di Avellino
フィアーノ・ディ・アヴェッリーノ

鍋にオリーブオイルをひき、つぶしたニンニクを炒め、ほぐしたトマトと洗ったスズキを入れる。これにレードル一杯のお湯を加え、蓋をして煮る。火から下ろす前にパセリをふり、素早くサーヴする。

Aragosta alla Griglia
アラゴスタ・アッラ・グリーリア
(伊勢エビのグリル)

◇Collio Pinot Grigio
コッリョ・ピノ・グリージョ
◇Friuri Colli Orientari Verduzzo
フリウリ・コッリ・オリエンターリ・ヴェルドッツォ
◇Vermentino di Gallura
ヴェルメンティーノ・ディ・ガッルーラ

伊勢エビを縦に半分に切り、殻の部分を下にしてオーブンに入れ、焼けてきたところに少量のオリーブオイルをかけ、塩、コショウして味を調える。みじん切りにしたパセリをふりかけ、薄切りのレモンを添えてサーヴする。

コメは芯が残る程度のほうが美味しくできる。

Spaghetti con le Vongole
スパゲッティ・コン・レ・ヴォンゴレ
（アサリ入りスパゲッティ）

◇Trebbiano d'Abruzzo
トレッビアーノ・ダブルッツォ
◇Lacryma Christi del Vesuvio Bianco
ラクリマ・クリスティ・デル・ヴェスーヴィオ・ビアンコ

フライパンにオリーブオイルを入れニンニク、唐辛子を炒め、オリーブオイルが色付いたら砂出ししたアサリと白ワインを入れ、蓋をして蒸し煮にする。これにアルデンテに茹でたスパゲッティを和え、パセリをふりかけてサーヴする。好みによってニンニクは取り除いてもよい。

Spaghetti all'Amatriciana
スパゲッティ・アッラマトリチャーナ
（スパゲッティ・アマトリチャーナ）

◆Castel del Monte Rosato
カステル・デル・モンテ・ロザート
◆Bardolino
バルドリーノ

フライパンにオリーブオイル、赤唐辛子、ニンニクを入れ炒める。さらに薄切りにした玉ネギとバラ肉を入れて炒め、その後トマトソースを加えて煮詰め、最後に塩、コショウで味を調える。これにアルデンテに茹でたスパゲッティを合わせ、粉ペコリーノチーズと洋パセリをかけてサーヴする。

Secondi Piatti

セコンディ・ピアッティ

料理名	合わせるワイン

Pesce　魚

Zuppa di Cozze
ズッパ・ディ・コッツェ
（ムール貝のスープ）

◇Etna Bianco
エトナ・ビアンコ
◇Verdicchio dei Castelli si Jesi
ヴェルディッキオ・デイ・カステッリ・ディ・イエージ

浅鍋にオリーブオイルを熱し、刻んだニンニク、パセリ、トマトを入れ数分間炒めて塩で味を調え、ムール貝を入れる。さらに白ワインをたっぷり入れ、4分ほど煮て出来上がり。

Spaghetti alla Bolognese
スパゲッティ・アッラ・ボロニェーゼ
(ボローニャ風スパゲッティ)

◆Castel del Monte Rosato
カステル・デル・モンテ・ロザート
◆Dolcetto d'Alba
ドルチェット・ダルバ

鍋にバターを溶かし、刻んだ玉ネギ、ニンジン、セロリを炒め、さらに細かくした牛肉を加え色づくまで炒め、ブイヨン、パセリ、ローリエ、タイム、クローブを加え、塩、コショウして強火で1時間ほど煮詰めてミートソースを作る。アルデンテに茹でたスパゲッティにこのソースを和え、粉チーズをかけてサーヴする。

Orecchiette con Broccoli
オレッキエッテ・コン・ブロッコリ
(ブロッコリー入りオレッキエッテ)

◇Castel del Monte Bianco
カステル・デル・モンテ・ビアンコ
◇Cirò Bianco
チロ・ビアンコ

イタリア南部、プーリア地方の料理。ブロッコリーを固めに茹でて水気を切る。茹で汁でオレッキエッテをアルデンテに茹で、水を切ってたっぷりのオリーブオイル、塩、コショウで味を調え、粉ペコリーノチーズを加え、ブロッコリーと混ぜ合わせてサーヴする。

Lasagne alla Bolognese
ラザーニェ・アッラ・ボロニェーゼ
(ボローニャ風ラザーニャ)

◇Oltrepò Pavese Pinot Grigio
オルトレポー・パヴェーゼ・ピノ・グリージョ
●Lambrusco
ランブルスコ(各種)

鍋にバターを熱し、刻んだ玉ネギ、ニンジン、セロリ、パセリを炒める。色付いたら豚肉と仔肉のミンチ、ローリエを入れ、肉が色付くまで炒め、さらにダイス状に切ったハム、白ワイン、裏ごししたトマトを加え、塩、コショウで味を調え、ブイヨンを加える。これに刻んでバターで炒めた鶏レバーを加え、固さを調えながら煮込みソースを作る。ラザーニャをアルデンテに茹で、水気を切ってバターで和え、グラタン皿にバターを塗ってラザーニャ、ミートソース、チーズの順に重ね、オーブンで焼く。

Risotto Nero
リゾット・ネロ
(イカスミ入りリゾット)

◇Salice Salentino Bianco
サリチェ・サレンティーノ・ビアンコ
◇Bianco di Custoza
ビアンコ・ディ・クストーツァ

鍋にバターまたはオリーブオイルを敷き、刻んだ玉ネギ、ニンニクを弱火でじっくり炒める。これにコメを加えて炒め、コメが透き通るくらいになったら、白ワイン、イカスミ、ブイヨンを適量加えて煮る。煮詰まったところでサルビア、ローズマリーを入れ、塩、コショウで味を調え、仕上げにバターを混ぜる。

Pasta col Pesto
パスタ・コル・ペスト
(ペスト・ジェノヴェーゼ入りパスタ)

◇Cinque Terre
チンクエ・テッレ
◇Collio Ribolla Gialla
コッリョ・リボッラ・ジャッラ

大理石の乳鉢で30枚ほどの生のバジリコとニンニク、松の実を少量の塩を加えすりつぶす。これに粉パルメザン、ペコリーノチーズを加え、オリーブオイルを少しずつたらしながらクリーム状にする。これをアルデンテに茹でたパスタと和える。好みで粉チーズをふりかけてもよい。

Pasta con Salsa di Pomodoro al Basilico
パスタ・コン・サルサ・ディ・ポモドーロ・アル・バジリコ
(トマトとバジリコソースのパスタ)

◇Trentino Pinot Bianco
トレンティーノ・ピノ・ビアンコ
◇Oltrepò Pavese Cortese
オルトレポー・パヴェーゼ・コルテーゼ

種を除いたトマトをオリーブオイルで10分ほど炒め、裏ごしする。それに塩、コショウしてバジリコを入れ、アルデンテに茹でたパスタと和える。粉パルメザンチーズをまぶしてサーヴする。バジリコのかわりにパセリを使ってもよい。

Maccheroni al Quattro Formaggi
マッケローニ・アル・クワットロ・フォルマッジ
(4種のチーズ入りマカロニ)

◇Collio Pinot Grigio
コッリョ・ピノ・グリージョ
◇Curtefranca Bianco
クルテフランカ・ビアンコ

マカロニを固めに茹で、バターと4種のチーズ、パセリ、コショウを加えて混ぜ合わせ、パスタの茹で汁を適量加えて固さを調える。グラタン皿にバターを塗ってマカロニを盛り、パン粉をふりかけてオーブンで数分焼いて出来上がり。

Pasta con le Sarde alla Palermitana
パスタ・コン・レ・サルデ・アッラ・パレルミターナ
(イワシ入りパスタのパレルモ風)

◇Etna Bianco
エトナ・ビアンコ
◇Alcamo Bianco
アルカモ・ビアンコ

シチリア西部の名物料理。フライパンにオリーブオイルを熱し、刻んだ玉ネギを炒め、これに塩抜きしたアンチョビ、干しブドウ、油でさっと揚げた松の実を加えてソースを作る。よく洗ったイワシは軽く小麦粉をまぶし、サフラン入りのオイルで揚げ、塩を少量ふっておく。香りづけのためウイキョウの茹で汁でパスタを茹で、ウイキョウとともに皿に盛り、イワシをのせソースをかけて出来上がり。

深鍋にラードを入れ、 みじん切りにした玉ネギを、 ニンニク、 パセリ、 セージの葉とともに炒める。 玉ネギがしんなりしたらダイス状に切った豚バラ肉を加えて炒め、 さらに大きめに切ったズッキーニ、 セロリ、 ニンジン、トマト、 ジャガイモを加えて炒めながら、 塩、 コショウする。 そこにバジリコ、 インゲン豆、水を加えて2時間ほど煮込み、 キャベツ、 グリーンピース、 コメを入れ、 粉パルメザンチーズを添えてサーヴする。

Risotto alla Milanese
リゾット・アッラ・ミラネーゼ
（ミラノ風リゾット）

◇Romagna Albana Secco
ロマーニャ・アルバーナ・セッコ
◇Torgiano Bianco
トルジャーノ・ビアンコ
◇Riviera del Garda Bresciano Bianco
リヴィエラ・デル・ガルダ・ブレシャーノ・ビアンコ

浅鍋にバターを熱し、 みじん切りにした玉ネギを炒める。 半透明になったら牛の骨髄を加え溶けるまで炒め、 さらにコメを入れ炒める。 コメが焦げる寸前にブイヨンを入れ、 よくかき混ぜながら煮る。 コメが煮上がる寸前に塩、 コショウしてスープで溶かしておいたサフランを加える。 煮上がったらバターと粉パルメザンチーズを加え、 練って出来上がり。

Spaghetti Aglio e Olio
スパゲッティ・アリョ・エ・オリオ

◇Roero Arneis
ロエロ・アルネイス
◇Bianco di Custoza
ビアンコ・ディ・クストーツァ

フライパンにオリーブオイルを熱し、 薄切りにしたニンニクを色付くまで炒め、パセリと塩、 コショウで味つけする。 アルデンテに茹でたパスタとこのソースを和えて出来上がり。 簡単な料理だが、 できれば細めのスパゲッティを用意すると味がきいて良い。 また香りづけにローズマリーを使ってもよい。

Pasta e Fagioli
パスタ・エ・ファジョーリ
（パスタと豆の煮込料理）

◇Friuli Colli Orientali Friulano
フリウリ・コッリ・オリエンターリ・フリウラーノ
◆Valpolicella
ヴァルポリチェッラ（若いもの）

深鍋にバターを熱し、 ニンニク、 玉ネギ、 ニンジン、 セロリの順に加えて炒める。 そこに一晩水につけたあと1時間ほど煮込んでおいた豆と、 ざく切りにしたトマト、 水を加えてさらに1時間ほど煮る。 そこに固めに茹でたパスタを加え、 塩をしてしばらく煮、 バジリコ、 パセリを散らしてスープ皿に盛る。

ン粉に塩、コショウして固さを整えアーティチョークに詰める。これをオーブン皿に並べ、ブイヨン、ラードかバターを少量加えてオーブンで焼いたもの。

Zucchine Ripiene
ズッキーネ・リピエーネ
(ズッキーニの肉詰め)

◇Oltrepò Pavese Pinot Bianco
オルトレポー・パヴェーゼ・ピノ・ビアンコ
◇Cortese dell'Alto Monferrato
コルテーゼ・デッラルト・モンフェッラート

ズッキーニを2つに切り、茹でてスプーンで中身を抜く。みじん切りにした玉ネギと挽肉を炒め、卵、粉パルメザンチーズ、ナツメグ、先のズッキーニの中身のみじん切りを加え、よく混ぜる。これをズッキーニに詰め、オーブン皿に並べ強火で10分ほど焼く。

Primi Piatti

プリミ・ピアッティ

料理名	合わせるワイン

Zuppa di Cipolle
ズッパ・ディ・チポッレ
(玉ネギのスープ)

◇Fiano di Avellino
フィアーノ・ディ・アヴェッリーノ
◇Martina Franca
マルティーナ・フランカ

浅鍋にバターを熱し、みじん切りにした玉ネギを入れ弱火で炒める。これに適量のブイヨンを加え、塩、コショウで味つけし、さらにバジリコ、パセリ、月桂樹の葉を入れ煮詰める。あらかじめバターで焼いた薄切りのパンをスープ皿に入れ、月桂樹の葉を除いたスープを注ぐ。

Cipollata
チポッラータ

◇Verdicchio dei Castelli di Jesi
ヴェルディッキオ・デイ・カステッリ・ディ・イエージ
◇Friuli Aquileia Friulano
フリウリ・アクイレイア・フリウラーノ

フライパンにオリーブオイルとバターを入れ、薄切りにした玉ネギを弱火で炒め、バジリコ、塩、コショウで味を調え、ブイヨンか水を加えてさらに煮詰める。とろみがついたところで火から下ろし、卵、粉パルメザンチーズを加えてかき混ぜてサーヴする。イタリア各地で作られる料理でバラエティーがある。

Minestrone alla Milanese
ミネストローネ・アッラ・ミラネーゼ
(ミラノ風ミネストローネ)

◇Crutefranca Bianco
クルテフランカ・ビアンコ
◇Valdadige Bianco
ヴァルダディジェ・ビアンコ

シチリア地方の料理。素朴な農民料理といえる。ナスをダイス状に切り、フライパンで揚げ、オリーブオイル、ヴィネガーを加え、塩、コショウで味つけしたもの。ほかの野菜を用いても良い。

Arancini di Riso
アランチーニ・ディ・リゾ

◇Etna Bianco
エトナ・ビアンコ
◇Alcamo Bianco
アルカモ・ビアンコ

玉ネギのみじん切りをオリーブオイルとバター半々で弱火で炒め、さらに挽肉、鶏モツを加え炒め、塩、コショウで味を調える。さらにグリーンピース、ブイヨン、コメを加えて煮る。煮上がったらバター、卵、チーズを加え固さを整え、真ん中に凹みを作ってソース、刻んだ茹で卵を入れ、溶き卵、パン粉の順につけて揚げる。

Sarde in Tortiera
サルデ・イン・トルティエーラ
(イワシのタルト)

◇Vernaccia di Oristano
ヴェルナッチャ・ディ・オリスターノ
◇Trebbiano d'Abruzzo
トレッビアーノ・ダブルッツォ

イワシをよく洗い手で背開きにし、パン粉、粉ペコリーノチーズ、パセリをのせ、塩、コショウする。パイ皿にオイルを塗りイワシを2段重ねに並べ、これにたっぷりのオリーブオイルと溶き卵、塩をかけ、中火のオーブンで焼く。

Peperoni Imbottiti
ペペローニ・インボッティーティ
(ピーマンの詰め物)

◇Oltrepò Pavese Riesling
オルトレポー・パヴェーゼ・リースリング
◆Riviera del Garda Bresciano Chiaretto
リヴィエラ・デル・ガルダ・ブレシャーノ・キアレット

塩抜きにしたアンチョビに、粉ペコリーノチーズ、刻んだニンニク、パセリ、ケッパー、オリーブオイルを適量加えて柔らかいペーストを作る。ピーマンは頭の部分を切り、種を取り出して洗い、先のペーストを詰め再び蓋をし、オリーブオイルで揚げる。あるいはオーブンで焼いてもよい。

Carciofi Ripieni alla Romana
カルチョッフィ・リピエーニ・アッラ・ロマーナ
(アーティチョークの詰め物ローマ風)

◇Frascati
フラスカティ
◇Cirò Bianco
チロ・ビアンコ

アーティチョークの外側の固い花弁の部分と内側の毛質の部分を取り除き、黒くならないようレモン入りの水に浸す。挽肉、チーズ、卵、刻みパセリ、パブルスケッタとはブルスカーレ（あぶる）という言葉に由来するもので、中部イタリアにはじまる簡単な料理。パンを1cmほどの厚さに切り両面を軽く焼き、ニンニクをこすりつけ、オリーブオイルとトマトをのせて食べる。固めのパンのほか、味のあるオリーブオイル、トマトの新鮮さが重要。

Crostini di Fegatini di Pollo
クロスティーニ・ディ・フェガティーニ・ディ・ポッロ
（鶏レバーのクロスティーニ）

◇Torgiano Bianco
トルジャーノ・ビアンコ
◇Est! Est!! Est!!! di Montefiascone
エスト！ エスト!! エスト!!! ディ・モンテフィアスコーネ

もともとはトスカーナ料理だったが今では北イタリア一帯に伝わっている。玉ネギのみじん切りをバターで炒め、これに大きめに切ったレバーを加え、塩、コショウ、ワインを加えて濃いめのソースを作る。レバーを取り出しみじん切りにして、アンチョビ、ケッパーを加えて再度炒め、薄切りパンにのせたもの。

Funghi e Melanzane Marinate
フンギ・エ・メランザーネ・マリナーテ
（きのことナスのマリネ）

◇Trentino Pinot Bianco
トレンティーノ・ピノ・ビアンコ
◇Alcamo Bianco
アルカモ・ビアンコ

まずきのこをオリーブオイル、ヴィネガー、月桂樹の葉、ニンニク、塩、コショウと一緒に20分ほど中火で煮、これを冷やして味を染み込ませる。同様に茹でてダイス状に切ったナスにオイル、ヴィネガー、ニンニク、ケッパー、バジリコなどを加え、塩、コショウで味つけして、両方を混ぜたもの。

Prosciutto e Melone
プロシュット・エ・メローネ
（生ハムとメロン）

◇Soave
ソアーヴェ
◇Orvieto Secco
オルヴィエート・セッコ
◇Alto Adige Pinot Grigio
アルト・アディジェ・ピノ・グリージョ

メロンは12等分程度に切って皿にのせ、その上に薄切りにした生ハムをのせる。シーズンにはロンのかわりにイチジクを使っても美味しい。

Caponata
カポナータ

◇Castel del Monte Bianco
カステル・デル・モンテ・ビアンコ
◇Lacryma Christi del Vesuvio Bianco
ラクリマ・クリスティ・デル・ヴェスーヴィオ・ビアンコ

ワインと料理の組み合わせ・実践編

いよいよ具体的な料理にワインを合わせてみることになるが、その前にワインのサービス温度についてふれておこう。

・辛口スプマンテ	8℃
・軽い白ワイン	8〜10℃
・しっかりした白ワイン	10〜12℃
・ロゼワイン	12〜14℃
・軽い赤ワイン	14〜16℃
・しっかりした赤ワイン	16〜18℃
・熟成赤ワイン	18〜20℃
・甘口スプマンテ	10〜12℃
・リキュールタイプのワイン（通常甘口）	10〜14℃

これは一応の目安であるが、よくいわれる「白は冷蔵庫、赤は室温」という温度設定も考え直す必要がある。冷蔵庫も長く入れておけば6〜7℃まで下がり高級ワインの香りをだいなしにしてしまう。また、赤の場合の「室温」だが、昔は室温は冬になると17〜18℃だった。ところが今では冬でも20〜21℃が一般的。それに新鮮な赤ワインは少し冷やしてみると飲みやすくなる。

それぞれのワインの良さを引き出すために一応のサービス温度を頭に入れ、料理との組み合わせを考えることにしよう。

実際にワインと料理を組み合わせるに当たってあらかじめ了解しておかなければならないことは、料理同様ワインにもバラツキがあるということだ。

同じDOCワインでも生産者やヴィンテージによって多少味が異なる。また、料理もその地方や料理人によって多少の差を生じる。したがって、次に掲げた例は一般的な目安として考えておきたい。

Antipasti

アンティパスティ

料理名	合わせるワイン
Bruschetta ブルスケッタ	◇Vernaccia di San Gimignano ヴェルナッチャ・ディ・サン・ジミニャーノ ◇Romagna Trebbiano ロマーニャ・トレッビアーノ

色の薄い生フルーツベース(桃、ナシ、リンゴ)	甘口白ワイン。発泡性で新鮮かつ香りがありなめらかで、厚みとアルコールが十分なワイン ◇Trentino Moscato トレンティーノ・モスカート ◇Asti／Moscato d'Asti アスティ／モスカート・ダスティ
色の濃い生フルーツベース(チェリー、プラム)	甘口赤ワイン。芳香が強く新鮮で厚みがあり、適度のアルコールを感じるワイン ◆Alto Adige Moscato Rosa アルト・アディジェ・モスカート・ローザ ◆Brachetto d'Acqui ブラケット・ダックイ
チョコレートベース	合うワインはないが、どうしても合わせたい場合は甘口の熟成ヴィン・サントVin Santo
フレッシュ・フルーツ（マチェドニアなど）	色の薄いフルーツには辛口で新鮮な白ワイン。色の濃いフルーツにはアロマティックな赤ワインが合う
ナッツ類（クルミ、ヘーゼルナッツなど）	赤ワイン。香りと厚みに味わいがありタンニンが強くアルコールを十分に感じるワイン ◆Barolo バローロ ◆Sforzato di Valtellina スフォルツァート・ディ・ヴァルテッリーナ

熱を加えたもの (パルミジャーノ・レッジャーノ、アジアーゴ、ペコリーノ)	長期熟成赤ワイン。香りと厚みと味わいがあり、アルコールを十二分に感じるワイン ◆Brunello di Montalcino ブルネッロ・ディ・モンタルチーノ ◆Barbaresco バルバレスコ

Dolci

ドルチ

料理名	合わせるワイン
酵母を使った生地ベース	甘口白ワイン。発泡性もしくは芳香と味わいがあり、なめらかで厚みのあるワイン ○Asti アスティ ◇Moscato d'Asti モスカート・ダスティ
酵母を使わない生地ベース	パッシートした甘口白ワイン。芳香がありなめらかで、アルコールを十二分に感じるワイン ◇Passito di Pantelleria パッシート・ディ・パンテッレリア ◇Romagna Albana Passito ロマーニャ・アルバーナ・パッシート
スポンジケーキベース	白、赤の甘口ワイン。芳香がありなめらかで、赤はタンニンを感じ、厚みと十二分のアルコールを感じるワイン ◇Valle d'Aosta Chambave Moscato Passito ヴァッレ・ダオスタ・シャンバーヴェ・モスカート・パッシート ◆Moscato Rosa モスカート・ローザ
ジェラート	ワインは必要としない

Formaggi

フォルマッジ

料理名	合わせるワイン
軟質、半硬質チーズ	
熟成させないもの （ロビオーラ、カチョッタ〔ペコリーノ〕、クレッシェンツァ）	白ワイン。やや甘口で香りと厚みがありなめらかで、適度のアルコールを感じるワイン ◇Friuli Colli Orientali Verduzzo フリウリ・コッリ・オリエンターリ・ヴェルドゥッツォ ◇Friuli Grave Traminer フリウリ・グラーヴェ・トラミネル
熟成させたもの （タレッジョ、ベル・パエーゼ、ゴルゴンゾーラ）	熟成赤ワイン。香りと厚みに味わいがあり、ややタンニンが強く、アルコールを十分感じるワイン ◆Barbera del Monferrato バルベーラ・デル・モンフェッラート ◆Ghemme ゲンメ ◆Curtefranca Rosso クルテフランカ・ロッソ ◆Oltrepò Pavese Pinot Nero オルトレポー・パヴェーゼ・ピノ・ネロ
硬質・超硬質チーズ	
熱を加えないもの （カチョカヴァッロ、プロヴォローネ）	熟成赤ワイン。香りと厚みに味わいがあり、アルコールを感じるワイン ◆Torgiano Rosso トルジャーノ・ロッソ ◆Castel del Monte Rosso カステル・デル・モンテ・ロッソ

きのこ入り煮物	味わいのある赤ワイン。香りと厚みがあり、タンニンとアルコールを十分感じるワイン ◆Friuli Grave Cabernet Superiore フリウリ・グラーヴェ・カベルネ・スペリオーレ ◆Aglianico del Taburno アリアニコ・デル・タブルノ

トリュフ類

白トリュフ（白トリュフは動物性脂肪を伴う料理が多い）	味わいのある赤ワイン。香りと厚みがありなめらかで、アルコールを十分感じるワイン ◆Barolo バローロ ◆Barbaresco バルバレスコ
黒トリュフ	料理の際に使用するワインか、できあがった料理に合うワインを選ぶ

Verdure

ヴェルドゥーレ

料理名	合わせるワイン
生野菜	普通はワインは向かない。サラダなどの場合はソースに合わせる
ボイルした野菜	添えられるメインの料理に合わせる

そのほかの内臓（肝臓、腎臓、心臓、肺）	赤ワイン。香りと味わいがあり、なめらかで、それなりのアルコールを感じるワイン ◆Pinot Nero Riserva Alto Adige ピノ・ネロ・リゼルヴァ・アルト・アディジェ ◆Sagrantino Di Montefalco サグランティーノ・ディ・モンテファルコ

Funghi・Tartufo

フンギ・タルトゥフォ

料理名	合わせるワイン
きのこ類	
生のきのこ（サラダなど）	白ワイン。辛口で酸味があり、アロマティックでバランスがよく、アルコールを感じるワイン ◇Collio Sauvignon コッリョ・ソーヴィニヨン
きのこのスープ	白かロゼワイン。辛口で味わいがありなめらかで厚みがあり、アルコールのバランスがよいワイン ◇Friuli Grave Pinot Grigio フリウリ・グラーヴェ・ピノ・グリージョ
きのこ入りパスタ、リゾット	ロゼか若い赤ワイン。新鮮で香りと厚みがあり、アルコールのバランスのよいワイン ◆Trentino Marzemino トレンティーノ・マルツェミーノ
きのこのグリル	味わいのある赤ワイン。香りと厚みがありなめらかで、適度のアルコールを感じるワイン ◆Aquileia Merlot アクイレイア・メルロー

グリルか串焼き

熟成赤ワイン。味わいがありなめらか、香りがあり厚みがあって適度のアルコールを感じるワイン

◆Chianti Classico
キアンティ・クラッシコ

◆Nebbiolo d'Alba
ネッビオーロ・ダルバ

赤身肉の鳥肉（ハト、カモ、ホロホロ鳥、ガチョウ）

ローストした料理

やや熟成した赤ワイン。味わい、芳香がありなめらかで、厚みとアルコールを十分に感じるワイン

◆Chianti Classico Riserva
キアンティ・クラッシコ・リゼルヴァ

◆Vino Nobile di Montepulciano
ヴィーノ・ノビレ・ディ・モンテプルチャーノ

煮物料理

熟成赤ワイン。香り高く味わいがあり、厚みがあってタンニンとアルコールを十分に感じるワイン

◆Barbaresco
バルバレスコ

◆Cirò Rosso
チロ・ロッソ

内臓肉

白身の内臓（脳みそ、仔牛の膵臓）

辛口白ワイン。新鮮でアロマがあり厚みがあって、アルコールのバランスがよいワイン

◇Alto Adige Chardonnay
アルト・アディジェ・シャルドネ（小樽熟成）

◇Collio Sauvignon
コッリョ・ソーヴィニヨン

ローストした料理

長期熟成の赤ワイン。香りが強くなめらかで厚みがあり、十分にアルコールを感じるワイン

◆Taurasi
タウラージ

◆Cannonau di Sardegna
カンノナウ・ディ・サルデーニャ

狩猟・野鳥肉

串焼き

熟成した赤ワイン。味わい、アロマがあり、なめらかで厚みがあり、それなりのアルコールを感じるワイン

◆Friuli Colli Orientali Cabernet
フリウリ・コッリ・オリエンターリ・カベルネ

◆Brunello di Montalcino
ブルネッロ・ディ・モンタルチーノ

ローストした料理

長期熟成赤ワイン。香りが高くなめらかで、厚みがありタンニンとコク、アルコールを十分に感じるワイン

◆Barolo
バローロ

◆Amarone della Valpolicella
アマローネ・デッラ・ヴァルポリチェッラ

白身の鳥肉（ウズラ、ニワトリ、ダチョウ）

ボイルか煮物料理

若い赤ワイン。香りがあり新鮮で中程度のなめらかさ、厚みがあり適度のアルコールを感じるワイン

◆Rosso di Montalcino
ロッソ・ディ・モンタルチーノ

◆Friuli Grave Refosco dal Peduncolo Rosso
フリウリ・グラーヴェ・レフォスコ・ダル・ペドゥンコロ・ロッソ

白身肉（仔牛、豚、うさぎ、子羊、子山羊）

グリルした料理

力強い白か赤ワイン。赤ワインの場合は若く新鮮で、香りがありなめらかで、ややアルコールを感じるワイン

◇Collio Chardonnay
コッリョ・シャルドネ（小樽発酵）

◆Curtefranca Rosso
クルテフランカ・ロッソ

煮物料理

味わいのある赤ワイン。中程度の厚みがあり、ややタンニンが強く、それなりのアルコールを感じるワイン

◆Montepulciano d’Abruzzo
モンテプルチャーノ・ダブルッツォ

◆Romagna Sangiovese
ロマーニャ・サンジョヴェーゼ

赤身肉（牛、馬）

ボイルした料理

赤ワイン。若く新鮮で香りがあり、タンニンがあり厚みがあって、それなりのアルコールを感じるワイン

◆Oltrepò Pavese Barbera
オルトレポー・パヴェーゼ・バルベーラ

◆Morellino di Scansano
モレッリーノ・ディ・スカンサーノ

グリルした料理

熟成赤ワイン。味わいがあり、アロマがしっかりとして、それなりのアルコールを感じるワイン

◆Carmignano Riserva
カルミニャーノ・リゼルヴァ

◆Gattinara
ガッティナーラ

魚（淡水魚、海水魚）

ボイルした料理

白ワイン。辛口で新鮮、香りがありなめらかで、適度のアルコールを感じるワイン。

◇Lugana
ルガーナ

◇Verdicchio dei Castelli di Jesi
ヴェルディッキオ・デイ・カステッリ・ディ・イエージ

フライにした料理

白ワイン。辛口で酸味、香りがあり、なめらかで、適度のアルコールを感じるワイン

◇Alto Adige Terlano Müller Thurgau
アルト・アディジェ・テルラーノ・ミュッラー・トゥルガウ

◇Collio Malvasia Istriana
コッリョ・マルヴァジア・イストリアーナ

グリルした料理

白ワイン。辛口で新鮮、アロマがありなめらかで、厚みとアルコールを適度に感じるワイン

◇Trentino Riesling
トレンティーノ・リースリング

◇Romagna Albana Secco
ロマーニャ・アルバーナ・セッコ

煮物料理

白ワインかロゼワイン。辛口で味わいとアロマがありなめらかでしっかりした厚みがあり、十分なアルコールを感じるワイン

◇Vernaccia di Oristano
ヴェルナッチャ・ディ・オリスターノ

◆Castel del Monte Rosato
カステル・デル・モンテ・ロザート

Secondi Piatti

セコンディ・ピアッティ

料理名	合わせるワイン
イカ、タコ、貝類	
ボイルした料理	白ワイン。辛口、新鮮でややアルコールを感じるワイン ○Prosecco プロセッコ（各種） ◇Bianco di Custoza ビアンコ・ディ・クストーツァ
グリルした料理	白ワイン。辛口、アロマティックでなめらか、それなりのアルコールを感じるワイン ◇Cirò Bianco チロ・ビアンコ ◇Vernaccia di San Gimignano ヴェルナッチャ・ディ・サン・ジミニャーノ
甲殻類	
ボイルした料理	白ワイン。辛口で新鮮、香りとアロマを持ち、適度のアルコールを感じるワイン ◇Fiano di Avellino フィアーノ・ディ・アヴェッリーノ ◇Soave ソアーヴェ
グリルした料理	白ワイン。辛口で香りがあり、なめらかでアロマティック、それなりのアルコールを感じるワイン ◇Friuli Grave Traminer Aromatico フリウリ・グラーヴェ・トラミネル・アロマティコ ◇Frascati Superiore フラスカティ・スペリオーレ

ミネストローネ

ロゼか若い赤ワイン。辛口で香りと味わいがあり、なめらかで、適度のアルコールを感じるワイン

◆Alto Adige Lagrein Rosato
アルト・アディジェ・ラグレイン・ロザート

◆Friuli Aquileia Merlot
フリウリ・アクイレイア・メルロー

ソースを使ったプリミ

魚ベースのソース

白ワイン。辛口で繊細な香りと味わいがあり、適度のアルコールを感じるワイン

◇Trebbiano d'Abruzzo
トレッビアーノ・ダブルッツォ

◇Friuli Grave Friulano
フリウリ・グラーヴェ・フリウラーノ

野菜ベースのソース

白ワイン。辛口で香りと味わいがありなめらかで、適度のアルコールを感じるワイン

◇Soave
ソアーヴェ

◇Romagna Trebbiano
ロマーニャ・トレッビアーノ

トマトベースのソース

白かロゼワイン。辛口のややアロマティックでなめらかなもので、それなりのアルコールを感じるワイン

◇Frascati Superiore
フラスカティ・スペリオーレ

◆Valdadige Schiava Rosato
ヴァルダディジェ・スキアーヴァ・ロザート

肉ベースのソース

若い赤ワイン。辛口で香りと味わいがありややタンニンが強く、適度のアルコールを感じるワイン

◆Grignolino d'Asti
グリニョリーノ・ダスティ

◆Valpolicella
ヴァルポリチェッラ

477

Primi Piatti

プリミ・ピアッティ

料理名	合わせるワイン
スープ類	
コンソメ	ワインは必要ないが、もし合わせるとすればアペリティフで飲むワインを続ける
パスタ入りスープ	白ワイン。辛口で香りがあり新鮮でそれなりのアルコールを感じるワイン ◇Etna Bianco エトナ・ビアンコ ◇Castel del Monte Bianco カステル・デル・モンテ・ビアンコ
軽いフォンドを使ったスープ	白ワイン。辛口で香りがあり、アロマティックで、適度のアルコールを感じるワイン。 ◇Friuli Colli Orientali Ribolla Gialla フリウリ・コッリ・オリエンターリ・リボッラ・ジャッラ ◇Trentino Nosiola トレンティーノ・ノジオーラ
薄口のズッパ・ディ・ペッシェ	白ワイン。辛口で味わいがあり、香り、アロマがあり、アルコールを感じるワイン ◇Cinque Terre チンクエ・テッレ ◇Verdicchio dei Castelli di Jesi ヴェルディッキオ・デイ・カステッリ・ディ・イエージ
濃いズッパ・ディ・ペッシェ	ロゼか軽い赤ワイン。辛口で香りと味わいがありやわらかく、適度のアルコールを感じるワイン ◆Castel del Monte Rosato カステル・デル・モンテ・ロザート ◆Bardolino バルドリーノ

野菜ベース、卵料理

白ワイン。辛口でなめらか、アロマティックな味わいで、適度のアルコールを感じるワイン

◇Alto Adige Pinot Bianco
アルト・アディジェ・ピノ・ビアンコ

◇Collio Friulano
コッリョ・フリウラーノ

生ハムベースの料理

白ワイン。辛口でなめらか、酸のバランスが良く、適度のアルコールを感じるワイン

◇Romagna Albana Secco
ロマーニャ・アルバーナ・セッコ

◇Vernaccia di San Gimignano
ヴェルナッチャ・ディ・サン・ジミニャーノ

腸詰類、生肉

ロゼもしくは赤ワイン。辛口で香りがあり、なめらかで酸のバランスがよく、ややアルコールを感じるワイン

◈Alto Adige Lagrein Rosato
アルト・アディジェ・ラグレイン・ロザート

◆Oltrepò Pavese Barbera
オルトレポー・パヴェーゼ・バルベーラ

温かいアンティパスティ

キッシュなどの料理

白ワイン。辛口でアロマティックな香りが高く、なめらかで、それなりのアルコールを感じるワイン

◇Trentino Chardonnay
トレンティーノ・シャルドネ

◇Alto Adige Sylvaner
アルト・アディジェ・シルヴァネル

ボイルした腸詰類

赤ワイン。辛口で香りがあり味わいがあるワイン。ややタンニンがあり適度のアルコールを感じるワイン

◆Dolcetto d'Alba
ドルチェット・ダルバ

●Lambrusco di Sorbara
ランブルスコ・ディ・ソルバーラ

料理に合わせたワイン選択の基本

　実際にイタリア料理のメニューに出てくる料理をその内容ごとに区分すると、それぞれに合ったワインをまとめることができる。ここでは具体的にワイン名も併記しよう。

Antipasti

アンティパスティ

料理名	合わせるワイン
冷たいアンティパスティ	
イクラ・キャヴィアなど魚の卵類	辛口スプマンテ（瓶内二次発酵させたワイン） ○Franciacorta フランチャコルタ
海産物	白ワイン。辛口で香りと酸味があり、それなりのアルコールを感じるワイン ◇Gavi ガヴィ ◇Greco di Tufo グレコ・ディ・トゥーフォ
海産物のサラダ	白ワイン。辛口で香りがありなめらかで、ややアルコールを感じるワイン ◇Cinque Terre チンクエ・テッレ ◇Verdicchio dei Castelli di Jesi ヴェルディッキオ・デイ・カステッリ・ディ・イエージ
フォアグラ、各種パテ	白ワイン。やや甘口でアロマティック、なめらかで、それなりのアルコールを感じるワイン ◇Orvieto Amabile オルヴィエート・アマービレ ◇Colli Orientali del Friuli Picolit コッリ・オリエンターリ・デル・フリウリ・ピコリット

索 引

・本索引は、DOCG・DOCワインの銘柄のすべて（2017年10月現在）を取り上げたものである。原則として、第６部の各表の見出しになっているものと、「その他のDOCワイン」として列挙したものを見出し語とした。
・なお、本索引の頁数は横組み資料（第６部と第５部）の通しノンブル（各頁のセンター下部の数字）に対応している。

エ

オ

カ

キ

ク

ケ

コ

サ

シ

ス

セ

ソ

タ

チ

ヘ

ホ

マ

メ

モ

ラ

リ

ル

レ

ロ

INDEX

A

B

C

O

P

R

S

Z

【参考文献】

IL LIBRO COMPLETO DEL VINO
VINI DA ITALIA
CODICE DENOMINAZIONE DI ORIGINE DEI VINI
VINI PIATTI TIPICI REGIONALI
VITIGNI D'ITALIA
INTENERALI DEL VINO
FEDERDOC V.Q.P.R.D. D'ITALIA

【取材協力】

CERETTO AZINENDE VITIVINICOLE
CONTI SERTOLI SALIS
AZIENDA AGRICOLA RONCHI DI CIALLA
FATTORIA ZERBINA
FATTORIA BARBI E DEL CASATO
DISTILLERIA SANTA TERESA DEI F.LLI MAROLO
GIUSEPPE VACCARINI
A.I.S. (Associazione Italiana Sommeliers)
CONSORZIO TUTELA DI SOAVE
CONSORZIO TUTELA DEL VINO CONEGLIANO VALDOBBIADENE PROSECCO
CANTELE
MAZZEI
CANTINA DEL CASTELLO
TENUTA CARRETTA
MAGGIOVINI
TERREDORA
CASCINA CASTLET
MICHELE CHIARLO
GAJA
CÀ DEL BOSCO
ALOIS LAGEDER
MASI
CARPENÈ MALVOLTI
JERMANN
ANTINORI
BIONDI SANTI
TENUTA SAN GUIDO
UMANI RONCHI
LUNGAROTTI
MASTROBERARDINO
RIVERA
TASCA D'ALMERITA
DONNAFUGATA

第6部

イタリアの主なワイン

I PRINCIPALI VINI ITALIANI

イタリアの主なDOCG、DOCワイン

イタリア各地にはその特徴を生かした400以上のDOCG、DOCワインがあり、内容が細かく規定されている。これらのワインを全部説明すると、1000以上のタイプのワインについて語らねばならなくなる。

ここでは主に日本に輸入されているDOCG、DOCワイン、および高級テーブルワイン、産地表示付きテーブルワインを中心に取り上げた。これらのワインを見ることによって、イタリア各地のワインの全体像がつかめるはずだ。

一部内容が細かく多岐にわたるため、わかりにくい点があるかも知れないが、必要なポイントのみを見ていただいても構わない。解説内容は以下の通りとなっている。なお、本データは2017年10月現在のものである。

1．DOCG、DOCワイン名

2．生産地域

3．年間生産量

4．ha当たり穫量
（ブドウの凝縮度を見る）

5．最低アルコール度数

6．最低熟成期間

7．ブドウの使用品種

8．ワインの特徴（色・香・味）

9．ワインに合う料理の紹介

10．サーヴィス温度

11．ワインの情報

12．主な生産者

13．優良ヴィンテージ

なお、各ワインの種類にはスプマンテ、白ワイン、ロゼワイン、赤ワインというふうに6種類のグラスをもうけ、さらに、①から⑩の番号で、それらがどの種のワインかを一目で見分けられるようにした。

① 辛口スプマンテ
（フリッツァンテ：弱発泡性ワイン）

② 甘口スプマンテ
（フリッツァンテ：弱発泡性ワイン）

③ 若い白ワイン

④ 熟成白ワイン

⑤ 甘口白ワイン

⑥ ロゼワイン

⑦ 若い赤ワイン

⑧ 熟成赤ワイン

⑨ 長期熟成赤ワイン

⑩ 甘口赤ワイン

VALLE D'AOSTA

ヴァッレ・ダオスタ州

イタリア北西部の端に位置し、アルプス山脈を隔てて北はスイス、南西はフランスと国境を接する州、ヴァッレ・ダオスタは、スイスとの国境にマッターホルン、モンテ・ローザ、フランスとの国境にモンブランと4000mを超える名峰を仰ぐ山岳地帯である。

州を東西に横切るトラバルテア川沿いにきざまれたアオスタ渓谷の中央に州都アオスタがある。州の人口は12万人と極めて少ない。

大サンベルナルド、小サンベルナルドの２つの峠でフランス、スイスとつながり、古くから異民族の侵略が絶えなかった。今日でも古代のロマンをたたえ、観光客を惹きつける城塞などを各地で見ることができる。

山岳地帯の気候と地形を生かした酪農が古くから盛んなほか、水力発電も行われている。しかしながら、ワインの生産量は少なく、イタリアの全生産量のわずか１%以下である。

この地方には、今から5000年前の新石器時代の住居跡、古代ローマの初代皇帝アウグストゥスの幕営地、ロマネスクやゴシック様式の教会、中世の城など歴史的にも芸術的にも優れたものが多く残されている。さらに深い谷間とアルプスの高い峰々が重なり合う、素晴らしい自然を有している。

もともとアオスタは、古代ローマ帝国の一都市として建設され、執政官が通った道や幕営地跡も歴史的に重要なものである。

アオスタ渓谷は、２つの道に分かれており、フランスへ向かうのが、小サンベルナルド峠、スイスへ向かうのが大サンベルナルド峠である。道幅は４ｍほどで、馬車用に直線の切り道になっている。

州のほとんどが山岳地帯であるこの州の各地に見事な氷河が点在し、美しい自然を持つ国立公園としては他に例を見ない。なかでもグラン・パラディーゾ国立公園は、標高800ｍの谷間から4000ｍを超える頂上まで高い山々が連なり、イタリアの国立公園として最初に認められたところでもある。樅の木、カラマツなどの木々や牧草地、岩場があり、山岳観光地としての理想的な風景を作り出している。

この州では、14種程のブドウから約20種類のワインが造られているが、ブドウ畑は谷間に段々畑風に点在し、ブドウ樹は、より陽当たりの良い南向きの斜面に植えられている。

小規模生産者がほとんどで、良心的な価格で売られるワインが多い。

日中は太陽の熱を吸収し、夜はその熱を保ってくれる岩のおかげで、地中海性気候同様にブドウが育つ。特に高所に位置する畑は多くの熱を得るため、谷底の平地の畑に比べて３～４℃も気温が高い。さらに日中と夜とで大きな温度差が生じることから、ブドウの皮が厚くなり、十分にアロマを含んだワインを生むことができる。

この州のブドウ畑は約600haと少なく、ちょうどバルバレスコ全体ほどの広さである。生産されるワインも、年間150万本と少ない。しかも、山の斜面に猫の額ほどの小さな畑が点在しているので、ワイン造りには、専門知識のほか、各々の畑の性格をよく知ることや経験も必要になる。

約40kmの谷間には、22カ所のブドウ生産地がある。生産者は協会を作り、会員となって自社内でも訪問者にワインを販売している。なかには、自園内で生産したワインを全て販売してしまう生産者もいる。

フランスとピエモンテ州の中間に位置することから、使用するブドウは、その両地方からのものが多く、赤用ではガメイ、ピノ・ネロ、メルロー、シラー、ネッビオーロ、ドルチェット、プティ・ルージュなどが植えられ、白用には、ピノ・ビアンコ、ピノ・グリージョ、シャルドネ、ミュッラー・トゥルガウ、モスカート、ブラン・ド・モルジェ（プリエ・ブラン）などの品種が植えられている。

また、以前は各地のDOCに分かれていたため、モルジェ、ヌス、シャンバーヴェ、トッレッテ、ドンナス、アンフェール・ダルヴィエなどの地域名の記載も認められている。

地域的には、トッレッテ地区でプティ・ルージュ、ドンナスでネッビオーロ、アンフェール・ダルヴィエでプティ・ルージュなどの赤用ブドウが植えられている。

この地方には、高地で育てられるブルーナ・アルピーノ種の牛の牛乳から作られるフォンティーナチーズやポレンタなどの特産品があることから、地元のワインに合わせて多くの料理が用意されている。

酸味がありアロマを含む白ワインには、川魚のバター焼きやパンとキャベツ、フォンティーナチーズの料理、米とニョッキのポレンタ、酸味があってしっかりとした味わいの赤ワインには、アオスタ風トリッパ、フォンデュ入りリゾット、アオスタ風鹿肉の料理、アオスタ風仔牛のカツレツ、フォンティーナチーズなどを合わせる。モスカートなどの甘口ワインには、ザバイヨンソースを使ったデザートやパンナコッタなどを合わせる。

主な生産者は、レ・クレーテ（LES CRETES）、ラ・クロッタ・ディ・ヴェニエロン（LA CROTTA DI VEGNELON）などがある。

VALLE D'AOSTA
ヴァッレ・ダオスタ州

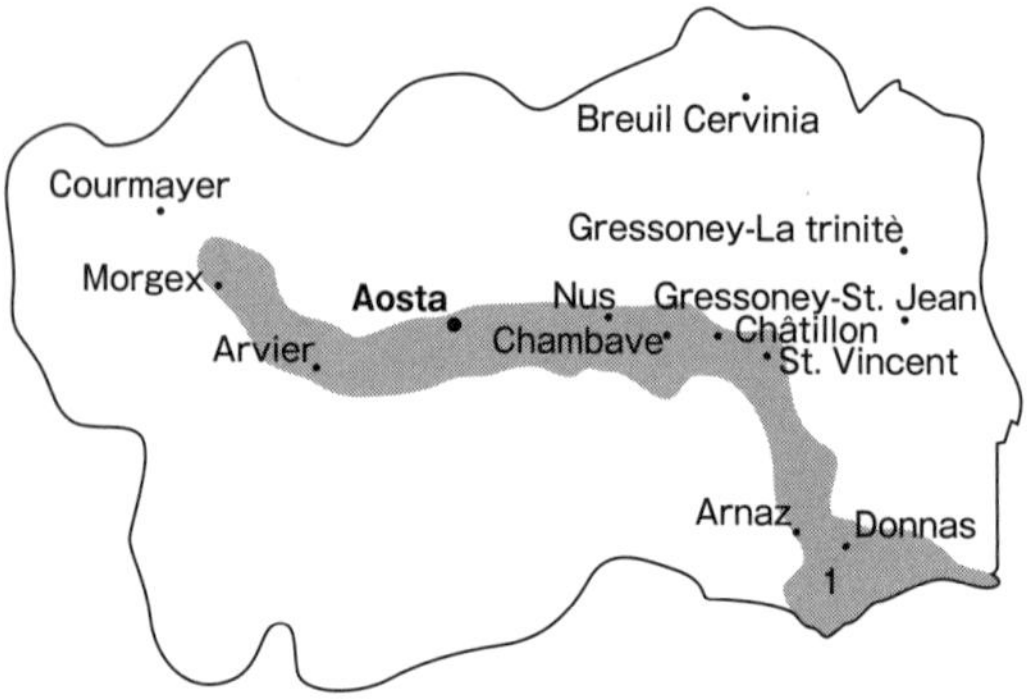

D.O.C.

1. Valle d'Aosta o Vallèe d'Aoste ヴァッレ・ダオスタ／ヴァレー・ダオステ

VALLE D'AOSTA/ VALLÈE D'AOSTE
ヴァッレ・ダオスタ／
ヴァレー・ダオステ

DOC（1971～）

〈地域〉 アオスタ県全域

2016 1,592,100本

※ヴァッレ・ダオスタ州にはひとつのDOCしかないが、ここでは主なワイン、品種を紹介する。

	ha当たりのブドウの収穫	最低アルコール	最低熟成期間
③BIANCO ビアンコ／BLANC ブラン	12 t	9%	12月1日以後リリース可

この地方の認定品種。

色：薄緑色か濃い麦わら色。香：新鮮で快い。味：辛口で酸味がある。

魚料理、アンティパスト、パンとキャベツ・フォンティーナチーズの料理、軟質チーズ。

8～12℃

	ha当たりのブドウの収穫	最低アルコール	最低熟成期間
⑦ROSSO ロッソ／ROUGE ルージュ	12 t	9.5%	12月1日以後リリース可
⑦—NOVELLO ノヴェッロ	12 t	10%	

この地方の認定品種。

色：ルビー色かバラ色。香：新鮮で独特の芳香。味：辛口で時に生気がある。

米とニョッキのポレンタ、アオスタ風鹿肉の料理、軟質・半硬質チーズ。

16～18℃

	ha当たりのブドウの収穫	最低アルコール	最低熟成期間
⑥ROSATO ロザート／ROSÉ ロゼ	12 t	9.5%	12月1日以後リリース可

この地方の認定品種。

白身肉の料理、半硬質チーズ。

	ha当たりのブドウの収穫	最低アルコール	最低熟成期間
③MÜLLER THURGAU ミュッラー・トゥルガウ	11 t	10%	12月1日以後リリース可
⑤—VENDEMMIA TARDIVA ヴェンデミア・タルディーヴァ	11 t	10+3%	6カ月 12月1日起算

ミュッラー・トゥルガウ種85%以上、その他認定白ブドウ15%以下。

色：麦わら色を帯びた薄緑色。香：濃密な香り。味：アロマを感じる中甘口、甘口がある。

淡水魚のバター焼き、米とニョッキのポレンタ、軟質・半硬質チーズ。

8～12℃

	ha当たりのブドウの収穫	最低アルコール	最低熟成期間
⑦GAMAY ガメイ	12 t	11%	5カ月 12月1日起算

ガメイ種85%以上、その他認定黒ブドウ15%以下。

色：ルビー色。香：独特な果汁の香り。味：辛口で苦み、タンニンを感じる。

アオスタ風トリッパ（牛の胃袋）料理、フォンデュ入りリゾット、フォンティーナチーズ。

16～18℃

	ha当たりのブドウの収穫	最低アルコール	最低熟成期間
⑦PINOT NERO ピノ・ネロ／PINOT NOIR ピノ・ノワール	10 t	11.5%	5カ月 12月1日起算
③—VINIFICATO IN BIANCO（ヴィニフィカート・イン・ビアンコ＝白ワイン仕立て）	10 t	11%	12月1日以後リリース可

ピノ・ネロ種85%以上、その他認定黒ブドウ15%以下。

色：やや濃いルビー色。香：フルーティな果汁の香り。味：調和のとれた辛口。

アオスタ風鹿肉の料理、鹿またはヤギのモモ肉で作る生ハム、フォンティーナチーズ。
※白用に醸造した場合は麦わら色の辛口ワインとなる。

⑦NUS ヌス　10 t　11%　5カ月
12月1日起算

⑧—SUPERIORE スペリオーレ　10 t　12%　8カ月
12月1日起算

ヴァン・ドゥ・ヌス、プティ・ルージュ合わせて70%
（内ヴァン・ドゥ・ヌス40%以上）以上、その他認定黒ブドウ30%以下。

色：ガーネット色がかった濃い赤。香：濃密な香り。味：辛口。

Mocetta（鹿またはヤギの生ハム）、フォンティーナチーズ。

③—MALVOISIE マルヴォイヅィエ　8 t　11.5%
12月1日以後リリース可

ピノ・グリージョ種85%以上、その他認定白ブドウ15%以下。

⑤—MALVOISIE PASSITO マルヴォイヅィエ・パッシート　12 t　14+2.5%
12月1日以後リリース可

ピノ・グリージョ種85%以上、その他認定白ブドウ15%以下。

⑦CHAMBAVE シャンバーヴェ　10 t　11%　5カ月
12月1日起算

⑧—SUPERIORE スペリオーレ　10 t　12%　8カ月
12月1日起算

プティ・ルージュ種70%以上、その他認定黒ブドウ30%以下。

色：ルビー色。香：スミレの花のような香り。味：風味のある辛口。

アオスタ風仔牛のカツレツ、フォンティーナチーズ。

③CHAMBAVE MOSCATO／CHAMBAVE MUSCAT　10 t　11%
シャンバーヴェ・モスカート／シャンバーヴェ・ミュスカ
12月1日以後リリース可

モスカート・ビアンコ種。

麦わら色を帯びた黄色で、マスカットのアロマがある辛口。

アロマティックなソースをかけたマスの料理、卵料理、軟質チーズ。

⑤CHAMBAVE MOSCATO PASSITO／CHAMBAVE MUSCAT FLÉTRI　10 t　13+3.5%
シャンバーヴェ・モスカート・パッシート／シャンバーヴェ・ミュスカ・フレトリ
12月1日以後リリース可

モスカート・ビアンコ種。

乾燥させたブドウから造りマスカットの濃密な香りをもち、特有の甘味を感じる中甘口。

サバイオンソースを使ったデザートや食事外に向く。

白：8～10℃
ロザート：12～14℃
赤：16～18℃
甘口：10～12℃

※この他DOCに認められる品種にピノ・ビアンコ、ピノ・グリージョ、シャルドネ、プティ・アルヴィーン、モスカート・ビアンコ、トラミネル・アロマティコなどの白、メルロー、ネッビオーロ、シラー、コルナリン、マヨレ、アルナ（ー）モンジョヴェ、プレメッタ、フミン、プティ・ルージュ、ガマレット、ヴイッレルミン、トッレッテなどの赤がある。また、プリエ・ブラン（白）100%のワイン、ブラン・ド・モルジェにはスプマンテもある。さらに、トッレッテではプティ・ルージュ、ドンナスではネッビオーロ、アンフェール・ダルヴィエではプティ・ルージュなどの赤用ブドウが主に使われている。その他白のパッシート、各種白ブドウのヴェンデミア・タルディーヴァもある。

・La Crotta di Vegneron（ラ・クロッタ・ディ・ヴェニェローン）
・Inst. A. Regional（インスティティユート・アグリコレ・レジョナル）
・Les Cretes（レ・クレーテ）

PIEMONTE

ピエモンテ州

ピエモンテ州はイタリア北西部の州で、北はスイス、西はフランスと国境を接し、東はポー川の上流沿いにロンバルディア州の平原地帯へと広がる。

「ピエデ・モンテ（山の足）」という名が示す通り、アルプスの山々の麓に広がる一帯は、チーズや穀物の産地として知られ、また豊かな水に支えられ、州の東部ヴェルチェッリを中心とする地域はヨーロッパ一の米作地帯として発展してきている。

南部は、ブドウ栽培もさかんで、1000年以上もの上級ワイン造りの歴史を持つ。特に14世紀以降ネッビオーロ種から造られる長熟ワイン、バローロやバルバレスコで知られる地域となった。

今日でも17のDOCGワインを持ち、イタリアで最もDOCGワインの多い州となっている。元々ネッビオーロ種から造られるワインで知られる地域で、近年バルベーラ種やドルチェット種から造られるワインも上級ワインとして知られるようになってきた。基本的には赤ワイン中心で、白ワインとして知られるのは、モスカート種から造られる甘口のアスティやモスカート・ダスティ、コルテーゼ種から造られるガヴィ、アルネイス種から造られるロエロやランゲなどである。

地域的には、上級ワインが集中しているのは州の南部、アルバを中心とする地域で、特にバローロ村から

はじまるランゲ地区に集中している。アルバ周辺ではバローロが造られるタナロ川右岸のランゲ地区と左岸のロエロ地区があり、ランゲはバローロとバルバレスコが主力のワインになるが、この地域で造られるドルチェットやバルベーラほかの品種を表示できるDOCランゲもある。このDOCランゲではネッビオーロ、ドルチェット、フレイザ、シャルドネ、アルネイス、ファヴォリータが認められている。

ランゲ地区より北側のモンフェッラート地区は、タナロ川左岸のモンフェッラート、右岸のカネッリ、ニッツァ・モンフェッラートからアスティに続くアルト・モンフェッラート地区に分けることができる。この地域は、近年バルベーラ種を中心にその品質が語られつつある地域で、バルベーラ・ダスティ、バルベーラ・デル・モンフェッラート・スペリオーレが2008年、その後ニッツァがDOCGに昇格している。しかしながら、この地域は年間8000万本以上を生産する甘口白ワイン、アスティの主生産地として認知されるべき地域である。

ノヴァーラを中心とする州の北側の地域では地元で「スパンナ」と呼ばれるネッビオーロ種主体のワインが古くから造られており、ガッティナーラやゲンメなどのDOCGワインもある。白ワインとしてはエルバルーチェ・ディ・カルーソが2010年、DOCGに昇格した。

バローロを生産する地域はランゲ地区にあり、バローロ、ラ・モッラ、カスティリオーネ・ファッレット、セッラルンガ・ダルバなど11の村からなっている。ネッビオーロ種100%で造られるこのワインは、ややオレンジ色を帯びたガーネット色になり、バラやスミレの香りを含み十分なタンニンを含んだ力強い長熟ワインになる。長期の熟成に耐えることからイタリアワインの王様ともいわれる。年間1000万本以上を生産するようになり、ブルネッロとほぼ同様の生産量となっているが、最上級ワ

インが生産される地域は既に確立されている。

一方バローロとはアルバの町を基点に反対側に位置するバルバレスコは、バローロと同様のブドウから造られるが生産量は3分の1以下で、熟成規定もバローロより一年短いがエレガントな長熟ワインとして知られている。これらの赤ワインは、牛肉と野菜の煮込み料理ブラザートやストゥファート、ストラコットなど料理に合う。

アスティ、クーネオ、アレッサンドリアの3県にまたがる広い地域で造られるアスティ、モスカート・ダスティは、モスカート・ビアンコ種100%で造られる。麦わら色で個性的なマスカットの芳香があり発泡性の甘口ワインに適している。バニラを使ったフルーツのタルトやパネットーネなどのパンケーキに合う。2008年以降DOCGに昇格した3つのバルベーラは、この地域の主力黒ブドウで、この品種は酸が強くタンニンも多いことから小樽の使用に適し、近年評価が高まってきている。

一方、ドリアーニ、オヴァーダのドルチェットは、一般的に日常ワインとして地元で飲まれているドルチェットの品質向上に貢献している。これらのワインはサラミやタルタル肉、アニョロッティ、ボッリート・ミストなど地元の料理に良く合う。

このほか、コルテーゼ種から造られるガヴィは、上品な香りとソフトな酸があり、日本料理にも良く合うデリケートな味わいの白ワイン。近年人気のアルネイスも上品な野草を思わせる香りを含み心地良いワインに仕上げられるワインが多くなった。

また南部のアックイで造られる甘口発泡性赤ワイン、ブラケット・ダックイもDOCGに認められている。この地域の白、ティモラッソやランゲ地区のナシェッタ、標高の高いアルタ・ランガ地区のシャルドネ、リースリングなどピエモンテの白ブドウも見直されつつある。

PIEMONTE “L’ ASTIGIANO”
ピエモンテ州 “アスティ地区”

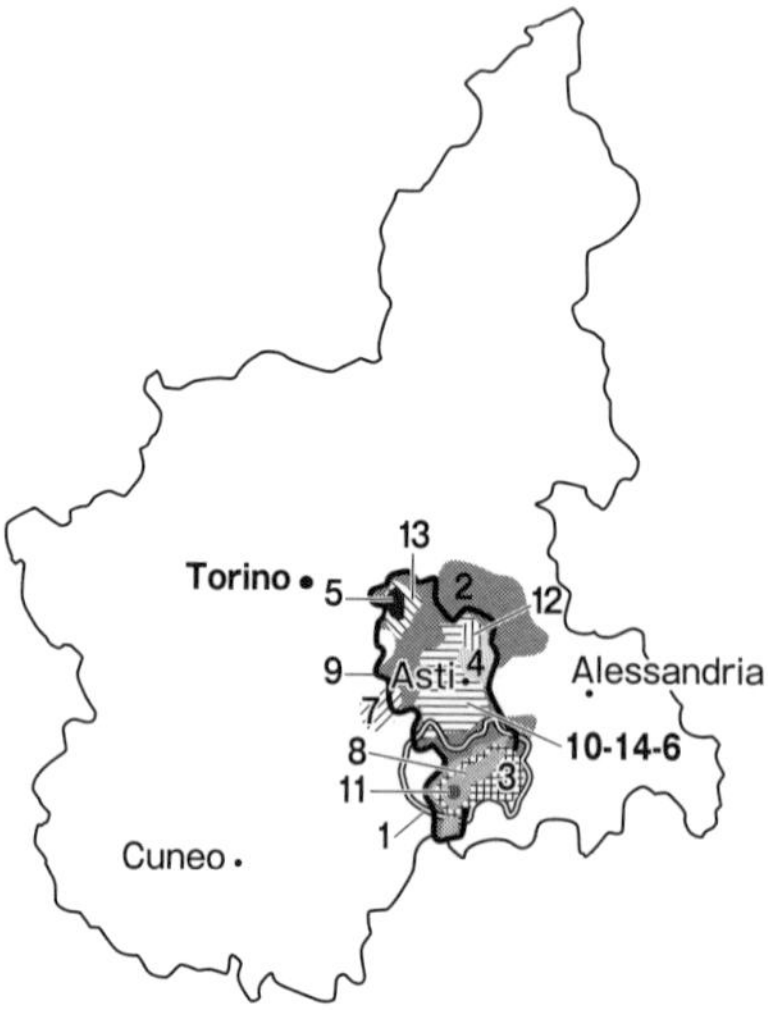

D.O.C.G.

1. Asti アスティ
2. Barbera d'Asti バルベーラ・ダスティ
3. Brachetto d'Acqui o Acqui
   ブラケット・ダックイ／アックイ
4. Ruché di Castagnole Monferrato
   ルケ・ディ・カスタニョーレ・モンフェッラート

D.O.C.

5. Albugnano アルブニャーノ
6. Calosso カロッソ
7. Cisterna d'Asti チステルナ・ダスティ
8. Dolcetto d'Asti ドルチェット・ダスティ
9. Freisa d'Asti フレイザ・ダスティ
10. Grignolino d'Asti
    グリニョリーノ・ダスティ
11. Loazzolo ロアッツォロ
12. Malvasia di Casorzo d'Asti o Casorzo o Malvasia di Casorzo
    マルヴァジア・ディ・カゾルツォ・ダスティ／カゾルツォ／マルヴァジア・ディ・カゾルツォ
13. Malvasia di Castelnuovo Don Bosco
    マルヴァジア・ディ・カステルヌオーヴォ・ドン・ボスコ
14. Terre Alfieri テッレ・アルフィエーリ

PIEMONTE “LE LANGHE”
ピエモンテ州　“ランゲ地区”

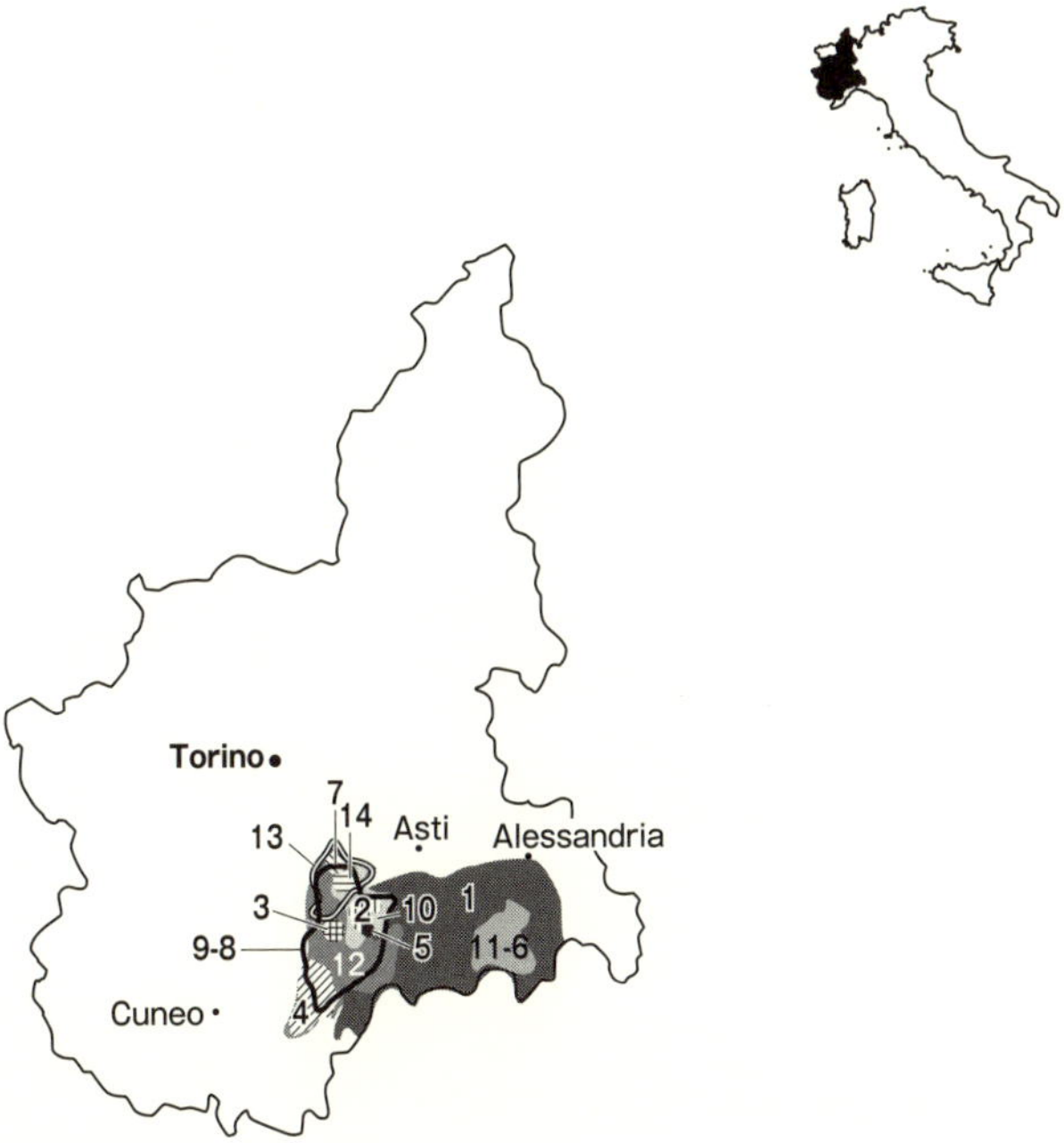

D.O.C.G.

1. Alta Langa アルタ・ランガ
2. Barbaresco バルバレスコ
3. Barolo バローロ
4. Dogliani ドリアーニ
5. Dolcetto di Diano d'Alba o Diano d'Alba ドルチェット・ディ・ディアーノ・ダルバ／ディアーノ・ダルバ
6. Dolcetto di Ovada Superiore o Ovada ドルチェット・ディ・オヴァーダ・スペリオーレ／オヴァーダ
7. Roero ロエロ

D.O.C.

8. Alba アルバ
9. Barbera d'Alba バルベーラ・ダルバ
10. Dolcetto d'Alba ドルチェット・ダルバ
11. Dolcetto di Ovada ドルチェット・ディ・オヴァーダ
12. Langhe ランゲ
13. Nebbiolo d'Alba ネッビオーロ・ダルバ
14. Verduno Pelaverga o Verduno ヴェルドゥーノ・ペラヴェルガ／ヴェルドゥーノ

PIEMONTE “IL MONFERRATO”
ピエモンテ州　“モンフェッラート地区”

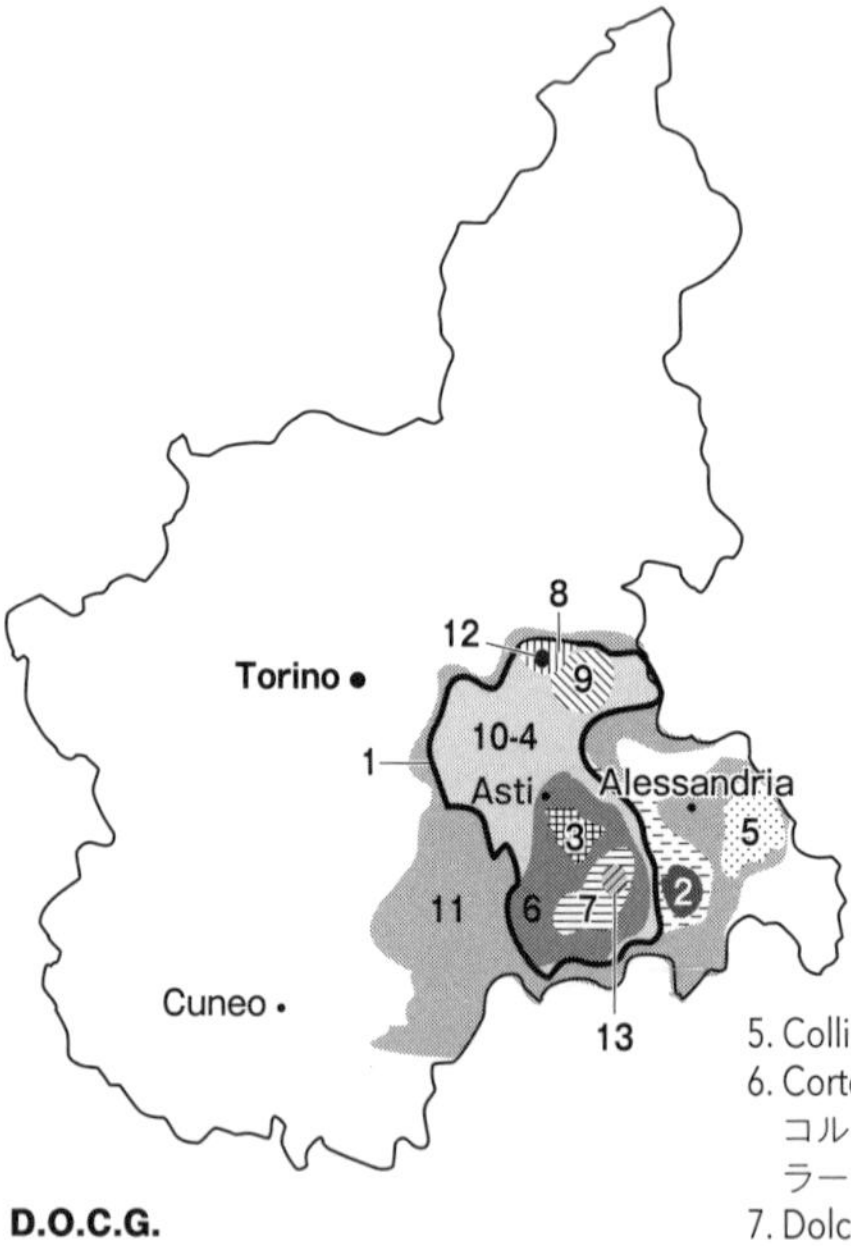

D.O.C.G.

1. Barbera del Monferrato Superiore
バルベーラ・デル・モンフェッラート・スペリオーレ
2. Gavi o Cortese di Gavi
ガヴィ／コルテーゼ・ディ・ガヴィ
3. Nizza ニッツァ

D.O.C.

4. Barbera del Monferrato
バルベーラ・デル・モンフェッラート
5. Colli Tortonesi コッリ・トルトネージ
6. Cortese dell'Alto Monferrato
コルテーゼ・デッラルト・モンフェッラート
7. Dolcetto d'Acqui
ドルチェット・ダックイ
8. Gabiano ガビアーノ
9. Grignolino del Monferrato Casalese
グリニョリーノ・デル・モンフェッラート・カザレーゼ
10. Monferrato モンフェッラート
11. Piemonte ピエモンテ
12. Rubino di Cantavenna
ルビーノ・ディ・カンタヴェンナ
13. Strevi ストレーヴィ

PIEMONTE “IL NORD”
ピエモンテ州　“北部”

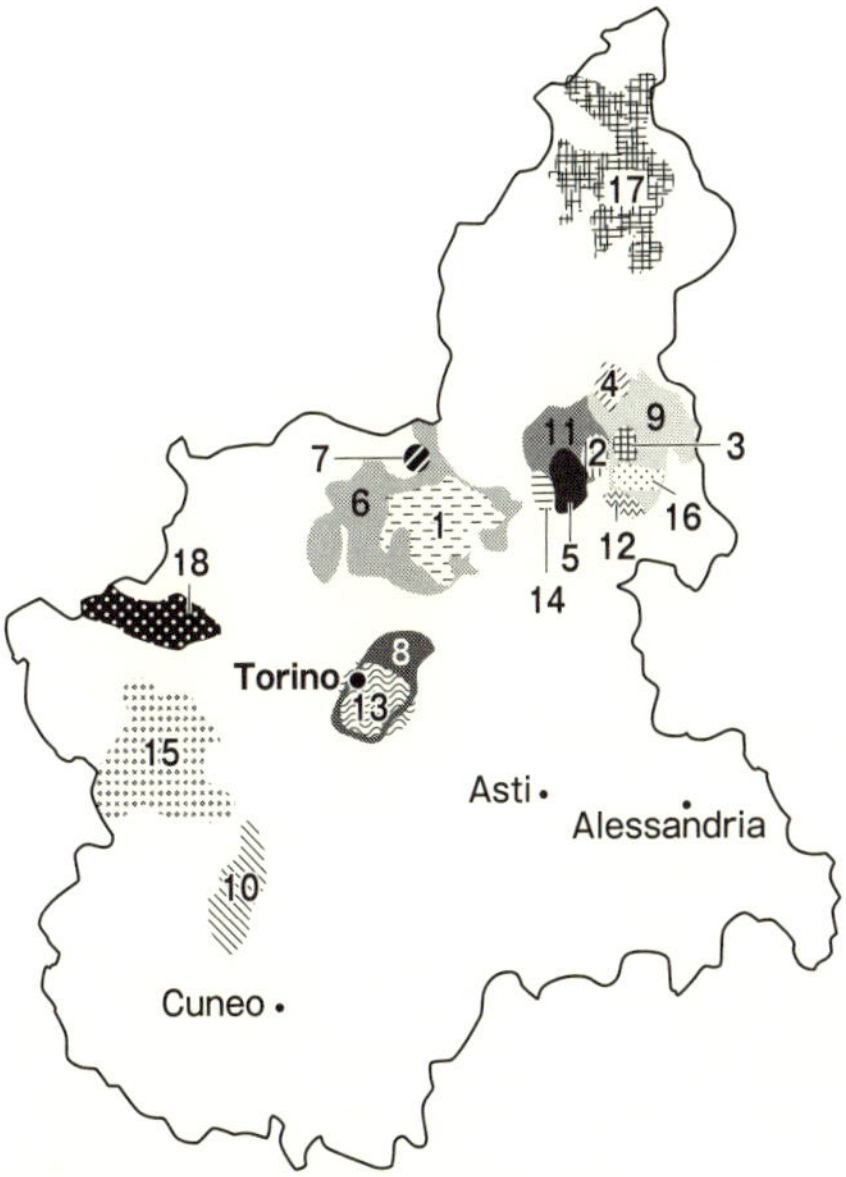

D.O.C.G.

1. Erbaluce di Caluso o Caluso エルバルーチェ・ディ・カルーソ／カルーソ
2. Gattinara ガッティナーラ
3. Ghemme ゲンメ

D.O.C.

4. Boca ボーカ
5. Bramaterra ブラマテッラ
6. Canavese カナヴェーゼ
7. Carema カレーマ
8. Collina Torinese コッリーナ・トリネーゼ
9. Colline Novaresi コッリーネ・ノヴァレージ
10. Colline Saluzzesi コッリーネ・サルッツェージ
11. Coste della Sesia コステ・デッラ・セジア
12. Fara ファーラ
13. Freisa di Chieri フレイザ・ディ・キエーリ
14. Lessona レッソーナ
15. Pinerolese ピネロレーゼ
16. Sizzano シッツァーノ
17. Valli Ossolane ヴァッリ・オッソラーネ
18. Valsusa ヴァルスーザ

ALTA LANGA
アルタ・ランガ

DOCG
(2011～)

〈地域〉
クーネオ県、アスティ県、アレッサンドリア県の合計149の市町村

2016
837,300本

	ha当たりのブドウの収穫	最低アルコール	最低熟成期間
①DOCG	11 t	11.5%	30カ月
①—RISERVA リゼルヴァ	11 t	11.5%	36カ月

ピノ・ネロ種またはシャルドネ種90%以上、その他認定ブドウ10%以下。

色：かすかに黄金がかった麦わら色。
香：芳香、酵母の香り。
味：繊細で調和のとれた、きりっとした辛口。

アペリティーヴォに最適。魚や白身肉の前菜やパスタと合わせて。

①DOCG ROSATO ロザート	11 t	11.5%	30カ月
①—RISERVA リゼルヴァ	11 t	11.5%	36カ月

ピノ・ネロ種またはシャルドネ種90%以上、その他認定ブドウ10%以下。

色：濃い目のロゼ色。
香：芳香、酵母の香り。
味：繊細で調和のとれた、きりっとした辛口。

アペリティーヴォから魚介類の前菜、スープ、魚料理まで。食事外でも楽しむ事ができる。

8～10℃

※ランゲ地区の南、280～550メートルの比較的標高の高い地域で作られるシャルドネ種は、カール大帝の時代にバルカン半島から移植されたという説もあるが、19世紀末にフランス、ブルゴーニュ地方から移植されたものが多く使われている。ピノ・ネロ種も同様に1850年代、レオポルド・インチーザ伯爵がフランスから多くの品種を持ちこみ、ピエモンテ地方に植えていた。この時代、シャンパーニュに行き、スプマンテ造りを学んで帰ったカルロ・ガンチャが独自のスプマンテ造りを始めたが、土着ブドウを使用するという観点からシャルマー法（マルティノッティ法）を使ったモスカート種の甘口スプマンテを大量に造ることに成功し、瓶内二次発酵ワインがもてはやされることはなかった。1990年代に入り、その需要が高まり、2002年にアルタ・ランガのDOCが生まれた。

・Gancia（ガンチャ）
・Fontanafredda（フォンタナフレッダ）
・Giulio Cocchi（ジュリオ・コッキ）
・Brandini（ブランディーニ）
・Tosti（トスティ）

ASTI
アスティ

DOCG
(1993～)

〈地域〉

アスティ県の27の市町村、クーネオ県の14の市町村、アレッサンドリア県の9の市町村

2016
94,031,200本

	ha当たりのブドウの収穫	最低アルコール	最低熟成期間
②DOCG	10 t	11% 6.5～9.5%発酵済	1カ月
②—SPUMANTE METODO CLASSICO スプマンテ・メトド・クラッシコ	8 t	12% 6～8%発酵済 又は6+6%～8+4%	
⑤—MOSCATO D'ASTI モスカート・ダスティ	10 t	11% 4.5～6.5%発酵済 又は4.5+5.5%～6.5+4.5%	
⑤—VENDEMMIA TARDIVA ヴェンデミア・タルディーヴァ	6 t	11+3%	

モスカート・ビアンコ種100%。

色：麦わら色もしくはやや黄金色がかった黄色。
香：個性的なマスカットのブドウの香り。
味：調和のとれた甘口。

・Pan di Spagna（パン・ディ・スパーニャ＝バニラを使ったスポンジケーキ）
クレープ、ザバイオーネソースをかけたタルト類によく合う。

この他ミラノ名物パネットーネなど、イーストを使ったパンケーキによく合う。

スプマンテ（アスティ）：8℃
モスカート・ダスティ：8～10℃

※モスカート・ダスティは規定アルコール11%のうち、4.5～6.5%まではアルコール、6.5～4.5%が残糖分だが、糖分全量の3分の1以上が未発酵でなければならない。また、このワインには弱発泡性のものもある。アスティは規定アルコール11.5%のうち、6～9.5%はアルコール分、5.5～2%は残糖分。
スプマンテのガス圧は原則として3気圧以上。したがってアスティも3気圧以上であることを要する。

モスカート・ダスティはもともとアスティのヴィーノ・ディ・バーゼ（原料ワイン）として使われていたもの。フレッシュなモスカート香が強くそのまま飲んでも美味しい。

アスティは現在ではシャルマー法もしくはその変形で大型タンク内発酵で造られるが、その原形は1870年ごろシャンパーニュで勉強し帰国したカルロ・ガンチャの手によってもたらされ、ピエモンテ地方ではじめて甘口スパークリングワインとして誕生した。

・Tosti（トスティ）
・Ceretto（チェレット）
・Gancia（ガンチャ）
・Contratto（コントラット）
・La Spinetta（ラ・スピネッタ）
・Tenuta Carretta（テヌータ・カッレッタ）

BARBARESCO
バルバレスコ

DOCG
(1981〜)

〈地域〉
クーネオ県のバルバレスコ、ネイヴェ、トレイゾ、サン・ロッコ、セーノ・デルヴィオ（アルバ）

2016
4,672,100本

	ha当たりのブドウの収穫	最低アルコール	最低熟成期間
⑨DOCG	8 t	12.5%	26カ月 内9カ月木樽熟成 11月1日起算
⑨—RISERVA リゼルヴァ	8 t	12.5%	50カ月 内9カ月木樽熟成 11月1日起算

ネッビオーロ種100%（ランピア、ミケ、ロゼ）。

色：オレンジ色を帯びたガーネット色。
香：独特の心地よいエーテル香。
味：バランスの良い辛口でバローロよりも少しやわらかい。

- Arrosto（アッロスト＝ローストした肉の料理）
- Brasato（ブラザート＝牛肉を野菜、トマトなどと煮込んだ料理）
- Lepre in Civet（レプレ・イン・チヴェット＝野兎の肉を赤ワインと香草で煮込んだもの）
- Parmigiano Reggiano（パルミジャーノ・レッジャーノ＝パルメザンチーズ）

16〜18℃

※原料ブドウの生産は上記の地域に限られているが、ワインの醸造、熟成はクーネオ、アスティ、アレッサンドリアの各県の他の村でも認められている。なお主なブドウ畑は次の通り。

〈バルバレスコ〉
Asili（アジーリ）、Bricco（ブリッコ）、Rabajá（ラバヤ）、Pora（ポーラ）、Martinenga（マルティネンガ）、Montestefano（モンテステファノ）、Faset（ファセット）、Montefico（モンテフィーコ）

〈ネイヴェ〉
Albesani（アルベザーニ）、Gallina（ガッリーナ）、Bassarin（バッサリン）

〈トレイゾ〉
Giacosa（ジャコーザ）、Pajoré（パヨレ）、Marcarini（マルカリーニ）

- Gaja（ガイヤ）
- Marchesi di Gresy（マルケージ・ディ・グレジ）
- Ceretto（チェレット）
- La Spinetta（ラ・スピネッタ）
- Bruno Giacosa（ブルーノ・ジャコーザ）
- Bruno Rocca（ブルーノ・ロッカ）
- Tenuta Carreta（テヌータ・カッレッタ）

	'03	'04	'05	'06	'07	'08	'09	'10	'11	'12	'13	'14	'15	'16
barbaresco バルバレスコ	★★★★	★★★★1/2	★★★★	★★★★	☆☆☆☆1/2	★★★★★	★★★★	★★★★★	★★★★★	★★★1/2	★★★1/2	★★★	★★★1/2	★★★★

BARBERA D'ASTI
バルベーラ・ダスティ

DOCG
(2008〜)

〈地域〉
アスティとアレッサンドリア両県の多くの市町村

2016
358,500本

	ha当たりのブドウの収穫	最低アルコール	最低熟成期間
⑧DOCG	9 t	12%	4カ月
⑧—VIGNA ヴィーニャ	8 t	12.5%	4カ月
⑧—SUPERIORE スペリオーレ	9 t	12.5%	14カ月 内6カ月木樽熟成
⑧—SUPERIORE VIGNA スペリオーレ・ヴィーニャ	8 t	12.5%	14カ月 内6カ月木樽熟成
⑧—SUPERIORE SOTTOZONA スペリオーレ・ソットゾーナ	7 t	13%	24カ月 内6カ月木樽熟成 10月1日起算

バルベーラ種90%以上、その他アロマティックでない認定黒ブドウ10%以下。

色：やや濃い目のルビー色。
香：ワイン香に花の香りが混じる。
味：しっかりした酸と心地良いタンニンを含む味わいのあるワイン。

野ウサギのラグーソースのタリアテッレや赤身肉のローストや煮込み料理、ジビエや熟成チーズと合わせて。

16〜18℃

※サブゾーンはTinella（ティネッラ）、Colli Astiani / Astiano（コッリ・アスティアーニ／アスティアーノ）。

※バルベーラ種のブドウの来歴に関する資料は少ないが、1799年のトリノ農学校の資料に記載がある。ブドウの起源については明らかではないが、地域としてはアルプスに近いモンフェッラート地区に始まるといわれている。丘陵地帯で粘土質、鉄分を多く含む土壌を好む。また、温暖で乾燥した気候で、砂や石灰分を多く含む土壌も栽培に適している。
ピエモンテ州を中心にロンバルディア州でも多く栽培されているが、栽培するテロワールによってワインの質が変わってくる。ワインにするとタンニンが多く、酸も多めで、刺激的ではっきりした性格をもっており、野性的な良さもある。また、ブドウの質と造り方によっては力強い長熟ワインになる。注目すべき地域は、タナロ川の右側の地域で、この地域のワインは構成がしっかりとしており、豊かな果実味と酸味を併せ持つ。特にロケッタ・タナロ地区は、ジャコモ・ボローニャ氏が生み出したワインで知られる地域で、新しいバルベーラの聖地ということができる。また、ニッツァ・モンフェッラートに近いカラマンドラーナのミケーレ・キアルロもこのブドウから造ったワインを世界に知らしめたひとりである。

- Giacomo Bologna Braida（ジャコモ・ボローニャ・ブライダ）
- La Spinetta（ラ・スピネッタ）
- Vietti（ヴィエッティ）
- Michele Chiarlo（ミケーレ・キアルロ）
- Cascina Castlet（カッシーナ・カストレット）

BARBERA DEL MONFERRATO SUPERIORE
バルベーラ・デル・
モンフェッラート・スペリオーレ

DOCG
(2008〜)

〈地域〉
アレッサンドリア、アスティ両県の多くの市町村

2016
358,500本

	ha当たりのブドウの収穫	最低アルコール	最低熟成期間
⑧DOCG	9 t	13%	14カ月 内6カ月木樽熟成
⑧—VIGNA ヴィーニャ	8 t	13%	14カ月 内6カ月木樽熟成

バルベーラ種85％以上、フレイザ種、グリニョリーノ種、ドルチェット種15％以下。

色：やや濃い目のルビー色。
香：ワイン香にスミレや赤い花の香りが混じる。
味：酸とタンニンがしっかりとした、やや甘みを感じる力強い辛口。

この地方独自の酸味があり固めのパン、ポレンタ（トウモロコシの粉を練ったもの）、チーズ、Trippa（トゥリッパ）やZampone（ザンポーネ＝豚足の詰め物サラミ）などに合う。

16〜18℃

※この地区のバルベーラ種についての資料は1798年に遡り、ニッツァ・モンフェッラートの役所に保管されている。バルベーラ種は今日でもモンフェッラート地区を中心に植えられているが、もともとこの品種はこの地区で生まれた交配種ではないかといわれている。7世紀にこの地区に攻め入ったロンゴバルド族が酒を飲み過ぎたフランク族を討ち、残ったワインをアンフォラに入れ地中に埋めたという逸話も残されている。
モンフェッラート地区は、アスティ県の北東に位置し、多くの塔や城が丘沿いに連なり、美しい風景で知られている。特にタナロ川の右岸の丘陵地帯には、カスティリオーネ、ニッツァ、コルタンツェ、コッコナート、モンティーリオなど歴史に残る村々が続いている。古くは森林であったところだが、長い年月をかけて農地としているため、北向きの斜面や谷の低い土地には、楡の木、シデ、紅葉、栗、松、ポプラなどの木が自生している。

・Villa Sparina（ヴィッラ・スパリーナ）
・Accornero Bricco Batista（アッコルネロ・ブリッコ・バティスタ）
・Iuli（イウリ）

BAROLO
バローロ

DOCG (1981～)

〈地域〉
クーネオ県のバローロ、ラ・モッラ、カスティリョーネ・ファッレット、セッラルンガ・ダルバ、モンフォルテ・ダルバなど11の市町村

2016
14,141,700本

	ha当たりのブドウの収穫	最低アルコール	最低熟成期間
⑨DOCG	8 t	13%	38カ月 内18カ月木樽熟成 11月1日起算
⑨—VIGNA ヴィーニャ	7.2 t	13%	38カ月 内18カ月木樽熟成
⑨—RISERVA リゼルヴァ	8 t	13%	62カ月 内18カ月木樽熟成 11月1日起算
⑨—RISERVA VIGNA リゼルヴァ・ヴィーニャ	7.2 t	13%	62カ月 内18カ月木樽熟成

※バローロにキナの香料他を加えたバローロ・キナートはDOCGバローロを使用する。

ネッビオーロ種100%（ミケ、ランピア、ロゼ）。

色：オレンジ色を帯びたガーネット色。
香：個性的で独特な香り。バラ、スミレの香り。熟成に従い、エーテル香を増す。
味：辛口で力強く苦みもあるが滑らかで調和がとれている。

- Brasato（ブラザート＝牛肉を野菜、トマトなどで煮込んだ料理）
- Stufato（ストゥファート＝牛肉をマリネにして野菜、ニンニクと煮込んだ料理）
- Fonduta（フォンデュ）
- Parmigiano Reggiano（パルメザンチーズ）

16～18℃

※フランスワインのクリュに相当するブドウ畑の主なものは次の通り。

〈バローロ〉
Cannubi（カンヌビ）、Cannubi Muscatel（カンヌビ・ムスカテル）、Cannubi Boschis（カンヌビ・ボスキス）、Brunate（ブルナーテ）、Cerequio（チェレクイオ）

〈ラ・モッラ〉
Rocche（ロッケ）、Rocchette（ロッケッテ）、Monfalletto（モンファッレット）、Conca dell'Abbazia dell'Annunziata（コンカ・デッラッバッツィア・デッラッヌンツィアータ）

〈カスティリョーネ・ファッレット〉
Monprivato（モンプリヴァート）、Villero（ヴィッレーロ）

〈セッラルンガ・ダルバ〉
Vigna Rionda（ヴィーニャ・リオンダ）、La Rosa（ラ・ローザ）、Marenga（マレンガ）、Lazzarito（ラッツァリート）、Baudana（バウダーナ）、San Pietro（サン・ピエトロ）、Gabutti（ガブッティ）、Prafada（プラファーダ）、Rivette（リヴェッテ）、Cucco（クッコ）、Brea（ブレーア）

※イタリアを代表する赤ワイン、バローロは、長期の熟成に耐えることから、イタリアワインの王様と呼ばれ、ボルドーやブルゴーニュの名だたるワインと比べられるワインとして知られてきた。1966年にDOCに認められ、1981年には最初のDOCGの一つとして昇格し、1977年産からDOCGに認められた。1992年には、100以上のクリュが規定された。

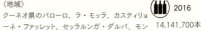

バローロの生産地域は約2,000ヘクタール。11の地域があり、主な地域は北西部のバローロ村、ラ・モッラ村、南東部のカスティリオーネ・ファッレット村、セッラルンガ・ダルバ村、モンフォルテ・ダルバ村があり、この5つの村で全体の85%を占める。なかでもネッビオーロ種の比率が62%と高いバローロ村は標高310メートル。バローロの城を中心にカンヌビ、サン・ロレンツォなどの畑がある。ラ・モッラ村は3000万年前に海底であった土壌がなだらかに隆起したところで、バローロとしては比較的早く熟成するといわれている。

ラ・モッラ村はバローロを生産する村のなかで最も広く、ブルナーテ、チェレクイオ、アヌンツィアータなどの畑名で知られる。一方、ランゲ地方の南東部には、カスティリオーネ・ファッレット村、セッラルンガ・ダルバ村、モンフォルテ・ダルバ村などがあり、力強いバローロを生むといわれている。

カスティリオーネ・ファッレット村は、ランゲ地方のちょうど真ん中に位置し、標高350メートルとそれほど高くないが、北に広がるラ・モッラ村、西にバローロ村、南にモンフォルテ・ダルバ村、東にセッラルンガ・ダルバ村とバローロの生産地区全域を見渡すことができる。細かい砂や粗い砂が多い土壌で、アルコール度数が高くなり、構成がしっかりして、香りに特徴があり、エレガントで調和のとれたバローロを生み出すといわれる。ブリッコ・ロッケ、ブリッコ・フィアスコ、ヴィレッロなどの畑で知られる。

セッラルンガ・ダルバ村はランゲ地方の最も東に位置するが、もともと陸地であったところで、地質がバラエティに富んでいることから、クリュの数も多く、415メートルの標高があり、細かい砂を含む土壌で、風が強く気温が低いことから、タンニンが強くしっかりしたワインになる。代表する畑にサン・ロッコ、フランチャ、プラポーなどがある。

モンフォルテ・ダルバ村はアルバから最も奥に当たる地域で、標高も530メートルに達し、ランゲ地方で最も高い。北部にクリュが集中し、バローロの生産量も全体の3割と少ない。砂が多めの土壌で、成分構成のしっかりしたタンニンを多く含むワインで知られ、代表する畑にグラン・ブッシア、ジネストラ、レ・コステなどがある。

- Ceretto（チェレット）
- Pio Cesare（ピオ・チェーザレ）
- Giacomo Conterno（ジャコモ・コンテルノ）
- Aldo Conterno（アルド・コンテルノ）
- F. Oddero（フラテッリ・オッデーロ）
- Michele Chiarlo（ミケーレ・キアルロ）
- Conterno Fantino（コンテルノ・ファンティーノ）
- Tenuta Carretta（テヌータ・カッレッタ）

	'03	'04	'05	'06	'07	'08	'09	'10	'11	'12	'13	'14	'15	'16
barolo バローロ	★★★★	★★★★1/2	★★★★	★★★★	☆☆☆☆1/2	★★★★★	★★★★	★★★★★	★★★★★	★★★1/2	★★★1/2	★★★	★★★★	★★★1/2

BRACHETTO D'ACQUI/ACQUI
ブラケット・ダックイ／アックイ

DOCG
(1996〜)

〈地域〉
アスティ県の17の村。アレッサンドリア県の8つの市町村

2016
2,824,300本

	ha当たりのブドウの収穫	最低アルコール	最低熟成期間
⑩DOCG	8 t	11.5% (5+6.5%)	
②—SPUMANTE スプマンテ	8 t	12% (6+6%)	
⑩—PASSITO パッシート	8 t	16% (11+5%)	

翌年10月1日以後リリース可

ブラケット種97%以上、その他認定ブドウ3%以下。

色：濃いルビー色でバラ色を帯びることもある。
香：上品なじゃこうの香り。
味：甘くソフトで繊細。自然発泡性のものもある。
※ピーチを入れて飲んでも美味しい。

木イチゴなどベリー類を使った甘味類、ピエモンテ地方では薬効もあるといわれる。スプマンテは食後や食事用以外にも向く。

10〜12℃
スプマンテ：8〜10℃
パッシート：10〜12℃

※ブラケット・ダックイは1970年代までほとんど忘れ去られたDOCワインであったが、トスカーナのバンフィ社がこの地の農園を購入して以来、生産量、質ともに向上した。カネッリ、ニッツァ・モンフェッラート、バローロ、カステッロ・デル・ポッジョでも造られているが、そのほとんどが発泡性ワインとなっている。

- Tosti（トスティ）
- Giacomo Bologna Braida（ジャコモ・ボローニャ・ブライダ）
- Livio Pavese（リヴィオ・パヴェーゼ）
- Bersano（ベルサーノ）
- Toso（トーゾ）

DOGLIANI
ドリアーニ

DOCG (2005〜)

〈地域〉
クーネオ県ドリアーニを中心とした10の市町村

2016
3,066,000本

	ha当たりのブドウの収穫	最低アルコール	最低熟成期間
⑧DOCG	8 t	12%	12カ月
⑧—SUPERIORE スペリオーレ	7 t	13%	12カ月 10月15日起算
⑧—VIGNA ヴィーニャ	7.2 t	12%	12カ月 10月15日起算
⑧—SUPERIORE VIGNA スペリオーレ・ヴィーニャ	6.3 t	13%	12カ月 10月15日起算

ドルチェット種100%。

色：スミレ色がかったルビー色。
香：心地良いブドウの香りを含む個性的な香り。
味：ほろ苦く、適度の酸味とアロマ、コクのある辛口。

仔牛肉や豚肉など白身肉の料理から赤身肉の料理まで。またサラミ類や適度の熟成チーズにも合う。

16〜18℃

※ドルチェット種のオリジンはドリアーニにあるといわれ、17世紀には既に専門家の間で注目されるようになっていた。19世紀、ドルチェット・ネーロと呼ばれていた時代にはフランスのジュラ地方やブルゴーニュ地方で栽培され、コート・ドールではプロヴェンシャルと呼ばれた。ピエモンテ地方では、この品種を用いて辛口だけでなく発泡性や甘口も造っていたが、今日熟成に耐えるワインも多く造られるようになり、発泡性や甘口ワインはほとんど造らなくなっている。
ドリアーニは、バローロを生産するランゲ地方の南西の外側、モンフォルテ・ダルバの西の高台に位置し、その南側はタナロ川に向かって600メートルの丘陵になっている。この地方では1500年代から既にドルチェット種が植えられていたといわれる。この地方だけではなく、北イタリアのトリノやミラノなどの大都市で古くから愛されてきたワインである。

- Anna Maria Abbona（アンナ・マリア・アッボーナ）
- San Fereolo（サン・フェレオーロ）
- Pecchenino（ペッケニーノ）
- Chionetti（キオネッティ）
- Gillardi（ジッラルディ）

DOLCETTO DI DIANO D'ALBA/ DIANO D'ALBA
ドルチェット・ディ・ディアーノ・ダルバ／ディアーノ・ダルバ

DOCG (2010〜)

〈地域〉
クーネオ県ディアーノ・ダルバ地区

2016
955,100本

	ha当たりのブドウの収穫	最低アルコール	最低熟成期間
⑧DOCG	8 t	12%	
	翌年1月1日以後リリース可		
⑧—VIGNA ヴィーニャ	7.2 t	12%	
	翌年1月1日以後リリース可		
⑧—SUPERIORE スペリオーレ	8 t	12.5%	10カ月
⑧—SUPERIORE VIGNA スペリオーレ・ヴィーニャ	7.2 t	12.5%	10カ月

ドルチェット種100%。

色：ルビー色。
香：独特のワイン香。
味：コクがあり調和のとれた辛口でアーモンドの味も感ずる。

サラミ類や白身肉の料理、軟質チーズ、半硬質チーズに合う。

16〜18℃

※このワインの産地は狭い地域ではあるが、バルバレスコを造るケラスカ渓谷とバローロを造るタッロリア渓谷に分断され、2つの地域に分けられる。約300ヘクタールの畑には170ほどの農家がブドウを栽培しており、1999年に定められた16のゾーンに分かれている。以前はドルチェット・ダルバとの区別がはっきりせず、生産者はあまり意識せず両方のワインを造ってきたが、DOCG昇格後、明確に区別されることになった。
この地域は、リグーリア地方からトリノに抜ける途中の丘陵にあり、古くは森林であったことから、月の女神「ディアーノ」の名がつけられ、ピエモンテ、リグーリアの狩猟地になっていた。17世紀からこの土地にドルチェット種が植えられるようになり、今では栽培されるブドウの6割以上がドルチェットになっている。

- Gigi Rosso（ジジ・ロッソ）
- Paolo Monte（パオロ・モンテ）
- IL Palazzotto（イル・パラッツォット）
- Giovanni Abrigo（ジョヴァンニ・アブリーゴ）

DOLCETTO DI OVADA SUPERIORE/OVADA
ドルチェット・ディ・オヴァーダ・スペリオーレ／オヴァーダ

DOCG
(2008～)

〈地域〉
アレッサンドリア県オヴァーダを中心とする22の市町村

2016
167,600本

	ha当たりのブドウの収穫	最低アルコール	最低熟成期間
⑧DOCG	7 t	12.5%	12カ月
⑧—RISERVA リゼルヴァ	7 t	12.5%	12カ月
⑧—VIGNA ヴィーニャ	6 t	13%	20カ月
⑧—VIGNA RISERVA ヴィーニャ・リゼルヴァ	6 t	13%	20カ月

ドルチェット種100%。

色：やや濃い目のルビー色。
香：独特なワイン香。
味：ほろ苦く滑らかな辛口。

食事を通して楽しめるワイン。パスタ、肉料理、チーズとも合う。

16～18℃

※このワインは1972年にDOCに認められ、2008年にDOCGに昇格した。また、このワインの生産者組合は1987年に結成されている。オヴァーダは、数あるピエモンテ地方のドルチェット種から造られる規定ワインの中で、最も南のアレッサンドリア県の南にあり、リグーリア州との境に位置する。人口1万人ほどのオヴァーダは、古代ローマ時代に既に存在する町だったといわれるが、中世の混乱期を経て、1700年代に町としての形が整った。このワインは、オヴァーダを中心に、大半が標高600メートル以下の丘陵地で造られる。特に丘陵地の多い西側の地域の斜面は、白亜紀の土壌であり、石灰質と粘土質を多く含み、東側の赤土を多く含む土壌と異なった土壌になっている。西側では熟成に耐えるワインが生み出され、東側では酸味が強く、他の地域のドルチェットとは異なる味わいのワインになるといわれている。

・Luigi Tacchino（ルイジ・タッキーノ）
・La Guardia（ラ・グアルディア）

ERBALUCE DI CALUSO/ CALUSO
エルバルーチェ・ディ・カルーソ／カルーソ

DOCG（2010～）

〈地域〉
トリノ県のエルバルーチェを中心とする33の市町村

2016
1,263,100本

	ha当たりのブドウの収穫	最低アルコール	最低熟成期間
③DOCG	11 t	11%	
①—SPUMANTE スプマンテ	11 t	11.5%	
⑤—PASSITO パッシート	11 t	17%	36カ月 残糖70g/L以上
⑤—PASSITO RISERVA パッシート・リゼルヴァ	11 t	17%	48カ月 残糖70g/L以上

エルバルーチェ種100%。

色：輝く麦わら色。パッシートは黄金色からコハク色まで。
香：ワインらしく繊細な香り。
味：新鮮な果実味。パッシートは調和の取れた甘口。

辛口はかえるや魚の料理、軟質チーズなど。スプマンテは淡水魚、かえるのリゾット、各種パスタ、軟質チーズなど。パッシートはカスタードクリーム入りタルト類、ピエモンテ風アマレッティ、アーモンドのタルトなど。

8～10℃
スプマンテ：8℃
パッシート：10～12℃

※辛口、スプマンテは1～2年、パッシートは8～10年の熟成に耐える。
※エルバルーチェ種は、「アルバ・ルックス」と呼ばれたブドウで、ローマ人が南イタリアから運んできたフィアーノ種がオリジンではないかといわれている。また、アルプスの手前のカナヴェーゼ地方がオリジンではないかという説もある。20世紀の初めまでは、トレッビアーノ種の亜種ではないかともいわれ、学者の間で興味を持たれている品種である。ロンバルディア州ではビアンケーラとも呼ばれるが、他にアルバルーチェ、エルバルチェンテ・ビアンカ、グレコ・ノヴァレーゼとも呼ばれている。ブドウは粒が詰まっていて、酸も多く含み、生産量も多い。ブドウそのものの香りや独特で繊細な香りを含み、後口にわずかな苦味を残す。通常9月中旬にブドウを収穫するが、その時、ブドウの粒が夕日に反射してピンク色や琥珀色に見えることから「エルバルーチェ」と呼ばれるようになった。
辛口のほか、パッシートなどの甘口は、中世に「ヴィン・グレコ」と呼ばれ、16世紀、サンテ・サンチェリオという法王パオロ3世の食品調達係によって知らしめられた。

・Fravaro Bentio（フラヴァーロ・ベンティオ）
・Orsolani（オルソラーニ）
・Silva（シルヴァ）
・Cieck（チェック）

GATTINARA
ガッティナーラ

DOCG
(1991～)

〈地域〉
ヴェルチェッリ県のガッティナーラ

2016
513,100本

	ha当たりのブドウの収穫	最低アルコール	最低熟成期間
⑨DOCG	8 t	12.5%	35カ月 内24カ月木樽熟成 11月1日起算
⑨—RISERVA リゼルヴァ	8 t	13%	47カ月 内36カ月木樽熟成 11月1日起算
⑨—VIGNA ヴィーニャ	7.2 t	12.5%	35カ月 内24カ月木樽熟成 11月1日起算
⑨—RISERVA VIGNA リゼルヴァ・ヴィーニャ	7.2 t	13%	47カ月 内36カ月木樽熟成 11月1日起算

ネッピオーロ種（スパンナ）90～100%、ヴェスポリーナ種を4%以下、
ウーヴァ・ラーラ種と併せて10%以下。

色：しっかりとしたきれいなルビー色からガーネット色まで。
香：キイチゴの香り。熟成に従い上品なスミレの香りを持つ。
味：辛口でほろ苦さがあり調和がとれている。

・Panissa（パニッサ＝インゲン豆入りリゾット。ヴェルチェッリ地方の名物料理）
・Arrosto（アッロスト＝肉をローストした料理）
・Parmigiano Reggiano（パルメザンチーズ）

16～18℃

※DOCGは35カ月の熟成のうち、24カ月以上は木樽での熟成が必要。リゼルヴァは同様に36カ月以上の木樽熟成が必要とされる。生産量が少なくあまり海外で知られていないが、20年以上の長期熟成にも耐えられる。
ゲンメと同様ヴェルチェッリ県にあるガッティナーラもまたブドウ作りでは古い歴史を持つ土地。この土地からは古代ローマ時代のアンフォラ（ワインなどを入れるために使った壺）や、ブドウの収穫時の厳しい規定を書いた書物なども見つかっている。ネッピオーロ種のブドウはカレーマ地方ではピコテネル、ヴァルテッリーナ地方ではキアヴェンナスカ、ゲンメとガッティナーラ地方ではスパンナと呼ばれるようになった。古代ローマのプリニウスの書によれば、このスパンナの名前はスピオニアあるいはスピネアからきており、今でもこの地方ではワインのことスパンナと呼んでいる。

・Nervi（ネルヴィ）
・Antoniolo（アントニオーロ）
・Barra（バッラ）
・Bertolo（ベルトーロ）
・Bianchi（ビアンキ）
・Travaglini（トラヴァリーニ）
・Prunotto（プルノット）

GAVI/ CORTESE DI GAVI
ガヴィ／
コルテーゼ・ディ・ガヴィ

DOCG
(1998〜)

〈地域〉
アレッサンドリア県のガヴィ他10の市町村

2016
12,657,300本

	ha当たりのブドウの収穫	最低アルコール	最低熟成期間
③DOCG	9.5 t	10.5%	
①—FRIZZANTE フリッツァンテ	9.5 t	10.5%	
①—SPUMANTE スプマンテ	9.5 t	10.5%	
④—RISERVA リゼルヴァ	6.5 t	11%	12カ月 内6カ月瓶内熟成
①—RISERVA SPUMANTE METODO CLASSICO リゼルヴァ・スプマンテ・メトド・クラッシコ	6.5 t	11%	24カ月 内18カ月瓶内発酵 10月15日起算

※DOCG、フリッツァンテ、スプマンテはヴィーニャがあり、haあたりの収穫量は8.5t

コルテーゼ種100%。

色：薄い緑色を帯びた麦わら色。
香：繊細で上品な香り。
味：新鮮で調和のとれた辛口。

・Minestre in Brodo（ミネストレ・イン・ブロード＝パスタ入りスープ）
軽いアンティパストや魚料理に向く。
フリッツァンテ、スプマンテはマスやスプマンテ入りリゾットなどに向く。

8〜10℃
フリッツァンテ：8〜10℃
スプマンテ：8℃

※コルテーゼ種はアスティ県とアレッサンドリア県を中心に栽培されている品種、単醸でも混醸でもよく、甘口、発泡性ワインにも向く。
コルテーゼ種を使ったガヴィは18世紀にピエモンテの南部で造られるようになった。1870年頃、この地方の研究家によって正式に認められるようになり、実際にピエモンテ地方を代表する白ワインとして認められるようになったのは1900年代初めにフィロキセラの害があってから。コルテーゼ種はこの他モンフェラート周辺、トルトーナの丘陵、オルトレポー・パヴェーゼでも栽培されるようになった。今日このワインが世界に知られるようになったのは、黒ラベルのガヴィ・デ・ガヴィで知られるラ・スコルカ社のソルダーティ氏の功績が大きい。

・La Scolca（ラ・スコルカ）
・Contoratto（コントラット）
・Villa Spalina（ヴィッラ・スパリーナ）
・Castello di Tassarolo（カステッロ・ディ・タッサローロ）
・Tenuta Carretta（テヌータ・カッレッタ）

	'03	'04	'05	'06	'07	'08	'09	'10	'11	'12	'13	'14	'15	'16
Gavi ガヴィ	★★★★	★★★★	★★★★★	★★★★★	★★★★1/2	★★★1/2	★★★★	★★★★	★★★★	★★★★	★★★★	★★1/2	★★★	★★★★1/2

GHEMME
ゲンメ

DOCG
(1997〜)

〈地域〉
ノヴァーラ県のゲンメ

2016
244,800本

	ha当たりのブドウの収穫	最低アルコール	最低熟成期間
⑨DOCG	8 t	12%	34カ月 内18カ月木樽熟成 11月1日起算
⑨—RISERVA リゼルヴァ ※ヴィーニャはhaあたりの収穫量7.2t	8 t	12.5%	46カ月 内24カ月木樽熟成 11月1日起算

ネッビオーロ種（スパンナ）85%以上、ヴェスポリーナ種と
ウーヴァ・ラーラ（ボナルダ・ノヴァレーゼ）種を単醸か混醸で15%以下。

色：ガーネット色だが熟成に従いオレンジ色を帯びる。
香：スミレのような独特で上品な香り。
味：辛口でほろ苦さがあり調和がとれている。

- Panissa（パニッサ＝インゲン豆入りリゾット）
- Lepre Arrosto（レプレ・アッロスト＝野兎のロースト）
- Grigliata di Carne（肉類のグリル）

16〜18℃

※ゲンメは決して量産されているワインとはいえないが、その歴史はピエモンテ地方で最も古いといわれている。実際に遺跡からは、エトルリア人のものともいわれている紀元前7世紀のブドウの種も発見されている。また、近くにあるオルタ湖周辺からも1200年頃のドキュメントが発見されている。

- Cantalupo（カンタルーポ）
- Bianchi（ビアンキ）
- Zanetta（ザネッタ）

NIZZA
ニッツァ

DOCG
(2014〜)

〈地域〉
クーネオ県、アスティ県、アレッサンドリア県の多くの市町村

2016
567,700本

	ha当たりのブドウの収穫	最低アルコール	最低熟成期間
⑧DOCG	7 t	13%	18カ月 6カ月木樽熟成 翌年1月1日起算
⑧—RISERVA リゼルヴァ	7 t	13%	30カ月 12カ月木樽熟成 翌年1月1日起算
⑧—VIGNA ヴィーニャ	6.3 t	13.5%	18カ月 6カ月木樽熟成 翌年1月1日起算
⑧—VIGNA RISERVA ヴィーニャ・リゼルヴァ	6.3 t	13.5%	30カ月 12カ月木樽熟成 翌年1月1日起算

バルベーラ種100%。

色：やや濃い目のルビー色。
香：ワイン香に花の香りが混じる。
味：やや甘みを感じる辛口、それなりのコクと厚みがある。

野ウサギのラグーソースのタリアテッレや赤身肉のローストや煮込み料理、ジビエや熟成チーズなどに合う。

16〜18℃

※バルベーラ種はピエモンテ州で最も多く生産されているブドウで、1460年ごろリグーリア州経由でピエモンテ州に運ばれたといわれている。1955年、この地方の生産者によって生産者組合が結成され、バルベーラ・ダスティの協会は2002年結成された。ニッツァは2007年までこのバルベーラ・ダスティの指定地域とされ、2008年バルベーラ・スペリオーレのDOCG昇格に伴いDOCGに昇格、2014年独自のDOCGとして認められた。ニッツァ地区は古くからバルベーラ種のワインを生産し、しかも独自の優れたワインを造っていたことから、1990年代には既に独自のワインへの機運が高まり、2014年、DOCGバルベーラ・ダスティとは別のDOCGとして認定された。DOCGバルベーラ・ダスティがアスティ県とアレッサンドリア県に169地区あるのに対し、DOCGニッツァはアスティ県ニッツァ周辺の18地区となっている。標高150〜350メートルの地域で720ヘクタールあるが、砂地質、石灰泥土壌、砂交じりの泥土壌、細かい砂交じりの泥土壌と4つの地域がある。

・Michele Chiarlo（ミケーレ・キアルロ）
・Cantina Sociale di Nizza（カンティーナ・ソチャーレ・ディ・ニッツァ）
・Olim Bauda（オリム・バウダ）

ROERO ロエロ

DOCG (2004〜)

〈地域〉
クーネオ県サント・ステファノ・ロエロを中心とする19の市町村

2016
7,045,300本
(ネッビオーロ、アルネイス合計)

	ha当たりのブドウの収穫	最低アルコール	最低熟成期間
⑧ROERO ロエロ	8 t	12.5%	20カ月 内6カ月木樽熟成 11月1日起算
⑧—RISERVA リゼルヴァ	8 t	12.5%	32カ月 内6カ月木樽熟成 11月1日起算
⑧—VIGINA ヴィーニャ	7.2 t	12.5%	20カ月 内6カ月木樽熟成 11月1日起算

ネッビオーロ種95%以上、その他アロマティックでない認定黒ブドウ5%以下。

色：濃いルビー色で熟成に従いガーネット色を帯びる。
香：繊細なブドウの香りがあり、熟成するとエーテル香を増す。
味：辛口でコクがあり滑らか。

この地方のパスタ料理、アニョロッティやリゾット、白身肉の料理に向く。またサラミ類にも向く。

16〜18℃

- Malvirà（マルヴィラ）
- Gallino Filippo（ガッリーノ・フィリッポ）
- Tenuta Carretta（テヌータ・カッレッタ）
- Correggia Matteo（コッレッジャ・マッテオ）

	ha当たりのブドウの収穫	最低アルコール	最低熟成期間
③ROERO ARNEIS ロエロ・アルネイス	10 t	11%	
①—SPUMANTE スプマンテ	10 t	11.5%	
③—VIGNA ヴィーニャ	9 t	11%	

アルネイス種100%。

色：濃い目の麦わら色。
香：新鮮で上品な野草のような香りを含む。
味：草を感じさせるほろ苦さの残る辛口。

各種アンティパスト、魚料理、卵料理、軟質チーズにも向く。

8〜10℃　スプマンテ：8℃

※アルネイス種の来歴ははっきりしていないが、ピエモンテ州とリグーリア州に植えられ、「ネッビオーロ・ビアンコ」とも呼ばれていた。19世紀から20世紀初めにかけて知られるようになったが、一時は忘れられ、再び1960年代に復活した。これはトリノ大学での研究成果が農家に伝わったためで、優れた苗が均一に植えられるようになったことによる。また、このブドウをワインにすると、酸が弱くバランスが悪かったが、今日ではわずかにガスを感じさせるバランスの取れた味わいのワインとして人気を得るようになった。

- Malvirà（マルヴィラ）
- Bruno Giacosa（ブルーノ・ジャコーザ）
- Prunotto（プルノット）
- Negro Angelo（ネグロ・アンジェロ）
- Monchiero Carbone（モンキエーロ・カルボーネ）
- Tenuta Carretta（テヌータ・カッレッタ）

RUCHÉ DI CASTAGNOLE MONFERRATO
ルケ・ディ・カスタニョーレ・モンフェッラート

DOCG（2010～）

〈地域〉
アスティ県のカスタニョーレ・モンフェッラートを中心とする7つの市町村

2016
814,300本

	ha当たりのブドウの収穫	最低アルコール	最低熟成期間
⑧DOCG	9 t	12.5%	
⑧—VIGNA ヴィーニャ	8 t	12.5%	

ルケ種90%以上、バルベーラ種、ブラケット種10%以下。

色：紫がかったルビー色で、オレンジを帯びる場合もある。
香：フルーティでわずかにアロマがあり、熟成と共にスパイス香を感じる。
味：柔らかい辛口で、軽くタンニンを感じる調和の取れた味わい。

中程度の熟成チーズ（カステルマーニョ、ラスケーラ、ゴルゴンゾーラなど）。
秋から冬にかけての伝統料理（フォンドゥータ、アニョロッティ）。

16～18℃

※「ルケ」という品種については、ピエモンテ地方でさえあまり知られていなかった。このブドウは甘く、食用とされていたからで、ワインに使われるようになり、1987年にDOCに認められた。ブドウの由来についてはいくつかの説があるが、定かではない。第一の説は、現在の生産地に位置するサン・ロッコの修道院がこのブドウを植えたことから「ルケ」と呼ばれるようになったというもの。第二の説は、このブドウがロッカ（岩地）の高いところに植えられ、太陽の光を十二分に浴びていたことから「ルケ」と呼ばれるようになったという。また、ブルゴーニュから修道士が運んだという説もある。忘れられていたブドウだったが、1980年代に見直され、スローフード協会の協力も得て、今日知られるワインとなった。
このワインが生産されている地域は、アスティ県のカスタニョーレ・モンフェッラートを中心とする7つの地区で、標高120～400メートルの約70ヘクタールと狭く、生産量も非常に少ない。

・Montelbera（モンタルベーラ）
・Luca Ferraris（ルカ・フェッラリス）
・Cascina tavijn（カッシーナ・タヴィン）

BARBERA D'ALBA
バルベーラ・ダルバ

DOC
(1970〜)

〈地域〉
クーネオ県のアルバを中心に50の市町村

2016
11,777,300本

	ha当たりのブドウの収穫	最低アルコール	最低熟成期間
⑦DOC	10 t	12%	
⑧—SUPERIORE スペリオーレ	10 t	12.5%	12カ月 内4カ月木樽熟成

※ヴィーニャはha当たりの収穫量9t。

バルベーラ種85%以上。ネッビオーロ種15%以下。

色：やや濃い目のルビー色。熟成に従いガーネット色を帯びる。香：個性的なワイン香がある。
味：辛口でそれなりの厚みとコクがある。やや苦味も感じる。

・Bagna Cauda（バンニャ・カウダーアンチョヴィとオイル、バターのソースを温め、生野菜を食べるピエモンテ地方の冬の料理）
・Panissa（パニッサ＝ピエモンテ地方のインゲン豆入りリゾット）
半硬質チーズ、ゴルゴンゾーラチーズなど。

16〜18℃

・Roberto Voerzio（ロベルト・ヴォエルツィオ）
・Gaja（ガイヤ）
・Ceretto（チェレット）
・Pio Cesare（ピオ・チェーザレ）
・Tenuta Carretta（テヌータ・カッレッタ）

BARBERA DEL MONFERRATO
バルベーラ・デル・モンフェッラート

DOC
(1970〜)

〈地域〉
アレッサンドリア、アスティ両県の合計214の市町村

2016
7,134,300本

	ha当たりのブドウの収穫	最低アルコール	最低熟成期間
⑦DOC	10 t	11.5%	
⑧—VIGNA ヴィーニャ	9t	12%	
①—FRIZZANTE フリッツァンテ	10 t	11.5%	

※SECCOセッコ（辛口）、ABBOCCATOアッボッカート（薄甘口）もある。

バルベーラ種85%以上、フレイザ種、グリニョリーノ種、ドルチェット種15%以下。

色：やや濃いめのルビー色。香：ワイン香に花の香りがまじる。
味：やや甘味を感じる辛口、それなりのコクと厚みがある。やや酸味があるものや、弱発泡性のものもある。

バルベーラ・ダルバと同じ

16〜18℃

・Colonna（コロンナ）
・Angelino（アンジェリーノ）
・Accornero（アッコルネーロ）

COLLINA TORINESE
コッリーナ・トリネーゼ

DOC
(1999〜)

〈地域〉
トリノ県の27の市町村

2016
1,994,800本

	ha当たりのブドウの収穫	最低アルコール	最低熟成期間
⑦ROSSO ロッソ	10 t	10.5%	
⑦—NOVELLO ノヴェッロ	10 t	11%	
⑦BARBERA バルベーラ	9 t	10.5%	
⑦BONARDA ボナルダ	9 t	10.5%	
⑩MALVASIA マルヴァジア	11 t	5.5%+4.5%	
⑩PELAVERGA ペラヴェルガ / CARI カリ	8 t	5%+5%	

⑦ROSSO ロッソ
⑦—NOVELLO ノヴェッロ

バルベーラ種60%以上、フレイザ種25%以上、その他アロマティックでない認定黒ブドウ15%以下。

ルビー色で独特のブドウ香を含み、アロマのあるしっかりとした赤ワイン。

⑦BARBERA バルベーラ

バルベーラ種85%以上、その他アロマティックでない認定黒ブドウ15%以下。

しっかりとしたルビー色で、独特のブドウ香を含み、アロマのある赤ワイン。

⑦BONARDA ボナルダ

ボナルダ種85%以上、その他アロマティックでない認定黒ブドウ15%以下。

やや明るいルビー色で、しっかりとした果実香を含み、独特な味わいの赤ワイン。

⑩MALVASIA マルヴァジア

マルヴァジア・ネーラ・ルンガ種85%以上、その他アロマティックでない認定黒ブドウ15%以下。

ルビー色で新鮮な心地良い香りを含み、アロマを含んだ甘口赤。

⑩PELAVERGA ペラヴェルガ / CARI カリ

ペラヴェルガ種／カリ種85%以上、その他アロマティックでない認定黒ブドウ15%以下。

ルビー色で新鮮なブドウの香りを含み心地良い甘味のある赤ワイン。

赤：16〜18℃
甘口：12〜14℃

- Il Girapoggio（イル・ジラポッジョ）
- Stefano Rossotto（ステファノ・ロッソット）
- Balbiano（バルビアーノ）
- Deliziosa（デリツィオーザ）

CORTESE DELL'ALTO MONFERRATO
コルテーゼ・デッラルト・モンフェッラート

DOC
(1979～)

〈地域〉
アスティ県とアレッサンドリア県のモンフェッラートを中心とする地域

2016
1,878,000本

	ha当たりのブドウの収穫	最低アルコール	最低熟成期間
③DOC	10 t	10%	
①—FRIZZANTE フリッツァンテ	10 t	10%	
①—SPUMANTE スプマンテ	10 t	10%	

コルテーゼ種85%以上、その他アロマティックでない認定白ブドウ15%以下。

色：明るい麦わら色で、薄緑色を帯びる。
香：上品で個生的な香り。
味：ほろ苦いバランスのとれた辛口。

・Minestre in Brodo（ミネストレ・イン・ブロード＝パスタ入りスープ）
軽いアンティパストや魚料理、軟質チーズに合う。若いものはアペリティフにも向く。

8～10℃
スプマンテ：8℃

・La Guardia（ラ・グアルディア）
・La Casanella（ラ・カザネッラ）
・Neirano（ネイラーノ）

DOLCETTO D'ACQUI
ドルチェット・ダックイ

DOC
(1972～)

〈地域〉
アレッサンドリア県アックイ・テルメを中心とする20の市町村

2016
1,392,300本

	ha当たりのブドウの収穫	最低アルコール	最低熟成期間
⑦DOC	8 t	11.5%	
⑧—SUPERIORE スペリオーレ	8 t	12.5%	12カ月 翌年1月1日起算

ドルチェット種100%。

色：鮮やかなルビー色で熟成によって赤レンガ色を帯びる。　香：独特のワイン香。
味：ほろ苦く滑らかな味わい。

ドルチェット・ダスティと同じ

16～18℃

・Scarpa（スカルパ）
・Villa Sparina（ヴィッラ・スパリーナ）
・Cascina Bertolotto（カッシーナ・ベルトロット）

DOLCETTO D'ALBA
ドルチェット・ダルバ

DOC (1974〜)

〈地域〉
クーネオ県アルバを中心とする32の市町村

2016
7,192,100本

	ha当たりのブドウの収穫	最低アルコール	最低熟成期間
⑦DOC	9 t	11.5%	
⑧—SUPERIORE スペリオーレ	9 t	12.5%	12カ月
⑧—VIGNA ヴィーニャ	8 t	12%	
⑧—SUPERIORE VIGNA スペリオーレ・ヴィーニャ	8 t	12.5%	12カ月

ドルチェット種100%。

色：ルビー色で発泡性のものは紫色を帯びる。　香：独特のワイン香。
味：ほろ苦く調和のとれた味わい。

サラミ類、白身肉の料理。
軟質チーズ、半硬質チーズ。

16〜18℃

・Azelia（アゼリア）　・Aldo Conterno（アルド・コンテルノ）
・Pio Cesare（ピオ・チェーザレ）　・Brovia（ブロヴィア）　・Ceretto（チェレット）
・Tenuta Carretta（テヌータ・カッレッタ）

DOLCETTO D'ASTI
ドルチェット・ダスティ

DOC (1974〜)

〈地域〉
アスティ県の24の市町村

2016
920,400本

	ha当たりのブドウの収穫	最低アルコール	最低熟成期間
⑦DOC	8 t	11.5%	
⑧—SUPERIORE スペリオーレ	8 t	12.5%	12カ月 翌年1月1日起算

ドルチェット種100%。

色：鮮やかなルビー色で熟成によってレンガ色を帯びる。　香：独特のワイン香。
味：ほろ苦く滑らかで酸味を感ずる味わい。

サラミ類、パスタ、リゾット類、白身肉。
軟質チーズ、半硬質チーズ。

16〜18℃

・Bersano（ベルサーノ）
・Baretta（バレッタ）
・Cascina Monreale（カッシーナ・モンレアーレ）

DOLCETTO DI OVADA
ドルチェット・ディ・オヴァーダ

DOC
(1972〜)

〈地域〉
アレッサンドリア県オヴァーダを中心とする22の市町村

2016
2,470,000本

	ha当たりのブドウの収穫	最低アルコール	最低熟成期間
⑦DOC	8 t	11.5%	

ドルチェット種100%。

色：やや濃いめのルビー色。
香：独特のワイン香。
味：ほろ苦く滑らかな赤ワイン。

サラミ類、パスタ、リゾット、白身肉。
軟質チーズ、半硬質チーズ。

16〜18℃

・La Guardia（ラ・グァルディア）
・Tacchino Luigi（タッキーノ・ルイジ）
・Bergaglio（ベルガリオ）
・Renzo Semino（レンツォ・セミノ）

GRIGNOLINO D'ASTI
グリニョリーノ・ダスティ

DOC
(1973～)

〈地域〉
アスティ県アスティをはじめ35の市町村

2016
1,659,700本

	ha当たりのブドウの収穫	最低アルコール	最低熟成期間
⑦DOC	8 t	11％	

グリニョリーノ種90％以上、フレイザ種10％以下。

色：明るいルビー色。　香：新鮮で繊細な香り。
味：ほんのりと苦味がありさっぱりとした味わい。

・Agnolotti（アニョロッティ＝ピエモンテ地方の肉入り詰物パスタ）
サラミ類、白身肉、半硬質チーズ。

16～18℃

・La Marina（ラ・マリーナ）
・Cocito Dario（コチート・ダリオ）
・Brema（ブレーマ）

GRIGNOLINO DEL MONFERRATO CASALESE
グリニョリーノ・デル・
モンフェッラート・カザレーゼ

DOC
(1974～)

〈地域〉
アレッサンドリア県

2016
680,900本

	ha当たりのブドウの収穫	最低アルコール	最低熟成期間
⑦DOC	7.5 t	11％	

グリニョリーノ種90％以上、フレイザ種10％以下。

色：明るいルビー色。　香：新鮮で繊細な香り。
味：ほんのりと苦味があり、さっぱりした味わい。

グリニョリーノ・ダスティと同じ。

16～18℃

・Il Mogetto（イル・モジェット）　・Pio Cesare（ピオ・チェーザレ）
・Bricco Mondalino（ブリッコ・モンダリーノ）
・Accornero（アッコルネーロ）

LANGHE
ランゲ

DOC
(1994〜)

〈地域〉

クーオネ県のアルバを中心とする多くの市町村

2016
12,734,900本

ha当たりのブドウの収穫　最低アルコール　最低熟成期間

⑦ROSSO ロッソ　10 t　11%

アロマティックでない認定黒ブドウ。

ルビー色で個性的なワイン香を含むしっかりとした辛口赤ワイン。

サラミをはじめとするあらゆる料理に向く。

③BIANCO ビアンコ　11 t　10.5%

アロマティックでない認定白ブドウ。

濃い麦わら色で繊細な香りを持ち、調和のとれた白ワイン。

アンティパストから魚料理などあらゆる料理に向く。

⑦NEBBIOLO ネッビオーロ　10 t　11.5%

ネッビオーロ種85%以上、その他アロマティックでない認定黒ブドウ15%以下。

オレンジ色を帯びたルビー色で個性的な香りのしっかりとした赤ワイン。辛口と中甘口がある。

北イタリアのあらゆる料理に向く。

⑦DOLCETTO ドルチェット　10 t　11%

ドルチェット種85%、その他アロマティックでない認定黒ブドウ15%以下。

ルビー色でワイン香を含み苦味も含んだ、食事に向く辛口赤ワイン。

サラミ類をはじめ、あらゆる料理に向く。

③CHARDONNAY シャルドネ　10 t　10.5%
③—VIGNA ヴィーニャ　8 t　10.5%

シャルドネ種85%以上、その他アロマティックでない認定白ブドウ15%以下。

緑がかった麦わら色でわずかに個性を感じさせる香りを持つ辛口白ワイン。

アペリティーヴォや魚料理に向く。

③ARNEIS アルネイス　11 t　10.5%
⑤—PASSITO パッシート　11 t　11+4.5%　10カ月
③—VIGNA ヴィーニャ　8 t　10.5%

アルネイス種85%以上、その他アロマティックでない認定白ブドウ15%以下。

麦わら色で個性的な香りを持つ新鮮で繊細な辛口白ワイン。

アペリティーヴォから魚料理まであらゆる料理に向く。

③FAVORITA ファヴォリータ　10 t　10.5%
③—VIGNA ヴィーニャ　8 t　10.5%

ファヴォリータ種85%以上、その他アロマティックでない認定白ブドウ15%以下。

麦わら色で独特の香りを持ち、後口にわずかに苦味を感じる辛口白ワイン。

アンティパストから魚料理までに向く。

※その他、バルベーラ、カベルネ・ソーヴィニヨン、メルロー、フレイザ、ピノ・ネロ、ナシェッタ、ロッセーゼ・ビアンコ、ソーヴィニヨン、リースリングがある。また、赤、白のパッシート、ロザート、ノヴェッロもある。

白：8〜10℃　ロザート：10〜12℃　赤：16〜18℃　甘口：10〜14℃

・Ceretto（チェレット）　・Gaja（ガイヤ）　・Marchesi di Gresy（マルケージ・ディ・グレジ）
・Pio Cesare（ピオ・チェーザレ）　・Ca Viola（カ・ヴィオラ）　・Tenuta Carretta（テヌータ・カッレッタ）
・Domenico Clerico（ドメニコ・クレリコ）　・Conterno Fantino（コンテルノ・ファンティーノ）

MONFERRATO
モンフェッラート

DOC
(1994～)

〈地域〉

アレッサンドリア県、アスティ県の多くの市町村

2016
7,001,900本

	ha当たりのブドウの収穫	最低アルコール	最低熟成期間
⑦ROSSO ロッソ	11 t	11%	
⑦—NOVELLO ノヴェッロ	11 t	11%	

アロマティックでない認定黒ブドウ。

ルビー色でワイン香があり新鮮な辛口。

北イタリアのあらゆる料理に向く。 16～18℃

	ha当たりのブドウの収穫	最低アルコール	最低熟成期間
③BIANCO ビアンコ	11 t	10%	

アロマティックでない認定白ブドウ。

麦わら色で独特な香りを持つ辛口。

前菜から魚料理までに向く。 8～10℃

	ha当たりのブドウの収穫	最低アルコール	最低熟成期間
⑥CHIARETTO キアレット／CIARET（チャレット）	11 t	10.5%	

バルベーラ種、ボナルダ種、カベルネ・フラン種、カベルネ・ソーヴィニヨン種、ドルチェット種、フレイザ種、グリニョリーノ種、ピノ・ネロ種、ネッビオーロ種85%以上、その他アロマティックでない認定ブドウ15%以下。

明るいルビー色でワイン香を含む調和のとれた辛口。

あらゆる料理に合わせることができる。 12～14℃

	ha当たりのブドウの収穫	最低アルコール	最低熟成期間
⑦DOLCETTO ドルチェット	9 t	11%	
⑦—NOVELLO ノヴェッロ	9 t	11%	

ドルチェット種85%以上、その他アロマティックでない認定黒ブドウ15%以下。

ピエモンテ地方のドルチェットと同様。

北イタリアのあらゆる料理に向く。 16～18℃

	ha当たりのブドウの収穫	最低アルコール	最低熟成期間
⑦⑩FREISA フレイザ	9.5 t	11%	
⑦—NOVELLO ノヴェッロ	9.5 t	11%	

フレイザ種85%以上、その他アロマティックでない認定黒ブドウ15%以下。

ルビー色で繊細な香りの辛口と中甘口がある。

北イタリアのあらゆる料理に向く。 16～18℃

	ha当たりのブドウの収穫	最低アルコール	最低熟成期間
③CASALESE カザレーゼ	10 t	10.5%	

コルテーゼ種85%以上、その他アロマティックでない認定白ブドウ15%以下。

明るい麦わら色で独特の個性的な香りを持つ辛口。

アンティパスト、卵料理、魚料理に向く。 8～10℃

- Livio Pavese（リヴィオ・パヴェーゼ）
- Giacomo Bologna Braida（ジャコモ・ボローニャ・ブライダ）
- Villa Sparina（ヴィッラ・スパリーナ）
- Renato Ratti（レナート・ラッティ）
- Michele Chiarlo（ミケーレ・キアルロ）
- La Spinetta（ラ・スピネッタ）

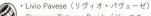

NEBBIOLO D'ALBA
ネッビオーロ・ダルバ

DOC
(1970〜)

〈地域〉
クーネオ県アルバを中心とする25の市町村

2016
4,326,500本

	ha当たりのブドウの収穫	最低アルコール	最低熟成期間
⑦DOC	9 t	12%	12カ月
⑧—VIGNA ヴィーニャ	8.1 t	12.5%	12カ月
①②—SPUMANTE スプマンテ	11 t	11.5%	6カ月
①②—SPUUMANTE VIGNA スプマンテ・ヴィーニャ	8.1 t	12%	6カ月
①②—SPUMANTE ROSÉ スプマンテ・ロゼ	11 t	11.5%	6カ月
①②—SPUMANTE ROSÉ VIGNA スプマンテ・ロゼ・ヴィーニャ	8.1 t	12%	6カ月
⑧—SUPERIORE スペリオーレ	9 t	12.5%	18カ月 内6カ月木樽熟成
⑧—SUPERIORE VIGNA スペリオーレ・ヴィーニャ	8.1 t	13%	18カ月 内6カ月木樽熟成

ネッビオーロ種100%。

色：濃い目のルビー色で熟成するとガーネット色を帯びる。
香：スミレのような上品で繊細な香り。熟成するとエーテル香がある。
味：スティルは心地良くしっかりとした味わい。スプマンテは辛口から中甘口まで。バランスが良く厚みもある。

パスタやリゾットの料理、ロースト、フライなど白身肉の料理、硬質チーズ。
スプマンテは甘味類などに向くデザートワイン。

16〜18℃
スプマンテ：8〜10℃

- Ceretto（チェレット）
- Pio Cesare（ピオ・チェーザレ）
- Prunotto（プルノット）
- Tenuta Carretta（テヌータ・カッレッタ）

PIEMONTE
ピエモンテ

DOC
(1994～)

〈地域〉
アレッサンドリア県、アスティ県、クーネオ県の多くの市町村

2016
31,695,100本

	ha当たりのブドウの収穫	最低アルコール	最低熟成期間
③BIANCO ビアンコ	14 t	10%	
①—FRIZZANTE フリッツァンテ	14 t	10%	
コルテーゼ種、シャルドネ種、ファヴォリータ種、エルバルーチェ種60%以上、その他認定白ブドウ40%以下(モスカート・ビアンコ種を除く)。			
⑦ROSSO ロッソ	13 t	11%	
①—FRIZZANTE フリッツァンテ	13 t	11%	
⑥ROSATO ロザート	13 t	10.5%	
①—FRIZZANTE フリッツァンテ	13 t	10.5%	
バルベーラ種、ネッビオーロ種、ドルチェット種、フレイザ種、クロアティーナ種60%以上、その他認定黒ブドウ40%以下。(ブラケット種、マルヴァジア・ネラ・ルンガ種、マルヴァジア・ディ・スキエラーノ種、マルヴァジア・ディ・カゾルツォ種を除く)。			
①SPUMANTE スプマンテ	11 t	10.5%	
シャルドネ種、ピノ・ビアンコ種、ピノ・グリージョ種、ピノ・ネロ種。			
⑦BARBERA バルベーラ	12 t	11%	
⑦—NOVELLO ノヴェッロ	12 t	11%	
①—FRIZZANTE フリッツァンテ	12 t	11%	
バルベーラ種85%以上、その他アロマティックでない認定黒ブドウ15%以下。			
⑦BONARDA ボナルダ	11 t	11%	
⑦—NOVELLO ノヴェッロ	11 t	11%	
①—FRIZZANTE フリッツァンテ			
ボナルダ種85%以上、その他アロマティックでない認定黒ブドウ15%以下。			
⑦FREISA フレイザ	9.5 t	11%	4カ月
フレイザ種85%以上、その他アロマティックでない認定黒ブドウ15%以下。			
⑦GRIGNOLINO グリニョリーノ	9.5 t	11%	
⑦—NOVELLO ノヴェッロ	9.5 t	11%	
グリニョリーノ種85%以上、その他アロマティックでない認定黒ブドウ15%以下。			
⑩BRACHETTO ブラケット	9 t	6+5%	
②—SPUMANTE スプマンテ	9 t	11%	
⑩—PASSITO パッシート	6 t	9+7%	12カ月 1月1日起算
ブラケット種85%以上、その他アロマティックでない認定黒ブドウ15%以下。			
①③CORTESE コルテーゼ	13 t	10%	
コルテーゼ種85%以上、その他アロマティックでない認定白ブドウ15%以下。※スプマンテ、フリッツァンテ(微発泡)も認められている。			

①③CHARDONNAY シャルドネ　11 t　10.5%
シャルドネ種85%以上、その他アロマティックでない認定白ブドウ15%以下。
※スプマンテ、フリッツァンテ（微発泡）も認められている。

⑤MOSCATO モスカート　11.5 t　5.5+5%〜7.5+3%

⑤—PASSITO パッシート　6 t　11+4.5%　12カ月 1月1日起算

①PINOT BIANCO SPUMANTE ピノ・ビアンコ・スプマンテ　11 t　10.5%
ピノ・ビアンコ種85%以上、ピノ・グリージョ種、ピノ・ネロ種、シャルドネ種15%以下。

①PINOT GRIGIO SPUMANTE ピノ・グリージョ・スプマンテ　11 t　10.5%
ピノ・グリージョ種85%以上、ピノ・ビアンコ種、ピノ・ネロ種、シャルドネ種15%以下。

①PINOT NERO SPUMANTE ピノ・ネロ・スプマンテ　11 t　10.5%
ピノ・ネロ種85%以上、ピノ・ビアンコ種、ピノ・グリージョ種、シャルドネ種15%以下。

①PINOT CHARDONNAY SPUMANTE ピノ・シャルドネ・スプマンテ　11 t　10.5%
ピノ・ネロ種、シャルドネ種主体。

①CHARDONNAY PINOT SPUMANTE シャルドネ・ピノ・スプマンテ　11 t　10.5%
シャルドネ種、ピノ・ネロ種主体。

※この他、カベルネ・ソーヴィニヨン、メルロー、ピノ・ネロ、ソーヴィニヨン、2品種混醸も認められている。

ほかのピエモンテ地方の同品種ワインと同様。

ほかのピエモンテ地方の同品種ワインと同様。

赤：16〜18℃
白：8〜10℃
スプマンテ：8℃
ノヴェッロ：14〜16℃
甘口：10〜12℃

- Pio Cesare（ピオ・チェーザレ）
- Contratto（コントラット）
- Colonna（コロンナ）
- Bonetto（ボネット）
- Coppo（コッポ）
- Saracco（サラッコ）
- Ceretto（チェレット）

ピエモンテ州の他のDOC

・ALBA（アルバ）（2010～）
クーネオ県アルバで造られる赤ワイン。ネッビオーロ種主体で、ヴィーニャ、リゼルヴァがある。

・ALBUGNANO（アルブニャーノ）（1997～）
アスティ県アルブニャーノ中心に造られる赤とロゼのワイン。ネッビオーロ種、フレイザ種、バルベーラ種、ボナルダ種を使用したワインで食事に向く。12カ月（1月1日起算）熟成させるとスペリオーレと表示できる。

・BOCA（ボーカ）（1969～）
ノヴァーラ県ボーカで造られる赤。スパンナ（ネッビオーロ）種主体で長期の熟成にも耐えるが生産量はわずか。46カ月以上熟成したものはリゼルヴァ。

・BRAMATERRA（ブラマテッラ）（1979～）
スパンナ（ネッビオーロ）種主体で熟成に耐える赤ワイン。34カ月以上熟成したものはリゼルヴァ。

・CALOSSO（カロッソ）（2011～）
カロッソ、カスタニョーレ・デッレ・ランツェ、コスティオーレ・ダスティで造られる赤ワイン。ガンバ・ロッサ種90%以上で造る。生産量はわずか。

・CANAVESE（カナヴェーゼ）（1996～）
トリノ、ビエッラ、ヴェルチェッリ県で造られる赤と白のワイン。赤はネッビオーロ種、バルベーラ種、ボナルダ種、ウーヴァ・ラーラ種、フレイザ種、ネレット種を使用したワインで食事に向く。白はエルバルーチェ種を使用。ネッビオーロ、バルベーラ、ノヴェッロもある。

・CAREMA（カレーマ）（1967～）
トリノ県カレーマで造られる赤。ピクトゥネル、プニェスパンナ（ネッビオーロ）種85%以上で造る長命ワイン。生産量はわずか。

・CISTERNA D'ASTI（チステルナ・ダスティ）（2002～）
アスティ県とクーネオ県の13の市町村で造られる。クロアティーナ種主体の赤ワイン。生産量はわずか。

・COLLINE NOVARESI（コッリーネ・ノヴァレージ）（1994～）
ノヴァーラ県の丘陵地帯で造られる赤。スパンナ（ネッビオーロ）種、ウーヴァ・ラーラ（ボナルダ・ノヴァレーゼ）種、ヴェスポリーナ種、クロアティーナ種、バルベーラ種を使用したワインとスパンナ（ネッビオーロ）種主体のロッソとロザート、エルバルーチェ種100%のビアンコがある。

・COLLINE SALUZZESI（コッリーネ・サルッツェージ）（1996～）
クーネオ県サルッツェーゼの丘陵で造られる赤ワイン。バルベーラ種、チャトゥス種100%の赤、ペラヴェルガ種100%の赤とロゼ、クアリアーノ種100%の甘口とスプマンテがある。

・COLLI TORTONESI（コッリ・トルトネージ）（1973～）
アレッサンドリア県の丘陵地帯で造られるアレアティコ種、バルベーラ種、ボナルダ種等主体の赤とロゼ、コルテーゼ種、ファヴォリータ種等主体の白がある。この他、バルベーラ、ドルチェット、クロアティーナ、フレイザの赤、コルテーゼ、ファヴォリータ、ティモラッソの白、モスカート種100%の甘口白がある。

・COSTE DELLA SESIA（コステ・デッラ・セジア）（1996～）
ヴェルチェッリ、ビエッラ両県にまたがるセジア川周辺で造られる赤、白、ロゼワイン。赤、ロゼはネッビオーロ種主体、白はエルバルーチェ種100％で造られる。この他ネッビオーロ、クロアティーナ、ヴェスポリーナがある。

・FARA（ファーラ）（1969～）
ノヴァーラ県ファーラとブリオーナで造られる赤。スパンナ（ネッビオーロ）種主体で熟成に耐えるが生産量はわずか。

・FREISA D'ASTI（フレイザ・ダスティ）（1972～）
アスティ県でフレイザ種から造られる赤。辛口、中甘口がある。フリッツァンテ、スプマンテ、スペリオーレもある。

・FREISA DI CHIERI（フレイザ・ディ・キエーリ）（1973～）
トリノ県キエーリを中心に造られる赤。フレイザ種を用い辛口、中甘口、フリッツァンテ、スプマンテもある。

・GABIANO（ガビアーノ）（1983～）
アレッサンドリア県ガビアーノ、モンチェスティーノで造られるバルベーラ種主体の赤。リゼルヴァもある。

・LESSONA（レッソーナ）（1976～）
ヴェルチェッリ県レッソーナを中心に造られるスパンナ（ネッビオーロ）種主体の熟成に耐える赤ワイン。リゼルヴァもある。

・LOAZZOLO（ロアッツォロ）（1992～）
アスティ県ロアッツォロ中心に造られる白。モスカート・ビアンコ種100％で造られるフルーティな甘口ワイン。

・MALVASIA DI CASORZO D'ASTI/CASORZO/MALVASIA DI CASORZO（マルヴァジア・ディ・カゾルツォ・ダスティ／カゾルツォ／マルヴァジア・ディ・カゾルツォ）（1968～）
アスティ県カゾルツォを中心に造られる赤。マルヴァジア・ディ・カゾルツォ種主体で中甘口、甘口の他、フリッツァンテ、スプマンテもある。

・MALVASIA DI CASTELNUOVO DON BOSCO（マルヴァジア・ディ・カステルヌオーヴォ・ドン・ボスコ）（1973～）
アスティ県でマルヴァジア・ディ・スキエラーノ種主体で造られる赤。フリッツァンテ、スプマンテも認められている。鮮やかなサクラ色の甘口ワイン。

・PINEROLESE（ピネロレーゼ）（1996～）
トリノ、クーネオ両県で造られ、赤、ロゼとバルベーラ、ボナルダ、フレイザ、ドルチェット、ドゥ・ダンリ、ラミエのワインがある。赤、ロゼにはバルベーラ種、ボナルダ種、ネッビオーロ種、チャトゥス種が使われる。

・RUBINO DI CANTAVENNA（ルビーノ・ディ・カンタヴェンナ）（1970～）
アレッサンドリア県カンタヴェンナを中心にバルベーラ種主体で造られる赤。タレッジョなどウォッシュタイプのチーズに向く。

・SIZZANO（シッツァーノ）（1969～）
ノヴァーラ県シッツァーノで造られる赤。スパンナ（ネッビオーロ）種主体で、ヴェスポリーナ種、ウーヴァ・ラーラ（ボナルダ・ノヴァレーゼ）種も使用可。長期の熟成にも耐えるが生産量はわずか。

・STREVI（ストレーヴィ）（2005～）
アレッサンドリア県ストレーヴィで、モスカート・ビアンコ種100％で造られる甘口白ワイン。青カビチーズや、アーモンドを用いたデザートとよく合う。

・TERRE ALFIERI（テッレ・アルフィエーリ）（2009～）
クーネオ県とアスティ県で造られる、アルネイス種主体の白ワインと、ネッビオーロ種主体の赤ワイン。

・VALLI OSSOLANE（ヴァッリ・オッソラーネ）（2009～）
ヴェルバーノ県、クジオ県、オッソラ県で造られるネッビオーロ種、クロアティーナ種、メルロー種主体の赤ワインとシャルドネ種主体の白ワイン。ネッビオーロ種も認められている。

・VALSUSA（ヴァルスーザ）（1997～）
トリノ県ヴァルスーザ中心に造られる赤ワイン。アヴァナ種、バルベーラ種、ドルチェット種、ネレッタ・クネーゼ種が使われている。

・VERDUNO PELAVERGA／ VERDUNO（ヴェルドゥーノ・ペラヴェルガ／ヴェルドゥーノ）（1995～）
クーネオ県ヴェルドゥーノ中心に造られる赤ワイン。ペラヴェルガ・ピッコロと呼ばれる品種から造られる。

LOMBARDIA

ロンバルディア州

ロンバルディア州は、北イタリアの中部から北部にかけての州で、北はアルプスを境にスイスと接する湖水地帯から、南はポー川中流域に至る豊かな平野を抱える土地である。

州都ミラノは平地に作られた城壁都市で、今日イタリアの金融とファッションの中心となっているが、古くは湿地帯で川もなく、一年の長い期間、霧に覆われる地域だった。

北部の湖水地帯は保養地として、南部の平野は穀倉地帯として知られるが、ブドウを作る地域は限られており、量もあまり多くない。

ワインを生産する地域は、大きく3つに分けることができる。

北アルプスに入り込んだソンドリオを中心とするヴァルテッリーナの谷間の陽当たりの良いところでは、古代ローマ時代からワイン造りが行われていた。厳しい気候条件ながら、地元でキアヴェンナスカと呼ばれるネッビオーロ種から多くの長熟ワインが生み出されている。

次に、南のアペニン山脈にかかるパヴィアの丘陵地帯、オルトレポー・パヴェーゼのワインも近年知られるようになり、瓶内二次発酵で造られるスプマンテはDOCGワインに昇格した。

最後に、ミラノ県のベルガモからイゼオ湖にかけての丘陵地帯は、トスカーナ地方のような気候に恵まれている。南アルプスに近い地域であ

りながら地中海性気候であり、オリーヴやブドウの樹が植えられている。ピノ種、シャルドネ種から優れたスプマンテ・クラッシコ（瓶内二次発酵）が造られている。

この3つの地域のほか、ブレーシャ県ガルダ湖畔で造られるガルダでは、グロッペッロ種、サンジョヴェーゼ種主体の赤やキアレット（ロゼ）が造られる。

また、南部のマントヴァを中心とする平地では、ランブルスコ種から弱発泡性の赤ワインが造られている。

ロンバルディアとヴェネトにまたがる地域では、トレッビアーノ・ディ・ルガーナ種から造られる上品な味わいのルガーナや、白はリースリング、赤はグロッペッロなどで造られるガルダがDOCとして認められている。

DOCGに認められているヴァルテッリーナ・スペリオーレは、北部の谷間にあるソンドリオを中心に、キアヴェンナスカと呼ばれるネッビオーロ種から造られる赤ワインで、スペリオーレにはサッセッラ、グルメッロ、ヴァルジェッラ、インフェルノ、マロッジャの5つのサブゾーンが認められている。

また、このブドウをアマローネ同様に冬の間室内で乾燥させ、干しブドウ状にして糖度を高めてから醸造するスフォルツァートもDOCGに認められている。濃いめのルビー色で、独特の果実やエステルの香りを含み、なめらかな味わいのワインになり、長期の熟成に耐える。地元では赤身肉のグリルや煮込み、野鳥肉のサラミ、ジビエ料理などしっかりとした味つけの料理に合わせる。

一方のスペリオーレは、この地方の特産で、ソバ粉から作ったパスタの料理、ピッツォッケリや肉の煮込みとポレンタの料理などに合わせる。

イゼオ湖南側のフランチャコルタの丘陵で造られるフランチャコルタは、瓶内二次発酵させたスプマンテで、ロゼやサテン（白ブドウのみ）もDOCGに認められている。ピノ・ビアンコ、シャルドネ、ピノ・ネロを使用するが、デリケートな味わいでフルーツ香が残り、心地好い味わいのスプマンテになる。

食前酒から川魚のグリル、しっかりとした味つけの魚料理などに合う。なお、通常18カ月の熟成だが、ミッレジマートは30カ月を要する。

オルトレポー・パヴェーゼはロンバルディア州のDOC以上の７割を生産する地域で、コストパフォーマンスの良いワインが多く生み出されている。ヴォゲーラとロヴェスカラの間、リグーリア・アペニン山脈をすぐ背にした丘陵地で、４つの谷に分かれている。上級スプマンテが造られるのは、標高の高いサンタマリア・デッラ・ヴェルサ地区で、冷涼な気候から良いスプマンテが造られる。

この地方に植えられている品種は、ピノ・ネロ、ピノ・ビアンコ、モスカート、バルベーラ、クロアティーナ、コルテーゼ、リースリング、シャルドネなどのブドウである。

また、この地区の特徴は、白も赤もそのほとんどのワインに発泡性のスプマンテや弱発泡性のフリッツァンテが認められていることである。なかでも特殊なワインに「ブッタフオコ（BUTTAFUOCO）」や「サングエ・ディ・ジューダ（SANGUE DI GIUDA）」がある。前者はバルベーラ、クロアティーナ種主体で、発泡性の辛口から甘口の赤ワインにされるが、ブッタフオコとは火縄銃の意味。後者は、同様のブドウから造られる甘口、発泡性赤ワインで、キイチゴやイチゴをはじめとする森の木の実を使ったタルトに向く。サングエ・ディ・ジューダとは「ユダヤの血」の意。

LOMBARDIA
ロンバルディア州

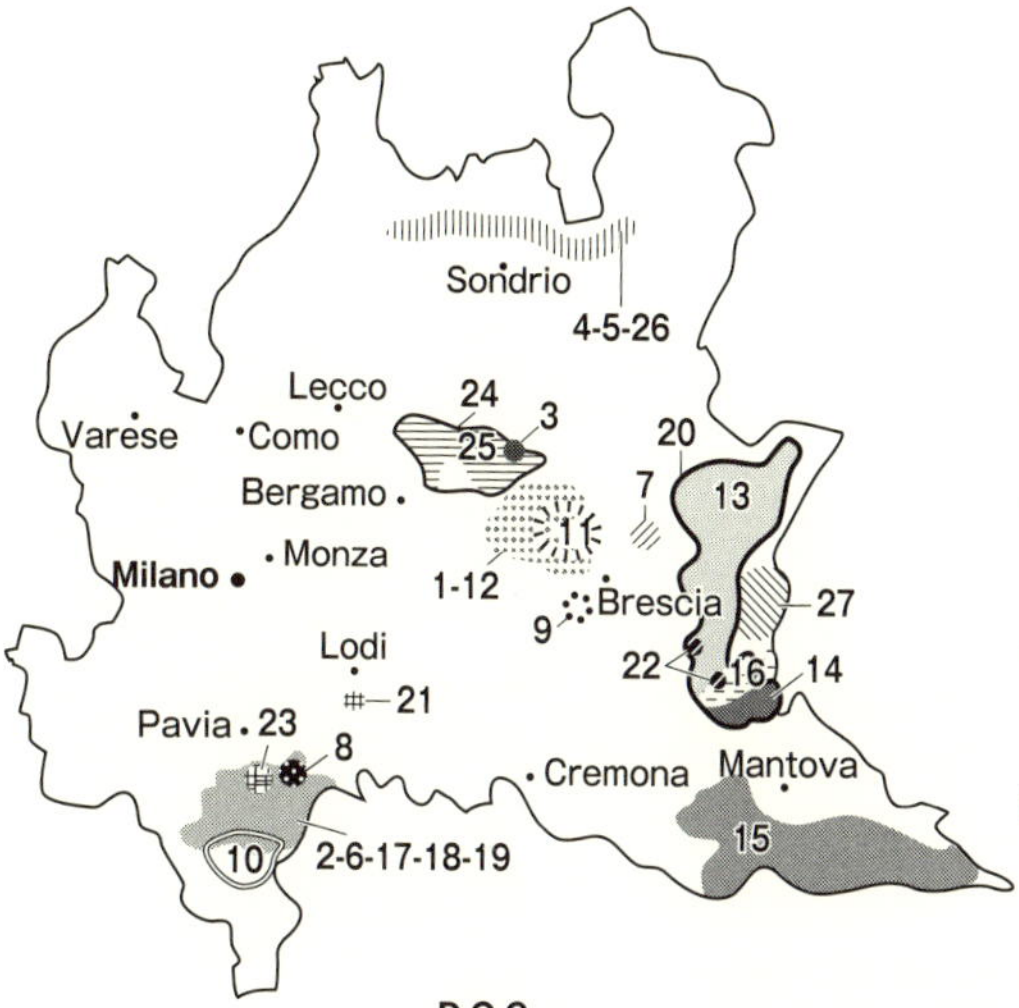

D.O.C.G.

1. Franciacorta フランチャコルタ
2. Oltrepò Pavese Metodo Classico オルトレポー・パヴェーゼ・メトド・クラッシコ
3. Scanzo o Moscato di Scanzo スカンツォ／モスカート・ディ・スカンツォ
4. Sforzato di Valtellina o Sfursat di Valtellina スフォルツァート・ディ・ヴァルテッリーナ／スフルサット・ディ・ヴァルテッリーナ
5. Valtellina Superiore ヴァルテッリーナ・スペリオーレ

D.O.C.

6. Bonarda dell'Oltrepò Pavese ボナルダ・デッロルトレポー・パヴェーゼ
7. Botticino ボッティチーノ
8. Buttafuoco dell'Oltrepò Pavese o Buttafuoco ブッタフオーコ・デッロルトレポー・パヴェーゼ／ブッタフオーコ
9. Capriano del Colle カプリアーノ・デル・コッレ
10. Casteggio カステッジョ
11. Cellatica チェッラティカ
12. Curtefranca クルテフランカ
13. Garda ガルダ
14. Garda Colli Mantovani ガルダ・コッリ・マントヴァーニ
15. Lambrusco Mantovano ランブルスコ・マントヴァーノ
16. Lugana ルガーナ
17. Oltrepò Pavese オルトレポー・パヴェーゼ
18. Oltrepò Pavese Pinot Grigio オルトレポー・パヴェーゼ・ピノ・グリージョ
19. Pinot Nero dell'Oltrepò Pavese ピノ・ネロ・デッロルトレポー・パヴェーゼ
20. Riviera del Garda Bresciano o Garda Bresciano リヴィエラ・デル・ガルダ・ブレシャーノ／ガルダ・ブレシャーノ
21. San Colombano al Lambro o San Colombano サン・コロンバーノ・アル・ランブロ／サン・コロンバーノ
22. San Martino della Battaglia サン・マルティーノ・デッラ・バッターリア
23. Sangue di Giuda dell'Oltrepò Pavese o Sangue di Giuda サングエ・ディ・ジューダ・デッロルトレポー・パヴェーゼ／サングエ・ディ・ジューダ
24. Terre del Colleoni o Colleoni テッレ・デル・コッレオーニ／コッレオーニ
25. Valcalepio ヴァルカレピオ
26. Valtellina Rosso o Rosso di Valtellina ヴァルテッリーナ・ロッソ／ロッソ・ディ・ヴァルテッリーナ
27. Valtènesi ヴァルテーネジ

FRANCIACORTA
フランチャコルタ

DOCG
(1995〜)

〈地域〉
ブレーシャ県イゼオ湖南側フランチャコルタの21の市町村

2016
18,273,700本

	ha当たりのブドウの収穫	最低アルコール	最低熟成期間
①②DOCG	10 t	11.5%	18カ月
①—MILLESIMATO ミッレジマート	10 t	11.5%	30カ月
①—RISERVA リゼルヴァ	10 t	11.5%	60カ月

シャルドネ種、ピノ・ネロ種で50%以上、ピノ・ビアンコ種50%以下。

緑がかった麦わら色でデリケートで独特な酵母の香りや果実香を含み、アロマがあり、滑らかでフレッシュ感のある辛口。

アペリティーヴォ、スフレ、淡水魚の料理、軽いアンティパストに向く。
また香りの強めのソースを使った魚料理にも向く。

①②ROSÉ ロゼ	10 t	11.5%	24カ月
①—MILLESIMATO ミッレジマート	10 t	11.5%	30カ月
①—RISERVA リゼルヴァ	10 t	11.5%	60カ月

ビアンコと同じ。ピノ・ネロ種は全体の25%以上。

やや濃い目のバラ色で、デリケートな酵母香や果汁の香りを含む、新鮮で滑らか、かつ調和のとれた辛口。

イゼオ湖のマスの詰め物料理など、辛味や味の強い魚料理に向く。アペリティーヴォ、食後酒としても良い。

①SATÈN サテン	10 t	11.5%	24カ月
①—MILLESIMATO ミッレジマート	10 t	11.5%	30カ月
①—RISERVA リゼルヴァ	10 t	11.5%	60カ月

シャルドネ種50%以上、ピノ・ビアンコ種50%以下。ピノ・ネロ種は使用できない。

輝きのある濃い麦わら色で独特な酵母の香りと果実香があり、ソフトで心地良い味わいで、食事にも用いることができる辛口。

アペリティーヴォや食後酒にも。平目のムニエルなど白身魚のデリケートな味わいの料理に良く合う。

8〜10℃

※なお、MILLESIMATO（ミッレジマート）は30カ月、リゼルヴァは60カ月の熟成を必要とする。

※フランチャコルタの名前の由来には3つの説がある。その第1は、中世、この地方には修道院が多く、ゾーナ・フランカと呼ばれた免税などの特権が与えられており、これがなまってフランチャコルタとなったという説。第2の説は、13世紀にローマ法王がこの地の制圧のためフランス兵を呼び、フランス兵がこの地を占領したが住民の反対にあい、フランチャコルタ（フランス人出て行け）といわれたというもの。第3の説は、このフランス兵がこの地でフランスのお祝いをし、小さなフランス（フランチャコルタ）といったというものである。今では第1の説が一般的なようだ。

・Berlucchi（ベルルッキ）　・F. Berlucchi（フラテッリ・ベルルッキ）
・Bellavista（ベッラヴィスタ）　・Il Mosnel（イル・モスネル）
・Ca'del Bosco（カ・デル・ボスコ）

OLTREPÒ PAVESE METODO CLASSICO
オルトレポー・パヴェーゼ・メトド・クラッシコ

DOCG (2007〜)

〈地域〉
パヴィア県の42の市町村

2016
929,500本

	ha当たりのブドウの収穫	最低アルコール	最低熟成期間
①DOCG	10 t	11.5%	15カ月 翌年1月1日起算
①—MILLESIMATO ミッレジマート	10 t	11.5%	24カ月 翌年1月1日起算
①—ROSÉ ロゼ	10 t	11.5%	15カ月 翌年1月1日起算
①—ROSÉ MILLESIMATO ロゼ・ミッレジマート	10 t	11.5%	24カ月 翌年1月1日起算

ピノ・ネロ種70%以上、シャルドネ種、ピノ・グリージョ種、ピノ・ビアンコ種30%以下。

色：ビアンコはやや濃い目の麦わら色、ロゼはやや濃い目のピンク色。
香：酵母の香り、優しく広がりのある芳香。
味：繊細で調和のとれた、きりっとした辛口。

	ha当たりのブドウの収穫	最低アルコール	最低熟成期間
①PINOT NERO ピノ・ネロ	10 t	12%	15カ月 翌年1月1日起算
①—MILLESIMATO ミッレジマート	10 t	12%	24カ月 翌年1月1日起算
①—ROSÉ ロゼ	10 t	12%	15カ月 翌年1月1日起算
①—ROSÉ MILLESIMATO ロゼ・ミッレジマート	10 t	12%	24カ月 翌年1月1日起算

ピノ・ネロ種85%以上、シャルドネ種、ピノ・グリージョ種、ピノ・ビアンコ種15%以下。

色：ビアンコはオレンジがかった麦わら色、ロゼはやや濃い目のピンク色。
香：酵母の香り、優しく広がりのある芳香。
味：繊細で調和のとれ、骨格のあるきりっとした辛口。

魚や卵の前菜、味わいのあるパスタ料理、魚のフリット等と合わせて。

8〜10℃

※このワインを造る地域はリグーリア・アペニン山脈を背にした丘陵地帯で、南北に走るヴェルサ、クスロバッソ、コッパ、スタッフォラの4つの渓谷に分かれる。したがって、標高、谷間の位置、土壌などによって、できたブドウに大きな差が生じる。
ミラノから南に下ると、まずストラデッラ地区がある。古くからミラネーゼの別荘の多いところである。次にモントゥ・ベッカリア地区、ブローニ地区、ロヴェスカラ地区と続く。標高の高いサンタマリア・デッラ・ラヴェルサ地区は、冷涼で昼夜の気温差があることから、ピノ・ネロ種の栽培に適しているといわれる。

- Vigne Olcru（ヴィーニェ・オルクル）
- Monsupello（モンスペッロ）
- Tenuta Il Bosco（テヌータ・イル・ボスコ）
- Cantina Di Casteggio（カンティーナ・ディ・カステッジョ）
- Giorgi Fratelli（ジョルジ・フラテッリ）
- Il Montú（イル・モントゥ）

SCANZO / MOSCATO DI SCANZO
スカンツォ／
モスカート・ディ・スカンツォ

DOCG
（2009〜）

〈地域〉
ベルガモ県スカンツォロシャーテを中心とした市町村

2016
35,200本

	ha当たりのブドウの収穫	最低アルコール	最低熟成期間
⑩DOCG	7 t	14%+3%	24カ月

モスカート・ディ・スカンツォ種100%。

色：やや濃い目のルビー色でガーネット色を帯びる場合もある。
香：デリケートでしっかりとした特徴的な香り。
味：心地よい甘み、余韻にアーモンドを感じる。

酵母を使った焼き菓子、特にフルーツを使用したもの、ザバイヨーネやパンナコッタ、パネットーネなどに向く。

10〜12℃

※イタリアにおいても知る人の少ないワインだが、その歴史は古く、独特のワインである。イタリアでは、南から北まで多くの地域でモスカート種を使ったワインが造られてきたが、このワインはその中でも最も知られていないワインの一つだ。古代ローマ時代から存在していたといわれ、1370年代の資料によれば、封建領主に納められていたワインにこのワインの名が記されており、当時は「モスカデッロ」と呼ばれていた。1700年代にはロンドンの株式市場で売られるワインとなり、シェリーやポート、マデラなどの甘口フォーティファイドワインと同様に扱われていた。1850年にはイタリア唯一の高価なワインだったという。今日でもイタリア王室に納入されるワインとなっている。このワインが実際に世界に知られるきっかけを作ったのは、ベルガモ出身の建築家アントニオ・クワレンギで、彼はザンクトペテルブルグに趣く際、このワインの入った樽を持参し、後にロシア王妃にも好まれるワインとなった。

・Biava（ビアーヴァ）
・De Toma（デ・トーマ）
・Il Cipresso（イル・チプレッソ）
・La Brugherata（ラ・ブルゲラータ）

SFORZATO DI VALTELLINA / SFURSAT DI VALTELLINA

DOCG (2003～)

スフォルツァート・ディ・ヴァルテッリーナ／
スフルサット・ディ・ヴァルテッリーナ

〈地域〉
ヴァルテッリーナ渓谷のティラーノ、ピアテーダ、ポンテ・ディ・ヴァルテッリーナ、ヴィッラ・ディ・ティラーノ、アルボサッジャなど600～700mの標高の地域

2016
366,400本

	ha当たりのブドウの収穫	最低アルコール	最低熟成期間
⑨DOCG	8t	14%	20カ月 内12カ月は木樽熟成 翌年4月1日起算

キアヴェンナスカ（ネッビオーロ）種90%以上、他の認定黒ブドウ10%以下。
収穫したブドウは風通しの良い屋根裏部屋で乾燥される。12月10日以降搾って発酵されることになる。

色：濃い目のルビー色からわずかにオレンジがかったものまで。
香：独特のエステル香と赤い果実の香りを含む。
味：滑らかで味わいがあり、余韻が長い。

赤身肉のグリルや煮込み料理。また野鳥のサラミ、ジビエ料理など、しっかりとした味付の料理に向く。熟成辛口チーズ、食事外にも向く。

16～18℃

※ヴァルテッリーナの中で、アマローネと同様の方法でキアヴェンナスカ種を乾燥させてから搾り、醸造したワインにスフォルツァートがある。
このワインは、ティラーノ地方の領主で、1960年代にこの地方に城を築き、治めていたコンテ・セルトリ・サリス家の資料によると、1700年代初めに、すでにこの城で造られていたという。生産量がごくわずかであったため、コンフォート、つまり養命酒のように使われていた。病人にスプーンで薬のように口に含ませていた。今日でも建物の最上階の風通しの良い部屋、ソライという部屋で、フィエニーリと呼ばれる棚にのせて３カ月ほど陰干しする伝統的な方法で行われている。10月中旬に収穫したブドウは、35～40%の水分を放出するまで約３カ月かけて乾燥され、丁寧に搾った後、約１カ月かけてゆっくりと発酵させ、規定では木樽で約２年間熟成させた後、瓶熟を経てリリースされる。
このワインは、ヴァルテッリーナの他のワインよりも色が濃く、味わいもしっかりしており、アルコール度数も14%を必要とするため、バローロやバルバレスコ同様、良い年には20年以上の熟成にも耐える長熟ワインとなる。

・Conti Sertoli Salis（コンティ・セルトリ・サリス）
・Negri（ネグリ）
・Plozza（プロッツァ）
・Nera（ネーラ）
・Rainoldi Aldo（ライノルディ・アルド）

VALTELLINA SUPERIORE
ヴァルテッリーナ・スペリオーレ

DOCG
(1998〜)

〈地域〉
ソンドリオ県のソンドリオを中心とする19の市町村

2016
2,044,900本

	ha当たりのブドウの収穫	最低アルコール	最低熟成期間
⑨DOCG	8 t	12%	24カ月 12月1日起算
⑨—RISERVA リゼルヴァ	8 t	12%	36カ月 12月1日起算

ネッビオーロ（キアヴェンナスカ）種90％以上、その他アロマティックでない認定黒ブドウ10％以下。

色：鮮やかなルビー色から赤色まで。
香：エステルから花の香を含むデリケートな香り。
味：アーモンドやバニラを含むしっかりとした味わいの辛口。

※以下、〈サブゾーン〉
規定はDOCGと同じ。

⑧SASSELLA サッセッラ
⑨—RISERVA リゼルヴァ
※古代ローマ時代のウェルギリウスの農業詩にも謳われており、アウグストゥス帝が愛したといわれる。

⑧GRUMELLO グルメッロ
⑨—RISERVA リゼルヴァ
※グルメッロの名前はグルメッロ古城からとられた。地域はソンドリオから奥の山に至る斜面。

⑧INFERNO インフェルノ
⑨—RISERVA リゼルヴァ
※インフェルノの名前は岩場の急斜面で作られることから。夏場も気温が低くそう呼ばれるようになった。

⑧VALGELLA ヴァルジェッラ
⑨—RISERVA リゼルヴァ
※キウロとテリオの町にかけた地域の、標高800mまで達する岩場の急斜面で作られる。

⑧MAROGGIA マロッジャ
⑨—RISERVA リゼルヴァ
※近年、最後に認められた地域。

肉類のロースト料理他ピッツォッケリ、ポレンタの料理にも合う。また、熟成されたものはこの地方のビットやカッセーラなどの熟成チーズによく合う。

16〜18℃

※スイス国内で瓶詰めされたワインは、リゼルヴァを除きスタガ・ファッスリと呼ぶことができる。

- Negri（ネグリ）
- Pellizzatti（ペッリッツァッティ）
- Rainoldi Aldo（ライノルディ・アルド）
- Conti Sertoli Salis（コンティ・セルトリ・サリス）

BONARDA DELL'OLTREPÒ PAVESE
ボナルダ・デッロルトレポー・パヴェーゼ

DOC (2010〜)

〈地域〉
パヴィア県の42の市町村

2016
24,712,500本

	ha当たりのブドウの収穫	最低アルコール	最低熟成期間
⑦⑩DOC	12.5 t	12%	
①②—FRIZZANTE フリッツァンテ	12.5 t	9%+2%	

クロアティーナ種85%以上、バルベーラ種、ウゲッタ（ヴェスポリーナ）種、ウーヴァ・ラーラ種15%以下。

濃いルビー色で、心地良いしっかりとした香りを含む、軽くタンニンを感じる味わい。
辛口、薄甘口、中甘口がある。

ハム、サラミ、コテキーノやザンポーネ、カッスオーラ、トマトや肉ベースのパスタ、肉や豆ベースのリゾット、ラヴィオリ等。非常にしっかりとしたタイプには、赤身肉料理が合う。

16〜18℃
中甘口：12〜14℃

・Castello di Luzzano（カステッロ・ディ・ルッツァーノ）
・Ca di Frara（カ・ディ・フラーラ）　・Ca Montebello（カ・モンテベッロ）

BUTTAFUOCO DELL'OLTREPÒ PAVESE / BUTTAFUOCO
ブッタフオーコ・デッロルトレポー・パヴェーゼ／ブッタフオーコ

DOC (2010〜)

〈地域〉
パヴィア県の7つの市町村

2016
537,100本

	ha当たりのブドウの収穫	最低アルコール	最低熟成期間
⑦DOC	10.5 t	12%	6カ月
①—FRIZZANTE フリッツァンテ	10.5 t	11.5%+0.5%	6カ月

バルベーラ種25〜65%、クロアティーナ種25〜65%、ウーヴァ・ラーラ種、ウゲッタ（ヴェスポリーナ）種45%以下。

濃い赤色で、心地良いしっかりとしたワイン香のある、しっかりとした赤。

ジビエ料理を始めとするロンバルディアのメイン料理、および脂肪の多い熟成チーズに合う。

16〜18℃

・Il Montù（イル・モントゥ）　・Giorgi Wines（ジョルジ・ワインズ）
・Bruno Verdi（ブルーノ・ヴェルディ）　・Picchioni（ピッキオーニ）
・Ca' Montebello（カ・モンテベッロ）

CURTEFRANCA
クルテフランカ

DOC
(1995〜)

〈地域〉
ブレーシャ県イゼオ湖南側の18の市町村

2016
1,681,100本

	ha当たりのブドウの収穫	最低アルコール	最低熟成期間
③BIANCO ビアンコ	11 t	11%	3カ月 翌年2月1日以後リリース可
④―VIGNA ヴィーニャ	9 t	12%	3カ月 翌年9月1日以後リリース可

シャルドネ種50%以上、ピノ・ビアンコ種、ピノ・ネロ種50%以下。

色：緑がかった麦わら色。
香：白い花のデリケートで特徴的な香り。
味：調和がとれ、柔らかい辛口。

生ハム、魚料理、シンプルなソースのパスタ料理、木樽熟成したものはしっかりしたソースの料理に合う。

	ha当たりのブドウの収穫	最低アルコール	最低熟成期間
⑦ROSSO ロッソ	10 t	11%	14カ月 翌年7月1日以後リリース可
⑧―VIGNA ヴィーニャ	8 t	12%	22カ月 内8カ月木樽熟成 6カ月瓶内熟成

カベルネ・フラン種、カルメネーレ種20%以上、メルロー種25%以上、カベルネ・ソーヴィニヨン種10〜35%、その他アロマティックでない認定黒ブドウ15%以下。

色：輝きのあるルビー色。
香：赤い木の実やハーブ香、ワイン香。
味：ミディアムボディで、調和のとれた辛口。

トマトや肉系ソースのパスタ等と合わせて、熟成したものは白身肉、赤身肉、ジビエ料理と。

白：8〜10℃
赤：16〜18℃

- Ca' del Bosco（カ・デル・ボスコ）
- Il Mosnel（イル・モスネル）
- Uberti（ウベルティ）
- Bellavista（ベッラヴィスタ）
- Ronco Callino（ロンコ・カッリーノ）

GARDA
ガルダ

DOC (1996〜)

〈地域〉

ヴェローナ県、マントヴァ県、ブレーシャ県の市町村などヴェネト州とロンバルディア州にまたがる地域

2016
7,311,600本

	ha当たりのブドウの収穫	最低アルコール	最低熟成期間
③CLASSICO BIANCO クラッシコ・ビアンコ	11 t	11%	

リースリング種、リースリング・イタリコ種70%以上、その他アロマティックでない認定白ブドウ30%以下。

麦わら色で心地良い果実香を含み調和の取れた辛口。

	ha当たりのブドウの収穫	最低アルコール	最低熟成期間
⑦CLASSICO ROSSO クラッシコ・ロッソ	11 t	11%	
⑦—NOVELLO ノヴェッロ	11 t	11%	
⑧—SUPERIORE スペリオーレ	10 t	12%	14カ月
⑥CLASSICO CHIARETTO クラッシコ・キアレット	11 t	11.5%	
①SPUMANTE ROSÉ スプマンテ・ロゼ	11 t	11.5%	

グロッペッロ（ジェンティーレ、サント・ステファノ、モカジーナ）種30%以上、マルツェミーノ種5%以上、サンジョヴェーゼ種5%以上、バルベーラ種5%以上、その他認定ブドウ10%以下。

輝きのあるルビー色で新鮮なブドウ香とスパイスを含み後口にわずかに苦みを残す赤。

	ha当たりのブドウの収穫	最低アルコール	最低熟成期間
⑦CLASSICO GROPPELLO クラッシコ・グロッペッロ	11 t	11%	
⑦—RISERVA リゼルヴァ	10 t	12%	24カ月

グロッペッロ種85%以上、その他アロマティックでない認定黒ブドウ15%以下。

しっかりしたルビー色でブドウの果実香とスパイスを含み、旨味があり心地良い味わいの赤。

	ha当たりのブドウの収穫	最低アルコール	最低熟成期間
③⑤GARGANEGA ガルガーネガ	16 t	10.5%	

ガルガーネガ種85%以上、その他アロマティックでない認定白ブドウ15%以下。

麦わら色で特徴的な心地良い香りの調和のとれた辛口。中甘口もある。

※この他、赤ではカベルネ・ソーヴィニヨン、カルベネ、カベルネ・フラン、メルロー、ピノ・ネロ、コルヴィーナ、マルツェミーノ、バルベーラがあり、白はピノ・グリージョ、シャルドネ（スプマンテ、フリッツァンテも）、タイ（フリウラーノ）、リースリング・イタリコ、リースリング（スプマンテも）、ピノ・ビアンコ（スプマンテも）、コルテーゼ、ソーヴィニヨンがある。

白は淡水魚、リコッタ入りラヴィオリ、Frittata di Riso（フリッタータ・ディ・リゾ＝米のオムレツ）など。キアレットはうなぎの煮物や魚介類のリゾット、赤はサラミやブセッカ（牛の胃袋と野菜、豆のスープ）等。

白：8〜10℃　キアレット：12〜14℃　赤：16〜18℃　スプマンテ：8℃　甘口：10〜12℃

- Avanzi（アヴァンツィ）
- Costaripa（コスタリパ）
- Ca dei Frati（カ・デイ・フラーティ）
- Provenza（プロヴェンツァ）

LUGANA
ルガーナ

DOC
(1967〜)

〈地域〉
ブレーシャ県の4つの市町村、ヴェローナ県ガルダ湖畔の5つの市町村

2016
15,472,300本

	ha当たりのブドウの収穫	最低アルコール	最低熟成期間
③DOC	12.5 t	11%	翌年1月15日以後リリース可
④—SUPERIORE スペリオーレ	11 t	12%	12カ月 10月1日起算
④—RISERVA リゼルヴァ	11 t	12%	24カ月 内6カ月は木樽熟成 10月1日起算
⑤—VENDEMMIA TARDIVA ヴェンデミア・タルディーヴァ	11 t	13%	12カ月 10月1日起算
①—SPUMANTE スプマンテ	11 t	11.5%	

トレッビアーノ・ディ・ソアーヴェ（トゥルビアーナ）種、トレッビアーノ・ディ・ルガーナ種90%以上、その他アロマティックでない認定白ブドウ10%以下。

色：薄緑色を帯びた麦わら色。熟成すると黄金色を帯びる。
香：上品で快い独特の香り。
味：新鮮で上品かつソフトで調和がとれている。

・Risotto alla Milanese（リゾット・アッラ・ミラネーゼ＝サフランと骨髄入りミラノ風リゾット）
この他魚料理に向く。また食前酒としても使用できる。

8〜10℃
スプマンテ：8℃
甘口：10〜12℃

・Zenato（ゼナート）
・Lamberti（ランベルティ）
・Ca'dei Frati（カ・デイ・フラーティ）
・Ottella（オッテッラ）
・Barardi（バラルディ）
・Provenza（プロヴェンツァ）

OLTREPÒ PAVESE
オルトレポー・パヴェーゼ

DOC
(1970〜)

〈地域〉
パヴィア県の42の市町村

2016
22,451,500本

	ha当たりのブドウの収穫	最低アルコール	最低熟成期間
⑦ROSSO ロッソ	11 t	11.5%	
⑧—RISERVA リゼルヴァ	11 t	12.5%	24カ月

バルベーラ種25〜65%、クロアティーナ種25〜65%、ウーヴァ・ラーラ種、ウゲッタ（ヴェスポリーナ）種、ピノ・ネロ種45%以下、その他アロマティックでない認定黒ブドウ15%以下。

濃いルビー色で濃密なワイン香がありコクとタンニンもバランスも良い辛口。

Busecca（ブセッカ＝仔牛の胃袋を野菜や豆と煮込んだ料理）、サラミ類、きのこの料理、白身肉などに合う。

⑥ROSATO ロザート	11 t	10.5%	
①—FRIZZANTE フリッツァンテ	11 t	10%+0.5%	

ロッソと同じ。

薄いチェリー色でワイン香のある辛口。

軽いアンティパスト、魚のグリル、軟質チーズに向く。

③BIANCO ビアンコ	12 t	12%	

リースリング種、リースリング・イタリコ種60%以上、ピノ・ネロ種、およびその他アロマティックでない認定白ブドウ40%以下。

明るい麦わら色でフレッシュな香りと味わい。

⑦BARBERA バルベーラ	12 t	11%	
①—FRIZZANTE フリッツァンテ	12 t	10.5%+0.5%	
⑧—RISERVA リゼルヴァ	12 t	12.5%	24カ月

バルベーラ種85%以上、その他アロマティックでない認定黒ブドウ15%以下。

濃く澄んだルビー色で独特のワイン香があり、コクとタンニンを少し持つ辛口。生気や刺激を感ずるものもある。

サラミ類。パスタ、リゾット・ミラネーゼ、赤身肉のグリル、レンズマメ入りカモの料理などに向く。

③RIESLING リースリング	12.5 t	11%	
①—FRIZZANTE フリッツァンテ	12.5 t	10.5%+0.5%	
①—SPUMANTE スプマンテ	12.5 t	11%	
④—SUPERIORE スペリオーレ	11 t	12%	
④—RISERVA リゼルヴァ	12.5 t	12%	24カ月

リースリング種、リースリング・イタリコ種85%以上、ピノ・ネロ種、ピノ・グリージョ種、ピノ・ビアンコ種15%以下。

薄緑がかった麦わら色で独特の快い香りがあり、新鮮で飲みやすい辛口。

Pinzimonio di Uova Sode（ピンツィモニオ・ディ・ウオヴァ・ソーデ＝ゆで卵のオイル、塩、コショーのソースがけ）や魚のフライ、前菜に向く。

③MALVASIA マルヴァジア	11.5 t	12%	
①②—FRIZZANTE フリッツァンテ	11.5 t	7%+4%	
①②—SPUMANTE スプマンテ	11.5 t	6%+5%	

マルヴァジア・ディ・カンディア・アロマティカ種85%以上、その他認定白ブドウ15%以下。

明るい麦わら色で独特のしっかりとした香りがある辛口。スプマンテにはSECCO（セッコ＝辛口）、AMABILE（アマービレ＝中甘口）、DOLCE（ドルチェ＝甘口）がある。

生ハムやサラミの他、魚介類のマリネ、白身肉のソテーなどに合う。

⑤MOSCATO モスカート	12.5 t	4.5%+6.5%
②—FRIZZANTE フリッツァンテ	12.5 t	7%+4%
②—SPUMANTE DOLCE スプマンテ・ドルチェ	12.5 t	6%+5%
⑤—PASSITO パッシート	12.5 t	12%+3% 翌年1月1日以降リリース可
④⑤—LIQUOROSO リクオローゾ	12.5 t	18%

モスカート・ビアンコ種85%以上、マルヴァジア・ディ・カンディア・アロマティカ種15%以下。

黄色がかった麦わら色で濃密で香ばしい香り。甘口で飲みやすく生気がある。やや甘口から甘口までがある。リクオローゾは辛口と甘口がある。

マチェドニア（イタリア風フルーツポンチ）やパネトーネなどに向く。

③PINOT NERO vinificato in bianco ピノ・ネロ（白仕立て）	12 t	11%
①—SPUMANTE スプマンテ	12 t	11%
①—FRIZZANTE フリッツァンテ	12 t	10%+0.5%
⑥PINOT NERO ROSATO ピノ・ネロ・ロザート	12 t	11%
①—SPUMANTE スプマンテ	12 t	11%
①—FRIZZANTE フリッツァンテ	12 t	10%+0.5%

ピノ・ネロ種85%以上、ピノ・グリージョ種、ピノ・ビアンコ種、シャルドネ種15%以下。

白は明るい緑がかった麦わら色、ロザートは淡いサクラ色で心地良い味わい。

アペリティーヴォから前菜、ミラノ風リゾットなどに向く。

③CHARDONNAY シャルドネ	10 t	11%
①—FRIZZANTE フリッツァンテ	10 t	10.5%+0.5%
①—SPUMANTE スプマンテ	10 t	11.5%

シャルドネ種85%以上、その他アロマティックでない認定白ブドウ15%以下。

やや濃い目の麦わら色で、独特なアロマのニュアンスがある辛口。

軽い前菜、海の幸のリゾット、白身魚のソテーなどに合う。

赤：16〜18℃
ロザート：12〜14℃
白：8〜10℃
スプマンテ：8℃
甘口：10〜12℃

※この他、カルベネ・ソーヴィニヨン、コルテーゼ、ソーヴィニヨンなどのワインがある。

・La Versa（ラ・ヴェルサ）
・Le Fracce（レ・フラッチェ）
・Ca' del Frara（カ・デル・フラーラ）
・Monsupello（モンスペッロ）
・Matilde（マティルデ）
・Ca' Montebello（カ・モンテベッロ）

OLTREPÒ PAVESE PINOT GRIGIO
オルトレポー・パヴェーゼ・
ピノ・グリージョ

DOC
(2010～)

〈地域〉
パヴィア県の42の市町村

2016
1,978,300本

	ha当たりのブドウの収穫	最低アルコール	最低熟成期間
③DOC	15 t	11.0%	
①—FRIZZANTE フリッツァンテ	15 t	10.5%+0.5%	

ピノ・グリージョ種85%以上、その他アロマティックでない認定白ブドウ15%以下。

色：わずかに赤みがかった麦わら色。　香：独特の果実の香りを含む。
味：旨味と新鮮味のある心地良い味わい。

魚介類の料理、カエルの煮込み料理もしくはフライ、カボチャのトルテッリなどのパスタ料理に合う。

8～10℃

・La Versa（ラ・ヴェルサ）　・Bagnasco（バニャスコ）　・Cà di Frara（カ・ディ・フラーラ）
・Le Fracce（レ・フラッチェ）　・Ca' Montebello（カ・モンテベッロ）

PINOT NERO DELL'OLTREPÒ PAVESE
ピノ・ネロ・
デッロルトレポー・パヴェーゼ

DOC
(2010～)

〈地域〉
パヴィア県の42の市町村

2016
1,852,100本

	ha当たりのブドウの収穫	最低アルコール	最低熟成期間
⑦DOC	12 t	12%	
⑧—RISERVA リゼルヴァ	12 t	12.5%	24カ月 内6カ月木樽熟成

ピノ・ネロ種95%以上、その他アロマティックでない認定黒ブドウ5%以下。

淡いルビー色、オレンジ色を帯びることも。心地よいエーテル香のある柔らかく余韻に苦味を感じる辛口。

肉料理全般、ジビエ料理にも合う。

16～18℃

・Cà di Frara（カ・ディ・フラーラ）
・Ca' Montebello（カ・モンテベッロ）
・Tenuta Mazzolino（テヌータ・マッツォリーノ）
・Torti Dino（トルティ・ディーノ）
・La Scolca（ラ・スコルカ）

RIVIERA DEL GARDA BRESCIANO / GARDA BRESCIANO
リヴィエラ・デル・ガルダ・ブレシャーノ／ガルダ・ブレシャーノ

DOC (1977〜)

〈地域〉

ブレーシャ県の30の市町村

2016
515,100本

	ha当たりのブドウの収穫	最低アルコール	最低熟成期間
③BIANCO ビアンコ	11 t	11%	

リースリング・イタリコ種、リースリング・レナーノ種80%以上、その他アロマティックでない認定白ブドウ20%以下。

緑がかった麦わら色。

ピンツィモニオ、魚介のフライ、軟質チーズなどに合う。

8〜10℃

	ha当たりのブドウの収穫	最低アルコール	最低熟成期間
⑦ROSSO ロッソ	11 t	11%	
⑦—NOVELLO ノヴェッロ	11 t	11%	
⑧—SUPERIORE スペリオーレ	11 t	12%	12カ月 11月1日起算

グロッペッロ（ジェンティーレ、サント・ステファノ、モカジーナ）種30〜60%、サンジョヴェーゼ種10〜25%、マルツェミーノ（ベルツェミーノ）種5〜30%、バルベーラ種10〜20%、その他認定ブドウ10%以下。

輝くような濃いルビー色で、果実の香り。ほろ苦い独特の風味がある赤。

Risotto alla Milanese（リゾット・アッラ・ミラネーゼ＝サフランと骨髄入りミラノ風リゾット）やサラミ類。スペリオーレは赤身肉や野鳥の料理に向く。

16〜18℃

	ha当たりのブドウの収穫	最低アルコール	最低熟成期間
⑥CHIARETTO キアレット	11 t	11.5%	
①SPUMANTE ROSATO / ROSÉ スプマンテ・ロザート／ロゼ	11 t	11.5%	

ロッソと同じ。
薄いチェリー色でワイン香のある辛口。
軽いアンティパスト、魚のグリル、軟質チーズに向く。
12〜14℃
スプマンテ：8℃

	ha当たりのブドウの収穫	最低アルコール	最低熟成期間
⑦GROPPELLO グロッペッロ	11 t	12%	
⑧—RISERVA リゼルヴァ	11 t	12%	24カ月

グロッペッロ（ジェンティーレ、グロッペッローネ、モカジーナ）種85%以上、その他認定ブドウ15%以下。

輝きのあるルビー色で独特の果実香があり、かすかに苦味を感じる滑らかな赤。

赤身肉の料理、ジビエ料理、硬質チーズなどに合う。

16〜18℃

- Comincioli（コミンチョーリ）
- Cà dei Frati（カ・デイ・フラーティ）
- Delai Sergio（デライ・セルジョ）

SANGUE DI GIUDA DELL'OLTREPÒ PAVESE / SANGUE DI GIUDA

サングエ・ディ・ジューダ・デッロルトレポー・パヴェーゼ／サングエ・ディ・ジューダ

DOC (2010～)

〈地域〉
パヴィア県

2016
2,836,700本

	ha当たりのブドウの収穫	最低アルコール	最低熟成期間
⑩DOC			
②—FRIZZANTE フリッツァンテ	10.5 t	5.5%+6.5%	
②—SPUMANTE DOLCE スプマンテ・ドルチェ	10.5 t	7%+5%	
	10.5 t	9%	

バルベーラ種25～65%、クロアティーナ種25～65%、ウーヴァ・ラーラ種、ウゲッタ（ヴェスポリーナ）種、ピノ・ネロ種45%以下。

濃い目のルビー色でブドウ果実の甘い香りを含み、甘味がありながらしっかりとした構成と味わいがある。

ベリー類を使ったタルト、焼き菓子などに合う。

14～16℃

- Ca' del Frara（カ・デル・フラーラ）
- Ca' Montebello（カ・モンテベッロ）
- Il Montù（イル・モントゥ）
- Giorgi Fratelli（ジョルジ・フラテッリ）

VALTELLINA ROSSO / ROSSO DI VALTELLINA

ヴァルテッリーナ・ロッソ／ロッソ・ディ・ヴァルテッリーナ

DOC (1968～)

〈地域〉
ソンドリオ県のソンドリオを中心とする19の市町村

2016
478,400本

	ha当たりのブドウの収穫	最低アルコール	最低熟成期間
⑦DOC	10 t	11%	6カ月 12月1日起算

キアヴェンナスカ（ネッビオーロ）種90%以上、その他アロマティックでない認定黒ブドウ10%以下。

鮮やかな赤色で、熟成に従いガーネット色を帯びる。上品なワイン香、果実香があり、若いうちはタンニンの強い赤。

- Risotto in Cagnone（リゾット・イン・カニョーネ＝フライパンで米をバターで炒めパルメザンチーズで味付けしたリゾット）
- Polenta e Osei（ポレンタ・エ・オゼイ＝有名なベルガモの料理で小鳥の煮込みとポレンタの料理）
その他サラミ類、ロースト料理に向く。
- Sciatt（シアット＝ソバ粉と小麦粉、ビットチーズとグラッパを練って揚げた料理。ヴァルテッリーナ地方の名物料理）

16～18℃

- Negri（ネグリ）
- Polatti（ポラッティ）
- Perizzali（ペリッツァーリ）
- Conti Sertoli Salis（コンティ・セルトリ・サリス）

ロンバルディア州の他のDOC

・BOTTICINO（ボッティチーノ）（1968〜）
ブレーシャ県のボッティチーノを中心に造られる赤ワイン。バルベーラ種、スキアーヴァ種、マルツェミーノ種、サンジョヴェーゼ種から造られる。リゼルヴァもある。

・CAPRIANO DEL COLLE（カプリアーノ・デル・コッレ）（1980〜）
ブレーシャ県のカプリアーノを中心に造られる。赤はマルツェミーノ種、サンジョヴェーゼ種主体。白はトレッビアーノ種主体。赤はリゼルヴァもある。トレッビアーノ、マルツェミーノもある。

・CASTEGGIO（カステッジョ）（2010〜）
パヴィア県カステッジョで造られる。バルベーラ種、クロアティーナ種、ウーヴァ・ラーラ種、ヴェスポリーナ（ウゲッタ）種、ピノ・ネロ種を使った赤ワイン。リゼルヴァもある。

・CELLATICA（チェッラティカ）（1968〜）
ブレーシャ県チェッラティカを中心に造られる赤ワイン。バルベーラ種、スキアーヴァ種、マルツェミーノ種が主体。ローマ時代から造られていた。リゼルヴァもある。

・GARDA COLLI MANTOVANI（ガルダ・コッリ・マントヴァーニ）（1976〜）
マントヴァ県ガルダ湖の南側で造られる。白はガルガーネガ種、トレッビアーノ種、シャルドネ種主体、赤とロゼはメルロー種、ロンディネッラ種、カベルネ種主体。メルロー、カベルネ、シャルドネ、ピノ・ビアンコ、ピノ・グリージョ、ソーヴィニヨンも認められている。

・LAMBRUSCO MANTOVANO（ランブルスコ・マントヴァーノ）（1987〜）
マントヴァ県のヴィアダネーゼ・サッビオネターノとオルトレポー・マントヴァーノの2つのサブゾーンで造られるランブルスコ。ランブルスコ種主体で辛口、中甘口の弱発泡性赤およびロゼワイン。

・SAN COLOMBANO AL LAMBRO／SAN COLOMBANO（サン・コロンバーノ・アル・ランブロ／サン・コロンバーノ）（1984〜）
ミラノ県のサン・コロンバーノ中心に造られる。赤はクロアティーナ種、バルベーラ種主体で、アーモンド香が特徴の赤ワイン。白はシャルドネ種、ピノ・ネロ種主体。フリッツァンテもある。またロッソはリゼルヴァもある。

・SAN MARTINO DELLA BATTAGLIA（サン・マルティーノ・デッラ・バッターリア）（1970〜）
ブレーシャ県シルミオーネを中心にフリウラーノ種から造られる白。リキュールタイプもある。ヴェネト州ヴェローナ県でも一部造られている。

・TERRE DEL COLLEONI／ COLLEONI（デッレ・デル・コッレオーニ／コッレオーニ）（2011〜）
ベルガモ県の71の市町村で造られる。白はピノ・ビアンコ、シャルドネ、インクローチョ・マンゾーニ、モスカート・ジャッロ、ピノ・グリージョ、赤はスキアーヴァ、メルロー、カベルネ・ソーヴィニヨン、フランコニア、インクローチョ・テルツィ、マルツェミーノがある。フリッツァンテ、スプマンテもある。

・VALCALEPIO（ヴァルカレピオ）（1976〜）
ベルガモ県イゼオ湖畔、ベルガモなどを中心に造られる。メルロー種、カベルネ・ソーヴィニヨン種から造る赤の他、ピノ・ビアンコ種、シャルドネ種主体の白、モスカート種から造る甘口ワインもある。赤はリゼルヴァもある。

・VALTENESI（ヴァルテーネジ）（2011〜）
ブレーシャ県の16の市町村を中心とした地域で、グロッペッロ種主体で造られる赤とロゼワイン。

TRENTINO-ALTO ADIGE

トレンティーノ・アルト・アディジェ州

トレンティーノ・アルト・アディジェ州は、イタリア最北部の州で、アルプス地帯にある。北はオーストリア、西はスイスと国境を接し、東南にドロミティ山脈が走り、イタリアでも最も美しい山岳地帯の一つである。

この州は、大きく２つの地域に分けられる。北部のアルト・アディジェ地方は、第一次大戦以前オーストリア領であったことから、公用語として今でもドイツ語が使われ、ワインのラベルにもイタリア語とドイツ語が併記されている。

一方の南部トレンティーノは、トレントを中心に古くから知られる地域で、中世にはキリスト教における家族制度を決定する重要な会議が開かれた。また、ヴェネトからの道とオーストリアに通ずる道の三角地点として交通の要所でもあった。

州の大部分が標高1000m以上あって、夏季に雨が多く、気温の差も大きい地域。豊かな森林に覆われ、林業が盛んであるが、北部ではライ麦、南部ではトウモロコシが作られる。州の中心を北から南に流れるアディジェ川の周辺には、リンゴやブドウの樹が植えられているが、南向きの斜面には、ペルゴラ・トレンティーノ仕立てにブドウが植えられ、少量ではあるが高品質のワインも造られている。北部アルト・アディジェ地方は、カルダーロ

湖とボルツァーノの街を見下ろす丘陵と東と西から連なる谷間が合流する地域。南部のトレンティーノ地方はヴァル・ディ・ノンとヴァル・ディ・チェンブラによって分断された南側の地域で、ヴェローナ県に至る。

北部のよりアルプスに近い２つの渓谷は、厳しい斜面にブドウが植えられている。しかしながら、ブドウ畑は陽当たりが良い。

ボルツァーノを中心にアディジェ川の両岸は、さらにメラーノとヴァル・ヴェノスタに向かう北西地区と、ブレッサノーネに向かうヴァッレ・イザルコに沿った北東地区に分かれる。この北東地区は、イタリア最北端のブドウ栽培地であり、小規模ながら優れた生産者が密集している地域でもある。

南部のトレンティーノ地方は、アディジェ川の渓谷に沿ってブドウ畑やワイナリーが点在しているが、モーツァルトが滞在した町として知られるロヴェレートの南にあるヴァル・ラガリーナや、ガルダ湖の北部にあり、ガルダ湖まで続くヴァル・ディ・ラーギ沿いにもブドウ生産地が点在している。

州全土に植えられている品種に、ミュッラー・トゥルガウやピノ・ネロがあるが、地区における特有の品種も存在している。

トレンティーノ地方のロタリアーノ平野では、テロルデゴと呼ばれる、濃いバラ色でアロマがあり、果実味の強い独特の品種がある。ゲヴェルツ・トラミネールは、ボルツァーノを中心とする地域の白ブドウで、特にテルメーノ周辺で多く栽培されている。

アルト・アディジェ地方のワインは、白ワインを中心にアロマに富み、エレガントで、トレンティーノ地方のワインは、しっかりとして骨格があるといわれるが、どちらの地域にも少量生産ながら高品質のワインを生産する小規模ワイナリーが増えてきている。これは、この地方の農家

がブドウ生産者として組合にブドウを供給し、自分ではワインを造っていなかった時代が長かったためである。

この地方の赤では、ラグレイン、スキアーヴァなどの土着品種からメルロー、カベルネ、ピノ・ネロなどがある。白では、シャルドネ、ソーヴィニヨン、トラミネールなどがあるが、特殊な品種としては、モスカート・ジャッロのように辛口、甘口両方に使われる品種や、ノジオーラのように辛口にするとソフトな味わいのワインになり、乾燥させ、糖度を高めて醸造するとアロマを含むデリケートな甘口ワイン、ヴィーノ・サントになるブドウもある。また、赤用では、モスカート・ローザのようにアロマを含み、上品な甘味を持つ甘口ワインになるブドウや、あのアマデウス・モーツァルトが「ドン・ジョヴァンニ」の中で誉め称えた品種で、深いルビー色、果実味を十分に含むマルツェミーノなどがある。

このほか、トレンティーノ地方の南部では、アーラ、アルディーノなどを中心に上質のシャルドネが造られている。この地区のスプマンテはDOCワイン、トレントに属し、フェッラーリ社に代表される瓶内二次発酵によるスプマンテが造られている。

この地方は、食に関してイタリアの他の地域と比べ豊かとはいえないが、「カネデルリ」と呼ばれる、パンとバター、小麦粉、牛乳、卵などで団子状に固めたものがある。これをスープや肉料理に添えて出すが、アロマのあるこの地方のワインに合う。このほか、豚肉のスモークハム「スペック」、また、リンゴのタルト「ストゥルーデル」などがある。このドルチェは、モスカート・ジャッロやモスカート・ローザ、この地方のノジオーラ種から造られるヴィーノ・サントなどのワインに合う。

TRENTINO-ALTO ADIGE
トレンティーノ・アルト・アディジェ州

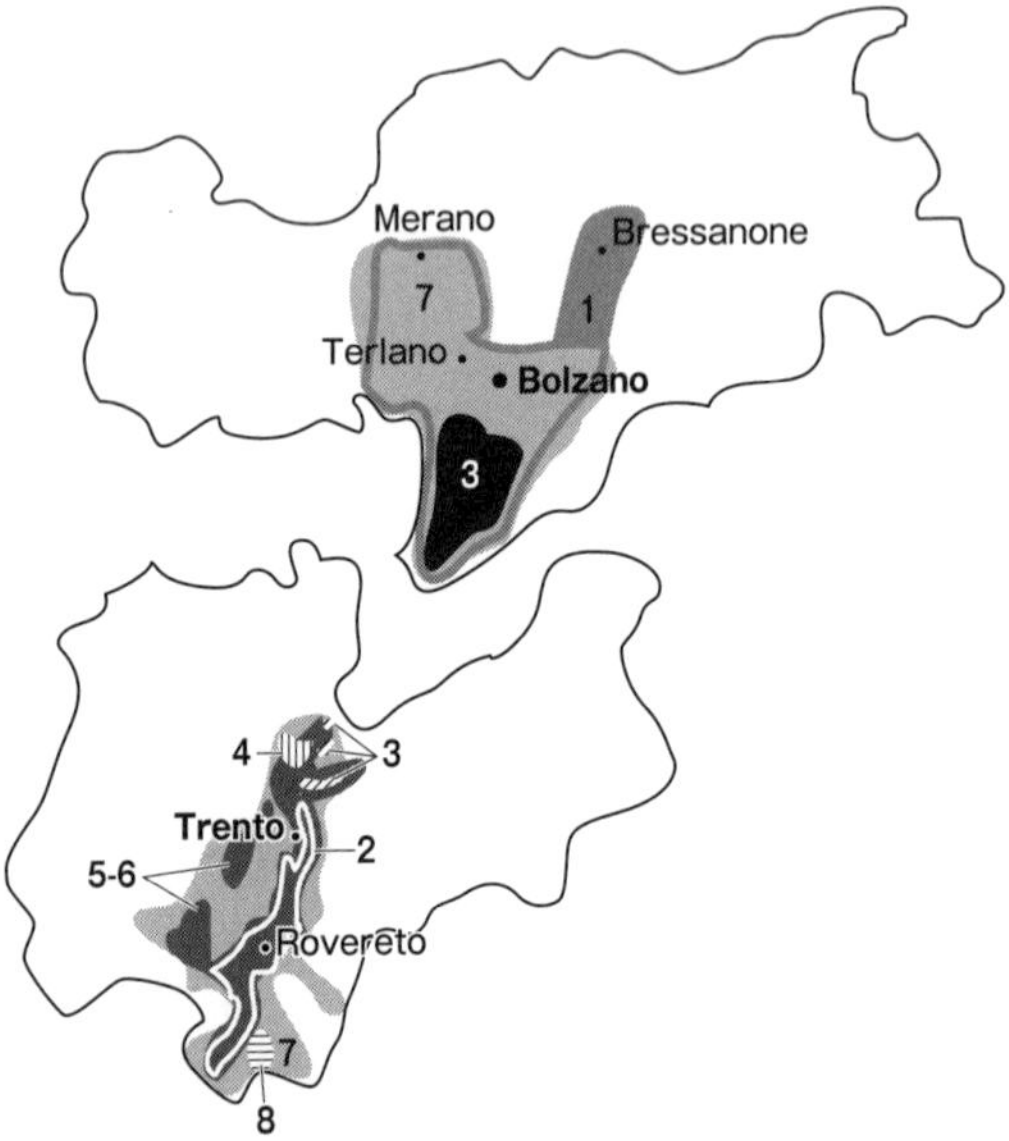

D.O.C.

1. Alto Adige o dell'Alto Adige o Südtirol o Südtiroler
アルト・アディジェ／デッラルト・アディジェ／スッドティロル／スッドティロラー
2. Casteller カステッレル
3. Lago di Caldaro o Caldaro o Kalterersee o Kalterer
ラーゴ・ディ・カルダーロ／カルダーロ／カルテラーゼー／カルテラー
4. Teroldego Rotaliano
テロルデゴ・ロタリアーノ
5. Trentino トレンティーノ
6. Trento トレント
7. Valdadige o Etschtaler
ヴァルダディジェ／エッチュターラー
8. Valdadige Terradeiforti o Terradeiforti
ヴァルダディジェ・テッラデイフォルティ／テッラデイフォルティ

ALTO ADIGE / DELL'ALTO ADIGE / SÜDTIROL / SÜDTIROLER　DOC (1975～)

アルト・アディジェ／デッラルト・アディジェ／スッドティロル／スッドティロラー

〈地域〉
ボルツァーノ県のアッピアーノ、アリアーノ、ボルツァーノの数多くの地域

2016
38,339,900本

	ha当たりのブドウの収穫	最低アルコール	最低熟成期間
①SPUMANTE スプマンテ	13 t	11.5%	20カ月 内15カ月瓶内熟成
①—RISERVA リゼルヴァ	13 t	11.5%	42カ月 内36カ月瓶内熟成 10月1日起算

ピノ・ビアンコ種、ピノ・ネロ種、シャルドネ種。
麦わら色がかった黄色で果汁のような香りがあり個性的な味わい。
アペリティーヴォとして、または甲殻類の料理に向く。

	ha当たりのブドウの収穫	最低アルコール	最低熟成期間
①SPUMANTE ROSÉ スプマンテ・ロゼ	13 t	11.5%	20カ月 内15カ月瓶内熟成 10月1日起算

ピノ・ビアンコ種、ピノ・ネロ種（20%以上）、シャルドネ種。
やや濃い目のピンク色で酵母の香りがあり個性的な味わい。
アペリティーヴォとして、または甲殻類の料理に向く。

	ha当たりのブドウの収穫	最低アルコール	最低熟成期間
③BIANCO ビアンコ	10 t	11.5%	
④—RISERVA リゼルヴァ	10 t	11.5%	24カ月 10月1日起算
⑤—VENDEMMIA TARDIVA ヴェンデミア・タルディーヴァ	10 t	7+6.5%	
⑤—PASSITO パッシート	10 t	7+9%	

シャルドネ種、ピノ・ビアンコ種、ピノ・グリージョ種75%以上（内2種以上混醸）、いずれの品種も70%以下、ミュッラー・トゥルガウ種、ソーヴィニヨン種、リースリング種、シルヴァネル種、トラミネル・アロマティコ種、ケルナー種25%以下。

麦わら色でフルーティな香りと味わい。

	ha当たりのブドウの収穫	最低アルコール	最低熟成期間
③CHARDONNAY シャルドネ	13 t	11.5%	
④—RISERVA リゼルヴァ	13 t	11.5%	24カ月 10月1日起算
⑤—VENDEMMIA TARDIVA ヴェンデミア・タルディーヴァ	13 t	7+6.5%	
⑤—PASSITO パッシート	13 t	7+9%	
①—SPUMANTE スプマンテ	13 t	11.5%	

シャルドネ種85%以上、その他認定白ブドウ15%以下。
麦わら色でフルーティな香りと味わい。

	ha当たりのブドウの収穫	最低アルコール	最低熟成期間
③KERNER ケルナー	12 t	11%	
④—RISERVA リゼルヴァ	12 t	11%	24カ月 10月1日起算
⑤—VENDEMMIA TARDIVA ヴェンデミア・タルディーヴァ	12 t	7+6.5%	
⑤—PASSITO パッシート	12 t	7+9%	

ケルナー種85%以上、その他認定白ブドウ15%以下。
緑がかった麦わら色で繊細でかすかにアロマのある辛口と甘口。

	ha当たりのブドウの収穫	最低アルコール	最低熟成期間
③MOSCATO GIALLO モスカート・ジャッロ	10 t	10+1%	
④—RISERVA リゼルヴァ	10 t	10+1%	24カ月 10月1日起算
⑤—VENDEMMIA TARDIVA ヴェンデミア・タルディーヴァ	10 t	7+6.5%	
⑤—PASSITO パッシート	10 t	7+9%	

モスカート・ジャッロ種85%以上、その他認定白ブドウ15%以下。
麦わら色。濃密で繊細な香りがある。辛口と甘口がある。
辛口は卵料理などに、甘口は甘味類、食事外に向く。

③MÜLLER THRUGAU ミュッラー・トゥルガウ	13 t	11%	
④—RISERVA リゼルヴァ	13 t	11%	24カ月 10月1日起算
⑤—VENDEMMIA TARDIVA ヴェンデミア・タルディーヴァ	13 t	7+6.5%	
⑤—PASSITO パッシート	13 t	7+9%	

ミュッラー・トゥルガウ種85%以上、その他認定白ブドウ15%以下。

麦わら色。心地よいフルーティな香りと味わい。

③PINOT BIANCO ピノ・ビアンコ	13 t	11%	
④—RISERVA リゼルヴァ	13 t	11%	24カ月 10月1日起算
⑤—VENDEMMIA TARDIVA ヴェンデミア・タルディーヴァ	13 t	7+6.5%	
⑤—PASSITO パッシート	13 t	7+9%	
①SPUMANTE スプマンテ	13 t	11.5%	

ピノ・ビアンコ種85%以上、その他認定白ブドウ15%以下。

麦わら色で独特の香りがあり味わいのある辛口と甘口。

軽いアンティパスト、野菜入りリゾット、軟質チーズに向く。

③RIESLING リースリング	13 t	11%	
④—RISERVA リゼルヴァ	13 t	11%	24カ月 10月1日起算
⑤—VENDEMMIA TARDIVA ヴェンデミア・タルディーヴァ	13 t	7+6.5%	
⑤—PASSITO パッシート	13 t	7+9%	

リースリング種85%以上、その他認定白ブドウ15%以下。

薄緑がかった麦わら色で繊細で個性的な香りと適度の酸味がある辛口と甘口。

軽いアンティパスト、魚料理、卵料理と合う。

③SYLVANER シルヴァネル	13 t	11%	
④—RISERVA リゼルヴァ	13 t	11%	24カ月 10月1日起算
⑤—VENDEMMIA TARDIVA ヴェンデミア・タルディーヴァ	13 t	7+6.5%	
⑤—PASSITO パッシート	13 t	7+9%	

シルヴァネル種85%以上、その他認定白ブドウ15%以下。

薄緑がかった黄色で上品な香りと新鮮さがあり、調和の取れた味わいのある辛口と甘口。

サラミ類、パスタ類、白身肉などと合う。

③TRAMINER AROMATICO トラミネル・アロマティコ	12 t	11+0.5%	
④—RISERVA リゼルヴァ	12 t	11+0.5%	24カ月 10月1日起算
⑤—VENDEMMIA TARDIVA ヴェンデミア・タルディーヴァ	12 t	7+6.5%	
⑤—PASSITO パッシート	12 t	7+9%	

トラミネル・アロマティコ種85%以上、その他認定白ブドウ15%以下。

黄金色で濃密な香り、酸味とアロマがあり、しっかりとした辛口と甘口。

軽いアンティパスト、魚料理、卵料理と合う。

⑩MOSCATO ROSA モスカート・ローザ	6 t	12.5%	
⑩—RISERVA リゼルヴァ	6 t	12.5%	24カ月 10月1日起算
⑩—VENDEMMIA TARDIVA ヴェンデミア・タルディーヴァ	6 t	7+6.5%	
⑩—PASSITO パッシート	6 t	10+6%	

モスカート・ローザ種85%以上、その他認定黒ブドウ15%以下。

明るいルビー色で複雑なアロマがあり、甘味と酸のバランスが良く飲みやすいワイン。

森の木の実のタルト他甘味類、クラッフェン、焼き菓子等にも向く。

⑦LAGREIN ラグレイン　14 t　11.5%
⑧—RISERVA リゼルヴァ　14 t　11.5%　24カ月
10月1日起算

⑥—ROSATO ロザート　14 t　11%
ラグレイン種85%以上、その他認定黒ブドウ15%以下。

赤はルビー色でブドウのアロマがあり、ロザートは明るいルビー色で芳香があり、どちらも調和のとれた辛口。

サラミ類、リゼルヴァは肉のローストや鶏肉とポレンタの料理、硬質チーズに向く。

⑦SCHIAVA スキアーヴァ　14 t　10.5%
スキアーヴァ種85%以上、その他認定黒ブドウ15%以下。

ルビー色からガーネット色まである。快い香りがありソフトで飲みやすい辛口。アーモンド香も含む。

アンティパスト、パスタ入りスープ、クラウティとソーセージ、半硬質チーズに向く。

⑦CABERNET SAUVIGNON / CABERNET FRANC / CABERNET　11 t　11.5%
カベルネ・ソーヴィニヨン、カベルネ・フラン、カベルネ
⑧—RISERVA リゼルヴァ　11 t　11.5%　24カ月
10月1日起算
カベルネ・フラン種、カベルネ・ソーヴィニヨン種85%以上、その他認定黒ブドウ15%以下。
濃いルビー色で熟成するとオレンジ色を帯びる。エーテル香とタンニンを少し感じる赤ワイン。
肉のロースト、熟成チーズに向く。

⑦MERLOT メルロー　13 t　11%
⑧—RISERVA リゼルヴァ　13 t　11%　24カ月
10月1日起算

⑥—ROSATO ロザート　13 t　11%
メルロー種85%以上、その他認定黒ブドウ15%以下。

ルビー色で草の香りがあり調和のとれた味わい。

サラミ類、パスタ入りスープ、白身肉に向く。

⑦CABERNET-LAGREIN カベルネ-ラグレイン　品種毎　11.5%
⑧—RISERVA リゼルヴァ　品種毎　11.5%　24カ月
10月1日起算
カベルネ（カベルネ・ソーヴィニヨン、カベルネ・フラン）種、ラグレイン種、内少ない方の品種15%以上。
濃いルビー色からガーネットまであり、特徴的な香りを含み、軽くタンニンを感じる赤ワイン。
アンティパスト、パスタ入りスープ、クラウティとソーセージ、半硬質チーズに向く。

⑦PINOT NERO ピノ・ネロ　12 t　11.5%
⑧—RISERVA リゼルヴァ　12 t　11.5%　24カ月
10月1日起算

⑥—ROSATO ロザート　12 t　11.5%
⑥SPUMANTE スプマンテ　12 t　11.5%
ピノ・ネロ種85%以上、その他認定黒ブドウ15%以下。

赤はルビー色でエーテル香があり、ロザートはロゼ色でフルーティな香り、どちらも心地よく調和のとれた辛口。スプマンテは緑がかった麦わら色で、かすかに酵母の香りを感じるデリケートな香りの辛口。

スペック（豚あばら肉のスモーク）、チロル風サーロイン、Grostl（グローストル＝牛肉のジャガイモと玉ねぎの煮込み）に向く。

白：8～10℃
ロザート：12～14℃
赤：16～18℃
スプマンテ：8℃
甘口：10～12℃

※この他、ピノ・グリージョ、リースリング・イタリコ、ソーヴィニヨン、スキアーヴァ・グリージャ、マルヴァジア、２種混醸のカベルネ-メルロー、ラグレイン-メルローもDOCに認められている。サブゾーン：コッリ・ディ・ボルツァーノ、メラネーゼ、サンタ・マッダレーナ、テルラーノ（ピノ・ビアンコ、シャルドネ、ミュッラー・トゥルガウ、ピノ・グリージョ、リースリング、リースリング・イタリコ、ソーヴィニヨン、シルヴァネル）、ヴァッレ・イザルコ（ケルナー、ミュッラー・トゥルガウ、ピノ・グリージョ、リースリング、シルヴァネル、トラミネル・アロマティコ、フェルトリネル、クラウスネル・レイタシェル）、ヴァッレ・ヴェノスタ（シャルドネ、ケルナー、ミュッラー・トゥルガウ、ピノ・ビアンコ、ピノ・グリージョ、リースリング、ソーヴィニヨン、トラミネル・アロマティコ、ピノ・ネロ、スキアーヴァ）がある。スプマンテにはEXTRA BRUT エクストラ・ブルットとBRUT ブルットがある。サブゾーンはヘクタールあたりの収穫量などより厳しい規定となっている。

- Alois Lageder（アロイス・ラゲーデル）
- Hostetter（ホステッター）
- Colterenzio（コルテレンツィオ）
- San Michele Appiano（サン・ミケーレ・アッピアーノ）
- Santa Maddalena（サンタ・マッダレーナ）

	'03	'04	'05	'06	'07	'08	'09	'10	'11	'12	'13	'14	'15	'16
pinot nero alto adige ピノ・ネロ・アルト・アディジェ	★★★★	★★★★	★★★★1/2	★★★★	★★★★★	★★★★	★★★★	★★★1/2	★★★★	★★★1/2	★★★★	★★★	★★★★1/2	★★★★1/2

TEROLDEGO ROTALIANO
テロルデゴ・ロタリアーノ

DOC
(1971〜)

〈地域〉

トレント県のメッツヴァコロンナ、メッツヴォロンバルド、サン・ミケーレ・ダディジェを中心とする地域

2016
5,746,400本

	ha当たりのブドウの収穫	最低アルコール	最低熟成期間
⑦ROSSO ロッソ	17 t	11.5%	
⑧—SUPERIORE スペリオーレ	17 t	12%	
⑧—SUPERIORE RISERVA スペリオーレ・リゼルヴァ	17 t	12%	24カ月

テロルデゴ種100%。

濃いルビー色で紫色を帯び、独特の濃厚な果実味。アロマと苦味を後口に感じる赤ワイン。

若いうちはきのこ入りリゾットやポルチーニ茸のスープ、白味肉のローストなどに向くが熟成したものは肉類のボッリート、Polenta e Osei（ポレンタ・エ・オゼイ＝ポレンタと小鳥の料理)、ジビエ、熟成チーズなどにも向く。

16〜18℃

	ha当たりのブドウの収穫	最低アルコール	最低熟成期間
⑥ROSATO（Kretzer）ロザート（クレッツァー）	17 t	11.5%	

ロッソと同じ。

濃い目のバラ色で独特の果実香を含み、わずかに後口に苦味を残す切れの良い辛口。

各種アンティパスト、パスタ類、軟質チーズ、半硬質チーズなど。

12〜14℃

- Foradori（フォラドーリ）
- Cantina Rotaliana（カンティーナ・ロタリアーナ）
- Concilio（コンチリオ）
- Donati Marco（ドナーティ・マルコ）

TRENTINO
トレンティーノ

DOC
(1975～)

〈地域〉
トレント県アルデーノ、アルコ、アーラなど多くの地域

2016
87,122,100本

	ha当たりのブドウの収穫	最低アルコール	最低熟成期間
③BIANCO ビアンコ	15 t	11%	
④—RISERVA リゼルヴァ	15 t	11.5%	12カ月
④—SUPERIORE スペリオーレ	10 t	12.5%	12カ月
⑤—SUPERIORE VENDEMMIA TARDIVA スペリオーレ・ヴェンデミア・ダルディーヴァ	10 t	11+4%	12カ月

シャルドネ、ピノ・ビアンコ種80%以上、ソーヴィニヨン種、ミュッラー・トゥルガウ種、マンゾーニ・ビアンコ種20%以下。

麦わら色で繊細な香りがあり、調和のとれた辛口。ヴェンデミア・タルディーヴァは中甘口から甘口。

マスのボイル、パスタ類、軟質チーズに向く。

	ha当たりのブドウの収穫	最低アルコール	最低熟成期間
⑦ROSSO ロッソ	14 t	11.5%	
⑧—RISERVA リゼルヴァ	14 t	12%	12カ月
⑧—SUPERIORE スペリオーレ	9 t	12.5%	22カ月
⑩—SUPERIORE VENDEMMIA TARDIVA スペリオーレ・ヴェンデミア・タルディーヴァ	9 t	11+4%	12カ月

カベルネ・フラン種、カベルネ・ソーヴィニヨン種、カルメネーレ種100%、もしくはメルロー種を混醸してもよい。

濃いルビー色で心地よいエーテル香があり、タンニンを感じる調和のとれた赤。

	ha当たりのブドウの収穫	最低アルコール	最低熟成期間
⑥ROSATO（KRETZER）ロザート（クレッツァー）	15 t	10%	

エナンティオ種、スキアーヴァ種、テロルデゴ種、ラグレイン種のうち2種類以上、各種70%以下。

ロゼから淡いルビー色で繊細で心地よくフレッシュな辛口。

	ha当たりのブドウの収穫	最低アルコール	最低熟成期間
③CHARDONNAY シャルドネ	15 t	11%	
④—RISERVA リゼルヴァ	15 t	11.5%	12カ月
④—SUPERIORE スペリオーレ	10 t	12.5%	10カ月
⑤—SUPERIORE VENDEMMIA TARDIVA スペリオーレ・ヴェンデミア・タルディーヴァ	10 t	11+4%	12カ月

シャルドネ種85%以上、その他認定白ブドウ15%以下（モスカート・ジャッロ種、トラミネル・アロマティコ種を除く）。

麦わら色がかった黄色で、繊細な香りがあり、味わいも繊細で調和のとれた辛口。

マスのボイル、軟質チーズに向く。

	ha当たりのブドウの収穫	最低アルコール	最低熟成期間
③MOSCATO GIALLO モスカート・ジャッロ	12 t	11%	
⑤—LIQUOROSO リクオローゾ	12 t	15%	
④—SUPERIORE スペリオーレ	10 t	12%	4カ月
⑤—SUPERIORE VENDEMMIA TARDIVA スペリオーレ・ヴェンデミア・タルディーヴァ	10 t	11+4%	12カ月

モスカート・ジャッロ種85%以上、その他認定白ブドウ15%以下（トラミネル・アロマティコ種を除く）。

麦わら色がかった黄色で独特のアロマとモスカートの上品な味わい。

クラッフェンや乾燥菓子類他のデザート、また食事外にも向く。

⑩MOSCATO ROSA モスカート・ローザ	8 t	15%	
⑩—LIQUOROSO リクオローゾ	8 t	15%	
⑩—SUPERIORE スペリオーレ	6 t	11+4%	10カ月
⑩—SUPERIORE VENDEMMIA TARDIVA ヴェンデミア・タルディーヴァ	6 t	11+4%	12カ月

モスカート・ローザ種85%以上、その他認定黒ブドウ15%以下。

美しいガーネット色。上品で甘い香り。心地良い甘み。

木イチゴやプラムを使ったタルト、焼き菓子類、食事外にも向く。

③PINOT GRIGIO ピノ・グリージョ	14 t	11%	
④—RISERVA リゼルヴァ	14 t	11.5%	12カ月
④—SUPERIORE スペリオーレ	10 t	12.5%	10カ月
⑤—SUPERIORE VENDEMMIA TARDIVA ヴェンデミア・タルディーヴァ	10 t	11+4%	12カ月

ピノ・グリージョ種85%以上、その他認定白ブドウ15%以下（モスカート・ジャッロ種、トラミネル・アロマティコ種を除く)。

麦わら色で独特の快い香りがあり調和のとれた辛口。

マスのボイル、魚のグリル、軟質チーズに向く。

③RIESLING ITALICO リースリング・イタリコ	15 t	10.5%	

リースリング・イタリコ種85%以上、その他認定白ブドウ15%以下（モスカート・ジャッロ種、トラミネル・アロマティコ種を除く)。

明るい麦わら色で独特な香りと適度の酸味がある辛口。

パスタ料理、リゾット、魚のグリル、軟質チーズに向く。

③TRAMINER AROMATICO トラミネル・アロマティコ	14 t	11.5%	
④—SUPERIORE スペリオーレ	10 t	12.5%	10カ月
⑤—SUPERIORE VENDEMMIA TARDIVA ヴェンデミア・タルディーヴァ	10 t	11+4%	12カ月

トラミネル・アロマティコ種85%以上、その他認定白ブドウ15%以下（モスカート・ジャッロ種を除く)。

黄色がかった麦わら色でアロマのきいた独特の香りがあり、上品で繊細な辛口。

甲殻類、エビ、カニ類、半硬質チーズに向く。

⑦CABERNET SAUVIGNON カベルネ・ソーヴィニヨン	13 t	11.5%	4カ月
⑧—RISERVA リゼルヴァ	13 t	11.5%	24カ月
⑧—SUPERIORE スペリオーレ	9 t	12.5%	22カ月

カベルネ・ソーヴィニヨン種85%以上、その他認定黒ブドウ15%以下（モスカート・ローザ種を除く)。

濃いルビー色でエーテル香トそれなりのタンニンを感じさせる辛口。

きのことポレンタの料理、肉類のロースト、半硬質チーズに向く。

⑦LAGREIN RUBINO（DUNKEL）ラグレイン・ルビーノ（ドゥンケル)	14 t	11%	4カ月
⑧—RISERVA リゼルヴァ	14 t	11.5%	24カ月
⑧—SUPERIORE スペリオーレ	9 t	12.5%	22カ月
⑥LAGREIN ROSATO（KRETZER）ラグレイン・ロザート（クレッツァー)	14 t	11%	
⑥—RISERVA リゼルヴァ	14 t	11.5%	24カ月

ラグレイン種85%以上、その他認定黒ブドウ15%以下（モスカート・ローザ種を除く)。

明るいバラ色からルビー色まで。独特の果汁のような香りと滑らかさのある辛口。

白身肉、パスタ、リゾット類、半硬質チーズに向く。

⑦MARZEMINO マルツェミーノ	13 t	11%	
⑧—RISERVA リゼルヴァ	13 t	11.5%	24カ月
⑧—SUPERIORE スペリオーレ	10 t	12.5%	10カ月

マルツェミーノ種85%以上、その他認定黒ブドウ15%以下（モスカート・ローザ種を除く)。

ルビー色で独特の香りとコクのある味わい。

カモ、仔山羊の他、そば粉とソーセージ、野菜類のタルトで造ったスマカファンという料理に向く。半硬質チーズにも。

⑦PINOT NERO ピノ・ネロ	12 t	11.5%	4カ月
⑧—RISERVA リゼルヴァ	12 t	12%	24カ月
⑧—SUPERIORE スペリオーレ	8 t	12.5%	22カ月

ピノ・ネロ種85%以上、その他認定黒ブドウ15%以下（モスカート・ローザ種を除く）。

バラ色からルビー色まで。上品で心地良い香り、ほろ苦さのある赤。

ロースト料理、野鳥料理のジャム添えなどに向く。

⑦REBO レボ	14 t	11%	
⑧—RISERVA リゼルヴァ	14 t	11.5%	24カ月
⑧—SUPERIORE スペリオーレ	9 t	12.5%	22カ月
⑩—SUPERIORE VENDEMMIA TARDIVA スペリオーレ・ヴェンデミア・タルディーヴァ	9 t	11+4%	12カ月

レボ種85%以上、その他認定黒ブドウ15%以下（モスカート・ローザ種を除く）。

ルビー色で心地よい香りの調和のとれた味わい。

⑤VINO SANTO ヴィーノ・サント	14 t	10+6%	36カ月
⑤—SUPERIORE スペリオーレ	12 t	11+7%	48カ月

ノジオーラ種85%以上、その他認定ブドウ15%以下（モスカート・ジャッロ種を除く）。

ブドウを乾燥させて醸造する。黄金色で上品かつ調和のとれた口当たりの良い甘口。

ティラミスなでデザートに向く。また食事外にも。

白：8〜10℃
ロザート：12〜14℃
赤：16〜18℃
甘口：10〜14℃

※この他、ミュッラー・トゥルガウ、ノジオーラ、ピノ・ビアンコ、リースリング・レナーノ、ソーヴィニヨン、カベルネ・カベルネ・フラン、メルローがDOCに認められている。

以下の同色ブドウ２種混醸も認められている。

〈白ブドウ〉	〈黒ブドウ〉
シャルドネ	カベルネ（カベルネ・ソーヴィニヨン、カベルネ・フラン）
ピノ・ビアンコ	カベルネ・フラン
ピノ・グリージョ	カベルネ・ソーヴィニヨン
ソーヴィニヨン	メルロー
	ラグレイン

※２種がそれぞれ25%以上75%以下。
その他マルツェミーノ種主体のサブゾーン、イゼラ／ディゼラ、ヅィレージ／デイ・ヅィレージがある。

- Cavit(カヴィット)
- Zeni（ゼーニ）
- S. Margherita（サンタ・マルゲリータ）
- San Michele（サン・ミケーレ）
- Concilio（コンチリオ）
- La Vis（ラ・ヴィス）

TRENTO
トレント

DOC
(1993〜)

〈地域〉
トレント県のアーラ、アルデーノなど多くの市町村

2016
5,643,900本

	ha当たりのブドウの収穫	最低アルコール	最低熟成期間

①②SPUMANTE BIANCO スプマンテ・ビアンコ

	ha当たりのブドウの収穫	最低アルコール	最低熟成期間
①②SPUMANTE BIANCO	15 t	11.5%	瓶内熟成15カ月

麦わら色で心地よい繊細な香りを持ち、調和のとれたBRUT NATURE ブルット・ナトゥレからDOLCE ドルチェまで。

食前酒や魚料理など食事を通して味わってもよい。

①—RISERVA リゼルヴァ

	ha当たりのブドウの収穫	最低アルコール	最低熟成期間
①—RISERVA	15 t	12%	瓶内熟成36カ月

黄色がかった麦わら色で個性的な香りを持つアロマティックな辛口スプマンテ。

食前酒や食事に。また食事外にも向く。

※生産年を記載すること。

①②SPUMANTE ROSATO スプマンテ・ロザート

	ha当たりのブドウの収穫	最低アルコール	最低熟成期間
①②SPUMANTE ROSATO	15 t	11.5%	瓶内熟成15カ月

明るいルビー色で果実香を含む繊細な発泡性ワイン。

白は食前酒から魚料理まであらゆる料理に向くBRUT NATURE ブルット・ナトゥレからDOLCE ドルチェまで。

※26カ月以上熟成させたものは、生産年を表示することができる。

シャルドネ種、ピノ・ビアンコ種、ピノ・ネロ種、ピノ・ムニエ種

8〜10℃

- Ferrari（フェッラーリ）
- Mezzacorona（メッザコローナ）
- Cavit（カヴィット）
- Concilio（コンチリオ）

	'03	'04	'05	'06	'07	'08	'09	'10	'11	'12	'13	'14	'15	'16
trento トレント	★★★★	★★★★	★★★★★	★★★★★	★★★★	★★★★1/2	★★★★	★★★★1/2	★★★★	★★★★	★★★1/2	★★★★	★★★★	★★★★

VALDADIGE / ETSCHTALER　DOC
ヴァルダディジェ／エッチュターラー　(1975～)

〈地域〉
トレント県のアヴィオを中心とする多くの地区とボルツァーノ県、ヴェローナ県（ヴェネト州）の各地区

2016
13,921,700本

	ha当たりのブドウの収穫	最低アルコール	最低熟成期間
③⑤BIANCO ビアンコ	15 t	10.5%	
⑦⑩ROSSO ロッソ	15 t	11%	
	15 t	10.5%	
⑥ROSATO ロザート			
⑦⑩SCHIAVA スキアーヴァ	15 t	10.5%	

③⑤BIANCO ビアンコ

ピノ・ビアンコ種、ピノ・グリージョ種、リースリング・イタリコ種、ミュッラー・トゥルガウ種、シャルドネ種を単独か混醸で20%以上、トレッビアーノ・ソーヴィニヨン種、ガルガーネガ種を80%以下。

色：麦わら色　香：快い個性的なワイン香　味：新鮮で調和のとれた辛口から中甘口。

軽いアンティパスト、ポレンタの料理、パスタ入りスープ、魚料理に向く。

8～10℃
中甘口：10～12℃

⑦⑩ROSSO ロッソ

スキアーヴァ種、エナンティオ（ランブルスコ・ア・フォーリア・フラスタリアータ）種を単独か混醸で50%以上、メルロー種、ピノ・ネロ種、ラグレイン種、テロルデゴ種、カベルネ・ソーヴィニヨン種、カベルネ・フラン種を単独か混醸で50%以下。

ルビー色から濃いバラ色で心地良いワイン香のある調和のとれた辛口から中甘口。

鹿肉の網焼きや半硬質チーズに向く。

16～18℃

⑥ROSATO ロザート

ロッソと同じ

やや濃い目のロゼ色で、心地良くデリケートな香りのやわらく酸を感じる辛口と中甘口。

野菜スープ、白身肉の料理に向く。

12～14℃　中甘口：10～12℃

⑦⑩SCHIAVA スキアーヴァ

スキアーヴァ種85%以上、その他アロマティックでない認定黒ブドウ15%以下。

濃いルビー色でやわらかく酸味もある赤口から中甘口。

16～18℃　中甘口：12～14℃

※この他麦わら色で飲みやすいピノ・グリージョ、ピノ・ビアンコ、シャルドネなどがあり、シャルドネ、ピノ・ビアンコにはフリッツァンテもある。

- Cantina sociale di Avio（カンティーナ・ソチャーレ・ディ・アヴィオ）
- Maso Riveri（マーゾ・リヴェーリ）
- Cavit（カヴィット）

トレンティーノ・アルト・アディジェ州の他のDOC

・CASTELLER（カステッレル）（1974～）
トレント県トレント周辺の丘陵地帯で造られる赤。メルロー、スキアーヴァ、エナンティオ種主体。スペリオーレもある。

・LAGO DI CARDARO／CARDARO／KALTERERSEE／ KALTERER（ラーゴ・ディ・カルダーロ／カルダーロ／カルテラーゼー／カルテラー）（1970～）
トレント県カルダーロ、ボルツァーノ県で造られるスキアーヴァ種主体の赤。特定地域のものはクラッシコ、また、シェルト（アウスレーゼ）・スペリオーレもある。

・VALDADIGE TERRADEIFORTI／TERRADEIFORTI（ヴァルダディジェ・テッラデイフォルティ／テッラデイフォルティ）（2006～）
トレント県ブレンティーノ・ベッルーノ、ドルチェ、リヴォリ・ヴェロネーゼ、アヴィオで造られるエナンティオ（赤）、カゼッタ（赤）、ピノ・グリージョ（白）。リゼルヴァもある。

VENETO

ヴェネト州

ヴェネト州は、イタリア北東部の州で、北はアルプスを境にオーストリアと接し、ポー川左岸の平野部から南のアドリア海までの広い地域を有する。州都は水の都、ヴェネツィア。北部のドロミティ山塊からロンバルディア州と接する西部のガルダ湖、ポー川からアドリア海へと丘陵地帯と川を有し、小麦、トウモロコシをはじめとする農産物や酪農のほか、ブドウの生産量も多く、イタリア一を誇る。

州の中心に位置するヴェローナでは、毎年世界最大規模のワイン見本市「ヴィニタリー」が開催され、イタリア国内外から多くの専門家が訪れ、州全体のワインの品質も向上してきている。州の広い地域にブドウ畑が広がっており、その多くは中部から南部にかけての長い地域とフリウリ州との境に集中している。

ヴェネト州のワインとして古くから知られるワイン、ソアーヴェはイタリアを代表する白ワインとして、戦後アメリカにいち早く輸出され、日本でもイタリアワインといえば、赤はキアンティ、白はソアーヴェという時代が長く続いた。

ソアーヴェは、ミラノからヴェネツィアに向かう途中、ヴェローナを過ぎて30分ほどの丘陵地帯で、ソアーヴェの城を中心とする広い地域で造られる。ソアーヴェの名は、中世以前、北方から南下したランゴバルド族が、ここを「スヴィーヴェ」と呼んだことから始まるといわ

れる。ガルガーネガ種70%以上、これにトレッビアーノ・ディ・ソアーヴェ、ピノ・ビアンコ、シャルドネなどを加える（ガルガーネガ種100%で造る生産者も増えている）。ワインは上品でバランスの良い辛口だが、後口にわずかに苦味が残る。ヴェネト地方の名物料理「バッカラ・マンテカート（干しダラをほぐし、牛乳、ニンニク、アンチョビなどで煮込んだ料理）」に合う。

一方、この州を代表する赤ワインといえばヴァルポリチェッラである。4000万本以上が生産され、リーズナブルな価格の食事に良く合うワインである。同じブドウを翌年まで陰干しして造るアマローネもすでに生産量が1200万本を超え、バローロやブルネッロに肩を並べる量の熟成赤ワインになっている。コルヴィーナ、ロンディネッラ種主体で造られるこのワインは、ルビー色で熟成にしたがいガーネット色を帯びる。ブドウとアーモンドの香りを含み、苦味とコクのバランスが良く、食事を通して楽しむことのできるワインになる。

同じようにブドウを耳たぶの固さにまで乾燥させてから醸造するレチョートは、濃いガーネット色で、シナモンの香りと苦味を含む個性的な長熟赤ワインである。アマローネは、バローロ同様、リゾットなどにも使われるが、野鳥の料理に合う。この地方では、馬肉のブラザート（煮込み料理）や熟成辛口チーズに合わせる。

同州の東部で造られる、２つのプロセッコ種を主体とした白ワインも生産量が多く、重要である。

その一つ、コネリアーノ・ヴァルドッビアデネ・プロセッコは、グレーラ種を85%以上使用し、シャルマー法で発泡性ワインにされるものがほとんどである。ブドウの果実、リンゴのアロマを多く含み、フルーティで心地好い飲み口であることから近年人気を得ている。このワインの

生産地域の中心にある、わずか３kmほどの非常に急な斜面の107haの丘陵地、カルティッツェのブドウ畑は、約140の家族が所有しているが、ブドウの品質の良さから、イタリアでも有数の高価な畑といわれ、１ha当たり100万ユーロとバローロの畑を上回るところもある。

DOCGに認められたのは、スティル、フリッツァンテ、それとスプマンテ・スペリオーレ、カルティッツェ（地域）である。ヘクタール当たりのブドウの収量がそれぞれ13.5ｔ、13ｔ、12ｔ以下、アルコールが10.5、11、11.5％以上となっている。同時にDOCGに昇格したコッリ・アゾラーニは、スプマンテ、スペリオーレのほか、フリッツァンテ（20℃で2.5気圧以下）、ビアンコ（スティルワイン）が認められている。なお、従来のグレーラ種主体のワインは、ヴェネト州の東側とフリウリ州のすべての県、トリエステまでの広い地域でDOCに認められている。

このほか、ヴェネト州のDOCワインは、この州の周辺から流入したブドウを多く有するものが少なくない。南東部においては、ピアーヴェ、コッリ・エウガネイ、コッリ・ベリチなどがある。植えられている品種は、白はガルガーネガ、シャルドネ、モスカート、ピノ・ビアンコ、フリウラーノ、ソーヴィニヨン、赤はメルロー、カベルネ、バルベーラ、ピノ・ネロなどがある。

ガンベッラーラの丘陵では、ガルガーネガ種のブドウを乾燥させて醸造したレチョート・デイ・ガンベッラーラが造られており、レチョート・ディ・ソーヴェに負けない甘口ワインとなっている。また、ガルダ湖東側では、ヴァルポリチェッラと同様のブドウからきれいなルビー色でソフトな味わいのバルドリーノが造られている。

このように、ヴェネト州は、ワインのバラエティーや生産量のみならず、その品質においても注目されるようになってきている。

VENETO
ヴェネト州

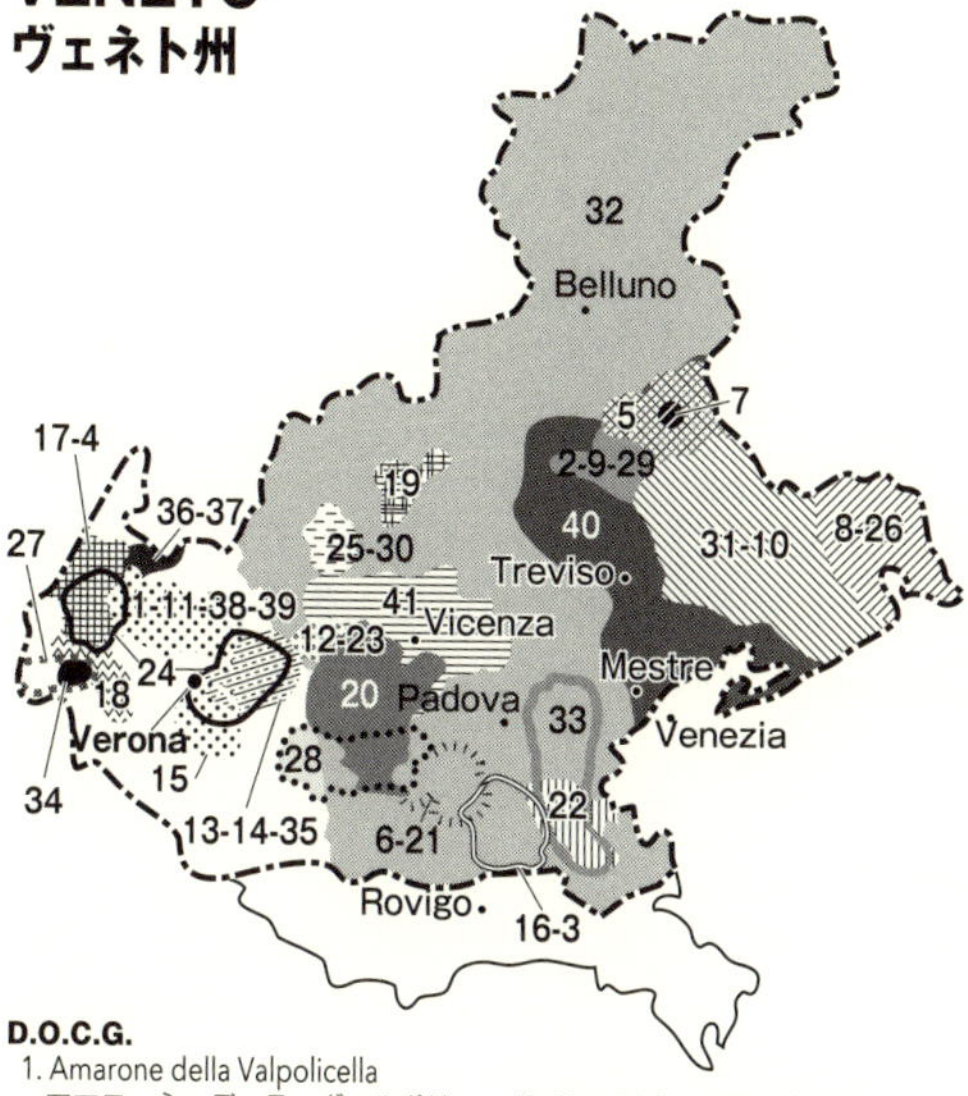

D.O.C.G.

1. Amarone della Valpolicella
アマローネ・デッラ・ヴァルポリチェッラ
2. Asolo-Prosecco o Colli Asolani Prosecco
アゾロ・プロセッコ／コッリ・アゾラーニ・プロセッコ
3. Bagnoli Friularo o Friularo di Bagnoli
バニョーリ・フリウラーロ／フリウラーロ・ディ・バニョーリ
4. Bardolino Superiore
バルドリーノ・スペリオーレ
5. Colli di Conegliano
コッリ・ディ・コネリアーノ
6. Colli Euganei Fior d'Arancio o Fior d'Arancio Colli Euganei
コッリ・エウガネイ・フィオール・ダランチョ／フィオール・ダランチョ・コッリ・エウガネイ
7. Conegliano Valdobbiadene-Prosecco o Conegliano-Prosecco o Valdobbiadene Prosecco
コネリアーノ・ヴァルドッビアデネ・プロセッコ／コネリアーノ・プロセッコ／ヴァルドッビアデネ・プロセッコ
8. Lison リゾン
9. Montello Rosso o Montello
モンテッロ・ロッソ／モンテッロ
10. Piave Malanotte o Malanotte del Piave
ピアーヴェ・マラノッテ／マラノッテ・デル・ピアーヴェ
11. Recioto della Valpolicella
レチョート・デッラ・ヴァルポリチェッラ
12. Recioto di Gambellara
レチョート・ディ・ガンベッラーラ
13. Recioto di Soave
レチョート・ディ・ソアーヴェ
14. Soave Superiore
ソアーヴェ・スペリオーレ

D.O.C.

15. Arcole アルコレ
16. Bagnoli di Sopra o Bagnoli
バニョーリ・ディ・ソープラ／バニョーリ
17. Bardolino バルドリーノ
18. Bianco di Custoza o Custoza
ビアンコ・ディ・クストーツァ／クストーツァ
19. Breganze ブレガンツェ
20. Colli Berici コッリ・ベリチ
21. Colli Euganei コッリ・エウガネイ
22. Corti Benedettine del Padovano
コルティ・ベネデッティーネ・デル・パドヴァーノ
23. Gambellara ガンベッラーラ
24. Garda ガルダ
25. Lessini Durello o Durello Lessini
レッシーニ・ドゥレッロ／ドゥレッロ・レッシーニ
26. Lison-Pramaggiore
リゾン・プラマッジョーレ
27. Lugana ルガーナ
28. Merlara メルラーラ
29. Montello-Colli Asolani
モンテッロ・コッリ・アゾラーニ
30. Monti Lessini o Lessini
モンティ・レッシーニ／レッシーニ
31. Piave ピアーヴェ
32. Prosecco プロセッコ
33. Riviera del Brenta
リヴィエラ・デル・ブレンタ
34. San Martino della Battaglia
サン・マルティーノ・デッラ・バッターリア
35. Soave ソアーヴェ
36. Valdadige o Etschtaler
ヴァルダディジェ／エッチュターラー
37. Valdadige Terradeiforti o Terradeiforti
ヴァルダディジェ・テッラデイフォルティ／テッラデイフォルティ
38. Valpolicella ヴァルポリチェッラ
39. Valpolicella Ripasso
ヴァルポリチェッラ・リパッソ
40. Venezia ヴェネツィア
41. Vicenza ヴィチェンツァ
42. Vigneti della Serenissima o Serenissima
ヴィニエーティ・デッラ・セレニッシマ／セレニッシマ

AMARONE DELLA VALPOLICELLA
アマローネ・デッラ・ヴァルポリチェッラ

DOCG (2010～)

〈地域〉
ヴェローナ県ヴァルポリチェッラを中心とする19の市町村

2015
レチョート・デッラ・ヴァルポリチェッラと併せて12,097,100本

	ha当たりのブドウの収穫	最低アルコール	最低熟成期間
⑧DOCG	12 t	14%	24カ月 翌年1月1日起算
⑨—RISERVA リゼルヴァ	12 t	14%	48カ月 11月1日起算
⑧—CLASSICO クラッシコ	12 t	14%	24カ月 翌年1月1日起算
⑨—CLASSICO RISERVA クラッシコ・リゼルヴァ	12 t	14%	48カ月 翌年1月1日起算

※この他ヴァルパンテーナもある。

コルヴィーナ・ヴェロネーゼ（クルイーナ、コルヴィーナ）種45～95%（内コルヴィノーネ種50%以下使用可)、ロンディネッラ種5～30%、その他アロマティックでない認定黒ブドウ15%以下（各種10%以下)、その他アロマティックでない認定イタリア固有品種10%以下。

色：ルビー色、熟成と共にガーネットを帯びる。
香：マラスカやチェリー、スパイス香を含み、アクセントのある特徴的な香り。
味：赤い熟成果実の味わいのある、温かみを感じる滑らかなしっかりとした赤ワイン。

馬肉のブラザート（煮込み料理）や肉のロースト、ジビエ料理に向く。

18～20℃

※アマローネとは苦味の意であり、レチョートの糖分を完全に発酵させると辛口でコクがあり、苦味に富むこのワインができる。長期の熟成に向く。
アマローネが世間に知られるようになったのは、1936年のこと。ヴァルポリチェッラ生産者組合の醸造責任者ルッケーゼが、レチョートを造っていた樽を置き忘れ、完全に発酵が終わった辛口のレチョートを発見したのが始まり。甘口ではなかったことから「アマローネ（苦い)」と名付けられた。販売責任者のガエターノが1942年、1936年産のアマローネを売り出し、今日に至っている。市場で商品として認知されたのは1953年のことで、アメリカで成功したボッラ社のお祝いの席で披露され、ヴェネト州を代表するワインとして広く知られるようになった。ワインの生産地域はヴェローナの北側を流れるアディジェ川の北にある丘陵地で、フマーネ、ネグラーラを中心とするクラッシコ地域から、東に延びる丘陵地帯に新しい生産地域が広がっている。長さ45キロ、幅5～8キロで、標高150～350メートル比較的の広い地域である。

・Dal Forno Romano（ダル・フォルノ・ロマーノ） ・Allegrini（アッレグリーニ）
・Cantina Valpolicella Negrar（カンティーナ・ヴァルポリチェッラ・ネグラール） ・Masi（マアジ）

	'99	'00	'01	'02	'03	'04	'05	'06	'07	'08	'09	'10	'11	'12
amarone della valpolicella アマローネ・デッラ・ヴァルポリチェッラ	★★★	★★★★★	★★★	★★	★★★★	★★★★	★★★★	特別良年	★★★★1/2	★★★★	★★★★	★★★★★	★★★★	★★★★

ASOLO PROSECCO / COLLI ASOLANI PROSECCO
アゾロ・プロセッコ／コッリ・アゾラーニ・プロセッコ

DOCG
（2009〜）

〈地域〉
トレヴィーゾ県の42の市町村

2016
8,248,500本

	ha当たりのブドウの収穫	最低アルコール	最低熟成期間
③DOCG	12 t	10.5%	
①—SPUMANTE SUPERIORE スプマンテ・スペリオーレ	12 t	11%	
①—FRIZZANTE フリッツァンテ	12 t	10.5%	

グレーラ種85%以上、ヴェルディーゾ種、ビアンケッタ・トレヴィジャーナ種、ペラーラ種、グレーラ・ルンゴ種15%以下。

色：やや濃い目の麦わら色、スプマンテは輝きがあり泡が長く続く。
香：白い果実のフルーティで特徴的な香り。
味：丸みのある特徴的で、かすかに苦味が残る。辛口から薄甘口まで。

アペリティーヴォや、前菜、パスタ、魚料理等食事を通して楽しめる。

8〜10℃
スプマンテ：8℃

※アゾロ・モンテッロ地方は、すり鉢状の陥没地ドリーネが2000も点在するカルスト地形で、古い地層で石灰分が多く、土壌が泥灰質であることから水分を保ちやすくミネラルを多く含み、ブドウ作りに適した土壌であった。歴史上は、紀元1000年ごろ、ヴェネツィアのベネディクト派の僧侶がモンテッロにあるヴィドルのサンタ・ボナ修道院でワインを造りはじめ、15世紀にはこの地域のワインはヴェネツィアで知られるワインになっていた。また1500年代には、この地方に多くのヴェネツィア人のヴィッラが建てられるようになり、ワインの質も次第に向上していった。この地域がイタリアを代表する農学校、コネリアーノ農学校に近かったこともあり、さらなる品質向上につながった。

- Conte Loredan Gasparini（コンテ・ロレダン・ガスパリーニ）
- Case Paolin（カーゼ・パオリン）
- Cirotto（チロット）
- Colmello（コルメッロ）
- Luca Ricci（ルカ・リッチ）
- Montelvini（モンテルヴィーニ）

BAGNOLI FRIULARO / FRIULARO DI BAGNOLI
バニョーリ・フリウラーロ／
フリウラーロ・ディ・バニョーリ

DOCG
(2011～)

〈地域〉
パドヴァ県の14の市町村

2016
525,700本

	ha当たりのブドウの収穫	最低アルコール	最低熟成期間
⑦DOCG	12 t	11.5%	12カ月
⑧—RISERVA リゼルヴァ	12 t	12.5%	24カ月 内12カ月木樽熟成
⑧—VENDEMMIA TARDIVA ヴェンデミア・タルディーヴァ	12 t	11.5%	24カ月
⑩—PASSITO パッシート	12 t	12.5+3%	24カ月 木樽熟成
⑧—CLASSICO クラッシコ	11 t	11.5%	12カ月
⑧—CLASSICO RISERVA クラッシコ・リゼルヴァ	11 t	12.5%	12カ月
⑧—CLASSICO VENDEMMIA TARDIVA クラッシコ・ヴェンデミア・タルディーヴァ	11 t	11.5%	24カ月 内12カ月木樽熟成
⑩—CLASSICO PASSITO クラッシコ・パッシート	11 t	12.5+3%	24カ月 木樽熟成

ラボーゾ種90％以上、その他認定黒ブドウ10％以下。

色：濃いルビー色、熟成と共にガーネットを帯びる。
香：マラスカやチェリー、スミレの香りを含む特徴的な香り。
味：滑らかだが酸味のあるしっかりとした味わい。パッシートは甘口から薄甘口まで。

ウサギ肉のラグーソースのピゴリ（太めの手打ちパスタ）、鶏肉の煮込み、ウナギの網焼きなどに向く。パッシートにはアーモンド入りクッキーやチョコレートも合う。

16～18℃
パッシート：12～14℃

※このワインは、1995年DOCに認められていたものが、2011年、DOCGに昇格した。ヴェネト州パドヴァ県のバニョーリを中心とする地域で造られる。古くからこのワインを造るバニョーリ周辺の地域は、クラッシコと名乗ることができる。

古代ローマ時代には、百人隊が形成された地域で、その後ヴェネツィアのベネディクト派の僧侶たちによって運河が張り巡らされ、ブドウの栽培面積が拡大した。16世紀には、パドヴァ出身の喜劇作家が粗野なワインと評したほど当時は飲みにくいワインであったようだ。18世紀になると、今度はヴェネツィアの詩人が、ヴェネトで最も力強いワインと記すようになった。このワイン用のブドウの収穫は遅く、11月の初霜が降りる頃であったため、「フリグス（寒いの意）」から「フリウラーロ」と呼ばれるようになった。

・Dominio di Bagnoli（ドミニオ・ディ・バニョーリ）

BARDOLINO SUPERIORE
バルドリーノ・スペリオーレ

DOCG
(2001〜)

〈地域〉
ヴェローナ県のバルドリーノを中心にアフィ、ブッソレンゴ、カプリーノ、コステルマーノ、ガルダ、カヴァイオン、ペスキエーラ、ソンマカンパーニャなどの16の市町村

2015
バルドリーノと併せて
26,096,400本

	ha当たりのブドウの収穫	最低アルコール	最低熟成期間
⑧DOCG	9t	12%	12カ月

コルヴィーナ・ヴェロネーゼ種35〜80%、ロンディネッラ種10〜40%、モリナーラ種15%以下、その他アロマティックでない認定黒ブドウを混醸で20%以下（各品種10%以下）。

色：きれいなルビー色で熟成に従いガーネットを帯びる。
香：繊細でデリケートな香り。
味：わずかにアロマを含み旨味と風味があるバランスの良い味わいのワイン。後口にほのかな苦味を感ずる。

味わいのあるサラミ類や鶏肉のグリル、豚肉や仔牛肉のソテーなどの白身肉の料理にも向く。また、アジアーゴなどの硬質チーズなどにも向く。

16〜18℃

＊バルドリーノが生産される地域は、ヴェネト州にあるイタリア最大の湖、ガルダ湖の東側の丘陵地帯。北はカプリーノ、南はヴァレッジョ・スル・ミンチョまで、ガルダ湖の東岸沿いに広がる地域で、50%の土地が丘陵地になっている。湖に近いことから気候が穏やかで、北イタリアには珍しく、冬氷がはらない。ブドウの樹の間にはオリーヴの樹も多く植えられ、造られるワインもまろやかさがある。この穏やかな気候のおかげで、ヴァルポリチェッラに比べソフトな味わいのワインになる。もともとバルドリーノの地域は、氷河であったところで、石や砂利が多い土壌。苗は古くからペルゴラ方式に植えられてきたが、均質のブドウを生むコルドーネ・スペロナート方式に変えられつつある。苗もヘクタール当たり4000本以上と、やはりバルドリーノの生産者協会の指導によって新しいワイン造りが行われている。

・Zeni（ゼーニ）
・Rizzardi（リッツァルディ）
・Sartori（サルトーリ）
・Leonardo Valentino（レオナルド・ヴァレンティーノ）
・Colle dei Cipressi（コッレ・デイ・チプレッシ）

COLLI DI CONEGLIANO
コッリ・ディ・コネリアーノ

DOCG
(2011〜)

〈地域〉
トレヴィーゾ県の20の市町村

2016
268,100本

	ha当たりのブドウの収穫	最低アルコール	最低熟成期間
⑦ROSSO ロッソ	9t	12.5%	24カ月 内6ヵ月木樽熟成 3カ月瓶内熟成
⑧—RISERVA リゼルヴァ	9t	13%	36カ月 内12カ月木樽熟成

⑦ROSSO ロッソ

⑧—RISERVA リゼルヴァ

カベルネ・フラン種、カベルネ・ソーヴィニヨン種、マルツェミーノ種それぞれ10%以上、メルロー種10〜40%、インクローチョ・マンゾーニ2.15種、レフォスコ・ダル・ペドゥンコロ・ロッソ種20%以下。

濃い目のルビー色で草の香りを含み風味のある辛口。

肉類のグリルやロースト、半熟成チーズなどと合う。

16〜18℃

	ha当たりのブドウの収穫	最低アルコール	最低熟成期間
③BIANCO ビアンコ	10t	12.5%	4カ月

③BIANCO ビアンコ

マンゾーニ・ビアンコ種、ピノ・ビアンコ種、シャルドネ種各30%以上、ソーヴィニヨン種、リースリング種各10%以下。

麦わら色で心地良いアロマを含み滑らかな味わいの辛口。

魚介類のアンティパスト、野菜のフライ、玉子料理などと合う。

8〜10℃

	ha当たりのブドウの収穫	最低アルコール	最低熟成期間
⑦REFRONTOLO レフロントロ	10t	14.5%	24カ月 内12カ月木樽熟成 3カ月瓶内熟成
⑩—PASSITO パッシート	10t	12+3%	4カ月

⑦REFRONTOLO レフロントロ

⑩—PASSITO パッシート

マルツェミーノ種95%以上、その他アロマティックでない認定黒ブドウ5%以下。

濃いルビー色で個性的なアロマを持つ。

辛口は豚肉のローストやサラミに、甘口は菓子類、乾燥フルーツ、メディテーション・ワインにも向く。

16〜18℃　パッシート：12〜14℃

	ha当たりのブドウの収穫	最低アルコール	最低熟成期間
④⑤TORCHIATO DI FREGONA トルキアート・ディ・フレゴーナ	10t	14+4%	24カ月 内5カ月瓶内熟成

④⑤TORCHIATO DI FREGONA トルキアート・ディ・フレゴーナ

グレーラ種30%以上、ヴェルディーゾ種20%以上、ボスケーラ種25%以上、その他アロマティックでない認定白ブドウ15%以下。

濃い黄金色で乾燥果実の香りを含み甘口から辛口まである。

辛口は肉のグリルやサラミに、甘口は菓子類、乾燥フルーツ、メディテーションにも向く。

8〜12℃

※この地域のワイン造りは、コネリアーノのあるワイン醸造学校の教授であったルイジ・マンゾーニの功績によって大きく飛躍した。レフロントロを中心とする地域では、マルツェミーノ種を使用した甘口ワインが古くから造られてきた。深みのある甘口赤ワインである。一方、フレゴーナを中心とする地域では、白ブドウから造られる甘口パッシートワイン、トルキアート・ディ・フレゴーナがある。以前はヴィン・サントとも呼ばれ、1932年、ジュネーヴの品評会で金賞を獲得した。100キロのブドウからわずか20リットルの果汁しか得られない希少なワインで、4月のイースター用に造られてきたワインである。

・Astoria（アストリア）　・Masottina（マゾッティーナ）　・Bellenda（ベッレンダ）
・Bepin de Eto（ベピン・デ・エト）

COLLI EUGANEI FIOR D'ARANCIO / DOCG
FIOR D'ARANCIO COLLI EUGANEI（2011～）

コッリ・エウガネイ・フィオール・ダランチョ／
フィオール・ダランチョ・コッリ・エウガネイ

〈地域〉
パドヴァ県のエウガネイ丘陵を中心とする17の市町村

2016
1,043,700本

	ha当たりのブドウの収穫	最低アルコール	最低熟成期間
③⑤DOCG	12 t	4.5+5.5%	
②—SPUMANTE スプマンテ	12 t	6+4.5%	
⑤—PASSITO パッシート	12 t	11+4.5%	12カ月

モスカート・ジャッロ種95%以上、その他アロマティックな認定白ブドウ5%以下。

色：やや濃い目の麦わら色、スプマンテは輝きがあり泡が長く続く。
香：アロマのある特徴的な香り。
味：丸みのある特徴的な味わい。スティルワインは辛口から甘口まで。

フルーツを使ったタルトやパンケーキ、菓子類に向く。

8～10℃
スプマンテ：8℃
パッシート：10～12℃

※モスカート・ジャッロ種は、シリアからギリシャ人かヴェネツィアの商人によって北イタリアに運ばれたのではないかといわれているが、定かではない。ムスキオ（じゃ香）の香りがあることから、モスカートと呼ばれるようになったのではないかともいわれる。このブドウは丘陵地を好み、石灰質あるいは泥灰質、火山性の玄武岩土壌に適する。トレンティーノ地方では、リクオローゾ（リキュールタイプ）や遅摘みタイプが、フリウリ・イゾンツォ地方ではスプマンテが造られている。

・La Montecchia（ラ・モンテッキア）

CONEGLIANO VALDOBBIADENE-PROSECCO / CONEGLIANO-PROSECCO / VALDOBBIADENE PROSECCO　DOCG（2009〜）

コネリアーノ・ヴァルドッビアデネ・プロセッコ/コネリアーノ・プロセッコ/ヴァルドッビアネデ・プロセッコ

〈地域〉
トレヴィーゾ県のコネリアーノ、ヴァルドッビアデネを中心とする15の市町村

2016
89,174,400本

	ha当たりのブドウの収穫	最低アルコール	最低熟成期間
①DOCG	13.5 t	10.5%	
①—FRIZZANTE フリッツァンテ	13.5 t	10.5%	
①—SPUMANTE SUPERIORE スプマンテ・スペリオーレ	13 t	11%	
①—SPUMANTE SUPERIORE DI CARTIZZE スプマンテ・スペリオーレ・ディ・カルティッツェ	12 t	11.5%	

※残糖量で３つのタイプがある。
BRUT ブリュット 0〜12g/ℓ、EXTRA DRY エクストラ・ドライ 12〜17g/ℓ
DRY ドライ 17〜32g/ℓ

グレーラ種85％以上、ヴェルディーゾ種、ビアンケッタ・トレヴィジャーナ種、ペラーラ種、グレーラ・ルンゴ種15％以下。

色：緑がかった輝きのあるやや濃い目の麦わら色。
香：心地よい果実の香りを含む特徴的な香り、時には酵母の香りも。
味：フルーティで心地よく、調和のとれたフレッシュな味わい。

軽いアンティパスト、魚ベースの料理、アペリティーヴォに向く。

8〜10℃
スプマンテ：8℃

※スペリオーレ・ディ・カルティッツェは指定地域（107ha）で造られるが、限られた地域で生産量が極めて少なく、通常のプロセッコの3倍以上も高く売られている。

※このワインは、イタリア有数のワイン醸造学校のあるコネリアーノ・ヴェネトからヴァルドッビアデネに至る35キロ、ピアーヴェ川の北側に当たる丘陵地域で造られる。ブドウの栽培面積は5千ヘクタール、標高は50〜500メートルと差がある。300以上のブドウ生産農家があり、土地は細かく分かれている。もともとヴェネツィア人の別荘地帯で、ヴェネツィアから50キロと近く、この地域のワインはヴェネツィアのオステリアで飲まれていた。あのヘミングウェイがヴェネツィアの「ハリーズ・バー」でよく飲んでいた白桃とプロセッコのカクテル「ベッリーニ」にも、このワインがベースに使われていた。

古くは、ブドウを乾燥させ、甘口ワインにしたり、瓶詰め後にスパーゴ（ヒモ）で口の部分を結び、地中に埋めたものを掘り出してお祝い用に楽しんでいた。プロセッコ種は、今日「グレーラ」と呼ばれるようになったが、プロセッコの名前はフリウリ地方の海岸沿いの地名だったといわれる。ヴェネト地方の内陸に運ばれ、石灰質土壌の丘陵地で栽培されるようになった。

※［リーヴェ］
DOCGスプマンテのみに許された丘陵地のサブ・ゾーン。“急斜面にあるブドウ畑”を意味する。現在43のリーヴェが存在する。

- Carpenè Malvolti（カルペネ・マルヴォルティ）
- Vald'oca（ヴァル・ドーカ）
- Bisol（ビゾル）
- Il Colle（イル・コッレ）

LISON
リゾン

DOCG
(2011〜)

〈地域〉
フリウリ州のポルデノーネ県とヴェネト州のヴェネツィア県、トレヴィーゾ県の19の市町村

2016
554,800本

	ha当たりのブドウの収穫	最低アルコール	最低熟成期間
④DOCG	11 t	12%	
④—CLASSICO クラッシコ	10 t	12.5%	

タイ（フリウラーノ）種85%以上、その他アロマティックでない認定白ブドウ15%以下。

色：やや濃い目の麦わら色、緑がかったものから黄金がかったものまである。
香：心地よい特徴的な香り。
味：滑らかな辛口。

魚料理や野菜の揚げ物、中熟成チーズに向く。

8〜10℃

※トレヴィーゾ県のリゾンを中心とする地域のタイ（フリウラーノ）種を使用した白ワインは、1971年にDOCとして認められ、その後、1974年、リゾン・プラマッジョーレとして新たにDOCとなった。そして2010年、フリウリ州のヴェネツィア県、ポルデノーネ県とヴェネト州のヴェネツィア県とトレヴィーゾ県を含む地域のタイ種を使った白ワインがDOCGに認められた。タイという品種は、地域によってはフリウラーノとも呼ばれるが、2007年まではトカイ・フリウラーノ種と呼ばれていた。1200年ごろハンガリーに伝えられたといわれるトカイ・アスズエッセンスがEUで正式に認められたため、トカイ・フリウラーノという呼び名は使えなくなり、変更を余儀なくされた。現在ではチリでも多く栽培されるが、フランスのボルドー周辺では使われなくなっている。リゾンの町はタリアメント川とリヴェンツァ川の間に位置し、既に古代ローマ時代から存在する町で、10世紀以降、ヴェネツィア共和国のベネディクト派の僧侶がオーストリアのハプスブルグ家と交易を行う場所として栄えていた。

・Poderi Salvarolo（ポデーリ・サルヴァローロ）
・Bosco del Merlo（ボスコ・デル・メルロ）
・Principi di Porcia（プリンチピ・ディ・ポルチャ）

MONTELLO ROSSO / MONTELLO
モンテッロ・ロッソ／
モンテッロ

DOCG
(2011〜)

〈地域〉
トレヴィーゾ県の15の市町村

2016
87,700本

	ha当たりのブドウの収穫	最低アルコール	最低熟成期間
⑧DOCG	10 t	12.5%	18カ月 内9カ月木樽熟成 6カ月瓶内熟成
⑧—SUPERIORE スペリオーレ	10 t	13%	24カ月 内12カ月木樽熟成 6カ月瓶内熟成

カベルネ・ソーヴィニヨン種40〜70%、メルロー種、カベルネ・フラン種、
カルメネーレ種30〜60%。

色：ルビー色、熟成と共にガーネットを帯びる。
香：ワイン香のある特徴的な香りで熟成と共にエーテル香が増す。
味：アロマ含むしっかりとしたボディの赤ワイン。

赤身肉の料理やジビエ肉のロースト、熟成チーズや辛口チーズに向く。

16〜18℃

※ヴェネト州とレヴィーゾ県の北部で造られるワインで、生産者協会は今日でもアゾラーニとこのワインの二つのDOCGワインを支える協会となっている。
この地方には古代から人が住んでおり、古代ローマ時代にもワイン造りが行われていた。16世紀のヴェネツィア共和国全盛の時代には、ヴェネツィア人の瀟洒なヴィッラが多く建てられるようになり、この地方の重要性が増した。この地方のワインに関しては、1500年代の歴史家の記載があり、既に知られるワインであった。独自の気候と鉄分の多いミネラル分を多く含んだ土壌が赤ワイン用のブドウに適していたといえる。

・Conte Loredan Gasparini（コンテ・ロレダン・ガスパリーニ）
・Villa Sandi（ヴィッラ・サンディ）

PIAVE MALANOTTE / MALANOTTE DEL PIAVE
ピアーヴェ・マラノッテ／
マラノッテ・デル・ピアーヴェ

DOCG
(2011～)

〈地域〉
ヴェネツィア県とトレヴィーゾ県の多くの市町村

2016
243,600本

	ha当たりのブドウの収穫	最低アルコール	最低熟成期間
⑧DOCG	12 t	12.5%	36カ月 内12カ月木樽熟成 4カ月瓶内熟成

ラボーゾ・ピアーヴェ種70%以上、ラボーゾ・ヴェロネーゼ種30%以下、
その他認定黒ブドウ5%以下。

色：紫がかった濃いルビー色、熟成と共にガーネットを帯びる。
香：典型的なチェリーやスパイスの香りを含む。
味：独特で特徴的な赤ワイン。

赤身肉のグリルやロースト、ジビエ料理、熟成モンタジオやパルミジャーノ・レッジャーノなどに向く。

16～18℃

※このワインが生産される地域は、ピアーヴェ川が流れるトレヴィーゾ県の平野部で、ヴェネツィア県の東側を含む。平地ではあるが、昼夜の寒暖の差が大きく、小石を含む沖積土壌で、マグネシウム、リンなどのミネラル分を多く含む。このワインの名前はマラノッテ村の名前に由来し、この村がこのワイン生産の中心地になっている。このワインに使用されるラボーゾ種には2種があるが、その来歴ははっきりしていない。酸が強いことから、怒っているような表現のラボーゾという呼び名になったともいわれている。長い間混醸用ブドウとして使われていたが、技術革新により見直され、高品質ワインに仕上げられるようになった。また、この品種はライン川周辺から16世紀にこの地方に運ばれたのではないかといわれている。ラボーゾ・ピアーヴェ種はラボーゾ・ネロとも呼ばれ、収穫が遅く、酸、タンニンともに強い品種。一方のラボーゾ・ヴェロネーゼはやや甘味が強く、酸の強い品種で、フリウリ地方のDOCGバニョーリにも使われている品種である。

・Cecchetto Giorgio（チェッケット・ジョルジョ）
・Cescon Italo（チェスコン・イタロ）

RECIOTO DELLA VALPOLICELLA
レチョート・デッラ・ヴァルポリチェッラ

DOCG（2010～）

〈地域〉
ヴェローナ県ヴァルポリチェッラを中心とする19の市町村

2015
アマローネ・デッラ・ヴァルポリチェッラと併せて12,097,100本

	ha当たりのブドウの収穫	最低アルコール	最低熟成期間
⑩DOCG	12 t	12+2.8%	
⑩—CLASSICO クラッシコ	12 t	12+2.8%	
⑩—VALPANTENA ヴァルパンテーナ	12 t	12+2.8%	
②—SPUMANTE スプマンテ	12 t	12+2.8%	
②—SPUMANTE CLASSICO			
②—SPUMANTE VALPANTENA スプマンテ・ヴァルパンテーナ	12 t	12+2.8%	

コルヴィーナ・ヴェロネーゼ（クルイーナ、コルヴィーナ）種45～95％（内コルヴィノーネ種50％以下使用可）、ロンディネッラ種5～30％、その他アロマティックでない認定黒ブドウ15％以下（各種10％以下）、その他認定イタリア固有品種10％以下。

色：紫がかった濃いルビー色、熟成と共にガーネットを帯びる。
香：アクセントのある特徴的な香り。
味：温かみを感じる滑らかでデリケート、典型的な甘口。

ベリー類を使ったタルトや甘味類に向くが、地元ではモンテ・ヴェロネーゼなどの熟成半硬質チーズや青カビチーズにモスタルダなどの甘い果物を添えて楽しむ。

12～14℃

※レチョートとはイタリア語の「耳」からくる言葉で、ブドウの房の耳の部分を採って陰干しにし、糖度を高めてからワインにしたもの。また、耳たぶの堅さに陰干しするためともいわれる。

※このワインの歴史は古く、紀元前4世紀ごろのカシオドーロ（当時の大蔵大臣）の時代、この地域の独自に乾燥させたブドウについての記述が残されている。そのワインは「アチナティコ」と呼ばれ、ヴァルポリチェッラ産のワインであった。ヴァルポリチェッラとは、「たくさんのワイン生産者が集まる谷」の意。「アチナティコ」は、古くは「レチョート」の別名であり、なめらかな味わいの甘口ワインを指した。語源はこの地方の方言、「レチァ」、「オレッキア（耳）」の意味で、糖度の高いブドウの房の上の部分だけを使用していたためにこう呼ばれた。ブドウの乾燥期間は100日～120日が目処とされており、「フルッタイ」と呼ばれる風通しのよい高台の部屋で乾燥させる。この時、一部のブドウにボトリシス菌が繁殖し、香りを高めるといわれる。
ワインの生産地域は、ヴェローナの北側を流れるアディジェ川の北にある丘陵地で、フマーネ、ネグラーラを中心とするクラッシコ地域から、東に延びる丘陵地帯に新しい生産地域が広がっている。長さ45キロ、幅5～8キロで、標高150～350メートルの比較的広い地域である。

・Dal Forno Romano（ダル・フォルノ・ロマーノ）
・Tedeschi（テデスキ）
・Roccolo Grassi（ロッコロ・グラッシ）

RECIOTO DI GAMBELLARA レチョート・ディ・ガンベッラーラ

DOCG (2008〜)

〈地域〉
ヴィチェンツァ県ガンベッラーラ、モンテベッロ・ヴィチェンティーノ、モントルソ、ゼルメゲードの市町村

2015
ガンベッラーラと併せて
2,164,900本

	ha当たりのブドウの収穫	最低アルコール	最低熟成期間
⑤CLASSICO クラッシコ	12.5 t	11.3+2.7%	
②SPUMANTE スプマンテ	12.5 t	11+3%	

ガルガーネガ種100%。

色：麦わら色から黄金色、琥珀がかることもある。
香：熟した果実やバニラの香り。
味：典型的な調和のとれた中甘口から甘口でかすかな苦みを感じることもある。

各種デザートや食事外に向く。

10〜12℃

※ガルガーネガ種は、ガンベッラーラ丘陵独自のブドウであり、その起源は古く、既に紀元前のエトルリア時代に存在していたといわれる。2種があり、「フェミナ」と呼ばれるものは量産ブドウで、もう一つの「マクラ」と呼ばれるものは収穫量が少なく、あまり評価されていなかったが、15世紀以降ガンベッラーラ、レッシーニ丘陵で多く植えられるようになった。ブドウの粒は小さめで、密ではなく房に隙間が空いていたが、フィロキセラ禍の後、アメリカ台木を使用すると粒が大きくなり、房が二つに分かれ長細くなった。なかには50センチの長さになるものもある。
ガンベッラーラの地域は300〜350メートルの火山性丘陵地で、玄武岩と凝灰岩の土壌がベースになっており、東側は300〜600メートルの標高で石灰質土壌が点在している。「クレリア」と呼ばれる標高100メートルほどの丘陵地帯は、石灰質、鉄分、カリウム、リンなどのミネラル分を多く含む土壌で、ブドウの糖度も高く、また果皮が厚くアロマを含むブドウが生み出される。

・La Biancara（ラ・ビアンカーラ）
・Casa Cecchin（カーザ・チェッキン）
・Zonin（ゾニン）

RECIOTO DI SOAVE
レチョート・ディ・ソアーヴェ

DOCG
(1998〜)

〈地域〉
ヴェローナ県のソアーヴェを中心に、カッツァーノ・ディ・トラミーニャ、コロニョーラ・アイ・コッリ、ラヴァーニョ、メッザーネ・ディ・ソットなどの地域

2015
ソアーヴェ、ソアーヴェ・スペリオーレと併せて67,421,300本

	ha当たりのブドウの収穫	最低アルコール	最低熟成期間
⑤DOCG	9 t	12%	10カ月
⑤—CLASSICO クラッシコ	9 t	12%	10カ月
②—SPUMANTE スプマンテ	9 t	11.5%	10カ月

ガルガーネガ種70〜100%、トレッビアーノ・ディ・ソアーヴェ種30%以下。

色：やや濃い目の黄金色から黄色。
香：バニラ香を含む濃密で果実の甘い香りを含む。
味：滑らかであり、かつ円やかでデリケートな甘味のある調和の取れたワイン。スプマンテはアロマを多く感ずる。

ヴェローナ名物のパンドーロやパネットーネなどのパンケーキに合う。また、ゴルゴンゾーラなどの青カビチーズにも合う。食事外の瞑想用にも向く。スプマンテはパンケーキ他菓子類に向く。

10〜12℃
スプマンテ：8℃

※ソアーヴェ同様ガルガーネガ種主体で造られる甘口ワインで、完熟したブドウを風通しのよい部屋で乾燥させ、翌年の１月頃発酵させる。ヘクタール当たりのブドウの収穫量は９トン以下とソアーヴェよりも５トン少なく、10カ月以上の熟成を必要とする。でき上がったワインは美しい黄金色で、濃密なブドウの果実の香りを含み、なめらかでコクとアロマ、それにデリケートな甘さがある。このワインの起源は古く、北方からやって来たランゴバルド族が古代ローマと闘った時代に遡る。DOCGの中でも最も古くから造られていたワインの一つで、当時「ヴィニウム・スアヴェ」と呼ばれ、11世紀以降「ソアーヴェ」と呼ばれるようになった。ヴェネト地方の丘陵地に位置する農家では、古くからこの陰干ししたブドウを使ったワインを造り、クリスマスのお祝い用としていた。「レチョート」とはイタリア語で耳たぶのことで、農民がブドウを陰干しした際、自分の耳たぶの固さになるまで乾燥させたことからこう呼ばれるようになったという。

・Pieropan（ピエロパン）
・Cantina del Castello（カンティーナ・デル・カステッロ）
・Roccolo Grassi（ロッコロ・グラッシ）
・Tamellini（タメッリーニ）
・Ca Rugate（カ・ルガーテ）

SOAVE SUPERIORE
ソアーヴェ・スペリオーレ

DOCG
(2001〜)

〈地域〉
ヴェローナ県ソアーヴェの丘陵地域を中心に、モンテフォルテ、サン・マルティーノ、メッザーネ・ディ・ソット他の地域

2015
ソアーヴェ、レチョート・ディ・ソアーヴェと併せて67,421,300本

	ha当たりのブドウの収穫	最低アルコール	最低熟成期間
④DOCG	10 t	12%	5カ月
④—CLASSICO クラッシコ	10 t	12%	5カ月
④—RISERVA リゼルヴァ	10 t	12.5%	12カ月

ガルガーネガ種70%以上、シャルドネ種、トレッビアーノ・ディ・ソアーヴェ種を単醸もしくは混醸で30%以下。その他アロマティックでない認定白ブドウ5%以下。

色：麦わら色から濃い目の麦わら色まで。
香：花の香りを含む複雑でデリケートな香りがある。
味：デリケートで円やかな味わいでアロマを含む。後味にわずかに苦味を感ずる辛口。

淡水魚の料理、魚介類のフライ、エビや貝類の料理などに向く。また白身肉の料理にも向く。

8〜10℃

※ソアーヴェを生産する地域は、中世以前に北方から南下したランゴバルド族が「スヴェーヴィ」と呼んだことから「ソアーヴェ」と呼ばれるようになったといわれる。古くからブドウ栽培が行われ、東ゴート族の王、テオドリック帝（456年〜526年）の大臣を務めたカシオドーロが、この土地のワインを育てた。
ソアーヴェ・スペリオーレには、ヴェネト州に広く植えられている品種で、アロマと個性的な味わいのガルガーネガ種を70%以上使用し、トレッビアーノ・ディ・ソアーヴェ種、ピノ・ビアンコ種、シャルドネ種などを加えて造ることができるが、今日ではガルガーネガ種の比率が高まり、100%ガルガーネガ種を使用する会社も多くなった。アーモンドやチェリーの香りを含み、DOCワインに比べて厚みがあり、苦みを後口に残すしっかりとした味わいの辛口になる。

・Pieropan（ピエロパン）
・Bertani（ベルターニ）
・Ca Rugate（カ・ルガーテ）
・Gini（ジーニ）
・Sant'Antonio（サンタントニオ）
・Lamberti（ランベルティ）
・Roccolo Grassi（ロッコロ・グラッシ）

ARCOLE
アルコレ

DOC
(2000～)

〈地域〉
ヴェローナ県とヴェネツィア県の22の市町村

2015
1,509,300本

	ha当たりのブドウの収穫	最低アルコール	最低熟成期間
③BIANCO ビアンコ	品種毎	10.5%	
①—SPUMANTE スプマンテ	品種毎	11%	
⑤—PASSITO パッシート	品種毎	14.5%	

ガルガーネガ種50%以上、アロマティックでない認定白ブドウ50%以下。
色：緑がかった麦わら色。
香：しっかりとしたデリケートで特徴的な香り。
味：かすかに苦味のあるミディアムボディの辛口。パッシートはなめらかな甘口。
前菜から、野菜のリゾット、スープパスタなどに合う。

	ha当たりのブドウの収穫	最低アルコール	最低熟成期間
⑦ROSSO ロッソ	品種毎	11%	
⑧—RISERVA リゼルヴァ	品種毎	12%	24カ月 内3カ月木樽熟成

メルロー種50%以上、その他アロマティックでない認定黒ブドウ50%以下。
色：ルビー色。
香：繊細だがしっかりとした香り。
味：調和のとれたミディアムボディの辛口。
ラグーソースのパスタ料理、肉類のソテーなどに合う。

	ha当たりのブドウの収穫	最低アルコール	最低熟成期間
⑥ROSATO ロザート	品種毎	10.5%	

ロッソと同じ。
輝きのある淡いルビー色で、繊細な香りで、調和のとれた味わい。
魚介類のスープ、白身肉のソテーなどに合う。

※これから先の全てのワインは、ワイン名と同名の品種85%以上、その他アロマティックでない認定同色ブドウ15%以下。

	ha当たりのブドウの収穫	最低アルコール	最低熟成期間
③GARGANEGA ガルガーネガ	16 t	10.5%	
④—VENDEMMIA TARDIVA ヴェンデミア・タルディーヴァ	16 t	12.5%	12カ月 内3カ月木樽熟成

色：緑がかった麦わら色。
香：しっかりとしたデリケートで特徴的な香り。
味：かすかに苦味のあり酸味に特徴のあるミディアムボディの辛口。
魚介のアンティパスト、魚のグリル、オーブン焼きなどに合う。

	ha当たりのブドウの収穫	最低アルコール	最低熟成期間
③PINOT GRIGIO ピノ・グリージョ	13 t	11%	

色：赤味がかった麦わら色から琥珀色。
香：繊細でフルーティな香り。
味：調和のとれたミディアムボディの辛口。
アスパラのグリル、魚介のスパゲッティ、魚の塩包み焼きなどに合う。

③CHARDONNAY シャルドネ　14 t　11%
①—FRIZZANTE フリッツァンテ　14 t　10.5%

色：麦わら色、フリッツァンテは緑がかった輝きのある麦わら色。
香：エレガントで繊細な香り。
味：柔らかく繊細な辛口。フリッツァンテはかすかな苦みのある調和のとれたミディアムボディの辛口。
魚介のアンティパスト、エビ入りリゾット、魚の網焼きなどに合う。

⑦CABERNET カベルネ　14 t　11.5%
⑧—RISERVA リゼルヴァ　12 t　12%　24カ月 内3カ月木樽熟成

カベルネ・フラン種、カベルネ・ソーヴィニヨン種、カルメネーレ種単醸、または混醸で85%以上、その他認定黒ブドウ15%以下。
色：濃いルビー色、ガーネットを帯びる場合もある。
香：心地よい香りが熟成と共に強くなる。
味：調和のとれた味わい。熟成と共に滑らかになる。
サラミ、肉類のグリル、オーブン焼きなどに合う。

⑦CARMENERE カルメネーレ　14 t　11.5%
⑧—RISERVA リゼルヴァ　12 t　12%　24カ月 内3カ月木樽熟成

カルメレーレ種85%、その他認定黒ブドウ15%以下。
色：濃いルビー色、ガーネットを帯びる場合もある。
香：心地よい香りが熟成と共に強くなる。
味：調和のとれた味わい。熟成と共に滑らかになる。
赤身肉のオーブン焼き、熟成硬質チーズなどに合う。

⑦NERO ネロ　12 t　13.5%　12カ月 内3カ月木樽熟成

メルロー種50%以上、その他アロマティックでない認定黒ブドウ50%以下。
色：濃いルビー色、ガーネットを帯びる場合もある。
香：心地よい香りが熟成と共に強くなる。
味：調和のとれた味わい。熟成と共に滑らかになる。
赤身のグリル、ブラザートなどに合う。

白：８～10℃
赤：16～18℃
ロザート：14～16℃
パッシート：10～12℃

※この他、ピノ・ビアンコ、ソーヴィニヨン、メルロー、カルベネ・ソーヴィニヨンなどがある。

・C.Colli Barici di Lonigo（カンティーナ・コッリ・ベリチ・ディ・ロニーゴ）
・Dosmonta（デスモンタ）
・Collis Veneto（コッリス・ヴェネト）

BARDOLINO
バルドリーノ

DOC
(1968〜)

〈地域〉
ヴェローナ県、ガルダ湖東南岸バルドリーノを中心とする16の市町村

2016
バルドリーノ・スペリオーレと併せて26,096,400本

	ha当たりのブドウの収穫	最低アルコール	最低熟成期間
⑦DOC	13 t	10.5%	
⑦—CLASSICO クラッシコ	13 t	10.5%	
⑦—NOVELLO ノヴェッロ	13 t	11%	
⑦—CLASSICO NOVELLO クラシッコ・ノヴェッロ	13 t	11%	
⑥—CHIARETTO キアレット	13 t	10.5%	
⑥—CLASSICO CHIARETTO クラッシコ・キアレット	13 t	10.5%	
①—CHIARETTO SPUMANTE キアレット・スプマンテ	13 t	11.5%	

コルヴィーナ・ヴェロネーゼ種35〜80%、ロンディネッラ種10〜40%、モリナーラ種15%以下、その他アロマティックでない認定黒ブドウ20%以下。単一では10%以下。

明るいルビー色からガーネット色まであり、上品で繊細な花の香りを含む、新鮮で調和のとれた辛口。

パスタ入りスープ、山鳩の串焼、軟質チーズに合う。

赤：16〜18℃
キアレット：14〜16℃
スプマンテ：8℃

・La Prendina（ラ・プレンディーナ）　・Corte Gardoni（コルテ・ガルドーニ）
・Le Fraghe（レ・フラーゲ）　・Monte del Fra（モンテ・デル・フラ）

BIANCO DI CUSTOZA / CUSTOZA
ビアンコ・ディ・クストーツァ／クストーツァ

DOC
(1971〜)

〈地域〉
ヴェローナ県の9つの市町村

2015
12,962,900本

	ha当たりのブドウの収穫	最低アルコール	最低熟成期間
③DOC	15 t	11%	
④—SUPERIORE スペリオーレ	12 t	12.5%	5カ月
⑤—PASSITO パッシート	15 t	12+3%	10カ月
①—SPUMANTE スプマンテ	15 t	11%	

トレッビアーノ・トスカーノ種10〜45%、ガルガーネガ種20〜40%、トレッビアーネッロ（フリウラーノ／タイ）種5〜30%、ビアンカ・フェルナンダ種30%以下、マルヴァジア種、リースリング・イタリコ種、ピノ・ビアンコ種、シャルドネ種、マンゾーニ・ビアンコ種30%以下。

色：麦わら色、スプマンテは黄金を帯びることもある。パッシートは黄金がかった黄色。
香：かすかにアロマを感じるフルーティな香り。瓶内二次発酵のスプマンテは酵母の香りも。
味：柔らかく繊細でフルーティな辛口。わずかな苦みを感じることもある。パッシートは甘口と中甘口。

魚のスープ、淡水魚を始め魚介類に向く。Baccala alla Vicentina（バッカラ・アッラ・ヴィチェンティーナ＝塩ダラのヴィチェンツァ風)、Brodetto di Marano（ブロデット・ディ・マラーノ＝ヴェネト地方の魚介類のスープ)、軟質チーズなどにも向く。

8〜10℃　スプマンテ：8℃　パッシート：10〜12℃

BREGANZE
ブレガンツェ

DOC
(1969～)

〈地域〉

ヴィチェンツァ県の14の市町村

2015
1,974,000本

	ha当たりのブドウの収穫	最低アルコール	最低熟成期間
③BIANCO ビアンコ	品種毎	11%	
④—SUPERIORE スペリオーレ	品種毎	12%	

フリウラーノ（タイ）種50%以上、その他アロマティックでない認定白ブドウ50%以下。

やや濃い目の麦わら色でワイン香があり滑らかでフレッシュな辛口。

カニの料理、イカのオーブン焼き、海の幸のリゾットなどに合う。

	ha当たりのブドウの収穫	最低アルコール	最低熟成期間
⑦ROSSO ロッソ	品種毎	11%	
⑧—SUPERIORE スペリオーレ	品種毎	12%	
⑧—RISERVA リゼルヴァ	品種毎	11%	24カ月 内3カ月木樽熟成

メルロー種50%以上、その他アロマティックでない認定黒ブドウ50%以下。

ルビー色で個性的なワイン香を含むバランスの良い赤ワイン。

パスタ・エ・ファジョーリ（パスタと豆の料理）、うさぎ肉の煮込みなどに合う。

	ha当たりのブドウの収穫	最低アルコール	最低熟成期間
③TAI タイ	13t	11%	
④—SUPERIORE スペリオーレ	13t	12%	

フリウラーノ（タイ）種85%以上、その他認定白ブドウ15%以下。
色：やや濃い目の麦わら色。
香：典型的なデリケートな香り。
味：丸みがありしっかりとしたフレッシュな辛口。
サンダニエレ産ハム、魚介のスープなどに合う。

	ha当たりのブドウの収穫	最低アルコール	最低熟成期間
③⑤TORCOLATO トルコラート	12t	11%	
④⑤—SUPERIORE スペリオーレ	12t	12%	
④⑤—RISERVA リゼルヴァ	12t	12%	24カ月

ヴェスパイオーラ種85%以上、その他認定ブドウ15%以下。

しっかりとした黄金色から琥珀色がかった黄色で、はちみつやドライフルーツの濃密な香りのあるしっかりと調和のとれた薄甘口から甘口まで。

パイ生地のタルトやティラミスなどのデザート、あるいはメディテーション・ワインにも向く。

※これから先の全てのワインはワインと同名の品種85%以上、その他認定同色ブドウ15%以下。

	ha当たりのブドウの収穫	最低アルコール	最低熟成期間
③PINOT GRIGIO ピノ・グリージョ	12t	11%	
④—SUPERIORE スペリオーレ	12t	12%	

黄金から赤味がかった麦わら色で、心地よく繊細で特徴的な香りを含む、滑らかで調和のとれた辛口。

イカのオーブン焼き、カエルの料理などに合う。

	ha当たりのブドウの収穫	最低アルコール	最低熟成期間
③VESPAIOLO ヴェスパイオーロ	12t	11%	
④—SUPERIORE スペリオーレ	12t	12%	
①—SPUMANTE スプマンテ	12t	11%	

しっかりとした黄金がかった麦わら色。スプマンテは輝きのある麦わら色で長続きする泡があり、特徴的な果実の香りを含む、フレッシュな味わい。

魚介類からサラミ、若いチーズにも向く。

⑦PINOT NERO ピノ・ネロ	12t	11%	
⑧—SUPERIORE スペリオーレ	12t	12%	
⑧—RISERVA リゼルヴァ	12t	11%	24カ月 内3カ月木樽熟成

レンガ色がかったルビー色で、繊細な香りがあり、かすかに苦味の余韻のある味わいのある赤。

仔山羊や豚肉のグリルなどに合う。

⑦MARZEMINO マルツェミーノ	12t	11%	
⑧—SUPERIORE スペリオーレ	12t	12%	
⑧—RISERVA リゼルヴァ	12t	11%	24カ月 内3カ月木樽熟成

明るいルビー色で、しっかりとした特徴的な香りのある心地よいしっかりとした味わい。

しっかりした味わいの前菜、サラミ、赤身肉のグリルなどに合う。

白：8～10℃
赤：16～18℃
スプマンテ：8℃
甘口：10～12℃

※この他、シャルドネ、ソーヴィニヨン、メルロー、カルベネ・ソーヴィニヨン、カルベネなどのワインがある。

・Maculan（マクラン）
・Due Santi（ドゥエ・サンティ）
・Gino Novello（ジーノ・ノヴェッロ）
・Bartolomeo（バルトロメオ）

COLLI BERICI
コッリ・ベリチ

DOC
(1973〜)

〈地域〉

ヴィチェンツァ県の多くの市町村

2015
5,276,300本

	ha当たりのブドウの収穫	最低アルコール	最低熟成期間
③GARGANEGA（GARGANEGO）ガルガーネガ（ガルガーネゴ）	14 t	11%	

ガルガーネガ種85%以上、その他認定白ブドウ15%以下。

麦わら色で個性的な香りを持つ辛口の白ワイン。

前菜のほか魚料理に向く。

	ha当たりのブドウの収穫	最低アルコール	最低熟成期間
⑦MERLOT メルロー	13 t	11%	
⑧—RISERVA リゼルヴァ	13 t	12.5%	24カ月

メルロー種100%。

ルビー色で個性的なワイン香があり、ソフトでしっかりとした味わいの赤ワイン。

パスタと豆の煮込み料理や軽い煮込み料理に向く。

	ha当たりのブドウの収穫	最低アルコール	最低熟成期間
⑦TAI ROSSO タイ・ロッソ	12 t	11%	
⑧—RISERVA リゼルヴァ	12 t	12%	24カ月

タイ・ロッソ種85%以上、その他認定黒ブドウ15%以下。

明るいしっかりとしたルビー色で、ワイン香を含みわずかに苦味を感ずる調和のとれた赤ワイン。

サラミ類の他、白身肉のグリルに向く。

	ha当たりのブドウの収穫	最低アルコール	最低熟成期間
⑦BARBARANO ROSSO バルバラーノ・ロッソ	12 t	11%	
⑧—RISERVA リゼルヴァ	12 t	12%	24カ月
①—SPUMANTE スプマンテ	12 t	11.5%	

タイ・ロッソ（トカイ・ロッソ）種。

明るいルビー色、リゼルヴァは濃いルビー色。しっかりとしたワイン香がある心地より飲み口の赤。

白身肉のローストやグリル、サラミなどに合う。
※バルバラーノはサブゾーン

赤：16〜18℃
白：8〜10℃

※この他ソーヴィニヨン、ピノ・ネロ、マンゾーニ・ビアンコ、ピノ・ビアンコ、カベルネ、カベルネ・ソーヴィニヨン、カベルネ・フラン、カルメネーレ、シャルドネ、タイ、さらにスプマンテもある。

- Cavazza（カヴァッツァ）
- Villa del Ferro（ヴィッラ・デル・フェッロ）
- Marcato（マルカート）

COLLI EUGANEI
コッリ・エウガネイ

DOC
(1969〜)

〈地域〉
パトヴァ県のエウガネイ丘陵を中心とする地域

2016
5,193,600本

	ha当たりのブドウの収穫	最低アルコール	最低熟成期間
⑦ROSSO ロッソ	14 t	11%	
⑧—RISERVA リゼルヴァ	14 t	12%	24カ月

メルロー種40〜80%、カベルネ・フラン種、カベルネ・ソーヴィニヨン種、カルメネーレ種20〜60%、ラボーゾ・ピアーヴェ種、ラボーゾ・ヴェロネーゼ種で10%以下。

ルビー色でワインらしい香りやスミレの香りを含み滑らかで円やか。薄甘口もある。

サラミ類やラグー入りのパスタ、鶏肉のグリル、肉類のローストなど。

16〜18℃

	ha当たりのブドウの収穫	最低アルコール	最低熟成期間
③BIANCO ビアンコ	14 t	11%	
①—SPUMANTE スプマンテ	14 t	11%	

ガルガーネガ種30%以上、タイ（フリウラーノ）種、ソーヴィニヨン種を単醸か混醸で30%以上、モスカート・ジャッロ種、モスカート・ビアンコ種を単醸か混醸で5〜10%、その他認定白ブドウ30%以下。

麦わら色でワインらしい香りを含む辛口、薄甘口もある。

野菜のフライ、軽いパスタ料理、玉子料理など。

8〜10℃

※この他カベルネ、カベルネ・ソーヴィニヨン、カベルネ・フラン、カルメネーレ、ラボーゾ、メルロー、ガルガーネガ、タイ（フリウラーノ）、ソーヴィニヨン、マンゾーニ・ビアンコ、シャルドネ、モスカート、ピネッロ、ピノ・ビアンコ、セルプリーノ、なども85%以上の同品種使用でモスカートは90%以上の同品種使用でDOCに認められている。さらに、赤ワインにはリゼルヴァ、白ワインにはスプマンテが認められ、メルローにはノヴェッロも認められている。

- Vignalta（ヴィーニャアルタ）
- Emo Capodilista（エモ・カポディリスタ）
- Zonin（ゾニン）
- Ca Lustra（カ・ルストラ）

CORTI BENEDETTINE DEL PADOVANO
コルティ・ベネデッティーネ・デル・パドヴァーノ

DOC (2004～)

〈地域〉

パドヴァ県の29の市町村

2016
838,800本

	ha当たりのブドウの収穫	最低アルコール	最低熟成期間
③BIANCO ビアンコ	品種毎	10.5%	

フリウラーノ種50%以上、その他アロマティックでない認定白ブドウ50%以下。

麦わら色で特徴的な香り、繊細でなめらか、味わいのある辛口。

⑤PASSITO パッシート	品種毎	11+2%	

ビアンコと同じ
濃い黄金がかった麦わら色で、アロマティックでパッシート特有の香りを含む、調和のとれた中甘口と甘口。

⑦ROSSO ロッソ	品種毎	11%	
⑦―NOVELLO ノヴェッロ	品種毎	11%	

メルロー種60～70%、ラボーゾ・ピアーヴェ種、ラボーゾ・ヴェロネーゼ種10%以上、その他アロマティックでない認定黒ブドウ30%以下。

ルビー色、熟成と共にガーネットを帯びる。ロゼは淡いルビー色。特徴的な香りを持つ滑らかな味わい。

サラミ類、赤身肉のグリルなどに合う。

⑥ROSATO ロザート	品種毎	11%	

ロッソと同じ。

淡いルビー色で心地良いワイン香を持つ調和のとれた辛口。

サフラン入りリゾット、鳥肉のグリル、仔牛肉のスカロッピーネなどの料理に合う。

※これから先の全てのワインはワイン名と同名の品種85%以上、その他アロマティックでない認定同色ブドウ15%以下。

③TAI タイ	15 t	11%	

やや濃い目の麦わら色で緑色を帯びることもあり、特徴的な香りのある調和のとれたフレッシュな辛口。

③PINOT BIANCO ピノ・ビアンコ	13 t	11.5%	

明るい麦わら色で、デリケートな香りを持つ調和のとれた辛口。

③PINOT GRIGIO ピノ・グリージョ	12 t	11%	

赤味がかった麦わら色で、デリケートで特徴的な香りのある、しっかりとした味わいの辛口。

②MOSCATO SPUMANTE モスカート・スプマンテ	13 t	6+5%	

やや濃い目の麦わら色で細かい泡を持ち、アロマのある豊かな香りのある特徴的な甘口。

⑦CABERNET SAUVIGNON カベルネ・ソーヴィニヨン	13 t	11.5%	
⑧―RISERVA リゼルヴァ	12 t	12.5%	24カ月 内6カ月木樽熟成

濃いルビー色、熟成と共にガーネットを帯びる。特徴的な香りで余韻の長い、しっかりとした味わい。熟成と共に滑らかになる。

⑦RABOSO ラボーゾ　14 t　11%

⑧—RISERVA リゼルヴァ　13 t　12.5%　24カ月
内6カ月木樽熟成

⑧—PASSITO パッシート　14 t　14.0%

濃いルビー色、熟成と共にガーネットを帯びる。マルサラやスミレの典型的な香りのある心地よい酸味を持ち、味わいのある辛口。

⑦REFOSCO DAL PEDUNCOLO ROSSO　13 t　11.5%
レフォスコ・ダル・ペドゥンコロ・ロッソ

⑧—RISERVA リゼルヴァ　12 t　12.5%　24カ月
内6カ月木樽熟成

ルビー色、熟成と共にガーネットを帯びる。特徴的な香りのある、しっかりとした味わい。

白：8～10℃
赤：16～18℃
ロザート：12～14℃
スプマンテ：8℃
白パッシート：10～12℃

※この他、シャルドネ、ソーヴィニヨン、カベルネ、メルローなどのワインがある。

・Conserve（コンセルヴェ）
・Vigne Delle Rose（ヴィーニェ・デッレ・ローゼ）
・Castaldi Gabriele（カスタルディ・ガブリエーレ）

GAMBELLARA
ガンベッラーラ

DOC
(1970〜)

〈地域〉
ヴィチェンツァ県のガンベッラーラを中心とする市町村

2015
レチョート・ディ・カンベッラーラと併せて2,164,900本

	ha当たりのブドウの収穫	最低アルコール	最低熟成期間
③DOC	14 t	10.5%	
④—SUPERIORE スペリオーレ	13 t	12%	
③—CLASSICO クラッシコ	12.5 t	11.5%	
⑤—CLASSICO VIN SANTO クラッシコ・ヴィン・サント	12.5 t	16%	24カ月 翌年1月1日起算
①—SPUMANTE スプマンテ	14 t	11%	

スプマンテはEXTRA BRUTエクストラ・ブルットからDRYドライまである。

ガルガーネガ種80%以上、ピノ・ビアンコ種、シャルドネ種、トレッビアーノ・ディ・ソアーヴェ種20%以下。

濃い麦わら色でブドウ香があり調和のとれた辛口白ワイン、ヴィン・サントはコハク色を帯びた甘口。

イカスミのリゾット、魚料理や揚げ物料理に向く。
クッキー類や各種デザートに向く。

白：8〜10℃
ヴィン・サント：10〜12℃
スプマンテ：8℃

・Cavazza（カヴァッツァ）
・Dal Maso（ダル・マーゾ）
・Zonin（ゾニン）
・La Biancara（ラ・ビアンカーラ）

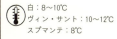

LISON-PRAMAGGIORE
リゾン・プラマッジョーレ

DOC
(1971〜)

〈地域〉

ヴェネト州トレヴィーゾ県とヴェネツィア県、フリウリ・ヴェネツィア・ジューリア州ポルデノーネ県の市町村

2016
フリウリでの生産分との合計で
2,752,100本

	ha当たりのブドウの収穫	最低アルコール	最低熟成期間
③BIANCO ビアンコ	12 t	12%	3カ月

タイ（フリウラーノ）種50〜70%、その他認定白ブドウ50%以下。

緑がかった麦わら色から黄金色がかったものまであり、心地よいしっかりとした香りで時にやわらかい辛口。

	ha当たりのブドウの収穫	最低アルコール	最低熟成期間
⑦ROSSO ロッソ	品種毎	12%	4カ月
⑧—RISERVA リゼルヴァ	品種毎	12.5%	24カ月
⑦—NOVELLO ノヴェッロ	品種毎	11%	

メルロー種50%〜70%、その他認定黒ブドウ50%以下。

やや濃い目のルビー色で熟成と共にガーネットを帯びる。しっかりとした心地良いワイン香を含み、調和のとれた赤ワイン。

	ha当たりのブドウの収穫	最低アルコール	最低熟成期間
①SPUMANTE スプマンテ	12 t	11%	

シャルドネ種、ピノ・ビアンコ種、ピノ・ネロ種。

やや濃い目の麦わら色で心地よい特徴的でフルーティな香りを含む。EXTRA BRUTエクストラ・ブルットからDRYドライまで。

	ha当たりのブドウの収穫	最低アルコール	最低熟成期間
③CHARDONNAY シャルドネ	12 t	12%	3カ月

シャルドネ種85%以上、その他アロマティックでない認定白ブドウ15%以下。

やや濃い目の麦わら色で繊細で心地良いエレガントな香りを含むやわらかい辛口。

	ha当たりのブドウの収穫	最低アルコール	最低熟成期間
③PINOT GRIGIO ピノ・グリージョ	13 t	11.5%	3カ月

ピノ・グリージョ種85%以上、その他アロマティックでない認定白ブドウ15%以下。

赤味がかった麦わら色でデリケートでフルーティな香り。調和のとれた辛口。

	ha当たりのブドウの収穫	最低アルコール	最低熟成期間
③VERDUZZO ヴェルドゥッツォ	13 t	11.5%	3カ月
⑤—PASSITO パッシート	13 t	12+3%	12カ月

ヴェルドゥッツォ種85%以上、その他アロマティックでない認定白ブドウ15%以下。

麦わら色から黄金色まであり、デリケートで花の香りを含む特徴的な味わい。パッシートは黄金色から琥珀がかった色まであり、心地良くしっかりとした香りを含む甘口。

	ha当たりのブドウの収穫	最低アルコール	最低熟成期間
⑦MARBEC マルベック	12 t	12%	4カ月

マルベック種85%以上、その他アロマティックでない認定黒ブドウ15%以下。

やや濃い目のルビー色で熟成と共にガーネットを帯びる。個性的なワイン香があり、調和のとれた辛口。

	ha当たりのブドウの収穫	最低アルコール	最低熟成期間
⑦CABERNET FRANC カベルネ・フラン	12 t	12%	4カ月

カベルネ・フラン種85%以上、その他アロマティックでない認定黒ブドウ15%以下。

濃いルビー色で熟成と共にガーネットを帯びる。余韻の長い特徴的な香りとハーブを思わせる味わいの調和のとれた辛口で熟成と共に滑らかになる。

	ha当たりのブドウの収穫	最低アルコール	最低熟成期間
⑦CARMENER カルメネーレ	12 t	12%	4カ月

カルメネーレ種85%以上、その他アロマティックでない認定黒ブドウ15%以下。

濃いルビー色でガーネットを帯びる場合もある。特徴的なハーブの香りと味わいの調和のとれたエレガントな辛口。

⑦REFOSCO DAL PEDUNCOLO ROSSO レフォスコ・ダル・ペドゥンコロ・ロッソ	13 t	12.5%	4カ月
⑧―RISERVA リゼルヴァ	12 t	13%	24カ月 内3カ月木樽熟成
⑩―PASSITO パッシート	13 t	13＋2%	18カ月

レフォスコ・ダル・ペドゥンコロ・ロッソ種85％以上、その他アロマティックでない認定黒ブドウ15％以下。

濃いルビー色でガーネットを帯びる場合もある。心地良い余韻の長い特徴的な香りを含む個性的な辛口。パッシートは調和のとれた中甘口。

白：8～10℃
赤：16～18℃
甘口：10～12℃
スプマンテ：8℃

※この他、カベルネ、カベルネ・ソーヴィニヨン、メルロー、ソーヴィニヨンなどのワインがある。

・Nardin Sergio（ナルディン・セルジョ）
・Tenuta Mosole（テヌータ・モゾレ）
・Braida Comune（ブライダ・コムーネ）
・Mazzolada（マッツォラーダ）

PIAVE
ピアーヴェ

DOC
(1971〜)

〈地域〉

トレヴィーゾ県とヴェネツィア県の多くの市町村

2016
4,271,200本

	ha当たりのブドウの収穫	最低アルコール	最低熟成期間
⑦ROSSO ロッソ	品種毎に規定	12%	4カ月
⑧—RISERVA リゼルヴァ	品種毎に規定	12.5%	24カ月

メルロー種50%以上、その他アロマティックでない認定黒ブドウ50%以下。

濃いルビー色で心良いワイン香のある調和のとれた赤。

肉類のグリルや煮込み料理などに合う。

⑦CABERNET カベルネ	11 t	12%	4カ月
⑧—RISERVA リゼルヴァ	11 t	12.5%	24カ月

カベルネ・ソーヴィニヨン種、カベルネ・フラン種、カルメネーレ種85%以上、その他認定黒ブドウ15%以下。

ルビー色で個性的なワイン香があり、バランスのよい辛口赤ワイン。

白身肉のローストや中程度の熟成チーズに向く。

⑦MERLOT メルロー	12 t	12%	4カ月
⑧—RISERVA リゼルヴァ	12 t	12.5%	24カ月

メルロー種85%以上、その他認定黒ブドウ15%以下。

ルビー色でワイン香とエステル香を含み、味わいのあるバランスのとれた赤ワイン。

白身肉のローストや中程度の熟成チーズに向く。

⑧RABOSO ラボーゾ	13 t	12%	24カ月
⑧—PASSITO パッシート	13 t	13+2%	18カ月

ラボーゾ種85%以上、その他認定黒ブドウ15%以下。

ルビー色でスミレやワインの香りを含み、酸を含んだ辛口赤ワイン。

肉のローストや煮込み、チーズに向く。

③VERDUZZO ヴェルドゥッツォ	12 t	11.5%	3カ月
⑤—PASSITO パッシート	12 t	12+3%	12カ月

ヴェルドゥッツォ種85%以上、その他認定白ブドウ15%以下。

黄金色でデリケートなワイン香があり、アロマティックで味わいのある白ワイン。

前菜、卵のスープ、イカスミのリゾットなどに向く。

※この他、白ではシャルドネ、ピノ・ビアンコ、ピノ・グリージョ、タイ(フリウラーノ)、マンゾーニ・ビアンコ、赤ではカメルネーレがDOCに認められている。

赤:16〜18℃
白:8〜10℃
白パッシート:10〜12℃
赤パッシート:16〜18℃

・Santo Stefano(サント・ステファノ) ・Conte Collalto(コンテ・コッラルト)
・Molon(モローン) ・Masottina(マゾッティーナ)
・Cescon Italo(チェスコン・イタロ)

PROSECCO
プロセッコ

DOC
(2009〜)

〈地域〉
ヴェネト州のトレヴィーゾ、ベッルーノ、パドヴァ、ヴェネツィア、ヴィチェンツァ、フリウリ州のゴリッツィア、ポルデノーネ、ウディネ、トリエステ県

2016
486,407,100本

	ha当たりのブドウの収穫	最低アルコール	最低熟成期間
③DOC	18 t	10.5%	
①—FRIZZANTE フリッツァンテ	18 t	10.5%	
①—SPUMANTE スプマンテ	18 t	11%	

グレーラ種85%以上、ヴェルディーゾ種、ビアンケッタ種、トレヴィジャーナ種、ペレーラ種、グレーラ・ルンガ種、シャルドネ種、ピノ・ビアンコ種、ピノ・グリージョ種、ピノ・ネロ種15%以下。

食前酒から各種前菜、パスタ料理、食事を通して飲むこともできる。

8℃

※このワインは、イタリア有数のワイン醸造学校のある、コネリアーノ・ヴェネトからヴァルドッビアデネに至る地域で造られていたものが周辺の地域に広がり、ヴェネト州のヴェローナより東の地域からフリウリ・ヴェネツィア・ジューリア州全土と広い地域に広がったが、主にヴェネツィアのオステリアで飲まれていた。あの、ヘミングウェイがヴェネツィアの「ハリーズ・バー」で良く飲んでいた、白桃とプロセッコのカクテル、「ベッリーニ」にもこのワインがベースに使われていた。古くは、ブドウを乾燥させ、甘口ワインにしたり、瓶詰め後、スパーゴ（ヒモ）で口の部分を結び、地中に埋めたものを掘り出して、お祝い用に楽しんでいた。プロセッコ種は、今日「グレーラ」と呼ばれるようになったが、プロセッコの名前は、フリウリ地方の海岸沿いの地名だったといわれ、ヴェネト地方の内陸に運ばれ栽培されるようになった。

・Bottega（ボッテーガ）
・Il Colle（イル・コッレ）
・Bellenda（ベッレンダ）
・Val d'Oca（ヴァル・ドーカ）

SOAVE
ソアーヴェ

DOC
(1968〜)

〈地域〉
ヴェローナ県東方のソアーヴェを中心とする13の市町村

2015
67,421,300本（ソアーヴェ・スペリオーレ・レチョート・ディ・ソアーヴェを含む）

	ha当たりのブドウの収穫	最低アルコール	最低熟成期間
③DOC	15 t	10.5%	
③—CLASSICO クラッシコ	14 t	11%	3カ月
③—COLLI SCALIGERI コッリ・スカリージェリ	14 t	11%	3カ月
①—SPUMANTE スプマンテ	14 t	11%	

ガルガーネガ種70%以上、トレッビアーノ・ディ・ソアーヴェ種、シャルドネ種30%以下、その他アロマティックでない認定白ブドウ5%以下。

色：明るい麦わら色で時には緑色を帯びる。
香：上品で独特の香り、ワイン香がある。
味：わずかに苦味がありバランスのよい辛口。スプマンテはEXTRA DBRUTエクストラ・ブルットからEXTRA DRYエクストラ・ドライまで。

軽いアンティパスト、淡水魚、エビの料理、Seppie in Gratella（セッピエ・イン・グラテッラ＝もんごういかの網焼き）、この他リゾット、バッカラ、ボッタルガ入りパスタ、やわらかいチーズなどに合う。

8〜10℃
スプマンテ：8℃

・Masi（マアジ）
・Bertani（ベルターニ）
・Pieropan（ピエロパン）
・Cantina del Castello（カンティーナ・デル・カステッロ）
・Corte Mainente（コルテ・マイネンテ）

	'99	'00	'01	'02	'03	'04	'05	'06	'07	'08	'09	'10	'11	'12
soave ソアーヴェ	★★★	★★★★★	★★★★	★★★	★★★	★★★★	★★★1/2	特別に良い年	★★★★	★★★★	★★★★	★★★1/2	★★★★	★★★★

VALPOLICELLA
ヴァルポリチェッラ

DOC
(1968～)

〈地域〉
ヴェローナ県ヴァルポリチェッラを中心とする19の市町村

2015
ヴァルポリチェッラ・リパッソと併せて56,670,800本

	ha当たりのブドウの収穫	最低アルコール	最低熟成期間
⑦DOC	12 t	11%	
⑧—SUPERIORE スペリオーレ	12 t	12%	12カ月 翌年1月1日起算

コルヴィーナ・ヴェロネーゼ種40～80%（またはコルヴィノーネ種50%以下）、ロンディネッラ種5～30%、その他アロマティックでない認定黒ブドウ15%以下（単品種では10%以下）及び認定イタリア固有品種10%以下。

色：ルビー色で熟成に従いガーネット色を帯びる。
香：繊細で独特な香りはアーモンドを思わせる。
味：ほろ苦くコクと風味があり滑らかな辛口。

・Riso e Piselli（リゾ・エ・ピゼッリ＝グリンピースと米の料理）
・Pasta con Fagioli（パスタ・コン・ファジョーリ＝インゲン豆とパスタの料理）
カモ、半硬質チーズ。スペリオーレは白身肉、熟成チーズに向く。

16～18℃

・Allegrini（アッレグリーニ）
・Masi（マアジ）
・Zenato（ゼナート）
・Cantina Valpolicella Negrar（カンティーナ・ヴァルポリチェッラ・ネグラール）

VALPOLICELLA RIPASSO
ヴァルポリチェッラ・リパッソ

DOC
(2010～)

〈地域〉
ヴェローナ県ヴァルポリチェッラを中心とする19の市町村

2015
ヴァルポリチェッラと併せて
56,670,800本

	ha当たりのブドウの収穫	最低アルコール	最低熟成期間
⑦DOC	12 t	11%	
⑧―SUPERIORE スペリオーレ	12 t	12%	12カ月 翌年1月1日起算

コルヴィーナ・ヴェロネーゼ（クルイーナ、コルヴィーナ）種45～95%（内コルヴィノーネ種50%以下使用可)、ロンディネッラ種5～30%、その他アロマティックでない認定黒ブドウ15%以下（各種10%以下)、その他認定イタリア固有品種10%以下。

色：ルビー色、熟成と共にガーネットを帯びる。
香：マラスカやチェリー、スパイス香を含み、アクセントのある特徴的な香り。
味：赤い果実の味わいのある、滑らかなしっかりとした赤。

Pasta con Fagioli（パスタ・コン・ファジョーリ＝インゲン豆とパスタの料理)、カモ、半硬質チーズに、スペリオーレは熟成チーズに向く。

16～18℃

※リパッソとは、ヴァルポリチェッラの発酵済みワインにアマローネもしくはレチョート・デッラ・アマローネの搾りカスを加えて再発酵させ、ワインに厚みを持たせる造り方。

・Dal Forno Romano（ダル・フォルノ・ロマーノ）
・Allegrini（アッレグリーニ）
・Cantina Valpolicella Negrar（カンティーナ・ヴァルポリチェッラ・ネグラール）
・Masi（マアジ）

VENEZIA
ヴェネツィア

DOC
(2010〜)

〈地域〉
ヴェネツィア県とトレヴィーゾ県の市町村

2016
21,573,700本

	ha当たりのブドウの収穫	最低アルコール	最低熟成期間
①②BIANCO SPUMANTE ビアンコ・スプマンテ	17 t	11%	
①②BIANCO FRIZZANTE ビアンコ・フリッツァンテ	17 t	11%	

ヴェルドゥッツォ・フリウラーノ種、ヴェルドゥッツォ・トレヴィジャーノ種50%以上、その他アロマティックでない認定白ブドウ50%以下。

やや濃い目の麦わら色でフレッシュな辛口から中甘口。スプマンテはBRUTブルットからDEMI-SECデミセックまで。

8〜10℃

	ha当たりのブドウの収穫	最低アルコール	最低熟成期間
⑦ROSSO ロッソ	16 t	11%	

メルロー種50%以上、その他認定黒ブドウ50%以下。

ルビー色で個性的なワイン香を含むバランスの良い赤。

16〜18℃

	ha当たりのブドウの収穫	最低アルコール	最低熟成期間
⑥ROSATO ロザート	17 t	10.5%	
①②—FRIZZANTE フリッツァンテ	17 t	10.5%	
①②—SPUMANTE スプマンテ	17 t	11%	

ロッソと同じ。

淡いピンク色で、心地良い果実香があるフルーティな味わい。辛口から中甘口まで。

12〜14℃　スプマンテ：8℃　中甘口：10〜12℃

	ha当たりのブドウの収穫	最低アルコール	最低熟成期間
③CHARDONNAY シャルドネ	15 t	11%	

シャルドネ種85%以上、その他アロマティックでない認定白ブドウ15%以下。

やや濃い目の麦わら色で心地よい香りのある調和のとれた辛口。

8〜10℃

	ha当たりのブドウの収穫	最低アルコール	最低熟成期間
③PINOT GRIGIO ピノ・グリージョ	15 t	11%	

ピノ・グリージョ種85%以上、その他アロマティックでない認定白ブドウ15%以下。

赤味がかった麦わら色でしっかりとした特徴的な香り。滑らかで調和のとれた柔らかい辛口。

8〜10℃

	ha当たりのブドウの収穫	最低アルコール	最低熟成期間
⑦CABERNET SAUVIGNON カベルネ・ソーヴィニヨン	16 t	11%	

カベルネ・ソーヴィニヨン種85%以上、その他アロマティックでない認定黒ブドウ15%以下。

ルビー色で熟成と共にガーネットを帯びる。余韻の長いワイン香があり、柔らかくしっかりとした赤。

16〜18℃

	ha当たりのブドウの収穫	最低アルコール	最低熟成期間
⑦CABERNET FRANC カベルネ・フラン	16 t	11%	

カベルネ・フラン種85%以上、その他アロマティックでない認定黒ブドウ15%以下。

ルビー色で熟成と共にガーネットを帯びる。余韻の長いワイン香があり、柔らかくしっかりとした赤。

16〜18℃

- Astoria（アストリア）
- Anno Domini（アンノ・ドミニ）
- Savian（サヴィアン）

VICENZA
ヴィチェンツァ

DOC
(2000〜)

〈地域〉
ヴィチェンツァ県の市町村

2015
1,221,100本

	ha当たりのブドウの収穫	最低アルコール	最低熟成期間
③BIANCO ビアンコ	品種毎	10.5%	
①②—SPUMANTE スプマンテ	品種毎	11%	
①②—FRIZZANTE フリッツァンテ	品種毎	10.5%	
⑤—PASSITO パッシート	品種毎	13%	

ガルガーネガ50%以上、その他アロマティックでない認定白ブドウ50%以下。

濃い目の麦わら色でデリケートで特徴的な香りがあり、まろやかでフレッシュな辛口。スプマンテは辛口から甘口まで、フリッツァンテは辛口から中甘口まで、パッシートは中甘口から甘口まで。

⑦ROSSO ロッソ	品種毎	11%	
⑧—RISERVA リゼルヴァ	品種毎	12%	
⑦—NOVELLO ノヴェッロ	品種毎	11%	

メルロー種50%以上、その他アロマティックでない黒ブドウ50%以下。

やや濃い目のルビー色でワイン香を含み、程よいタンニンを感じる調和のとれた赤。

⑥ROSATO ロザート	品種毎	10.5%	
①②—FRIZZANTE フリッツァンテ	品種毎	10.5%	

ロッソと同じ。

やや濃い目のロゼ色で軽く心地よい香り。フリッツァンテは辛口から中甘口まである。

③CHARDONNAY シャルドネ	15 t	11%	

緑がかった麦わら色で繊細で心地よい特徴的な香りを含む調和のとれた辛口。

①—SPUMANTE スプマンテ	15 t	11%	

輝きのあるやや濃い目の麦わら色で心地よい特徴的な香りを含むフルーティーで調和のとれた辛口。

シャルドネ種85%以上、その他アロマティックでない認定白ブドウ15%以下。

③PINOT GRIGIO ピノ・グリージョ	15 t	11%	

ピノ・グリージョ種85%以上、その他アロマティックでない認定白ブドウ15%以下。

赤味がかった麦わら色で特徴的な心地よい香り。滑らかで調和のとれた辛口。

③GARGANEGO ガルガーネゴ	16 t	10.5%	

麦わら色で軽いワイン香を含む特徴的な香りのかすかに苦味のある調和のとれた辛口。

①②—SPUMANTE スプマンテ	16 t	11%	

輝きのあるやや濃い目の麦わら色で心地よい特徴的な香りを含むフレッシュで調和のとれた辛口から中甘口。

ガルガーネガ種85%以上、その他アロマティックでない認定白ブドウ15%以下。

③MANZONI BIANCO マンゾーニ・ビアンコ	13 t	11%	

マンゾーニ・ビアンコ種85%以上、その他アロマティックでない認定白ブドウ15%以下。

緑がかった淡い麦わら色で繊細で特徴的な香り。しっかりとして調和のとれた辛口。

⑤MOSCATO モスカート　13 t　11%
①②—SPUMANTE スプマンテ　13 t　11%

モスカート・ビアンコ種、モスカート・ジャッロ種85%以上、その他アロマティックでない認定白ブドウ15%以下。

やや濃い目の麦わら色でマスカットの特徴的な香りと味わいを持つ中甘口から甘口。スプマンテは辛口から甘口まである。

⑦PINOT NERO ピノ・ネロ　13 t　11%
⑧—RISERVA リゼルヴァ　11 t　12%　24カ月内3カ月木樽熟成

ピノ・ネロ種85%以上、その他アロマティックでない認定黒ブドウ15%以下。

ルビー色でデリケートな香りの味わいのある辛口。

⑦RABOSO ラボーゾ　15 t　10.5%
⑧—RISERVA リゼルヴァ　13 t　11.5%　24カ月内3カ月木樽熟成

ラボーゾ種85%以上、その他アロマティックでない認定黒ブドウ15%以下。

やや濃い目のルビー色で、時には紫がかる場合もある。
特徴的なしっかりとしたワイン香があり、ボディー感のある辛口。

赤：16～18℃
ロザート：14～16℃
白：8～10℃
スプマンテ：8℃
甘口：10～12℃

※この他、ソーヴィニヨン、ピノ・ビアンコ、ピノ・ビアンコ・スプマンテ、リースリング、カベルネ、カベルネ・ソーヴィニヨン、メルローなどのワインがある。

・Nani（ナーニ）
・Inama（イナマ）
・Villa Degili Olmi（ヴィッラ・デリ・オルミ）
・Collis（コッリス）
・Pegoraro（ペゴラーロ）

ヴェネト州の他のDOC

・BAGNOLI DI SOPRA／BAGNOLI（バニョーリ・ディ・ソープラ／バニョーリ）（1995～）
パドヴァ県バニョーリ・ディ・ソープラを中心に造られる。白はシャルドネ種主体、赤はメルロー種、カベルネ・フラン種、カベルネ・ソーヴィニヨン種主体に造られる。この他、カベルネ・フラン、カベルネ・ソーヴィニヨン、カベルネ・カルメネーレ、メルロー、ラボーゾ、トゥルケッタ、レフォスコ・ダル・ペドゥンコロ・ロッソ、マルツェミーナ・ビアンカ、コルヴィーナ、カヴラーラ、スプマンテ、パッシートなどもある。

・GARDA（ガルダ）（1996～）
ヴェネト州とロンバルディア州にまたがる地域で造られる。（ロンバルディア州参照）

・LESSINI DURELLO／DURELLO LESSINI（レッシーニ・ドゥレッロ／ドゥレッロ・レッシーニ）（2011～）
ヴェローナ県、ヴィチェンツァ県で造られるドゥレッラ種主体の辛口スプマンテ。リゼルヴァもあるが生産量が少ない。

・LUGANA（ルガーナ）（1967～）
ヴェネト州とロンバルディア州にまたがる地域で造られる。（ロンバルディア州参照）

・MERLARA（メルラーラ）（2000～）
ヴェローナ県とパドヴァ県の9つの市町村で造られる。フリウラーノ種主体の白と、メルロー種主体の赤他、タイ（フリウラーノ）、マルヴァジア、シャルドネ、ピノ・グリージョ、ピノ・ビアンコ、リースリング、メルロー、カベルネ・ソーヴィニヨン、カベルネ、レフォスコ・ダル・ペドゥンコロ・ロッソ、ラボーゾ、マルツェミーノ等がある。

・MONTELLO-COLLI ASOLANI（モンテッロ・コッリ・アゾラーニ）（1977～）
トレヴィーゾ県モンテッロ地方で造られる。メルロー種、カベルネ種から造られる赤の他、シャルドネ種主体の白、メルロー、カベルネ、カルメネーレ、カルベネ・フラン、カルベネ・ソーヴィニヨン、レカンティーナ、シャルドネ、ピノ・ビアンコ、ピノ・グリージョビアンケッタ・マンゾーニ・ビアンコ、などがある。スプマンテの他、サブゾーン・ヴェネガッツにはスペリオーレもある。

・MONTI LESSINI（モンティ・レッシーニ）／LESSINI（レッシーニ）（1987～）
ヴェローナ、ヴィチェンツァ両県にまたがるレッシーニ丘陵で造られる。ドゥレッラ種主体のドゥレッロ、シャルドネ種主体のビアンコ、ピノ・ネロ種主体のピノ・ネロがある。

・RIVIERA DEL BRENTA（リヴィエラ・デル・ブレンタ）（2004～）
パドヴァ県とヴェネツィア県の40の市町村で造られる。フリウラーノ種主体の白と、メルロー種主体の赤とロゼ、その他赤はメルロー、カベルネ、ラボーゾ、レフォスコ、白はピノ・ビアンコ、ピノ・グリージョ、シャルドネ、タイ（フリウラーノ）、及びスプマンテもある。

・SAN MARTINO DELLA BATTAGLIA（サン・マルティーノ・デッラ・バッターリア）（1970～）
ロンバルディア州ブレーシャ県、およびヴェネト州ヴェローナ県で造られる。フリウラーノ種主体の白ワイン。リキュールタイプのリクオローゾもある。

・VALDADIGE／ETSCHTALER（ヴァルダディジェ／エッチュターラー）（1975～）
トレンティーノ・アルト・アディジェ州トレント県とボルツァーノ県、ヴェネト州のヴェローナ県で造られる。ピノ・ビアンコ、ピノ・グリージョ、リースリング・イタリコ、ミュッラー・トゥルガウ、シャルドネ種等を使用した白とスキアーヴァ、エナンティオ種主体の赤とロゼ、この他白はピノ・グリージョ、ピノ・ビアンコ、シャルドネ、赤はスキアーヴァがある。（アルト・アディジェ州参照）

・VALDADIGE TERRADEIFORTI／ TERRADEIFORTI（ヴァルダディジェ・テッラデイフォルティ／テッラデイフォルティ）（2006～）
トレンティーノ・アルト・アディジェ州トレント県とヴェネト州ヴェローナ県で造られる、白はピノ・グリージョ、赤はエナンティオ、カゼッタがある。

・VIGNETI DELLA SERENISSIMA／ SERENISSIMA（ヴィニェーティ・デッラ・セレニッシマ／セレニッシマ）（2011～）
ベッルーノ県、トレヴィーゾ県、パドヴァ県、ヴィチェンツァ県、ヴェローナ県で造られる。白はシャルドネ種、ピノ・ビアンコ種、赤はピノ・ネロ種主体で造られる。

FRIULI-VENEZIA GIULIA

フリウリ・ヴェネツィア・ジューリア州

この州は、イタリア北部、東の端にある州で、北はアルプスを隔ててオーストリアと接し、東はスロヴェニアと国境を接する。南はアドリア海に面し、風が強く、この地方最大の港町で州都のトリエステは、古くから重要な港であった。北部山岳地帯では牧畜が盛んで、酪農製品を多く産出する。特に山から平地にかけての扇状地で作られるサン・ダニエレ産の生ハムは、パルマの生ハムと並び、イタリアを代表する加工肉として知られている。

また、この州の北東部は、商業地として発展しているが、農業も営まれており、ワインロードの表示に沿って進めば、古いヴィッラやブドウ畑の道筋には、「フラスカ（木の枝）」を掲げた家族経営のオステリアで自家製のサラミやチーズ、ワインを楽しむことができる。

この地方は山と海が近く、中央に丘陵があることから昼夜の温度差があり、日中暑く、夜間は冷え、香りとアロマの豊かなワインが生まれる。

主なワインの生産地域は２つに分かれる。一つはスロヴェニアとの国境までの丘陵地域で、もう一つは、この丘陵からヴェネト州との境までで、西に向けて広がる平野部との区別は必要である。

さらに細かく３つの地域に分けることができる。南部は、ヴェネトとの州境からイゾンツォまでの海岸沿

いの平坦な地域で、アクイレイア、ラティザーナ、アンニアの３つのDOCがあり、いずれも沖積土由来の土壌で、極めて似た土壌と気候を有している。

次に、グラーヴェは、前出の南部の北側に当たる地域で、ヴェネトとの州境からコッリョとフリウリ・コッリ・オリエンターリと東側で接する地域である。南部同様に平坦な上地だが、大陸性の気候である。この地域のリゾン・プラマッジョーレ（DOC）は、ヴェネト州にまたがるDOCである。

最後に、スロヴェニア国境に接する地域がある。良質白ワインを生産する地域として知られ、コッリョ、フリウリ・コッリ・オリエンターリの外に、南北にスロヴェニア国境を背にした低い丘陵地が広がる。さらにここから州都トリエステに続く海岸線の岩がちな地域、カルーソは、他の地域と全く異なる土壌と気候を有している。その手前にあるイゾンツォは、イゾンツォ川のすぐ北側にあり、平坦な地域ではあるが、造られるワインは、グラーヴェや南部のワインよりも、むしろコッリョ、フリウリ・コッリ・オリエンターリに近い味わいになる。

フリウリでは、トレンティーノ・アルト・アディジェ同様、多くの品種が栽培されている。白は、ソーヴィニヨン、シャルドネ、マルヴァジア、ピノ・ビアンコ、ピノ・グリージョ、リースリング、トラミネル・アロマティコなどがあり、赤では、カベルネ・ソーヴィニヨン、カベルネ・フラン、メルロー、ピノ・ネロなど、周辺の国からもたらされた品種が多いが、フリウリ独自の品種も数多く存在する。

白では、古代ローマ時代から栽培され、ローマ法王やロシア皇帝も愛飲したといわれる稀少なブドウ、ピコリットがある。アカシアの芳香を含み、調和の取れた甘口ワインになる。リボッラ・ジャッラは、12世紀

には既にこの地方に存在していたといわれる品種で、新鮮味があり、ソフトな味わいのワインになる。ヴェルドゥッツォは、フリウリ地方の丘陵地帯で多く植えられている品種であり、甘口にされるジャッロと辛口にされることが多いヴェルデがあるが、ジャッロは甘口DOCGワイン、ラマンドロの原料となっている。一方のヴェルデは、柑橘系の風味があるフルーティなワインにされることが多い。

何といっても、この地方で多く栽培される白ブドウの代表は、フリウラーノである。以前はトカイ・フリウラーノと呼ばれていた。苦味を含むバランスの取れた辛口で、食事に良く合う日常ワインとしては欠かせないものである。

赤では、スキオッペッティーノがある。ロンキ・ディ・チャッラ社のラプッツィ・ファミリーによってDOCに認められ、今日知られるワインになっている。白コショウを感じさせるエレガントな味わいのワインで、熟成に耐えるワインになる。

もう一つフリウリ独自の赤にレフォスコ・ダル・ペドゥンコロ・ロッソがある。茎の部分が赤い色をしていることからこう呼ばれるようになった。このブドウは、ヴェネト州の一部でも栽培されているが、フリウリにおいては、日常ワインとして飲まれるワインとなる。

フリウリは、アルト・アディジェと並ぶ白ワインの名産地である。なかでも、コッリョと一部のコッリ・オリエンターリ、イゾンツォの小高い丘陵地は、泥灰土と砂質土が交互に重なる、地元では「ポンカ(PONCA)」と呼ばれる土壌で、手に取って砕ける土が白ブドウに適している。この地方の気候も加わり、この土壌から優れた白ワインが多く産出されている。

FRIULI VENEZIA GIULIA
フリウリ・ヴェネツィア・ジューリア州

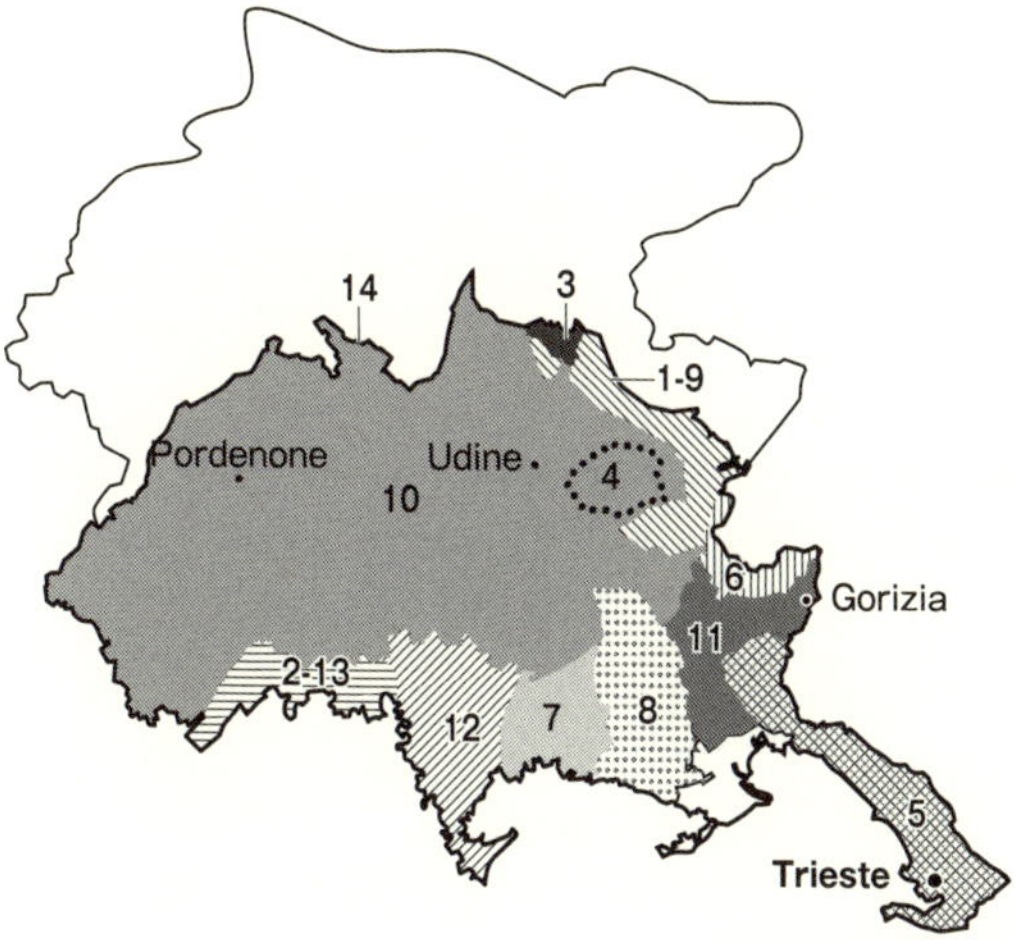

D.O.C.G.

1. Colli Orientali del Friuli Picolit コッリ・オリエンターリ・デル・フリウリ・ピコリット
2. Lison リゾン
3. Ramandolo ラマンドロ
4. Rosazzo ロザッツォ

D.O.C.

5. Carso o Carso-Kras カルソ／カルソ・クラス
6. Collio Goriziano o Collio コッリョ・ゴリツィアーノ／コッリョ
7. Friuli Annia フリウリ・アンニア
8. Friuli Aquileia フリウリ・アクイレイア
9. Friuli Colli Orientali フリウリ・コッリ・オリエンターリ
10. Friuli Grave フリウリ・グラーヴェ
11. Friuli Isonzo o Isonzo del Friuli フリウリ・イゾンツォ／イゾンツォ・デル・フリウリ
12. Friuli Latisana フリウリ・ラティザーナ
13. Lison-Pramaggiore リゾン・プラマッジョーレ
14. Prosecco プロセッコ

〈フリウリ・ヴェネツィア・ジューリア州〉

この地方のDOCワインはアルト・アディジェ、トレンティーノ、オルトレポー・パヴェーゼ地方と同様、品種名がそのままDOCワインの下に付く名前になっていることが多いので、主な地区のDOCを品種別にまとめた。

主な地区 / 品種別	COLLO《コッリョ》	FRIULI《フリウリ・》 COLLI《コッリ・》 ORIENTALI《オリエンターリ》	FRIULI《フリウリ・》 GRAVE《グラーヴェ》	AQUILEIA《アクイレイア》	FRIULI《フリウリ・》 ISONZO《イゾンツォ》	FRIULI《フリウリ・》 LATISANA《ラティザーナ》	PROSECCO《プロセッコ》
BIANCO ビアンコ	★	★	★	★	★	★	
ROSSO ロッソ	★	★	★	★	★	★	
ROSATO ロザート			★	★	★	★	
CABERNET カベルネ	★	★	★	★	★	★	
CABERNET FRANC カベルネ・フラン	★	★	★	★	★	★	
CABERNET SAUVIGNON カベルネ・ソーヴィニヨン	★	★	★	★	★	★	
MERLOT メルロー	★	★	★	★	★	★	
PINOT NERO ピノ・ネロ	★	★	★		★	★	
REFOSCO レフォスコ		★	★	★	★	★	
SCHIOPPETTINO スキオッペッティーノ		★			★		
PINOT GRIGIO ピノ・グリージョ	★	★	★	★	★	★	
PINOT BIANCO ピノ・ビアンコ	★	★	★	★	★	★	
FRIULANO フリウラーノ	★	★	★	★	★	★	
MALVASIA ISTRIANA マルヴァジア・イストリアーナ	★	★			★	★	
RIBOLLA GIALLA リボッラ・ジャッラ	★	★					
TRAMINER AROMATICO トラミネル・アロマティコ	★	★	★	★	★	★	
CHARDONNAY シャルドネ	★	★	★	★	★	★	
MÜLLER THURGAU ミュッラー・トゥルガウ	★						
RIESLING ITALICO リースリング・イタリコ	★				★		
RIESLING RENANO リースリング・レナーノ	★	★	★	★	★	★	
SAUVIGNON ソーヴィニヨン	★	★	★	★	★	★	
VERDUZZO FRIULANO ベルドゥッツォ・フリウラーノ		★	★	★	★	★	
RAMANDOLO ラマンドロ		★					
CHARDONNAY SPUMANTE シャルドネ・スプマンテ			★	★		★	
PICOLIT ピコリット	★	★					
MOSCATO ROSA モスカート・ローザ					★		
MOSCATO GIALLO モスカート・ジャッロ					★		
FRANCONIA フランコニア					★	★	
PIGNOLO ピニョーロ		★			★		
TAZZELENGHE タッツェレンゲ		★					
GRELA グレーラ							★

COLLI ORIENTALI DEL FRIULI PICOLIT
コッリ・オリエンターリ・デル・フリウリ・ピコリット

DOCG
(2006～)

〈地域〉
ウディネ県のニミス、タルチェント、ドレニャーノ、チヴィダーレ、チャッラなどの地域

2016
71,700本

	ha当たりのブドウの収穫	最低アルコール	最低熟成期間
⑤PICOLIT ピコリット	4 t	15%	10カ月
⑤PICOLIT CIALLA ピコリット・チャッラ	4 t	16%	22カ月
⑤—RISERVA リゼルヴァ	4 t	16%	48カ月

⑤PICOLIT ピコリット

ピコリット種85%以上、トラミネル・アロマティコ種を除く認定白ブドウ15%以下。

4 t　15%　10カ月
自然アルコール13%以上
醸造及び熟成に木樽使用

⑤PICOLIT CIALLA ピコリット・チャッラ

4 t　16%　22カ月
自然アルコール14%以上
醸造及び熟成に木樽使用

⑤—RISERVA リゼルヴァ

ピコリット種100%。

4 t　16%　48カ月
自然アルコール14%以上
醸造及び熟成に木樽使用

色：黄金色から濃い目の黄金色。
香：独自の干しブドウのような強い香り、繊細なオレンジのような香り。
味：中甘口、甘口がある。調和の取れた繊細な味わい。

ゴルゴンゾーラ・ドルチェなどの青カビチーズやカステルマーニョなどの辛口チーズ、ストゥルーデルなどのドルチェ、菓子類他食事外にも良い。

10～12℃

※《チャッラ》はサブゾーン。プレポットとチヴィダーレの間のチャッラを中心とする地域。

※ピコリット種のブドウは古代ローマ時代から知られ、ローマ法王、ロシア皇帝、フランス王室で愛飲されていたといわれる。この品種については古くから研究されているが、ワイン用のブドウの中でもかなり特殊なブドウといわれている。その名前の由来はいくつかあるが、収穫できるブドウの量が少ないこと、ブドウの粒が小さいことから、ピッコロ（少量）と呼ばれた。起源についてもはっきりしないが、古くから存在し、12世紀ごろヴェネツィアに運ばれ、長い間忘れられていたものが17世紀末に再び名声を取り戻し、1970年代の甘口ワインブームで再度脚光を浴びるようになった。
この品種は植物学的に珍しい品種で、野生のブドウに近い。通常栽培されるブドウの房には200～300の粒が実るが、これは苗が雌雄両性花をもっているからだ。ところが、野生のブドウでは木に実がついたりつかなかったりする。これは雄、雌が別の木になっているからで、雄性花の株にはほとんど実がつかず、雌性花でもほんのわずかしか実がつかないことが多い。また、この品種は雄性花の雄ずいが反転しているため子房に雄性花の花粉がつきにくく、受粉しにくい。こうした不完全花は実が結実しないことが多く、果粒密度が極めて粗になる。通常の10分の1、15～30粒程度しか結実しない。通常のブドウはヘクタール当たり12～18トン程度を収穫できるが、この品種では人力を借りても4トン程度しか収穫できない。

- Ronchi di Cialla（ロンキ・ディ・チャッラ）
- Banear（バネアール）
- Rocca Bernarda（ロッカ・ベルナルダ）
- Livio Felluga（リヴィオ・フェッルーガ）

LISON
リゾン

DOCG
(2011〜)

〈地域〉
フリウリ州のポルデノーネ県とヴェネト州のヴェネツィア県、トレヴィーゾ県の19の市町村

2016
554,800本

	ha当たりのブドウの収穫	最低アルコール	最低熟成期間
④DOCG	11 t	12%	
④—CLASSICO クラッシコ	10 t	12.5%	

タイ（フリウラーノ）種85%以上、その他アロマティックでない認定白ブドウ15%以下。

色：やや濃い目の麦わら色、緑がかったものから黄金がかったものまである。
香：心地よい特徴的な香り。
味：滑らかな辛口。

魚料理や野菜の揚げ物、中熟成チーズに向く。

8〜10℃

※トレヴィーゾ県のリゾンを中心とする地域のタイ（フリウラーノ）種を使用した白ワインは、1971年DOCとして認められ、その後、1974年、リゾン・プラマッジョーレとして新たにDOCとなった。2010年、フリウリ州ポルデノーネ県とヴェネト州のヴェネツィア県とトレヴィーゾ県を含む地域の、タイ種を使った白ワインがDOCGに認められた。タイという品種は、地域によってはフリウラーノとも呼ばれるが、2007年までは、トカイ・フリウラーノ種と呼ばれていた。1200年ごろハンガリーに伝えられたといわれるトカイ・アスズエッセンスが、EUで正式に認められたため、トカイ・フリウラーノという呼び名は使えなくなり、変更を余儀なくされた。現在ではチリでも多く栽培されるが、フランスのボルドー周辺では使われなくなっている。
リゾンの町は、タリアメント川とリヴァンツァ川の間に位置し、既に古代ローマ時代から存在する町で、10世紀以降、ヴェネツィア共和国のヴェネディクト派の僧侶がオーストリアのハプスブルグ家と交易を行う場所として栄えていた。

- Poderi Salvarolo（ポデーリ・サルヴァローロ）
- Bosco del Merlo（ボスコ・デル・メルロ）
- Principi di Porcia（プリンチピ・ディ・ポルチャ）

RAMANDOLO
ラマンドロ

DOCG
(2001〜)

〈地域〉

ウディネ県ニミスとタルチェントにかけてのラマンドロを中心とする地域

2016
156,700本

	ha当たりのブドウの収穫	最低アルコール	最低熟成期間
⑤DOCG	8 t	14% 自然アルコール11%以上	

ヴェルドゥッツォ・フリウラーノ種100%。

（ヴェルドゥッツォ・ジャッロ）

色：黄金色からコハク色まで。
香：ブドウ果汁を思わす濃密な甘い香りを含む。
味：コクと甘味がありわずかにタンニンを感ずる。
※ブドウを乾燥させ、糖度を高めてから醸造されることが多い。

Strucolo（ストルーコロ＝フリウリ・ヴェネツィア・ジューリア地方のストゥルーデル）などの甘味類、菓子類に向く。ゴルゴンゾーラなどの青カビチーズにも向く。また食事外の瞑想用にも向く。

10〜12℃

※ラマンドロの造られる地域は雨が多く比較的冷涼な盆地になっており、南向きの斜面でこの甘口ワイン用のブドウが作られている。

※ヴェルドゥッツォ・フリウラーノ種には、ヴェルドゥッツォ・ヴェルデ種とヴェルドゥッツォ・ジャッロ種がありヴェルデ種は平野部の砂利の多いところで大量に生産され、辛口にされることが多いのに対し、ジャッロ種は、丘陵地に植えられ、糖度を高めて甘口のデザート用ワインにされるが、ラマンドロには、このジャッロ種が使用される。
ラマンドロがDOCGに指定される地域は、ウディネの北のニミス、ファエディス、トルラーノ丘陵の標高200〜450メートルの小高い丘や扇状地になっているところである。

完熟したブドウは、樹につけたまま、あるいは摘み取った後、グラティッチと呼ばれる棚で乾燥され、糖度を高めてから50〜60日かけてゆっくり発酵させる。熟成に小樽を使用する場合は、4〜8カ月の熟成を必要とする。

このワインと比較されるフリウリ地方の希少なワインにピコリットがあるが、ラマンドロのほうは、軽いタンニンを含み、濃厚な味わいにされることが多い。

- I Comelli（イ・コメッリ）
- La Roncaia（ラ・ロンカイア）
- Ronco Vieri（ロンコ・ヴィエーリ）
- Bidoli Vini（ビドーリ・ヴィーニ）

ROSAZZO
ロザッツォ

DOCG
(2011〜)

〈地域〉
ウディネ県コルノ・ディ・ロザッツォ、マンツァーノ、サン・ジョヴァンニ・アル・ナティゾーネなどの市町村

2016
60,100本

	ha当たりのブドウの収穫	最低アルコール	最低熟成期間
④DOCG	8 t	12%	

フリウラーノ種50%以上、ソーヴィニヨン種20〜30%、ピノ・ビアンコ種、シャルドネ種20%〜30%、リボッラ・ジャッラ種10%以下、その他認定認定白ブドウ5%以下。

色：明るい黄色がかった麦わら色。
香：上品なアロマのある香り。
味：調和のとれた辛口。

サン・ダニエレの生ハムや魚料理、魚介類のスープなどに合う。

10〜12℃

※ロザッツォの町は、ウディネ県の南、ゴリツィア県のスロヴェニアとの国境に近いところに位置する。ウディネは13〜15世紀までアクイレイア総大司教の所有地で、当時は北イタリアの重要な都市であった。さらに、ロザッツォの町は古代ローマの植民地として交通の要所で、フリウリ語でロザシス、スロヴェニア語でコレンと呼ばれた。町の正式名はコルノ・ディ・ロザッツォ。コルノとは鉄砲水の意味で、13世紀に起きた鉄砲水からこう名付けられた。ロザッツォはラテン語でバラの花を意味する。ブドウは標高60〜200メートルの小高い丘陵に植えられている。

・Livio Felluga（リヴィオ・フェッルーガ）
・Le Vigne di Zamo（レ・ヴィーニェ・ディ・ザモ）

CARSO / CARSO-KRAS
カルソ／カルソ・クラス

DOC
(1985〜)

〈地域〉
トリエステ県のモンファルコーネ、ロンキ・ディ・レジョナーレなどを中心とする地域

2016
304,300本

	ha当たりのブドウの収穫	最低アルコール	最低熟成期間
⑦ROSSO ロッソ	9 t	11.5%	4カ月
⑧—RISERVA	9 t	12%	29カ月 内12カ月木樽熟成 5カ月瓶内熟成

テッラーノ種70%以上、その他認定黒ブドウ30%以下。
濃いルビー色でアロマを含むワインらしい香りのある辛口。
ジャガイモのニョッキや白身肉の料理。
16〜18℃

	ha当たりのブドウの収穫	最低アルコール	最低熟成期間
⑦TERRANO テッラーノ	9 t	10.5%	4カ月
⑧—RISERVA リゼルヴァ	9 t	11%	29カ月 内12カ月木樽熟成 5カ月瓶内熟成

テッラーノ種85%以上、その他認定黒ブドウ15%以下。
濃いルビー色でワインらしい香りを含む辛口。
白身肉のロースト、魚介類のフライ、ジャガイモのニョッキなど。
16〜18℃

	ha当たりのブドウの収穫	最低アルコール	最低熟成期間
③VITOUSKA ヴィトウスカ	9 t	11.5%	4カ月
④—RISERVA リゼルヴァ	9 t	12%	20カ月

ヴィトウスカ種85%以上、その他アロマティックでない白ブドウ15%以下。
麦わら色で繊細な香り、アロマを含む辛口。
魚介類のアンティパスト他の魚料理。
8〜10℃

※この他赤ではカベルネ・ソーヴィニヨン、カベルネ・フラン、メルロー、レフォスコ、テッラーノ・クラッシコ、白ではシャルドネ、グレーラ、マルヴァジア、ピノ・グリージョ、ソーヴィニヨン、トラミネルなどが認められ85%以上を使用する規定になっている。

- Kante（カンテ）
- Zidarich（ジダリク）
- Milic Kmetija（ミリク・ケメティージャ）
- Skerk（スケルク）

COLLIO GORIZIANO / COLLIO
コッリョ・ゴリツィアーノ／コッリョ

DOC (1968〜)

〈地域〉

ゴリツィア県のゴリツィアを中心とする多くの市町村

2016 9,007,700本

	ha当たりのブドウの収穫	最低アルコール	最低熟成期間
③BIANCO ビアンコ	11 t	11.5%	
④—RISERVA リゼルヴァ	11 t	11.5%	20カ月 11月1日起算

この地域の認定白ブドウ（ミュッラー・トゥルガウとトラミネル・アロマティコは15%以下）。

麦わら色から濃いめの麦わら色で、かすかなレモンの花の香りがあり、厚みのある調和のとれた辛口。

Minestra di Verdura（ミネストラ・ディ・ヴェルドゥーラ＝野菜入りパスタやリゾット）、魚介類のスープ。

	ha当たりのブドウの収穫	最低アルコール	最低熟成期間
⑦ROSSO ロッソ	11 t	11.5%	
⑧—RISERVA リゼルヴァ	11 t	11.5%	30カ月 内6カ月木樽熟成 11月1日起算

この地域の認定黒ブドウ。

明るいルビー色から濃いルビー色をし、草木の香りをもち、わずかな苦味を感ずる辛口。

豚の煮込み料理、半硬質チーズに向く。

※これから先の全てのワインは、ワイン名と同じ品種85%以上、その他認定同色ブドウ15%以下使用。

	ha当たりのブドウの収穫	最低アルコール	最低熟成期間
⑦CABERNET FRANC カベルネ・フラン	11 t	11.5%	
⑧—RISERVA リゼルヴァ	11 t	11.5%	30カ月 内6カ月木樽熟成 11月1日起算

生き生きとしたルビー色で独特の草の香りをもち、滑らかで調和のとれた辛口。

肉類のグリル、熟成チーズや青かびチーズに向く。

	ha当たりのブドウの収穫	最低アルコール	最低熟成期間
⑦PINOT NERO ピノ・ネロ	11 t	11.5%	
⑧—RISERVA リゼルヴァ	11 t	11.5%	30カ月 内6カ月木樽熟成 11月1日起算

輝くようなルビー色で上品な香りがあり、ほろ苦く飲み口の良い辛口。

白身肉、コクのあるリゾット、ブラザード、硬質チーズ。

	ha当たりのブドウの収穫	最低アルコール	最低熟成期間
⑦MERLOT メルロー	11 t	11.5%	
⑧—RISERVA リゼルヴァ	11 t	11.5%	30カ月 内6カ月木樽熟成 11月1日起算

ルビー色で草の香りとほろ苦さがあり、風味とコクのある辛口。

Brovada（ブロヴァーダ＝フリウリ地方の料理、薄く切ったカブをブドウの絞りカスに漬けたもの）、豚肉の煮込み、半硬質チーズ。

	ha当たりのブドウの収穫	最低アルコール	最低熟成期間
③FRIULANO フリウラーノ	11 t	11.5%	
④—RISERVA リゼルヴァ	11 t	11.5%	20カ月 11月1日起算

麦わら色から明るい黄色。上品で感じの良いワイン香。

アーモンドに似たほろ苦さがあり、厚みのある辛口。

甲殻類、魚介類ならなんでも向く。Zuppa di pesce（魚介類のスープ）。

	ha当たりのブドウの収穫	最低アルコール	最低熟成期間
③RIBOLLA GIALLA リボッラ・ジャッラ	11 t	11%	
④—RISERVA リゼルヴァ	11 t	11.5%	20カ月 11月1日起算

薄緑色を帯びた明るい麦わら色。独特の芳香があり、調和のとれた辛口。

野菜類のスープ、魚介類のスープ。

③PINOT BIANCO ピノ・ビアンコ　11 t　11.5%
④—RISERVA リゼルヴァ　11 t　11.5%　20カ月 11月1日起算
麦わら色で上品な香りを持つ。調和がとれ、しっかりとした辛口。

サンダニエレの生ハムやトリエステ風のホタテ貝の料理に向く。

③PINOT GRIGIO ピノ・グリージョ　11 t　11.5%
④—RISERVA リゼルヴァ　11 t　11.5%　20カ月 11月1日起算
黄金色で個性的な香り。調和があり豊かな辛口。

軽いアンティパスト、甲殻類、魚のグリル。

③SAUVIGNON ソーヴィニヨン　11 t　11.5%
④—RISERVA リゼルヴァ　11 t　11.5%　20カ月 11月1日起算
濃い麦わら色で上品なアロマのきいた独特の香りがあり、新鮮で調和がとれ、かつしっかりとした辛口。

Brodetto（ブロデット＝魚介類のスープ）、魚介類の煮物料理に向く。

③MALVASIA マルヴァジア　11 t　11.5%
④—RISERVA リゼルヴァ　11 t　11.5%　20カ月 11月1日起算
マルヴァジア・イストリアーナ種100%。

麦わら色で心地よい香りがあり、やわらかく調和のとれた辛口。

Crespelle di formaggio（クレスペッレ・ディ・フォルマッジョ＝チーズ入り筒状パスタ）、魚の煮込みなどに向く。

③TRAMINER AROMATICO トラミネル・アロマティコ　11 t　11.5%
④—RISERVA リゼルヴァ　11 t　11.5%　20カ月 11月1日起算
濃い麦わら色で、独特のアロマがあり、個性的でコクがありしっかりとして豊かな辛口。

甲殻類、辛口のチーズ、青カビチーズに向く。

③RIESLING ITALICO リースリング・イタリコ　11 t　11.5%
④—RISERVA リゼルヴァ　11 t　11.5%　20カ月 11月1日起算
明るい黄金色で独特の香り。厚みがあり、アロマのきいた辛口。
Pesce al cartoccio（ペッシェ・アル・カルトッチョ＝魚の紙包み焼）、軟質チーズ。

⑤PICOLIT ピコリット　4 t　14%
⑤—RISERVA リゼルヴァ　4 t　14%　20カ月 11月1日起算
黄金色がかった麦わら色から黄金色で心地よいデリケートな香りを含む甘口から中甘口。

青カビチーズや、ストゥルーデルなどのドルチェに向く。

※この他、カベルネ、カベルネ・ソーヴィニヨン、シャルドネ、ミュッラー・トゥルガウ、リースリング・レナーノなどがある。

白：8〜10℃
赤：16〜18℃
甘口：10〜12℃

・Rusiz Superiore（ルシッツ・スペリオーレ）
・Schiopetto（スキオペット）
・Collavini（コッラヴィーニ）
・Livon（リヴォン）　・Marco Felluga（マルコ・フェッルーガ）

FRIULI ANNIA
フリウリ・アンニア

DOC (1995〜)

〈地域〉

ウディネ県の8つの市町村

2016
166,700本

	ha当たりのブドウの収穫	最低アルコール	最低熟成期間
⑦ROSSO ロッソ	12 t	10.5%	
⑧—RISERVA リゼルヴァ	12 t	13%	24カ月 内12カ月木樽熟成
⑥ROSATO ロザート	12 t	10.5%	
③BIANCO ビアンコ	12 t	10.5%	
①SPUMANTE スプマンテ	12 t	11%	
⑦MERLOT メルロー	12 t	11%	
⑧—RISERVA リゼルヴァ	12 t	13%	24カ月 内12カ月木樽熟成
⑦CABERNET FRANC カベルネ・フラン	12 t	11%	
⑧—RISERVA リゼルヴァ	12 t	13%	24カ月 内12カ月木樽熟成
⑦CABERNET SAUVIGNON カベルネ・ソーヴィニヨン	12 t	11%	
⑧—RISERVA リゼルヴァ	12 t	13%	24カ月 内12カ月木樽熟成
⑦REFOSCO DAL PEDUNCOLO ROSSO レフォスコ・ダル・ペドゥンコロ・ロッソ	12 t	11%	
⑧—RISERVA リゼルヴァ	12 t	13%	24カ月 内12カ月木樽熟成

⑦ROSSO ロッソ / ⑧—RISERVA リゼルヴァ
この地域の認定黒ブドウ。

ガーネットがかったルビー色で心地よい特徴的な香りを持つ調和のとれた辛口。

しっかりした味付けのリゾット、肉類のソテーなどに合う。

⑥ROSATO ロザート
ロッソと同じ。

淡いロゼ色で心地よい香りのある調和のとれた辛口。

各種リゾット、魚介のスープ、白身肉のグリルなどに合う。

③BIANCO ビアンコ
アロマティックなブドウを除く認定白ブドウ。

やや濃い目の麦わら色で繊細で心地よい特徴的な香りを含むフレッシュで調和のとれた辛口。

アスパラガスのグリル、スープ入りパスタ、魚介類の料理に合う。

①SPUMANTE スプマンテ
シャルドネ種、ピノ・ビアンコ種90%以上、その他認定白ブドウ10%以下。

輝きのある麦わら色でフルーティでデリケートな香りを持つ柔らかい味わい。辛口から中甘口。

食前酒、軽めのアンティパスト、魚介類のリゾットなどに合う。

※これから先の全てのワインはワイン名と同じ品種90%以上、その他認定同色ブドウ10%以下。

⑦MERLOT メルロー / ⑧—RISERVA リゼルヴァ
ルビー色で、心地よい特徴的な香りを含み、まろやかで調和のとれた辛口。

野菜と豆の料理、赤身肉、硬質チーズなどに合う。

⑦CABERNET FRANC カベルネ・フラン / ⑧—RISERVA リゼルヴァ
やや濃い目のルビー色で心地よいハーブ香を含み、ハーブを思わせる調和のとれた辛口。

肉類を使ったパスタ、肉のグリル、硬質チーズなどに合う。

⑦CABERNET SAUVIGNON カベルネ・ソーヴィニヨン / ⑧—RISERVA リゼルヴァ
時にはガーネットがかった濃い目のルビー色で、特徴的なワイン香があり、心地よく調和のとれたしっかりとした辛口。

ブロバーダ（カブの料理）、肉類のグリルなどに合う。

⑦REFOSCO DAL PEDUNCOLO ROSSO レフォスコ・ダル・ペドゥンコロ・ロッソ / ⑧—RISERVA リゼルヴァ
紫がかったルビー色で、特徴的なワイン香があり、調和のとれたしっかりとした辛口
肉の煮込みとポレンタの料理、豚肉のスティンコ（グリル）などに合う。

③FRIULANO フリウラーノ 12 t 11%
①—FRIZZANTE フリッツァンテ 12 t 11%

レモン色がかった麦わら色デリケートで心地よい香りがあり調和のとれた繊細な辛口。

リジ・エ・ビジ（エンドウ豆入りリゾット）、白身肉のソテーなどに合う。

③PINOT BIANCO ピノ・ビアンコ 12 t 11%
①—FRIZZANTE フリッツァンテ 12 t 11%

黄金がかった淡い麦わら色でデリケートで心地よい香りがある典型的な繊細な辛口。

アスパラの料理、パスタ入りスープ、魚料理などに合う。

③⑤VERDUZZO FRIULANO ヴェルドゥッツォ・フリウラーノ 12 t 11%

黄金がかった麦わら色で特徴的なワイン香があり、かすかにタンニンを感じる辛口から甘口まで。

軽めのアンティパスト、イカスミのリゾット、魚料理に合う。

③TRAMINER AROMATICO トラミネル・アロマティコ 12 t 11%

やや濃い目の麦わら色でややアロマがある特徴的な香りを含む、やわらかく調和のとれた辛口。

コウカク類の料理、魚介のグリル、サフラン入りリゾットなどに合う。

③SAUVIGNON ソーヴィニヨン 12 t 11%

やや濃い目の麦わら色でデリケートでややアロマがある特徴的な香りを含む、フレッシュで調和のとれた辛口。
軽めのアンティパスト、魚介のリゾット、柔らかいチーズなどに合う。

③CHARDONNAY シャルドネ 12 t 11%
①—FRIZZANTE フリッツァンテ 12 t 11%

緑がかった淡い麦わら色で軽い芳香があるなめらかで特徴的な辛口。

海の幸の前菜、魚介のリゾット、若い硬質チーズなどに合う。

③MALVASIA マルヴァジア 12 t 11%
①—FRIZZANTE フリッツァンテ 12 t 11%

麦わら色で時には緑を帯び、心地よい香りの調和のとれた繊細な辛口。

サンダニュレ産ハム、魚介のスープなどに合う。

③PINOT GRIGIO ピノ・グリージョ 12 t 11%

赤味がかった黄色で、特徴的な香りのある、調和のとれた辛口。

軽いアンティパスト、スモークハム、魚のフライなどに合う。

白：8～10℃
ロザート：12～14℃
赤：16～18℃
スプマンテ：8℃

・Tarlao Vignis in Aquileia（タルラオ・ヴィニス・イン・アクイレイア）

FRIULI AQUILEIA
フリウリ・アクイレイア

DOC
(1975〜)

〈地域〉

ウディネ県とゴリツィア県のアクイレイアを中心とする数多くの市町村

2016
3,891,900本

	ha当たりのブドウの収穫	最低アルコール	最低熟成期間
③BIANCO ビアンコ	10〜13 t	10.5%	
④—SUPERIORE スペリオーレ	10〜13 t	11%	

フリウラーノ種50%以上、その他認定白ブドウ50%以下（トラミネル・アロマティコ種、ミュッラー・トゥルガウ種を除く）DOCに認められる白ブドウを使用。

麦わら色で上品な香りのある辛口。

軽いアンティパストから魚料理までに向く。

⑥ROSATO ロザート	12 t	10.5%	
⑥—SUPERIORE スペリオーレ	12 t	11%	
①—FRIZZANTE フリッツァンテ	12 t	10.5%	

このDOCの認定黒ブドウ。

薄いサクラ色。心地よいワイン香があり、調和のとれた辛口。

生ハム類、タリアテッレのサーモンソース。

⑦ROSSO ロッソ	12 t	10.5%	
⑧—RISERVA リゼルヴァ	12 t	12%	24カ月
⑧—SUPERIORE スペリオーレ	12 t	11%	

レフォスコ・ダル・ペドゥンコロ・ロッソ種50%以上、その他認定黒ブドウ50%以下。

サラミ類、ライスとソーセージの料理、野うさぎのオーブン焼きなどと合う。

※以下各ワイン名の品種85%以上、その他同色の認定ブドウ15%以下。

⑦CABERNET カベルネ	12 t	10.5%	
⑧—RISERVA リゼルヴァ	12 t	12%	24カ月
⑧—SUPERIORE スペリオーレ	12 t	11%	

カベルネ・フラン種、カベルネ・ソーヴィニヨン種。

濃いルビー色で草の香りのする滑らかな辛口。

肉のグリルや野鳥の料理と合う。

⑦MERLOT メルロー	12 t	10.5%	
⑧—RISERVA リゼルヴァ	12 t	12%	24カ月
⑧—SUPERIORE スペリオーレ	12 t	11%	

ルビー色で独特のワイン香がありソフトで草の味を含む辛口。

Brovada（ブロヴァーダ＝カブとソーセージの料理)、サラミ類に向く。

⑦REFOSCO DAL PEDUNCOLO ROSSO レフォスコ・ダル・ペドゥンコロ・ロッソ	12 t	10.5%	
⑧—RISERVA リゼルヴァ	12 t	12%	24カ月
⑧—SUPERIORE スペリオーレ	12 t	11%	

濃い紫がかったルビー色。ワイン香があり、ほろ苦くしっかりした辛口。

米とソーセージの料理、肉の煮込みポレンタ添え、サラミ類と合う。

③PINOT GRIGIO ピノ・グリージョ	13 t	10.5%
④—SUPERIORE スペリオーレ	13 t	11%

黄金色。個性的な香りでしっかりとしてコクのある辛口。
軽いアンティパスト、スモークハム、魚のフライと合う。

③FRIULANO フリウラーノ	13 t	10.5%
④—SUPERIORE スペリオーレ	13 t	11.5%

レモンがかった明るい黄色。上品な香りがありアロマの残る辛口。
サンダニエレの生ハム、甲殻類、魚料理、フレッシュチーズなどと合う。

③TRAMINER AROMATICO トラミネル・アロマティコ	10 t	11%
④—SUPERIORE スペリオーレ	10 t	11.5%

濃い麦わら色で香料の香りがあり、香料を感ずる辛口。
軽いアンティパストなどに合う。

③CHARDONNAY シャルドネ	13 t	11%
④—SUPERIORE スペリオーレ	13 t	11.5%
①—SPUMANTE スプマンテ	13 t	11.5%

薄緑がかった明るい麦わら色。独特の香りがあり調和のとれた辛口。
Frico（フリーコ＝フリウリ地方のチーズと玉ネギのフライ）、ハーブ入りパスタなどに合う。

③RIESLING リースリング	13 t	10.5%
④—SUPERIORE スペリオーレ	13 t	11%

明るい麦わら色で独特の香りとわずかな酸味でバランスのよい辛口。
軽いアンティパスト、魚料理、軟質チーズに向く。

③VERDUZZO FRIULANO ヴェルドゥッツォ・フリウラーノ	13 t	11%
④—SUPERIORE スペリオーレ	13 t	11.5%

明るい黄色でワイン香がありコクのある辛口。
パスタ入りスープ、魚介類のリゾット、魚料理、軟質チーズなどに合う。

赤：16〜18℃
白：8〜10℃
ロザート：12〜14℃
スプマンテ：8℃

※この他、カベルネ・ソーヴィニヨン、カルベネ・フラン、ピノ・ビアンコ、ソーヴィニヨン、マルヴァジア・イストゥリアーナ、ミュッラー・トゥルガウもDOCに認められている。
赤ワイン各種にはノヴェッロ、ノヴェッロ・スペリオーレもDOCに認められている。

・Foffani（フォッファーニ）
・Vitas（ヴィタス）
・Valpanera（ヴァルパネーラ）
・Cà Bolani（カ・ボラーニ）

FRIULI COLLI ORIENTALI
フリウリ・コッリ・オリエンターリ

DOC
(1970〜)

〈地域〉

ウディネ県、ゴリツィア県の数多くの市町村

2016
11,556,500本

	ha当たりのブドウの収穫	最低アルコール	最低熟成期間
③BIANCO ビアンコ	11 t	11%	
④—RISERVA リゼルヴァ	11 t	11%	24カ月

このDOC認定白ブドウ（トラミネル・アロマティコを除く）。

やや濃い目の麦わら色で心地よい特徴的な香りを持つ辛口。

生ハム、アサリ入りスパゲッティ、白身肉のソテーなどに合う。

	ha当たりのブドウの収穫	最低アルコール	最低熟成期間
⑦ROSSO ロッソ	11 t	11%	
	翌年4月以後リリース可		
⑧—RISERVA リゼルヴァ	11 t	11%	24カ月

このDOC認定黒ブドウ。

ルビー色で心地よい特徴的な香りの調和のとれた味わい。

肉類のグリル、中程度の熟成チーズなどに合う。

	ha当たりのブドウの収穫	最低アルコール	最低熟成期間
⑦CABERNET カベルネ	11 t	11%	
⑧—RISERVA リゼルヴァ	11 t	11%	24カ月

カベルネ・フラン種、カベルネ・ソーヴィニヨン種カルメネーレ種を単独または混醸。

濃いルビー色で、熟成するにしたがいスミレ色を帯びる。草のような香りが強く、上品だが個性的な草の味がある。

Brovada（ブロヴァーダ＝カブをブドウ汁に漬けたもの）、サラミ類、ソーセージと米の料理。リゼルヴァは赤身肉、野鳥の料理に向く。

※これから先の全てのワインはワインと同じ名前の品種を85％以上使用。

	ha当たりのブドウの収穫	最低アルコール	最低熟成期間
③FRIULANO フリウラーノ	11 t	11%	
④—RISERVA リゼルヴァ	11 t	11%	24カ月

明るい黄金色で上品な香り、豊かで厚みのある辛口。

軽いアンティパスト、エビ入りマスの料理、サンダニエレの生ハムに向く。

	ha当たりのブドウの収穫	最低アルコール	最低熟成期間
⑦REFOSCO DAL PEDUNCOLO ROSSO レフォスコ・ダル・ペドゥンコロ・ロッソ	11 t	11%	
⑧—RISERVA リゼルヴァ	11 t	11%	24カ月

ルビー色で弱発泡性、草の香りとほろ苦さがあり、風味とコクのある辛口。

生ハム類、重いソースのパスタ類、リゼルヴァは赤身肉や野鳥の料理に向く。
※レフォスコはフリウリ固有の品種。スミレがかった赤で熟成するとガーネット色を帯びる。独特のワイン香があり、ほろ苦さと厚みのある赤ワイン。

	ha当たりのブドウの収穫	最低アルコール	最低熟成期間
③⑤VERDUZZO FRIULANO ヴェルドゥッツォ・フリウラーノ	11 t	11%	
④⑤—RISERVA リゼルヴァ	11 t	11%	24カ月

ヴェルドゥッツォ・ジャッロと呼ばれるフリウリ固有の品種から造られる。

黄金色でアカシアの花の芳香がある。蜜の甘味があり、辛口、中甘口、甘口がある。

辛口は魚の煮物、オムレツなどの卵料理に向く。また肉の入っていないアンティパストにも向く。中甘口、甘口は甘味類に向く。

⑦SCHIOPPETTINO　11 t　11%
スキオッペッティーノ
⑧—RISERVA リゼルヴァ　11 t　11%　24カ月

紫がかった赤色。柑橘系の風味をもち、木いちごやコケモモを思わせる香りも含む。熟成するとジャコウ香を帯びる。滑らかであたたかみのある赤ワイン。

ウサギ、イノシシなどの肉を使ったパスタ料理などの味の濃いフリウリ地方の料理に向く。
Jota（ヨータ＝とうもろこしの粉、豚肉、豆、キャベツを煮込んで作るフリウリ地方のスープ）
※スキオッペッティーノ種はリボッラ・ネーラとも呼ばれるフリウリ固有の品種。旧ユーゴスラヴィアとの国境に原産地がある可能性がある。近年、DOCとして認められた品種。発酵途中でパチパチと音がすることからスキオペッティーノと呼ばれるようになったといわれる。

赤：16〜18℃
白：8〜10℃

※この他カベルネ・フラン、カベルネ・ソーヴィニヨン、シャルドネ、マルヴァジア・イストリアーナ、メルロー、ピノ・ビアンコ、ピノ・グリージョ、ピノ・ネロ、リボッラ・ジャッラ、リースリング、ソーヴィニヨン、トラミネル・アロマティコ、ピニョーロ、タッツェレンゲ、ドルチェなどがある。
固有品種を使用したサブゾーンとしてチャッラ（リボッラ・ジャッラ、ヴェルドゥッツォ・フリウラーノ、レフォスコ・ダル・ペドゥンコロ・ロッソ、スキオッペッティーノ）、レフォスコ・ディ・ファエダス、リボッラ・ジャッラ・ディ・ロザッツォ、ピニョーロ・ディ・ロザッツォ、スキオッペッティーノ・ディ・プレポットがある。

・Midolini（ミドリーニ）
・Livio Felluga（リヴィオ・フェッルーガ）
・Ronchi di Manzano（ロンキ・ディ・マンザーノ）
・Le Vigne Di Zamo（レ・ヴィーニェ・ディ・ザモ）
・Rocca Bernarda（ロッカ・ベルナルダ）
・Ronchi di Cialla（ロンキ・ディ・チャッラ）
・Abbazia di Rosazzo（アッバツィァ・ディ・ロザッツォ）

FRIULI GRAVE
フリウリ・グラーヴェ

DOC
(1970〜)

〈地域〉
ウディネ県ウディネからポルデノーネにかけての多数の市町村

2016
23,207,600本

	ha当たりのブドウの収穫	最低アルコール	最低熟成期間
③BIANCO ビアンコ	13 t	10.5%	
④—SUPERIORE スペリオーレ	10 t	11.5%	
④—RISERVA リゼルヴァ	10 t	10.5%	24カ月

DOCに認められた白ブドウを使用。
黄色がかった麦わら色で、繊細な香りがあり滑らかでアロマティックな辛口。
前菜から魚料理までの多くの料理に向く。

	ha当たりのブドウの収穫	最低アルコール	最低熟成期間
⑦ROSSO ロッソ	13 t	10.5%	
⑧—SUPERIORE スペリオーレ	10 t	11.5%	
⑧—RISERVA リゼルヴァ	10 t	11.5%	24カ月

DOCに認められた黒ブドウを使用。
やや濃いめのルビー色で、繊細な香りがありアロマティックな赤ワイン。
肉類を中心としたあらゆる料理に向く。

	ha当たりのブドウの収穫	最低アルコール	最低熟成期間
⑥ROSATO ロザート	13 t	10.5%	
⑥—SUPERIORE スペリオーレ	10 t	11%	
①—FRIZZANTE フリッツァンテ（弱発泡性）	13 t	10.5%	

ロッソと同じ。
ピンク色で繊細な香りを含む辛口から薄甘口。
軽いアンティパスト、サラミ類、リゾット、白身肉に向く。

	ha当たりのブドウの収穫	最低アルコール	最低熟成期間
⑦CABERNET カベルネ	13 t	10.5%	
⑧—SUPERIORE スペリオーレ	10 t	11.5%	
⑧—RISERVA リゼルヴァ	10 t	10.5%	24カ月

カベルネ（フラン、ソーヴィニヨン）種で85%以上、レフォスコ種15%以下。
やや濃いめのルビー色で独特な香り。時に草の香りももつ。調和のある味わい。
サラミ類、チーズ入りリゾット、肉の煮物ポレンタ添え、青かびチーズなどに向く。

	ha当たりのブドウの収穫	最低アルコール	最低熟成期間
⑦REFOSCO DAL PEDUNCOLO ROSSO レフォスコ・ダル・ペドゥンコロ・ロッソ	13 t	10.5%	
⑧—SUPERIORE スペリオーレ	10 t	11.5%	
⑧—RISERVA リゼルヴァ	10 t	10.5%	24カ月

レフォスコ種95%以上、その他認定赤ブドウ5%以下。
ルビー色で独特のワイン香がありしっかりとした味わい。
・Stinco di Vitello（スティンコ・ディ・ヴィテッロ＝仔牛のスネ肉のオーブン焼）、サラミ類。
・Spezzatino con Polenta（スペッツァティーノ・コン・ポレンタ＝仔牛肉の煮込ポレンタ添え）

③CHARDONNAY シャルドネ	13 t	10.5%	
①—FRIZZANTE フリッツァンテ（弱発泡性）	13 t	10.5%	
④—SUPERIORE スペリオーレ	10 t	11.5%	
④—RISERVA リゼルヴァ	10 t	10.5%	24カ月
①②—SPUMANTE スプマンテ	13 t	10.5%	

スプマンテはEXTRA BRUT エクストラ・ブルット、BRUT ブルット、EXTRA DRY エクストラ・ドライ、DRY ドライ、DEMI-SEC デミ・セックがある。

シャルドネ種95％以上、その他認定白ブドウ5％以下。

緑がかった明るい麦わら色。独特な香りのある滑らかで調和のとれた辛口と薄甘口。

軽いアンティパスト、魚のスープ、チーズのクレスペッレに向く。

③RIESLING リースリング	13 t	10.5%	
④—SUPERIORE スペリオーレ	10 t	11.5%	
④—RISERVA リゼルヴァ	10 t	10.5%	24カ月

リースリング・レナーノ種95％以上、その他認定白ブドウ5％以下。

薄緑がかった麦わら色で上品なアロマがあり適当に酸味のある辛口。

卵を使ったアンティパスト、魚の紙包み焼、ハーブ入りリゾット、軟質チーズに向く。

赤：16～18℃
白：8～10℃
ロザート：12～14℃

※この他ピノ・ビアンコ、ピノ・グリージョ、ピノ・ネロ、ソーヴィニヨン、フリウラーノ、ヴェルドゥッツォ・フリウラーノ、カベルネ・フラン、カベルネ・ソーヴィニヨン、メルロー、トラミネル・アロマティコ、ノヴェッロ、スプマンテがある。

・F. Pighin（フラテッリ・ピギン）
・Di Leonardo（ディ・レオナルド）
・Antonutti（アントヌッティ）
・Fantinel（ファンティネル）

FRIULI ISONZO / ISONZO DEL FRIULI
フリウリ・イゾンツォ／
イゾンツォ・デル・フリウリ

DOC
(1974〜)

〈地域〉

ゴリツィア県のイゾンツォを中心とする多くの市町村

2016
6,753,700本

	ha当たりのブドウの収穫	最低アルコール	最低熟成期間
③⑤BIANCO ビアンコ	12 t	10.5%	
①②—FRIZZANTE フリッツァンテ	12 t	10.5%	

このDOC認定白ブドウ（モスカート・ジャッロを除く）を使用。

麦わら色でフルーツ香を含み、アロマティックで味わいがある。辛口、中甘口がある。

前菜から魚料理、卵料理、若いチーズに向く。

	ha当たりのブドウの収穫	最低アルコール	最低熟成期間
⑦⑩ROSSO ロッソ	12 t	10.5%	
①②—FRIZZANTE フリッツァンテ	12 t	10.5%	
①②—SPUMANTE スプマンテ	12 t	11%	

このDOC認定黒ブドウを使用（モスカート・ローザを除く）。

生き生きとしたルビー色でワイン香と草の香りを含むバランスのよい辛口から中甘口の赤ワイン。

サラミ類、煮込み料理、中程度の熟成チーズに向く。

	ha当たりのブドウの収穫	最低アルコール	最低熟成期間
⑥ROSATO ロザート	12 t	10.5%	
①②—FRIZZANTE フリッツァンテ	12 t	10.5%	

このDOC認定赤ブドウ（モスカート・ローザを除く）又はアロマティックでない黒白ブドウの混醸。

淡いロゼ色で心地良く軽いワイン香がある調和のとれたフレッシュな辛口と中甘口。

生ハム類やリゾットと合う。

	ha当たりのブドウの収穫	最低アルコール	最低熟成期間
③MALVASIA マルヴァジア	13 t	10.5%	

マルヴァジア・イストリアーナ種100%。

麦わら色で心地よい香りがあり、デリケートな味わいの辛口白ワイン。

野菜入りリゾットやスープ類に向く。

赤：16〜18℃
白：8〜10℃
ロザート：12〜14℃
スプマンテ：8℃

※この他、シャルドネ、ヴェルドゥッツォ・フリウラーノ、モスカート・ジャッロ、モスカート・ローザ、フリウラーノ、ピノ・ビアンコ、ピノ・グリージョ、リースリング・イタリコ、リースリング、ソーヴィニヨン、トラミネル・アロマティコ、メルロー、カベルネ、カベルネ・フラン、カベルネ・ソーヴィニヨン、フランコニア、ピノ・ネロ、ピニョーロ、レフォスコ・ダル・ペドゥンコロ・ロッソ、スキオッペッティーノ、モスカート・ジャッロ・スプマンテ、シャルドネ・スプマンテ、ヴェルドゥッツォ・フリウラーノ・スプマンテ、モスカート・ローザ・スプマンテ、ピノ・スプマンテ、ヴェンデミア・タルディーヴァなどがある。

- Ronco del Gelso（ロンコ・デル・ジェルソ）
- Luisa Eddi（ルイザ・エッディ）
- Vie di Romans（ヴィエ・ディ・ロマンス）
- Pieropaolo Pecorari（ピエロパオロ・ペコラーリ）
- Lis Neris（リス・ネリス）

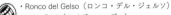

FRIULI LATISANA
フリウリ・ラティザーナ

DOC (1975〜)

〈地域〉

ウディネ県のラティザーナを中心とする市町村

2016
371,700本

	ha当たりのブドウの収穫	最低アルコール	最低熟成期間
⑦ROSSO ロッソ	13 t	10.5%	
⑧—SUPERIORE スペリオーレ	10 t	11.5%	
⑧—RISERVA リゼルヴァ	10 t	11.5%	24カ月
⑦—NOVELLO ノヴェッロ	13 t	11%	

メルロー種60%以上、カベルネ・ソーヴィニヨン種、カベルネ・フラン種、カルメネーレ種30%以下、その他アロマティックでない認定黒ブドウ10%以下。

やや濃い目のルビー色で特徴的なワイン香があり、少しハーブを思わせるやわらかい味わい。

米とソーセージの料理、肉類のグリルや、煮込みなどの料理に合う。

③—BIANCO ビアンコ	13 t	10.5%	
④—SUPERIORE スペリオーレ	10 t	11.5%	
④—RISERVA リゼルヴァ	10 t	11.5%	24カ月

フリウラーノ種60%以上、シャルドネ種、ピノ・ビアンコ種30%以下、その他アロマティックでない認定白ブドウ10%以下。

やや濃い目の麦わら色でデリケートで心地良い香りを含む調和のとれた辛口。

⑥ROSATO ロザート	13 t	10.5%	
①—FRIZZANTE フリッツァンテ	13 t	10.5%	

メルロー種60%以上、カベルネ・ソーヴィニヨン種、カベルネ・フラン種、カルメネーレ種30%以下、その他アロマティックでない認定赤ブドウ10%以下。

きれいなピンク色で個性的なワイン香を含み、アロマティックで飲みやすい辛口ロゼワイン。

生ハム類、サーモン入りパスタ料理などに合う。

⑦MERLOT メルロー	13 t	10.5%	
⑦—NOVELLO ノヴェッロ	13 t	11%	
⑧—SUPERIORE スペリオーレ	10 t	11.5%	
⑧—RISERVA リゼルヴァ	10 t	11.5%	24カ月

メルロー種85%以上、その他アロマティックでない認定黒ブドウ15%以下。

ルビー色で個性的なワイン香があり、アロマティックでバランスのよい辛口赤ワイン。

ボッリーティ（肉の煮込み料理）の他、各種煮込み料理に合う。また中程度の熟成チーズに向く。

⑦CABERNET FRANC カベルネ・フラン	13 t	10.5%	
⑦—NOVELLO ノヴェッロ	13 t	11%	
⑧—SUPERIORE スペリオーレ	10 t	11.5%	
⑧—RISERVA リゼルヴァ	10 t	11.5%	24カ月

カベルネ・フラン種85%以上、その他アロマティックでない認定黒ブドウ15%以下。

濃いルビー色で草の香りを含むデリケートで飲みやすい辛口赤ワイン。

サラミ類他、肉の煮込み料理、中程度の熟成チーズに向く。

⑤VERDUZZO FRIULANO　13 t　10.5%

ヴェルドゥッツォ・フリウラーノ

②―FRIZZANTE フリッツァンテ　13 t　10.5%

ヴェルドゥッツォ・フリウラーノ種85%以上、その他認定白ブドウ15%以下。

輝く黄金色で、アーモンド香を含むアロマティックでふくよかな味わいのワイン。

サラミ類や卵料理、野菜、魚の料理に向く。

※この他、ピノ・ビアンコ、ピノ・グリージョ、トラミネル・アロマティコ、シャルドネ、マルヴァジア、カベルネ・ソーヴィニヨン、カベルネ、カルメネーレ、レフォスコ・ダル・ペドゥンコロ・ロッソ、フランコニア、ピノ・ネロ、フリウラーノ、リースリング、ソーヴィニヨン、スプマンテ（シャルドネ、ピノ・ビアンコ、ピノ・ネロ）、パッシートなどがある。

赤：16～18℃
白：8～10℃
ロザート：12～14℃
スプマンテ：8℃

- Isola Augusta（イゾラ・アウグスタ）
- Zaglia（ザーリア）
- Tiziano（ティツィアーノ）

PROSECCO
プロセッコ

DOC
(2009～)

〈地域〉
ヴェネト州のトレヴィーゾ、ベッルーノ、パドヴァ、ヴェネツィア、ヴィチェンツァ、フリウリ州のゴリツィア、ポルデノーネ、ウディネ、トリエステ県

2016
486,407,100本

	ha当たりのブドウの収穫	最低アルコール	最低熟成期間
③DOC	18 t	10.5%	
①—FRIZZANTE フリッツァンテ	18 t	10.5%	
①—SPUMANTE スプマンテ	18 t	11%	

グレーラ種85%以上、ヴェルディーゾ種、ビアンケッタ種、トレヴィジャーナ種、ペレーラ種、グレーラ・ルンガ種、シャルドネ種、ピノ・ビアンコ種、ピノ・グリージョ種、ピノ・ネロ種15%以下。

淡い麦わら色で、新鮮なリンゴやナシの香りを含み、ソフトな味わい。後口にわずかに苦味を残すさわやかな味わい。

食前酒から各種前菜、パスタ料理、食事を通して飲むこともできる。

8℃

※このワインは、イタリア有数のワイン醸造学校のある、コネリアーノ・ヴェネトからヴァルドッビアデネに至る地域で造られていたものが周辺の地域に広がり、ヴェネト州のヴェローナより東の地域からフリウリ・ヴェネツィア・ジューリア州全土と広い地域に広がったが、主にヴェネツィアのオステリアで飲まれていた。あの、ヘミングウェイがヴェネツィアの「ハリーズ・バー」で良く飲んでいた、白桃とプロセッコのカクテル、「ベッリーニ」にもこのワインがベースに使われていた。古くは、ブドウを乾燥させ、甘口ワインにしたり、瓶詰め後、スパーゴ（ヒモ）で口の部分を結び、地中に埋めたものを掘り出して、お祝い用に楽しんでいた。プロセッコ種は、今日「グレーラ」と呼ばれるようになったが、プロセッコの名前は、フリウリ地方の海岸沿いの地名だったといわれ、ヴェネト地方の内陸に運ばれ栽培されるようになった。

・Bottega（ボッテーガ）
・Fantinel（ファンティネル）
・Angoris（アンゴリス）
・Cabert（カベルト）

フリウリ・ヴェネツィア・ジューリア州の他のDOC

・LISON PRAMAGGIORE（リゾン・プラマッジョーレ）
ヴェネト州を参照。

LIGURIA

リグーリア州

リグーリア州は、イタリア北西部に位置する。リグーリア海沿い、フランスのコート・ダジュールから続く海岸沿いに細長くに東西に長く伸び、北はピエモンテ、東はトスカーナ、その中間でエミリア・ロマーニャ州と接している。狭い海岸沿いの小さな州で、人口は170万人ほどである。州都ジェノヴァはイタリア一を誇る港であり、11世紀以降、海運王国として栄えてきた。また、州の南部には美しい小さな村が連なったチンクエ・テッレがあり、ジェノヴァ、インペリア、さらにモナコ、フランスまで続くリヴィエラ海岸は、世界有数の観光地、保養地としても知られている。

州の北部は、アペニン山脈に続く山岳地帯で、鉱質成分の少ないミネラルウォーターの供給地となっている。一方、南部の海沿いの斜面では、タッジャスカ種オリーヴから甘味の多いエクストラ・ヴァージン・オリーヴオイルが作られる。

柑橘類やブドウも栽培されているが、急斜面が多いため、ワインの生産量は国全体の0.2%に過ぎない。国内有数の観光地ということもあり、生産されたワインのほとんどが地元で消費され、輸出されるワインの量は少ない。

この州でワインが生産されている地域は、大きく分けて東側のレヴァンテ（リヴィエラ海岸の東側、トスカーナと接する地域）とポネンテ（リヴィエラ海岸の西側、フランス

と接する地域）の２つ。これらの地域は、栽培されるブドウの品種やDOCの規定などに違いがあるが、共通しているのは、両地域でヴェルメンティーノ種のブドウが広く栽培されていることである。

フランスに接する地域にあるDOC、ロッセーゼ・ディ・ドルチェアクア以外のポネンテ・リグレに、ジェノヴァからヴェンティミーリアまでの長細い地域のDOC、リヴィエラ・リグレ・ディ・ポネンテがあるが、白ブドウ中心の地域である。

一方、東側のレヴァンテ・リグレは、各DOCの地域が狭く、チンクエ・テッレ、トスカーナに続くコッリ・ディ・ルーニなどのワインが知られている。この地域でも白ブドウが支配的で、ヴェルメンティーノ、ビアンケッタ、アルバローラ種などのブドウが植えられている。赤ワイン用では、サンジョヴェーゼ、チリエジョーロ種などが植えられている。

1973年にDOCに認められたチンクエ・テッレは、州の最南端、トスカーナと接するラ・スペツィア県のリオマッジョーレ、ヴェルナッツァ、モンテロッソの村で造られる。ボスコ、ヴェルメンティーノ、アルバローラ種主体で造られるこの白ワインは、繊細で上品な花の香りを含む、さわやかな辛口白ワインになる。ほとんどのワインが生産者組合で造られ、地元のレストランやホテル、バールで消費されている。

同様のブドウを太陽に向けて回して糖度を高めて造る甘口ワイン、シャッケトラは、一年以上の熟成を必要とするが、黄金色から琥珀色のワインになり、地元のパンドルチェやカネストレッレなどの菓子やドルチェと良く合うワインになる。辛口の白は、小魚のフリットや「カッポン・マグロ（魚とエビなどと野菜をオリーヴオイルと酢で混ぜ合わせたサラダ）」、ムール貝のサラダなどに合わせる。

チンクエ・テッレに隣接し、トスカーナに続くコッリ・ディ・ルーニ

では、白はヴェルメンティーノ、トレッビアーノ・トスカーノ種主体の、麦わら色で心地好い香りとアロマを含む辛口のワイン、赤はサンジョヴェーゼ、カナイオーロ、ポッレーラ・ネーラ種などから造られる。白は魚料理や若いチーズなどに合うが、赤はリグーリア風のウサギ料理や中程度熟成させたペコリーノチーズなどに合う。

ロッセーゼ・ディ・ドルチェアクアは、ロッセーゼ種主体で造られる赤ワインで、インペリア県のドルチェアクアを中心とする地域で生産されている。生産量は少ないが、海に面したリグーリアでは希少な赤ワインといえる。ルビー色で熟成にしたがってガーネット色を帯び、果実香や花の香りを含むまろやかでアロマのきいた辛口ワインとなる。仔牛肉の料理やサンレモ風ウサギの料理、山羊肉の蒸し煮、鶏肉の煮込み料理など、白身肉の煮込みに良く合うワインである。

このほか、リグーリア州には、ラ・スペツィア県のレヴァントを中心とする海岸沿いで造られるコッリーネ・ディ・レヴァントがある。このDOCは、1995年に認められたDOCで、白はヴェルメンティーノ、アルバローラ、ボスコ種、赤はサンジョヴェーゼ、チリエジョーロ種のブドウから造られる。

ジェノヴァ県ティグッリオ湾周辺で造られるゴルフォ・デル・ティグッリオでは、赤、白、ロゼのほか、ビアンケッタ、モスカートがある。

また、インペリア、サヴォーナ、ジェノヴァの３つの県にまたがるリヴィエラ・リグレ・ディ・ポネンテも白はピガート、ヴェルメンティーノ、赤はロッセーゼ種主体のワインがある。

LIGURIA
リグーリア州

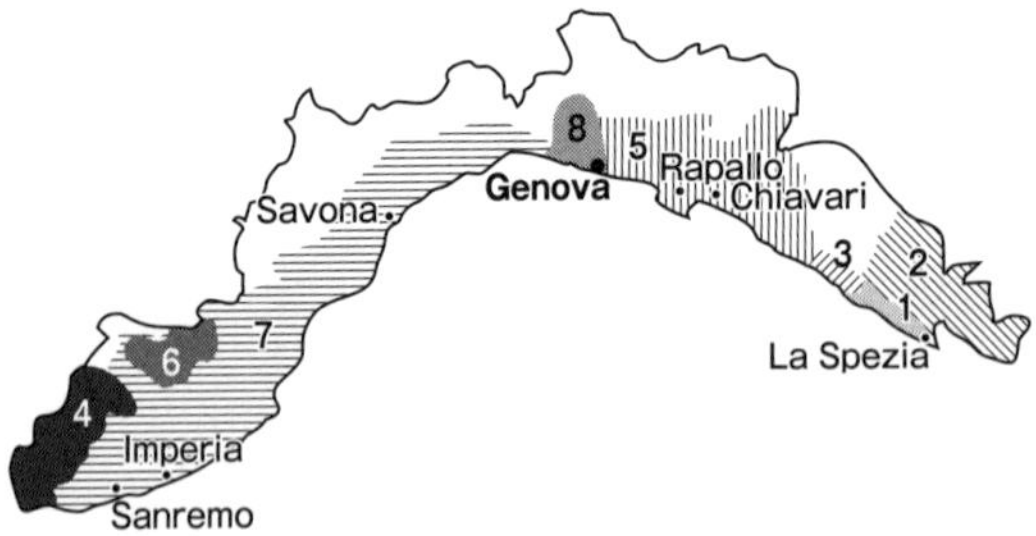

D.O.C.

1. Cinque Terre e Cinque Terre Sciacchetrà
   チンクエ・テッレ・エ・チンクエ・テッレ・シャッケトラ
2. Colli di Luni コッリ・ディ・ルーニ
3. Colline di Levanto
   コッリーネ・ディ・レヴァント
4. Dolceacqua o Rossese di Dolceacqua
   ドルチェアクア／ロッセーゼ・ディ・ドルチェアクア
5. Golfo del Tigullio-Portofino o Portofino
   ゴルフォ・デル・ティグッリオ・ポルトフィーノ／ポルトフィーノ
6. Pornassio o Ormeasco di Pornassio
   ポルナッシオ／オルメアスコ・ディ・ポルナッシオ
7. Riviera Ligure di Ponente
   リヴィエラ・リグレ・ディ・ポネンテ
8. Val Polcèvera ヴァル・ポルチェーヴェラ

CINQUE TERRE E CINQUE TERRE SCIACCHETRÀ
チンクエ・テッレ・エ・チンクエ・テッレ・シャッケトラ

DOC
(1973〜)

〈地域〉
ラ・スペツィア県チンクエ・テッレの4つの市町村

2016
303,300本

	ha当たりのブドウの収穫	最低アルコール	最低熟成期間
③DOC	9 t	11%	
③—COSTA DE SERA コスタ・デ・セーラ（サブゾーン）	8.5 t	11.5%	
③—COSTA DE CAMPU コスタ・デ・カンプ（サブゾーン）	8.5 t	11.5%	
③—COSTA DA POSA コスタ・ダ・ポーザ（サブゾーン）	8.5 t	11.5%	

色：麦わら色。
香：繊細で上品な花の香り。
味：個性的でさっぱりとした辛口。

Cozze alla Marinara（コッツェ・アッラ・マリナーラ＝トマト、オリーヴオイル、香草などで蒸し焼きにしたムール貝料理）、Acciughe in Bianco al Tegame（アッチューゲ・イン・ビアンコ・アル・テガーメ＝小イワシのオーブン焼き）Cappon Magro（カッポン・マグロ＝魚やエビなどと野菜をオイルトスで混ぜたサラダ）などに合う。

8〜10℃

	ha当たりのブドウの収穫	最低アルコール	最低熟成期間
⑤—SCIACCHETRÀ シャッケトラ	9 t	13.5+3.5%	12カ月
⑤—SCIACCHETRÀ RISERVA シャッケトラ・リゼルヴァ	9 t	13.5+3.5%	36カ月

色：黄金色から琥珀がかった黄金色。
香：心地よい芳香。
味：余韻の長い心地よいしっかりとした味わいの甘口から中甘口。

Canestrelli（カネストレッリ＝リグーリア地方の菓子の一種）、Pandolce Genovese（パンドルチェ・ジェノヴェーゼ＝ジェノヴァ風パネットーネ）、Panforte（パンフォルテ＝トスカーナ地方のアーモンドや果物の砂糖漬けを固めた菓子）、Panforte Castagnaccio（パンフォルテ・カスタニャッチョ＝栗の粉と干しブドウ、松の実などで造ったタルト）。

ボスコ種40%以上、アルバローラ種、ヴェルメンティーノ種40%以下、その他認定ブドウ20%以下。

10〜12℃

※シャッケトラとは昔、ブドウの房を回転させ糖度を高め、熟成させてから摘み取り、棚で干しブドウ状にして醸造したため、Sciac（シャク＝回す）、tra（トラ＝摘み取る）がベースとなりシャッケトラと呼ばれるようになった。

- De Battè（デ・バッテ）
- Cappellini（カッペッリーニ）
- Cantina Produttori di Cinque Terre（カンティーナ・プロドゥットーリ・ディ・チンクエ・テッレ）
- Buranco（ブランコ）

COLLI DI LUNI
コッリ・ディ・ルーニ

DOC
(1989〜)

〈地域〉

リグーリア州とトスカーナ州にまたがる広い地域でラ・スペツィア県とマッサ県のフォスディノーヴォ、アウラを中心とする地域

2016
1,134,700本

	ha当たりのブドウの収穫	最低アルコール	最低熟成期間
③BIANCO ビアンコ	11 t	11%	

ヴェルメンティーノ種35%以上、トレッビアーノ・トスカーノ種25〜40%、その他認定白ブドウ30%以下。

麦わら色で繊細で心地良い香り、アロマを含む個性的な辛口。

軽いアンティパスト、魚料理、イワシの料理、軟質チーズなど。

8〜10℃

	ha当たりのブドウの収穫	最低アルコール	最低熟成期間
⑦ROSSO ロッソ	11 t	11.5%	
⑧—RISERVA リゼルヴァ	11 t	12.5%	24カ月

サンジョヴェーゼ種50%以上、その他認定黒ブドウ50%以下。

やや濃い目のルビー色で熟成するとガーネット色を帯びる。ブドウらしい上品な香りを含む繊細な味わい。

リグーリア風うさぎの料理、軟質チーズ、熟成したものは肉類のローストに合う。

16〜18℃

	ha当たりのブドウの収穫	最低アルコール	最低熟成期間
③VERMENTINO ヴェルメンティーノ	11 t	11.5%	
④—SUPERIORE スペリオーレ	9 t	12.5%	

ヴェルメンティーノ種90%以上、その他認定白ブドウ10%以下。

しっかりした麦わら色で、果実香がありアロマを含む辛口。

Cappon Magro（カッポンマグロ＝リグーリア風魚介のサラダ）、スズキのオーブン焼、白身肉、若いチーズなど。

8〜10℃

	ha当たりのブドウの収穫	最低アルコール	最低熟成期間
③ALBAROLA アルバローラ	11 t	11.5%	

アルバローラ種85%以上、その他認定白ブドウ15%以下。

麦わら色で時には緑色を帯び、フルーティで特徴的な香りがあるフレッシュな辛口。

海の幸のアンティパスト、小魚のフライなどの料理に合う。

8〜10℃

- Lambruschi Ottaviano（ランブルスキ・オッタヴィアーノ）
- Lunae Bosoni（ルナーエ・ボゾーニ）
- La Pietra del Focolare（ラ・ピエトラ・デル・フォコラーレ）
- La Colombiera（ラ・コロンビエーラ）

DOLCEACQUA / ROSSESE DI DOLCEACQUA / ドルチェアクア／ロッセーゼ・ディ・ドルチェアクア

DOC（1972～）

〈地域〉
インペリア県のドルチェアクアを中心とする13の市町村

2016
303,300本

	ha当たりのブドウの収穫	最低アルコール	最低熟成期間
⑦DOC	9 t	12%	
⑧—SUPERIORE スペリオーレ	9 t	13%	翌年11月1日以後リリース可

ロッセーゼ種95%以上、その他のアロマティックでない認定黒ブドウ5%以下。

色：ルビー色で熟成に従いガーネット色を帯びる。
香：繊細な花の香りとワイン香がある。
味：まろやかでアロマがきいた赤。

・Cima Alla Genovese（チーマ・アッラ・ジェノヴェーゼ＝ジェノヴァ風の卵、ひき肉、野菜などを詰めた仔牛の詰物料理）
・Coniglio Alla Sanremese（コニーリオ・アッラ・サンレメーゼ＝サンレモ風うさぎの料理）
・Stufato di Capra（ストゥファート・ディ・カプラ＝ヤギ肉の蒸し煮）
その他白身肉の煮込み、鶏肉の煮込みなどに向く。

16～18℃

・Lupi（ルーピ）
・Guglielmi（グリエルミ）
・Terre Bianche（テッレ・ビアンケ）

717

リグーリア州の他のDOC

・COLLINE DI LEVANTO（コッリーネ・ディ・レヴァント）（1995～）
ラ・スペッツィア県レヴァントを中心とする海岸沿いの丘陵で造られる赤、白のワイン。白はヴェルメンティーノ種、アルバローラ種、ボスコ種、赤はサンジョヴェーゼ種、チリエジョーロ種から造られる。

・GOLFO DEL TIGULLIO—PORTOFINO／ PORTOFINO（ゴルフォ・デル・ティグッリオ・ポルトフィーノ／ポルトフィーノ）（1997～）
ジェノヴァ県ティグッリオ湾周辺で造られる。ヴェルメンティーノ種、ビアンケッタ・ジェノヴェーゼ種主体の白、チリエジョーロ種、ドルチェット種主体の赤とロゼの他、ビアンケッタ・ジェノヴェーゼ、モスカート・ビアンコ、ヴェルメンティーノ、チリエジョーロ、シミッシャがあるが、スプマンテやパッシートもDOCに認められている。サブゾーン、コスタ・ディ・フィエスキでは白、赤、ロゼ、モスカートが造られている。

・PORNASSIO／ORMEASCO DI PORNASSIO（ポルナッシオ／オルメアスコ・ディ・ポルナッシオ）（2003～）
インペリア県で造られる、オルメアスコ種、ドルチェット種主体の赤ワイン。辛口から甘口まであり、リキュールタイプも認められている。

・RIVIERA LIGURE DI PONENTE（リヴィエラ・リグレ・ディ・ポネンテ）（1988～）
インペリア県、サヴォーナ県、ジェノヴァ県で造られる。白はピガート、ヴェルメンティーノ、モスカート、赤はガルナッチャとロッセーゼがある。スペリオーレは12カ月以上熟成13%以上のアルコール。この他サブゾーンとして、リヴィエラ・デイ・フィオーリ、アルベンガネーゼ、フィナレーゼ、クイリアーノ、タッジャも認められている。

・VAL POLCÉVERA（ヴァル・ポルチェーヴェラ）（1999～）
ジェノヴァ県で造られる、赤、白、ロゼワイン。赤、ロゼはドルチェット種、サンジョヴェーゼ種、チリエジョーロ種主体、白はヴェルメンティーノ種、ビアンケッタ・ジェノヴェーゼ種、アルバローラ種主体。この他ビアンケッタ・ジェノヴェーゼ、ヴェルメンティーノがある。サブゾーン、コロンナータも認められている。

EMILIA-ROMAGNA

エミリア・ロマーニャ州

エミリア・ロマーニャ州は、北はポー川を境にロンバルディア州、ヴェネト州と接し、南はアペニン山脈の北側に沿って、トスカーナ、マルケ州と接する。州都はヨーロッパ最古の大学として知られるボローニャ大学のあるボローニャ。

州の北部は、ポー川流域の広大な穀倉地帯をなし、またパルマの生ハムやチーズなどの産地としても知られる。

今日世界に知られる生ハム、チーズの産地パルマは、かつてはパルマ公爵領であった。19世紀、ナポレオンの2番目の妻、マリア・ルイージャの時代に芸術、美術の街としてのみならず、生ハム、チーズなどの農産品も当時ヨーロッパの中心となっていた西ヨーロッパの国々に伝えられ、パルマがグルメの里と呼ばれる基礎が作られた。

イタリア半島の付け根の部分に東西に横たわるような形のアペニン山脈の北側には、ピアチェンツァからリミニまでエミリア街道が走り、古代から交通の要地として栄えてきた。

この州は、その名前の通り、大きく北部のエミリア地方と南部のロマーニャ地方に分けられる。

エミリア地方は、ポー川流域の肥沃な平地であったため、高品質のワイン造りには向かず、量産できる発泡性の赤ワイン、ランブルスコが造られるようになった。このワインは、エミリア地方の脂肪分の多い

料理に合わせて、タンニンをあまり含まない発泡性赤ワインに仕上げることにより、口の中に残る脂肪分を拭い取って料理を食べやすくしているといえる。また、飲みやすいワインとして、一時は大量にアメリカに輸出された。植えられているブドウは、バルベーラ、マルヴァジア、ピニョレットなどと多様である。

一方のロマーニャ地方は、エミリア地方とはその歴史も異なり、教皇の領土であったことから、「ロマーニャ」と名づけられ、ローマの影響を受けた。ワインも発泡性ではなく、スティルワインが主体。ブドウも、サンジョヴェーゼ、トレッビアーノ、アルバーナ種に集中している。

この州のワイン生産地をさらに細かく分けると、次の５つの地域に分けることができる。まず、パルマからピアチェンツァにかけては、バルベーラ種主体にクロアティーナ、ボナルダ種を加えた赤の発泡性ワインが多く、白はマルヴァジア種が主体。次に、モデナとレッジョ・エミリアでは、ランブルスコ種が主体で、サンタ・クローチェ、カステルヴェトロ、ソルバーラ、レッジャーノのDOCがあるが、スカンディアーノとカノッサの丘陵では、カベルネ種ほかの品種が植えられている。ボローニャの丘陵を中心とする地域では、イモラからファエンツァにかけてサンジョヴェーゼ、アルバーナ種が植えられ、多くの優れたワインが造られている。最後に、リミニからアドリア海沿いの地域だが、ここでは、軽めのサンジョヴェーゼ種主体の赤とトレッビアーノ種主体の白が造られている。

〈ロマーニャ・アルバーナ〉

この州唯一のDOCGワイン。1987年に昇格した。ボローニャからフォルリ、ラヴェンナにかけての丘陵地帯で造られる。辛口から中甘口、

甘口、パッシートまであり、古くからこの地方で造られていたワインである。

アルバーナ種は、多くの糖分を含んでいることから、マッキナ・ディ・ズッケロ（砂糖製造機）と呼ばれていた。しっかりとした味わいの辛口は、ラザーニャや魚介類のグリル、スープなどに向く。黄金色を帯びてくる中甘口、甘口は、卵料理やストゥルーデルほかの甘味類、あるいは、よく冷やして食事外にも楽しめる。

〈ロマーニャ・サンジョヴェーゼ〉

ボローニャからフォルリ、ラヴェンナ、リミニまでエミリア街道沿いの丘陵地で、サンジョヴェーゼ種85%以上で造られる。カーボン発酵させたノヴェッロ（新酒）、スペリオーレ、リゼルヴァもDOCに認められている。生産量、品質レベルで州を代表するワインといえる。

ワインはルビー色で、スミレを思わせる上品な香りを含み、適度のタンニンと酸の調和の取れたワインになる。この地方の鴨料理やサラミ、白身肉のロースト、半硬質チーズなどに向くが、熟成させたものは赤身肉のローストやジビエにも合う。

〈ロマーニャ・トレッビアーノ〉

サンジョヴェーゼの地域に平地を含めた広い地域で造られるワインで、トレッビアーノ種85%以上。スプマンテやフリッツァンテもDOCに認められている。薄めの麦わら色で、干し草の香りを含む辛口で、アンティパストからパスタ入りスープ、魚料理などに向く。

このほか、ランブルスコがあるが、高品質といわれるソルバーラ種、

量産に向くといわれるサラミーノ種、グラスパロッサ種、マラーニ種がある。ワインは、スミレ色を帯びた濃いルビー色で、ブドウ香の強い、新鮮な味わいになる。この地方の名産、モルタデッラハム、トルテッリーニ、ラザーニャなどに向く。

ロマーニャ地方には、アルバーナをはじめとするこの地方のDOCG、DOCの品質を保持するための協会がある。この協会は、19世紀の末、この地方の川渡しをしていて金持ちから金を盗み、貧しい人々に与え、庶民的英雄となった盗賊、パッサトーレのマークを使用し、ワインのボトルにも貼って独自の品質管理を行っている。

EMILIA ROMAGNA
エミリア・ロマーニャ州

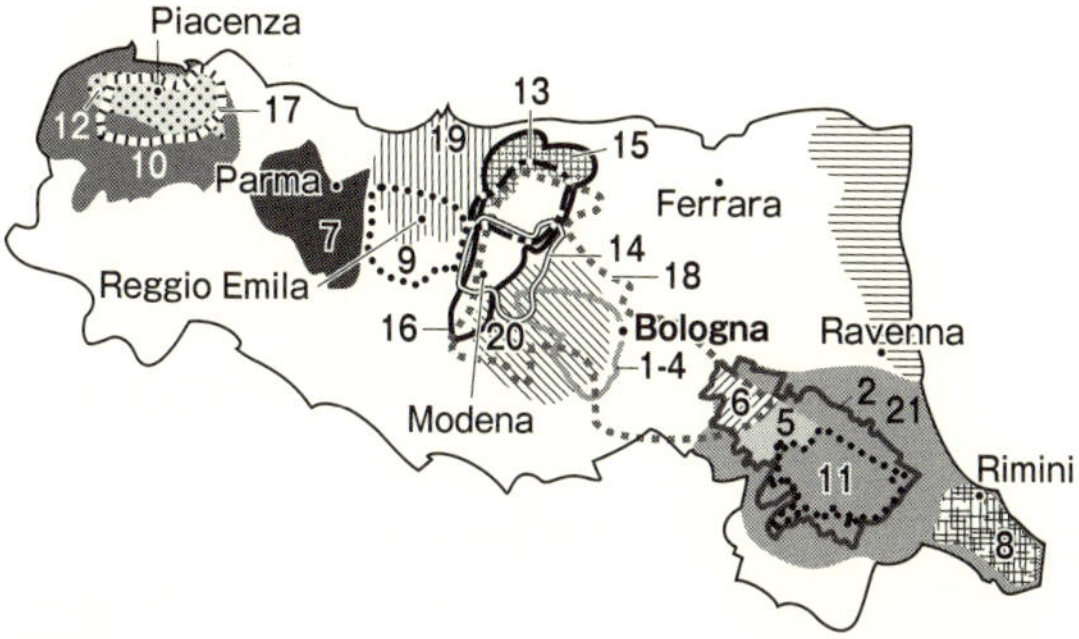

D.O.C.G.

1. Colli Bolognesi Classico Pignoletto
コッリ・ボロニェージ・クラッシコ・ピニョレット
2. Romagna Albana
ロマーニャ・アルバーナ

D.O.C.

3. Bosco Eliceo ボスコ・エリチェオ
4. Colli Bolognesi コッリ・ボロニェージ
5. Colli di Faenza
コッリ・ディ・ファエンツァ
6. Colli d'Imola コッリ・ディモラ
7. Colli di Parma コッリ・ディ・パルマ
8. Colli di Rimini コッリ・ディ・リミニ
9 Colli di Scandiano e di Canossa
コッリ・ディ・スカンディアーノ・エ・ディ・カノッサ
10. Colli Piacentini
コッリ・ピアチェンティーニ
11. Colli Romagna Centrale
コッリ・ロマーニャ・チェントラーレ
12. Gutturnio グットゥルニオ
13. Lambrusco di Sorbara
ランブルスコ・ディ・ソルバーラ
14. Lambrusco Grasparossa di Castelvetro
ランブルスコ・グラスパロッサ・ディ・カステルヴェトロ
15. Lambrusco Salamino di Santa Croce
ランブルスコ・サラミーノ・ディ・サンタ・クローチェ
16. Modena o di Modena
モデナ／ディ・モデナ
17. Ortrugo dei Colli Piacentini o Ortrugo-Colli Piacentini
オルトゥルーゴ・デイ・コッリ・ピアチェンティーニ／オルトゥルーゴ・コッリ・ピアチェンティーニ
18. Pignoletto e Sottozone Colli d'Imola, Modena e Reno
ピニョレット・エ・ソットゾーネ・コッリ・ディモラ、モデナ・エ・レーノ
19. Reggiano レッジャーノ
20. Reno レーノ
21. Romagna ロマーニャ

COLLI BOLOGNESI CLASSICO PIGNOLETTO
コッリ・ボロニェージ・
クラッシコ・ピニョレット

DOCG
(2010〜)

〈地域〉
ボローニャ県とモデナ県の9つの市町村

2016
24,100本

	ha当たりのブドウの収穫	最低アルコール	最低熟成期間
④DOCG	9 t	12%	翌年4月1日以降リリース可

ピニョレット種95%以上、その他認定ブドウ5%以下。

色：やや濃い目の麦わら色、緑がかったものから黄金がかったものまである。
香：心地よい特徴的な香り。
味：滑らかな辛口。

前菜の盛合せや魚や野菜料理、トルテッリーニのスープパスタや白身肉料理に合う。

8〜10℃

※このワインの歴史は古く、紀元1世紀、古代ローマの政治家、大プリニウスが著書『博物誌』のなかで、「それほど甘くないワイン」と記し、当時のローマ人の口に合わなかったと言っている。また、このプリニウスの言葉に"古い"という意味の言葉を加えてピニョレットと呼ばれるようになったとか、ブドウの種が松の実の形と似ていたことからピーノ（松の実）、ピニョレットと呼ばれるようになったという説もある。長年ピノ・ビアンコ種やリースリング・イタリコ種の亜種といわれてきたが、近年のDNA鑑定では、グレケット・ジェンティーレ種と同種であることが分かった。この品種は古くからボローニャ周辺の丘陵地に多く植えられていたが、近年は平地でも植えられるようになり、発泡性やパッシートにされることも多い。

・Poderi Salvarolo（ポデーリ・サルヴァローロ）
・Bosco del Merlo（ボスコ・デル・メルロ）
・Principi di Porcia（プリンチピ・ディ・ポルチャ）

ROMAGNA ALBANA
ロマーニャ・アルバーナ

DOCG
(1987〜)

〈地域〉
ボローニャ県とモデナ県の9つの市町村

2016
1,681,500本

④SECCO セッコ

	ha当たりのブドウの収穫	最低アルコール	最低熟成期間
SECCO	10 t	12%	

色：麦わら色で熟成に従い黄金色を帯びる。
香：アルバーナの独特な香り、果実の香り。
味：しっかりと調和がとれ、かすかにタンニンを感ずる辛口。
サラミ類、ラザーニャの他、魚のグリル、魚介類のスープなど魚介類の料理に向く。
8〜10℃

⑤AMABILE アマービレ

	ha当たりのブドウの収穫	最低アルコール	最低熟成期間
AMABILE	10 t	12.5%	

色：麦わら色で熟成に従い黄金色を帯びる。
香：熟成した果実の香り。
味：果汁を思わせる呑み口で飲みやすい中甘口。
卵料理やTortellini（トルテッリーニ＝詰め物パスタ）、また甘味類にも合う。
8〜10℃

⑤DOLCE ドルチェ

	ha当たりのブドウの収穫	最低アルコール	最低熟成期間
DOLCE	10 t	8.5＋4%	

色：麦わら色で熟成に従い黄金色を帯びる。
香：アルバーナ独特の香り。
味：果汁のような独特の甘味。
甘味類に向く。食後や食事以外でもよい。
10〜12℃

⑤PASSITO パッシート
⑤―RISERVA リゼルヴァ

	ha当たりのブドウの収穫	最低アルコール	最低熟成期間
PASSITO	10 t	12.5+4.5%	10カ月
RISERVA	10 t	4.5〜11%+19.5〜13%	13カ月

翌年9月1日以降リリース可

色：琥珀色を帯びた黄金色。
香：濃密な独特の甘い香り。
味：滑らかで飲みやすい中甘口から甘口。
各種デザートに向く。食事以外でもよい。
10〜12℃

アルバーナ種95%以上、その他認定白ブドウ5%以下。

※アルバーナ種はイタリアにおいて古くから栽培されていた品種の一つで多くの糖分を含むことから、マッキナ・ディ・ズッケロ（砂糖製造機）と呼ばれていた。

- Zerbina（ゼルビーナ）
- Spalletti（スパッレッティ）
- Cerari（チェラーリ）
- F. Paradiso（ファットリア・パラディーゾ）

709

COLLI BOLOGNESI
コッリ・ボロニェージ

DOC
(1975～)

〈地域〉

ボローニャ県とモデナ県の15の市町村

2016
1,209,700本

	ha当たりのブドウの収穫	最低アルコール	最低熟成期間
⑦BARBERA バルベーラ	12 t	11.5%	
⑧—RISERVA リゼルヴァ	12 t	12%	36カ月
①—FRIZZANTE フリッツァンテ	12 t	11.5%	

バルベーラ種85%以上、その他アロマティックでない認定黒ブドウ15%以下。

淡いロゼ色で心地よい香りのある調和のとれた辛口から薄甘口。

サラミ類、タリアテッレのラグーソース、肉類のグリル、半硬質、硬質チーズなど。

⑦MERLOT メルロー	12 t	11%	

メルロー種85%以上、その他アロマティックでない認定黒ブドウ15%以下。

紫がかった赤色で草の香りを含む調和のとれた味わい。

⑦CABERNET SAUVIGNON カベルネ・ソーヴィニヨン	10 t	11.5%	

カベルネ・ソーヴィニヨン種85%以上、その他アロマティックでない認定黒ブドウ15%以下。

ガーネットがかった赤色で特徴的な香りを持つ柔らかく調和のとれた辛口。

③PIGNOLETTO ピニョレット	12 t	11%	
④—SUPERIORE スペリオーレ	12 t	11.5%	
①—FRIZZANTE フリッツァンテ	12 t	11%	
①—SPUMANTE スプマンテ	12 t	11%	
⑤—PASSITO パッシート	9 t	12+3%	

ピニョレット種85%以上、その他アロマティックでない認定白ブドウ15%以下。

濃い目の麦わら色でデリケートで繊細な香りを含み後口にわずかに苦味を残す辛口から甘口。

前菜の盛合せや魚や野菜料理、トルテッリーニのスープパスタや白身肉料理に。

③CHARDONNAY シャルドネ	12 t	11.5%	

シャルドネ種85%以上、その他アロマティックでない認定白ブドウ15%以下。

麦わら色でデリケートな香りを含む調和のとれた辛口から薄甘口。

③SAUVIGNON ソーヴィニヨン	12 t	11%	

ソーヴィニヨン種85%以上、その他アロマティックでない認定白ブドウ15%以下。

やや濃い目の麦わら色でかすかにアロマがありデリケートでフレッシュ、調和のとれた辛口から薄甘口。

③RIESLING ITALICO リースリング・イタリコ	12 t	11%	

リースリング・イタリコ種85%以上、その他アロマティックでない認定白ブドウ15%以下。

やや濃い目の麦わら色でデリケートで特徴的な香りを持ち、調和のとれた辛口から薄甘口。

③PINOT BIANCO ピノ・ビアンコ	11 t	11%	

ピノ・ビアンコ種85%以上、その他アロマティックでない認定白ブドウ15%以下。

やや濃い目の麦わら色で時には緑色を帯び、デリケートで特徴的な香りを持ち、調和のとれた辛口から薄甘口。

⑦BOLOGNA ROSSO ボローニャ・ロッソ 10 t 12%
⑧―RISERVA リゼルヴァ 10 t 12.5% 36カ月

カベルネ・ソーヴィニヨン種50%以上、その他アロマティックでない認定黒ブドウ50%以下。

ルビー色で熟成と共にガーネットを帯びる。心地よいしっかりとした香りで時には草の香りを含み、滑らかで旨みのある調和のとれた味わい。

③BOLOGNA BIANCO ボローニャ・ビアンコ 11 t 11.5%

ソーヴィニヨン種50%以上、その他認定白ブドウ50%以下。トレッビアーノ種15%以下。

やや濃い目の麦わら色で心地よくデリケートな香りを持ち、フレッシュで調和のとれた辛口から薄甘口。わずかに発泡している場合もある。

①BOLOGNA SPUMANTE ボローニャ・スプマンテ 11 t 11%

シャルドネ種、ピノ・ビアンコ種40%以上、リースリング種、ピノ・ネロ種、ピニョレット種60%以下。

やや濃い目の麦わら色で、心地よくデリケートな香りを持ち、程よい酸のあるフレッシュで調和のとれたスパークリングワイン。EXTRA BRUTエクストラ・ブルットからEXTRA DRYエクストラ・ドライまで。

白：8～10℃
赤：16～18℃
パッシート：10～12℃
※ボローニャはサブゾーン

・Santarosa（サンタローザ）
・Vallona（ヴァッローナ）
・Cinti Floriano（チンティ・フロリアーノ）

COLLI PIACENTINI
コッリ・ピアチェンティーニ

DOC
(1967〜)

〈地域〉
ピアチェンツァ県のズィアーノ・ピアチェンティーノを中心とする多くの市町村

2016
12,155,100本

	ha当たりのブドウの収穫	最低アルコール	最低熟成期間
③⑤MONTEROSSO VAL D'ARDA モンテロッソ・ヴァル・ダルダ	10 t	11%	
①②—FRIZZANTE フリッツァンテ	10 t	11%	
①—SPUMANTE スプマンテ	10 t	11%	

マルヴァジア・ディ・カンディア・アロマティカ種、モスカート・ビアンコ種20〜50%、トレッビアーノ・ロマニョーロ種、オルトゥルーゴ種20〜50%、ベルヴェディーノ種、ソーヴィニヨン種他認定白ブドウ30%以下。

麦わら色から黄金色まであり、デリケートで特徴的な香りを含みむ辛口から中甘口。

③TREBBIANINO VAL TREBBIA トレッビアニーノ・ヴァル・トレッビア	10 t	11%	
①—FRIZZANTE フリッツァンテ	10 t	11%	
①—SPUMANTE スプマンテ	10 t	11%	

オルトゥルーゴ種35〜65%、マルヴァジア・ディ・カンディア・アロマティカ種、モスカート・ビアンコ種10〜20%、トレッビアーノ・ロマニョーロ種、ソーヴィニヨン種15〜30%、その他認定白ブドウ15%以下

麦わら色から淡い黄金色まであり、心地よいワイン香を含むデリケートな辛口から中甘口。

③⑤VALNURE ヴァルヌーレ	10 t	11%	
①②—FRIZZANTE フリッツァンテ	10 t	11%	
①—SPUMANTE スプマンテ	10 t	11%	

マルヴァジア・ディ・カンディア・アロマティカ種20〜50%、トレッビアーノ・ロマニョーロ種、オルトゥルーゴ種20〜65%、その他認定白ブドウ15%以下。

淡い麦わら色で、特徴的なアロマを含む、心地よい飲み口の辛口から中甘口。

③⑤MALVASIA マルヴァジア	13 t	10.5%	
①②—FRIZZANTE フリッツァンテ	13 t	10.5%	
①②—SPUMANTE スプマンテ	13 t	10.5%	
⑤—PASSITO パッシート	13 t	4.5+9.5%	

マルヴァジア・ディ・カンディア・アロマティカ種85%以上、その他認定白ブドウ15%以下。

麦わら色で、ブドウ香の心地よいアロマえぃっくな味わい。辛口から甘口まである。

食事によく合う白ワイン。特に前菜のミックス、野菜のスープ、魚料理などに向く。スプマンテは食前酒または食事を通して、中甘口のアマービレや甘口のドルチェはデザートに向く。

③CHARDONNAY シャルドネ	10 t	11%	
①—FRIZZANTE フリッツァンテ	10 t	11%	
①—SPUMANTE スプマンテ	10 t	11%	

シャルドネ種85%以上、その他認定白ブドウ15%以下。

緑がかった麦わら色で心地よくフルーティな香りを含むフレッシュで調和のとれた辛口から薄甘口。

⑦BARBERA バルベーラ 13 t 11.5%
①―FRIZZANTE フリッツァンテ 13 t 11.5%
バルベーラ種85%以上、その他アロマティックでない認定黒ブドウ15%以下。

生き生きとしたルビー色で特徴的なワイン香を含む軽くタンニンを感じる調和のとれた辛口から薄甘口。

食事全体に向く。特に肉と野菜の料理、肉の揚げ物、熟成チーズなど。

⑦⑩BONARDA ボナルダ 13 t 11.5%
①②―FRIZZANTE フリッツァンテ 13 t 11.5%
ボナルダ種85%以上、その他アロマティックでない認定黒ブドウ15%以下。

しっかりとしたルビー色で心地よいワイン香がある。まろやかで味わいのある辛口から甘口。

食事全体に向く。特に詰め物パスタ、鶏肉、肉類のミックスグリルなどに向く。

⑦PINOT NERO ピノ・ネロ 10 t 11.5%
①―FRIZZANTE フリッツァンテ 10 t 11.5%
①―SPUMANTE スプマンテ 10 t 11.5%
ピノ・ネロ種85%以上、その他アロマティックでない認定黒ブドウ15%以下。

ルビー色で特徴的なワイン香を含む軽くタンニンを感じる調和のとれた辛口から薄甘口。

サラミ類、ラグー入りタリアテッレ、肉類のグリル、半硬質、硬質チーズなど。

⑦NOVELLO ノヴェッロ 13 t 11%
ピノ・ネロ種、バルベーラ種、クロアティーナ（地元ではボナルダと呼ばれる）種、60%以上、その他認定黒ブドウ40%以下。

ルビー色でフルーティなワイン香のある、フルーティな調和のとれた辛口から薄甘口。

③⑤VIN SANTO ヴィン・サント 10 t 16% 48カ月
内36カ月500Lの木樽熟成
マルヴァジア・ディ・カンディア・アロマティカ種、オルトゥルーゴ種、ソーヴィニヨン種、マルサンヌ種、トレッビアーノ・ロマニョーロ種80%以上、その他認定白ブドウ20%以下。
麦わら色から黄金色でエーテル香を感じる特徴的な香りがあり、柔らかく調和のとれたしっかりとした味わい。辛口から甘口まである。

白：8〜10℃
ロザート：12〜14℃
赤：16〜18℃
スプマンテ：8℃
甘口：10〜14℃
赤フリッツァンテ：14〜16℃

※この他ピノ・グリージョ、ソーヴィニヨン、カルベネ・ソーヴィニヨンがある。
また、サブゾーン、ヴィゴレーノのヴィン・サント・ディ・ヴィゴレーノもある。

・La Stoppa（ラ・ストッパ）
・San Pietro（サン・ピエトロ）
・La Tosa（ラ・トーザ）
・Lusenti（ルゼンティ）

GUTTURNIO
グットゥルニオ

DOC
(2010〜)

〈地域〉
ピアチェンツァ県のズィアーノ・ピアチェンティーノを中心とする17の市町村

2016
12,352,000本

	ha当たりのブドウの収穫	最低アルコール	最低熟成期間
①FRIZZANTE フリッツァンテ	12 t	12%	
⑧SUPERIORE スペリオーレ	10 t	12.5%	翌年4月1日以降リリース可
⑧RISERVA リゼルヴァ	10 t	13%	24カ月 内6カ月木樽熟成、9月1日起算
⑧CLASSICO SUPERIORE クラッシコ・スペリオーレ	10 t	12.5%	翌年4月1日以降リリース可
⑧CLASSICO RISERVA クラッシコ・リゼルヴァ	10 t	13%	24カ月 内6カ月木樽熟成、9月1日起算

バルベーラ種55〜70%、クロアティーナ（ボナルダ）種30〜45%。

しっかりとした濃いルビー色で、ワイン香を含む辛口から薄甘口までである。

ピアチェンツァ地方の肉の煮込み料理や野鳥の料理に向く。

16〜18℃　フリッツァンテ：14〜16℃

・La Tosa（ラ・トーザ）
・Terzoni Claudio（テルツォーニ・クラウディオ）
・Torre Fornello（トッレ・フォルネッロ）

LAMBRUSCO DI SORBARA
ランブルスコ・ディ・ソルバーラ

DOC
(1970〜)

〈地域〉
モデナ県レッジョ・エミリアの北の10の市町村

2016
17,950,100本

	ha当たりのブドウの収穫	最低アルコール	最低熟成期間
①②ROSSO SPUMANTE ロッソ・スプマンテ	18 t	11%	
①②ROSSO FRIZZANTE ロッソ・フリッツァンテ	18 t	10.5%	
①②ROSATO SPUMANTE ロザート・スプマンテ	18 t	11%	
①②ROSATO FRIZZANTE ロザート・フリッツァンテ	18 t	10.5%	

※SECCOセッコ、ABBOCCATOアッボッカート、AMABILEアマービレ、DOLCEドルチェがある。
※全ランブルスコの生産量は毎年5000万本ほどある。

ランブルスコ・ディ・ソルバーラ種60%以上、ランブルスコ・サラミーノ種40%以下、その他のランブルスコ種15%以下。

色：明るいルビー色から明るいガーネット色。
香：心地よいスミレの花の香り。
味：新鮮でコクと風味がありバランスがとれている。辛口から甘口までである。

クラテッロ（パルマに近いジベッロ村で造られる豚のモモ肉の腸詰め。音楽家ジュゼッペ・ヴェルディが愛した逸品。）
カッペッレッティ、トルテッリーニ、ハーブ入りリゾット、ザンポーネ、パルメザンチーズなどに向く。

14〜16℃

・Francesco Bellei（フランチェスコ・ベッレイ）
・Umberto Cavicchioli（ウンベルト・カヴィッキオーリ）　・Garuti Dante（ガルーティ・ダンテ）

LAMBRUSCO GRASPAROSSA DI CASTELVETRO
ランブルスコ・グラスパロッサ・ディ・カステルヴェトロ

DOC（1970〜）

〈地域〉
モデナ県ボローニャ西南、カステルヴェトロを中心とする14の市町村

2016
15,237,100本

	ha当たりのブドウの収穫	最低アルコール	最低熟成期間
①②ROSSO SPUMANTE ロッソ・スプマンテ	18 t	11%	
①②ROSSO FRIZZANTE ロッソ・フリッツァンテ	18 t	10.5%	
①②ROSATO SPUMANTE ロザート・スプマンテ	18 t	11%	
①②ROSATO FRIZZANTE ロザート・フリッツァンテ	18 t	10.5%	

※SECCOセッコ、ABBOCCATOアッボッカート、AMABILEアマービレ、DOLCEドルチェがある。
※全ランブルスコの生産量は毎年5000万本ほどある。

ランブルスコ・グラスパロッサ種85％以上その他のランフルスコ種、マルボ・ジェンティーレ種15％以下。
色：スミレ色を帯びたルビー色。
香：濃密なブドウ香。
味：新鮮で調和が取れている。辛口から甘口まで。
Burlenghi（ブルレンギ＝ラードで豚の脂肪、チーズを揚げローズマリーノ・ニンニクで味付けしたもの）の他、モルタデッラ（牛肉、豚肉をすりつぶし腸詰めにしてスモークしたハム）、パルマの生ハム、カッペッレッティ、トルテッリーニなどのパスタ、パルメザンチーズなどに向く。
14〜16℃
・Barbolini（バルボリーニ）
・Vittorio Graziano（ヴィットーリオ・グラツィアーノ）
・Ca'Berti（カ・ベルティ）
・Manzini Corte（マンツィーニ・コルテ）

LAMBRUSCO SALAMINO DI SANTA CROCE
ランブルスコ・サラミーノ・ディ・サンタ・クローチェ

DOC（1970〜）

〈地域〉
モデナ県、モデナの北の11の市町村

2016
20,148,000本

	ha当たりのブドウの収穫	最低アルコール	最低熟成期間
①②ROSSO SPUMANTE ロッソ・スプマンテ	19 t	11%	
①②ROSSO FRIZZANTE ロッソ・フリッツァンテ	19 t	10.5%	
①②ROSATO SPUMANTE ロザート・スプマンテ	19 t	11%	
①②ROSATO FRIZZANTE ロザート・フリッツァンテ	19 t	10.5%	

※SECCOセッコ、ABBOCCATOアッボッカート、AMABILEアマービレ、DOLCEドルチェがある。
※全ランブルスコの生産量は毎年5000万本ほどある。

ランブルスコ・サラミーノ種85％以上、その他のランブルスコ種、アンチェロッタ種、フォルターナ種15％以下。
※ランブルスコのブドウは6種類に分類されるが、なかでも品質が高いといわれる品種はソルバーラ種、また量産できる品種はサラミーノ種。
色：薄いルビー色から濃いルビー色まである。
香：果汁のような独特の香り、ワイン香がある。
味：コクと風味があり新鮮で弱発泡性。辛口から甘口まである。
ランブルスコ・ディ・ソルバーラと同じ。
14〜16℃
※サラミーノ、ソルバーラ、グラスバロッサのメーカーはModena（モデナ）協会を、レッジャーノのメーカーはReggiano（レッジャーノ）協会を組織している。
・Franco Ferrari（フランコ・フェッラーリ）
・Umberto Cavicchioli（ウンベルト・カヴィッキオーリ）

MODENA / DI MODENA
モデナ／ディ・モデナ

DOC (2009〜)

〈地域〉
モデナ県の32の市町村

2016
10,392,100本

	ha当たりのブドウの収穫	最低アルコール	最低熟成期間
①②LAMBRUSCO ROSSO SPUMANTE ランブルスコ・ロッソ・スプマンテ	23 t	11%	
①LAMBRUSCO NOVELLO FRIZZANTE ランブルスコ・ノヴェッロ・フリッツァンテ	23 t	11%	
①LAMBRUSCO ROSSO FRIZZANTE ランブルスコ・ロッソ・フリッツァンテ	23 t	11%	

ランブルスコ・グラスパロッサ種、ランブルスコ・サラミーノ種、ランブルスコ・ディ・ソルバーラ種、ランブルスコ・マラーニ種、ランブルスコ・マエストリ種、ランブルスコ・モンテリッコ種、ランブルスコ・オリーヴァ種、ランブルスコ・フォーリア・フラスタリアータ種85%以上、アンチェッロッタ種、マルボ・ジェンティーレ種、フォルターナ種15%以下。

しっかりとした濃いルビー色で、ワイン香を含む。

①②LAMBRUSCO ROSATO SPUMANTE ランブルスコ・ロザート・スプマンテ	23 t	11%	
①LAMBRUSCO ROSATO FRIZZANTE ランブルスコ・ロザート・フリッツァンテ	23 t	10.5%	

ランブルスコ・ロッソスプマンテと同じ。

やや濃い目のロゼ色で、花や果実香りを含むフレッシュで調和がとれたワイン。辛口から甘口まである。

①②PIGNOLETTO SPUMANTE ピニョレット・スプマンテ	18 t	11%	
①PIGNOLETTO FRIZZANTE ピニョレット・フリッツァンテ	18 t	10.5%	

ピニョレット種85%以上、その他アロマティックでない白ブドウ15%以下。

黄金がかった麦わら色。

①②BIANCO SPUMANTE ビアンコ・スプマンテ	23 t	11.5%	
①BIANCO FRIZZANTE ビアンコ・フリッツァンテ	23 t	10.5%	

モントゥーニ種、ピニョレット種、トレッビアーノ（各種）種85%以上、その他アロマティックでない認定白ブドウ15%以下。

麦わら色で様々な濃さがある。

①②ROSSO SPUMANTE ロッソ・スプマンテ	23 t	11%	
①ROSSO FRIZZANTE ロッソ・フリッツァンテ	23 t	10.5%	
①ROSSO NOVELLO FRIZZANTE ロッソ・ノヴェッロ・フリッツァンテ	23 t	11%	

ランブルスコ・グラスパロッサ種、ランブルスコ・サラミーノ種、ランブルスコ・ディ・ソルバーラ種、ランブルスコ・マラーニ種、ランブルスコ・マエストリ種、ランブルスコ・モンテリッコ種、ランブルスコ・オリーヴァ種、ランブルスコ・フォーリア・フラスタリアータ種85%以上、アンチェッロッタ種、フォルターナ種、その他認定赤ブドウ15%以下。

しっかりとした濃いルビー色で、ワイン香を含む辛口から甘口まである。

①②ROSATO SPUMANTE ロザート・スプマンテ	23 t	11%	
①ROSATO FRIZZANTE ロザート・フリッツァンテ	23 t	10.5%	

ロッソ・スプマンテと同じ。

やや濃い目のロゼ色で、花や果実香りを含むフレッシュで調和がとれたワイン。

※スプマンテはすべてBRUT NATUREブルット・ナトゥーレからDOLCEドルチェまである。

発泡性白：8〜10℃
発泡性赤：14〜16℃
発泡性ロザート：12〜14℃

- Bardolini（バルドリーニ）
- Vezzelli Francesco（ヴェッツェッリ・フランチェスコ）

ORTRUGO DEI COLLI PIACENTINI / ORTRUGO-COLLI PIACENTINI
オルトゥルーゴ・デイ・コッリ・ピアチェンツィーニ／
オルトゥルーゴ・コッリ・ピアチェンティーニ

DOC (2010〜)

〈地域〉ピアチェンツァ県の多くの市町村

2016
4,472,700本

	ha当たりのブドウの収穫	最低アルコール	最低熟成期間
③DOC	12 t	11%	
①—SPUMANTE スプマンテ	12 t	11%	
①—FRIZZANTE フリッツァンテ	12 t	11%	

オルトゥルーゴ種90%以上、その他アロマティックでない認定白ブドウ10%以下。

緑がかった麦わら色でデリケートで特徴的な香りがあり、後味にかすかな苦みを感じる調和のとれたワイン。

8〜10℃

・Badenchini（バデンキーニ）
・Terzoni Claudio（テルツォーニ・クラウディオ）
・Torre Fronello（トッレ・フォルネッロ）

PIGNOLETTO E SOTTOZONE COLLI D'IMOLA, MODENA E RENO　DOC (2014～)

ピニョレット・エ・ソットゾーネ・コッリ・ディモラ、モデナ・エ・レーノ

〈地域〉
ボローニャ県、モデナ県、ラヴェンナ県の多くの市町村

2016
11,899,700本

	ha当たりのブドウの収穫	最低アルコール	最低熟成期間
③DOC	21 t	10.5%	
①—FRIZZANTE　フリッツァンテ	21 t	10.5%	
①—SPUMANTE　スプマンテ	21 t	10.5%	
⑤—PASSITO　パッシート	9 t	12+3%	
⑤—VENDEMMIA TARDIVA　ヴェンデミア・タルディーヴァ	9 t	12+2%	
③SOTTOZONA COLLI D'IMOLA　ソットゾーナ・コッリ・ディモラ	15 t	11.5%	
①—FRIZZANTE　フリッツァンテ	15 t	11.5%	
①—SPUMANTE　スプマンテ	15 t	11%	
③SOTTOZONA MODENA　ソットゾーナ・モデナ	18 t	11%	
①—FRIZZANTE　フリッツァンテ	18 t	11%	
①—SPUMANTE　スプマンテ	18 t	11%	
③SOTTOZONA RENO　ソットゾーナ・レーノ	18 t	11%	
①—FRIZZANTE　フリッツァンテ	18 t	11%	
①—SPUMANTE　スプマンテ	18 t	11%	

グレケット・ジェンティーレ（アリオンツィーナ）種85%以上、その他アロマティックでない認定白ブドウ15%以下。

色：緑がかった麦わら色。パッシートとヴェンデミア・タルディーヴァは黄金がかった麦わら色。
香：繊細で特徴的な香り。
味：フルーティで軽やか。スティルとフリッツァンテは辛口と薄甘口でかすかに苦味がある場合もある。スプマンテはBRUT NATUREブルット・ナトゥーレからDRYドライまである。

前菜の盛合せや魚や野菜料理、トルテッリーニのスープパスタや白身肉料理に。

8～10℃
スプマンテ：8℃
パッシート：10～12℃

REGGIANO
レッジャーノ

DOC
(1971〜)

〈地域〉
レッジョ・エミリア県の北部の多くの市町村

2016
21,100,800本

	ha当たりのブドウの収穫	最低アルコール	最低熟成期間
⑦⑩LAMBRUSCO ランブルスコ	18 t	5.5+5%	
①②—FRIZZANTE フリッツァンテ	18 t	7+3.5%	
①②—SPUMANTE スプマンテ	18 t	5.5+5.5%	
⑦—NOVELLO ノヴェッロ	18 t	11%	
①—NOVELLO FRIZZANTE ノヴェッロ・フリッツァンテ	18 t	11%	

ランブルスコ・マラーニ種、サラミーノ種、モンテリッコ種、マエストリ種、ソルバーラ種、グラスパロッサ種、ヴィアダネーゼ種、オリーヴァ種、バルギ種で85%、アンチェッロッタ種、マルボ・ジエンティーレ種、フォリア・フラスタリアータ種、フォガリーナ種を15%以下。

バラ色から生き生きしたルビー色で心地よいワイン香を含む赤ワイン。辛口から甘口まである。スプマンテはBRUT NATURブルット・ナトゥーレからDOLCEドルチェまである。

パルマの生ハムやサラミ類、カッペレッティ、トルテッリーニなどの詰め物パスタ、ラザーニャなどの料理に向く。

14〜16℃
スプマンテ12〜14℃

⑦⑩LAMBRUSCO SALAMINO ランブルスコ・サラミーノ	18 t	5.5+5%	
①②—FRIZZANTE フリッツァンテ	18 t	7+3.5%	

ランブルスコ・サラミーノ種85%以上、アンチェッロッタ種、ランブルス・マラーニ種、ランブルスコ・ディ・ソルバーラ種、マルボ・ジェンティーレ種15%以下。

ルビー色で生き生きとしたワイン香を含む調和のとれた赤ワイン。

LAMBRUSCOランブルスコに同じ。

14〜16℃

⑦⑩ROSSO ロッソ	18 t	5.5+5%	
①②—FRIZZANTE フリッツァンテ	18 t	7+3.5%	
⑦—NOVELLO ノヴェッロ	18 t	11%	

アンチェッロッタ種30〜60%、他はランブルスコ各種、サンジョヴェーゼ種、メルロー種、カベルネ・ソーヴィニヨン種、マルツェミーノ種、フォガリーナ種。

LAMBRUSCOランブルスコに同じ。

14〜18℃

①②BIANCO SPUMANTE ビアンコ・スプマンテ	18 t	5.5+5.5%	

ランブルスコ・マラーニ種、マエストリ種、サラミーノ種、モンテリッコ種、ソルバーラ種、マルボ・ジェンティーレ種で100%。
※黒ブドウは白仕立てにする。

ごく淡い麦わら色で、特徴的な白い花と果実の香りがある。BRUT NATUREブルット・ナトゥーレからDOLCEドルチェまである。

食前酒から前菜まで。

8℃
※ノヴェッロ以外はすべて辛口から甘口まである。

・Rinaldini（リナルディーニ）　・Medici（メディチ）
・Caprari（カプラーリ）　・Riunite（リウニーテ）

ROMAGNA
ロマーニャ

DOC
(2011～)

〈地域〉

ボローニャ県、ラヴェンナ県、フォルリ・チェゼーナ県の多くの市町村

2016
27,511,900本

	ha当たりのブドウの収穫	最低アルコール	最低熟成期間
②ALBANA SPUMANTE アルバーナ・スプマンテ	16 t	16%	
			乾燥後9 t

アルバーナ種95%以上、その他認定白ブドウ5%以下。

黄金色で、デリケートでしっかりとした特徴的な香を含むなめらかでデリケートな甘口。

8°C

	ha当たりのブドウの収穫	最低アルコール	最低熟成期間
⑩CAGNINA カニーナ	13 t	8.5+3%	
	収穫年の10月10日以降リリース可		

テッラーノ種85%以上、その他認定黒ブドウ15%以下。

紫がかった赤色で特徴的なワイン香を含むボディーのしっかりとした、軽くタンニンと酸味を感じる調和のとれた甘口。

16～18℃

	ha当たりのブドウの収穫	最低アルコール	最低熟成期間
③PAGADEBIT パガデビット	14 t	11.5%	
⑤—AMABILE アマービレ	14 t	11.5%	
① —FRIZZANTE フリッツァンテ	14 t	11.5%	
②—FRIZZANTE AMABILE フリッツァンテ・アマービレ	14 t	11.5%	

ボンビーノ・ビアンコ種85%以上、その他認定白ブドウ15%以下。

やや濃い目の麦わら色で、西洋サンザシの特徴的な香りを含む心地よくデリケートな辛口から中甘口。

8～10℃

	ha当たりのブドウの収穫	最低アルコール	最低熟成期間
③PAGADEBIT SOTTOZONA BERTINORO SECCO パガデビット・ソットゾーナ・ベルティノーロ・セッコ	14 t	12%	
①—FRIZZANTE フリッツァンテ	14 t	12%	
⑤PAGADEBIT SOTTOZONA BERTINORO AMABILE パガデビット・ソットゾーナ・ベルティノーロ・アマービレ	14 t	12%	
②—FRIZZANTE フリッツァンテ	14 t	12%	

ボンビーノ・ビアンコ種85%以上、その他認定白ブドウ15%以下。

やや濃い目の麦わら色で、西洋サンザシの特徴的な香りを含み、草を思わせるデリケート心地よくデリケートで調和のとれた辛口から中甘口。

8～10℃

	ha当たりのブドウの収穫	最低アルコール	最低熟成期間
⑦SANGIOVESE サンジョヴェーゼ	12 t	12%	
	12月1日以降リリース可		
⑦—NOVELLO ノヴェッロ	12 t	11.5%	
⑧—SUPERIORE スペリオーレ	10.5 t	12.5%	
	翌4月1日以降リリース可		
⑧—RISERVA リゼルヴァ	12 t	13%	24カ月
			12月1日起算
⑧—SUPERIORE RISERVA スペリオーレ・リゼルヴァ	10.5 t	13%	24カ月
			12月1日起算

サンジョヴェーゼ種85%以上、その他認定黒ブドウ15%以下。

紫がかったルビー色でスミレを思わせる特徴的なワイン香を含む、心地よいかすかな苦みの余韻を持つ調和のとれた辛口。

16～18℃

⑦SANGIOVESE SOTTOZONA　9 t　12.5%
サンジョヴェーゼ・ソットゾーナ　翌9月1日以降リリース可

⑧—RISERVA リゼルヴァ　8 t　13%　34カ月
サンジョヴェーゼ種95%以上、その他認定黒ブドウ5%以下。　内6カ月瓶内熟成、12月1日起算
ガーネットがかったルビー色で特徴的なワイン香を含む、軽くタンニンを感じる調和のとれたしっかりとした辛口。
※サブゾーン：ベルティノーロ、ブリジゲッラ、カストロカーロ、チェゼーナ、ロンジャーノ、メルドーラ、モディリアーナ、マルツェーノ、オリオーロ、プレダッピオ、サン・ヴィチーニオ、セッラ
16〜18℃

③TREBBIANO トレッビアーノ　14 t　11.5%
①—FRIZZANTE フリッツァンテ　14 t　10.5%
①—SPUMANTE スプマンテ　14 t　10.5%
トレッビアーノ・ロマニョーロ種85%以上、その他認定白ブドウ15%以下。
やや濃い目の麦わら色で、心地よい特徴的な香りがあり、調和のとれた味わいのある辛口
8〜10℃
スプマンテ8℃

- Zerbima（ゼルビーナ）
- Tre Monti（トゥレ・モンティ）
- Stefano Berti（ステファノ・ベルティ）
- Sam Patrignano（サン・パトリニャーノ）
- paradiso（パラディーゾ）
- Tenuta Casali（テヌータ・カザーリ）

エミリア・ロマーニャ州の他のDOC

・BOSCO ELICEO（ボスコ・エリチェオ）(1989〜)
フェッラーラ県、ラヴェンナ県で造られる。トレッビアーノ種主体の白、フォルターナ、ソーヴィニヨン、メルローなどがある。

・COLLI DI FAENZA（コッリ・ディ・ファエンツァ）(1997〜)
ラヴェンナ県、フォルリ県にまたがるファエンツァを中心とする丘陵で造られるシャルドネ種、ピノ・ビアンコ種、ソーヴィニヨン種などが主体の白と、カベルネ・ソーヴィニヨン種、アンチェッロッタ種、チリエジョーロ種主体の赤他、ピノ・ビアンコ、サンジョヴェーゼ、トレッビアーノなどのワインがある。

・COLLI D'IMOLA（コッリ・ディモラ）(1997〜)
ボローニャ県イモラ周辺の丘陵で造られる赤、白、ロゼ、サンジョヴェーゼ、カベルネ・ソーヴィニヨン、バルベーラ、ピニョレット、トレッビアーノ、シャルドネなどのワイン。

・COLLI DI PARMA（コッリ・ディ・パルマ）(1983〜)
パルマ県サルソマジョーレの丘陵を中心に造られる。バルベーラ種、ボナルダ種主体の赤、ソーヴィニヨンの他、辛口からスプマンテまでを持つマルヴァジアがある。また、シャルドネ、ピノ・ビアンコ、ピノ・グリージョ、ピノ・ネロ、メルロー、カベルネ・ソーヴィニヨン、カベルネ・フラン、バルベーラ、ボナルダ、ランブルスコ、スプマンテなどもある。

・COLLI DI RIMINI（コッリ・ディ・リミニ）(1996〜)
リミニ県の丘陵地で作られる、トレッビアーノ種、ビアンカーメ種主体の白とンジョヴェーゼ種主体の赤の他、白はビアンカーメ、レボラ、赤はカベルネ・ソーヴィニヨン、サンジョヴェーゼがある。

・COLLI DI SCANDIANO E DI CANOSSA（コッリ・ディ・スカンディアーノ・エ・ディ・カノッサ）(1977〜)
レッジョ・エミリア地方、スカンディアーノとカノッサの丘陵で造られる白、赤の他、ランブルスコ、ソーヴィニヨン、ピノ、シャルドネ、マルヴァジア、カベルネ・ソーヴィニヨン、マルツェミーノ、マルボ・ジェンティーレ、スペルゴラなどがある。辛口から甘口まであり、フリッツァンテ、スプマンテも認められている。

・COLLI ROMAGNA CENTRALE（コッリ・ロマーニャ・チェントラーレ）(2001〜)
フォルリ・チェザーナ県で造られる。シェルドネ主体の白とカベルネ・ソーヴニヨン主体の赤。この他シャルドネ、トレッビアーノ、カベルネ・ソーヴィニヨン、サンジョヴェーゼがある。

・RENO（レーノ）(1987〜)
ボローニャ、モデナ両県にまたがる地域で造られる。アルバーナ種と、トレッビアーノ種から造られるビアンコとモントゥーニ、ピニョレットの白ワインがある。フリッツァンテ、スプマンテも認められている。

TOSCANA

トスカーナ州

トスカーナ州は、イタリアの中西部、西はティレニア海に面し、東はアペニン山脈と接し、海と内陸、山、それにエルバ島、モンテクリスト島などの島も含む幅広い特性を持つ州である。州都フィレンツェの真ん中をアルノ川がゆっくりと流れ、川と谷が大きなうねりとなって続く風景は、海外でも良く知られ、人気も高い。ゆったりとした丘陵では、小麦のほか、古くからブドウの栽培が行われ、フィレンツェからシエナを中心とする地域では、伝統ワイン、キアンティが造られてきた。また、ピエモンテ、ヴェネトと並び、DOCGワインの多い州で、サンジョヴェーゼ種主体の高品質のワインが多く造られている。

この州は自然の美しさだけでなく、歴史と伝統、さらに近代的なワイン造りを巧みに重ね合わせ、世界に知られる素晴らしいワインを造る土地として認知されている。紀元前８世紀には、すでにエトルリア人がワインを造っていたといわれ、現代の栽培法にも生かされている。

トスカーナでは、中世にはワインは大量に消費され、1300年代の記録に、フィレンツェで年間一人当たり200リットル以上消費されていたとある。1282年にはフィレンツェでワインギルドが設立され、アンティノリ、リカゾリ、フレスコバルディ、マッツェイなど、今日に続くファミリーもある。

州のワイン生産地は３つの地域に

分けることができる。第一に中央部のキアンティを生産する地域。次に南部のモンタルチーノとモンテプルチャーノを中心とする地域。そして新興の海岸沿いの地域である。

キアンティを造る地域の中心地、古くから造っていた地域はクラッシコと呼ばれ、全体の３割程度のワインを生産する。黒の雄鶏マークで知られるクラッシコ協会は、独自の規定で品質管理を行うが、600もの造り手が入っている組織である。

標高200〜600ｍの石灰質泥土壌、あるいは砂利土壌で造られるこのワインは、スミレの香りを含む調和の取れたワインで、この地方の料理に良く合う。フィレンツェ、シエナ、ピストイア、ピサ、アレッツォの５つの県で造られる。サンジョヴェーゼ種の香り、味わいにカナイオーロ種の色合い、甘味でバランスが取られていたが、今日ではカベルネ、メルローなどの国際的品種も多く加えられるようになってきている。

世界で知られるトスカーナのワインに、ブルネッロ・ディ・モンタルチーノがある。この長熟ワインの歴史は比較的浅く、百数十年前、サンジョヴェーゼ種を改良したサンジョヴェーゼ・グロッソ種（ブルネッロ種）から生まれた。1869年、モンテプルチャーノ農業博覧会で見事金賞を獲得し、一躍注目のワインとなった。現在では、当時の３倍以上の生産量になっている。このワインは、通常のサンジョヴェーゼ種よりも力強く、濃いルビー色で、濃密で個性的な香りがあり、しっかりとしたタンニンを含みながらエレガントで調和の取れたワインとなる。赤身肉の料理やジビエ料理のほか、熟成チーズにも向く。

ブルネッロと同種のブドウで、地元でプルニョロ・ジェンティーレと呼ばれるブドウから造られるヴィーノ・ノビレ・ディ・モンテプルチャーノは、シエナの南、モンテプルチャーノの丘陵で古くから造られてき

たワインであり、地元の貴族によって育てられた。このワインは古くから存在していたが、18世紀末から「ノビレ（高貴な）」と呼ばれるようになった。濃いめのガーネット色で、繊細で上品なスミレの香りを含み、しっかりとした味わいの辛口赤ワインである。この地方の伝統料理で、豚背肉の料理「アリスタ」や赤身肉のグリルなどに合う。

フィレンツェに近いカルミニャーノ地区は、以前からカベルネ・ソーヴィニヨン種を使用し、キアンティがDOCGに昇格したときに取り残された形になっていたが、その後DOCGに昇格し、キアンティにもカベルネが使用されるようになったのは皮肉な話である。

海沿いの地域で有名になった「サッシカイア」は、カベルネ種を使用し、ボルゲリから独立し、唯一、単一生産者のDOCとなった。その南、グロッセートに近いスカンサーノを中心とする地区で造られるモレッリーノ・ディ・スカンサーノは、濃い美しいルビー色で、モレッロと呼ばれる黒色の馬に似た色であることからこう呼ばれるサンジョヴェーゼ種主体で造られる。

白ワインでは、麦わら色で熟成にしたがい黄金色を帯びるアロマのしっかりした辛口、ヴェルナッチャ・ディ・サン・ジミニャーノがある。上品な味わいで後口に苦味の残るワインで、甲殻類の料理のほか、豚肉、鶏肉など白身肉のソテーなどにも合う。

このほか、ルッカ県のモンテカルロ、フィレンツェ県のポミーノ、エルバ島のエルバなど、トスカーナ州には多くのDOCワインもある。

近年「スーパータスカン」と呼ばれ、特にアメリカで人気の新しいスタイルのワインがあるが、これは、1968年に提案された「サッシカイア」に始まる。このワインがトスカーナのワイン造りに与えた影響は非常に大きい。

TOSCANA “IL’ CUORE ANTICO”
トスカーナ州　“古くから中心となっていた地方”

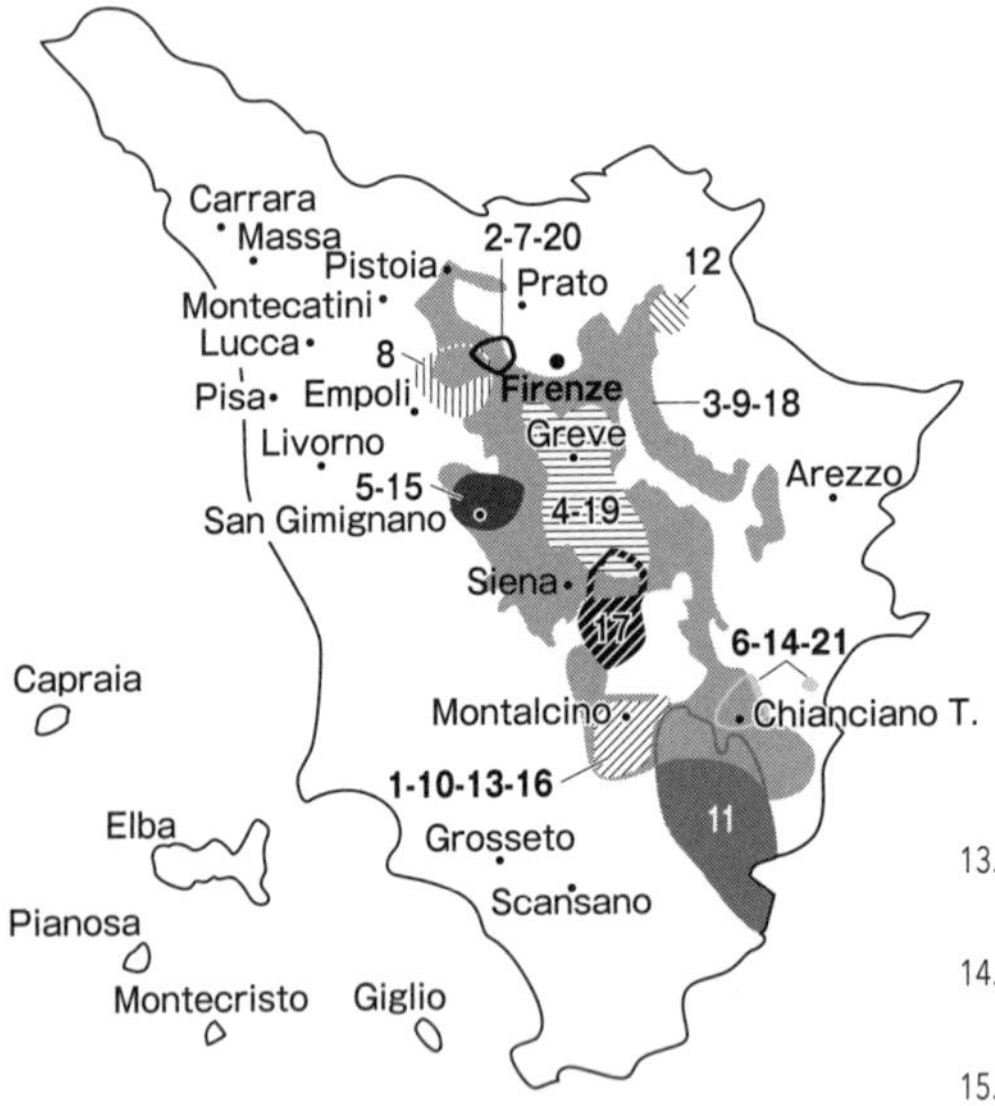

D.O.C.G.

1. Brunello di Montalcino
   ブルネッロ・ディ・モンタルチーノ
2. Carmignano
   カルミニャーノ
3. Chianti　キアンティ
4. Chianti Classico
   キアンティ・クラッシコ
5. Vernaccia di San Gimignano
   ヴェルナッチャ・ディ・サン・ジミニャーノ
6. Vino Nobile di Montepulciano
   ヴィーノ・ノビレ・ディ・モンテプルチャーノ

D.O.C.

7. Barco Reale di Carmignano
   バルコ・レアーレ・ディ・カルミニャーノ
8. Bianco dell'Empolese
   ビアンコ・デッレンポレーゼ
9. Colli dell'Etruria Centrale
   コッリ・デッレトルリア・チェントラーレ
10. Moscadello di Montalcino
    モスカデッロ・ディ・モンタルチーノ
11. Orcia　オルチャ
12. Pomino　ポミーノ
13. Rosso di Montalcino
    ロッソ・ディ・モンタルチーノ
14. Rosso di Montepulciano
    ロッソ・ディ・モンテプルチャーノ
15. San Gimignano
    サン・ジミニャーノ
16. Sant'Antimo　サンタンティモ
17. Val d'Arbia
    ヴァル・ダルビア
18. Vin Santo del Chianti
    ヴィン・サント・デル・キアンティ
19. Vin Santo del Chianti Classico
    ヴィン・サント・デル・キアンティ・クラッシコ
20. Vin Santo di Carmignano
    ヴィン・サント・ディ・カルミニャーノ
21. Vin Santo di Montepulciano
    ヴィン・サント・ディ・モンテプルチャーノ

TOSCANA “L’ALTRA TOSCANA”
トスカーナ州　“トスカーナのその他の地方”

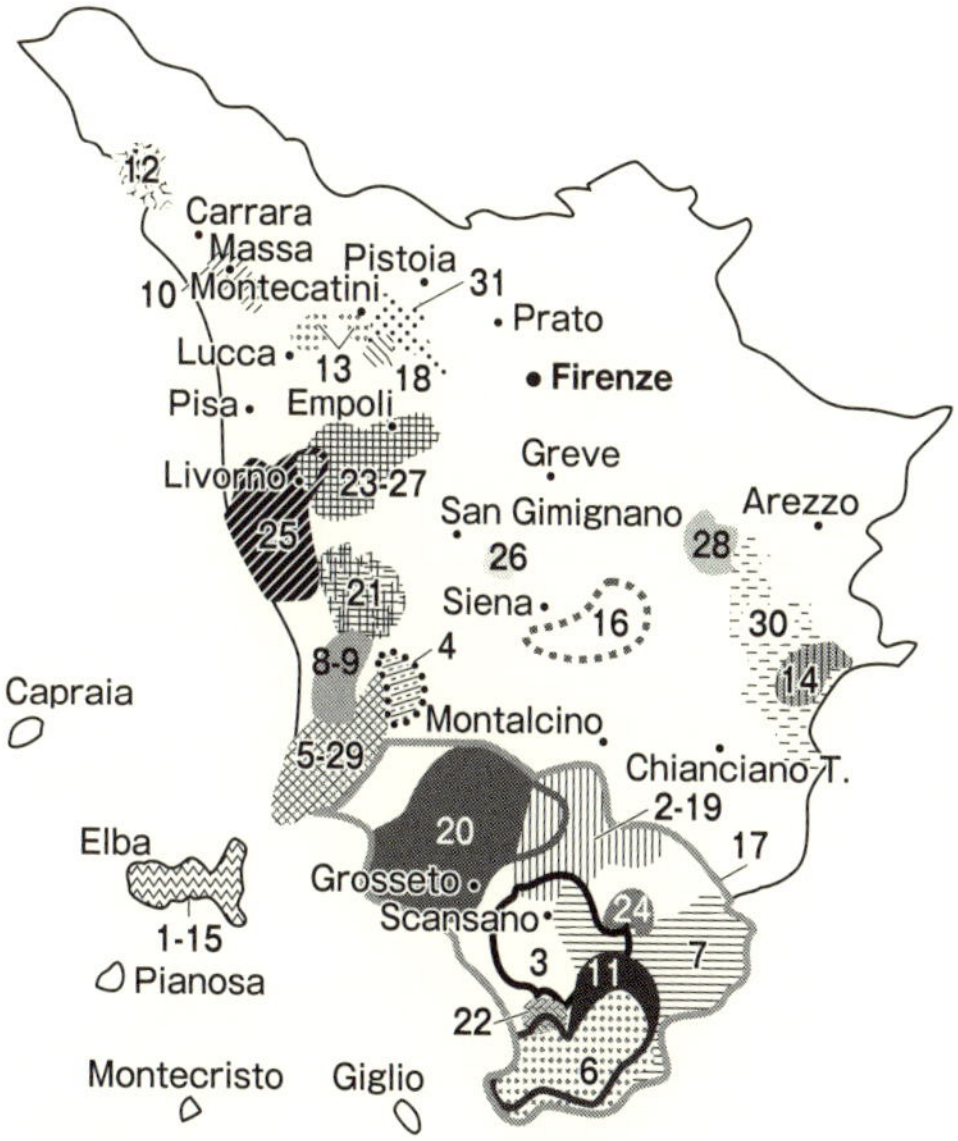

D.O.C.G.

1. Elba Aleatico Passito o Aleatico Passito dell'Elba
エルバ・アレアティコ・パッシート／アレアティコ・パッシート・デッレルバ
2. Montecucco Sangiovese
モンテクッコ・サンジョヴェーゼ
3. Morellino di Scansano
モレッリーノ・ディ・スカンサーノ
4. Suvereto スヴェレート
5. Val di Cornia Rosso o Rosso della Val di Cornia
ヴァル・ディ・コルニア・ロッソ／ロッソ・デッラ・ヴァル・ディ・コルニア

D.O.C.

6. Ansonica Costa dell'Argentario
アンソニカ・コスタ・デッラルジェンターリオ
7. Bianco di Pitigliano
ビアンコ・ディ・ピティリアーノ
8. Bolgheri ボルゲリ
9. Bolgheri Sassicaia
ボルゲリ・サッシカイア
10. Candia dei Colli Apuani
カンディア・デイ・コッリ・アプアーニ
11. Capalbio カパルビオ
12. Colli di Luni
コッリ・ディ・ルーニ
13. Colline Lucchesi
コッリーネ・ルッケージ
14. Cortona コルトーナ
15. Elba エルバ
16. Grance Senes
グランチェ・セネージ
17. Maremma Toscana
マレンマ・トスカーナ
18. Montecarlo モンテカルロ
19. Montecucco モンテクッコ
20. Monteregio di Massa Marittima
モンテレージョ・ディ・マッサ・マリッティマ
21. Montescudaio
モンテスクダイオ
22. Parrina パッリーナ
23. San Torpè サン・トルペ
24. Sovana ソヴァーナ
25. Terratico di Bibbona
テッラティコ・ディ・ビッボーナ
26. Terre di Casole
テッレ・ディ・カゾーレ
27. Terre di Pisa
テッレ・ディ・ピサ
28. Val d'Arno di Sopra o Valdarno di Sopra ヴァル・ダルノ・ディ・ソープラ／ヴァルダルノ・ディ・ソープラ
29. Val di Cornia
ヴァル・ディ・コルニア
30. Valdichiana Toscana
ヴァルディキアーナ・トスカーナ
31. Valdinievole
ヴァルディニエヴォレ

BRUNELLO DI MONTALCINO
ブルネッロ・ディ・モンタルチーノ

DOCG (1985〜)

〈地域〉
シエナ県モンタルチーノ

2016
10,908,000本

	ha当たりのブドウの収穫	最低アルコール	最低熟成期間
⑧DOCG	8 t	12.5%	60カ月 内24カ月オーク樽 4カ月瓶内熟成 翌年1月1日起算
⑧—RISERVA リゼルヴァ	8 t	12.5%	72カ月 内24カ月オーク樽 6カ月瓶内熟成 翌年1月1日起算

ブルネッロ種（サンジョヴェーゼ・グロッソ種）。

色：濃いルビー色で熟成に従いガーネット色を帯びる。
香：濃密で個性的な香り。
味：タンニンがありながら調和がとれ、しっかりとした味わい。

- Tordi allo Spiedo（トルディ・アッロ・スピエード＝つぐみの串焼）
- Scottiglia（スコッティーリア＝トマトと唐がらしで味つけした肉の煮込み料理）
- Spezzatino（スペッツァティーノ＝小口切りした肉の料理）

その他赤身肉、焼肉、野鳥の料理や、パルメザンチーズなど熟成チーズに向く。

16〜18℃

※ブルネッロ・ディ・モンタルチーノはバローロやバルバレスコ同様、長期の熟成に耐えられ、やわらかくエレガントな味わいで人気を集め、海外でも人気を呼んでいる。外国資本が多く入ったこともあり、この20年間に生産者数は倍増し、栽培面積も3倍近くになった。
19世紀中頃、モンタルチーノに住むクレメンティ・サンティという男とその仲間たちがサンジョベーゼ種のクローネ（分枝系）からブルネッロ種を開発した。このブドウは石灰質で岩石分の多い土壌を好み、サンジョヴェーゼ種に比べ色の濃い力強いワインを生み出した。1969年モンテプルチャーノ農業博覧会で金賞を獲得したのがブルネッロ・ディ・モンタルチーノの出発点となった。

- Biondi Santi（ビオンディ・サンティ）
- Banfi（バンフィ）
- Tenuta Caparzo（テヌータ・カパルツォ）
- La Fuga（ラ・フーガ）
- Antinori（アンティノリ）
- Col d'Orcia（コル・ドルチャ）
- San Felice（サン・フェリーチェ）
- Fattoria dei Barbi（ファットリア・デイ・バルビ）

	'03	'04	'05	'06	'07	'08	'09	'10	'11	'12	'13	'14	'15	'16
brunello di montalcino ブルネッロ・ディ・モンタルチーノ	★★★★	★★★★★	★★★★	★★★★★	★★★★★	★★★★	★★★★★	★★★★1/2	★★★★	★★★★	★★★★	★★★1/2	★★★★★	★★★★★

CARMIGNANO
カルミニャーノ

DOCG
(1990〜)

〈地域〉
プラート県カルミニャーノとポッジョ・ア・カイアーノの地区

2016
630,700本

	ha当たりのブドウの収穫	最低アルコール	最低熟成期間
⑧DOCG	8 t	12.5%	17カ月 内8カ月木樽熟成
⑧—RISERVA リゼルヴァ	8 t	12.5%	35カ月 内12カ月木樽熟成

3年目の9月29日以後リリース可（カルミニャーノの守護聖人サン・ミケーレの祭りの日）

サンジョヴェーゼ種50%以上、カナイオーロ・ネロ種20%以下、カベルネ（フラン、ソーヴィニヨン）種10〜20%、トレッビアーノ・トスカーノ種、カナイオーロ・ビアンコ種、マルヴァジア・デル・キアンティ種10%以下、その他認定ブドウ10%以下。

色：生き生きとしたルビー色。
香：濃密なスミレの香りとワイン香。
味：ソフトで滑らか、調和のとれた赤ワイン。

重いソースのパスタ料理、赤身肉のロースト、野鳥の料理、熟成チーズに向く。

16〜18℃

※カルミニャーノはキアンティがDOCGに認められた際、カベルネ種を使用していたためにDOCGに昇格しなかったが、カベルネ種の比率が多い方が長期の熟成に耐える。
カルミニャーノの名前が知られるようになったのは、おそらくキアンティの名前が知られる以前、中世のフィレンツェのワイン商の時代にさかのぼる。この土地は804年、カルロ・マーニョが借地契約を交わしており、1396年にはプラートに住む銀行家が購入、さらに1716年にはメディチ家のコジモ3世がこれを買い受けた。その後DOCが作られた際、人々がキアンティへの併合を拒んだためDOC認定が遅れ、1975年DOCに、1990年産からはロッソがDOCGに認められた。

・Fat. Ambra（ファットリア・アンブラ）
・Fat. Artimino（ファットリア・アルティミーノ）
・Capezzana（カペッツァーナ）
・Piaggia（ピアッジァ）

CHIANTI
キアンティ

DOCG
(1984〜)

〈地域〉
アレッツォ、フィレンツェ、ピストイア、プラート、ピサ、シエナの6つの県の多くの市町村

2016
112,796,000本

	ha当たりのブドウの収穫	最低アルコール	最低熟成期間
⑦⑧DOCG	9 t	11.5%	4カ月
	翌年3月1日以後リリース可		
⑧—RISERVA リゼルヴァ	9 t	12%	24カ月
⑧—SUPERIORE スペリオーレ	7.5 t	12%	10カ月
	翌年9月1日以後リリース可		
以下、地理表示ができる指定地域（サブゾーン）			
⑦COLLI FIORENTINI コッリ・フィオレンティーニ	8 t	12%	10カ月
	翌年9月1日以後リリース可		
⑧—RISERVA リゼルヴァ	8 t	12.5%	24カ月
			内6カ月木樽熟成
⑦RUFINA ルフィーナ	8 t	12%	10カ月
	翌年9月1日以後リリース可		
⑧—RISERVA リゼルヴァ	8 t	12.5%	24カ月
			内6カ月木樽熟成
⑦MONTALBANO モンタルバーノ	8 t	11.5%	4カ月
	翌年3月1日以後リリース可		
⑧—RISERVA リゼルヴァ	8 t	12.5%	24カ月
⑦COLLINE PISANE コッリーネ・ピサーネ	8 t	11.5%	4カ月
	翌年3月1日以後リリース可		
⑧—RISERVA リゼルヴァ	8 t	12.5%	24カ月
⑦COLLI SENESI コッリ・セネージ	8 t	12%	4カ月
	翌年3月1日以後リリース可		
⑧—RISERVA リゼルヴァ	8 t	13%	24カ月
			内8カ月木樽熟成
			4カ月瓶内熟成
⑦COLLI ARETINI コッリ・アレティーニ	8 t	11.5%	4カ月
	翌年3月1日以後リリース可		
⑧—RISERVA リゼルヴァ	8 t	12.5%	24カ月
⑦MONTESPERTOLI モンテスペルトリ	8 t	12%	7カ月
	翌年6月1日以後リリース可		
⑧—RISERVA リゼルヴァ	8 t	12.5%	24カ月
	※リゼルヴァは翌年1月1日起算		

サンジョヴェーゼ種70%以上、その他認定ブドウ30%以下、内白ブドウ10%以下、カベルネ・ソーヴィニヨン種、カベルネ・フラン種15%（1品種当たり10%以下）以下。
※サブゾーン：コッリ・セネージはサンジョヴェーゼ種75%以上、その他認定黒ブドウ25%以下（内カベルネ・ソーヴィニヨン種、カベルネ・フラン種10%以下）。

色：生き生きとしたルビー色で熟成に従いガーネット色を帯びる。
香：濃密で個性的なワイン香がある。
味：滑らかで厚みがあり調和のとれた味わい。

・Trippa alla Fiorentina（トリッパ・アッラ・フィオレンティーナ＝フィレンツェ風トリッパ〈牛胃袋〉の煮込み）
・Bistecca alla Fiorentina（ビステッカ・アッラ・フィオレンティーナ＝フィレンツェ風Tボーンステーキ）
この他サラミや肉類、硬質チーズ。

16〜18℃

※キアンティ全体のおよそ3割を生産するキアンティ・クラッシコ協会のトレードマークは黒の雄鶏。この他若いキアンティを飲ませるための協会キアンティ・プット協会は若いバッカスのわらべマークで知られている。

※キアンティの歴史は古く、フレスコバルディ家、アンティノリ家、マッツェイ家をはじめとする由緒あるフィレンツェのファミリーは600年以上も前からワインを造ってきた。
今日のキアンティは、19世紀の初めまでさかのぼる。この時期までキアンティはブルゴーニュ地方のワインのニセモノ用に使われたり、味わいが重すぎるボルドーワインの味わいを和らげたりするのに使われていた。
フィレンツェを治めたピエトロ・レオポルドは、25年の歳月をかけて農地の地図を作り、特にワイン造りに力を入れた。その頃ベッティーノ・リカゾリ男爵は、キアンティを造る農園を相続し、この土地に住み、本格的にワイン造りを始めた。サンジョヴェーゼ種をベースにカナイオーロ種、マルヴァジア種、トレッビアーノ種を加えて食事に合うワインを生み出し、これが今日のキアンティの基礎を築いた。その後、彼はイタリアの首相となった。

・Antinori（アンティノリ）
・Sant'Appiano（サンタッピアーノ）
・Castello di Ama（カステッロ・ディ・アマ）
・Barone Ricasoli（バローネ・リカゾリ）
・San Felice（サン・フェリーチェ）
・Frescobaldi（フレスコバルディ）
・Ruffino（ルッフィーノ）

CHIANTI CLASSICO
キアンティ・クラッシコ

DOCG
(1984～)

〈地域〉
古くからのキアンティの中心地。シエナ県のカステッリーナ・イン・キアンティ、ガイオーレ・イン・キアンティ、ラッダ・イン・キアンティ、フィレンツェ県のグレーヴェ・イン・キアンティ他の地域

2016
39,231,000本

	ha当たりのブドウの収穫	最低アルコール	最低熟成期間
⑦CHIANTI CLASSICO キアンティ・クラッシコ	7.5 t	12%	11カ月 翌年10月1日以後リリース可
⑧—RISERVA リゼルヴァ	7.5 t	12.5%	24カ月 内3カ月瓶内熟成 翌年1月1日起算
⑨—GRAN SELEZIONE グラン・セレツィオーネ	7.5 t	13%	30カ月 内3カ月瓶内熟成 翌年1月1日起算

サンジョヴェーゼ種80%以上。その他認定黒ブドウ20%以下。

色：きれいなルビー色で熟成に従いガーネット色を帯びる。
香：濃密で個性的なワイン香、スミレの香りを含む。
味：滑らかで調和のとれた辛口。風味に富み、長期の熟成に耐えるワインもある。

赤身肉のグリルやロースト、またサラミ類やブラザートなどの肉の煮込み料理に。熟成されたものはジビエ料理にも向く。

16～18℃

※キアンティ全体のおよそ3割を生産するキアンティ・クラッシコ協会のトレードマークは黒の雄鶏。この他若いキアンティを飲ませるための協会キアンティ・プットは若いバッカスのわらべマークで知られている。

※キアンティ・クラッシコを造っている地域は以下の通り。
Greve in Chianti（グレーヴェ・イン・キアンティ）、Castellina in Chianti（カステッリーナ・イン・キアンティ）、Radda in Chianti（ラッダ・イン・キアンティ）、Gaiole in Chianti（ガイオーレ・イン・キアンティ）、Barberino Val d'Elsa（バルベリーノ・ヴァル・デルサ）、Tavernelle Val di Pesa（タヴェルネッレ・ヴァル・ディ・ペーザ）、Castelnuovo Berardenga（カステルヌオヴォ・ベラルデンガ）、Poggibonsi（ポッジボンシ）の一部。

- Antinori（アンティノリ）
- San Felice（サン・フェリーチェ）
- Fonterutoli（フォンテルートリ）
- Ruffino（ルッフィーノ）
- Castello di Meleto（カステッロ・ディ・メレート）
- Castello di Ama（カステッロ・ディ・アマ）
- Vigna Maggio（ヴィーニャ・マッジョ）
- Castello di Gabbiano（カステッロ・ディ・ガッビアーノ）
- Barone Ricasoli（バローネ・リカゾリ）

	'03	'04	'05	'06	'07	'08	'09	'10	'11	'12	'13	'14	'15	'16
chianti classico キアンティ・クラッシコ	★★★★	★★★★1/2	★★★★1/2	★★★★★	★★★★★	★★★★★	★★★★1/2	★★★★	★★★1/2	★★★★	★★★★	★★	★★★★1/2	★★★★1/2

ELBA ALEATICO PASSITO / ALEATICO PASSITO DELL'ELBA

DOCG（2011～）

〈地域〉リボルノ県エルバ島全域

エルバ・アレアティコ・パッシート／
アレアティコ・パッシート・デッレルバ

2016
36,800本

	ha当たりのブドウの収穫	最低アルコール	最低熟成期間
⑤DOCG	7t	12+7%	4カ月 翌年3月1日以後リリース可

アレアティコ種100%。

濃いルビー色で、スミレがかっているものからガーネット色掛かっているものまである。独特のアロマを含んだブドウ香があり、しっかりとした味わいの甘口赤。

ベリー類のタルト、地元では、"シャッチア・ブリアカ"と呼ばれる、干しブドウ、クルミ、アーモンドなどで作った硬めのパンケーキに合わせる。また、ゴルゴンゾーラのような青かびチーズにも合うほか、メディテーション・ワインとしても良い。

12～14℃

※アレアティコ種は、ギリシャ伝来の品種といわれ、トスカーナ、ラツィオ、プーリア州において生産されている。アロマを含む品種で、辛口、甘口にされる。

※エルバ島では紀元前のエトルリア時代から既にワイン造りが行われており、古代ローマ時代、ワインビジネスは発展していた。さらに、中世にはこのワインはピサを経てトスカーナ各地に販売されていた。19～20世紀には、島の四分の一にブドウの木が植えられていたが、第二次大戦後は観光客が増えるにつれブドウ畑は減少していった。近年では、ワインの量よりも質に重点が置かれるようになり、品質にこだわるワイン造りが行われるようになった。アレアティコ種の伝来は定かではないが、モスカート・ビアンコ種の亜種といわれる黒ブドウで、ラツィオ州のアレアティコ・ディ・グラドーリ、プーリア州のアレアティコ・ディ・プーリアなどのDOCでも使われている。

- La Chiusa（ラ・キューザ）
- Acquabuona（アックアブオナ）
- Cecilia（チェチーリア）

MONTECUCCO SANGIOVESE
モンテクッコ・サンジョヴェーゼ

DOCG (2011〜)

〈地域〉
グロッセート県のアルチドッソ、カンパニャティコ、カステル・デル・ピアーノ、チニジャーノ、チヴィテッラ・パガニコ、ロッカルベーニャ、セッジャーノの各市町村

2016
1,251,200本

	ha当たりのブドウの収穫	最低アルコール	最低熟成期間
⑧DOCG	7 t	13%	17カ月 内12カ月木樽熟成 4カ月瓶内熟成
⑧—RISERVA リゼルヴァ	7 t	13.5%	34カ月 内24カ月木樽熟成 6カ月瓶内熟成

サンジョヴェーゼ種90%以上、その他認定黒ブドウ10%以下。
（アリカンテ種、マルヴァジア・ネーラ種、マルヴァジア・ネーラ・ディ・ブリンディシ種を除く）

濃いルビー色で、特徴的でフルーティな香りがあり、タンニンを少し感じるなめらかで調和のとれた味わい。

赤身肉のロースト、ジビエ料理などに合う。

16〜18℃

※トスカーナ州のワイン生産地は大きく二つに分けられる。古くからキアンティを造る、フィレンツェからシエナにかけての地域を中心としたその周辺地域と、近年インターナショナルなブドウを使用し、新しくDOCに認められたものが多い海沿いの地域である。モンテクッコはちょうどその間にあり、地図上で見るとシエナからグロッセートに達する線上にあり、モンタルチーノに近く、すぐ南にはモレッリーノ・ディ・スカンサーノが続いており、モンテクッコの土壌がサンジョヴェーゼ種に適しているであろうことが想像できる。この地域のサンジョヴェーゼ種は、品種改良、技術革新により、品質も向上している。モンテクッコの町は中世15世紀に建てられた城壁都市で、四つの門があり、このワインを生産する地域の中心になっている。周辺には多くのトラットリアやアグリツーリズモがあり、ワインだけではなくこの地方の特産品も販売し、旅行者を楽しませてくれる。

- Basile（バジーレ）
- Villa Patrizia（ヴィッラ・パトリツィア）
- Casale Pozzuolo（カザーレ・ポッツオーロ）
- Perazzeta（ペラッツェータ）

MORELLINO DI SCANSANO DOCG
モレッリーノ・ディ・スカンサーノ (2006〜)

〈地域〉
グロッセート県のスカンサーノを中心とする7つの市町村

2016
10,366,500本

	ha当たりのブドウの収穫	最低アルコール	最低熟成期間
⑧DOCG	9 t	12.5%	4カ月
⑧—RISERVA リゼルヴァ	9 t	13%	24カ月 内12カ月木樽熟成 翌年1月1日起算

サンジョヴェーゼ種85%以上、その他アロマティックでない認定黒ブドウ15%以下。

色：ルビー色で熟成に従いガーネット色を帯びる。
香：ワイン香があり熟成すると濃密なエーテル香にかわる。
味：コクとわずかなタンニンが感じられるが、熟成するとビロードのように滑らかで調和のとれた味わいになる。

・Fegatelli di Maiale（フェガテッリ・ディ・マイアーレ＝豚レバーの料理）
・Brasato di Cinghiale（ブラザート・ディ・チンギアーレ＝猪肉の蒸し煮）
その他重いソースのパスタ、肉のグリルに向く。またリゼルヴァは野鳥の料理や硬質チーズに向く。

16〜18℃

※このワインが造られるマレンマ地方は海に近く、海からの砂の多い土壌で、一部の火山灰地は硫黄分を多く含み、温泉が出る地域もある。これにより、ブドウの苗の生育が早いともいわれている。ブドウの生産地域は5万8千ヘクタール。
この地方におけるワイン造りの歴史は古く、紀元前7世紀のエトルリア時代に遡る。エトルリア人が使用していた青銅器が発見され、グロッセートにある考古学博物館にはエトルリア、ローマの貴重な収集品が展示され、その歴史の古さが伺える。また、この地方はイタリアでもよく知られる豊かな自然を持ち、1975年、国立公園に指定された。この100万平方キロを有する美しい自然に隣接するマレンマと呼ばれる地域には、古くから野生の青みがかった黒い艶のある馬が生息し、モレッロと呼ばれていた。この地方のサンジョヴェーゼ種がこの馬の色に似ていたことから、モレッリーノと呼ばれるようになった。

・Erick Banti（エリック・バンティ）
・Moris（モリス）
・Motta（モッタ）
・Fatt. Le Pupille（ファットリア・レ・プピッレ）

SUVERETO スヴェレート

DOCG (2011〜)

〈地域〉 リヴォルノ県スヴェレート

2016 442,400本

	ha当たりのブドウの収穫	最低アルコール	最低熟成期間
⑧DOCG	9 t	12.5%	19カ月 2年目の6月1日以降リリース可
⑧—RISERVA リゼルヴァ	9 t	13%	26カ月 3年目の1月1日以降リリース可 内18カ月木樽熟成 6カ月瓶内熟成

カベルネ・ソーヴィニヨン種、メルロー種を単独または混醸100%、またはその他アロマティックでない認定黒ブドウ15%以下。

輝きのある濃いルビー色で、デリケートなワイン香があり、なめらかで調和のとれたしっかりとした辛口。樽の香りがある場合もある。

	ha当たりのブドウの収穫	最低アルコール	最低熟成期間
⑧SANGIOVESE サンジョヴェーゼ	9 t	12.5%	19カ月 2年目の6月1日以降リリース可
⑧—RISERVA リゼルヴァ	9 t	13%	26カ月 3年目の1月1日以降リリース可 内18カ月木樽熟成 6カ月瓶内熟成

サンジョヴェーゼ種85%以上、その他アロマティックでない認定黒ブドウ15%以下。

輝きのある濃いルビー色からガーネット色で、デリケートで特徴的なワイン香があり、なめらかで調和のとれたしっかりとした辛口。樽の香りがある場合もある。

	ha当たりのブドウの収穫	最低アルコール	最低熟成期間
⑧MERLOT メルロー	9 t	12.5%	19カ月 2年目の6月1日以降リリース可
⑧—RISERVA リゼルヴァ	9 t	13%	26カ月 3年目の1月1日以降リリース可 内18カ月木樽熟成 6カ月瓶内熟成

メルロー種85%以上、その他アロマティックでない認定黒ブドウ15%以下。

濃いルビー色からガーネット色で、デリケートで特徴的な香りがあり、調和のとれたしっかりとした味わい。

	ha当たりのブドウの収穫	最低アルコール	最低熟成期間
⑧CABERNET SAUVIGNON カベルネ・ソーヴィニヨン	9 t	12.5%	19カ月 2年目の6月1日以降リリース可
⑧—RISERVA リゼルヴァ	9 t	13%	26カ月 3年目の1月1日以降リリース可 内18カ月木樽熟成 6カ月瓶内熟成

カベルネ・ソーヴィニヨン種85%以上、その他アロマティックでない認定黒ブドウ15%以下。

濃いルビー色からガーネット色で、デリケートで特徴的でエレガントながあり、調和のとれたしっかりとした味わい。

サラミ類から赤身肉のグリル、肉類の煮込み料理まで。

16〜18℃

※スヴェレートは人口3000人ほどの小さな町であるが、この地域でのワイン造りの歴史は古く、紀元前のエトルリア時代に遡る。古代ローマ時代にもワイン造りは行われ、さらに中世14世紀には、この地方を治めたゲラルデスカ・ファミリーによって農業が奨励され、ブドウの栽培面積も拡大した。1830年代にはブドウの苗の改良がなされ、1886年のローマ万国博覧会には数社のワインが出品された。この地方のワイン造りは第二次世界大戦後に評価されるようになり、1970年代からのトスカーナの海岸地域のワインの再評価に伴い、ワイン醸造設備などへの投資もあって、2011年、DOCGに認められた。

- Fratelli Muratori（フラテッリ・ムラトーリ）
- Bulichella（ブリケッラ）　・La Fralluca（ラ・フラッルーカ）

VAL DI CORNIA ROSSO / ROSSO DELLA VAL DI CORNIA
ヴァル・ディ・コルニア・ロッソ／
ロッソ・デッラ・ヴァル・ディ・コルニア

DOCG
(2011～)

〈地域〉
リヴォルノ県とピサ県の市町村

2016
10,000本

	ha当たりのブドウの収穫	最低アルコール	最低熟成期間
⑧DOCG	9 t	12.5%	18カ月 2年目の5月1日以降リリース可
⑧—RISERVA リゼルヴァ	9 t	13%	26カ月 3年目の1月1日以降リリース可 内18カ月木樽熟成 6カ月瓶内熟成

サンジョヴェーゼ種40%以上、カベルネ・ソーヴィニヨン種、メルロー種を混醸または単独で60%以下、その他認定黒ブドウ20%以下（アレアティコ種を除く）。

ガーネットがかった輝きのある濃いルビー色でデリケートなワイン香があり、なめらかで調和のとれた赤。木樽の香りを感じることも。

仔羊のロースト、ジビエ料理、熟成チーズなどと合う。

16～18℃

※トスカーナのこのワインが造られる地方は、近年生産量が急拡大しているが、WWFに登録される自然の美しい地域として知られており、温暖な気候と海からの風で独自のワインが生み出される。ボルゲリ地区のすぐ南に位置し、近隣の有名地区に並ぶワイン造りが行われてきた。知名度が低く、サンジョヴェーゼ種がやや多く使われているが、毎年安定した品質のワインが多く生み出されている。

- Podere Metocchina Russo（ポデーレ・メトッキーナ・ルッソ）
- Guardo del Re（グアルド・デル・レ）
- Banti Jacopo（バンティ・ヤコポ）

VERNACCIA DI SAN GIMIGNANO
ヴェルナッチャ・ディ・サン・ジミニャーノ

DOCG (1993〜)

〈地域〉シエナ県のサン・ジミニャーノ

2016 5,288,400本

	ha当たりのブドウの収穫	最低アルコール	最低熟成期間
③DOCG	9 t	11.5%	
④—RISERVA リゼルヴァ	9 t	12.5%	11カ月 内3カ月瓶内熟成 翌年1月1日起算

ヴェルナッチャ・ディ・サン・ジミニャーノ種85%以上。その他アロマを含まない認定白ブドウ15%以下（トラミネル、モスカート・ビアンコ種、ミュッラー・トゥルガウ種、マルヴァシア・ディ・カンディア種、マルヴァジア・イストリアーナ種、インクローチョ・ブルーナ種を除く）。リースリング種、ソーヴィニヨン種10%以下。

色：薄緑色を帯びた黄金色。
香：上品な花の香り。
味：新鮮で調和のとれた辛口で、後口にほろ苦さが残る。

・Panzanella（パンツァネッラ＝トスカーナ地方の料理。薄切りの堅いパンにトマト、玉ネギ、バジリコをオイルと酢で味付けし、乗せたもの）
この他甲殻類、イカ・タコ・エビ類の料理、白身肉のロースト、軟質チーズなどに向く。

8〜10℃

※このワインは12世紀終わり頃からすでにローマ法王や貴族達に知られ、ダンテやボッカッチオなどの作品にも記述がある。
1200年代、リグーリア地方のチンクエテッレにあるヴェルナッツァから、このヴェルナッチャ種がサン・ジミニャーノの町に運ばれたといわれている。その後1700年頃までトスカーナ地方の白ワインとして生産も拡大していく。1800年代から1900年代中頃までほとんど忘れ去られていたが、第2次世界大戦後再び人気を得るようになった。

・Strozzi（ストロッツィ）
・Il palagio（イル・パラジオ）
・Cappella Sant'Andrea（カッペッラ・サンタンドレア）
・Palagetto（パラジェット）
・La Rampia di Fugnano（ラ・ランピア・ディ・フニャーノ）

	'03	'04	'05	'06	'07	'08	'09	'10	'11	'12	'13	'14	'15	'16
vernaccia di san gimignano ヴェルナッチャ・ディ・サン・ジミニャーノ	★★★	★★★	★★★1/2	★★★★1/2	★★★★★	★★★★	★★★★1/2	★★★1/2	★★★1/2	★★★★	★★★	★★★	★★★★1/2	★★★★

680

VINO NOBILE DI MONTEPULCIANO
ヴィーノ・ノビレ・ディ・モンテプルチャーノ

DOCG
(1980〜)

〈地域〉
シエナ県のモンテプルチャーノ

2016
7,134,800本

	ha当たりのブドウの収穫	最低アルコール	最低熟成期間
⑧DOCG	8 t	12.5%	24カ月 内12カ月木樽熟成 翌年1月1日起算
⑨—RISERVA リゼルヴァ	8 t	13%	36カ月 内12カ月木樽熟成 翌年1月1日起算

プルニョロ・ジェンティーレ（サンジョヴェーゼ・グロッソ）種70％以上、
その他認定黒ブドウ30％以下、白ブドウ（アロマを含む品種とマルヴァジア・デル・キアンティ種は除く）は5％以下。

色：濃いめのガーネット色で熟成に従いオレンジ色を帯びる。
香：繊細で上品なスミレの香り。
味：軽くタンニンを感ずる辛口。

・Arista（アリスタ＝豚の背肉をニンニクとローズマリーで味付けした料理）
　その他赤身肉のグリル、野鳥の料理、熟成チーズに向く。

16〜18℃

※モンテプルチャーノでのワイン造りの歴史は古く、9世紀にすでにこの地域でワインが造られていたという記録が残っており、シエナとフィレンツェが争った中世の時期には大きな影響を受けた。1350年代のワインの取り引き上の法律や、1500年代にはローマ法王パウルス3世に仕えたワイン・テイスターがモンテプルチャーノのワインをローマに持ち帰ったといわれる記録もある。こうした記録により、1700年代からノビレ（高貴）と呼ばれるようになった。

・Poderi Boscarelli（ポデーリ・ボスカレッリ）
・Valdipiatta（ヴァルディピアッタ）
・Canneto（カンネート）
・Fassati（ファッサーティ）
・Fattoria del Cerro（ファットリア・デル・チェッロ）
・Dei（デイ）
・Poliziano（ポリツィアーノ）

	'03	'04	'05	'06	'07	'08	'09	'10	'11	'12	'13	'14	'15	'16
vino nobile di montepulciano ヴィーノ・ノビレ・ディ・モンテプルチャーノ	★★★★	★★★★	★★★★	★★★★	★★★★★	★★★★★	★★★★	★★★★	★★★1/2	★★★★	★★★★	★1/2	★★★★	★★★★

BIANCO DI PITIGLIANO
ビアンコ・ディ・ピティリアーノ

DOC
(1966〜)

〈地域〉
グロッセート県のピティリアーノを中心とする地域

2016
2,500,900本

	ha当たりのブドウの収穫	最低アルコール	最低熟成期間
③DOC	12.5 t	11%	
④—SUPERIORE スペリオーレ	11 t	12%	
①—SPUMANTE スプマンテ	12.5 t	11.5%	
④⑤—VIN SANTO ヴィン・サント	12.5 t	12+4%	26カ月 翌年1月1日起算 500L以下の木樽で18カ月熟成

トレッビアーノ・トスカーノ種40〜100%、グレコ種、
マルヴァジア・ビアンカ・ルンガ種、ヴェルデッロ種、グレケット種、アンソニカ種、シャルドネ種、ソーヴィニヨン種、ヴィオニエ種、ピノ・ビアンコ種、リースリング・イタリコ種60%以下、その他認定白ブドウ15%以下。

緑がかった麦わら色で、デリケートで特徴的な香りを含み、後口にわずかに苦味を残す辛口。ヴィン・サントは辛口と甘口がある。

野菜を使った前菜、海の幸のパスタ、白身魚のソテーなどの料理に合う。

白：8〜10℃
スプマンテ：8℃
甘口：10〜12℃

・Fattoria Acquaviva（ファットリア・アックアヴィーヴァ）
・Tenuta Roccaccia（テヌータ・ロッカッチャ）
・Cantina di Pitigliano（カンティーナ・ディ・ピティリアーノ）
・Proveditore（プロヴェディトーレ）

BOLGHERI
ボルゲリ

DOC
(1983〜)

〈地域〉
リヴォルノ県カスタニェート・カルドゥッチ周辺の地域

2016
6,827,300本

	ha当たりのブドウの収穫	最低アルコール	最低熟成期間
③BIANCO ビアンコ	12 t	11%	
③VERMENTINO ヴェルメンティーノ	12 t	11%	
③SAUVIGNON ソーヴィニヨン	12 t	10.5%	
⑦ROSSO ロッソ	9 t	11.5%	10カ月 翌年9月1日以後リリース可
⑧—SUPERIORE スペリオーレ	8 t	12.5%	24カ月 内12カ月オーク樽熟成 翌年1月1日起算
⑨—SUPERIORE VIGNA スペリオーレ・ヴィーニャ	8 t	12.5%	24カ月 内12カ月オーク樽熟成 翌年1月1日起算
⑥ROSATO ロザート	9 t	11.5%	

③BIANCO ビアンコ

ヴェルメンティーノ種70%以下、ソーヴィニヨン種40%以下、トレッビアーノ40%以下、その他認定白ブドウ30%以下。

濃い麦わら色で上品な香りがあり、風味のある辛口白ワイン。

前菜、魚のグリルなどに向く。

③VERMENTINO ヴェルメンティーノ

ヴェルメンティーノ種85%以上、その他認定白ブドウ15%以下。

薄い麦わら色で上品で個性的な香りがあり、新鮮で味わいのある辛口白ワイン。

食前酒や魚料理に向く。

③SAUVIGNON ソーヴィニヨン

ソーヴィニヨン種85%以上、その他認定白ブドウ15%以下。

麦わら色で独特の香りがあり、デリケートな味わいの辛口白ワイン。

魚介類のフライなどに合う。

⑦ROSSO ロッソ

⑧—SUPERIORE スペリオーレ

⑨—SUPERIORE VIGNA スペリオーレ・ヴィーニャ

カベルネ・ソーヴィニヨン種、メルロー種、カベルネ・フラン種単独もしくは混醸で100%、シラー50%以下、サンジョヴェーゼ種50%以下、その他認定黒ブドウ30%以下。

濃いルビー色で草の香りを含み、しっかりとした味わいの赤ワイン。

赤身肉のロースト他の肉料理に向く。

⑥ROSATO ロザート

ロッソと同じ。

きれいなバラ色でワイン香を含み調和のとれた辛口。

パスタ入りスープや魚のグリルに合う。

赤：16〜18℃
白：8〜10℃
ロザート：12〜14℃

- Ornellaia（オルネッライア）
- San Guido（サン・グイド）
- Guardo al Tasso（グアルド・アル・タッソ）
- Grattamacco（グラッタマッコ）

BOLGHERI SASSICAIA
ボルゲリ・サッシカイア

DOC
(1994〜)

〈地域〉
リヴォルノ県カスタニェート・カルドゥッチ周辺の地域。

2016
523,500本

	ha当たりのブドウの収穫	最低アルコール	最低熟成期間
⑨DOC	7 t	12%	24カ月 内18カ月バリック樽熟成 翌年1月1日起算

カベルネ・ソーヴィニヨン種80%以上、その他認定黒ブドウ20%以下。

濃くややガーネットがかったルビー色で、ブドウ香を含み、アロマがありエレガントな味わい。

赤身肉のロースト、ジビエ料理、熟成硬質チーズなどに合う。

16〜18℃

※1944年、ボルドーのシャトー・ラフィット・ロスチャイルドから贈られた、カベルネ・ソーヴィニヨンの苗木に始まる。サッシカイアの名前の通り、サッシカイアの畑には、ボルドー・メドック地区のように小石が多く、カベルネ・ソーヴィニヨンに最適な土壌だった。1960年代には、自家消費用のワインとして造られていたが、1968年、販売を始め、1978年、イギリスのワイン専門誌、デカンターが主催する、ブラインド・テイスティングで、シャトー・マルゴー他の強豪を抑え、見事ベスト・カベルネに輝き、一躍世界のトップワインの仲間入りを果たした。
当初は、カベルネ・ソーヴィニヨン種主体のワインはイタリアワイン法の規定から外れていたことから、IGT（地域限定テーブルワイン）のカテゴリーとなっていたが、ずば抜けた品質のIGTワインであったことから、「スーパー・タスカン」と呼ばれるようになり、1980年代にこのカテゴリーのワインは、世界に知られるようになり大ブームとなった。
1994年、このワインの実績が認められ、イタリア唯一の単独ワイナリーでのDOC昇格を果たした。

・Tenuta San Guido（テヌータ・サン・グイド）

COLLINE LUCCHESI
コッリーネ・ルッケージ

DOC
(1968〜)

〈地域〉
ルッカを中心にカンパニーノ、ポルカーリなどの周辺地域

2016
361,500本

	ha当たりのブドウの収穫	最低アルコール	最低熟成期間
⑦ROSSO ロッソ	10 t	11%	
⑧—RISERVA リゼルヴァ	10 t	11.5%	24カ月 翌年1月1日起算

サンジョヴェーゼ種45〜80%、カナイオーロ種、チリエジョーロ種で例外としてアレアティコ種、メルロー種シラー種10〜50%、その他の認定黒ブドウ30%以下。

美しいルビー色で熟成に従いガーネット色を帯び、アロマを含む味わい。

カンネッローニ、肉類のロースト、サラミ類など。

16〜18℃

	ha当たりのブドウの収穫	最低アルコール	最低熟成期間
③BIANCO ビアンコ	10 t	10.5%	

トレッビアーノ・トスカーノ種40〜80%、グレケット種、グレコ種、マルヴァジア種、ヴェルメンティーノ種、シャルドネ種、ソーヴィニヨン種は各10〜60%、その他認定白ブドウ25%以下。

しっかりした麦わら色で、若々しくデリケートな香りを含む辛口。

冷たいアンティパスト、玉子の料理、鶏肉のグリルなど。

8〜10℃

	ha当たりのブドウの収穫	最低アルコール	最低熟成期間
④⑤VIN SANTO ヴィン・サント	10 t	16%	500L以下の木樽で36カ月

このDOCで使用される認定白ブドウのみ可。

濃い黄金色からコハク色まで。心地良いアロマを感じる辛口から中甘口まで。

菓子類他、食事外にも向く。

10〜12℃

※この他赤はメルロー、サンジョヴェーゼ、白はソーヴィニヨン、ヴェルメンティーノが、その品種を85%以上使用しDOCに認められている。また黒ブドウを使用した甘口、ヴィン・サント・オッキオ・ディ・ペルニーチェもDOCに認められている。

- Colle Verde（コッレ・ヴェルデ）
- Colle di Bordochero（コッレ・ディ・ボルドケーロ）
- Fattoria di Fubbiano（ファットリア・ディ・フッビアーノ）

CORTONA
コルトーナ

DOC
(1999～)

〈地域〉
アレッツォ県のコルトーナを中心とする地域

2016
1,069,300本

	ha当たりのブドウの収穫	最低アルコール	最低熟成期間
⑦ROSSO ロッソ	10 t	12.5%	5カ月
⑦CABERNET SAUVIGNION カベルネ・ソーヴィニヨン	9 t	12%	5カ月
⑧—RISERVA リゼルヴァ	9 t	12.5%	24カ月 内12カ月木樽熟成 4カ月瓶内熟成
③CHARDONNAY シャルドネ	9 t	11.5%	2カ月

⑦ROSSO ロッソ

シラー種50～60%、メルロー種10～20%、その他アロマを含まない黒ブドウ30%以下。

ややガーネット色がかったルビー色で、デリケートな香を含み、アロマのある赤ワイン。

サラミ、ラザーニャ、フィレ肉のグリルなどの料理に合う。

⑦CABERNET SAUVIGNION カベルネ・ソーヴィニヨン
⑧—RISERVA リゼルヴァ

カベルネ・ソーヴィニヨン種85%以上、その他アロマを含まない認定黒ブドウ15%以下。

ややガーネット色を帯びたルビー色で、スパイスを感じ、アロマを含んだ赤ワイン。

サラミ、パスタのオーブン焼き、仔牛肉のグリルなどの料理に合う。

③CHARDONNAY シャルドネ

シャルドネ種85%以上、その他アロマを含まない認定白ブドウ15%以下。

麦わら色で、アロマを感じさせる果実香を含み、エレガントで滑らかな辛口白。

スモークサーモン、海産物のリゾット、ラビオリのスープ仕立てなどの料理に合う。

白：8～10℃
赤：16～18℃
甘口：10～14℃

※この他、赤には、サンジョヴェーゼ、メルロー、シラー、白には、ソーヴィニヨン、グレケット、ヴィン・サント、ヴィン・サント・オッキオ・ディ・ペルニーチェなどのワインがある。

- Avignonesi（アヴィニョネージ）
- Tenimenti Luigi d'Alessandro（テニメンティ・ルイジ・ダレッサンドロ）
- La Colonica（ラ・コロニカ）

ELBA
エルバ

DOC
(1967〜)

〈地域〉

エルバ県全域

2016
508,700本

	ha当たりのブドウの収穫	最低アルコール	最低熟成期間
⑦ROSSO ロッソ	8t	11.5%	
⑧—RISERVA リゼルヴァ	8t	12.5%	24カ月 内12カ月木樽熟成

サンジョヴェーゼ種60%以上、その他40%以下。

濃い目のルビー色でワインらしい香りを含むしっかりとした味わい。

サラミ類、リボッリータ、肉類のローストなど。

16〜18℃
※赤と同様のブドウを使用したロザートもある。

	ha当たりのブドウの収穫	最低アルコール	最低熟成期間
③BIANCO ビアンコ	9t	11%	

トレッビアーノ・トスカーノ（プロカニコ）種10〜70%、アンソニカ種、ヴェルメンティーノ種で10〜70%、その他認定白ブドウ30%以下。

麦わら色で、デリケートでワインらしい香りを含む辛口。

アペリティーヴォから前菜、海産物の料理、ズッパ・ディ・ペッシェなど。

8〜10℃

※同様のブドウから瓶内二次発酵させたスプマンテ、ヴィン・サントも造られている。
DOCエルバにはこの他、赤ではサンジョヴェーゼ、サンジョヴェーゼ種主体のヴィン・サント・オッキオ・ディ・ペルニーチェ、白ではトレッビアーノ、ヴェルメンティーノ他、辛口とパッシートのあるアンソニカ、同様のモスカート・パッシート、白の甘口、ビアンコ・パッシートがある。

- Spereta（スペレータ）
- Cecilia（チェチリア）
- Mola（モーラ）

MAREMMA TOSCANA
マレンマ・トスカーナ

DOC
(1995～)

〈地域〉
グロッセート県全域

2016
11,437,300本

	ha当たりのブドウの収穫	最低アルコール	最低熟成期間
③BIANCO ビアンコ	13 t	10.5%	
①—SPUMANTE スプマンテ	13 t	10.5%	
④⑤—PASSITO パッシート	11 t	12+3.5%	翌年9月30日以降リリース可 内6カ月木樽または瓶内熟成
⑤—VENDEMMIA TARDIVA ヴェンデミア・タルディーヴァ	8 t	15%	翌年6月30日以降リリース可

トレッビアーノ・トスカーノ種、ヴェルメンティーノ種40%以上、その他認定白ブドウ60%以下。

やや濃い目の麦わら色でデリケートな香りを持つ調和のとれた辛口から甘口。スプマンテはDOSAGGIO ZERO（ドザッジョ・ゼロ）からEXTRA DRY（エクストラドライ）まで。

⑦ROSSO ロッソ	12 t	11%	
④⑩—PASSITO パッシート	11 t	12+3.5%	翌年9月30日以降リリース可 内6カ月木樽または瓶内熟成

サンジョヴェーゼ種40%以上、その他認定黒ブドウ60%以下。

紫がかったルビー色でワイン香があり、調和のとれた辛口から薄甘口。

⑥ROSATO ロザート	12 t	10.5%	

サンジョヴェーゼ種、チリエジョーロ種40%以上、その他認定黒ブドウ60%以下。

ルビー色がかったロゼ色で心地よいフルーティな香りのある軽く酸のきいた調和のとれた辛口から薄甘口。

④⑤VIN SANTO ヴィン・サント	13 t	12%+4%	500L以下の木樽で28ヵ月

トレッビアーノ・トスカーノ種、マルヴァジア種単独または混醸で100%。

琥珀から黒っぽい麦わら色で、温かみのあるエーテルの香りを持つなめらかで調和のとれた辛口から甘口。

③ANSONICA アンソニカ	12 t	11%	
①—SPUMANTE スプマンテ	12 t	11%	
④⑤—PASSITO パッシート	11 t	12+3.5%	翌年9月30日以降リリース可 内6カ月木樽または瓶内熟成
⑤—VENDEMMIA TARDIVA ヴェンデミア・タルディーヴァ	8 t	15%	翌年6月30日以降リリース可 内3カ月木樽または瓶内熟成

アンソニカ種85%以上、その他認定白ブドウ15%以下。

やや濃い目の麦わら色でややフルーティで特徴的な香りを持つ調和のとれた柔らかい中甘口と辛口がある。

③CHARDONNAY シャルドネ	12 t	11%	
④⑤—PASSITO パッシート	11 t	12+3.5%	翌年9月30日以降リリース可 内6カ月木樽または瓶内熟成
⑤—VENDEMMIA TARDIVA ヴェンデミア・タルディーヴァ	8 t	15%	翌年6月30日以降リリース可 内3カ月木樽または瓶内熟成

シャルドネ種85%以上、その他認定白ブドウ15%以下。

やや濃い目の麦わら色でややフルーティで特徴的な香りを持つ調和のとれた柔らかい味わい。

③VERMENTINO ヴェルメンティーノ　12 t　11%
①—SPUMANTE スプマンテ　12 t　11%
④⑤—PASSITO パッシート　11 t　12+3.5%
翌年9月30日以降リリース可
内6カ月木樽または瓶内熟成

⑤—VENDEMMIA TARDIVA ヴェンデミア・タルディーヴァ　8 t　15%
翌年6月30日以降リリース可
内3カ月木樽または瓶内熟成

ヴェルメンティーノ種85%以上、その他認定白ブドウ15%以下。

輝きのある麦わら色で緑がかっている場合もあり、デリケートで特徴的な香りを持つ調和のとれた滑らかで柔らかい味わい。

③ALICANTE アリカンテ　11 t　11.5%

アリカンテ種85%以上、その他認定黒ブドウ15%以下。

やや濃い目のルビー色で、心地よい特徴的な香り均衡のとれた味わい。

⑦CABERNET カベルネ　11 t　11.5%
⑧⑩—PASSITO パッシート　11 t　12+3.5%
翌年9月30日以降リリース可
内6カ月木樽または瓶内熟成

カベルネ・ソーヴィニヨン種、カベルネ・フラン種85%以上、その他認定黒ブドウ15%以下。

紫がかったルビー色で熟成と共にガーネットを帯びる。スパイス香やワイン香があり、心地よいしっかりとしたボディー、軽くタンニンを感じる赤ワイン。

⑦CILIEGIOLO チリエジョーロ　11 t　11.5%
⑧⑩—PASSITO パッシート　11 t　12+3.5%
翌年9月30日以降リリース可
内6カ月木樽または瓶内熟成

チリエジョーロ種85%以上、その他認定黒ブドウ15%以下。

ルビー色で熟成と共にガーネットを帯びる。デリケートなワイン香があり、心地よいボディーのあるなめらかで調和のとれた味わい。

⑦CABERNET SAUVIGNON カベルネ・ソーヴィニヨン　11 t　11.5%
⑧⑩—PASSITO パッシート　11 t　12+3.5%
翌年9月30日以降リリース可
内6カ月木樽または瓶内熟成

カベルネ・ソーヴィニヨン種85%以上、その他認定黒ブドウ15%以下。

紫がかった濃い赤色で熟成と共にガーネットを帯びる。スパイス香やワイン香があり、しっかりとしたボディーがありほどよいタンニンを感じる赤ワイン。

⑦SANGIOVESE サンジョヴェーゼ　11 t　11.5%
⑧⑩—PASSITO パッシート　11 t　12+3.5%
翌年9月30日以降リリース可
内6カ月木樽または瓶内熟成

サンジョヴェーゼ種85%以上、その他認定黒ブドウ15%以下。

ルビー色で熟成と共にガーネットを帯びる。チェリーやスミレの香りやワイン香があり、しっかりとしたボディーがある調和のとれた味わい。

※この他、ソーヴィニヨン、トレッビアーノ、ヴィオニエ、カナイオーロ、メルロー、シラー、ノヴェッロがある。

白：8〜10℃
ロザート：12〜14℃
赤：16〜18℃
スプマンテ：8℃
甘口：10〜12℃

・Antonio Camillo（アントニオ・カミッロ）　・Fattoria di Magliano（ファットリア・ディ・マリアーノ）
・Rocca delle Macie（ロッカ・デッレ・マチエ）　・Terenzi（テレンツィ）　・Valdonica（ヴァルドニカ）

MONTECARLO
モンテカルロ

DOC
(1969〜)

〈地域〉
ルッカ県のモンテカルロ、アルトパッショ、カパンノーリ、ポルカリを中心とする多くの市町村

2016
483,000本

	ha当たりのブドウの収穫	最低アルコール	最低熟成期間
③BIANCO ビアンコ	10 t	11.5%	

トレッビアーノ・トスカーノ種30〜60%、セミヨン種、ピノ・ビアンコ種、ピリ・グリージョ種、ヴェルメンティーノ種、ソーヴィニヨン種、ルーサンヌ種の内３種以上で40〜70%、その他認定白ブドウ20%以下（モスカート・ビアンコ種、トラミネル・アロマティコ種を除く）。

薄い麦わら色から明るい黄金色で上品で個性的な香りを持ち、滑らかで調和のとれた辛口。後口にわずかに苦味が残る。

前菜から卵料理、魚介類に向く。

⑦ROSSO ロッソ	10 t	11.5%	
⑧—RISERVA リゼルヴァ	10 t	12%	24カ月 内6カ月瓶内熟成 翌年1月1日起算

サンジョヴェーゼ種50〜75%、カナイオーロ・ネロ種、メルロー種、
シラー種15〜40%、チリエジョーロ種、コロリーノ種、
マルヴァジア・ネーラ・ディ・レッチェ種（又はブリンディジ）シラー種、カベルネ・ソーヴィニヨン種、カベルネ・フラン種10〜30%、その他の認定ブドウ20%以下（アロマティックなブドウ、アレアティコ種、モスカート・ビアンコ種、トラミネル・アロマティコ種を除く）。

ルビー色で熟成にしたがいガーネット色を帯びる。個性的なワイン香があり、熟成するとエーテル香を増す風味があり調和のとれた赤ワイン。

白身肉のロースト、煮込み料理に向く。

④VIN SANTO SECCO ヴィン・サント・セッコ	10 t	14+2%	36カ月 500L以下の木樽熟成
⑤VIN SANTO AMABILE ヴィン・サント・アマービレ	10 t	13+3%	36カ月 500L以下の木樽熟成

ビアンコと同じ。

食後にカントゥッチ（アーモンド入りのビスケット）を浸して食べると合う。

③VERMENTINO ヴェルメンティーノ	9 t	12%	

ヴェルメンティーノ種85%以上、その他認定白ブドウ15%以下。

やや濃い目の麦わら色で、デリケートで特徴的な香りがある調和のとれた辛口。

③SAUVIGNION ソーヴィニヨン	9 t	12%	

ソーヴィンヨン種85%以上、その他認定白ブドウ15%以下。

やや濃い目の麦わら色で、デリケートで特徴的な香りがある調和のとれた辛口。

⑦CABERNET SAUVIGNION カベルネ・ソーヴィニヨン	7.5 t	12.5%	

カベルネ・ソーヴィンヨン種85%以上、その他認定赤ブドウ15%以下。

生き生きとしたルビー色で、しっかりとしたワイン香りがある調和のとれた赤ワイン。

※この他、メルロー、シラー、ヴィン・サント・オッキオ・ディ・ペルニーチェがある。

赤：16〜18℃　白：8〜10℃
ヴィン・サント：10〜12℃　オッキオ・ディ・ペルニーチェ：12〜14℃

・Del Teso（デル・テーゾ）　・Fuso（フーゾ）
・Del Buonamico（デル・ブォナミーコ）　・Mazzini（マッツィーニ）

MONTECUCCO
モンテクッコ

DOC
（1998～）

〈地域〉
グロッセート県のアルチドッソ、カンパニャティコ、カステル・デル・ピアーノ、チニジャーノ、チヴィテッラ・パガニコ、ロッカルペーニャ、セッジャーノの各市町村

2016
827,500本

	ha当たりのブドウの収穫	最低アルコール	最低熟成期間
⑦ROSSO ロッソ	9 t	12%	翌年9月以後リリース可
⑧—RISERVA リゼルヴァ	9 t	12.5%	24カ月 内12カ月木樽熟成 6カ月瓶内熟成

⑦ROSSO ロッソ

⑧—RISERVA リゼルヴァ

サンジョヴェーゼ種60％以上、その他認定黒ブドウ40％以下。
しっかりとしたルビー色で、複雑で適度のタンニンを感じる赤ワイン。
赤身のロースト、リゼルヴァはジビエ料理など。
16～18℃

⑥ROSATO ロザート

9 t　11.5%　翌年2月1日以降リリース可

ロッソと同じ。
淡色ロゼ色でフレッシュ、フルーティな香りを含む調和のとれた味わいのある辛口。
12～14℃

③BIANCO ビアンコ

11 t　11.5%　翌年2月1日以降リリース可

トレッビアーノ・トスカーノ種40％以上、その他認定白ブドウ60％以下。
麦わら色で新鮮でデリケートな辛口。
海産物のアンティパスト、スープ類、魚料理など。
8～10℃

※この他同名の品種を85％以上使用したヴェルメンティーノと、ヴィン・サント、ヴィン・サント・オッキオ・ディ・ペルニーチェもDOCに認められている。

- Parazzeta（パラッツェータ）
- Pasqui（パスクイ）
- Orciaverde（オルチャヴェルデ）
- Montecucco（モンテクッコ）

MONTESCUDAIO
モンテスクダイオ

DOC
(1977～)

〈地域〉

ピサ県のモンテスクダイオを中心とするカサーレ・マリッティモ、グアルディスタッロ、リパルベッラ、サンタ・ルーチェなどの地域

2016
412,100本

	ha当たりのブドウの収穫	最低アルコール	最低熟成期間
⑦ROSSO ロッソ	10 t	11.5%	
⑧—RISERVA リゼルヴァ	10 t	12.5%	24カ月 内3カ月瓶内熟成

サンジョヴェーゼ種50%以上、その他認定黒ブドウ50%以下。

濃いルビー色で熟成に従いガーネット色を帯びる。果実の香りを含みしっかり味わいのある赤ワイン。

サラミ類、きのこ入りパッパルデッレ、豚肉のグリルなど。

16～18℃

	ha当たりのブドウの収穫	最低アルコール	最低熟成期間
③BIANCO ビアンコ	11 t	11%	

トレッビアーノ・トスカーノ種50%以上、、その他認定白ブドウ50%以下。

麦わら色で、果実の繊細な香りのある辛口。

魚介類のリゾット、ズッパ・ディ・ペッシェ、インサラータ・ディ・ペッシェ（魚介類のサラダ）など。

8～10℃

※ビアンコと同一のブドウを使用したヴィン・サントは、アルコール度数16%以上、4年の熟成を必要とする。
この他赤では、カベルネ・ソーヴィニヨン、カベルネ・フラン、メルロー、サンジョヴェーゼがDOCに認められており、アルコール度数が12.5%以上、2年以上熟成させたものはRISERVAと表示できる。また同様に、白ブドウも85%以上その品種を使用したものはDOCに認められ、シャルドネ、ソーヴィニヨン、ヴェルメンティーノがある。

- Campo di Sasso（カンポ・ディ・サッソ）
- Podere La Regola（ポデーレ・ラ・レゴラ）
- Poggio Gagliardo（ポッジョ・ガリアルド）
- Sorbaiano（ソルバイアーノ）

MOSCADELLO DI MONTALCINO
モスカデッロ・ディ・モンタルチーノ

DOC（1985〜）

〈地域〉
シエナ県モンタルチーノ

2016
32,700本

	ha当たりのブドウの収穫	最低アルコール	最低熟成期間
⑤TRANQUILLO トランクイッロ	10 t	10.5% 内4分の1以上残糖分	
②FRIZZANTE フリッツァンテ	10 t	10.5% 内4分の1以上残糖分	
⑤VENDEMMIA TARDIVA ヴェンデミア・タルディーヴァ	5 t	11.5+3.5%	14カ月乾燥後

モスカート・ビアンコ種85％以上、その他認定白ブドウ15％以下。

色：麦わら色から黄色がかった麦わら色まで。
香：独特のアロマのきいた新鮮で繊細な香り。
味：調和のとれた味わいのある甘口。

クリームを使用したデザートに向く。またシエナの銘菓PANFORTE（パンフォルテ＝アーモンドと果物の砂糖漬けを刻んだものを八角形の板状に固めた菓子）など長期保存型の菓子類にも向く。

10〜12℃

※ブルネッロと同地域で造られるモスカート・ビアンコ種主体の甘口ワイン。遅摘みのヴェンデミア・タルディーヴァはモスカデッロよりも甘味を増した味わいのあるデザートワイン。

- Poderina（ポデリーナ）
- Capanna（カパンナ）
- Il Poggione（イル・ポッジョーネ）
- Col d'Orcia（コル・ドルチャ）

667

ORCIA
オルチャ

DOC
(2000〜)

〈地域〉
シエナ県のピエンツァ、ラディコファーニ、モンタルチーノ、サルテアーノをはじめとする13の市町村

2016
604,100本

	ha当たりのブドウの収穫	最低アルコール	最低熟成期間
⑦ROSSO ロッソ	8 t	12%	4カ月
	翌年3月1日以降リリース可		
⑧—RISERVA リゼルヴァ	8 t	12.5%	24カ月
			内12カ月木樽熟成

サンジョヴェーゼ種60%以上、その他認定ブドウ40%以下、
内白ブドウ10%以下。

ルビー色で熟成に従いガーネット色を帯びる。アロマを含む味わい。ノヴェッロはアロマを含み、フレッシュで心地良い。

サラミ類、肉類のグリル、半硬質チーズなど。

16〜18℃

	ha当たりのブドウの収穫	最低アルコール	最低熟成期間
③BIANCO ビアンコ	8 t	11%	
	翌年3月1日以後リリース可		

トレッビアーノ・トスカーノ種50%以上、
その他アロマティックではない認定白ブドウ50%以下。

やや緑がかった麦わら色で新鮮でフルーティな香りを含む辛口。

野菜入りリゾット、魚料理など。

8〜10℃

※この他ロザート、サンジェヴェーゼ、およびトレッビアーノ・トスカーノ種とマルヴァジア種を主体とするヴィン・サントもDOCに認められている。

- Podere Forte（ポデーレ・フォルテ）
- Trequanda（トレクワンダ）
- Castello di Ripa d'Orcia（カステッロ・ディ・リパ・ドルチャ）
- Funari（フナーリ）

POMINO
ポミーノ

DOC
(1983〜)

〈地域〉
フィレンツェ県のルフィーナ地区

2016
606,300本

	ha当たりのブドウの収穫	最低アルコール	最低熟成期間
③BIANCO ビアンコ	9 t	11%	
④—RISERVA リゼルヴァ	9 t	12%	12カ月 内8カ月木樽熟成
④—VENDEMMIA TARDIVA ヴェンデミア・タルディーヴァ	9 t	12%	7カ月

ピノ・ビアンコ種、ピノ・グリージョ種、シャルドネ種、トレッピアーノ種を単独か混醸で70%以上、その他認定白ブドウ30%以下。

色：薄緑色を帯びた麦わら色。

香：上品で快し繊細な香り。

味：調和のとれた辛口で後口にほろ苦さが残る。

軽いアンティパスト、魚介類、若いチーズに向く。

④VIN SANTO ヴィン・サント	9 t	14.5+1%	36カ月

ピノ・ビアンコ種、ピノ・グリージョ種、シャルドネ種、トレッピアーノ種70%以上、その他認定白ブドウ30%以下。

麦わら色からコハク色まであり、しっかりとしたエーテル香りあるなめらかで調和のとれた辛口。

⑦ROSSO ロッソ	9 t	12%	12カ月
⑧—RISERVA リゼルヴァ	9 t	12.5%	24カ月 内12カ月木樽熟成 3カ月瓶内熟成
⑧—VENDEMMIA TARDIVA ヴェンデミア・タルディーヴァ	9 t	12%	7カ月
⑧VIN SANTO OCCHIO DI PERNICE ヴィン・サント・オッキオ・ディ・ペルニーチェ	9 t	14.5+1%	36カ月

サンジョヴェーゼ種50%以上、ピノ・ネロ種、メルロー種50%以下、その他認定黒ブドウ25%以下。

色：生き生きとしたルビー色。熟成に従いガーネット色を帯びる。

香：独特のワイン香、熟成に従い洗練される。

味：タンニンを感ずる辛口だが熟成に従い滑らかになる。

・Trippa Alla Fiorentina（トリッパ・アッラ・フィオレンティーナ＝フィレンツェ風トリッパの煮込み）
サラミ類、白身、赤身の肉料理に向く。ヴィン・サントは食後または食事外にも向く。

赤：16〜18℃
白：8〜10℃
ヴィン・サント・オッキオ・ディ・ペルニーチェ：12〜14℃
ヴィン・サント：10〜12℃

※この他、白はシャルドネ、ソーヴィニヨン、赤はピノ・ネロ、メルローが同品種85%以上使用でDOCに認められている。また、白とロゼのスプマンテもDOCに認められている。

・Frescobaldi（フレスコバルディ）
・Fattoria Selvapiana（ファットリア・セルヴァピアーナ）

ROSSO DI MONTALCINO
ロッソ・ディ・モンタルチーノ

DOC
(1984〜)

〈地域〉
シエナ県モンタルチーノ

2016
3,673,900本

	ha当たりのブドウの収穫	最低アルコール	最低熟成期間
⑦DOC	9 t	12%	10カ月

翌年9月1日以降リリース可

サンジョヴェーゼ・グロッソ種（ブルネッロ種）100%。

色：濃いルビー色。香：個性的で独特な香り。味：タンニンを感ずる厚みのある赤ワイン。

肉類のグリル、半硬質チーズ、硬質チーズに向く。

16〜18℃

- Siro Pacenti（シーロ・パチェンティ）
- Col d'Orcia（コル・ドルチャ）
- Il Poggione（イル・ポッジョーネ）
- Talenti（タレンティ）

ROSSO DI MONTEPULCIANO
ロッソ・ディ・
モンテプルチャーノ

DOC
(1989〜)

〈地域〉
シエナ県モンテプルチャーノ

2016
2,937,200本

	ha当たりのブドウの収穫	最低アルコール	最低熟成期間
⑦DOC	10 t	11.5%	4カ月

翌年3月1日以降リリース可

サンジョヴェーゼ（プルニョロ・ジェンティーレ）種70%以上、
その他認定ブドウ30%以下（内白は5%以下）。

色：明るい生き生きとしたルビー色。香：個性的で濃密な香り、スミレの香りがある。
味：調和のとれた辛口でわずかにタンニンを感ずる。

白身肉のローストをはじめとするあらゆる料理に向く。また中程度の熟成チーズにも合う。

16〜18℃

※ロッソ・ディ・モンタルチーノ同様、このワインもヴィーノ・ノビレ・ディ・モンテプルチャーノ（DOCG）と同地域で造られるDOCワイン。DOCGよりも2年近く早く出荷することができる。

- Boscarelli（ボスカレッリ）
- Canneto（カンネート）
- Bindella（ビンデッラ）
- Poliziano（ポリツィアーノ）

SANT'ANTIMO
サンタンティモ

DOC
(1996～)

〈地域〉

シエナ県モンタルチーノのサンタンティモ地区

2016
1,338,900本

	ha当たりのブドウの収穫	最低アルコール	最低熟成期間
⑦ROSSO ロッソ	9 t	12%	
⑦—NOVELLO ノヴェッロ	9 t	11%	

認定黒ブドウを使用。

ルビー色で熟成するとガーネット色を帯びる。心地良いワインらしい香りを含むアロマティックな赤ワイン。

サラミ類、野菜のスープ、肉類のロースト、ペコリーノチーズなど。

16～18℃

	ha当たりのブドウの収穫	最低アルコール	最低熟成期間
③BIANCO ビアンコ	9 t	11.5%	

認定白ブドウを使用。

麦わら色で新鮮で心地良い香りを含み、やや甘みを感じる辛口。

食前酒から前菜、野菜入りパスタ料理、魚料理など。

8～10℃

	ha当たりのブドウの収穫	最低アルコール	最低熟成期間
⑦CABERNET SAUVIGNON カベルネ・ソーヴィニヨン	8 t	12%	

カベルネ・ソーヴィニヨン種85%以上、その他認定黒ブドウ15%以下。

ルビー色で個性的でしっかりとした香りを含み、適度のタンニンを感じる赤ワイン。

肉類のグリルやロースト、ポルチーニとトマトのスープ、硬質チーズなど。

16～18℃

※この他赤ではメルロー、ピノ・ネロが、白ではシャルドネ、ソーヴィニヨン、ピノ・グリージョが、それぞれその品種を85%以上使用することでDOCに認められている。またヴィン・サント、ヴィン・サント・オッキオ・ディ・ペルニーチェも同様にDOCに認められている。

- Banfi（バンフィ）
- Col d'Orcia（コル・ドルチャ）
- Capanna（カパンナ）
- Caparzo（カパルツォ）

SOVANA
ソヴァーナ

DOC
(1999〜)

〈地域〉

グロッセート県のピティリアーノ、ソラーノ、およびマンチャーノの一部

2016
2,052,800本

	ha当たりのブドウの収穫	最低アルコール	最低熟成期間
⑦ROSSO ロッソ	9 t	11%	4カ月
	翌年3月1日以降リリース可		
⑧—SUPERIORE スペリオーレ	9 t	12%	7カ月
	翌年6月1日以降リリース可		
⑧—RISERVA リゼルヴァ	9 t	12%	24カ月 内18カ月木樽熟成 6カ月瓶内熟成

サンジョヴェーゼ種50%以上、その他認定黒ブドウ50%以下。

紫がかったルビー色でワイン香があり、調和と均衡のとれた赤ワイン。

	ha当たりのブドウの収穫	最低アルコール	最低熟成期間
⑥ROSATO ロザート	11 t	11%	2カ月
	翌年1月1日以後リリース可		

サンジョヴェーゼ種50%以上、その他認定黒ブドウ50%以下。

淡いロゼ色でフルーティな香りとワイン香のある軽く酸のきいた調和のとれた味わい。

	ha当たりのブドウの収穫	最低アルコール	最低熟成期間
⑧⑩ALEATICO SUPERIORE アレアティコ・スペリオーレ	9 t	9.5+2.5%	7カ月
	翌年6月1日以降リリース可		
⑩ALETATICO PASSITO アレアティコ・パッシート	7 t	12.5+3.5%	7カ月
	翌年6月1日以降リリース可		
⑧⑩ALEATICO RISERVA アレアティコ・リゼルヴァ	9 t	9.5+2.5%	24カ月 内18カ月木樽熟成 6カ月瓶内熟成
⑩—PASSITO パッシート	7 t	12.5+3.5%	24カ月 内18カ月木樽熟成 6カ月瓶内熟成

アレアティコ種85%以上、その他認定黒ブドウ15%以下。

紫がかったルビー色でワイン香があり、調和と均衡のとれた赤ワイン。

	ha当たりのブドウの収穫	最低アルコール	最低熟成期間
⑧CABERNET SAUVIGNON SUPERIORE カベルネ・ソーヴィニヨン・スペリオーレ	9 t	12%	7カ月
	翌年6月1日以降リリース可		
⑧CABERNET SAUVIGNON RISERVA カベルネ・ソーヴィニヨン・リゼルヴァ	9 t	12%	24カ月 内18カ月木樽熟成 6カ月瓶内熟成

カベルネ・ソーヴィニヨン種85%以上、その他認定黒ブドウ15%以下。

紫がかったルビー色で熟成と共にガーネットを帯びる。

スパイス香やワイン香があり、程よいタンニンを感じる調和のとれたしっかりとした赤ワイン。

	ha当たりのブドウの収穫	最低アルコール	最低熟成期間
⑧CILIEGIOLO SUPERIORE チリエジョーロ・スペリオーレ	9 t	12%	7カ月
	翌年6月1日以降リリース可		
⑧CILIEGIOLO RISERVA チリエジョーロ・リゼルヴァ	9 t	12%	24カ月 内18カ月木樽熟成 6カ月瓶内熟成

チリエジョーロ種85%以上、その他認定黒ブドウ15%以下。
ルビー色で熟成と共にガーネットを帯びる。デリケートなワイン香があり、
滑らかで程よいボディーのある調和のとれた赤ワイン。

⑧MERLOT SUPERIORE メルロー・スペリオーレ　　9t　12%　7カ月
翌年6月1日以降リリース可

⑧MERLOT RISERVA メルロー・リゼルヴァ　　9t　12%　24カ月
内18カ月木樽熟成
6カ月瓶内熟成

メルロー種85%以上、その他認定黒ブドウ15%以下。

紫がかったルビー色で熟成と共にガーネットを帯びる。
典型的な果実香があり、滑らかで広がりのある調和のとれた味わい。

⑧SANGIOVESE SUPERIORE
サンジョヴェーゼ・スペリオーレ　　9t　12%　7カ月
翌年6月1日以降リリース可

⑧SANGIOVESE RISERVA
サンジョヴェーゼ・リゼルヴァ　　9t　12%　24カ月
内18カ月木樽熟成
6カ月瓶内熟成

サンジョヴェーゼ種85%以上、その他認定黒ブドウ15%以下。

ルビー色で熟成と共にガーネットを帯びる。デリケートなワイン香があり時には果実やスミレの香りを含み、調和のとれたしっかりとした赤ワイン。

赤：16〜18℃
ロザート：12〜14℃
甘口：12〜14℃

- Sassotondo Benini Ventimiglia（サッソトンド・ベニーニ・ヴェンティミリア）
- Tenuta Roccaccia（テヌータ・ロッカッチャ）
- La Busattina（ラ・ブザッティーナ）
- Cantina di Pitigliano（カンティーナ・ディ・ピティリアーノ）
- Sopra La Ripa（ソープラ・ラ・リーパ）

VALDICHIANA TOSCANA
ヴァルディキアーナ・トスカーナ

DOC
(1972～)

〈地域〉
アレッツォ県とシエナ県の12の市町村

2016
638,800本

	ha当たりのブドウの収穫	最低アルコール	最低熟成期間
③BIANCO ビアンコ	12 t	10%	3カ月
	翌年1月31日以降リリース可		
③―VERGINE ヴェルジネ	12 t	10%	3カ月
	翌年1月31日以降リリース可		
①―FRIZZANTE フリッツァンテ	12 t	10%	3カ月
	翌年1月31日以降リリース可		
①―SPUMANTE スプマンテ	12 t	11%	3カ月
	翌年1月31日以降リリース可		

トレッビアーノ・トスカーノ種20%以上、シャルドネ種、ピノ・ビアンコ種、グレケット種、ピノ・グリージョ種80%以下、その他認定白ブドウ15%以下。

緑がかった麦わら色でデリケートで心地よい豊かな香りを持つ、後味にビターアーモンドを感じる辛口。

③CHARDONNAY シャルドネ 12 t 10.5% 3カ月
翌年1月31日以降リリース可

シャルドネ種85%以上、その他認定白ブドウ15%以下。

緑がかった麦わら色でデリケートで特徴的な香りを持つ、柔らかく調和のとれた辛口。

③GRECHETTO グレケット 12 t 10.5% 3カ月
翌年1月31日以降リリース可

グレケット種85%以上、その他認定白ブドウ15%以下。

緑がかった麦わら色でデリケートで特徴的な香りを持つ、調和のとれた味わいのある辛口。

⑦ROSSO ロッソ 11 t 11% 3カ月
翌年1月31日以降リリース可

サンジョヴェーゼ種50%以上、カベルネ・フラン種、カベルネ・ソーヴィニヨン種、メルロー種、シラー種50%以下、その他認定黒ブドウ15%以下。

輝きのあるルビー色で熟成と共にガーネットを帯びる。果実の香りやワイン香があり、調和のとれた味わいのある辛口。若いうちはフレッシュな味わい。

⑥ROSATO ロザート 11 t 10.5% 3カ月
翌年1月31日以降リリース可

ロッソと同じ。

やや濃い目のロゼ色で、フレッシュな芳香やワイン香があり、フレッシュで調和のとれた辛口。

⑦SANGIOVESE サンジョヴェーゼ 11 t 11% 3カ月
翌年1月31日以降リリース可

サンジョヴェーゼ種85%以上、その他認定赤ブドウ15%以下。

輝きのあるガーネットがかったルビー色で、果実香やワイン香があり、生き生きとして調和のとれた赤ワイン。

④VIN SANTO SECCO ヴィン・サント・セッコ
12 t　12%＋3%　36カ月
内24カ月500L以下の木樽熟成

④—RISERVA リゼルヴァ
12 t　12%＋3%　48カ月
内24カ月500L以下の木樽熟成

⑤VIN SANTO AMABILE ヴィン・サント・アマービレ
12 t　11.9%+3.1%　36カ月
内24カ月500L以下の木樽熟成

⑤—RISERVA リゼルヴァ
12 t　11.9%+3.1%　48カ月
内24カ月500L以下の木樽熟成

トレッビアーノ・トスカーノ種、マルヴァジア・ビアンカ（マルヴァジア・ビアンカ・ディ・カンディア、マルヴァジア・ビアンカ・ルンガ、マルヴァジア・イストリアーナ）種50％以上、その他認定白ブドウ50％以下。

琥珀から黒っぽい麦わら色で、温かみのあるエーテルの香りを持つなめらかで調和のとれた辛口から中甘口。

白：8～10℃
ロザート：12～14℃
赤：16～18℃
スプマンテ：8℃
甘口：10～12℃

- San Luciano（サン・ルチアーノ）
- Vecchia Cantina di Motepulciano（ヴェッキア・カンティーナ・ディ・モンテプルチャーノ）
- Baldetti Mario（バルデッティ・マリオ）
- Fattoria Santa Vittoria（ファットリア・サンタ・ヴィットリア）
- Buccelletti Vivai（ブッチェレッティ・ヴィヴァイ）

VAL DI CORNIA
ヴァル・ディ・コルニア

DOC
(1990～)

〈地域〉
リヴォルノ県のカンピリア、スヴェレート、サン・ヴィンチェンツォ、ピサ県のモンテヴェルディを含む地域

2016
442,400本

	ha当たりのブドウの収穫	最低アルコール	最低熟成期間
③BIANCO ビアンコ	12 t	11%	
⑥ROSATO ロザート	10 t	11%	
③VERMENTINO ヴェルメンティーノ	10 t	12%	
⑦SANGIOVESE サンジョヴェーゼ	10 t	12%	
⑧—SUPERIORE スペリオーレ	9 t	12%	18カ月

③BIANCO ビアンコ

ヴェルメンティーノ種50%以上、トレッビアーノ・トスカーノ種、アンソニカ種、マルヴァジア・ビアンカ・ルンガ種50%以下。その他認定白ブドウ15%以下。

麦わら色で、フルーティで繊細な辛口。

軽い前菜、野菜のグリル、アクアコッタ（野菜入りスープ）、魚料理など。

8～10℃

⑥ROSATO ロザート

サンジョヴェーゼ種40%以上、カベルネ・ソーヴィニヨン種、メルロー種60%以下、その他認定黒ブドウ20%以下。

淡いルビー色で果実香を含み、フルーティで心地良い味わい。

魚介類のアンティパストに合う。

12～14℃

③VERMENTINO ヴェルメンティーノ

ヴェルメンティーノ種85%以上、その他認定白ブドウ15%以下。

輝きのある麦わら色でデリケートで特徴的な香りがあり、なめらかで調和のとれた辛口。

アンティパスト全般、魚料理に合う。

8～10℃

⑦SANGIOVESE サンジョヴェーゼ
⑧—SUPERIORE スペリオーレ

サンジョヴェーゼ種85%以上、その他認定黒ブドウ15%以下。

輝きのあるルビー色で熟成と共にガーネットを帯びる。デリケートな香りがあり、ボディーのしっかりとしたなめらかで調和のとれた味わい。

しっかりとしたパスタや自身肉料理に合う。

16～18℃

※この他、赤には、アレアティコ種を使用した甘口のパッシート、カベルネ・ソーヴィニヨン、メルロー、チリエジョーロなどが、同種を85%以上使用することでDOCに認められている。また、18カ月以上熟成させたものはSUPERIOREと表示できる。白にはアンソニカ、アンソニカ・パッシートがある。

- Russo（ルッソ）
- Guido del Re（グイド・デル・レ）
- Banti Jacopo（バンティ・ヤコポ）
- Lorella Ambrosini（ロレッラ・アンブロジーニ）

VIN SANTO DEL CHIANTI
ヴィン・サント・デル・キアンティ

DOC
(1997～)

〈地域〉

アレッツォ、フィレンツェ、ピストイア、プラート、ピサ、シエナの6つの県の多くの市町村

2016
369,500本

	ha当たりのブドウの収穫	最低アルコール	最低熟成期間
④⑤VIN SANTO ヴィン・サント	11 t	13+2.5%	36カ月
④⑤―RISERVA リゼルヴァ	11 t	13+2.5%	48カ月

トレッビアーノ・トスカーノ種、マルヴァジア・ビアンカ・ルンガ種70%、その他認定白ブドウ30%以下。

黄金から琥珀色まで。独特のブドウ香とエーテル香を含み、旨味があり心地よい味わいの甘口。

焼き菓子、地元ではカントゥッチ（アーモンド入りビスケット）を浸して食べる。

	ha当たりのブドウの収穫	最低アルコール	最低熟成期間
⑩VIN SANTO OCCHIO DI PERNICE ヴィン・サント・オッキオ・ディ・ペルニーチェ	11 t	14+2.5%	36カ月
⑩―RISERVA リゼルヴァ	11 t	14+2.5%	48カ月

サンジョヴェーゼ種50%以上、その他認定黒ブドウ50%以下。

薄めのバラ色から淡い青みがかったバラ色まで。独特のブドウ香を含み円やかで心地よい飲み口の甘口。

焼き菓子、地元ではカントゥッチ（アーモンド入りビスケット）を浸して食べる。

	ha当たりのブドウの収穫	最低アルコール	最低熟成期間
④⑤COLLI SENESI VIN SANTO コッリ・セネージ・ヴィン・サント	10 t	13+3%	36カ月
④⑤―RISERVA リゼルヴァ	10 t	13+3%	48カ月

トレッビアーノ・トスカーノ種、マルヴァジア・ビアンカ・ルンガ種70%、その他認定白ブドウ30%以下。

	ha当たりのブドウの収穫	最低アルコール	最低熟成期間
⑩COLLI SENESI VIN SANTO OCCHIO DI PERNICE コッリ・セネージ・ヴィン・サント・オッキオ・ディ・ペルニーチェ	10 t	14+3%	36カ月
⑩―RISERVA リゼルヴァ	10 t	14+3%	48カ月

サンジョヴェーゼ種50%以上、その他認定黒ブドウ50%以下。

VIN SANTO DEL CHIANTIには、7つのサブゾーンがある
・Colli Arettini（コッリ・アレッティーニ） ・Colli fiorentini（コッリ・フィオレンティーニ）
・Colli Senesi（コッリ・セネージ） ・Colline Pisane（コッリーネ・ピザーネ）
・Montalbano（モンタルバーノ） ・Montespertoli（モンテスペルトリ） ・Rufina（ルフィーナ）

ヴィン・サント：10～12℃
オッキオ・ディ・ペルニーチェ：12～14℃

・Castello di Monastero（カステッロ・ディ・モナステーロ）
・Tenuta Bossi（テヌータ・ボッシ）
・Selvapiana（セルヴァピアナ）

VIN SANTO DEL CHIANTI CLASSICO
ヴィン・サント・デル・キアンティ・クラッシコ

DOC（1995～）

〈地域〉古くからのキアンティの中心地。シエナ県のカステッリーナ・イン・キアンティ、ガイオーレ・イン・キアンティ、ラッダ・イン・キアンティ、フィレンツェ県のグレーヴェ・イン・キアンティ他の地域

2016　132,900本

	ha当たりのブドウの収穫	最低アルコール	最低熟成期間
④⑤VIN SANTO ヴィン・サント	8 t	12＋4%	36カ月
	内、24カ月木樽熟成；300L以下　翌年1月1日起算		

トレッビアーノ・トスカーノ種、マルヴァジア・ビアンカ・ルンガ種60%以上、その他認定白ブドウ40%以下。

黄金色から琥珀色まで。独島のアロマとエーテル香を含み、アーモンドを感じる心地よい甘口。

焼き菓子、地元では、カントゥッチ（アーモンド入りビスケット）を浸して食べる。瞑想用にも。

10～12℃

	ha当たりのブドウの収穫	最低アルコール	最低熟成期間
⑩VIN SANTO OCCHIO DI PERNICE ヴィン・サント・オッキオ・ディ・ペルニーチェ	8 t	12＋4%	36カ月
	内、24カ月木樽熟成；300L以下		

サンジョヴェーゼ種80%以上、その他認定黒ブドウ20%以下。

濃いバラ色から薄く青みがかったバラ色まで。エーテル香を含む独特のアロマと甘さのあるワイン。

焼き菓子、地元では、カントゥッチ（アーモンド入りビスケット）を浸して食べる。瞑想用にも。

12～14℃

- Isole e Oleana（イゾレ・エ・オレアーナ）
- Vignamaggio（ヴィーニャマッジョ）
- San Felice（サン・フェリーチェ）
- Castello di Cacchiano（カステッロ・ディ・カッキアーノ）

VIN SANTO DI CARMIGNANO
ヴィン・サント・ディ・カルミニャーノ

DOC（1975～）

〈地域〉
プラート県カルミニャーノとポッジョ・ア・カイアーノの地域。

2016　14,000本

	ha当たりのブドウの収穫	最低アルコール	最低熟成期間
⑤VIN SANTO ヴィン・サント	10 t	13+3%	36カ月
⑤—RISERVA リゼルヴァ	10 t	13+3%	48カ月

トレッビアーノ・トスカーノ種、マルヴァジア・ビアンカ・ルンガ種75%、その他認定白ブドウ25%以下。

黄金から琥珀色まで。独特のブドウ香とエーテル香を含み、アロマを含む甘口。

焼き菓子、地元ではカントゥッチ（アーモンド入りビスケット）を浸して食べる。

10～12℃

	ha当たりのブドウの収穫	最低アルコール	最低熟成期間
⑩VIN SANTO OCCHIO DI PERNICE ヴィン・サント・オッキオ・ディ・ペルニーチェ	10 t	13＋3%	36カ月
⑩—RISERVA リゼルヴァ	10 t	13＋3%	48カ月

サンジョヴェーゼ種50%以上、その他認定黒ブドウ50%以下。

濃いバラ色から淡い青みがかったバラ色まで。独特のエーテル香を含み滑らかで心地よい飲み口の甘口。

焼き菓子、地元ではカントゥッチ（アーモンド入りビスケット）を浸して食べる。

12～14℃

- Capezzana（カペッツァーナ）
- Castelvecchio（カステルヴェッキオ）

VIN SANTO DI MONTEPULCIANO
ヴィン・サント・ディ・モンテプルチャーノ

DOC (1996〜)

〈地域〉
シエナ県モンテプルチャーノ

2016
31,200本

	ha当たりのブドウの収穫	最低アルコール	最低熟成期間
⑤VIN SANTO ヴィン・サント	10 t	15+2%	36カ月 300L以下の木樽熟成
⑤—RISERVA リゼルヴァ	10 t	16.5+3.5%	60カ月 125L以下の木樽熟成

マルヴァジア・ビアンカ種、グレケット・ビアンコ（プルチンクロ）種、トレッビアーノ・トスカーノ種70%以上、その他認定白ブドウ30%以下。

黄金から琥珀色まで。熟成果実の独特のブドウ香とエーテル香を含み、円やかで、独特のアロマを含む味わいのある甘口。

焼き菓子、地元ではカントゥッチ（アーモンド入りビスケット）を浸して食べる。

10〜12℃

	ha当たりのブドウの収穫	最低アルコール	最低熟成期間
⑩VIN SANTO OCCHIO DI PERNICE ヴィン・サント・オッキオ・ディ・ペルニーチェ	8 t	17+4%	72カ月 75L以下の木樽熟成

サンジョヴェーゼ（プルニョロ・ジェンティーレ）種50%以上、その他認定黒ブドウ50%以下。

琥珀色から熟成のよって栗色まで。熟成した独特の香りを含み、滑らかで、洗練された余韻の長い甘口。

焼き菓子、地元ではカントゥッチ（アーモンド入りビスケット）を浸して食べる。

12〜14℃

※アルコール度数12%以上。

- Avignonesi（アヴィニョネージ）
- Redi（レディ）
- Fattoria del Cerro（ファットリア・デル・チェッロ）

トスカーナ州の他のDOC

・ANSONICA COSTA DELL'ARGENTARIO（アンソニカ・コスタ・デッラルジェンターリオ）（1995～）
グロッセート県カパルビオ周辺で造られる。アンソニカ種主体の白。麦わら色で調和のとれた辛口。

・BARCO REALE DI CARMIGNANO（バルコ・レアーレ・ディ・カルミニャーノ）（1975～）
フィレンツェ県カルミニャーノとポッジョ・ア・カイアーノ地区で造られる赤ワイン。サンジョヴェーゼ種、カナイオーロ種、カベルネ種、トレッビアーノ種、カナイオーロ・ビアンコ種、マルヴァジア種他で造られる。

・BIANCO DELL'EMPOLESE（ビアンコ・デッレンポレーゼ）（1989～）
フィレンツェ県のエンポリを中心とする地域で造られるトレッビアーノ種主体の白ワイン。ヴィン・サントもある。

・CANDIA DEI COLLI APUANI（カンディア・デイ・コッリ・アプアーニ）（1981～）
リグーリア州と接するマッサ・カラーラ県アプアーニ丘陵で造られる。ヴェルメンティーノ・ビアンコ種70％以上のビアンコ、サンジョヴェーゼ種主体のロッソとロザート、その他ヴェルメンティーノ・ビアンコ、ヴェルメンティーノ・ネロ、ヴェルメンティーノ・ネロ・ロザート、バルサリーナ（又はマッサレッタ）が同品種85％以上でDOCに認められている。

・CAPALBIO（カパルビオ）（1999～）
グロッセート県カパルビオ周辺で造られるワイン。トレッビアーノ・トスカーノ種主体の白、サンジョヴェーゼ種主体の赤、ロゼもある。この他、カベルネ・ソーヴィニヨン、サンジョヴェーゼ、ヴェルメンティーノ、ヴィン・サントなどのワインがある。

・COLLI DELL'ETRURIA CENTRALE（コッリ・デッレトルリア・チェントラーレ）（1990～）
フィレンツェからシエナ、アレッツォ、ピストイア、ピサ・プラート各県の広い地域で造られる。サンジョヴェーゼ種主体の赤とロゼ、トレッビアーノ・トスカーノ種主体の白、それにヴィン・サント、ヴィン・サント・オッキオ・ディ・ペルニーチェがある。

・COLLI DI LUNI（コッリ・ディ・ルーニ）（1989～）
リグーリア州を参照。

・GRANCE SENESI（グランチェ・セネージ）（2010～）
シエナ県の4つの市町村で造られる。サンジョヴェーゼ種主体の赤、トレッビアーノの種とマルヴァジア・ビアンカ・ルンガ種主体の白、パッシート、ヴェンデミア・タルディーヴァ、その他カナイオーロ、サンジョヴェーゼ、メルロー、カベルネ・ソーヴィニヨン、マルヴァジア・ビアンカ・ルンガが同品種85％以上でDOCに認められている。

・MONTEREGIO DI MASSA MARITTIMA（モンテレージョ・ディ・マッサ・マリッティマ）（1994～）
グロッセート県マッサ・マリッティマ中心に造られる。赤とロゼはサンジョヴェーゼ種主体、白はトレッビアーノ種主体。その他、白はヴェルメンティーノ、ヴィオニエ、赤はサンジョヴェーゼ、そしてヴィン・サント、ヴィン・サント・オッキオ・ディ・ペルニーチェがある。

・PARRINA（パッリーナ）（1971～）
グロッセート県のオルベテッロで造られる。アンソニカ種、トレッビアーノ種主体の白、サンジョヴェーゼ種主体の赤、ロゼがある。この他白はシャルドネ、ソーヴィニヨン、赤はサンジョヴェーゼ、カベルネ・ソーヴィニヨン、メルローが同品種85％以上の使用でDOCに認められている。

・SAN GIMIGNANO（サン・ジミニャーノ）（1996～）
シエナ県サン・ジミニャーノで造られるワイン。サンジョヴェーゼ種主体の赤、ロゼの他、カベルネ・ソーヴィニヨン、ピノ・ネロ、シラー、ヴィン・サント、オッキオ・ディ・ペルニーチェなどがある。

・SAN TORPÉ（サン・トルペ）（1980～）
ピサとリヴォルノ両県にまたがる地域で造られるトレッビアーノ種主体の白、サンジョヴェーゼ種主体のロゼの他、シャルドネ、ソーヴィニヨン、トレッビアーノ、ヴェルメンティーノなどがある。ヴィン・サントもある。

・TERRATICO DI BIBBONA（テッラティコ・ディ・ビッボーナ）（2006～）
リヴォルノ県ビッボーナを中心とした4つの市町村で造られる。ヴェルメンティーノ種主体の白、サンジョヴェーゼ種とメルロー種主体の赤とロゼ、その他白はトレッビアーノとヴェルメンティーノ、赤はサンジョヴェーゼ、メルロー、カベルネ・ソーヴィニヨン、シラーがある。

・TERRE DI CASOLE（テッレ・ディ・カゾーレ）（2007～）
シエナ県カゾーレ・デルザで造られる。シャルドネ種主体の白とサンジョヴェーゼ種主体の赤、その他サンジョヴェーゼとシャルドネ種主体のパッシートがDOCに認められている。

・TERRE DI PISA（テッレ・ディ・ピサ）（2011～）
ピサ県の16の市町村で造られる。サンジョヴェーゼ種主体の赤とサンジェヴェーゼがDOCに認められている。

・VAL D'ARBIA（ヴァル・ダルビア）（1985～）
シエナ県ヴァル・ダルビア地方で造られる。トレッビアーノ種主体の白、サンジョヴェーゼ種主体のロゼ、その他シャルドネ、グレケット、ピノ・ビアンコ、ソーヴィニヨン、トレッビアーノ、ヴェルメンティーノおよびヴィン・サントも辛口から甘口まである。

・VAL D'ARNO DI SOPRA／VALDARNO DI SOPRA（ヴァル・ダルノ・ディ・ソープラ／ヴァルダルノ・ディ・ソープラ）（2011～）
アレッツォ県の12の市町村で造られる。シャルドネ、ソーヴィニヨン、パッシートが、赤には、カベルネ・ソーヴィニヨン、カベルネ・フラン、メルロー、サンジョヴェーゼ、シラーがある。

・VALDINIEVOLE（ヴァルディニエヴォレ）（1976～）
ピストイア県の12の市町村で造られる。トレッビアーノ・トスカーノ種主体の白、サンジョヴェーゼ種、カナイオーロ種主体の赤、その他サンジョヴェーゼ、ヴィン・サントがある。

UMBRIA

ウンブリア州

ウンブリア州は、イタリア中部に位置し、アペニン山脈の西に広がる盆地を中心とする内陸の州で、イタリア半島部分で唯一海に面していない州でもある。しかし、トラジメーノ湖、コルヴァーラ湖、それにテヴェレ川をはじめとする多くの河川があり、これに丘陵、谷間が蛇行して続き、この地方の典型的な光景を数多く目にすることができる。

古くから「イタリアの緑の心臓」と呼ばれ、緑が多く、自然の豊かなこの地方では、集約型の農業が営まれ、小麦、トウモロコシ、ジャガイモ、オリーヴ、ブドウなどが作られる。

面積は隣のトスカーナの半分以下、人口も４分の１と小さな州だが、起伏に富んだ土地の７割が丘陵地帯で、点在する街は標高300〜600mに位置し、その多くは城壁都市となっている。古くからテヴェレ川をはじめ、ローマに通ずるさまざまな交通路が州内を走り、古代ローマ時代の建物が州都ペルージャ、アッシジをはじめとする都市に残されている。

北部はエトルリア時代からの歴史を誇るペルージャ、南部は製鉄業を中心に栄えたテルニが中心をなす。州内には、イタリアの守護聖人、聖フランチェスコの街アッシジ、エトルリア時代から栄えたオルヴィエート、中世の街グッビオ、スポレートなどの歴史と伝統に育まれた美しい街が点在する。

エトルリア時代からの文化を受け

継ぎ、ローマの影響を受け、中世に花開いたウンブリアの芸術は、ウンブリア派の絵画に象徴されている。15〜16世紀にかけて活躍したペルージャ出身のペルジーノは、風景画に優れた感覚を持ち、ラファエロの師としてウンブリア派の芸術を広めたことで知られる。

また中世の都市として栄えた各都市の教会、宮殿、美術館には、フレスコ画、彫刻、ステンドグラスなど見るべきものが多く残されている。

1974年に設立されたトルジャーノにあるルンガロッティ・ワイン博物館は、世界的に見ても貴重なワイン博物館である。ワイン造りに関する技術的、考古学的、歴史的、芸術的、それに民族学的な収集が21の部屋に集められている。

ウンブリア州のワインは、トスカーナ州とほぼ同様のブドウ品種を使用しているが、南に位置し、気候的にも穏やかであることから、ソフトな味わいのワインが多い。

1990年にDOCGに認められたトルジャーノ・ロッソ・リゼルヴァは、トルジャーノの街の大地主であったジョルジョ・ルンガロッティの努力によって世界で知られるようになったワインといっても過言ではない。サンジョヴェーゼ種主体でカナイオーロ種を加えて造られるこのワインは、繊細でバランスの取れた、しっかりとした味わいの赤ワインである。肉の煮込み料理のほか、この地方の名物料理、仔豚の詰め物料理、ポルケッタや黒トリュフを使用した山鳩の料理などにも合う。アルコール12.5%以上、3年以上の熟成を要する。

次に、ペルージャ県モンテファルコを中心に造られるモンテファルコ・サグランティーノは、この地方独自の黒ブドウ、サグランティーノ種を100%使用する。古くは甘口ワインとして知られていたが、近年は辛口の長熟ワインとして評価されるようになり、1993年、DOCGに昇

格した。濃いルビー色でラズベリーを思わせる甘い香りを含み、しっかりとした味わいの赤ワインになる。辛口はアルコール13%以上、甘口は14.5%以上で、２年半以上の熟成を必要とする。辛口は赤身肉のローストや熟成チーズに、甘口はトルコロと呼ばれるこの地方のパンケーキなどに合うほか、食後の瞑想用ワインとしても良い。

ウンブリア南部のオルヴィエートを中心に造られるオルヴィエートは、古くはローマ法王や貴族たちに愛されたワインである。この地方でプロカニコと呼ばれるトレッビアーノ・トスカーノ種主体でグレケットなどの白ブドウを加える。濃い目の麦わら色で、繊細で心地良い香りがあり、辛口、薄甘口、甘口までがある。最低アルコールは11.5%だが、12%を超え、４カ月の熟成を経たワインはスペリオーレと表示できる。辛口は海産物のフライなどのほか、魚料理に、甘口は食後のデザートや青カビチーズなどにも向く。近年、メルロー、サンジョヴェーゼなどを使った赤ワインもDOCとして認められるようになった。

このほかウンブリアには、コルヴァーラ、トラジメーノといった湖周辺で造られるDOCワインもあるが、丘陵地帯で造られるワインが多い。これは、「コッリ（丘)」で始まる名前を持つワインで、コッリ・マルターニ、ペルジーニ、アメリーニ、アルトティベリーニ、デル・トラジメーノなどがある。白はトレッビアーノ・トスカーノ種主体でグレケット種ほかを加えて造られ、赤はサンジョヴェーゼ種やカナイオーロ種主体で造られるが、近年カベルネ・ソーヴィニヨン、メルロー、シャルドネ、ソーヴィニヨンなどのインターナショナルな品種をDOCに認める地域も広がってきている。

UMBRIA
ウンブリア州

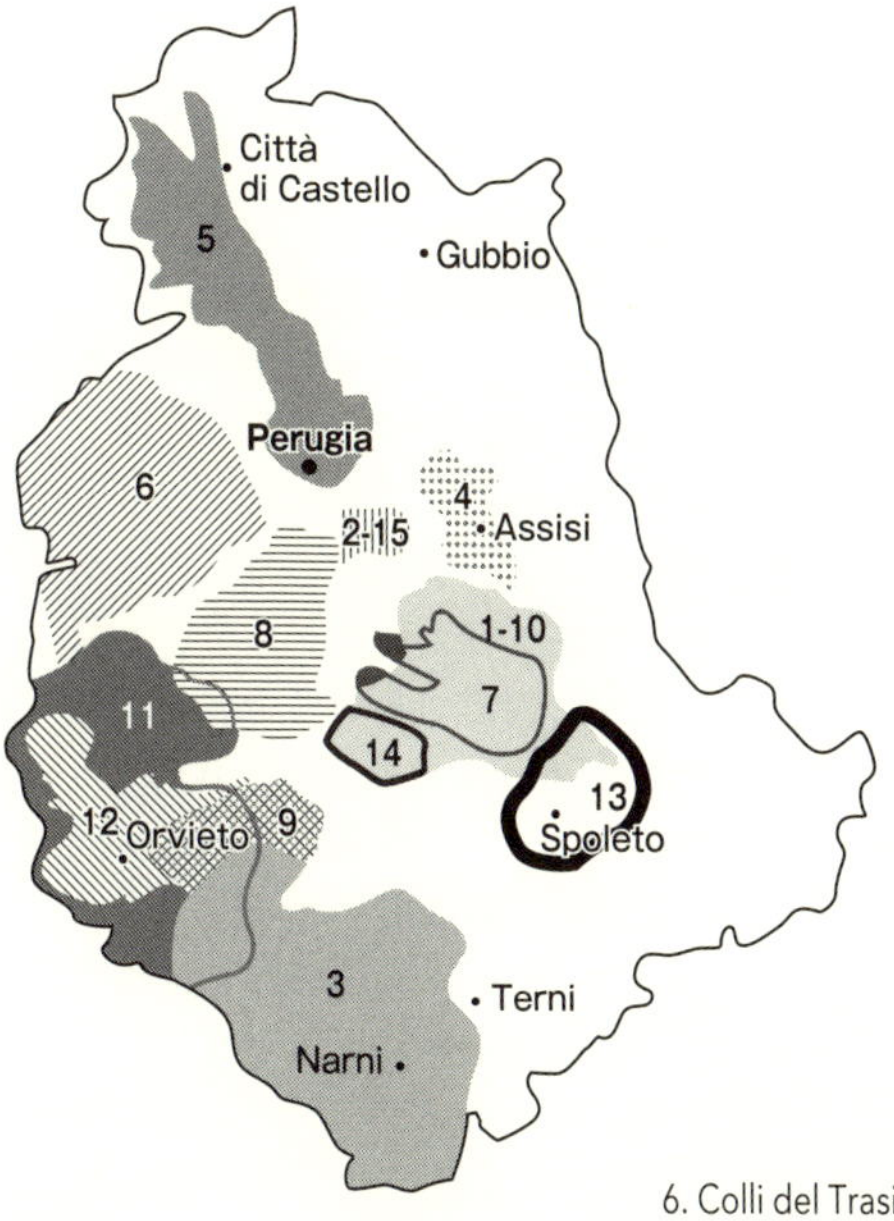

D.O.C.G.

1. Montefalco Sagrantino
   モンテファルコ・サグランティーノ
2. Torgiano Rosso Riserva
   トルジャーノ・ロッソ・リゼルヴァ

D.O.C.

3. Amelia アメリア
4. Assisi アッシジ
5. Colli Altotiberini
   コッリ・アルトティベリーニ
6. Colli del Trasimeno o Trasimeno
   コッリ・デル・トラジメーノ／トラジメーノ
7. Colli Martani コッリ・マルターニ
8. Colli Perugini コッリ・ペルジーニ
9. Lago di Corbara ラーゴ・ディ・コルバーラ
10. Montefalco モンテファルコ
11. Orvieto オルヴィエート
12. Rosso Orvietano o Orvietano Rosso
    ロッソ・オルヴィエターノ／オルヴィエターノ・ロッソ
13. Spoleto スポレート
14. Todi トーディ
15. Torgiano トルジャーノ

MONTEFALCO SAGRANTINO モンテファルコ・サグランティーノ	DOCG (1992〜)	〈地域〉 ペルージャ県のモンテファルコを中心とする4つの市町村	2016 2,435,600本

	ha当たりのブドウの収穫	最低アルコール	最低熟成期間
⑨SECCO セッコ（辛口）	8 t	13%	33カ月 内12ヵ月木樽熟成 4ヵ月瓶内熟成 12月1日起算
⑨—VIGNA ヴィーニャ	8 t	13.5%	33カ月 内12ヵ月木樽熟成 12月1日起算
⑩PASSITO パッシート	8 t	14.5+3.5%	33カ月 残糖80g〜180g/ℓ

サグランティーノ種100%。

色：ガーネット色を帯びたルビー色。
香：個性的な木イチゴの香り。
味：コクがあり調和のとれた辛口。パッシートは甘口。

セッコ（辛口）
肉入りのソースを使ったパスタ類、野鳥肉のロースト、サラミ類、熟成チーズ、硬質チーズに向く。
パッシート
・Cicerchiata（チチェルキアータ＝ウンブリア地域のドルチェ。砂糖漬け果物とアーモンドを混ぜたものを揚げてハチミツをかけたもの）
・Torcolo（トルコロ＝ウンブリア地方の大きなドーナツ形のパンケーキ）などのデザートに向く。

16〜18℃
パッシート：12〜14℃

※サグランティーノ種はすでに中世にモンテファルコで作られていたといわれるが、そのルーツは定かではない。フランチェスコ派の修道士がポルトガルから持ち帰ったという説もあれば、古代プリニウスの書にあるイトゥリオーラ種がオリジンという説もある。いずれにしてもこの品種はモンテファルコのみに植えられ、教会内で守られ、この地方独自のブドウとして育てられた。今日でも1540年から続く厳しい規定でブドウの収穫が行われるが、古くは苗を切った者は絞首刑にされたといわれる。

・Arnaldo Caprai（アルナルド・カプライ）
・Lungarotti（ルンガロッティ）
・Colpetrone（コルペトローネ）
・Antonelli（アントネッリ）
・Rocca di Fabbri（ロッカ・ディ・ファッブリ）

TORGIANO ROSSO RISERVA
トルジャーノ・ロッソ・リゼルヴァ

DOCG
(1990〜)

〈地域〉
ペルージャ県のトルジャーノ

2016
51,600本

	ha当たりのブドウの収穫	最低アルコール	最低熟成期間
⑧DOCG	9 t	12.5%	36カ月 内6カ月は瓶内熟成

サンジョヴェーゼ種70%以上、その他アロマティックでない認定黒ブドウ30%以下。

色：生き生きしたルビー色で、熟成に従いガーネット色を帯びる。
香：上品なワイン香、スミレの香り。
味：上品でコクがあり、調和のとれた赤。

- Gobbi alla Perugina（ゴッビ・アッラ・ペルジーナ＝カルドンのフライ、ペルージャ風）。
- サラミ類、肉のロースト、野鳥の肉
- Porchetta di Maialino（ポルケッタ・ディ・マイアリーノ＝子豚の詰物料理）、辛口チーズなどに向く。

16〜18℃

※トルジャーノ・ロッソ・リゼルヴァは1968年DOCに、そして1990年にDOCGに認められたが、トルジャーノの町の大地主であったジョルジョ・ルンガロッティ氏の努力なしには今日はなかったと思われる。この地方のワインを世界に知らしめるため、70年近く現役としてワイン造りに携わったばかりでなく、世界でまれにみるワイン博物館を設立。さらに5つ星ホテルTRE VASELLE（トレ・ヴァゼッレ）をつくり、イタリア最大のワイン品評会バンコ・ディ・アッサッジョを長年に渡り主催した。さらに、ルンガロッティ社はオリーヴオイル、ハチミツ、バルサミコなども独自で生産し、質の高いアグリツーリズモを実践している。

- Lungarotti（ルンガロッティ）
- Brogal Vini（ブローガル・ヴィーニ）

	'03	'04	'05	'06	'07	'08	'09	'10	'11	'12	'13	'14	'15	'16
torgiano rosso riserva トレジャーノ・ロッソ・リゼルヴァ	★★★★★	★★★★★	★★★★★	★★★★	★★★★★	★★★★	★★★★1/2	★★★★	★★★★	★★★★	★★★★	★★★	★★★★	★★★★

647

COLLI DEL TRASIMENO / TRASIMENO
コッリ・デル・トラジメーノ／
トラジメーノ

DOC
(1972～)

〈地域〉

ペルージャ県のトラジメーノ湖に面した10市町村

2016
878,100本

	ha当たりのブドウの収穫	最低アルコール	最低熟成期間
⑦ROSSO ロッソ	10 t	11.5%	4カ月
⑧—RISERVA リゼルヴァ	10 t	13%	24カ月 内4カ月木樽熟成
⑦—NOVELLO ノヴェッロ	10 t	11%	
①—FRIZZANTE フリッツァンテ	10 t	11.5%	

サンジョヴェーゼ種40％以上、カベルネ・ソーヴィニヨン種、カナイオーロ種、ガメイ種、メルロー種30％以下。

ルビー色で果実を思わせる香りを含み、アロマティックな赤。

うなぎのグリル、肉類のロースト、熟成チーズなどに合う。

16～18℃

⑦ROSSO SCELTO ロッソ・シェルト	9 t	12.5%	11カ月

ガメイ種、カベルネ・ソーヴィニヨン種、ピノ・ネロ種で70％以上、
サンジョヴェーゼ種15％以上、その他認定黒ブドウ15％以下。
スミレ色を帯びたルビー色で果実の強い香りを含み、調和の取れた赤。
サラミ類、ラザーニャ、ブラザート、肉類のローストなどに合う。
16～18℃

③BIANCO ビアンコ	11.5 t	10.5%	
①—FRIZZANTE フリッツァンテ	11.5 t	10.5%	
⑤—VIN SANTO ヴィン・サント	11.5 t	14＋2%	550L以下の樽で18カ月熟成

トレッビアーノ・トスカーノ種40％以上、グレケット種、シャルドネ種、
ピノ・グリージョ種、ピノ・ビアンコ種で30％以上、その他認定白ブドウ30％以下。

やや緑がかった麦わら色で新鮮な果実香を含むデリケートな辛口。

魚介類の前菜やフライ、軟質チーズなどに合う。

8～10℃

⑦GAMAY ガメイ	9 t	12.5%	4カ月
⑧—RISERVA リゼルヴァ	9 t	13%	24カ月 内4カ月木樽熟成

ガメイ種85％以上、その他の認定黒ブドウ15％以下。

やや濃い目のルビー色で、熟成に従いガーネット色を帯びる。ブドウ香を残すアロマのある赤ワイン。

サラミ類、肉類のロースト、ジビエなどに合う。

16～18℃

※この他ロゼ、ビアンコ・シェルト、スプマンテ・メトド・クラッシコ、メトド・クラシッコ・ロゼをはじめとして、カベルネ・ソーヴィニヨン、メルロー、グレケットもDOCに認められている。

- Duca della Corgna（ドゥーカ・デッラ・コルニャ）
- Fanini（ファニーニ）
- Castello di Magione（カステッロ・ディ・マジョーネ）

COLLI MARTANI
コッリ・マルターニ

DOC
(1988〜)

〈地域〉

ペルージャ県のコッリ・マルターニの丘陵を中心とする地域

2016
1,285,600本

	ha当たりのブドウの収穫	最低アルコール	最低熟成期間
⑦ROSSO ロッソ	11 t	11.5%	
③BIANCO ビアンコ	12 t	11%	
①SPUMANTE スプマンテ	12 t	11%	
③GRECHETTO DI TODI グレケット・ディ・トーディ	10 t	12%	

⑦ROSSO ロッソ

サンジョヴェーゼ種50%以上、その他認定黒ブドウ50%以下。

明るいルビー色で、デリケートなブドウ香を含み、旨みとタンニンを感じる赤。

サラミ、ポルケッタ（子豚の丸焼き）、中程度の熟成チーズなどに合う。

③BIANCO ビアンコ

トレッビアーノ・トスカーノ種50%以上、その他の認定白ブドウ50%以下、マルヴァジア・ビアンカ・ディ・カンディア種、マルヴァジア・ビアンカ・ルンガ種10%以下。

やや緑掛かった麦わら色で、ブドウ果実の香りを含み、アロマとフレッシュ感のある辛口白。

野菜とレンズ豆の料理、魚介類のスープなどに合う。

①SPUMANTE スプマンテ

グレケット種、シャルドネ種、ピノ・ネロ種で50%以上、その他の認定白ブドウ50%以下、マルヴァジア・ビアンカ・ディ・カンディア種、マルヴァジア・ビアンカ・ルンガ種10%以下。

麦わら色で、心地よい果実香を含み、アロマを感じる辛口スプマンテ。

食前酒、海産物の前菜、ブルスケッタなどに合う。

③GRECHETTO DI TODI グレケット・ディ・トーディ

グレケット種85%以上、その他のアロマを含まない認定白ブドウ15%以下。

マルヴァジア・ビアンカ・ディ・カンディア種、マルヴァジア・ビアンカ・ルンガ種10%以下。

しっかりとした麦わら色で、デリケートな果実香を含み、旨みと苦味のある辛口白。

黒トリュフ入りノルチャ風スパゲッティ、甲殻類のグリル、魚介類のスープなどに合う。

※この他、白には、シャルドネ、グレケット、トレッビアーノ、ソーヴィニヨン、リースリング、赤には、カベルネ・ソーヴィニヨン、メルロー、サンジョヴェーゼ、ヴェルナッチャ・ネーラなどがあるが、サンジョヴェーゼ、メルローにはリゼルヴァも認められている。

白：8〜10℃
赤：16〜18℃
スプマンテ：8℃

・Adanti（アダンティ）
・Antonelli（アントネッリ）
・Di Filippo（ディ・フィリッポ）
・Arnaldo Caprai（アルナルド・カプライ）

LAGO DI CORBARA ラーゴ・ディ・コルバーラ

DOC（1998〜）

〈地域〉
テルニ県のバスキとオルヴィエートの一部。コルバーラを中心とする地域

2016
472,500本

	ha当たりのブドウの収穫	最低アルコール	最低熟成期間
⑦ROSSO ロッソ	9 t	12.5%	10カ月
⑧—RISERVA リゼルヴァ	7 t	13%	22カ月 内12カ月木樽熟成

カベルネ・ソーヴィニヨン種、メルロー種、ピノ・ネロ種、サンジョヴェーゼ種で70%以上、その他アロマを含まない認定黒ブドウ30%以下。

ルビー色で熟成に従いガーネット色を帯びる。心地良いワインらしい香りを含むアロマのある赤。

サラミ類、ラザーニャ、子山羊のローストなど。

16〜18℃

	ha当たりのブドウの収穫	最低アルコール	最低熟成期間
③BIANCO ビアンコ	10 t	12%	
④—RISERVA リゼルヴァ	8 t	12.5%	12カ月

グレケット種、ソーヴィニヨン種60%以上、その他アロマティックでない白ブドウ40%以下。

やや濃い目の麦わら色で複雑みのある特徴的な香りを含む調和のとれた辛口から薄甘口。

8〜10℃

	ha当たりのブドウの収穫	最低アルコール	最低熟成期間
⑦CABERNET SAUVIGNON カベルネ・ソーヴィニヨン	8 t	12.5%	10カ月
⑧—RISERVA リゼルヴァ	7 t	13%	22カ月 内12カ月木樽熟成

カベルネ・ソーヴィニヨン種85%以上、その他アロマを含まない。

濃い目のルビー色で個性的な香りを含み、アロマのある赤。

サラミ類、パスタ・アル・フォルノ、ストゥリンゴッツィ（ウンブリアのパスタ）など。

16〜18℃

※この他メルロー、ピノ・ネロ、サンジョヴェーゼ、ヴェルメンティーノ、グレケット、シャルドネ、ソーヴィニヨンも85%以上使用しDOCに認められている。またヴェンデミア・タルディーヴァ、パッシートなどの甘口もDOCに認められている。

- Barberani（バルベラーニ）
- Salviano（サルヴィアーノ）
- Decugnano dei Barbi（デクニャーノ・デイ・バルビ）

MONTEFALCO
モンテファルコ

DOC
(1980〜)

〈地域〉
ペルージャ県のモンテファルコを中心とする4つの市町村

2016
3,540,300本

	ha当たりのブドウの収穫	最低アルコール	最低熟成期間
⑦ROSSO ロッソ	11 t	12%	18カ月
⑧—RISERVA リゼルヴァ	11 t	12.5%	30カ月 内12カ月木樽熟成

サンジョヴェーゼ種60〜70%、サグランティーノ種10〜15%、その他認定黒ブドウ30%以下。

色：ガーネット色を帯びたルビー色。
香：独特なワイン香を含む。
味：滑らかで調和のとれた赤。

・Stringozzi（ストゥリンゴッツィ＝ウンブリア地方の薄く伸ばした四角いパスタを筒状に巻いたもの。Ciriole〈チリオーレ〉とも呼ばれる）
・ウンブリア風の子山羊料理やしっかりした味の肉料理に向く。

	ha当たりのブドウの収穫	最低アルコール	最低熟成期間
③BIANCO ビアンコ	13 t	11%	

グレケット種50%以上。トレッビアーノ・トスカーノ種20〜35%、その他認定白ブドウ30%以下。

麦わら色で、果実の香りがある個性的な辛口。

軽いアンティパスト、魚料理、軟質チーズに向く。

赤：16〜18℃
白：8〜10℃

・Adanti（アダンティ）
・Antonelli（アントネッリ）
・Arnaldo Caprai（アルナルド・カプライ）
・Colpetrone（コルペトローネ）

ORVIETO
オルヴィエート

DOC
(1971〜)

〈地域〉
テルニ県のオルヴィエートを中心とする17の市町村

2016
15,050,900本

	ha当たりのブドウの収穫	最低アルコール	最低熟成期間
③⑤DOC	11 t	11.5%	
③⑤—CLASSICO クラッシコ	11 t	11.5%	
④⑤—CLASSICO SUPERIORE クラッシコ・スペリオーレ	8 t	12%	4カ月
⑤—MUFFA NOBILE ムッファ・ノービレ	5 t	10.5%	
④⑤—SUPERIORE スペリオーレ	8 t	12%	4カ月
⑤—VENDEMMIA TARDIVA ヴェンデミア・タルディーヴァ	7 t	10+3%	

グレケット種、プロカニコ（トレッピアーノ・トスカーノ）種60%以上、その他の認定白ブドウ40%以下。

色：濃い麦わら色。
香：上品で心地良い花の香り。
味：まろやかな辛口でわずかな苦味を感ずる。辛口から甘口まで。

甲殻類、海産物のフライ、アンティパスト、他の魚料理、軟質チーズに向く。
甘口はレバーのパテやゴルゴンゾーラなどの青カビチーズにも向く。

白：8〜10℃
甘口：10〜12℃

- Bigi（ビジ）
- Tenuta Le Velette（テヌータ・レ・ヴェレッテ）
- Antinori（アンティノリ）
- Palazzone（パラッツォーネ）
- Castello della Sala（カステッロ・デッラ・サラ）

ROSSO ORVIETANO / ORVIETANO ROSSO
ロッソ・オルヴィエターノ／
オルヴィエターノ・ロッソ

DOC
（1998〜）

〈地域〉
テルニ県の14の市町村

2016
273,500本

	ha当たりのブドウの収穫	最低アルコール	最低熟成期間
⑦DOC	10 t	11.5%	
⑩ALEATICO アレアティコ	10 t	9.5+2%	

⑦DOC

アレアティコ種、カベルネ・フラン種、カベルネ・ソーヴィニヨン種、カナイオーロ種、チリエジョーロ種、メルロー種、モンテプルチャーノ種、ピノ・ネロ種、サンジョヴェーゼ種で70％以上、その他認定黒ブドウ30％以下。

きれいなルビー色で、ワインらしい濃密な香りや草の香りを含み、やわらかく滑らかな味わいの赤。

Pasta al Forno（パスタ・アル・フォルノ＝パスタのオーブン焼き、肉類のロースト、サラミ類、鶏肉の料理など。

⑩ALEATICO アレアティコ

アレアティコ種85％以上、その他認定黒ブドウ15％以下。

スミレ色を帯びたガーネット色で、繊細なアロマを含み、滑らかな味わいがある。中甘口、甘口がある。

中甘口、甘口は、チェリーのタルトなどのデザート、また食事外にも向く。

赤：16〜18℃
甘口：12〜14℃

※この他、カベルネ、カベルネ・ソーヴィニヨンとカベルネ・フラン、カナイオーロ、チリエジョーロ、メルロー、ピノ・ネロ、サンジョヴェーゼも、その品種を85％以上使用することでDOCに認められている。

・Tordimaro（トルディマーロ）
・Le Velette（レ・ヴェレッテ）
・Poggio del Lupo（ポッジョ・デル・ルーポ）

TODI
トーディ

DOC
(2010〜)

〈地域〉

ペルージャ県トーディを中心とする地域

2016
611,500本

	ha当たりのブドウの収穫	最低アルコール	最低熟成期間
⑦ROSSO ロッソ	12 t	12%	
⑧—SUPERIORE スペリオーレ	10.8 t	12.5%	12カ月

サンジョヴェーゼ種50%以上、その他認定黒ブドウ50%以下。

きれいなルビー色で、ブドウ果実の香りを含み、わずかにタンニンを感じる赤。

ラグー肉のソースを使ったパスタ、肉類のグリルやローストなどに合う。

	ha当たりのブドウの収穫	最低アルコール	最低熟成期間
③BIANCO ビアンコ	12 t	11.5%	

グレケット種50%以上、その他認定白ブドウ50%以下。

麦わら色で、デリケートな果実香を含み、フレッシュでアロマを含む辛口と薄甘口。

野菜と豆の料理、卵料理、白身魚のソテーなどの料理に合う。

	ha当たりのブドウの収穫	最低アルコール	最低熟成期間
③GRECHETTO グレケット	10 t	12%	
④—SUPERIORE スペリオーレ	9 t	12.5%	5カ月
⑤—PASSITO パッシート	10 t	12+4%	10カ月

グレケット種85%以上、その他認定白ブドウ15%以下。

やや金色を帯びた麦わら色で、繊細な香りを含み、滑らかで味わいのある辛口と薄甘口。パッシートは甘口から中甘口。

甲殻類のグリル、魚介類のスープ、柔らかいチーズなどに合う。

※この他、サンジョヴェーゼ、メルローもグレケット同様にDOCに認められているが、スペリオーレは、12.5%以上、18カ月以上の熟成を要する。

白：8〜10℃
赤：16〜18℃
甘口：10〜12℃

- Tenuta Todini（テヌータ・トディーニ）
- Tenuta San Rocco（テヌータ・サン・ロッコ）
- Cantina Peppucci（カンティーナ・ペプッチ）

TORGIANO
トルジャーノ

DOC
(1968〜)

〈地域〉
ペルージャ県のトルジャーノ

2016
524,000本

	ha当たりのブドウの収穫	最低アルコール	最低熟成期間
③BIANCO DI TORGIANO ビアンコ・ディ・トルジャーノ	12.5 t	11%	
⑦ROSSO DI TORGIANO ロッソ・ディ・トルジャーノ	12 t	12%	13カ月 内6カ月木樽熟成

③BIANCO DI TORGIANO ビアンコ・ディ・トルジャーノ

トレッビアーノ・トスカーノ種50〜70%、その他アロマティックでない認定白ブドウ50%以下。

色：輝くような麦わら色。
香：ワイン香、花の香りがある。
味：繊細な果実の味わいのある風味あふれる辛口。

軽いアンティパスト、魚料理、軟質チーズ。

8〜10℃

⑦ROSSO DI TORGIANO ロッソ・ディ・トルジャーノ

サンジョヴェーゼ種50〜100%、その他のアロマティックでない認定黒ブドウ50%以下。

色：ルビー色。
香：心地良いワイン香。
味：程良いボディーの調和のとれた赤。

鶏肉料理、白身肉のグリル、サラミ類に向く。

16〜18℃

※この他ロザート（ロゼ）、シャルドネ、ピノ・グリージョ、リースリング・イタリコ、カベルネ・ソーヴィニヨン、メルロー、ピノ・ネロ、スプマンテ、ヴェンデミア・タルディーヴァ、ヴィン・サントなどがDOCに認められている。

・Lungarotti（ルンガロッティ）
・Brogal Vini（ブローガル・ヴィーニ）
・San Clemente（サン・クレメンテ）

ウンブリア州の他のDOC

・ASSISI（アッシジ）（1997～）
ペルージャ県アッシジ中心に造られる赤、白、ロゼ、ノヴェッロ、グレケット、カベルネ・ソーヴィニヨン、メルロー、ピノ・ネロなどのワイン。白はトレッビアーノ種、グレケット種、赤、ロゼはサンジョヴェーゼ種、メルロー種主体で造られる。

・COLLI ALTOTIBERINI（コッリ・アルトティベリーニ）（1980～）
ペルージャ県サン・ジュスティーノ、ペルージャで造られる。サンジョヴェーゼ種主体の赤、ロゼ、トレッビアーノ種主体の白、スプマンテがある。また、グレケット、トレッビアーノ、カベルネ、ソーヴィニヨン、メルロー、サンジョヴェーゼもその品種を85%以上で認められ、赤にはリゼルヴァもある。

・COLLI PERUGINI（コッリ・ペルジーニ）（1981～）
ペルージャ県とテルニ県にまたがる地域で造られる。サンジョヴェーゼ種主体の赤、ロゼ、ノヴェッロ、トレッビアーノ種主体の白、ヴィン・サントがある他、グレケット、メルロー、カベルネ、シャルドネ、ピノ・グリージョ、トレッビアーノ、サンジョヴェーゼ、スプマンテもある。

・SPOLETO（スポレート）（2011～）
2011年DOCに昇格した新しい白ワインのみのDOCで、テルニ県スポレートを中心に造られる。トレッビアーノ・スポレティーノ種主体の白、トレッビアーノ・スポレティーノ・スペリオーレ、スプマンテ、パッシートもある。

MARCHE

マルケ州

マルケ州は、イタリアの中東部の州で、北はエミリア・ロマーニャ、西はトスカーナ、ウンブリア、南はアブルッツォ州と接し、アドリア海沿いに南北に伸びる。この地方は、紀元前にローマ帝国の支配を受けた後、ビザンチンの統治を経て教皇領となったこともあり、ルネッサンス期には、洗練された宮廷文化を花咲かせた地域としても知られる。内陸にあるウルビーノは、美術の街として知られ、ルネッサンスの巨匠ラファエロ、作曲家ロッシーニはこの地方出身である。

また、マルケ州では、農業が重要な産業になっている。海岸線に沿った帯状の地域と数百キロに及ぶアペニン山脈の高い尾根などから、海から山へ、山から海へと吹く風、川の流れに沿って吹く風がミクロクリマを生み出し、多くの特徴のある幅広いワインが造られている。この州の名を、特定の土地を示す「マルカ（MARCA)」という単数ではなく、複数形の「マルケ（MARCHE)」と呼ぶのも不思議でないほど各地域の特徴が異なっている。

この地方でのブドウ栽培は、紀元前2世紀頃から始まり、土地の商人であったピチェーノ人によって発展してきた。それは、この地方が海の向こうのギリシャ世界とアペニン山脈の反対側のエトルリアとの中間にあったという地理的条件によるものであろう。

マルケ州で最もよく知られるワインは、ヴェルディッキオ。薄緑色が

かった麦わら色で、上品な果実の香りを含み、後口にわずかな苦味を残す。アンコーナ県イエージを中心とする広い地域と標高の高いマチェラータ県マテリカを中心とする地域で造られている。古くは、ローマ法王に献上されていたワインである。1960年代に再び知られるようになり、エトルリアの世界が再現された。瓶の形やラベルのデザインは当時使われていたアンフォラ（土器）を彷彿とさせる。しかし、今日では、むしろこの容器よりもワインの品質のほうが注目されるようになってきている。かつて農民が自分たちの食事用に醸造していたワインが、州を代表するワインになっている。

このほか、マルケ州には、近年注目される赤ワインがある。アンコーナを中心に造られるモンテプルチャーノ種主体のロッソ・コーネロ（コーネロは2004年DOCGに昇格した）は、紀元前3世紀、古代ローマにアルプスを越えて攻め入ったカルタゴの将軍ハンニバルが、戦場で病気になった馬に飲ませたというエピソードの残る、古くからこの地域で造られていたワインである。きれいなルビー色で、独特のブドウ香を含み、果実味があり、ソフトなタンニンを含む心地の良い飲み口のワインである。肉類をはじめとする多くの料理に合わせることができる。

同様にモンテプルチャーノ種とサンジョヴェーゼ種を使用し、この州のさらに広い地域で造られるロッソ・ピチェーノは、ルビー色で心地良いワインの香りを含み、ソフトな味わいであることから、サラミや肉類のローストのほか、名物のウナギの網焼きや、若いものは魚介類のスープなどにも合わせることができる赤ワインである。

マチェラータ県のセッラペトローナで造られる赤の発泡性と甘口のワイン、ヴェルナッチャ・ディ・セッラペトローナは、2004年DOCGに認められたワインで、ヴェルナッチャ・ネーラ種85%以上で造られるワ

インだが、生産量が極めて少なく、イタリアでもほとんど飲む機会のないワインである。2011年DOCGに昇格したオッフィーダは、白はペコリーノ種、パッセリーナ種、赤はモンテプルチャーノ種主体で造られる。

アンコーナ県のモッロ・ダルバを中心とする地域で造られるラクリマ・ディ・モッロ・ダルバは、濃いルビー色で赤い花の濃密な香りを含むワインで、パッシート（甘口）もDOCに認められている。このワインの独特な香りは、ワインとしては他に類を見ないもので、一度嗅ぐと忘れることのできない香りである。

このほかのマルケ州のワインとしては、ペーザロ県ファーノを中心に造られるビアンケッロ・ディ・メタウロがある。ビアンケッロ種主体の魚介類に良く合う辛口白ワインである。マチェラータ、アンコーナ両県で造られるエジノは、白はヴェルディッキオ種主体、赤はサンジョヴェーゼ、モンテプルチャーノ種主体で造られる。

さらに、コッリ・マチェラテージ、コッリ・ペザレージ、ファレリオなどの丘陵地帯で造られるワインは、白はトレッビアーノ・トスカーノ種主体、赤はサンジョヴェーゼ種ほか多くの新しい品種も使われるようになっているDOCであるが、生産量も少なく、そのほとんどが周辺の都市で消費されている。

このように、近年マルケ州では、白ワイン、赤ワインともに高品質のワインが造られるようになってきているが、価格は非常にリーズナブルであり、コストパフォーマンスの良いワインが多い。今後さらに生産技術が改良され、量的にも増えてくれば、イタリアを代表するワイン産地になっていくことも可能な州ということができる。

MARCHE
マルケ州

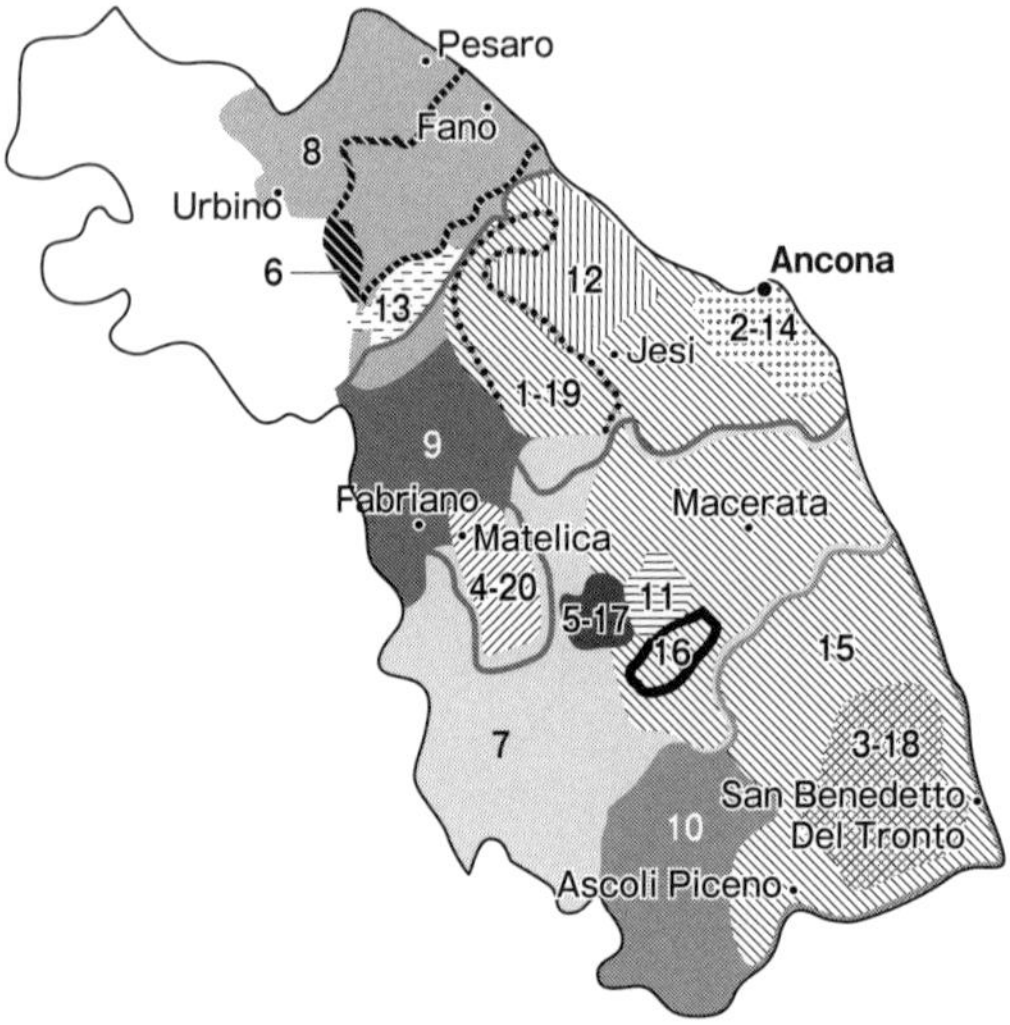

D.O.C.G.

1. Castelli di Jesi Verdicchio Riserva
   カステッリ・ディ・イエージ・ヴェルディッキオ・リゼルヴァ
2. Cònero コーネロ
3. Offida オッフィーダ
4. Verdicchio di Matelica Riserva
   ヴェルディッキオ・ディ・マテリカ・リゼルヴァ
5. Vernaccia di Serrapetrona
   ヴェルナッチャ・ディ・セッラペトローナ

D.O.C.

6. Bianchello del Metauro
   ビアンケッロ・デル・メタウロ
7. Colli Maceratesi コッリ・マチェラテージ
8. Colli Pesaresi コッリ・ペザレージ
9. Esino エジノ
10. Falerio ファレリオ
11. I Terreni di Sanseverino
    イ・テッレーニ・ディ・サンセヴェリーノ
12. Lacrima di Morro o Lacrima di Morro d'Alba
    ラクリマ・ディ・モッロ／ラクリマ・ディ・モッロ・ダルバ
13. Pergola ペルゴラ
14. Rosso Conero ロッソ・コーネロ
15. Rosso Piceno o Piceno
    ロッソ・ピチェーノ／ピチェーノ
16. San Ginesio サン・ジネージオ
17. Serrapetrona セッラペトローナ
18. Terre di Offida
    テッレ・ディ・オッフィーダ
19. Verdicchio dei Castelli di Jesi
    ヴェルディッキオ・デイ・カステッリ・ディ・イエージ
20. Verdicchio di Matelica
    ヴェルディッキオ・ディ・マテリカ

CASTELLI DI JESI VERDICCHIO RISERVA
カステッリ・ディ・イエージ・ヴェルディッキオ・リゼルヴァ

DOCG (2010～)

〈地域〉
アンコーナ県のイエージを中心とする地域とマチェラータ県の一部の地域

2016
831,100本

	ha当たりのブドウの収穫	最低アルコール	最低熟成期間
④DOCG	10 t	12.5%	18カ月
④—CLASSICO クラッシコ	10 t	12.5%	18カ月 内6カ月瓶内熟成 12月1日起算

ヴェルディッキオ種85％以上、その他認定白ブドウ15％以下。

色：しっかりとした麦わら色。
香：上品でデリケートな果実の香り。
味：心地よいアロマがあり、後口にわずかに苦味を残す辛口。

海の幸のアンティパスト、魚介のリゾット、魚のグリル、白身肉ノソテー、Brodetto（ブロデット＝サフラン、白ワイン入り魚介のスープ）などに合う。

8～10℃

※このワインは、イタリア半島のちょうど真ん中、アドリア海に面する州都アンコーナから内陸のアペニン山脈に向かう160キロほどの穏やかな丘陵地帯で造られる。マルケ州で最も知られるワインで、その歴史は古く、古代ローマ時代に遡る。ペッシェ・ヴィーノ（魚の形をした瓶に入ったワイン）とも呼ばれ、当時使われていたアンフォラ（土器のツボ）を型どった瓶がこのワインの代名詞となっていたが、今日では通常の瓶を使用する生産者がほとんどである。
生産地域は、中心となるイエージの町と、その北西の丘陵地に分けることができる。オストラ、コリナルド、アルチェヴィア、ペルゴラなど、イエージの北側の地域は通常の地域になるが、イエージを含むアピロ、クプラモンターナなどは古くからこのワインが造られていた地域で、クラッシコ地区に指定されている。

・Umani Ronchi（ウマニ・ロンキ）
・Bucci（ブッチ）
・Marotti Campi（マロッティ・カンピ）
・Garofoli（ガロフォリ）

	'03	'04	'05	'06	'07	'08	'09	'10	'11	'12	'13	'14	'15	'16
castelli di jesi verdicchio riserva カステッリ・ディ・イエージ・ヴェルディッキオ・リゼルヴァ	★★★★	★★★★★	★★★★★	★★★★★	★★★★1/2	★★★★	★★★★	★★★★	★★★★	★★★1/2	★★★★1/2	★★1/2	★★★★1/2	★★★★★

CÒNERO
コーネロ

DOCG
(2004～)

〈地域〉
アンコーナ県のアドリア海沿いコーネロ山を中心とする6つの村の丘陵地（オッファーニャ、カメラーノ、シローロ、ヌマーナ、カステルフィダルド、オジモ）

2016
1,243,900本

	ha当たりのブドウの収穫	最低アルコール	最低熟成期間
⑧DOCG	9 t	12.5%	24カ月

モンテプルチャーノ種85%以上、サンジョヴェーゼ種15%以下。

色：ガーネット色を帯びたルビー色。
香：熟成果実の香り、スパイス香がある。
味：バランスが良く、しっかりとした味わいの辛口。

肉類を使用したパスタ料理、内臓を使ったラザーニャ、ウサギ、子豚などのスパイシーな料理など。

16～18℃

※コーネロの名前はアドリア海に面した港町アンコーナを見守るコーネロ山に由来するが、古くは西洋コケモモ、または海桜「コマロヌ」などこの地方に古くから自生する植物に由来するといわれる。古代ローマの「自然史」の著者プリニウスは、この地域のワインはアドリア海沿いで最もすぐれたワインであると記している。
このワインの歴史は古く、紀元前10世紀にはすでにエトルリア人がこの地でワインを造っていたといわれる。古代ローマを震撼させたカルタゴの将軍ハンニバルが、紀元前3世紀にアルプスを越えて古代ローマの街に攻め入った際、この地方を通り、病気に陥った馬にワインを飲ませたところ、馬の病気が治ったというエピソードが残されている。

・Garofoli（ガロフォリ）
・Le Terrazze（レ・テッラッツェ）
・Umani Ronchi（ウマニ・ロンキ）
・Lanari（ラナーリ）
・Fazi Battaglia（ファツィ・バッターリア）

OFFIDA
オッフィーダ

DOCG
(2011〜)

〈地域〉
アスコリ・ピチェーノ県、フェルモ県を中心とした地域。

2016
3,256,700本

⑧ROSSO ロッソ

ha当たりのブドウの収穫	最低アルコール	最低熟成期間
8.5 t	13%	24カ月 内12カ月木樽熟成 3カ月瓶内熟成

モンテプルチャーノ種85%以上、その他認定黒ブドウ15%以下。
色：ややガーネット色を帯びたルビー色。
香：わずかにエーテル香を感じ、果実の心地よい香りを含む。
味：アロマと旨みを含む辛口赤。
サラミ、ラグー入りパスタ料理、赤身肉のグリルやローストなどの肉料理に合う。

③PECORINO ペコリーノ

ha当たりのブドウの収穫	最低アルコール	最低熟成期間
9 t	12%	4カ月

ペコリーノ種85%以上、その他アロマティックでない認定白ブドウ15%以下。
色：わずかに緑色掛かった麦わら色。
香：心地よい独特の香り。
味：アロマと旨みを感じる辛口。
甲殻類のグリル、魚介のスープなどの料理に合う。

③PASSERINA パッセリーナ

ha当たりのブドウの収穫	最低アルコール	最低熟成期間
9 t	11.5%	4カ月

パッセリーナ種85%以上、その他アロマティックでない認定白ブドウ15%以下。
色：やや黄金を帯びた麦わら色。
香：心地よい独特の果実の香り。
味：独特のアロマを含む辛口。
トマト入りパッサテッリ（生パスタ）、魚介のスープ、マルケ風イワシの料理（イワシとトマトのオーブン焼き）などの料理に合う。
白：8〜10℃
赤：16〜18℃

※マルケ州の南の端、アスコリ・ピチェーノ県の人口5000人あまりの町、オッフィーダを中心に造られるワインで、2001年DOCに認められた。この町は古くは紀元前7〜5世紀のお墓で知られ、古代ローマ時代には大カトーやプリニウスに語られた地域でもあった。紀元7世紀ごろにはロンゴバルド族が所有していたといわれるが、資料があるのは12〜13世紀のカール大帝の時代になってからのことである。中世の混乱期を経て、2008年、中世の塔のある美しい城壁都市として、「ボルギ・ピュウ・ベッリ・ディタリア（イタリアの美しい町）」に登録された。

- San Savino（サン・サヴィーノ）
- Le Caniette（レ・カニエッテ）
- Cocci Grifoni（コッチ・グリフォーニ）

VERDICCHIO DI MATELICA RISERVA
ヴェルディッキオ・ディ・マテリカ・リゼルヴァ

DOCG
(2010〜)

〈地域〉
マチェラータ県のマテリカを中心とする地域とアンコーナ県の内陸部の地域

2016
134,400本

	ha当たりのブドウの収穫	最低アルコール	最低熟成期間
④DOCG	9.5 t	12.5%	18カ月 12月1日起算

ヴェルディッキオ種85%以上、その他認定白ブドウ15%以下。

色：輝きのある麦わら色。
香：繊細で個性的で、フルーツの果実を想わせる味わい。
味：新鮮で、アロマを含み調和のとれた辛口白、後口にわずかに苦味が残る。

Zuppa di Pesse（ズッパ・ディ・ペッシェ＝魚介類のスープ）、海の幸のリゾット、魚介のグリルなどの料理に合う。

8〜10℃

※このワインは1967年、イエージよりも1年早くDOCに認められた。生産量は10分の1と少なく、イエージに隠れた存在であったが、2010年、イエージと同時にDOCGに昇格した。イエージと同様にヴェルディッキオ種を使用するが、イエージとはかなり性格の違うワインになる。海からの暖かい風を受けるイエージとは違い、標高の高い内陸部の深い谷間で造られ、石灰質の多い土壌からとは異なるタイプのワインが生み出される。マテリカは10月の中旬ともなると気候は冷涼で、イエージ地区に比べブドウの熟成が遅くなる。ヴェルディッキオ種はマルケ州土着の品種で、この地方に住んでいたピチェーニ人が先住民のエトルリア人から受け継いだといわれているが、実際にはヴェネト発祥で、15世紀にヴェネト人によって伝えられたのではないかといわれている。ブドウは中程度の大きさで緑がかっており、ブドウの色の「ヴェルデ（緑）」から、ヴェルディッキオと呼ばれるようになった。

- Belisario（ベリサーリオ）
- La Monacesca（ラ・モナチェスカ）
- Bisi（ビジ）
- Gagliardi（ガリアルディ）

VERNACCIA DI SERRAPETRONA
ヴェルナッチャ・ディ・セッラペトローナ

DOCG
(2004〜)

〈地域〉
マチェラータ県のセッラペトローナを中心にベルフォルテ・デル・キエンティ、サン・セヴェリーノ・マルケなどの地域

2016
219,000本

	ha当たりのブドウの収穫	最低アルコール	最低熟成期間
①②SPUMANTE スプマンテ ※SECCO（セッコ）、DOLCE（ドルチェ）がある。	10 t	11.5%	8カ月

ヴェルナッチャ・ネーラ種85%以上、その他の認定黒ブドウ種15%以下。
※40%以上のブドウを陰干しにする。

色：紫色がかった濃い目のルビー色。
香：独特の異臭やジャムの香り、わずかにスパイス香を含む。
味：辛口と甘口がある。心地よく、苦みを含む奥行きのある味わい。

辛口は、赤身肉の料理に。またソースを使った茹で肉の料理にも合う。
甘口は、パンケーキ、特に「ペックーテ」という小麦粉ととうもろこしの粉と干しブドウで作ったマルケ地方のパンケーキに合う

セッコ：8〜10℃
ドルチェ：10〜12℃

※ワインはヴェルナッチャ・セッラペトローナ協会、マルケ州品質保護協会によって管理されている。作付け面積は45haのみ。
このワインは古い歴史を持つワインで、中世にはヴェルナッチャ・アマービレとしてドイツ人傭兵ランズィケネッキがこよなく愛したといわれる。また、セッラペトローナの名前は、古代ローマ帝国の亡命者であったペトロニウスがこの地区に滞在したことに由来する。

・Serboni（セルボーニ）
・Quacquarini Lanfranco（クアックアリーニ・ランフランコ）
・Colli di Serrapetrona（コッリ・ディ・セッラペトローナ）
・Quacquarini Alberto（クアックアリーニ・アルベルト）

BIANCHELLO DEL METAURO
ビアンケッロ・デル・メタウロ

DOC
(1969〜)

〈地域〉
ペザーロ県のファーノ、フォッソンブローネを中心とする地域

2016
1,924,800本

	ha当たりのブドウの収穫	最低アルコール	最低熟成期間
③BIANCO ビアンコ	14 t	11.5%	
④—SUPERIORE スペリオーレ	11 t	12.5%	
①—SPUMANTE スプマンテ	14 t	11.5%	
⑤—PASSITO パッシート	14 t	12+3%	13カ月

ビアンケッロ（ビアンカーメ）種95%以上、マルヴァジア・ビアンカ・ルンガ種5%以下。

麦わら色で、心地よい果実の香りを含み、アロマを感じる白ワイン。

甲殻類のサラダ、ナスのパルミジャーナ、白身魚のソテーなどに合う。

白：8〜10℃
スプマンテ：8℃
甘口：10〜12%

・Guerrieri（グエッリエーリ）
・Roberto Lucarelli（ロベルト・ルカレッリ）
・Claudio Morelli（クラウディオ・モレッリ）

COLLI MACERATESI
コッリ・マチェラテージ

DOC
(1975〜)

〈地域〉
マチェラータ県のロレート、およびアンコーナ県。

2016
1,018,000本

	ha当たりのブドウの収穫	最低アルコール	最低熟成期間
⑦ROSSO ロッソ	13 t	11.5%	
⑧—RISERVA リゼルヴァ	10 t	12.5%	24カ月 内3カ月木樽熟成 12月1日起算
⑦—NOVELLO ノヴェッロ	13 t	11%	

サンジョヴェーゼ種50%以上、カベルネ・ソーヴィニヨン種、カベルネ・フラン種、チリエジョーロ種、ラクリマ種、メルロー種、モンテプルチャーノ種、ヴェルナッチャ・ネーラ種50%以下、その他アロマティックでない認定黒ブドウ15%以下。

ルビー色で、しっかりとした香を含み、アロマのある赤。

ラグー入りタリオリーニ、仔羊肉のグリル、中程度の硬さのチーズなどに合う。

	ha当たりのブドウの収穫	最低アルコール	最低熟成期間
③BIANCO ビアンコ	13 t	11%	
①—SPUMANTE スプマンテ	13 t	11%	
⑤—PASSITO パッシート	13 t	14+1.5%	24カ月 内3カ月木樽熟成

マチェラティーノ（リボーナ）種70%以上、インクローチョ・ブレーニ54種、ペコリーノ種、トレッビアーノ・トスカーノ種、ヴェルディッキオ種、シャルドネ種、ソーヴィニヨン種、マルヴァジア・ビアンカ・ルンガ種、グレケット種30%以下、その他認定白ブドウ15%以下。

麦わら色で、独特のデリケートな香りを含み、アロマとフレッシュ感のある辛口白。

海産物のサラダ、野菜のグラタン、白身魚のソテーなどに合う。

	ha当たりのブドウの収穫	最低アルコール	最低熟成期間
⑦SANGIOVESE サンジョヴェーゼ	13 t	11.5%	

サンジョヴェーゼ種85%以上、その他アロマティックでない認定黒ブドウ15%以下。

ルビー色で特徴的な香りを含みアロマのある辛口。

サラミ類、パスタのオーブン焼き、肉類の串焼き等。

	ha当たりのブドウの収穫	最低アルコール	最低熟成期間
③RIBONA リボーナ	13 t	11%	
①—SPUMANTE スプマンテ	13 t	11%	
⑤—PASSITO パッシート	13 t	14+1.5%	

リボーナ種85%以上、その他認定白ブドウ15%以下。

黄金がかった麦わら色で、心地良い香りを含む調和のとれた白。

魚介類の前菜やベシャメルソースのクレープ等。

白：8〜10℃
赤：16〜18℃
スプマンテ：8℃
甘口：10〜12℃

- Villa Forano（ヴィッラ・フォラーノ）
- Santa Cassella（サンタ・カッセッラ）
- Saputi（サプーティ）

COLLI PESARESI
コッリ・ペザレージ

DOC
(1972〜)

〈地域〉
ペーザロ県のペーザロ、ウルビーノ、ファーノなどの多くの市町村

2016
1,210,800本

	ha当たりのブドウの収穫	最低アルコール	最低熟成期間
⑦ROSSO ロッソ	12 t	11%	
⑥ROSATO ロザート	12 t	11%	
③BIANCO ビアンコ	12 t	11%	
⑦SANGIOVESE サンジョヴェーゼ	12 t	11.5%	
⑧—RISERVA リゼルヴァ	12 t	12%	24カ月
⑦—NOVELLO ノヴェッロ	12 t	11.5%	

⑦ROSSO ロッソ

サンジョヴェーゼ種70％以上、その他アロマティックでない認定黒ブドウ30％以下。

ルビー色で、ブドウ香を含み、アロマがあり、しっかりとした味わいの赤。

パンツェロッティ（パスタ生地に肉やチーズを詰め揚げたもの）ポルケッタ（子豚の丸焼）などに合う。

⑥ROSATO ロザート

ロッソと同じ。

きれいな薄いルビー色で、デリケートなブドウ香を含み、フレッシュ感のある辛口ロゼ。

サラミ、パンツェロッティ、魚介類のスープなどに合う。

③BIANCO ビアンコ

トレッビアーノ・トスカーノ（アルバネッラ）種、ヴェルディッキオ種、ビアンカーメ種、ピノ・グリージョ種、ピノ・ネロ種、リースリング・イタリコ種、シャルドネ種、ソーヴィニヨン種、ピノ・ビアンコ種75％以上。その他アロマティックでない認定白ブドウ25％以下。

やや緑色がかった麦わら色で、デリケートな香りを含み、アロマのある辛口白。

野菜入りパスタやリゾット、トルテッリーニなどのパスタ入りスープなどに合う。

⑦SANGIOVESE サンジョヴェーゼ
⑧—RISERVA リゼルヴァ
⑦—NOVELLO ノヴェッロ

サンジョヴェーゼ種85％以上、その他アロマを含まない認定黒ブドウ15％以下。

ガーネット色を帯びたルビー色で、デリケートな香りとアロマを含み、味わいのある赤。

きのこのスープ、サラミ、パスタのオーブン焼き、野鳥の料理などに合う。

※この他、トレッビアーノ、ビアンカーメ、スプマンテがある。

・サブゾーン"フォカーラ"には、ロッソ、ロッソ・リゼルヴァ、ピノ・ネロ、ピノ・ネロ・ヴィニフィカート・イン・ビアンコ（白）、ピノ・ネロ・スプマンテがある。
・サブゾーン"ロンカリア"には、ビアンコ、ビアンコ・リゼルヴァ、ピノ・ネロ・スプマンテがある。
・サブゾーン"パルコ・ナトゥラーレ・モンテ・サン・バルトロ"には、サンジョヴェーゼ、サンジョヴェーゼ・リゼルヴァ、カベルネ・ソーヴィニヨン、カベルネ・ソーヴィニヨン・リゼルヴァがある。

白：8〜10℃
ロザート：12〜14℃
赤：16〜18℃、

・Claudio Morelli（クラウディオ・モレッリ）
・Guerrieri（グエッリエーリ）
・Calcinari（カルチナーリ）

FALERIO
ファレリオ

DOC
(1975～)

〈地域〉
アスコリ・ピチェーノ県、フェルモ県の多くの市町村

2016
3,605,500本

	ha当たりのブドウの収穫	最低アルコール	最低熟成期間
③DOC	13 t	11.5%	

トレッビアーノ・トスカーノ種20～50%、ペコリーノ種10～30%、パッセリーナ種10～30%、その他認定白ブドウ20%以下。

麦わら色で、心地よいデリケートな香りを含み、アロマがあって味わいのある辛口白。

イカ・タコ類の前菜、海の幸のパスタ、白身魚のソテーなどに合う。

	ha当たりのブドウの収穫	最低アルコール	最低熟成期間
③PECORINO ペコリーノ	11 t	12%	

ペコリーノ種85%以上、その他アロマを含まない認定白ブドウ15%以下。

やや緑色がかった麦わら色で、心地よいアロマを含み、味わいのある辛口白。

甲殻類のサラダ、魚介類のスープ、カルド（野菜）入りパルミジャーナになどに合う。

8～10℃

- Costadoro（コスタドーロ）
- Aurora（アウロラ）
- Ciu ciu（チュチュ）

LACRIMA DI MORRO / LACRIMA DI MORRO D'ALBA
ラクリマ・ディ・モッロ／
ラクリマ・ディ・モッロ・ダルバ

DOC
(1985～)

〈地域〉
アンコーナ県のモッロ・ダルバを中心にモンテ・サン・ヴィート、サン・マルチェッロ、ベルヴェデーレ・オストレンセ、オストラ、セネガーリアにかけての地域

2016
1,953,500本

	ha当たりのブドウの収穫	最低アルコール	最低熟成期間
⑦DOC	13 t	11%	—
⑧—SUPERIORE スペリオーレ	10 t	12%	10カ月
⑩—PASSITO パッシート	13 t	13＋2%	13カ月

ラクリマ種85%以上、その他アロマティックでない認定黒ブドウ15%以下。

濃いルビー色で濃密な香りがあり、円やかな味わい。

辛口はサラミやPanzerotti（パンツェロッティ＝中にチーズを入れて揚げたパン）、軟質チーズなど。パッシートは食後に。

16～18℃
パッシート：12～14℃

※Passitoは翌年春先まで乾燥させ、糖度を高めてから醸造した甘口ワイン。

- Marotti Campi（マロッティ・カンピ）
- Badiali（バディアーリ）
- Landi Luciano（ランディ・ルチアーノ）

ROSSO CÒNERO
ロッソ・コーネロ

DOC
(1967〜)

〈地域〉
アンコーナ県のアドリア海沿いのコーネロ山を中心とする、オッファーニ、カメラーノ、シローロ、ヌマーナ、カステルフィダルドなどの丘陵地

2016
1,783,900本

	ha当たりのブドウの収穫	最低アルコール	最低熟成期間
⑦DOC	13 t	11.5%	

モンテプルチャーノ種85%以上、その他アロマティックでない認定黒ブドウ15%以下。

色：きれいなルビー色。
香：心地良いブドウ香とワインの香り。
味：構成がしっかりしていて、調和の取れた心地良い飲み口。

ラグーやしっかりしたソースを使ったパスタ料理、肉類のグリルなどに合う。

16〜18℃

- Garofoli（ガロフォリ）
- Le Terrazze（レ・テッラッツェ）
- Umani Ronchi（ウマニ・ロンキ）
- Fazzi Battaglia（ファッツィ・バッタリア）
- Lanari（ラナーリ）

ROSSO PICENO／PICENO
ロッソ・ピチェーノ／ピチェーノ

DOC
(1968〜)

〈地域〉
マチェラータ県、アンコーナ県、アスコリ・ピチェーノ県の多くの市町村

2016
11,847,100本

	ha当たりのブドウの収穫	最低アルコール	最低熟成期間
⑦DOC	13 t	11.5%	
⑦—NOVELLO ノヴェッロ	13 t	11%	
⑧—SUPERIORE スペリオーレ	12 t	12%	12カ月

モンテプルチャーノ種35〜85%、サンジョヴェーゼ種15〜50%、その他アロマティックでない認定黒ブドウ15%以下。

きれいなルビー色で、熟成にしたがいガーネット色を帯びる。心地よいワイン香があり、スペリオーレはエーテル香が増す。風味があり、調和のとれた辛口。

サラミや肉のロースト料理に向く。この他、Panzerotti（パンツェロッティ＝中にチーズを入れて揚げたパン）、Porchetta（ポルケッタ＝子豚にハーブ類を詰め丸焼きした料理）、Capitone alla Brace（カピトーネ・アッラ・ブラーチェ＝大ウナギの網焼き）などの料理にも合う。

16〜18℃

	ha当たりのブドウの収穫	最低アルコール	最低熟成期間
⑦SANGIOVESE サンジョヴェーゼ	13 t	11.5%	

サンジョヴェーゼ種85%以上、その他アロマティックでない認定黒ブドウ15%以下。

やや濃い目のルビー色で、特徴的でデリケートな香りがある、調和のといれた心地良い味わい。

サラミやパスタのオーブン焼き等。

- Boccadigabbia（ボッカディガッビア）
- Aurora（アウローラ）
- Caniette（カニエッテ）
- Saladini Pilastri（サラディーニ・ピラストリ）
- Villa Pigna（ヴィッラ・ピーニャ）
- Bucci（ブッチ）

VERDICCHIO DI MATELICA
ヴェルディッキオ・ディ・マテリカ

DOC
(1967〜)

〈地域〉
マチェラータ県マテリカ、アンコーナ県の市町村

2016
2,810,300本

	ha当たりのブドウの収穫	最低アルコール	最低熟成期間
③DOC	13 t	11.5%	
①—SPUMANTE スプマンテ	13 t	11.5%	
⑤—PASSITO パッシート	13 t	12+3%	

ヴェルディッキオ種85%以上、その他認定白ブドウ15%以下。

色：輝きのある明るい麦わら色。
香：繊細で個性的な香り。フルーティな果実の香り。
味：新鮮でアロマティック、調和のとれた辛口。後口にわずかに苦味が残る。パッシートは中甘口と甘口。

Zuppa di Pesce（ズッパ・ディ・ペッシェ＝魚介類のスープ）、魚介類のリゾット、魚のグリルなどに向く。

8〜10℃
パッシート：10〜12℃

- Belisario（ベリサーリオ）
- La Monacesca（ラ・モナチェスカ）
- Bisci（ビシ）
- Gagliardi（ガリアルディ）

VERDICCHIO DEI CASTELLI DI JESI
ヴェルディッキオ・デイ・カステッリ・ディ・イエージ

DOC (1968〜)

〈地域〉
アンコーナ県のイエージを中心とする26の市町村

2016
21,980,100本

	ha当たりのブドウの収穫	最低アルコール	最低熟成期間
③DOC	14 t	11.5%	
③—CLASSICO クラッシコ	14 t	11.5%	
④—CLASSICO SUPERIORE クラッシコ・スペリオーレ	11 t	12%	
①—SPUMANTE スプマンテ	14 t	11.5%	
⑤—PASSITO パッシート	14 t	12+3%	

ヴェルディッキオ種85%以上、その他認定白ブドウ15%以下。

色：薄緑色がかった麦わら色。
香：上品な果実の香り。
味：調和のとれた辛口で後口にほろ苦さが残る。パッシートは中甘口と甘口がある。

軽いアンティパスト、魚介入りリゾット、魚介類、卵ベースの料理、白身肉、フレッシュチーズ、若いペコリーノ・チーズ。
・Brodetto（ブロデット＝魚介類にサフラン、白ワインなどを加えたスープ）

8〜10℃
スプマンテ：8℃
パッシート：10〜12℃

・Umani Ronchi（ウマニ・ロンキ）
・Bucci（ブッチ）
・Fazi Battaglia（ファツィ・バッターリア）
・Garofoli（ガロフォリ）

	'03	'04	'05	'06	'07	'08	'09	'10	'11	'12	'13	'14	'15	'16
verdicccchio dei castelli di jesi ヴェルディッキオ・デイ・カステッリ・ディ・イエージ	★★★★	★★★★★	★★★★★	★★★★★	★★★★1/2	★★★★	★★★★	★★★★	★★★★	★★★1/2	★★★★1/2	★★1/2	★★★★1/2	★★★★★

マルケ州の他のDOC

・ESINO（エジノ）（1995～）
マチェラータ、アンコーナ県で造られる赤、白ワイン。ノヴェッロもある。白はヴェルディッキオ種主体。赤はサンジョヴェーゼ種、モンテプルチャーノ種から造られる。また、フリッツァンテもある。

・I TERRENI DI SANSEVERINO（イ・テッレーニ・ディ・サンセヴェリーノ）（2004～）
マチェラータ県サンセヴェリーノ・マルケ村で造られる。ヴェルナッチャ・ネーラ種主体の赤。パッシート他、モンテプルチャーノ種主体のモロもある。

・PERGOLA（ペルゴラ）（2005～）
マルケ州のペルゴラを中心とする地域で造られる。アレアティコ種主体で造られるこのワインのアレアティコには、スペリオーレ、リゼルヴァ、スプマンテ、パッシートがある。ロザートにはフリッツァンテ、ロッソには、ノヴェッロ、スペリオーレ、リゼルヴァがある。

・SAN GINESIO（サン・ジネージオ）（2007～）
マチェラータ県のサン・ジネージオを中心とする地域で造られる。サンジョヴェーゼ主体で造られる赤ワイン。また、ヴェルナッチャ・ネーラ種主体のロッソ・スプマンテには辛口と甘口がある。

・SERRAPETRONA（セッラペトローナ）（2004～）
マチェラータ県のセッラペトローナを中心に造られる。ヴェルナッチャ・ネーラ種85%以上で造られるアロマを含む赤ワイン。アルコール12%以上、10カ月以上の熟成を要する。

・TERRE DI OFFIDA（テッレ・ディ・オッフィーダ）（2001～）
フェルモ県のオッフィーダを中心とする地域で造られる白ワイン。パッセリーナ種85%以上で造られるこのワインには、スプマンテの他、甘口のパッシート、ヴィーノ・サントがある。

ABRUZZO

アブルッツォ州

現在のアブルッツォ州とモリーゼ州は、1965年までは同一の州で、ともに山がちで農業と畜産業が中心であり、ワイン造りにおいてもよく似た州であるということができる。

地域的な特徴としては、隣のマルケ州同様、海岸に面しているが、海岸には、アドリア海に垂直に落ち込む崖が連なっており、ブドウ作りは、海岸線の狭い地域と内陸部のあまり標高の高くない地域に限られる。

アブルッツォ州はイタリアの中東部、東はアドリア海に臨み、北にマルケ州、西にラツィオ州、南にモリーゼ州と接する。イタリアを北から南に走るアペニン山脈の最も険しい地域に当たり、グラン・サッソ（2914 m）が聳え、州の内陸部は、アブルッツォ国立公園に指定されている。

海岸線が長いものの、漁業よりも農業が盛んで、牧畜業の地としても知られている。

この地方で最も生産量の多いモンテプルチャーノ・ダブルッツォは、広い地域で造られるDOCワインで、品質的にもかなり上下の差が大きい。また、このワイン同様、州の全土が指定地域となっているトレッビアーノ・ダブルッツォもある。この州で造られるDOCワインとしては、この２つが大半を占め、多種が認められているDOC、コントログエッラは生産量の少ないワインである。

モンテプルチャーノ・ダブルッツォの生産量は、近年増え続け、今日

キアンティに並ぶ生産量になっている。標高が500mを超えない（南向き斜面は600m）の丘陵もしくは高原で作られるブドウを使用するが、固有の特徴を有する地域もいくつかある。北のテラーモ地区、またテラーモとロゼート・デッリ・アブルッツィの間の地域は、サブゾーンとしてコッリーネ・テッラマーネとして認められ、2003年DOCGに昇格している。このほか、ロレート・アブルティーノ周辺、キエティ県の一部の地域も、その土壌と気候から上質ワインを生む地域といわれている。

次にトレッビアーノ・ダブルッツォだが、ワインとしては日常的に飲まれるものがほとんどで、シャルドネなどの補助品種が使われることが多い。

最後に、コントログエッラはモンテプルチャーノ種主体の赤、トレッビアーノ・トスカーノ種主体の白を中心に、シャルドネ、リースリング、カベルネ、メルロー、ピノ・ネロのほか、マルヴァジア、モスカート、パッセリーナ、チリエジョーロなど周辺の州のブドウも多く取り入れられているが、生産量はそれほどでもない。

アブルッツォ州のワインは強くて優しく、アブルッツォ人の気性と同様であるといわれる。つまり、頑固だが優しい、というこの地域の気候風土からなる性格がワインにも現れているということだろう。

近年ペコリーノ種やパッセリーナ種が人気を得て、多く栽培されるようになり、これらの品種から発泡性ワインも造られるようになってきている。

ABRUZZO
アブルッツォ州

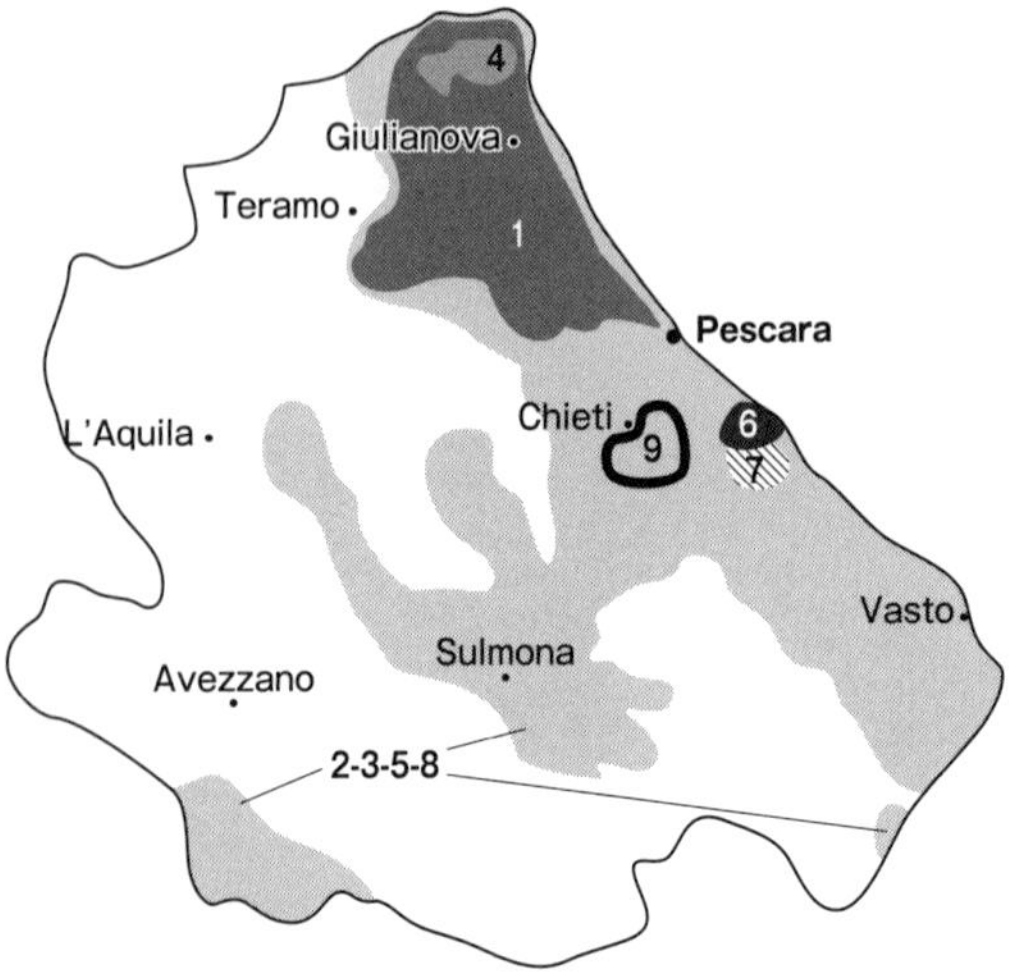

D.O.C.G.

1. Montepulciano d'Abruzzo Colline Teramane
   モンテプルチャーノ・ダブルッツォ・コッリーネ・テラマーネ

D.O.C.

2. Abruzzo アブルッツォ
3. Cerasuolo d'Abruzzo
   チェラスオーロ・ダブルッツォ
4. Controguerra コントログエッラ
5. Montepulciano d'Abruzzo
   モンテプルチャーノ・ダブルッツォ
6. Ortona オルトーナ
7. Terre Tollesi o Tullum
   テッレ・トッレージ／トゥッルム
8. Trebbiano d'Abruzzo
   トレッビアーノ・ダブルッツォ
9. Villamagna ヴィッラマーニャ

MONTEPULCIANO D'ABRUZZO COLLINE TERAMANE
モンテプルチャーノ・ダブルッツォ・コッリーネ・テラマーネ

DOCG
(2003〜)

〈地域〉
テラーモ県のトロント渓谷とヴィブラータ渓谷の間、テラーモとロゼート・デッリ・アブルッツィの間の地域

2016
1,175,000本

	ha当たりのブドウの収穫	最低アルコール	最低熟成期間
⑧DOCG	9.5 t	12.5%	12カ月 内2カ月瓶内熟成
⑧—RISERVA リゼルヴァ	9.5 t	12.5%	36カ月 内12カ月木樽熟成 2カ月瓶内熟成

モンテプルチャーノ種90%以上、サンジョヴェーゼ種10%以下。

色：スミレ色がかったルビー色で熟成に従いオレンジ色を帯びる。
香：ブドウのストレートな果実の香りを含む。
味：旨味があり、余韻の長い赤。

赤身肉のグリルやロースト料理、また地元の名物料理Agnello al Cotturo（アニェッロ・アル・コットゥロ：仔羊の料理）などの料理に向く。

16〜18℃

※アブルッツォ州のDOCワイン、モンテプルチャーノ・ダブルッツォを生産する地域は州全体に及ぶ。生産量が多く品質的にはかなり地域差があったが、2003年、テラーモ県の丘陵地や高原が広がるコッリーネ・テラマーネがDOCGに昇格した。コッリーネは丘陵を意味するイタリア語。もともと可能性のあるワインといわれていただけに、この昇格は好ましいといえる。テラーモ県のトロント渓谷とヴィブラータ渓谷の間、テラーモとロゼート・デッリ・アブルッツィの間で造られるこのワインは、しっかりとしたタンニンを多く含み、構成のしっかりした長熟赤ワインになる。

- Illuminati（イッルミナーティ）
- Centosame（チェントザーメ）
- Villa Medoro（ヴィッラ・メドーロ）
- Antonio e Elio Monti（アントニオ・エ・エリオ・モンティ）
- Nicodemi（ニコデミ）
- San Lorenzo（サン・ロレンツォ）

	'03	'04	'05	'06	'07	'08	'09	'10	'11	'12	'13	'14	'15	'16
montepulciano d'abruzzo colline teramane モンテプルチャーノ・ダブルッツォ・コッリーネ・テラマーネ	★★1/2	★★★★	★★★★	★★★1/2	★★★★1/2	★★★★	★★★★	★★★★1/2	★★★★	★★★★	★★★★	★★★1/2	★★★★	★★★★

ABRUZZO
アブルッツォ

DOC
(2010〜)

〈地域〉

キエーティ県、ラクイラ県、テラーモ県、ペスカーラ県の多くの市町村

2016
2,505,100本

	ha当たりのブドウの収穫	最低アルコール	最低熟成期間
③BIANCO ビアンコ	14 t	11%	2カ月

トレッビアーノ・アブルッツェーゼ種、トレッビアーノ・トスカーノ種50%以上、その他アロマティックでない認定白ブドウ50%以下。

麦わら色で、心地よい果実香を含み、アロマとフレッシュ感のある白。

魚介類の前菜、野菜や卵入りリゾット、パスタ料理などに合う。

	ha当たりのブドウの収穫	最低アルコール	最低熟成期間
①SPUMANTE BIANCO スプマンテ・ビアンコ	14 t	11%	
①—METODO CLASSICO メトド・クラッシコ	12 t	12%	36カ月 内18カ月瓶内発酵
①—METODO CLASSICO MILLESIMATO メトド・クラッシコ・ミッレジマート	12 t	12%	48カ月 内24カ月瓶内発酵

シャルドネ種、ココッチョーラ種、モントニコ種、パッセリーナ種、ペコリーノ種、ピノ・ネロ種60%以上、その他認定ブドウ40%以下。

	ha当たりのブドウの収穫	最低アルコール	最低熟成期間
⑦ROSSO ロッソ	12 t	12%	2カ月

モンテプルチャーノ種80%以上、その他アロマティックでない認定黒ブドウ20%以下。

すみれ色を帯びたルビー色で、スパイスや果実の香りを含み、アロマとタンニンを感じる赤。

サラミ、白身肉の料理、中程度の熟成チーズなどに合う。

	ha当たりのブドウの収穫	最低アルコール	最低熟成期間
①SPUMANTE ROSÉ スプマンテ・ロゼ	14 t	11%	
①—METODO CLASSICO メトド・クラッシコ	12 t	12%	36カ月 内18カ月瓶内発酵
①—METODO CLASSICO MILLESIMATO メトド・クラッシコ・ミッレジマート	12 t	12%	48カ月 内24カ月瓶内発酵

モンテプルチャーノ種、ピノ・ネロ種60%以上、その他認定ブドウ40%以下。

淡いバラ色で、繊細な香りを含み、心地よいアロマのある辛口ロゼ・スプマンテ。

食前酒、魚介類のスープ、白身肉のグリルなどに合う。

	ha当たりのブドウの収穫	最低アルコール	最低熟成期間
③MONTONICO モントニコ	12 t	11%	2カ月
④—SUPERIORE スペリオーレ	10 t	11.5%	4カ月

モントニコ種85%以上、その他認定白ブドウ15%以下。

やや緑掛かった麦わら色で、アロマのしっかりした辛口白。

食前酒、野菜のスープ、各種魚介類の料理に合う。

※この他、マルヴァジア、ペコリーノ、パッセリーナ、ココッチョーラがあるが、モントニコ同様にスペリオーレも含めDOCに認められている。ビアンコ・パッシート、ロッソ・パッシートもある。

白：8〜10℃
赤：16〜18℃
スプマンテ：8℃

・Bosco（ボスコ）　・Citra（チトラ）　・Talamonti（タラモンティ）　・Farnese（ファルネーゼ）
・Masciarelli（マッシャレッリ）　・Cantina Tollo（カンティーナ・トッロ）

CERASUOLO D'ABRUZZO
チェラスオーロ・ダブルッツォ

DOC
(2010～)

〈地域〉
キエーティ県、ラクイラ県、テラーモ県、ペスカーラ県の多くの市町村

2016
8,539,900本

	ha当たりのブドウの収穫	最低アルコール	最低熟成期間
⑥DOC	14 t	12%	2カ月
⑥—SUPERIORE スペリオーレ	12 t	12.5%	4カ月

モンテプルチャーノ種85%以上、その他アロマティックでない認定黒ブドウ15%以下。

色：やや濃いめの桜色。
香：心地良いワイン香とフルーティで繊細なしっかりとした香り。
味：やわらかく、調味のとれた辛口。後味にアーモンドを感じる。

サラミ、肉類の前菜、魚介類のスープ、白身肉のグリルなどに合う。

12～14℃

※1968年よりモンテプルチャーノ・ダブルッツォに含まれていたものが2010年に独立した。

・Talamonti（タラモンティ）
・Emidio Pepe（エミディオ・ペペ）
・Bosco（ボスコ）
・Valentini（ヴァレンティーニ）
・Masciarelli（マシャレッリ）

615

MONTEPULCIANO D'ABRUZZO
モンテプルチャーノ・ダブルッツォ

DOC (1968〜)

〈地域〉
キエーティ、ラクイラ、ペスカーラ、テラーモの4つの県の多くの市町村

2016
116,085,300本

	ha当たりのブドウの収穫	最低アルコール	最低熟成期間
⑦DOC	14 t	12%	4カ月
⑧—RISERVA リゼルヴァ	14 t	12.5%	24カ月 内9カ月木樽熟成

モンテプルチャーノ種85%以上、その他アロマティックでない認定黒ブドウ15%以下。

色：スミレ色がかったルビー色で、熟成に従いオレンジ色を帯びる。
香：心地良いワイン香がある。
味：ソフトで風味がありわずかにタンニンを感ずる赤ワイン。

肉入りソースのパスタ、赤身肉、野鳥の料理、熟成ペコリーノチーズ、カチョカヴァッロチーズに向く。

16〜18℃

- Valentini（ヴァレンティーニ）
- Masciarelli（マッシャレッリ）
- Barone Cornacchia（バローネ・コルナッキア）
- Feuduccio（フェウドゥッチョ）
- Talamonti（タラモンティ）

	'03	'04	'05	'06	'07	'08	'09	'10	'11	'12	'13	'14	'15	'16
montepulciano d'abruzzo モンテプルチャーノ・ダブルッツォ	★★1/2	★★★★	★★★★	★★★1/2	★★★★1/2	★★★★	★★★★	★★★★1/2	★★★★	★★★★	★★★★	★★★1/2	★★★★	★★★★

TREBBIANO D'ABRUZZO
トレッビアーノ・ダブルッツォ

DOC (1972〜)

〈地域〉
モンテプルチャーノ・ダブルッツォと同じ

2016
25,528,500本

	ha当たりのブドウの収穫	最低アルコール	最低熟成期間
③DOC	14 t	11.5%	2カ月
④—SUPERIORE スペリオーレ	13 t	12%	4カ月
④—RISERVA リゼルヴァ	12 t	12.5%	18カ月

トレッビアーノ・アブルッツェーゼ種、ボンビーノ・ビアンコ種、トレッビアーノ・トスカーノ種単独かもしくは混醸で85%以上。その他アロマティックでない認定白ブドウ15%以下。

色：麦わら色。
香：上品なワイン香がある。
味：滑らかで風味があり調和のとれた辛口。

アンティパスト、魚料理、卵料理、軟質チーズに向く。

8〜10℃

- Valentini（ヴァレンティーニ）
- Barone Cornacchia（バローネ・コルナッキア）
- Masciarelli（マシャレッリ）
- Marramiero（マッラミエーロ）
- Talamonti（タラモンティ）

アブルッツォ州の他のDOC

・CONTROGUERRA（コントログエッラ）（1996～）
モンテプルチャーノ種主体の赤とロゼ、トレッビアーノ・トスカーノ種、トレッビアーノ・アブルッツェーゼ種主体の白。この他、シャルドネ、ペコリーノ、パッセリーナ、カベルネ、メルロー、スプマンテ・メトド・クラッシコ、パッシート・ビアンコ、パッシート・ロッソなどがある。

・ORTONA（オルトーナ）（2011～）
キエーティ県のオルトーナを中心に造られる赤はモンテプルチャーノ種、白はトレッビアーノ・アブルッツェーゼ種、トレッビアーノ・トスカーノ種主体。

・TERRE TOLLESI／ TULLUM（テッレ・トッレージ／トゥッルム）（2008～）
キエーティ県のトッロを中心とする地域で造られる。白はトレッビアーノ・トスカーノ種、トレッビアーノ・アブルッツェーゼ種主体、赤はモンテプルチャーノ種主体で造られる。白にはスペリオーレ、赤にはリゼルヴァがある。また、パッシート・ビアンコ、パッシート・ロッソ、スプマンテ、ペコリーノ、パッセリーナ、ファランギーナ、メルロー、カベルネ・ソーヴィニヨン、サンジョヴェーゼ、モンテプルチャーノ種主体のノヴェッロも認められている。

・VILLAMAGNA（ヴィッラマーニャ）（2011～）
キエーティ県のブッキアニコ中心に造られる赤ワインで、モンテプルチャーノ種主体で造られる。アルコールが13%。24カ月以上の熟成を経たワインはリゼルヴァと表示できる。

MOLISE

モリーゼ州

北をアブルッツォ州、西をラツィオ州、南をカンパーニア州と接する州で、東部はアドリア海に面し、西部にはアペニン山脈の高い山々が連なり、内陸的な印象の強い州である。

1965年までアブルッツォ州と同一の州であったことから、ワイン造りにおいても共通点が多い。白はトレッビアーノ種主体、赤はモンテプルチャーノ種主体で、近年アリアニコ、ファランギーナ、フィアーノ、グレコなどカンパーニア州の品種も多く栽培されるようになってきている。

DOCは３つで、カンポバッソとアドリア海の間にあるビフェルノ、そして州の最も内陸部のペントロ・ディセルニア、カンポバッソとイセルニアにかけての地域で造られる新しいDOC、モリーゼがある。

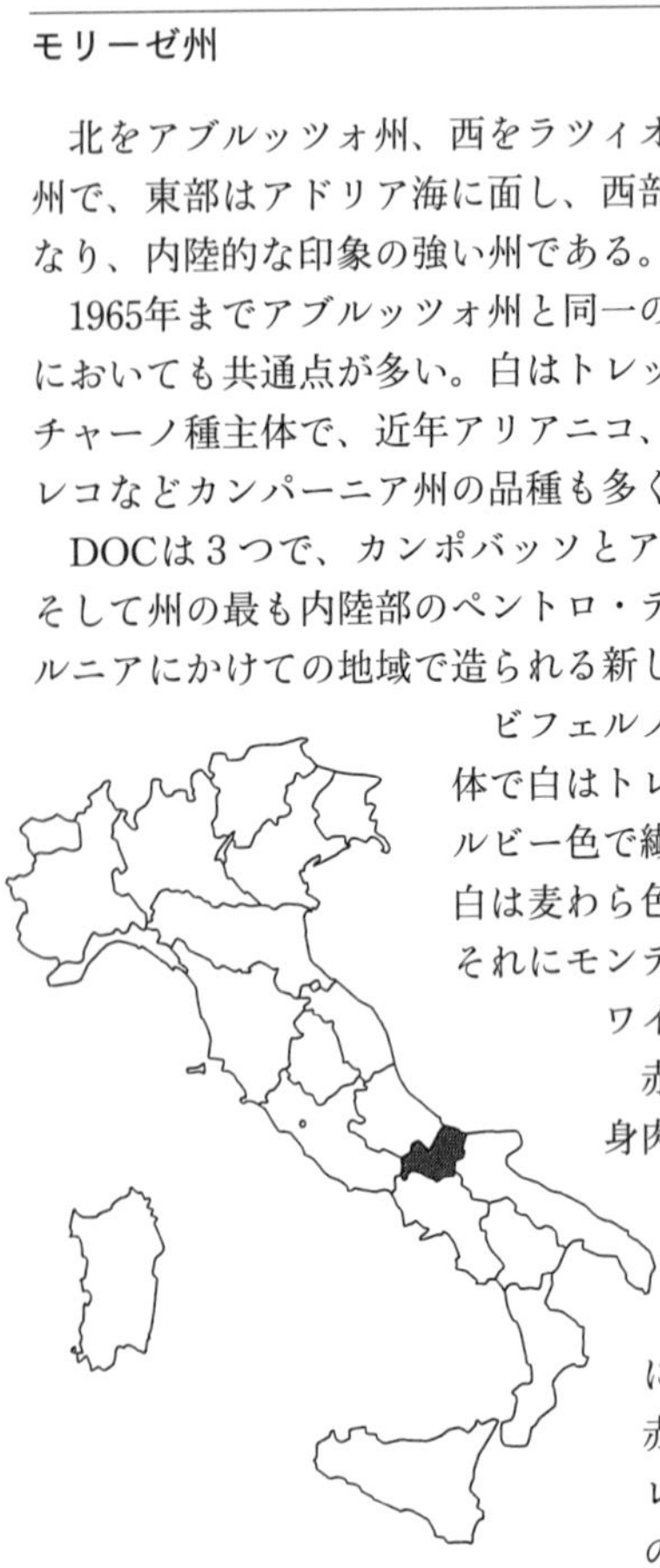

ビフェルノは、赤はモンテプルチャーノ種主体で白はトレッビアーノ種主体。赤は濃いめのルビー色で繊細なフルーツの香りを含む辛口で、白は麦わら色の新鮮な風味を持つ辛口ワイン。それにモンテプルチャーノ種から造られるロゼワインがある。

赤は赤身肉のローストに、ロゼは白身肉の料理やサラミ、白は軽い前菜から魚料理、卵料理、野菜入りリゾットなどに向く。

近年DOCに昇格したモリーゼには、多くの品種が認められている。赤はモンテプルチャーノ種、白はグレコ・ビアンコ種が主体である。このほか、アリアニコ、トレッビアー

ノ、ファランギーナ、モスカート、ピノ・ビアンコ、ソーヴィニヨン、サンジョヴェーゼ、カベルネ・ソーヴィニヨン、シャルドネなど、その品種を85%以上使用したワインもDOCに認められている。

ペントロ・ディセルニアには、モンテプルチャーノから造られる赤とロゼ、トレッビアーノ、ボンビーノ・ビアンコから造られる白があるが、その生産量は少ない。

モリーゼ州は、州としてのワイン生産量が少なく、また小さな州で、イタリアのワイン生産地として名前が出る機会も少ないが、近年２、３の優れた生産者が出現してきており、これらの生産者のさらなる躍進が期待される。

MOLISE
モリーゼ州

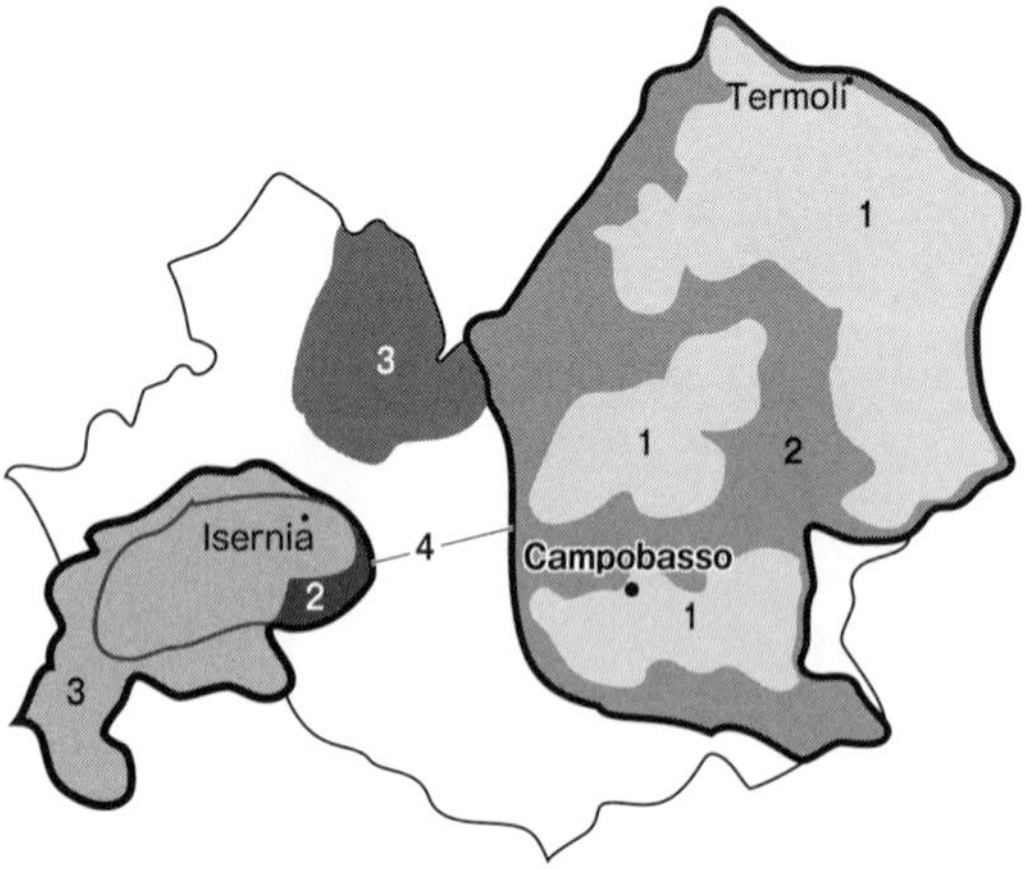

D.O.C.

1. Biferno ビフェルノ
2. Molise o del Molise モリーゼ／デル・モリーゼ
3. Pentro d'Isernia o Pentro ペントロ・ディセルニア／ペントロ
4. Tintilia del Molise ティンティリア・デル・モリーゼ

BIFERNO
ビフェルノ

DOC
(1983〜)

〈地域〉
カンポバッソ県カンポバッソを中心とする多くの市町村

2016
439,300本

	ha当たりのブドウの収穫	最低アルコール	最低熟成期間
⑦ROSSO ロッソ	14 t	11.5%	
⑧—SUPERIORE スペリオーレ	12.5 t	12.5%	
⑧—RISERVA リゼルヴァ	14 t	13%	36カ月

モンテプルチャーノ種70〜80%、アリアニコ種10〜20%、その他アロマティックでない認定黒ブドウ20%以下。

濃いルビー色で繊細なフルーツ香があり、調和のとれた辛口。

赤身肉のロースト、熟成チーズに向く。

	ha当たりのブドウの収穫	最低アルコール	最低熟成期間
⑥ROSATO ロザート	14 t	11.5%	

ロッソと同じ。

濃いバラ色で、果実の風味を含む新鮮で味わいのある辛口。

白身肉やサラミ、若いチーズに。

	ha当たりのブドウの収穫	最低アルコール	最低熟成期間
③BIANCO ビアンコ	14 t	10.5%	

トレッビアーノ・トスカーノ種70〜80%、その他認定白ブドウ20〜30%。

薄緑色を帯びた麦わら色でブドウ香を含み、繊細で心地よい香りがある。新鮮で風味のある辛口白ワイン。

軽い前菜から魚や卵料理、野菜入りリゾットなどに向く。

赤：16〜18℃
白：8〜10℃
ロザート：12〜14℃

・Di Majo Norante（ディ・マイヨ・ノランテ）
・Borgo di Colloredo（ボルゴ・ディ・コッロレード）
・Cliternia（クリテルニア）

609

MOLISE / DEL MOLISE
モリーゼ／
デル・モリーゼ

DOC
(1995〜)

〈地域〉

カンポバッソとイセルニアを中心とする多くの市町村

2016
1,806,400本

	ha当たりのブドウの収穫	最低アルコール	最低熟成期間
⑦ROSSO ロッソ	15 t	11%	
⑦—NOVELLO ノヴェッロ	15 t	11%	
⑧—RISERVA リゼルヴァ	15 t	12.5%	24カ月 内6カ月木樽熟成
①—SPUMANTE DI QUALITA スプマンテ・ディ・クワリタ	15 t	10.5%	

モンテプルチャーノ種85%以上、その他認定黒ブドウ15%以下。

ルビー色でワイン香があり、味わいのあるやわらかい辛口ワイン。

食事に通して合わせることができる。

	ha当たりのブドウの収穫	最低アルコール	最低熟成期間
③GRECO BIANCO グレコ・ビアンコ	12 t	11%	

グレコ・ビアンコ種85%以上、その他認定白ブドウ15%以下。

明るい麦わら色で果実香があり、ピーチ香を含む。なめらかで味わいのある辛口白ワイン。

前菜から魚料理までに向く。

	ha当たりのブドウの収穫	最低アルコール	最低熟成期間
⑦AGLIANICO アリアニコ	12 t	11.5%	
⑧—RISERVA リゼルヴァ	12 t	12.5%	24カ月 内6カ月木樽熟成

アリアニコ種85%以上、その他認定黒ブドウ15%以下。

ルビー色で独特の快い香りがあり、しっかりとした辛口赤ワイン。

肉を中心とする食事全般に向く。

赤：16〜18℃
白：8〜10℃
スプマンテ：8℃

※この他モンテプルチャーノ種主体のロゼ、ロゼ・スプマンテ・ディ・クワリタ、シャルドネ種、ピノ・ビアンコ種、ピノ・グリージョ種等主体のビアンコ・スプマンテ・ディ・クワリタ、トレッビアーノ、ファランギーナ、モスカート、ピノ・ビアンコ、ピノ・グリージョ、ソーヴィニヨン、サンジョヴェーゼ、カベルネ・ソーヴィニヨン、メルロー、ピノ・ネロ、シャルドネにスプマンテ、フリッツァンテ、パッシートなどのワインがあり、85%以上その品種を必要とする。

- Di Majo Norante（ディ・マイヨ・ノランテ）
- Borgo di Colloredo（ボルゴ・ディ・コッロレード）
- Cliternia（クリテルニア）

モリーゼ州の他のDOC

・PENTRO D'ISERNIA／ PENTRO（ペントロ・ディセルニア／ペントロ）（1983～）
イセルニア県で造られる。赤とロゼはモンテプルチャーノ種主体。白はファランギーナ種主体の辛口。ロッソには12.5%以上、48カ月以上熟成のリゼルヴァがある。

・TINTILIA DEL MOLISE（ティンティリア・デル・モリーゼ）（2011～）
ティントとはスペイン語で赤のこと。2011年にDOCモリーゼから独立してDOCに認められた。ティンティリア95%以上で造られるこのワインには赤とそのリゼルヴァ、ロゼがある。スミレ色を帯びた美しいルビー色で独特のブドウ果実の香りを含むアロマの強いワイン。

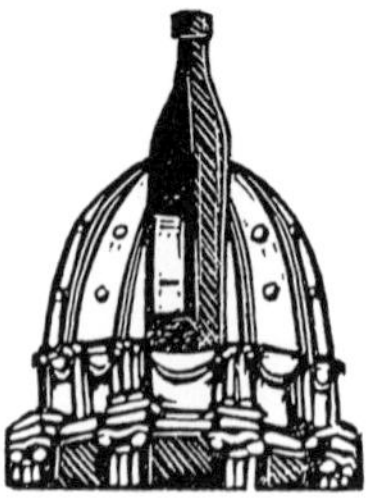

LAZIO

ラツィオ州

ラツィオ州は、イタリアの中西部、ティレニア海沿岸に位置し、東部にはアペニン山脈が走り、北はトスカーナ州、南はカンパーニア州と接する。州都ローマは、古代ローマ文化発祥の地であり、ローマ帝国の中心、すでに2000年以上前からワイン造りが行われており、キリスト教の聖地ヴァチカンではキリスト教の儀式に使われていた。

ラツィオ州は、州全体が歴史的遺産の宝庫であり、州都ローマはイタリアの政治の中心になっている。また、観光業をはじめ、各種工業、商業も盛んである。

ローマ周辺は、緑豊かな丘陵地帯になっており、小麦畑や牧草地が広がり、傾斜面ではブドウやオリーヴが栽培されている。その半分以上が丘陵地帯で、古代ローマ時代からワイン造りが盛んであった。この州には、30にも及ぶDOCG、DOCがあり、ほぼ全域に点在している。大きく分けると4つの地域に分けることができる。

カステッリ・ロマーニは、ローマのすぐ南に続く丘陵地帯で、ラツィオ州のワイン造りの中心地となっている。フラスカティなどの白ワインで知られ、その名前を古くから知られるものが多い。

一方、北部のアルト・ラツィオは、カステッリ・ロマーニよりも面積が広く、多くのDOCを抱えているが、生産量はあまり多くない。エスト！

エスト!!エスト!!!ディ・モンテフィアスコーネとウンブリア州に続くオルヴィエート、アレアティコ・ディ・グラドーリ、チェルヴェテーリがある。

南部の内陸部フルンナーテは、北ラツィオと同様、生産量が少なく、個性あるワインとして知られるチェザネーゼ種が多く作られている。南ラツィオは、カステッリ・ロマーニとカッシーノの背後の内陸部を除くと、チェルチオなど海岸沿いに開かれた平野でブドウが栽培されている。

主なワインに、まず、フラスカティがある。今日のローマ人には欠かせない日常ワインである。辛口から甘口まであるが、ローマに近いアルバーノ湖の北側で造られる。マルヴァジア種とトレッビアーノ種主体で、繊細でなめらかな味わいがある。よく冷やした辛口は、魚介類のパスタやリゾットなどに向く。アルコール分が12%に達したスペリオーレは、ローマの名物料理、サルティンボッカ（仔牛肉のソテー）などの白身肉の料理にも向く。

次にこの州のワインとして名前をよく知られているものに、エスト！エスト!!エスト!!!ディ・モンテフィアスコーネがある。その名は、南ドイツの司教ヨハネス・デフクに仕えた酌係マルティーノのエピソードに由来する。皇帝ハインリッヒ５世が勢力のある配下をお供にローマへ向かっていたときのこと、随行した司教は、道中酌係を先に行かせ、美味しいワインを探させた。美味しいワインのある宿を見つけた従者は、この宿の扉にエスト（ラテン語で「有る」の意）と書いたが、あまりにも美味だったのでエストの字を３回も書いてしまった、というのが名前の始まりだったといわれる。フラスカティと同様、トレッビアーノ種とマルヴァジア種主体で造られるこのワインは、黄金色を帯びた明るい麦わら色で、濃密な風味と香りを含み、辛口から甘口までがある。辛口は前

菜からパスタ料理、卵料理などに向く。

近年DOCGに昇格したチェザネーゼ・デル・ピーリオは、フロジノーネ県ピーリオとセッローネの丘陵中心に造られる。このワインは、チェザネーゼ種90%以上で、ガーネット色からルビー色、繊細な香りを含み、まろやかな味わいがある。アルコール分14%以上のクラッシコ・スペリオーレ・リゼルヴァ、13%以上のスペリオーレ、12%以上のロッソがDOCGに認められている。肉類のグリルや煮込み料理に合う。

ローマ県アルバーノを中心とする地域で造られるコッリ・アルバーニは、マルヴァジア種主体でトレッビアーノ種を加えた白ワインで、フルーツ香を含むまろやかな味わい。辛口、薄甘口、中甘口、甘口までがある。前菜から魚料理、揚げ物、ピッツァなど多くの料理に合わせることができる。

ラティーナ県チェルチオを中心に造られるチェルチオは、赤、白、ロゼほかがあるが、赤はメルロー種主体で白はトレッビアーノ種主体で造られる。赤はサラミやウサギのロースト、白は魚介類のパスタや白身肉のローストなどに合う。

ローマ県のマリーノを中心に造られるマリーノは、マルヴァジア種主体の白で、上品な味わいのワインになる。クラッシコ・スペリオーレのほかスプマンテもDOCに認められている。

このほかラツィオ州には、コッリ・ラヌヴィーニ、チェルヴェテーリ、アプリーリアなどのDOCがあるが、あまり日本には輸入されていない。これらのワインは、白が多く、マルヴァジア種、トレッビアーノ種主体で、辛口から甘口までを持つワインが多く、赤はサンジョヴェーゼ種、モンテプルチャーノ種を使っているワインがほとんどである。

LAZIO
ラツィオ州

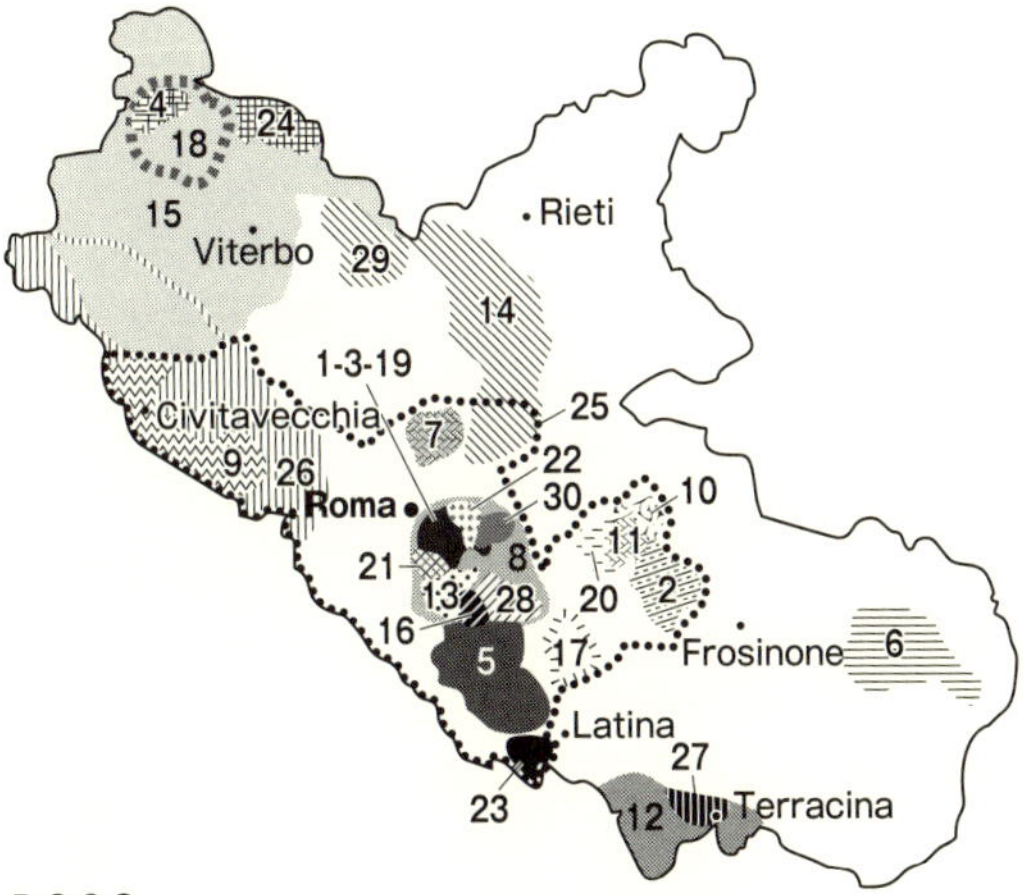

D.O.C.G.

1. Cannellino di Frascati
   カンネッリーノ・ディ・フラスカティ
2. Cesanese del Piglio o Piglio
   チェザネーゼ・デル・ピーリオ／ピーリオ
3. Frascati Superiore
   フラスカティ・スペリオーレ

D.O.C.

4. Aleatico di Gradoli
   アレアティコ・ディ・グラドーリ
5. Aprilia アプリーリア
6. Atina アティーナ
7. Bianco Capena
   ビアンコ・カペーナ
8. Castelli Romani
   カステッリ・ロマーニ
9. Cerveteri
   チェルヴェテーリ
10. Cesanese di Affile o Affile
    チェザネーゼ・ディ・アッフィレ／アッフィレ
11. Cesanese di Olevano Romano o Olevano Romano
    チェザネーゼ・ディ・オレヴァーノ・ロマーノ／オレヴァーノ・ロマーノ
12. Circeo チルチェオ
13. Colli Albani
    コッリ・アルバーニ
14. Colli della Sabina
    コッリ・デッラ・サビーナ
15. Colli Etruschi Viterbesi o Tuscia
    コッリ・エトルスキ・ヴィテルベージ／トゥッシア
16. Colli Lanuvini
    コッリ・ラヌヴィーニ
17. Cori コーリ
18. Est! Est!! Est!!! di Montefiascone
    エスト・エスト・エスト・ディ・モンテフィアスコーネ
19. Frascati フラスカティ
20. Genazzano
    ジェナッツァーノ
21. Marino マリーノ
22. Montecompatri Colonna o Montecompatri o Colonna
    モンテコンパトリ・コロンナ／モンテコンパトリ／コロンナ
23. Nettuno ネットゥーノ
24. Orvieto オルヴィエート
25. Roma ローマ
26. Tarquinia タルクイーニア
27. Terracina o Moscato di Terracina
    テッラチーナ／モスカート・ディ・テッラチーナ
28. Velletri ヴェッレトリ
29. Vignanello ヴィニャネッロ
30. Zagarolo ザガローロ

CANNELLINO DI FRASCATI
カンネッリーノ・ディ・フラスカティ

DOCG
(2011〜)

〈地域〉
ローマ県のフラスカティを中心とする5つの地域

2016
161,000本

	ha当たりのブドウの収穫	最低アルコール	最低熟成期間
⑤DOCG	11 t	12.5%	

マルヴァジア・ビアンカ・ディ・カンディア種、マルヴァジア・デル・ラツィオ（マルヴァジア・プンティナータ）種70%以上、ベッローネ種、ボンビーノ・ビアンコ種、グレコ・ビアンコ種、トレッビアーノ・トスカーノ種、トレッビアーノ・ジャッロ種30%以下、その他認定白ブドウ15%以下。

色：黄色がかった麦わら色。
香：デリケートな果実の甘い香りを含む。
味：果実味を含んだ心地よい甘口。

リコッタ・チーズを使ったタルトや地元でMaritozzo（マリトッツォ＝レーズン入りの小さな菓子）と呼ばれる菓子パンなどに合う。

8〜12℃

※イタリアで最初にDOCに認められたワインの一つ。人口2万人ほどのローマ近郊の小さな町、フラスカティ周辺で造られる。この地域は、1500年代には多くのローマ人の別荘が建てられた。もともと古代ローマ時代に建てられたヴィッラが残り、考古学的にも重要な地域になっている。フラスカティの名前の由来は、家を建てる際の木の枝（フラスケ）からでないかといわれている。このワインの主体はマルヴァジア種だが、この品種は丘陵で作るとワインの色が濃くなり、アルコール度数もアロマも増すため甘口用に向く。

・Villa Simone（ヴィッラ・シモーネ）
・Fontana Candida（フォンタナ・カンディダ）
・Bagnoli（バニョーリ）
・Costantini（コスタンティーニ）

CESANESE DEL PIGLIO / PIGLIO
チェザネーゼ・デル・ピーリオ／ピーリオ

DOCG（2008～）

〈地域〉
フロジノーネ県のピーリオとセッローネの丘陵とアクート、アナーニ、パリアーノの町の一部の地域

2016
696,900本

	ha当たりのブドウの収穫	最低アルコール	最低熟成期間
⑦DOCG	11 t	12%	3カ月
⑧—SUPERIORE スペリオーレ	9 t	13%	8カ月
⑧—SUPERIORE RISERVA スペリオーレ・リゼルヴァ	9 t	14%	20カ月 内瓶内熟成6カ月

チェザネーゼ・ディ・アッフィレ種またはチェザネーゼ・コムーネ種で90%以上。その他認定黒ブドウ10%以下。

色：紫がかったルビー色。
香：このブドウの品種の独特で特徴的な香り。
味：やわらかく、後口にわずかに苦みを感ずる。

鶏肉入りフェットチーネ、鶏肉のグリルまたは煮物など。

16～18℃

※2008年、ラツィオ州で最初にDOCGワインに昇格した。白の多いラツィオ州において貴重な赤ワインで、古くは古代ローマのプリニウスの書にも記される。中世初期に修道院で造られるようになったものが、その後知られるようになり、多民族の支配を経て今日に伝えられている。
チェザネーゼ種は、ラツィオ州のフロジノーネ周辺に多く植えられている品種で、この地方の小高い丘陵に植えられている。この品種にはチェザネーゼ・ディ・アッフィレとチェザネーゼ・コムーネの2種類がある。ルビー色でベリー系の香りを含み、アルコールが高くなる。ソフトな味わいで、パッシートなどの甘口ワイン、スプマンテなどにも向く。また、この品種はボンヴィーノ・ネーロ、ネーロ・フェリーニョなどとも呼ばれている。
DOCGチェザネーゼ・デル・ピーリオが造られる地域は、古い火山性土壌であることから、水はけがよく、日当たりのよい丘陵では優れたブドウが生み出される。

・Berucci（ベルッチ）
・Terenzi（テレンツィ）
・Casale della Ioria（カザーレ・デッラ・イオリア）

FRASCATI SUPERIORE
フラスカティ・スペリオーレ

DOCG
(2011〜)

〈地域〉
ローマ県のフラスカティを中心とする5つの地域

2015
1,485,200本

	ha当たりのブドウの収穫	最低アルコール	最低熟成期間
④DOCG	11 t	12%	
④—RISERVA リゼルヴァ	11 t	13%	12カ月 内3カ月瓶内熟成

マルヴァジア・ビアンカ・ディ・カンディア種、
マルヴァジア・デル・ラツィオ（マルヴァジア・プンティナータ）種70％以上、ベッローネ種、ボンビーノ・ビアンコ種、グレコ・ビアンコ種、トレッビアーノ・トスカーノ種、トレッビアーノ・ジャッロ種30％以下、その他認定白ブドウ15％以下。

色：輝くような麦わら色で、しっかりした色合い。
香：上品で、心地よい果実香がある。
味：滑らかで、旨みを含む辛口。

甲殻類のグリル、魚介類のスープ、ローマの名物料理、Saltimbocca（サルティンボッカ＝仔牛肉の薄切り、生ハム、チーズの料理）などに合う。

8〜10℃

※ローマ人は古くからフラスカティしか飲まなかったといわれるほど、このワインはローマ人に愛され、魚料理のみならず肉料理にも合わされてきた。ローマ周辺のアルバーノ丘陵を取り巻く地域で最も重要なワインで、生産量においても知名度においても、この地方で断然トップのワインである。その名は古代ローマ時代から知られ、多くの公の席で使われた。アウグストゥス帝は10種ほどのワインをもっていたが、このワインもその一つだった。ローマ帝国崩壊後、教会の保護のもとこのワインは守られ、16世紀には教皇パオロ3世によってフランスにも知らしめられた。実際にこのワインが世に知られるようになったのは1923年のことで、イギリス王ジョルジョ5世の后であったヴィットリオ・マリア王妃に愛され、ヨーロッパで知られるワインとなった。

- Fontana Candida（フォンタナ・カンディダ）
- Cantina Cerquetta（カンティーナ・チェルクエッタ）
- Costantini Piero（コスタンティーニ・ピエロ）
- Pietra Porzia（ピエトラ・ポルツィア）

CIRCEO
チルチェオ

DOC
(1996〜)

〈地域〉
ラティーナ県のラティーナ、サバウディア、サン・フェリーチェ、テッラチーナなどの地域

2016
634,400本

	ha当たりのブドウの収穫	最低アルコール	最低熟成期間
⑦ROSSO ロッソ	12 t	12%	
①—FRIZZANTE フリッツァンテ	12 t	12%	
⑦—NOVELLO ノヴェッロ	12 t	11%	
⑧—RISERVA リゼルヴァ	12 t	12.5%	24カ月 内6カ月木樽熟成

メルロー種55%以上、サンジョヴェーゼ種30%以下、カベルネ・ソーヴィニヨン種30%以下、その他認定黒ブドウ15%以下。

しっかりしたルビー色で個性的なワインらしい香りを含み、調和の取れた味わい。一部フリッツァンテもある。

サラミ類、Bucatini all'Amatriciana（ブカティーニ・アッラマトリチャーナ＝アマトリーチェ風穴あきロングパスタ）、うさぎ肉のローストなど。

16〜18℃

	ha当たりのブドウの収穫	最低アルコール	最低熟成期間
③BIANCO ビアンコ	13 t	11%	
①—FRIZZANTE フリッツァンテ	13 t	11%	
①—SPUMANTE スプマンテ	13 t	11.5%	

トレッビアーノ・トスカーノ種55%以上、シャルドネ種、マルヴァジア・ディ・カンディア種30%以下、その他の認定白ブドウ15%以下。

しっかりした麦わら色でワインらしい繊細な香りがあり、風味のある味わいがある。

魚介類を使ったパスタ、白身肉のローストなど。

8〜10℃

※この他ロザート、ロザート・フリッツァンテ、サンジョヴェーゼ、メルロー、トレッビアーノ（プロカニコ）なども、その品種を85%以上使用することでDOCに認められている。

- Sant'Andrea（サンタンドレア）
- Villa Gianna（ヴィッラ・ジャンナ）

COLLI ALBANI
コッリ・アルバーニ

DOC
(1970〜)

〈地域〉
ローマ県アルバーノ、アリッチャ、カステルガンドルフォを中心とする多くの市町村

2015
2,210,300本

	ha当たりのブドウの収穫	最低アルコール	最低熟成期間
③⑤DOC	16.5 t	10.5%	
①②—SPUMANTE スプマンテ	16.5 t	10.5%	
③⑤—NOVELLO ノヴェッロ	16.5 t	10.5%	
④⑤—SUPERIORE スペリオーレ	16.5 t	11.5%	

マルヴァジア・ビアンカ・ディ・カンディア（マルヴァジア・ロッサ）種60％以下、トレッビアーノ各種25〜50％、マルヴァジア・デル・ラツィオ（マルヴァジア・プンティナータ）種5〜45％、その他モスカートを除く認定白ブドウ10％以下。

色：麦わら色がかった黄色から薄い麦わら色まで。
香：繊細で個性的なフルーツ香やワイン香を含む。
味：まろやかで果汁を思わせる独特な味わいがある。辛口から薄甘口、中甘口、甘口までである。

前菜から魚料理、ピッツァ、野菜の揚げ物など、あらゆる料理に向く。
Spaghetti alla Carbonara（スパゲッティ・アッラ・カルボナーラ）、Fiori di Zucca Fritti（フィオーリ・ディ・ズッカ・フリッティ＝カボチャの花のフライ）などの料理には辛口から中甘口までが向く。
甘口には各種デザートが向く。

※辛口（SECCO）他、薄甘口（ABBOCCATO）、中甘口（AMABILE）、甘口（DOLCE）がある。

辛口：8〜10℃
薄甘口、中甘口、甘口：10〜12℃

- Fontana di Papa（フォンタナ・ディ・パパ）
- C. S. Colli Albani（C. S. コッリ・アルバーニ）
- Volpetti（ヴォルペッティ）
- Marconi（マルコーニ）

COLLI ETRUSCHI VITERBESI / TUSCIA
コッリ・エトルスキ・ヴィテルベージ/トゥッシア

DOC
(1996〜)

〈地域〉
ヴィテルボ県の広い範囲の丘陵地

2016
1,251,300本

	ha当たりのブドウの収穫	最低アルコール	最低熟成期間
⑦ROSSO ロッソ(アマービレ、フリッツァンテも)	14 t	10%	
⑦—NOVELLO ノヴェッロ	14 t	11%	
⑥ROSATO ロザート(アマービレ、フリッツァンテも)	14 t	10%	
③BIANCO ビアンコ	15 t	10%	
③PROCANICO プロカニコ(フリッツァンテも)	15 t	11%	

⑦ROSSO ロッソ(アマービレ、フリッツァンテも)
⑦—NOVELLO ノヴェッロ

サンジョヴェーゼ種50〜65%、モンテプルチャーノ種20〜45%、その他認定黒ブドウ30%以下。

しっかりしたルビー色で、果実香を含み、アロマを感じる赤。

サラミ、鶏肉の猟師風、子羊肉のグリルなどの料理に合う。

⑥ROSATO ロザート(アマービレ、フリッツァンテも)

ロッソと同じ。

明るいバラ色で、心地よいデリケートな香りを含み、フレッシュ感のある辛口ロゼ。

生ハムなどを使った前菜、魚介のスープ、仔牛肉のソテーなどの料理に合う。

③BIANCO ビアンコ

トレッビアーノ・トスカーノ(プロカニコ)種40〜80%、マルヴァジア・トスカーナ種、マルヴァジア・ディ・ラツィオ種30%以下、その他の認定白ブドウ30%以下。

麦わら色で、独特でデリケートな香りを含み、アロマのある滑らかな辛口白。

野菜と豆のスープ、海の幸のリゾット、プロヴォローネなどの若いチーズが合う。

③PROCANICO プロカニコ(フリッツァンテも)

トレッビアーノ・トスカーノ(プロカニコ)種85%以上、その他の認定白ブドウ15%以下。(マルヴァジア・ビアンカ・ディ・カンディアを除く)

明るい麦わら色で、心地よい果実の香りを含み、フレッシュ感のある辛口白。

魚介類のサラダ、アスパラ入りリゾットやパスタ、白身魚のソテーなどに合う。

※この他のワイン、グレケットは、プロカニコ同様フリッツァンテもある。
また、ロッセットには中甘口、モスカテッロには中甘口、フリッツァンテ、パッシートがある。
サンジョヴェーゼには、中甘口、フリッツァンテが、サンジョヴェーゼ・ロザートには、中甘口、フリッツァンテ、カナイオーロには中甘口が、ベースの辛口ワインの他に認められている。
さらに、グレケット、ヴィオローネ、メルローも85%以上使用し、品種名を表示できる。

白:8〜10℃
ロザート:12〜14℃
赤:16〜18℃
フリッツァンテ:8〜10℃
中甘口:12〜14℃

- Mottura Sergio(モットゥーラ・セルジョ)
- Mazziotti(マッツィオッティ)
- Trappolini(トラッポリーニ)

EST! EST!! EST!!! DI MONTEFIASCONE
エスト・エスト・エスト・ディ・モンテフィアスコーネ

DOC
(1989〜)

〈地域〉
ヴィテルボ県のモンテフィアスコーネを中心とする6つの市町村

2015
3,527,700本

	ha当たりのブドウの収穫	最低アルコール	最低熟成期間
③⑤DOC	13 t	10.5%	
①—SPUMANTE スプマンテ	11 t	11%	
③⑤—CLASSICO クラッシコ	11 t	11.5%	

トレッビアーノ・トスカーノ（プロカニコ）種50〜60%、トレッビアーノ・ジャッロ（ロッセット）種25〜40%、マルヴァジア・ビアンカ・ルンガ種20%、マルヴァジア・デル・ラツィオ種10〜20%、その他アロマティックでない認定白ブドウ15%以下。

色：黄金色を帯びた明るい麦わら色。
香：濃密なワイン香。
味：風味とコクのある調和のとれた辛口、まろやかな薄甘口中甘口。

辛口は淡水魚や軽いアンティパスト、卵料理に向く。また、きのこのローストにも向く。
薄甘口はリコッタチーズのトルタなどのデザートに向く。

※スティルワインには、辛口（SECCO）、薄甘口（ABBOCCATO）、中甘口（AMABILE）がある。

8〜10℃

- Italo Mazziotti（イタロ・マッツィオッティ）
- Falesco（ファレスコ）
- Trappolini（トラッポリーニ）

FRASCATI
フラスカティ

DOC
(1966〜)

〈地域〉
ローマ県フラスカティを中心とする5つの地域

2016
8,913,300本

	ha当たりのブドウの収穫	最低アルコール	最低熟成期間
③⑤DOC	14 t	11.5%	
①—SPUMANTE スプマンテ	14 t	11%	

マルヴァジア・ビアンカ・ディ・カンディア種、マルヴァジア・デル・ラツィオ（マルヴァジア・プンティナータ）種70%以上。グレコ・ビアンコ種、ベッローネ種、ボンビーノ・ビアンコ種、グレコ・ビアンコ種、トレッビアーノ・トスカーノ種、トレッビアーノ・ジャッロ種で30%以下、その他認定白ブドウ10%以下。

色：輝くような麦わら色。
香：上品で個性的なワイン香。
味：辛口は上品で滑らか、中甘口はまろやか。

辛口はあらゆる料理に向くが、魚ベースのパスタやリゾット、白身肉の料理の他、ローマ名物のSaltimbocca（サルティンボッカ＝仔牛の薄切肉、生ハム、チーズの料理）に向く。
中甘口はリコッタチーズのタルト、Maritozzo（マリトッツォ＝レーズン入りの小さな菓子パン）などに向く。

※ワインには辛口（SECCO）、薄甘口（ABBOCCATO）、中甘口（AMABILE）がある。

8〜10℃
スプマンテ：8℃

- Fontana Candida（フォンタナ・カンディダ）
- Villa Simone（ヴィッラ・シモーネ）
- Bagnoli（バニョーリ）
- Costantini（コスタンティーニ）

MARINO
マリーノ

DOC
（1970〜）

〈地域〉
ローマ県マリーノ、カステルガンドルフォ周辺の市町村

2013
7,219,200本

	ha当たりのブドウの収穫	最低アルコール	最低熟成期間
③⑤DOC	15 t	10.5%	
①②—SPUMANTE スプマンテ	15 t	10.5%	
④⑤—SUPERIORE スペリオーレ	15 t	12%	
①②—FRIZZANTE フリッツァンテ	15 t	10.5%	
⑤—VENDEMMIA TARDIVA ヴェンデミア・タルディーヴァ	13 t	15%	
⑤—PASSITO パッシート	15 t	12+3%	8カ月 内6カ月木樽熟成:翌年3月1日起算
③⑤—CLASSICO クラッシコ	14 t	11%	
④⑤—CLASSICO SUPERIORE クラッシコ・スペリオーレ	14 t	11%	
⑤—CLASSICO VENDEMMIA TARDIVA クラッシコ・ヴェンデミア・タルディーヴァ	13 t	15%	
⑤—CLASSICO PASSITO クラッシコ・パッシート	14 t	12+3%	8カ月 内6カ月木樽熟成:翌年3月1日起算

マルヴァジア・ビアンカ・ディ・カンディア種、マルヴァジア・デル・ラツィオ（マルヴァジア・プンティナータ）種50%以上、ベッローネ種、ボンビーノ・ビアンコ種、グレコ・ビアンコ種、トレッビアーノ・トスカーノ種、トレッビアーノ・ジャッロ種30%以下、その他認定白ブドウ15%以下。

色：薄い麦わら色から濃い麦わら色まで。
香：繊細で上品なワイン香。
味：辛口、中甘口、甘口があるが、辛口は上品でやわらかな味わいで後口に苦味を残す。中甘口、甘口はフルーツの味わいを含む個性的な味わい。

辛口は軽い前菜から魚料理まで。
Carciofo alla Giudia（カルチョーフォ・アッラ・ジュディア＝ユダヤ風アーティチョークの揚げ物料理）などのローマ料理にも向く。
中甘口はあらゆる料理に向くが、甘味の好きな人には魚料理でも合わせることができる。
甘口は各種デザートに向く。

8〜10℃
スプマンテ：8℃
甘口：10〜12℃

※古くからフラスカティと並んでローマ人に愛されてきた白ワイン。
このワインのDOC、スペリオーレには、セッコ、アッボッカート、アマービレ、ドルチェ、また、フリッツァンテには薄甘口、中甘口、スプマンテには辛口、中甘口、遅摘み、パッシートには中甘口、甘口がある。ベッローネ、ボンビーノ・グレコ、マルヴァジア・デル・ラツィオ、トレッビアーノ・ヴェルデ（ヴェルディッキオ・ビアンコ）などもDOCに認められている。

- Gotto d'Oro（ゴット・ドーロ）
- Brannetti（ブランネッティ）
- C. S. C. Marino（C. S. Cマリーノ）
- Di Mauro（ディ・マウロ）

ラツィオ州の他のDOC

・ALEATICO DI GRADOLI（アレアティコ・ディ・グラドーリ）（1972～）
ヴィテルボ県グラドーリなどボルセーナ湖畔で造られる。アレアティコ種95％以上で造られる中甘口赤ワイン。パッシート、リキュールタイプもある。

・APRILIA（アプリーリア）（1966～）
ラティーナ県アプリーリアを中心に造られる。赤とロゼはサンジョヴェーゼ種、カベルネ・ソーヴィニヨン種主体、白はトレッビアーノ・トスカーノ種主体。この他メルロー種85％以上のメルローもDOCに認められている。

・ATINA（アティーナ）（1999～）
フロジノーネ県アティーナを中心に造られるカベルネ・ソーヴィニヨン種主体の赤ワインで、リゼルヴァも認められている。またカベルネ・ソーヴィニヨン、セミヨンもDOCに認められている。

・BIANCO CAPENA（ビアンコ・カペーナ）（1975～）
ローマ県カペーナを中心に造られるマルヴァジア、トレッビアーノ種主体の白。アルコール度数12％を超えるスペリオーレもある。

・CASTELLI ROMANI（カステッリ・ロマーニ）（1996～）
ローマ県、ラティーナ県で造られる。マルヴァジア種、トレッビアーノ種主体の白には辛口、中甘口、フリッツァンテがある。チェザネーゼ種、メルロー種、モンテプルチャーノ種、ネーロ・ブオノ種、サンジョヴェーゼ種から造られる赤、ロゼには辛口、中甘口、フリッツァンテがある。

・CERVETERI（チェルヴェテーリ）（1974～）
ローマ県チェルヴェテーリを中心に造られる。トレッビアーノ種主体の白、サンジョヴェーゼ、モンテプルチャーノ種主体の赤がある。フリッツァンテ、また、中甘口の赤、ロゼ、ロゼのフリッツァンテもDOCに認められている。

・CESANESE DI AFFILE／AFFILE（チェザネーゼ・ディ・アッフィレ／アッフィレ）（1973～）
フロジノーネ県アッフィレ中心に造られる赤ワイン。チェザネーゼ・ディ・アッフィレ種90％以上で造られる赤で辛口、甘口がある。アルコール度数12％を超え24カ月以上熟成させたものはリゼルヴァと表示できる。

・CESANESE DI OLEVANO ROMANO／OLEVANO ROMANO（チェザネーゼ・ディ・オレヴァーノ・ロマーノ／オレヴァーノ・ロマーノ）（1973～）
フロジノーネ県オレヴァーノ・ロマーノを中心に造られる。チェザネーゼ種主体の赤は辛口、中甘口、甘口、甘口のフリッツァンテがある。またスペリオーレ、リゼルヴァも認められている。

・COLLI DELLA SABINA（コッリ・デッラ・サビーナ）（1996～）
リエーティ県のサビーナ丘陵で造られ、赤、白がある。白はマルヴァジア種、トレッビアーノ種主体、赤はサンジョヴェーゼ種、モンテプルチャーノ種主体。

・COLLI LANUVINI（コッリ・ラヌヴィーニ）（1971～）
ローマ県ラヌーヴィオを中心に造られる白。マルヴァジア、トレッビアーノ種主体で辛口、スプマンテ、スペリオーレがある。また、メルロー、サンジョヴェーゼ主体の赤、ロゼ、赤のリゼルヴァ、スペリオーレもある。

・CORI（コーリ）（1971～）
ラティーナ県コーリとチステルナで造られる。マルヴァジア種主体の白は辛口。モンテプルチャーノ種主体の赤がある。また、白のベッローネ、赤のネロ・ブオノも85％以上で表示できる。ネロ・ブオノにはリゼルヴァもある。

・GENAZZANO（ジェナッツァーノ）（1992〜）
ローマ県ジェナッツァーノを中心に造られる。マルヴァジア種主体の白、チリエジョーロ種主体の赤がある。

・MONTECOMPATRI COLONNA／MONTECOMPATRI／COLONNA（モンテコンパトリ・コロンナ／モンテコンパトリ／コロンナ）（1973〜）
ローマ県モンテコンパトリを中心に造られるマルヴァジア種主体の白。辛口、中甘口、甘口まで。発泡性もある。

・NETTUNO（ネットゥーノ）（2003〜）
ローマ県ネットゥーノを中心に造られる。白はカッキオーネ（ベッローネ）種主体。赤はメルロー種とサンジョヴェーゼ種主体、ロゼはサンジョヴェーゼ種とトレッビアーノ・トスカーノ種主体。ベッローネ、ノヴェッロ・フリッツァンテもDOCに認められている。

・ORVIETO（オルヴィエート）（1971〜）
このワインは、ウンブリア州テルニ県オルヴィエート中心に造られるが、ラツィオ州の州境の地域でも造られる。トレッビアーノ・トスカーノ（プロカニコ）種主体の辛口、スペリオーレ、ヴェンデミア・タルディーヴァ、貴腐タイプがある。

・ROMA（ローマ）（2011〜）
2011年にDOCに昇格した新しいワイン。ローマを中心とするローマ県の広い地域で造られる。アルヴァジア・デル・ラツィオ種主体に造られる白、モンテプルチャーノ種主体で造られる赤、ロザートの他、マルヴァジア・デル・ラツィオ種主体のロマネッラ・スプマンテがある。また、ベッローネ種、マルヴァジア・プンティナータ種を85%以上使用したワインもある。

・TARQUINIA（タルクイーニア）（1996〜）
ヴィテルボ県タルクイーニア中心に造られる、赤、白、白フリッツァンテ、ロゼ、ノヴェッロのワイン。白はトレッビアーノ種、マルヴァジア種から、赤とロゼはサンジョヴェーゼ種、モンテプルチャーノ種、チェザネーゼ種から造られる。赤白ともに、中甘口も認められている。

・TERRACINA／MOSCATO DI TERRACINA（テッラチーナ／モスカート・ディ・テッラチーナ）（2007〜）
ラティーナ県のテッラチーナを中心とする地域で、モスカート・ディ・テッラチーナ種85%以上から造られるワイン。辛口、中甘口、パッシート、スプマンテがあるが、スプマンテは、モスカート・ディ・テッラチーナ種100%。

・VELLETRI（ヴェッレトリ）（1972〜）
ローマ県ヴェッレトリを中心に造られる。白はマルヴァジア種主体、赤はサンジョヴェーゼ種、モンテプルチャーノ種主体。スプマンテもある。白のスペリオーレ、赤のリゼルヴァもDOCに認められている。

・VIGNANELLO（ヴィニャネッロ）（1992〜）
ヴィテルボ県のヴィニャネッロ中心に造られる。白はトレッビアーノ種主体、赤とロゼはサンジョヴェーゼ種主体。白はスペリオーレ、ヴェンデミア・タルディーヴァ、赤はリゼルヴァが認められている。その他、グレコ、グレコ・スプマンテ、ヴェンデミア・タルディーヴァ、赤のノヴェッロ（新酒）もある。

・ZAGAROLO（ザガローロ）（1973〜）
フロジノーネ県ザガローロとガッリアーノで造られるマルヴァジア種主体の白。スペリオーレもある。

CAMPANIA

カンパーニア州

カンパーニア州は、東にアペニン山脈、北にラツィオ、南にバジリカータ州と接し、西は広くティレニア海に面している。

州都ナポリを中心とするこの州は、80%以上が山がちな地形で、平地は少ないが、豊かな土地と温暖な気候のために古くから他民族の侵入が絶えず、その度に異文化が取り込まれ、ナポリ中心に独特の文化が育まれた。

食においていえば、この地方から生まれ、世界に知られるようになった食べ物が多い。ナポリの南部、サン・マルツァーノ村でトマトが赤い実をつけ、近くのグラニャーノで乾燥パスタ作りが機械化され、今日のパスタが生まれた。また、ジェラートやケーキ、さらにピッツァなど、ナポリで生まれ、世界に広められた食べ物は多い。

観光地としても知られ、風光明媚なナポリ湾や対岸のソレント、カプリ島、さらに東方のヴェスーヴィオ火山。そして今からおよそ2000年前、このヴェスーヴィオ火山の噴火によって埋まった遺跡、ポンペイ、さらにアマルフィ、チレントなどの海岸沿いの暖かい気候の地域は、世界的リゾート地として良く知られている。

ナポリから内陸に60kmほど、山を越えたアヴェッリーノ周辺では、古くからブドウ栽培が行われていた。現在20ほどの生産地区があるが、紀

元前にギリシャから運ばれた品種が、今日でも多く残されている。赤用ブドウでは、長熟ワインを生むアリアニコ種、ピエディロッソ種が主体で、白はフィアーノ種、グレコ種、ファランギーナ種、コーダ・ディ・ヴォルペ種などが多く作られている。

主なワイン生産地は、海岸沿いに北からクレオパトラを魅了したといわれる古くからのワイン、ファレルノ、ヴェスーヴィオ火山の麓で造られるヴェスーヴィオ、イスキア島のイスキア、内陸部では、北からアリアニコ・デル・タブルノ、グレコ・ディ・トゥーフォ、フィアーノ・ディ・アヴェッリーノ、タウラージなどのDOCG、DOCワインがある。

〈タウラージ〉

南イタリアで最初にDOCGに認められたワイン。アリアニコ種（ギリシャ伝来の意）主体で造られるこのワインは、力強く、長期の熟成に耐える赤ワインであることから、バローロ、バルバレスコと並ぶ三兄弟と呼ばれたほどである。濃いルビー色で、独特の濃密で心地好い香りを含み、しっかりとした構成のあるワインである。

仔羊や肉類のグリル、この地方の料理、ビステッカ・アッラ・ピッツァイオーロ、熟成硬質チーズなどに向く。

〈フィアーノ・ディ・アヴェッリーノ〉

2003年DOCGに昇格したワインで、イタリアで最も長期の熟成に耐える白ワインの一つ。古くは「アピアヌム」あるいは「ヴィーノ・アッピアーノ」と呼ばれ、「アピ」つまりハチが寄って来るほど甘いブドウで、古代ローマ時代に既に知られるワインであった。一説には、現在良く知られるシャルドネ種の親に当たる品種ではないかといわれている。

カンパーニア地方の海沿いの料理といわれる、魚類の蒸し煮、アクアパッツァやカゼルタ、バッティ・パーリアで知られるモッツァレッラ・ディ・ブファラ（水牛のモッツァレッラチーズ）などにも良く合う。

〈グレコ・ディ・トゥーフォ〉

2003年、フィアーノ・ディ・アヴェッリーノと同時にDOCGに昇格したワイン。すでに古代ローマ時代に良く知られるワインだったといわれる。グレコとはギリシャのこと。ギリシャ伝来のブドウから造られるこのワインは、標高600メートル以上のモンテフスコの村を中心に造られる。濃いめの麦わら色で、花や果実の個性的な香りを含み、アロマがあり、調和の取れた、しっかりとした味わいのワインになる。

伊勢海老のグリルや貝類の蒸し焼き、魚料理あるいは若いチーズなどにも合う。

このワインは、スプマンテもDOCGに認められている。

〈ヴェスーヴィオ／ラクリマ・クリスティ〉

歴史に残る逸話で知られるこのワインに使われるブドウは、ヴェスーヴィオ火山の麓で作られる。DOC名はヴェスーヴィオだが、使用するブドウの搾り方が65%以下で、アルコール度数が12%を超えるものをラクリマ・クリスティと呼ぶことができる。白は、コーダ・ディ・ヴォルペ種を35%以上使用し、ヴェルデーカ種と合わせて80%の規定がある。赤はピエディロッソ種50%以上、シャシノーゾ（オリヴェーロ）種と合わせて80%以上である。

白は麦わら色で、ミネラルを感じる辛口、トマトソースのパスタ料理や魚介類リゾットなどに合う。赤は白身肉のグリルやソテー、中程度の

熟成のチーズに向く。また、白と同様のブドウを使用したスプマンテ、赤と同様のブドウを使用したロゼもDOCに認められている。

このほか、古代ローマ時代から知られるワイン、ファレルノは、白はファランギーナ種主体、赤はアリアニコ種主体で造られる。

ヴェネヴェント県サンニオ中心に造られるサンニオは、白はトレッビアーノ・トスカーノ、マルヴァジア・ビアンカ・ディ・カンディア種、赤とロゼはサンジョヴェーゼ主体で、中部のワインに近いものが造られている。また、イスキア島では、フォラステーラ、ビアンコレッラなど独自の品種から辛口白ワインが、ガルナッチャ、アリアニコなどの品種から赤ワインが造られている。

CAMPANIA
カンパーニア州

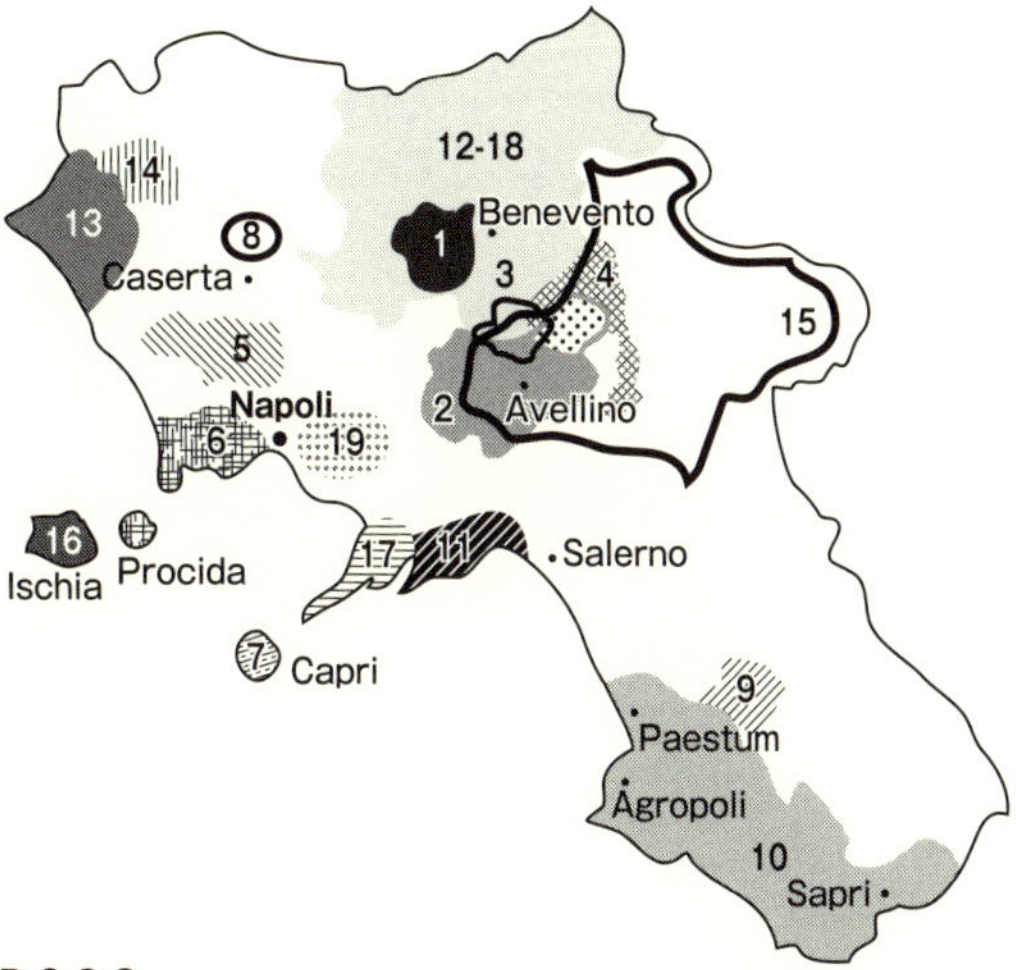

D.O.C.G.

1. Aglianico del Taburno
   アリアニコ・デル・タブルノ
2. Fiano di Avellino
   フィアーノ・ディ・アヴェッリーノ
3. Greco di Tufo
   グレコ・ディ・トゥーフォ
4. Taurasi タウラージ

D.O.C.

5. Aversa アヴェルサ
6. Campi Flegrei
   カンピ・フレグレイ
7. Capri カプリ
8. Casavecchia di Pontelatone
   カーザヴェッキア・ディ・ポンテラトーネ
9. Castel San Lorenzo
   カステル・サン・ロレンツォ
10. Cilento チレント
11. Costa d'Amalfi
    コスタ・ダマルフィ
12. Falanghina del Sannio
    ファランギーナ・デル・サンニオ
13. Falerno del Massico
    ファレルノ・デル・マッシコ
14. Galluccio ガッルッチョ
15. Irpinia イルピーニア
16. Ischia イスキア
17. Penisola Sorrentina
    ペニーゾラ・ソッレンティーナ
18. Sannio サンニオ
19. Vesuvio
    ヴェスーヴィオ

AGLIANICO DEL TABURNO
アリアニコ・デル・タブルノ

DOCG (2011〜)

〈地域〉

ベネヴェント県のタブルノをはじめとする多くの市町村

2016
609,700本

	ha当たりのブドウの収穫	最低アルコール	最低熟成期間
⑧ROSSO ロッソ	9 t	12%	24カ月
⑧—RISERVA リゼルヴァ	9 t	13%	36カ月

アリアニコ種85%以上、その他アロマティックでない認定黒ブドウ15%以下。　内12カ月木樽熟成、6カ月瓶熟成
しっかりしたルビー色で、熟成に従いガーネット色を帯びる。心地良い香りを含み、タンニンを感じる辛口。
ナポリ風トリッパ、肉類のローストなど。
12〜14℃

	ha当たりのブドウの収穫	最低アルコール	最低熟成期間
⑥ROSATO ロザート	9 t	12%	4カ月

アリアニコ種85%以上、その他アロマティックでない認定黒ブドウ15%以下。

やや濃い目のバラ色で新鮮で繊細な心地良い香りを含み、新鮮果実を思わせる味わいの辛口。

魚介類のグリル、トマト入りバカラ、若いチーズなど。

12〜14℃

※このワインの歴史は古く、紀元前2世紀、古代ローマ時代に遡る。ベネヴェント県ドゥゲンタ地区では、その頃からアンフォラ（ワインを入れる壺）が作られていたといわれ、この地方のワインの売り買いに重要な役割を果たしていた。実際、このアンフォラがイギリス、南アフリカ、北アフリカでも発見されている。しかし、この地域で生産されたワインの多くはポンペイやローマで多く消費されていた。また、このワインについては、古代ローマの政治家、プリニウスも著書『博物誌』の中で触れている。
このワインは、カンパーニア州最初のDOCGで、同じアリアニコ種から造られるタウラージと比較されることが多いが、アリアニコ・デル・タブルノは、力強いというよりも洗練されたタンニンを含み、心地よい味わいに仕上げられたワインが多い。

- Ocone（オコーネ）
- Cantina del Taburno（カンティーナ・デル・タブルノ）
- Fontanavecchia（フォンタナヴェッキア）

FIANO DI AVELLINO
フィアーノ・ディ・アヴェッリーノ

DOCG
(2003〜)

〈地域〉
アヴェッリーノ県のアヴェッリーノを中心とする地域

2016
2,221,300本

	ha当たりのブドウの収穫	最低アルコール	最低熟成期間
④DOCG	10 t	11.5%	

フィアーノ種85%以上、グレコ種、コーダ・ディ・ヴォルペ種、トレッビアーノ・トスカーノ種15%以下。

色：しっかりした麦わら色。
香：花の香りを含み、エレガントで余韻が長い。
味：繊細でありながらアロマを含み、しっかりとした味わいの辛口。

貝類の蒸し焼、イワシ入りのパスタ料理、野菜のスフレ、軟質チーズなどに向く。

8〜10℃

※フィアーノの古い名前であるAPIANUM（アピアヌム）、あるいはVINO APPIANO（ヴィーノ・アッピアーノ）とラベルに表示してあるものもある。

このワインは、イタリアの白ブドウとしては最も長期の熟成に耐えるワインの一つで、イルピーニア地方で最も歴史のあるワインの一つである。カンパーニア州ではDOCGタウラージやDOCGグレコ・ディ・トゥーフォが造られているが、DOCGフィアーノ・ディ・アヴェッリーノはアトリパルダ、ラピオ、モンテフレダーネなどアヴェッリーノからベネヴェントにかけての地域で造られている。標高は500メートル、火山性の土壌で、ナポリから内陸に60キロ、山がちで気候が冷涼なため、ブドウの収穫も10月でイタリア北部と変わらない。

フィアーノ種はラテン語でヴィティス・アピチアと呼ばれ、古代ローマ時代、アピ（ハチ）が寄ってくることからこう呼ばれるようになった。これがアピアーナとなり、アフィアーナ、フィアーノとなった。このワインについては、ナポリ王フェデリコ二世の時代に書き残された資料にも記載がある。

非常に糖度の上がるブドウから造られ、発酵温度の調節が難しかったため、かつてはガスを含むワインだったが、近代に入り、アヴェッリーノ農学校の努力によって今日のような辛口に造られるようになった。

- Mastroberardino（マストロベラルディーノ）
- Terredora（テッレドーラ）
- Feudi di San Gregorio（フェウディ・ディ・サン・グレゴリオ）
- Struzziero（ストルッツィエーロ）

	'03	'04	'05	'06	'07	'08	'09	'10	'11	'12	'13	'14	'15	'16
fiano di avellino フィアーノ・ディ・アヴェッリーノ	★★★★★	★★★★	★★★★	★★★★	★★★★1/2	★★★★	★★★★	★★★★	★★★1/2	★★★★	★★★★	★★1/2	★★★★★	★★★★

GRECO DI TUFO
グレコ・ディ・トゥーフォ

DOCG
(2003〜)

〈地域〉
アヴェッリーノ県のトゥーフォを中心とする8つの市町村

2016
4,124,300本

	ha当たりのブドウの収穫	最低アルコール	最低熟成期間
④DOCG	10 t	11.5%	
①—SPUMANTE スプマンテ	10 t	12%	36カ月 瓶内二次発酵

グレコ・ビアンコ種85%以上、コーダ・ディ・ヴォルペ種15%以下。

色：麦わら色から黄金色がかった黄色まで。
香：花や果実の香りを含む個性的な香り。
味：果実のアロマを含み、しっかりした味わいで調和の取れた辛口。

伊勢エビのグリル、ムール貝の蒸し焼き、貝類のグリルの他、カンパーニア地方の名物料理Acqua Pazza（アックア・パッツァ＝魚を海水と水、トマト、バジリコなどと簡単に調理した料理）などに向く。若いチーズにも向く。

8〜10℃
スプマンテ：8℃

※スプマンテは瓶内で2次発酵させる、メトド・クラッシコタイプ。
BRUTブリュットとEXTRA BRUTエクストラ・ブリュットタイプがある。

※アヴェッリーノ県アトリパルダ、モンテフレダーネを中心に造られる辛口白ワインで、トゥーフォと呼ばれる凝灰岩の土壌でグレコ種を用いて造られる。グレコはイタリア語でギリシャ人を意味し、グレコ種のオリジンは名前の通りギリシャにある。
　グレコ種は、ギリシャのテッサリア地方からペラスゴ人によって運ばれ、最初はヴェスーヴィオ火山の麓に植えられた。その後、ラテン語でアミネア・ジェミナ・マイヨールと呼ばれるようになり、多くの学者によって書き記されている。やがてアヴェッリーノ周辺に植えられるようになり、グレコと呼ばれるようになった。

- Mastroberardino（マストロベラルディーノ）
- Terredora（テッレドーラ）
- Feudi di San Gregorio（フェウディ・ディ・サン・グレゴリオ）
- Caputo（カプート）

	'03	'04	'05	'06	'07	'08	'09	'10	'11	'12	'13	'14	'15	'16
greco di tufo グレコ・ディ・トゥーフォ	★★★★	★★★★1/2	★★★★	★★★★1/2	★★★★	★★★★1/2	★★★★	★★★★	★★★1/2	★★★★	★★★1/2	★★	★★★★1/2	★★★★1/2

TAURASI
タウラージ

DOCG (1993～)

〈地域〉
アヴェッリーノ県のタウラージを中心とする16の市町村

2016
2,163,100本

	ha当たりのブドウの収穫	最低アルコール	最低熟成期間
⑧DOCG	10 t	12%	36カ月 内12カ月木樽熟成
⑨—RISERVA リゼルヴァ	10 t	12.5%	48カ月

アリアニコ種85%以上、その他アロマティックでない認定黒ブドウ15%以下。

色：濃いルビー色で熟成に従い、ガーネット色を帯びる。
香：独特で濃密な心地良い香り。
味：力強くコクがあり、アロマのきいた味わい。

- 白身肉、赤身肉など肉類のローストに向く。熟成すると野獣の肉や硬質チーズなどにも向く。
- Bistecca alla Pizzaiola（ビステッカ・アッラ・ピッツァイオーラ＝トマト、ニンニクで味付けした牛肉のソテー）に合う。

16～18℃

※タウラージは古くから知られるワインで、ブドウの品種"アリアニコ"の名前は"ギリシャ伝来のブドウ"を意味し、ギリシャから移植されたブドウである。
アリアニコ種を使ったワインは古代ギリシャやローマ時代から知られていたが、15世紀スペイン王朝アラゴン王がナポリ王を兼ねていた時代にさかんに植えられるようになった。Ellenico（エッレニコ）、あるいはEllanico（エッラニコ）と呼ばれ、ヴェスーヴィオ火山の麓やアヴェッリーノで植えられ、今日アリアニコと呼ばれるようになった。この力強いワインは北のワインメーカーにバルクワインとして売られていたが、1800年代後半に入り、この土地で独自のブランドワインを造る会社が生まれた。Angelo Mastroberardino（アンジェロ・マストロベラルディーノ）は南イタリアで初めて国際的な赤ワインとしてタウラージを輸出し、その名を世界に知らしめた。以後、このワインは1970年DOCに、そして1993年にはDOCGに認められている。

- Terredora（テッレドーラ）
- Mastroberardino（マストロベラルディーノ）
- Feudi di San Gregorio（フェウディ・ディ・サン・グレゴリオ）
- Struzziero（ストゥルッツィエーロ）

	'03	'04	'05	'06	'07	'08	'09	'10	'11	'12	'13	'14	'15	'16
taurasi タウラージ	★★★★	★★★★	★★★★	★★★★	★★★★1/2	★★★★★	★★★★	★★★★	★★★1/2	★★★★	★★★1/2	★1/2	★★★★★	★★★★★

CAMPI FLEGREI
カンピ・フレグレイ

DOC
(1994〜)

〈地域〉

ナポリ県の多くの市町村

2016
684,000本

	ha当たりのブドウの収穫	最低アルコール	最低熟成期間
⑦ROSSO ロッソ	10 t	11.5%	
⑦—NOVELLO ノヴェッロ	10 t	11.5%	

ピエディロッソ種50%以上、アリアニコ種30%以上、その他アロマティックでない認定黒ブドウ20%以下。

ややガーネット色を帯びたルビー色で、独特のブドウ香があり、しっかりしたアロマの残る赤。

野鳩などの鳥肉の料理、白身肉のローストなどに合う。

	ha当たりのブドウの収穫	最低アルコール	最低熟成期間
⑦PIEDIROSSO/PER'E PALUMMO ピエディロッソ／ペレ・パルンモ	10 t	11.5%	
⑧—RISERVA リゼルヴァ	10 t	11.5%	24カ月
⑥—ROSATO ロザート	10 t	11.5%	
⑧—PASSITO SECCO パッシート・セッコ	10 t	14%	
⑩—PASSITO DOLCE パッシート・ドルチェ	10 t	12+5%	

ピエディロッソ種90%以上、その他アロマティックでない認定黒ブドウ10%以下。

ややガーネット色を帯びたルビー色で、独特のアロマを含む心地よい赤。パッシートは辛口から甘口まである。

ウズラや野鳥の料理、ラグーを使ったパスタ料理、肉類のグリルなどに合う。

	ha当たりのブドウの収穫	最低アルコール	最低熟成期間
③BIANCO ビアンコ	12 t	10.5%	

ファランギーナ種50〜70%、その他のアロマティックでない認定白ブドウ50%以下。

麦わら色で、デリケートなブドウ香を含み、アロマのある辛口白。

甲殻類のグリル、トマト入りパスタ料理、白身肉のソテーなどに合う。

	ha当たりのブドウの収穫	最低アルコール	最低熟成期間
③FALANGHINA ファランギーナ	12 t	11%	
①—SPUMANTE スプマンテ	12 t	11.5%	
③⑤—PASSITO パッシート	12 t	12+3%	

ファランギーナ種90%以上、その他アロマを含まない認定白ブドウ10%以下。

緑がかった麦わら色で、デリケートな香りを含み、滑らかな辛口白。パッシートは辛口から甘口まである。

カキや魚介類のフライ、魚介のスープなどに合う。

白：8〜10℃
ロザート：12〜14℃
赤：16〜18℃
甘口：12〜14℃
スプマンテ：8℃。

- Cantine Farro（カンティーネ・ファッロ）
- Grotta del Sole（グロッタ・デル・ソーレ）
- Cantine del Mare（カンティーネ・デル・マーレ）

CILENTO
チレント

DOC (1989〜)

〈地域〉
サンルノ県のチレント地方

2016
375,900本

	ha当たりのブドウの収穫	最低アルコール	最低熟成期間
⑦ROSSO ロッソ	10 t	11.5%	
③BIANCO ビアンコ	10 t	11%	
⑦AGLIANICO アリアニコ	10 t	12%	12カ月

⑦ROSSO ロッソ

アリアニコ種60〜75%、ピエディロッソ種15〜20%、プリミティーヴォ種15〜20%、その他認定黒ブドウ25%以下。

ルビー色で個性的でワインらしい香りがあり、新鮮な味わいの赤。

サラミ類、肉類のグリルなど。

16〜18℃

③BIANCO ビアンコ

フィアーノ種60〜65%、トレッビアーノ・トスカーノ種20〜30%、グレコ・ビアンコ種、マルヴァジア・ビアンカ種10〜15%、その他認定白ブドウ15%以下。

わずかに緑がかった麦わら色で、繊細で個性的な香りを含む調和の取れた辛口。

ツナ入りスパゲッティ、モッツァレッラ、魚介類の料理など。

8〜10℃

⑦AGLIANICO アリアニコ

アリアニコ種85%以上、その他認定黒ブドウ15%以下。

ルビー色で個性的なワインらしい香りを含み、しっかりした味わい。

Pasta al Forno（パスタ・アル・フォルノ＝パスタのオーブン焼き）、肉類のロースト、ハーブ入りチーズなど。

16〜18℃

※この他、サンジョヴェーゼ種主体のロザート、フィアーノもDOCに認められている。尚この地方はWWFにも認められる豊かな自然のある地域。また、地中海式ダイエットの著者、アンセル・キース博士が実際に住んで研究を行なった地としても知られている。

- Maffini（マッフィーニ）
- Rotolo（ロトロ）
- Marino（マリーノ）

COSTA D'AMALFI
コスタ・ダマルフィ

DOC
(1995〜)

〈地域〉
サレルノ県、アマルフィ海海沿いの12の町や村

2016
454,800本

	ha当たりのブドウの収穫	最低アルコール	最低熟成期間
⑦ROSSO ロッソ	11 t	10.5%	
⑩—PASSITO DOLCE パッシート・ドルチェ	11 t	12+5%	
⑦—PASSITO SECCO パッシート・セッコ	11 t	14%	

ピエディロッソ（ペレ・パルンモ）種40%以上、シャシノーゾ（オリヴェッラ）種、アリアニコ種で60%以下、その他アロマティックでない認定黒ブドウ40%以下。

濃い目のルビー色でワインらしい香りを含み、しっかりした味わい。

サラミ類、肉入りソースのパスタ、半硬質チーズなど。

	ha当たりのブドウの収穫	最低アルコール	最低熟成期間
⑥ROSATO ロザート	11 t	10.5%	

ロッソと同じ。

濃い目のバラ色で果実の香りを含む新鮮でデリケートな辛口。

魚介類のグリル、半硬質チーズなど。

	ha当たりのブドウの収穫	最低アルコール	最低熟成期間
③BIANCO ビアンコ	12 t	10%	
①—SPUMANTE スプマンテ	12 t	11.5% 24カ月瓶内熟成	
③—PASSITO SECCO パッシート・セッコ	12 t	14%	
⑤—PASSITO DOLCE パッシート・ドルチェ	12 t	12+5%	

ファランギーナ種、ビアンコレッラ種40%以上、その他アロマティックでない認定白ブドウ60%以下。

しっかりした麦わら色で、新鮮でデリケートな香りがあり、アロマを含む辛口。

海産物の料理、トマトとバジリコのパスタなどに、スプマンテは軽い前菜、パッシートは焼菓子、食事外にも向く。

白：8〜10℃　ロザート：12〜14℃　赤：16〜18℃　スプマンテ：8℃

※この他ラヴェッロ、トラモンティ、フローレのサブゾーンがありファランギーナ種、ビアンコレッラ種主体で造られるラヴェッロ・ビアンコ、トラモンティ・ビアンコ、ビアンコ・スプマンテ、フローレ・ビアンコ、またピエディロッソ種主体のトラモンティ・ロッソ、ロザートなどもDOCに認められている。
ナポリからサレルノまでの35kmに及ぶ切り立った海岸線で造られるワインで、この地域は甘味のあるレモン栽培でも知られ、このレモンの皮から造られるリモンチェッロでも知られる。

- Cumo Marisa（クーモ・マリーザ）
- Sammarco Ettore（サンマルコ・エットレ）
- Caruso Vini（カルーゾ・ヴィーニ）

FALANGHINA DEL SANNIO
ファランギーナ・デル・サンニオ

DOC (2011～)

〈地域〉 ベネヴェント県の多くの市町村

2016 10,152,900本

	ha当たりのブドウの収穫	最低アルコール	最低熟成期間
③DOC	12 t	11%	
①—SPUMANTE スプマンテ	12 t	11.5%	
①—SPUMANTE DI QUALITA スプマンテ・ディ・クワリタ	12 t	11.5%	
①—SPUMANTE DI QUALITA METODO CLASSICO スプマンテ・ディ・クワリタ・メトド・クラッシコ	12 t	11.5%	12カ月 11月15日起算
⑤—VENDEMMIA TARDIVA ヴェンデミア・タルディーヴァ	9 t	13%	
⑤—PASSITO パッシート	12 t	16%	

ファランギーナ種85%以上、その他アロマティックでない認定白ブドウ15%以下。

しっかりした麦わら色で、独特の果実の香りを含み、酸と果実のバランスの良い辛口白。パッシートは中甘口と甘口。

魚介類のサラダ、スプマンテは食前に、パッシートはナポリ風焼き菓子に合う。

※グアルディア・サンフラモンティ（グアルディオーロ)、サンタガタ・ディ・ゴーティ、ソロパカ、タブルノのサブゾーンでは、ha当たりのブドウの収穫量、アルコール度数ともに通常のDOCよりも厳しい規定になっている。

白：8～10℃
スプマンテ：8℃
甘口：10～12℃

- Ocone（オコーネ）
- Fontanavecchia（フォンタナヴェッキア）
- Cantina del Taburno（カンティーナ・デル・タブルノ）
- Antica Masseria Venditti（アンティーカ・マッセリア・ヴェンディッティ）

FALERNO DEL MASSICO
ファレルノ・デル・マッシコ

DOC（1989～）


〈地域〉

カゼルタ県のいくつかの市町村の丘陵地

2016
603,600本

	ha当たりのブドウの収穫	最低アルコール	最低熟成期間
⑦ROSSO ロッソ	10 t	12.5%	12カ月 翌年1月1日起算
⑧—RISERVA リゼルヴァ	10 t	12.5%	24カ月 内12カ月木樽熟成 翌年1月1日起算

アリアニコ種60%以上、ピエディロッソ40%以下、その他認定黒ブドウ15%以下。

濃い目のルビー色で熟成に従いガーネット色を帯びる。個性的な香りがあり、アロマを含んだしっかりした味わいの辛口と薄甘口。

肉類のロースト、仔羊、半硬質チーズなど。

16～18℃

	ha当たりのブドウの収穫	最低アルコール	最低熟成期間
③BIANCO ビアンコ	10 t	12%	

ファランギーナ種85%以上、その他認定白ブドウ15%以下。

わずかに緑がかった麦わら色で、心地良いデリケートな香りを含み調和の取れた辛口。

食前酒から海産物のアンティパスト、魚介類のグリル、モッツァレッラなど。

8～10℃

	ha当たりのブドウの収穫	最低アルコール	最低熟成期間
⑦PRIMITIVO プリミティーヴォ	10 t	13%	12カ月 翌年1月1日起算
⑧—RISERVA リゼルヴァ	10 t	13%	24カ月 内12カ月木樽熟成 翌年1月1日起算

プリミティーヴォ種85%以上、アリアニコ種、ピエディロッソ種、バルベーラ種で15%以下。

濃くしっかりしたルビー色で、独特で濃密な香りを含み、アロマとわずかに甘味を感ずる辛口と薄甘口。

肉類のロースト、サラミ、アンチョヴィ入りヴェルミチェッリ、ブラザートなど。

16～18℃

- Villa Matilde（ヴィッラ・マティルデ）
- Moio Michele（モイオ・ミケーレ）
- Ruggiero Giuseppa（ルッジェロ・ジュゼッパ）

IRPINIA イルピーニア

DOC (2005〜)

〈地域〉アヴェッリーノ県の多くの市町村

2016 2,233,200本

	ha当たりのブドウの収穫	最低アルコール	最低熟成期間
③BIANCO ビアンコ	13 t	10.5%	

グレコ種40〜50%、フィアーノ種40〜50%、その他アロマティックでない認定白ブドウ20%以下。

麦わら色で、花や果実の香りを含み、味わいのある辛口白。

海の幸の前菜、魚介類とトマトを使ったパスタ料理、魚のグリルなどに合う。

	ha当たりのブドウの収穫	最低アルコール	最低熟成期間
⑦ROSSO ロッソ	13 t	11%	
⑦NOVELLO ノヴェッロ	13 t	11%	

アリアニコ種70%以上、その他アロマティックでない認定黒ブドウ30%以下。

しっかりとしたルビー色で、果実香があり、しっかりした味わいの赤。

サラミ、ラグーソースを使ったパスタ、肉類のオーブン焼きなどに合う。

	ha当たりのブドウの収穫	最低アルコール	最低熟成期間
⑥ROSATO ロザート	13 t	11%	

ロッソと同じ。

淡いルビー色で、フレッシュな果実香があり、滑らかな辛口ロゼ。

魚介類のスープ、白身肉のローストやソテーなどの料理に合う。

	ha当たりのブドウの収穫	最低アルコール	最低熟成期間
③GRECO グレコ	12 t	11%	
①—SPUMANTE スプマンテ	12 t	11.5%	
①—SPUMANTE METODO CLASSICO スプマンテ・メトド・クラッシコ	12 t	11.5%	20カ月 10月1日起算
⑤—PASSITO パッシート	12 t	12+3.5%	7カ月

グレコ種85%以上、その他認定白ブドウ15%以下。

しっかりとした麦わら色で、心地よい果実の香りを含み、味わいのある辛口白。

ムール貝のオーブン焼き、甲殻類のロースト、アクアパッツァなどの料理に合う。

パッシートは焼き菓子、ティラミスなどのドルチェに合う。

	ha当たりのブドウの収穫	最低アルコール	最低熟成期間
⑦CAMPI TAURASINI カンピ・タウラジーニ（サブゾーン）	11 t	12%	9カ月

アリアニコ種85%以上、その他アロマティックでない認定黒ブドウ15%以下。

ややガーネット色を帯びたルビー色で、独特の心地よい香りでしっかりとした構成でタンニンを感じる赤。

肉類、特に仔羊肉のローストやトマト煮込みなどの料理に合う。

白：8〜10℃　ロザート：12〜14℃　赤：16〜18℃
スプマンテ：8℃　甘口：10〜12℃

＊この他、白には、コーダ・ディ・ヴォルペ、ファランギーナ、グレコ、赤には、ピエディロッソ、アリアニコ、シャシノーゾ（オリヴィエーロ）などがある。ファランギーナにはスプマンテ、グレコにはスプマンテとパッシートがあり、アリアニコ・リクオローゾは辛口から甘口まである。

- Colle di San Domenico（コッレ・ディ・サン・ドメニコ）
- Struzziero（ストゥルッツィエーロ）
- Colli di Lapio（コッリ・ディ・ラピオ）

SCHIA
イスキア

DOC
(1966〜)

〈地域〉

ナポリ県イスキア島の全域

2016
659,600本

	ha当たりのブドウの収穫	最低アルコール	最低熟成期間
③BIANCO ビアンコ	10 t	10.5%	1カ月
④—SUPERIORE スペリオーレ	10 t	11.5%	1カ月

フォラステーラ種45〜70%、ビアンコレッラ種30〜55%、その他アロマティックでない認定白ブドウ15%以下。

濃い麦わら色で繊細なワイン香を持つ、調和のとれた辛口白ワイン。

魚のグリル、海産物のスープ、若いチーズに向く。

①—SPUMANTE スプマンテ	10 t	11.5%	

フォレステーラ種、ビアンコレッラ種主体でビアンコと同じ。

薄い麦わら色で繊細で個性的な香りを持つ。新鮮さのあるスプマンテ。

食前酒から食事を通してもよいワイン。

⑦ROSSO ロッソ	9 t	11%	3カ月

ガルナッチャ種40〜50%、ピエディロッソ種40〜50%、その他アロマティックでない認定黒ブドウ15%以下。

ルビー色でワイン香があり、中程度のボディとちょうどよいタンニンの赤ワイン。

トマトベースのバッカラやトリッパなど味の濃い料理に向く。

③BIANCOLELLA ビアンコレッラ	10 t	10.5%	

ビアンコレッラ種85%以上、その他アロマティックでない認定白ブドウ15%以下。

緑がかった麦わら色で心地よいワイン香があり、風味のある辛口白ワイン。

魚料理に向く。

③FORASTERA フォラステーラ	10 t	10.5%	

フォラステーラ種85%以上、その他アロマティックでない認定白ブドウ15%以下。

麦わら色でデリケートなワイン香があり、風味のある辛口白ワイン。

魚介類ベースの料理に向く。

⑦PIEDIROSSO（PER'E PALUMMO）ピエディロッソ（ペレ・パルンモ）	9 t	11%	
⑩—PASSITO パッシート	9 t	11%	

ピエディロッソ（ペレ・パルンモ）種85%以上、その他アロマティックでない認定黒ブドウ15%以下。

レンガ色を帯びたルビー色で、個性的な香りと風味を持つ赤。パッシートは中甘口。

食事によく合うワイン。甘口は各種デザートに向く。

赤：16〜18℃
白：8〜10℃
スプマンテ：8℃
パッシート：12〜14℃

- D'Ambra（ダンブラ）
- Pietratorcia（ピエトラトルチャ）

SANNIO
サンニオ

DOC
(1997〜)

〈地域〉
ベネヴェント県のサンニオを中心とする地域でベネヴェント県全域

2016
10,357,100本

	ha当たりのブドウの収穫	最低アルコール	最低熟成期間
⑦⑩ROSSO ロッソ	14 t	11%	
①②—FRIZZANTE フリッツァンテ	14 t	11%	
⑦—NOVELLO ノヴェッロ	14 t	11%	
⑧—SUPERIORE	13 t	12%	
⑧—RISERVA	13 t	12%	24ヵ月 11月1日起算

サンジョヴェーゼ種50%以上、その他認定黒ブドウ50%以下。

やや濃い目のルビー色で心地良いワインらしい香りを含み、円やかな味わいの辛口から中甘口。スペリオーレ、リゼルヴァは辛口。

ウズラ、コジュケイなどの鳥肉、うさぎ料理など。

16〜18℃
中甘口：12〜14℃

	ha当たりのブドウの収穫	最低アルコール	最低熟成期間
③⑤BIANCO ビアンコ	14 t	10.5%	
①②—FRIZZANTE フリッツァンテ	14 t	10.5%	

トレッビアーノ・トスカーノ種、マルヴァジア・ビアンカ・ディ・カンディア種50%以上、その他認定白ブドウ50%以下。

しっかりとした麦わら色で、心地良い香りを含みアロマのあるワイン。辛口から中甘口まで。

甲殻類、トマト入りパスタ、魚介類の料理。中甘口はデザートに。

8〜10℃

※この他、コーダ・ディ・ヴォルペ、フィアーノ、グレコ、モスカートなどの白ブドウにはスティル、スプマンテ、スプマンテ・メトド・クラッシコ、パッシートなどがある。また赤のアリアニコ、バルベーラ、ピエディロッソ、シャシノーゾ（オリヴェーロ）、アリアニコ種とピエディロッソ種の混醸にはスティル、スプマンテ、スプマンテ・メトド・クラッシコ・パッシートなどが認められている。
サンタガタ・ディ・ゴーティ、グアルディア・サン・フラモンティ（グアルディオーロ）、ソロパカ、ソロパカ・クラッシコ、ダブルノは、2011年よりDOCサンニオのサブ・ゾーンとなっている。

- De Lucia（デ・ルチア）
- Caputo（カプート）
- Corte Normanna（コルテ・ノルマンナ）
- Di Meo（ディ・メオ）

VESUVIO
ヴェスーヴィオ

DOC
(1983〜)

〈地域〉
ナポリ県のボスコトレカーゼを中心とする15の市町村

2016
1,217,100本

	ha当たりのブドウの収穫	最低アルコール	最低熟成期間
③BIANCO ビアンコ	10 t	11%	
⑦ROSSO ロッソ	10 t	10.5%	
⑥ROSATO ロザート	10 t	10.5%	

③BIANCO ビアンコ
コーダ・ディ・ヴォルペ種（35%以上）とヴェルデーカ種（45%以下）を併せて80%以上。ファランギーナ種、グレコ種で20%以下。

薄い麦わら色から黄色まであり、心地良いワイン香を含み、やや酸味を感じる辛口。

トマトソース入りパスタ、魚介類、魚産物のリゾットに向く。

⑦ROSSO ロッソ
ピエディロッソ（パロンビーナ）種（50%以上）とシャシノーゾ（オリヴェーロ）種（30%以下）で併せて80%以上、アリアニコ種20%以下。

ルビー色で程良いワイン香を含み、調和のとれた赤。

白身肉、Timballo（ティンバッロ＝ティンパニー形に作った米やパスタの料理）、中程度の熟成チーズに向く。

⑥ROSATO ロザート
ロッソと同じ。

濃いめのバラ色でワイン香があり、調和のとれた辛口。

LACRYMA CHRISTI DEL VESUVIO
ラクリマ・クリスティ・デル・ヴェスーヴィオ

	ha当たりのブドウの収穫	最低アルコール
③—BIANCO ビアンコ	10 t	12%
①—SPUMANTE スプマンテ	10 t	12%
④—LIQUOROSO リクオローゾ	10 t	12%
⑦—ROSSO ロッソ	10 t	12%
⑥ROSATO ロザート	10 t	12%

ヴェスーヴィオと同様のブドウを使用するが、ブドウの絞り方が65%まで（ヴェスーヴィオは70%まで）で、アルコール度が12%を超えたもの。

赤：16〜18℃
白：8〜10℃
ロザート：12〜14℃

・Terredora（テッレドーラ）
・Mastroberardino（マストロベラルディーノ）
・Feudi di San Gregorio（フェウディ・ディ・サン・グレゴリオ）
・Sorrentino（ソッレンティーノ）　・Caputo（カプート）

カンパーニア州の他のDOC

・AVERSA（アヴェルサ）（1993～）
カゼルタ県アヴェルサを中心に造られる。濃い麦わら色のアスプリーニオの他、アスプリーニオ・スプマンテもある。

・CAPRI（カプリ）（1977～）
カプリ島で造られる赤と白。ピエディロッソ種主体の赤と、グレコ種、ファランギーナ種、グレコ種主体の白ワインがある。

・CASAVECCHIA DI PONTELATONE（カーザヴェッキア・ディ・ポンテラトーネ）（2011～）
カゼルタ県のポンテラトーネを中心にカーザヴェッキア種主体で造られる赤と13%以上、36カ月以上のリゼルヴァがある。

・CASTEL SAN LORENZO（カステル・サン・ロレンツォ）（1991～）
サレルノ県カステル・サン・ロレンツォを中心に造られる。トレッビアーノ種主体の白、バルベーラ種主体の赤とロゼの他、辛口の赤のバルベーラ、甘口のモスカート、パッシート、甘口発泡性のモスカート・スプマンテ、赤のアリアニコーネなどがある。

・GALLUCCIO（ガッルッチョ）（1997～）
カゼルタ県ガッルッチョ中心に造られる赤、白、ロゼのワイン。白はファランギーナ種、赤、ロゼはアリアニコ種主体で造られる。

・PENISOLA SORRENTINA（ペニーゾラ・ソッレンティーナ）（1994～）
ナポリ県で造られる。白はファランギーナ種、ビアンコレッラ種、グレコ種主体、赤はピエディロッソ種、シャシノーゾ種、アリアニコ種主体。赤には弱発泡性フリッツァンテもある。

PUGLIA

プーリア州

　プーリア州は、長靴の形をしたイタリア半島のちょうど踵の部分に当たる地方。北側と南側の半分がアドリア海及びターラント湾に臨む長い海岸線を形成するが、北西部と南西部は、モリーゼ、カンパーニア、バジリカータ州の内陸部と接する。

　地中海に突き出し、アドリア海にも面していることから、交通の要衝として知られ、ギリシャ、トルコ、アラブ、アルバニアなど、地中海沿岸から多くの人種が移り住み、さらにローマやビザンチン、ノルマンの文化も流入して独自の文化が形成された。

　この地域のワイン造りの歴史は古く、古代フェニキア人の時代に遡る。気候に恵まれ、今日でもヴェネト、シチリアと並ぶワインの生産量の多い州となっている。

　かつてプーリアのワインは、イタリア全土に大量に出荷されていた。ワインの入った樽は馬車に積まれ、主に北イタリアの大都市にある居酒屋やトラットリアへと運ばれた。当時、トラーニ産のワインが多かったことから、ミラノには「トラーニ」と呼ばれるオステリアがあった。現在60種類以上のブドウが栽培されているが、以前はその倍以上栽培されていた。

　州都のバーリから南にブリンディィシ、ターラントを結ぶ三角地帯は工業化が進み、北部のフォッジャ周辺の広大な農作地帯を中心にオリーヴ、小麦、トマトなどが栽培され、

オリーヴオイル、トマトの生産量はイタリア随一である。

　地中海貿易の中心地であったバーリの旧市街には、この土地の歴史を物語る建物が多く残されている。バーリの南、アルベロベッロやマルティーナ・フランカには、古くからの伝統を伝える円錐形の尖り屋根、「トゥルッリ」を持つ家が連なり、まるでおとぎの国にやってきたかのようなパノラマが広がる。また、南部の中心、レッチェは、バロック様式の建物が多いことから、「バロックのフィレンツェ」とも呼ばれ、芸術、文化を感じさせる。

　プーリア州は北から南まで長く、ブドウ品種の分布やその栽培方法と土壌の違いから、北から順に説明すると都合が良い。

　北部はテンドーネ（棚式）が主流で、南部ではアルベレッロ（株仕立て）の畑が多い。北部のモリーゼ州との境からフォッジャ県、バーリ県の北部までのカピターナとバーリの平野には、サン・セヴェロのDOCがあり、赤はモンテプルチャーノ、サンジョヴェーゼ種が主体、白はボンビーノ・ビアンコ、トレッビアーノ・トスカーノ種が主で、中部イタリアの品種が多く使われている。

　中央のムルジェとヴァル・ディトリアの地域は、州で最も生産量の多いDOC、DOCGの一つ、カステル・デル・モンテやロコロトンド、マルティーナ・フランカ、グラヴィーナなどの白、プリミティーヴォ種主体のジョイア・デル・コッレなどのDOCがある。

　南のサレント地区はネグロアマーロ種主体で多くのワインが造られているが、サリチェ・サレンティーノのほか、プリミティーヴォ・ディ・マンドゥーリアなど、今日人気を得るようになったDOC、DOCGワインがある。

　カステル・デル・モンテのDOCG、DOCは、その名が「山の城」を意

味するように、正八角形作られた小高い山の城を中心とする地域で造られる。この城は、13世紀中頃、南イタリアを治めていたフェデリコ２世が鷹狩り用に建てた城で、見渡す限りブドウとオリーヴの木が植えられている。白はパンパヌート種、赤とロゼはウーヴァ・ディ・トロイア種主体。バラ色がかったロゼは海外でも人気で、アンティパストから白身肉の料理、トマトソースの料理など多くの料理に合わせることができる。

レッチェ周辺の、アドリア海とティレニア海の双方から吹く風のおかげで、風通しの良い地域では、ネグロアマーロ種主体の赤とロゼが造られている。赤は濃いルビー色で味わいのバランスが良く、しっかりとしたワインで、熟成に合わせてあらゆる料理と組み合わせることができる。

サン・セヴェロには、ボンビーノ・ビアンコ種主体の白とモンテプルチャーノ種主体の赤、ロゼがあるが、白は海産物入りのパスタやスープ、赤は白身肉のローストなどに良く合う。

ターラント周辺のロコロトンド、マルティーナ・フランカは、古いワインではあるが、今日あまり多く生産されていない。ヴェルデーカ、ビアンコ・ダレッサーノ種主体で、薄緑色から明るい麦わら色の辛口で、食前酒からムール貝のスープ、魚介類の料理に合う。

プリミティーヴォ・ディ・マンドゥーリアは、アメリカに渡り、カリフォルニアに運ばれ、今日のジンファンデルのベースになったといわれ、DNA鑑定の結果からも証明されているワイン。濃い色合いが特色のワインで、アロマがあり、豚肉などの白身肉の料理に合う。

このほかプーリア州には、多くのDOCワインがあり、ピエモンテやトスカーナ州に並ぶDOCワインを有する州となっている。近年、シャルドネやピノ・ビアンコなども植えられるようになったが、赤用には伝統のブドウが使用されている。

PUGLIA
プーリア州

D.O.C.G.

1. Castel del Monte Bombino Nero
   カステル・デル・モンテ・ボンビーノ・ネロ
2. Castel del Monte Nero di Troia Riserva
   カステル・デル・モンテ・ネーロ・ディ・トロイア・リゼルヴァ
3. Castel del Monte Rosso Riserva
   カステル・デル・モンテ・ロッソ・リゼルヴァ
4. Primitivo di Manduria Dolce Naturale
   プリミティーヴォ・ディ・マンドゥーリア・ドルチェ・ナトゥラーレ

D.O.C.

5. Aleatico di Puglia
   アレアティコ・ディ・プーリア
6. Alezio アレツィオ
7. Barletta バルレッタ
8. Brindisi ブリンディシ
9. Cacc'è mmitte di Lucera
   カッチェ・ンミッテ・ディ・ルチェーラ
10. Castel del Monte
    カステル・デル・モンテ
11. Colline Joniche Tarantine
    コッリーネ・イオニケ・タランティーネ
12. Copertino コペルティーノ
13. Galatina ガラティーナ
14. Gioia del Colle
    ジョイア・デル・コッレ
15. Gravina グラヴィーナ
16. Leverano レヴェラーノ
17. Lizzano リッツァーノ
18. Locorotondo ロコロトンド
19. Martina o Martina Franca
    マルティーナ／マルティーナ・フランカ
20. Matino マティーノ
21. Moscato di Trani
    モスカート・ディ・トラーニ
22. Nardò ナルド
23. Negroamaro di Terra d'Otranto
    ネグロアマーロ・ディ・テッラ・ドートラント
24. Orta Nova
    オルタ・ノーヴァ
25. Ostuni オストゥーニ
26. Primitivo di Manduria
    プリミティーヴォ・ディ・マンドゥーリア
27. Rosso di Cerignola
    ロッソ・ディ・チェリニョーラ
28. Salice Salentino
    サリチェ・サレンティーノ
29. San Severo サン・セヴェロ
30. Squinzano
    スクインツァーノ
31. Tavoliere delle Puglie o Tavoliere
    タヴォリエーレ・デッレ・プーリエ／タヴォリエーレ
32. Terra d'Otranto
    テッラ・ドートラント

CASTEL DEL MONTE BOMBINO NERO
カステル・デル・モンテ・ボンビーノ・ネロ

DOCG
(2011〜)

〈地域〉
バルレッタ県、アンドリア県、トラーニ県、バーリ県の多くの市町村

2016
304,000本

	ha当たりのブドウの収穫	最低アルコール	最低熟成期間
⑥DOCG	12 t	12%	

ボンビーノ・ネロ種90%以上、その他アロマティックでない黒ブドウ10%以下。

色：しっかりとしたバラ色。
香：デリケートで果実の独特のアロマを含む。
味：心地よい飲み口の辛口ロゼ。

ラグー入りパスタ料理、魚介類のフライやグリル、仔牛肉や豚肉のグリルやローストなどに合う。

赤：12〜14℃

※プーリア州は、イタリア半島の長靴のかかとに当たる地域で、今から6千年前、既にフェニキア人との交易からブドウの木が移植されていた。その後、ギリシャ人の支配を受け、エノトリア（ワインの地）と呼ばれるようになり、さらにこのワイン造りはローマ人に受け継がれた。そして、13世紀に当時この地方を治めていたフェデリコ2世によって建てられた城、カステル・デル・モンテ周辺でワイン造りが盛んになった。この城は、フェデリコ2世が鷹狩りのために建てた城といわれ、正八角形の美しい城で、城の中も全て8つに分かれており、城の上に上ると、見渡す限りオリーヴとブドウの畑が広がり、遠くにアドリア海を望むことができる。
ボンビーノ・ネロ種のブドウは、バンビーノ（赤ちゃん）のような房の形をしていることから、こう呼ばれるようになった。この地方に多く植えられている品種である。きれいなバラ色で、タネが大きく、ブドウの粒が硬めで、房に付くブドウの量が多く、ロゼワインに向く品種である。

・Torrevento（トッレヴェント）
・Rivera（リヴェーラ）

CASTEL DEL MONTE NERO DI TROIA RISERVA
DOCG (2011～)

カステル・デル・モンテ・ネーロ・ディ・トロイア・リゼルヴァ

〈地域〉
バルレッタ県、アンドリア県、トラーニ県、バーリ県の多くの市町村

2016
494,900本

	ha当たりのブドウの収穫	最低アルコール	最低熟成期間
⑧DOCG	10 t	13%	24カ月 内12カ月木樽熟成

ネーロ・ディ・トロイア種90%以上、その他アロマティックでない黒ブドウ10%以下。

色：濃いルビー色で熟成に伴いガーネット色を帯びる。
香：ベリー類の果実香、スパイス、リコリスなどの香りを含む。
味：適度のタンニンを含み果実味のあるしっかりとした味わいの赤。

ラザーニャなどの肉やラグーを使ったパスタ料理、肉類のグリル、ペコリーノなどの熟成チーズに合う。

赤：16～18℃

※プーリア州は、イタリア半島の長靴のかかとに当たる地域で、今から６千年前、既にフェニキア人との交易からブドウの木が移植されていた。その後、ギリシャ人の支配を受け、エノトリア（ワインの地）と呼ばれるようになり、さらにこのワイン造りはローマ人に受け継がれた。そして、13世紀に当時この地方を治めていたフェデリコ2世によって建てられた城、カステル・デル・モンテ周辺でワイン造りが盛んになった。この城は、フェデリコ2世が鷹狩りのために建てた城といわれ、正八角形の美しい城で、城の中も全て8つに分かれており、城の上に上ると、見渡す限りオリーヴとブドウの畑が広がり、遠くにアドリア海を望むことができる。
ネーロ・ディ・トロイア種は、ウーヴァ・ディ・トロイアとも呼ばれ、古くは古代ギリシャのトロイから運ばれてきたといわれるが定かではない。長い間混醸用ブドウとして使われてきたが、近年品種改良により高い評価を得るようになった。ポリフェノールの含有量が多いことでも知られている。

・Rivera（リヴェーラ）
・Torrevento（トッレヴェント）

CASTEL DEL MONTE ROSSO RISERVA
カステル・デル・モンテ・ロッソ・リゼルヴァ

DOCG
(2011～)

〈地域〉
バルレッタ県、アンドリア県、トラーニ県、バーリ県の多くの市町村

2016
639,200本

	ha当たりのブドウの収穫	最低アルコール	最低熟成期間
⑧DOCG	10 t	13%	24カ月 内12カ月木樽熟成

ネーロ・ディ・トロイア種65％以上、その他アロマティックでない黒ブドウ35％以下。

色：ルビー色で熟成に伴いガーネット色を帯びる。
香：心地良いブドウ果実の香りがある。
味：アロマと適度のタンニンを含むバランスの良い赤ワイン。

鶏肉のグリルやオーブン焼き、ブラザートなどの肉の煮込み料理、また、ペコリーノなどの熟成硬質チーズにも合う。

赤：16～18℃

※プーリア州は、広大な平地を持ち、非常に農業に適した土地であったことから、古くからギリシャ、ローマ、ビザンチンと多くの人種に支配されてきた地域である。オリーヴオイル、ワイン、小麦、トマトなど多くの農産物で知られている。既に今から6千年前にこの地方でブドウが植えられていたといわれ、ワイン造りも盛んに行われてきた。13世紀中葉に当時この地方を治めていたフェデリコ2世によって建てられた城、カステル・デル・モンテは、フェデリコ2世が鷹狩り用に建てた城といわれ、美しい正八角形をしており、見渡すかぎりの平野にそびえ立っている。19世紀末、ヨーロッパに発生したフィロキセラ禍によって大きな打撃を受けたフランスその他の地域から、バルク用のワインとして買いが広がり、その後もバルク用ワインとして売られていた。1971年、カステル・デル・モンテのワインがDOCに認められると独自のワインが造られるようになった。

- Tormaresca（トルマレスカ）
- Rivera（リヴェーラ）

PRIMITIVO DI MANDURIA DOLCE NATURALE

プリミティーヴォ・ディ・マンドゥーリア・ドルチェ・ナトゥラーレ

DOCG (2011～)

〈地域〉
ターラント県の多くの市町村とブリンディシ県の一部の市町村

2016
148,100本

	ha当たりのブドウの収穫	最低アルコール	最低熟成期間
⑩DOCG	7 t	13+3%	7カ月

プリミティーヴォ種100%。

色：プラムのような紫がかった鮮やかなルビー色。
香：熟した果実や乾燥イチジク、スパイスなどの香りを含む。
味：アロマを含み、しっかりとした味わいの甘口。

ジャムやカスタードを使ったタルトや苦みを含むチョコレートを使用したドルチェ。また、熟成ペコリーノチーズなどにも合う。

12～14℃

※プリミティーヴォという品種は、2千年以上前、ダルマチア（旧ユーゴスラビア西部）に、フェニキア人かギリシャ人が移植したものがこの地方に伝えられたといわれるが定かではない。さらに、この品種がハンガリー経由でカリフォルニア、オーストラリアに伝えられ、ジンファンデルと呼ばれるようになったといわれる。このことはDNA鑑定でも明らかにされている。このブドウは、開花が普通のブドウよりも2～3週間早いため、収穫も8月中旬～末と早い。プリミティーヴォとは、早熟の意味があり、これがこの品種の語源になっている。ブドウの房は縦に長く、プラムのように鮮やかな紫がかった色で、実は甘く、生食も可能で、独特の果実のアロマを含む。中程度の石灰質泥土壌を好み、２度果実を付けるものも2～3割ある。

・Savese Pichierri（サヴェーゼ・ピキエッリ）
・Gianfranco Fino（ジャンフランコ・フィーノ）

BRINDISI
ブリンディシ

DOC
(1979〜)

〈地域〉
ブリンディシ県のブリンディシとメザーニェ周辺。

2016
3,595,700本

	ha当たりのブドウの収穫	最低アルコール	最低熟成期間
⑦ROSSO ロッソ	15 t	12%	
⑧—RISERVA リゼルヴァ	15 t	12.5%	24カ月
⑦—NOVELLO ノヴェッロ	15 t	12%	

ネグロアマーロ種70%以上。マルヴァジア・ネーラ・ディ・ブリンディシ種、ススマニエッロ種、モンテプルチャーノ種、サンジョヴェーゼ種他、認定黒ブドウ30%以下。

しっかりとしたルビー色で、エーテル香を含み、アロマのあるしっかりとした味わいの赤。

サラミ、肉類を使ったパスタ料理、白身肉のオーブン焼きなどに合う。

⑥ROSATO ロザート	15 t	12%	
①—SPUMANTE スプマンテ	15 t	11.5%	

ロッソと同じ。

オレンジ色を帯びたバラ色で、果実香を含み、アロマがあり余韻にわずかに苦味を残す。

魚介類のスープ、土着料理、カブラナ入りオレッキエッテ、白身肉のソテーなどに合う。

③BIANCO ビアンコ	13 t	11%	
①—SPUMANTE スプマンテ	13 t	11.5%	

シャルドネ種、マルヴァジア・ビアンカ種で80%以上。その他認定白ブドウ20%以下（モスカートを除く）。

やや薄目の麦わら色で、果実香を含み、フレッシュ感と旨みを含む辛口白。

魚介類の前菜、海の幸のリゾットやパスタ料理などに合う。

⑦NEGROAMARO ネグロアマーロ	15 t	12%	
⑧—RISERVA リゼルヴァ	15 t	12.5%	24カ月
⑥—ROSATO ロザート	15 t	12%	
①—ROSATO SPUMANTE ロザート・スプマンテ	15 t	11.5%	

ネグロアマーロ種85%以上。その他認定黒ブドウ15%以下。

ややガーネット色を帯びたルビー色で、独特の香りとアロマを含む力強いワイン。ロザートはやや濃い目のロゼ色でフルーティな味わい。

サラミ、パスタのオーブン焼き、山羊肉のローストなどに合う。

白：8〜10℃
ロザート：12〜14℃
赤：16〜18℃
スプマンテ：8℃。

＊この他、ススマニエッロ（赤）、シャルドネ、マルヴァジア・ビアンカ、フィアーノ、ソーヴィニヨンなどがあるが、白にはスプマンテも認められている。

- Botrugno（ボトゥルーニョ）
- Libera Terra Puglia（リーベラ・テッラ・プーリア）
- Tenute Rubino（テヌーテ・ルビーノ）

CASTEL DEL MONTE
カステル・デル・モンテ

DOC
(1971〜)

〈地域〉
バーリ県のコラートを中心とする8つの市町村

2016
5,246,500本

	ha当たりのブドウの収穫	最低アルコール	最低熟成期間
③BIANCO ビアンコ	14 t	10.5%	
①②—SPUMANTE スプマンテ	14 t	11.5%	
①②—FRIZZANTE フリッツァンテ	14 t	11%	

パンパヌート種またはシャルドネ種、トレッビアーノ（トスカーノ・ジャッロ）種、ボンビーノ・ビアンコ種のいずれかを100%以下、その他アロマティックでない白ブドウを35%以下。

麦わら色がかった白で上品なワイン香があり、新鮮でアロマのきいた白。スプマンテ、フリッツァンテは辛口から中甘口。

アンティパスト、魚料理、甲殻類　・海産物のミックスフライ、トマトを使ったパスタ料理。

	ha当たりのブドウの収穫	最低アルコール	最低熟成期間
⑦ROSSO ロッソ	13 t	12%	
⑦—NOVELLO ノヴェッロ	13 t	11.5%	

ウーヴァ・ディ・トロイア種、アリアニコ種、ボンビーノ・ネロ種、モンテプルチャーノ種のいずれかを100%以下、その他のアロマティックでない認定黒ブドウを35%以下。

ガーネット色を帯びたルビー色で、心地よいワイン香があり、適度のタンニンで調和のとれた味。硬質チーズに向く。辛口と薄甘口がある。

赤身肉、野鳥の料理、硬質チーズに向く。

	ha当たりのブドウの収穫	最低アルコール	最低熟成期間
⑥ROSATO ロザート	14 t	11%	
①②—SPUMANTE スプマンテ	14 t	11.5%	
①②—FRIZZANTE フリッツァンテ	14 t	11%	

ロッソと同じ。

バラ色がかったルビー色で上品なワイン香があり、アロマがきいた飲みやすい辛口から中甘口。

各種アンティパスト、野菜料理、Tiella（ティエッラ＝南イタリア料理、浅鍋で煮たり焼いたりした料理）、スープ入りパスタ。
・Zuppa di Pesce（ズッパ・ディ・ペッシェ＝魚介類のスープ）

赤：16〜18℃
白：8〜10℃
ロザート：12〜14℃
中甘口：10〜12℃

※この他ボンビーノ・ビアンコ、カベルネ、シャルドネ、ソーヴィニヨン、ウーヴァ・ディ・トロイア、アリアニコ、アリアニコ・ロザートは同名の品種を90%以上使用でDOCに認められている。また、ボンビーノ・ビアンコにはスプマンテとフリッツァンテ、シャルドネ、ソーヴィニヨン、アリアニコ・ロザートにはフリッツァンテが認められている。また、カベルネ、アリアニコにはリゼルヴァがある。

※プーリア州はイタリア半島の長靴のかかとに当たる地域で、今から6000年前、既にフェニキア人との交易からブドウの木が移植されていた。その後、ギリシャ人の支配を受け、エノトリア（ワインの地）と呼ばれるようになり、さらにこのワイン造りはローマ人に受け継がれた。そして、13世紀に当時この地方を治めていたフェデリコ2世によって建てられた城、カステル・デル・モンテ周辺でワイン造りが盛んになった。この城はフェデリコ2世が鷹狩りのために建てたといわれ、正八角形の美しい城で、城の中も全て8つに分かれている。城の上に上ると、見渡す限りオリーヴとブドウの畑が広がり、遠くにアドリア海を望むことができる。
ボンピーノ・ネロ種のブドウは、バンビーノ（赤ちゃん）のような房の形をしていることからそう呼ばれるようになったという。この地方に多く植えられている品種である。きれいなルビー色で、タネが大きく、ブドウの粒が硬めで、房につくブドウの量が多く、ロゼワインに向く品種である。

ネーロ・ディ・トロイアは種はウーヴァ・ディ・トロイアとも呼ばれ、古くは古代ギリシャのトロイから運ばれてきたといわれるが定かではない。長い間、混醸用ブドウとして使われてきたが、近年の品種改良により高い評価を得るようになった。ポリフェノールの含有量が多いことでも知られる。

・Rivera（リヴェーラ）
・S. Lucia（サンタ・ルチーア）
・Vigneti del Sud（ヴィニェーティ・デル・スッド）
・Torrevento（トッレヴェント）

COPERTINO
コペルティーノ

DOC
(1977～)

〈地域〉
プーリア州の南部、レッチェ県のコペルティーノを中心とする地域

2015
148,300本

	ha当たりのブドウの収穫	最低アルコール	最低熟成期間
⑦ROSSO ロッソ	14 t	12%	
⑧—RISERVA リゼルヴァ	14 t	12.5%	24カ月

ネグロアマーロ種70%以上。マルヴァジア・ネーラ・ディ・ブリンディシ種、マルヴァジア・ネーラ・ディ・レッチェ種、モンテプルチャーノ種、サンジョヴェーゼ種で30%以下（サンジョヴェーゼは15%以下）。

ルビー色で熟成に従いオレンジ色を帯びる。しっかりとしたワインらしい香りがあり、豊かな味わいと苦味を後口に残す赤。

濃い味付けのパスタ、肉類のグリル、半硬質チーズなど。

16～18℃

	ha当たりのブドウの収穫	最低アルコール	最低熟成期間
⑥ROSATO ロザート	14 t	12%	

ロッソと同じ。

ときにはサクラ色に近いサーモンピンク。ブドウ香、ハーブを思わせる香を含み後味に苦味を残す辛口。

軽い前菜、野菜の料理、Zuppa di Pesce（ズッパ・ディ・ペッシェ＝魚介類のスープ）など。

12～14℃

- Masseria Monaci（マッセリア・モナチ）
- Apollonio（アポッローニオ）
- Leone de Castris（レオーネ・デ・カストリス）

GIOIA DEL COLLE
ジョイア・デル・コッレ

DOC
(1987～)

〈地域〉

バーリ県の多くの市町村

2016
483,200本

	ha当たりのブドウの収穫	最低アルコール	最低熟成期間
③BIANCO ビアンコ	13 t	10.5%	
⑦ROSSO ロッソ	12 t	11.5%	
⑥ROSATO ロザート	12 t	11%	
⑦PRIMITIVO プリミティーヴォ	12 t	13%	
⑧—RISERVA リゼルヴァ	12 t	14%	24カ月

③BIANCO ビアンコ

トレッビアーノ・トスカーノ種50～70%、その他認定白ブドウ30～50%。

薄めの麦わら色で、果実香を含み、フレッシュ感とアロマのあるデリケートな白。

魚介類の前菜、海産物のスープ、パスタ入りスープなどの料理に合う。

⑦ROSSO ロッソ

プリミティーヴォ種50～60%、モンテプルチャーノ種、サンジョヴェーゼ種、ネグロアマーロ種、マルヴァジア・ネーラ種40～50%（内、マルヴァジア10%以下)。

ややガーネット色を帯びたルビー色で、ブドウ香があり、アロマとタンニンを感じる赤。

サラミ、白身肉のグリルやロースト料理に合う。

⑥ROSATO ロザート

ロッソと同じ。

淡いルビー色で、ブドウの果実香を含み、フレッシュでアロマを含むロゼ。

各種前菜から、パスタ料理、白身肉の料理まで、食事を通して楽しめるワイン。

⑦PRIMITIVO プリミティーヴォ
⑧—RISERVA リゼルヴァ

プリミティーヴォ種100%。

ややスミレ色がかったルビー色で、果実香があり、アロマを含む飲み口の良い赤。

肉類のロースト、特に仔羊の料理に合う。

※この他、アレアティコを使った、DOLCEドルチェ、LIQUOROSO DOLCEリクオローゾ・ドルチェもある。

白：8～10℃
ロザート：12～14℃
赤：16～18℃
甘口：12～14℃

・Cantine di Colle（カンティーネ・ディ・コッレ）
・Coppi（コッピ）
・Giuliani Raffaele（ジュリアーニ・ラッファエーレ）

LEVERANO
レヴェラーノ

DOC
(1979〜)

〈地域〉
レッチェ県レヴェラーノを中心とする地域

2016
1,264,400本

	ha当たりのブドウの収穫	最低アルコール	最低熟成期間
⑦ROSSO ロッソ	15 t	11.5%	
⑧—RISERVA リゼルヴァ	15 t	12.5%	24カ月
⑦—NOVELLO ノヴェッロ	15 t	11%	

ネグロアマーロ種50%以上、マルヴァジア・ネーラ・ディ・レッチェ種、モンテプルチャーノ種、サンジョヴェーゼ種で40%以下、その他認定黒ブドウ30%以下。

ガーネットがかったルビー色で、独特のブドウ香を含み、余韻に苦味を含む赤。

仔牛のローストやペコリーノなどの硬質チーズに合う。

	ha当たりのブドウの収穫	最低アルコール	最低熟成期間
⑥ROSATO ロザート	15 t	11%	

ロッソと同じ。

ややオレンジ掛かったバラ色で、ブドウ香を含み、アロマとフレッシュ感のあるロゼ。

魚介類の前菜、スープ、白身肉のソテーなどに合う。

	ha当たりのブドウの収穫	最低アルコール	最低熟成期間
③BIANCO ビアンコ	15 t	10.5%	
⑤—PASSITO パッシート	10 t	11+4%	
⑤—DOLCE NATURALE ドルチェ・ナトゥラーレ	10 t	11+4%	

マルヴァジア・ビアンカ種50%以上、ヴェルメンティーノ種40%以下。

やや濃い目の麦わら色で、独特のブドウ香とアロマを含む白。

前菜、トマト入りパスタ料理、卵や海産物のリゾットなどに合う。

	ha当たりのブドウの収穫	最低アルコール	最低熟成期間
⑦NEGROAMARO ネグロアマーロ	15 t	12%	
⑧—RISERVA リゼルヴァ	15 t	12.5%	24カ月 内6カ月木樽熟成
⑧—SUPERIORE スペリオーレ	8 t	12.5%	12カ月
⑥—ROSATO ロザート	15 t	11%	

ネグロアマーロ種85%以上、その他認定黒ブドウ15%以下。
スペリオーレは、ネグロアマーロ種90%以上。

オレンジがかったルビー色で、独特のアロマを含む赤。ロザートはサクラ色がかったピンク色でフルーティで滑らかな辛口。

サラミ、ラザーニャ、ウサギ肉のオーブン焼きなどに合う。

※この他、シャルドネ、フィアーノ、マルヴァジア・ビアンカもDOCに認められている。

白：8〜10℃
ロザート：12〜14℃
赤：16〜18℃
甘口：10〜12℃

・Conte Zecca（コンテ・ゼッカ）
・Vecchia Torre（ヴェッキア・トッレ）
・C.S.Leverano（C.S.レヴェラーノ）

LOCOROTONDO
ロコロトンド

DOC
(1969〜)

〈地域〉
バーリ県とブリンディシ県のロコロトンドを中心とする市町村。

2016
562,800本

	ha当たりのブドウの収穫	最低アルコール	最低熟成期間
③DOC	13 t	11%	
④—SUPERIORE スペリオーレ	10 t	12%	
④—RISERVA リゼルヴァ	13 t	11%	12カ月
①②—SUPMANTE スプマンテ	13 t	11%	
⑤—PASSITO パッシート	13 t	12+3%	

ヴェルデーカ種50%以上、ビアンコ・ダレッサーノ種35%以上、その他認定白ブドウ15%以下。

色：薄緑色から明るい麦わら色まで。
香：上品で心地よく繊細な香り。
味：上品で繊細な辛口。

食前酒や魚料理に向く。また、Ostriche alla Tarantina（オストリケ・アッラ・タランティーナ＝ターラント風かきの料理)、Zuppa di Cozze alla Tarantina（ズッパ・ディ・コッツェ・アッラ・タランティーナ＝ターラント風ムール貝のスープ)、Zuppa di Pesce（ズッパ・ディ・ペッシェ＝魚介類のスープ）などの地方料理にも向く。

8〜10℃
スプマンテ：8℃

※バーリ県とブリンディシ県の間にあるこの地方は、独特の白い円錐状の屋根をもつ家、トゥルッリで知られる。
この地域で造られるワインは、MARTINAマルティーナと同様のブドウを使った白ワインで、その名前は古くから知られていた。
この他ヴェルデーカ種、ビアンコ・ダレッサーノ種、フィアーノ種を85%以上使用した白、ヴェルデーカ、ビアンコ・ダレッサーノもDOCに認められている。

- C. S. Locorotondo（C. S. ロコロトンド）
- Carparelli（カルパレッリ）
- Cardone（カルドーネ）
- Rivera（リヴェーラ）

MARTINA / MARTINA FRANCA
マルティーナ／
マルティーナ・フランカ

DOC
(1969〜)

〈地域〉
ターラント県のマルティーナ・フランカを中心に、バーリ県のアルベロベッロ、ブリンディシ県のチェリエ・メッサピカ、オストゥーニの多くの市町村

2016
145,300本

	ha当たりのブドウの収穫	最低アルコール	最低熟成期間
③DOC	13 t	11%	
①②—SPUMANTE スプマンテ	13 t	9.5+1.5%	

ヴェルデーカ種50〜65%、ビアンコ・ダレッサーノ種35〜50%、フィアーノ種、ボンビーノ種、マルヴァジア・ビアンカ種5%以下。

色：薄緑色から明るい麦わら色まで。
香：上品で心地よく、繊細な香り。
味：新鮮で味わいのある辛口。スプマンテは辛口から甘口まで。

食前酒または魚料理に向く。また、Cozze alla Leccese（コッツェ・アッラ・レッチェーゼ＝レッチェ風ムール貝の料理）、Zuppa di Pesce（ズッパ・ディ・ペッシェ＝魚介類のスープ）などの地方料理にも向く。

8〜10℃
スプマンテ：8℃

※ロコロトンドと同様のブドウから造られるこのワインは、ロコロトンドと同じく古くからよく知られていた。

・Di Marco（ディ・マルコ）
・Miali（ミアーリ）
・Soloperto（ソロペルト）
・Valletta（ヴァッレッタ）

PRIMITIVO DI MANDURIA プリミティーヴォ・ディ・マンドゥーリア	DOC (1974〜)	〈地域〉 プーリア州南部のターラント県とブリンディシ県のマンドゥーリアを中心とする地域

2016
20,566,900本

		ha当たりのブドウの収穫	最低アルコール	最低熟成期間
⑦DOC		9 t	13.5%	翌年3月31日以後リリース可
⑧―RISERVA リゼルヴァ		9 t	14%	24カ月 内9カ月木樽熟成

プリミティーヴォ種85%以上、その他アロマティックでない認定黒ブドウ15%以下。

スミレ色がかったルビー色で熟成に従いオレンジ色を帯びる。個性的でソフトな香りを含み、アロマを含んだ円やかなワイン。辛口から薄甘口まで。

サラミ類、豚肉の料理など。

16〜18℃

※プリミティーヴォ種は、プーリア地方からアメリカ・カリフォルニアに移民した人たちが、アメリカで作ったジンファンデル種のベースになっているといわれる品種だが、造られるワインのタイプは異なる。

※プリミティーヴォという品種は、2000年以上前、ダルマチア（旧ユーゴスラビア西部）にフェニキア人かギリシャ人が移植したものがこの地方に伝えられたといわれるが、定かではない。さらに、この品種がハンガリー経由でカリフォルニア、オーストラリアに伝えられてジンファンデルと呼ばれるようになったといわれ、このことはDNA鑑定でも明らかにされている。
このブドウは開花が普通のブドウよりも2〜3週間早いため、収穫も8月末と早い。プリミティーヴォには早熟の意味があり、これがこの品種の語源になっている。ブドウの房は縦に長く、プラムのように鮮やかな紫がかった色で、実は甘く、生食も可能で、独特の果実のアロマを含む。中程度の石灰質泥土壌を好み、2度果実をつけるものも2〜3割ある。

- Leone de Castris（レオーネ・デ・カストリス）
- Feudi di San Gregorio（フェウディ・ディ・サン・グレゴリオ）
- Cantele（カンテレ）
- Accademia dei Racemi（アッカデミア・デイ・ラチェーミ）

SALICE SALENTINO
サリチェ・サレンティーノ

DOC
(1976〜)

〈地域〉
レッチェ県サリチェ・サレンティーノを中心とする
7つの地域とブリンディシ県の分の市町村

2016
15,558,800本

	ha当たりのブドウの収穫	最低アルコール	最低熟成期間
⑦ROSSO ロッソ	12 t	12%	
⑧—RISERVA リゼルヴァ	12 t	12.5%	24カ月 内6カ月木樽熟成

ネグロアマーロ種75%以上、その他認定黒ブドウ25%以下。
色：濃いルビー色で熟成に従いオレンジ色を帯びる。
香：独特のブドウ香、エーテル香を持つ。
味：アルコールとコクが十分で滑らかな辛口と薄甘口。
アンティパスト、肉入りソースのパスタ、硬質チーズ。
リゼルヴァには赤身肉のローストが向く。
16〜18℃

	ha当たりのブドウの収穫	最低アルコール	最低熟成期間
⑥ROSATO ロザート	12 t	11.5%	
①—SPUMANTE スプマンテ	12 t	11.5%	

ロッソと同じ。
色：薄いサクラ色で熟成に従いバラ色を帯びる。
香：個性的なワイン香。
味：滑らかで暖かい感じの辛口と薄甘口。
肉入りソースのパスタ料理、白身肉の料理、半硬質チーズに向く。
12〜14℃

※この他ネグロアマーロ、ネグロアマーロ・ロザート、ネグロアマーロ・ロザート・スプマンテ、ビアンコ、ピノ・ビアンコ、フィアーノ、シャルドネなどの白は、スプマンテも含めDOCに認められている。また、アレアティコ、アレアティコ・リゼルヴァ、アレアティコ・ドルチェ、アレアティコ・リクオローゾ・ドルチェ、アレアティコ・リクオローゾ・ドルチェ・リゼルヴァもDOCとして認められている。

・Leone de Castris（レオーネ・デ・カストリス）
・Taurino（タウリーノ）
・Cantele（カンテレ）
・Due Palme（ドゥエ・パルメ）

SAN SEVERO
サン・セヴェロ

DOC
(1968〜)

〈地域〉

フォッジャ県のサン・セヴェロを中心とする市町村

2016
2,924,000本

	ha当たりのブドウの収穫	最低アルコール	最低熟成期間
③BIANCO ビアンコ	16.5t	11%	
①—FRIZZANTE フリッツァンテ	16.5t	11%	
①—SPUMANTE スプマンテ	16.5t	11%	

ボンビーノ・ビアンコ種40〜60%、トレッビアーノ・トスカーノ種40〜60%、その他認定白ブドウ15%以下。

麦わら色で心地良いワイン香を含む新鮮で味わいのある辛口白。

軽い前菜、イカの詰物料理、パスタ入りスープ、トマトソースのパスタなどに合う。

	ha当たりのブドウの収穫	最低アルコール	最低熟成期間
⑦ROSSO ロッソ	16t	11.5%	
⑧—RISERVA リゼルヴァ	12t	12.5%	18カ月 12月1日起算
⑦—NOVELLO ノヴェッロ	16t	11%	

モンテプルチャーノ種70%以上、サンジョヴェーゼ種30%以下、ウーヴァ・ディ・トロイア種、メルロー種、マルヴァジア・ネーラ種他認定黒ブドウ15%以下。

ルビー色で、心地良い個性的な香りを含み、風味がありコクのある調和の取れた赤。

	ha当たりのブドウの収穫	最低アルコール	最低熟成期間
⑥ROSATO ロザート	16t	11%	
①—FRIZZANTE フリッツァンテ	16t	11%	

ロッソと同じ。

濃いバラ色で心地よい個性的な香りがあり、新鮮で調和のとれた辛口。

トマトソースの魚料理の他あらゆる料理に向く。

赤：16〜18℃
白：8〜10℃
ロザート：12〜14℃

※この他、白は、ボンビーノ・ビアンコのスティル、フリッツァンテ、スプマンテ、マルヴァジア・ビアンカ・ディ・カンディア、ファランギーナ、トレッビアーノ・ビアンコ、赤は、メルロー、ウーヴァ・ディ・トロイア、サンジョヴェーゼ、サンジョヴェーゼ・ロザートが認められている。

・C. Torretta Zomarra（C. トッレッタ・ゾマッラ）
・D'Alfonso del Sordo（ダルフォンソ・デル・ソルド）

SQUINZANO
スクインツァーノ

DOC
(1976〜)

〈地域〉

レッチェ県のスクインツァーノを中心とする地域とブリンディシ県の一部の地域

2016
2,042,400本

	ha当たりのブドウの収穫	最低アルコール	最低熟成期間
⑦ROSSO ロッソ	14 t	12%	
⑧—RISERVA リゼルヴァ	14 t	12.5%	24カ月 11月10日起算
⑦—NOVELLO ノヴェッロ	14 t	12%	

ネグロアマーロ種70%以上、マルヴァジア・ネーラ・ディ・ブリンディシ種、マルヴァジア・ネーラ・ディ・レッチェ種、サンジョヴェーゼ種他認定黒ブドウ30%以下。

わずかにオレンジがかったルビー色で、ブドウ香とエーテル香を含み、バランスの良い赤。

赤身肉のグリルやローストなど、肉料理に合う。

	ha当たりのブドウの収穫	最低アルコール	最低熟成期間
⑥ROSATO ロザート	11 t	12%	
①—SPUMANTE スプマンテ	11 t	11.5%	

ロッソと同じ。

薄めのルビー色で、デリケートなブドウ香を含み、繊細で旨みを感じるロゼ。

地元の料理、玉ねぎとエジプト豆のパスタ、ソラマメのスープなどに合う。

	ha当たりのブドウの収穫	最低アルコール	最低熟成期間
③BIANCO ビアンコ	13 t	11%	
①—SPUMANTE スプマンテ	13 t	11.5%	

シャルドネ種、マルヴァジア・ビアンカ種で80%以上、モスカート種を除くその他認定ブドウ20%以下。

わずかに緑色がかった麦わら色で、果実香を含み、滑らかな辛口白。

海産物のサラダ、野菜入りパスタ、白身肉のソテーなどに合う。

	ha当たりのブドウの収穫	最低アルコール	最低熟成期間
③MALVASIA BIANCA マルヴァジア・ビアンカ	13 t	11%	
①—SPUMANTE スプマンテ	13 t	11.5%	

マルヴァジア・ビアンカ種90%以上、モスカート種を除くその他認定白ブドウ。

しっかりとした麦わら色で、心地良い果実の香りを含み、アロマのある辛口白。

イワシ入りパスタ料理、魚介類のスープ、白身肉のグリルなどに合う。

白：8〜10℃
ロザート：12〜14℃
赤：16〜18℃
スプマンテ：8℃

※この他、白には、シャルドネ、フィアーノ、ソーヴィニヨンがスプマンテも含め認められている。また、赤は、ススマニエッロ他、ネグロアマーロがリゼルヴァ、ロザート、ロザート・スプマンテを含めDOCに認められている。

- Due Palme（ドゥエ・パルメ）
- Al Bano Carrisi（アル・バーノ・カッリージ）
- Agricole Vallone（アグリコレ・ヴァッローネ）

プーリア州の他のDOC

・ALEATICO DI PUGLIA（アレアティコ・ディ・プーリア）(1973～)
プーリア州のブリンディシを中心にほぼ全域で造られる。アレアティコ種主体の甘口の赤。干しブドウ状にしたドルチェ・ナトゥラーレやリキュールタイプもある。

・ALEZIO（アレツィオ）(1983～)
フォッジャ県アレツィオを中心に造られる。ネグロアマーロ種主体の赤とロゼ。赤は2年以上熟成し、アルコールが12.5%以上でリゼルヴァと表示できる。

・BARLETTA（バルレッタ）(2011～)
バルレッタ県で造られる。赤はウーヴァ・ディ・トロイア種、白はマルヴァジア・ビアンカ種主体でノヴェッロ、フリッツァンテ、ロゼがある。

・CACC'E MMITTE DI LUCERA（カッチェ・ンミッテ・ディ・ルチェーラ）(1973～)
フォッジャ県ルチェーラを中心に造られる。ウーヴァ・ディ・トロイヤ種主体の濃いルビー色で、コクのある個性的な辛口ワイン。

・COLLINE JONICHE TARANTINE（コッリーネ・イオニケ・タランティーネ）(2008～)
ターラント県のコッリーネ・イオニケ周辺で造られるこのワインは2008年DOCに昇格した、シャルドネ種主体のビアンコ、ビアンコ・スプマンテ、ヴェルデーカ、赤はカベルネ・ソーヴィニヨン種主体のロッソ、ロッソ・スペリオーレ、ノヴェッロ、ロゼ、プリミティーヴォ種を使った甘口ワインもある。

・GALATINA（ガラティーナ）(1997～)
レッチェ県ガラティーナを中心に造られる赤、白、ロゼの他、ネグロアマーロ、シャルドネのワイン。赤（ノヴェッロを含む)、ロゼはネグロアマーロ種、白はシャルドネ種主体。

・GRAVINA（グラヴィーナ）(1983～)
バーリ県グラヴィーナで造られる。白はマルヴァジア種、グレコ種、ビアンコ・ダレッサーノ種主体。スプマンテもある。モンテプルチャーノ種主体の赤、ロゼの他、マルヴァジア種100%のパッシートもある。

・LIZZANO（リッツァーノ）(1988～)
ターラント県リッツァーノを中心に造られる。白はトレッビアーノ種主体でフリッツァンテ、スプマンテもある、赤とロゼはネグロアマーロ種主体。ロゼには、フリッツァンテ、スプマンテもある。また、ノヴェッロ（新酒）や発泡性も認められている。またマルヴァジア・ネーラから造られる赤ワインもあり、スペリオーレもある。

・MATINO（マティーノ）(1971～)
レッチェ県マティーノを中心に造られる。ネグロアマーロ種主体の赤とロゼ。赤はルビー色、ロゼはバラ色の辛口。赤は白身肉、ロゼはトマトソースのパスタなどに向く。

・MOSCATO DI TRANI（モスカート・ディ・トラーニ）(1974～)
バーリ県トラーニを中心に造られる。モスカート・ビアンコ種主体の甘口白ワイン。リキュールタイプもある。

・NARDO（ナルド）(1987～)
レッチェ県のナルドとポルト・チェザレーオで造られる。ネグロアマーロ種主体の赤とロゼ。赤は2年以上熟成し、アルコールが12.5%以上でリゼルヴァと表示できる。

・NEGROAMARO DI TERRA D'OTRANTO（ネグロアマーロ・ディ・テッラ・ドートランド）（2011～）
レッチェ県のオートラントを中心に造られる。ネグロアマーロ種を90％以上使用した赤、ロゼ、スプマンテ・ロゼ、スプマンテがある。赤は2年以上熟成し、アルコールが13％に達したものはリゼルヴァと表示できる。

・ORTA NOVA（オルタ・ノーヴァ）（1984～）
フォッジャ県オルタ・ノーヴァを中心に造られる。サンジョヴェーゼ種主体のワインで、調和のとれた赤とロゼがある。

・OSTUNI（オストゥーニ）（1972～）
ブリンディジ県オストウーニを中心に造られる。インピーニョ種、フランカヴィッラ種主体の白、薄いルビー色の赤、オッタヴィアネッロもある。

・ROSSO DI CERIGNOLA（ロッソ・ディ・チェリニョーラ）（1974～）
フォッジャ県チェリニョーラを中心に造られる。ウーヴァ・ディ・トロイア種、ネグロアマーロ種主体の赤。2年以上熟成しアルコールが13％に達したものはリゼルヴァと表示できる。

・TAVOLIERE DELLE PUGLIE／TAVOLIERE（タヴォリエーレ・デッレ・プーリエ／タヴォリエーレ）（2011～）
フォッジャ県とバルレッタ、アンドリア、トラーニの各県で造られるワイン。ロッソ、ロザートはネーロ・ディ・トロイア種主体で、リゼルヴァは12.5％以上、24カ月以上の熟成を必要とする。ネーロ・ディ・トロイア種90％以上のネーロ・ディ・トロイアは、同様にリゼルヴァがある。

・TERRA D'OTRANTO（テッラ・ドートラント）（2011～）
レッチェ県オートラントを中心とした、ブリンディシ県、ターラント県の広い地域で造られる。白はシャルドネ主体でスプマンテもある。ネグロアマーロ種、プリミティーヴォ種主体の赤は、24カ月以上熟成のリゼルヴァもある。この他、シャルドネ、マルヴァジア・ビアンカ、フィアーノ、ヴェルデーカなどの白には、フリッツァンテやスプマンテがある。アレアティコ、マルヴァジア・ネーラ、プリミティーヴォもDOCに認められている。

BASILICATA

バジリカータ州

この州は、イタリア半島のちょうど土踏まずに当たる地域で、ティレニア海とイオニア海に面した部分は少なく、内陸に膨らみ、そのほとんどの地域が丘陵地帯で乾燥しており、風化した石灰岩がむき出しになっている貧しい地域だが、ブドウ栽培の歴史は古く、ギリシャから最初にブドウが伝えられた土地の一つといわれ、中世中葉までは、「ルカーニア」と呼ばれた。かつてこの地域のブドウ作りは、硬貨や詩集にも入れられるほど栄えていた。

11世紀から13世紀にかけて、ビザンチン帝国とフェデリコ２世の統治下で一時的に文化、芸術が栄えたが、その後は土地が砂漠化したこともあり、衰退の一途を辿った。そして、この土地には、ルネッサンスもイタリアの統一も来なかったといわれた。20世紀初頭、この土地を訪れたピエモンテ出身の作家、カルロ・レーヴィは、陸の孤島と化したこの内陸の地域を「キリストも足を踏み入れなかった土地」と記したほどだ。

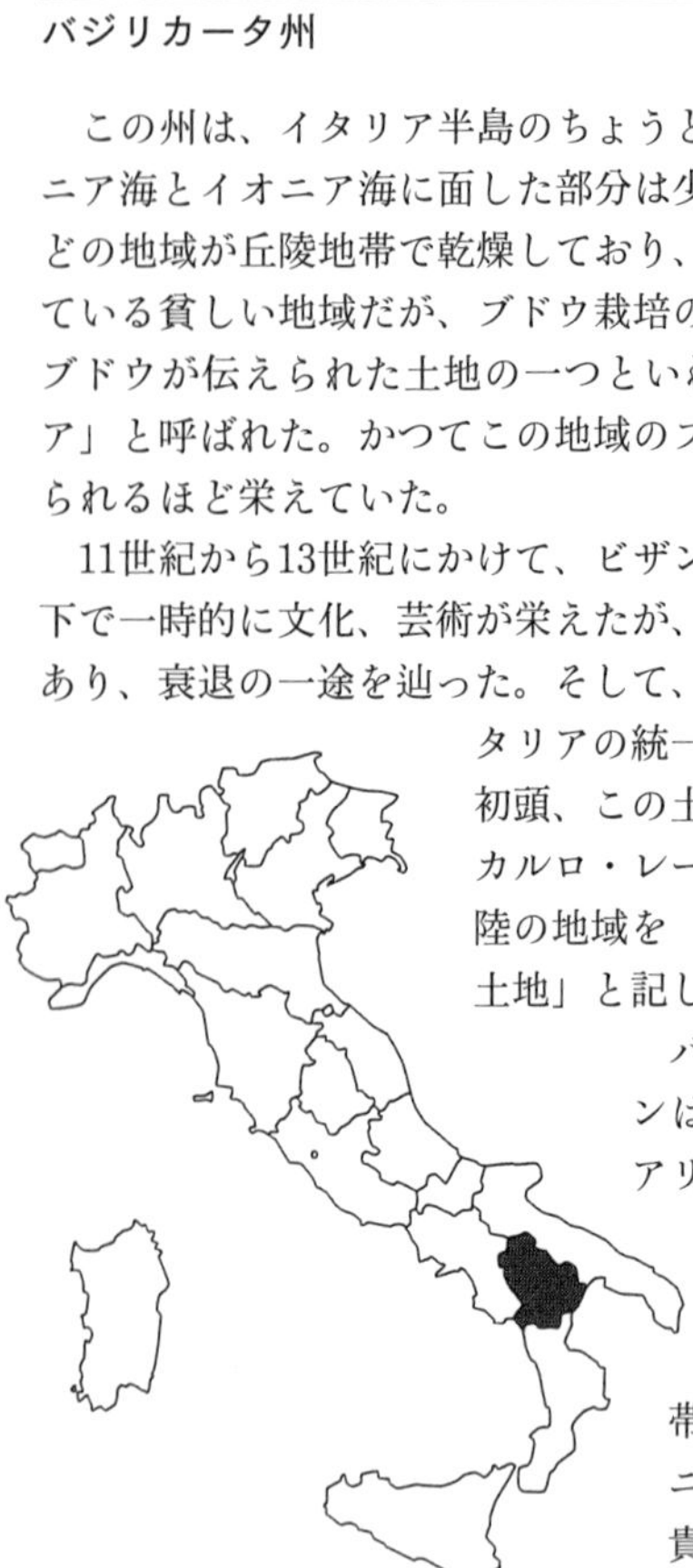

バジリカータ州で唯一知られるワインは、アリアニコ種100%で造られる、アリアニコ・デル・ヴルトゥレ。カンパーニア州で造られるタウラージの弟分ともいわれる力強いワインだ。このワインはヴルトゥレ山一帯の火山性土壌で栽培されるアリアニコ種から造られるが、古くは王侯貴族の食卓を飾るワインだった。1971年にDOCに認められ、スペリ

オーレは2010年、DOCGに昇格した。このワインは、異なる２つの地域を中心に造られる。一つは、歴史に残る地域で、ヴルトゥレ山を基点にバリーレ、リオネーロ、リパカンディダに至る地域。今日知られるほとんどの生産者がこの地域に集中している。標高が450～500mであることから、気候が冷涼でブドウの収穫時期も遅く、熟成ワインが多く造られる。

一方のヴェノーザを中心とする地域は、プーリア州との境まで広がり、温暖で傾斜地が多く、火山性とは異なる独特の土壌で、しっかりとした力強いワインが造られる。ワインはルビー色からガーネット色まであり、繊細な香りを含み、調和の取れた辛口のほか、中甘口のアマービレもある。辛口は鶏肉のロースト、仔牛レバーの串焼きなど、この地方の料理に良く合う。

５年以上の熟成を要するリゼルヴァもDOCGに認められている。

このワインは、南イタリアにあって、品質的にも独自性の部分でも将来に大きな可能性を持つワインの一つである。

このほか、グロッティーノ・ディ・ロッカノーヴァ、テッレ・デッラルタ・ヴァル・ダグリなどの新しいDOCも認められているが、その生産量は少なく、州全体でも400万本程度と極めて生産量の少ない州である。

BASILICATA
バジリカータ州

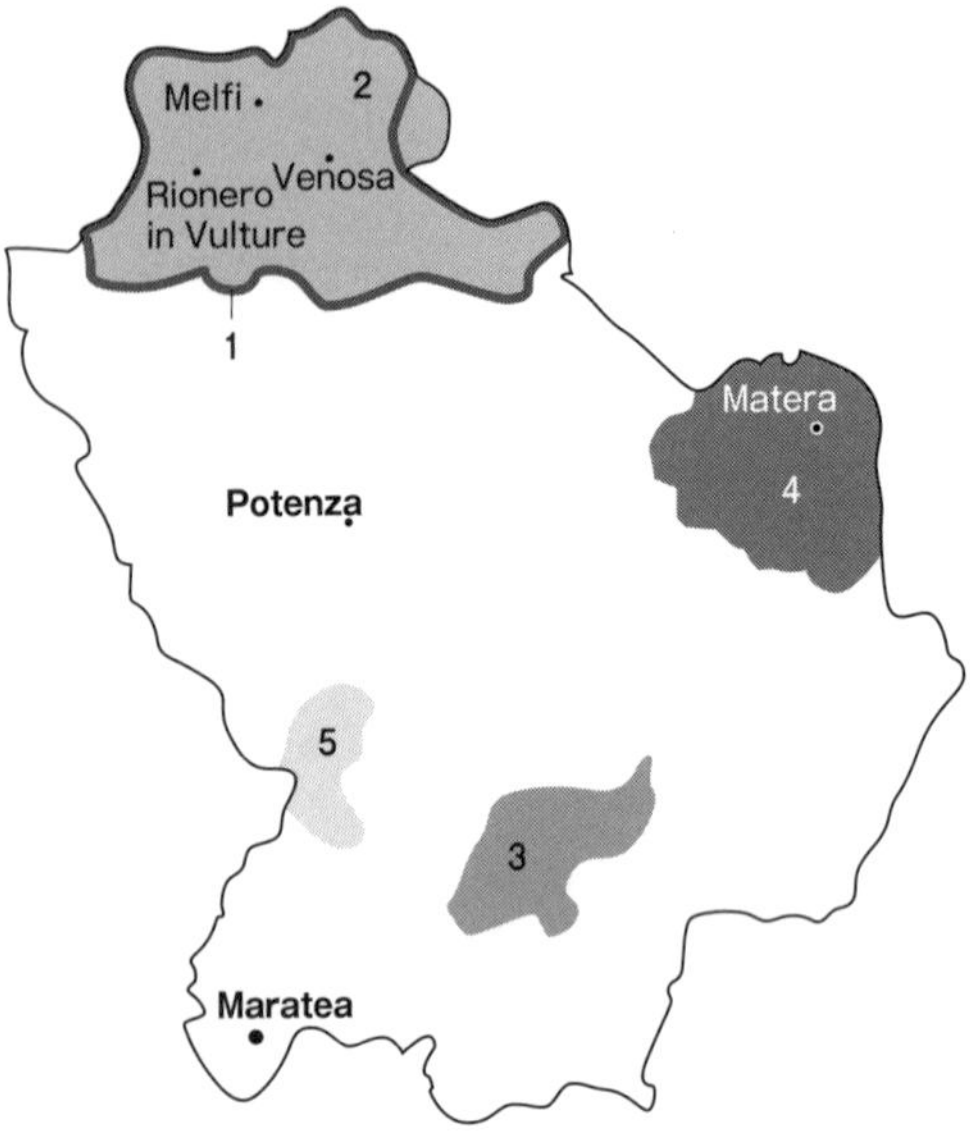

D.O.C.G.

1. Aglianico del Vulture Superiore アリアニコ・デル・ヴルトゥレ・スペリオーレ

D.O.C.

2. Aglianico del Vulture アリアニコ・デル・ヴルトゥレ
3. Grottino di Roccanova グロッティーノ・ディ・ロッカノーヴァ
4. Matera マテーラ
5. Terre dell'Alta Val d'Agri テッレ・デッラルタ・ヴァル・ダグリ

AGLIANICO DEL VULTURE SUPERIORE
アリアニコ・デル・
ヴルトゥレ・スペリオーレ

DOCG
(2010〜)

〈地域〉
ポテンツァ県リオネーロ・デル・ヴルトゥレを中心とする市町村

2016
530,400本

	ha当たりのブドウの収穫	最低アルコール	最低熟成期間
⑧DOCG	8 t	13.5%	36カ月 内12カ月木樽熟成 12カ月瓶内熟成
⑨—RISERVA リゼルヴァ	8 t	13.5%	60カ月 内24カ月木樽熟成 12カ月瓶内熟成

アリアニコ・デル・ヴルトゥレ種、アリアニコ種100%。

色：しっかりとした濃いルビー色。
香：スパイスを含む独特の香り。
味：しっかりとしたアロマとタンニンを含む力強い赤。

地元で、「フェガテッリ・アッロ・スピエード」と呼ばれる、仔牛のレバーの串焼きや肉類のソースを使ったパスタ料理、肉類の網焼きなどの料理に合う。
リゼルヴァや熟成させたものは、野鳥や野ウサギなどのロースト料理、煮込み料理などに合う。

16〜18℃。

※アリアニコ種はギリシャ伝来の品種といわれ、BC7〜6世紀にギリシャから南イタリアに移植されたといわれる。既に古代ローマの時代、ローマ人はこのブドウをエッレニカ（ギリシャ伝来の意）と呼び、ローマ近郊でファレルノというワインを造っていた。15世紀のアラゴン王朝の時代に、これがなまってアリアニコと呼ばれるようになった。ポテンツァ県北東部に位置する標高1327メートルの休火山、ヴルトゥレ山の麓の南西部、南東部にかけての標高200〜600メートルの地域で造られる。6〜9月はほとんど雨が降らず乾燥していて、昼夜の寒暖の差が大きいため、強いタンニンを有する力強いワインになる。
生産地は大別して2つの地域に分けられるが、一つは歴史を有する地域で、ヴルトゥレ山周辺のバリーレリオネーロ、リパカンディダを中心とし、有名ワイナリーが集中する。標高500メートル、火山灰質の土壌で、ブドウの収穫が遅い。もう一つはヴェノーザを中心とするプーリア州と接する地域で、火山灰質は少なめ、気候的にも穏やかで、傾斜地にブドウが植えられている。

- Cantina Venosa（カンティーナ・ヴェノーザ）
- Cantine del Notaio（カンティーネ・デル・ノタイオ）
- Paternoster（パテルノステル）
- C.S.Vultute（C.S.ヴルトゥレ）

	'03	'04	'05	'06	'07	'08	'09	'10	'11	'12	'13	'14	'15	'16
arianico del vulture superiore アリアニコ・デル・ヴルトゥレ・スペリオーレ	★★★★	★★★1/2	★★1/2	★★★	★★★★1/2	★★★★	★★★★	★★★★1/2	★★★★	★★★★	★★★★	★★★1/2	★★★★★	★★★★1/2

AGLIANICO DEL VULTURE
アリアニコ・デル・ヴルトゥレ

DOC (1971〜)

〈地域〉
ポテンツァ県リオネーロ・デル・ヴルトゥレを中心とする市町村

2016
3,335,300本

	ha当たりのブドウの収穫	最低アルコール	最低熟成期間
⑦DOC	10 t	12.5%	10カ月
①—SPUMANTE スプマンテ	10 t	12.5%	10カ月
※BRUT ブルットとEXTRA DRY エクストラ・ドライがある。			瓶内二次発酵9カ月

アリアニコ・デル・ヴルトゥレ種、アリアニコ種100%。

色：ルビー色かしっかりとしたガーネット色まで。
香：繊細で独特のワイン香がある。
味：新鮮でタンニンがちょうどよく、調和のとれた辛口のほか、甘味を含む薄甘口のアッボカートもある。

辛口赤は白身肉のローストなどに向く。またポッロ・アッラ・ポテンティーナ（ポテンツァ風鶏肉の料理）、フェガテッリ・アッロ・スピエード（仔牛レバーの串焼き）などの地方料理にも向く。

16〜18℃
スプマンテ：10〜12℃

・C. S. Vulture（C. S. ヴルトゥレ）
・Paternoster（パテルノステル）
・Cantina Venosa（カンティーナ・ヴェノーザ）
・Cantine del Notaio（カンティーネ・デル・ノタイオ）
・Le Querce（レ・クエルチェ）

バジリカータ州の他のDOC

・GROTTINO DI ROCCANOVA（グロッティーノ・ディ・ロッカノーヴァ）（2009～）

ポテンツァ県のロッカノーヴァを中心とする地域で造られる。ワインはマルヴァジア・ビアンカ・ディ・バジリカータ種主体の白と、サンジョヴェーゼ種主体の赤、ロゼがある。アルコール13％以上の赤のリゼルヴァも認められている。

・MATERA（マテーラ）（2005～）

白にはマルヴァジア・ビアンカ・ディ・バジリカータ種主体の白、スプマンテ、パッシートが認められている。グレコ・ビアンコ種85％を使用したグレコ、プリミディーヴォ種を90％以上使用したプリミティーヴォ、プリミティーヴォ・パッシート、サンジョヴェーゼ種60％以上、プリミティーヴォ種30％以上のロッソ、ロゼ、スプマンテ・ロゼがある。また、カベルネ・ソーヴィニヨン種60％以上を使用したモロ、モロ・リゼルヴァもDOCに認められている。

・TERRE DELL'ALTA VAL D'AGRI（テッレ・デッラルタ・ヴァル・ダグリ）（2003～）

ポテンツァ県のモリテルノ周辺で造られる。メルロー種、カベルネ・ソーヴィニヨン種主体の赤とロゼがある。

CALABRIA

カラブリア州

イタリア半島の最南端、長靴の爪先に当たるこの州は、メッシーナ海峡を隔ててすぐ間近にシチリア島を臨む。この地方は、紀元前から他民族に支配されていたが、特にギリシャの植民地の時代にエノトリア（ワインの地）と呼ばれ、既に当時からワイン造りで知られる土地であった。

州の大半が山岳地帯で、海岸線と冬寒冷な高地、それに断層の続く地域と変化に富んでおり、それぞれに独自の気候を有している。

ワイン造りは大きく２つの地域に分かれている。ティレニア海側の斜面では、数としては、この州の半数以上のDOCが造られている。北からヴェルピカーロ、ポッリーノ、サン・ヴィート・ディ・ルッツィ、ドンニチ、サヴートと続くが、赤はガリオッポ種、白はグレコ・ビアンコ種主体のワインが多い。

一方のイオニア海側の斜面でも赤はガリオッポ種が主体で、最もよく知られているのがチロ。クロトーネ県チロ、チロ・マリーナを中心に造られる、古くから知られるワインである。このワインは、カラブリア州のDOCワインの９割以上を生産するといわれ、まさにこの州を代表するワインである。

このワインは、濃いルビー色で、独特のブドウ特有の香りを含み、しっかりとした味わいがあり、タンニンも多く含む。古くは「クレミッサ」と呼ばれ、古代オリンピックの勝者に贈られる貴重なワインだった。1968年、メキシコシティで行わ

れたオリンピックでも勝者を称えるワインとなったことでも知られている。

また、この地方のワインは、しっかりした味わいであったことから、北部イタリアやフランス、イギリスまで運ばれていた。

チロには、２年以上の熟成を要するリゼルヴァのほか、特定地域のクラッシコ、この地域でアルコールが13.5%を超えるスペリオーレなどのワインがある。

このほか、赤と同様のブドウを使ったロザートやグレコ・ビアンコ種主体のチロ・ビアンコもある。

ロッソは、赤ワインではあるが、肉類のローストや熟成チーズのほか、この地方特産の「サルデッラ」にも良く合う。この料理は、新鮮なイワシの稚魚とペペロンチーノ、塩、野生のフェンネル、オリーヴオイルを加えた、かなり味の強い保存食で、日本でいう塩辛そのもの。極めて辛いが、しだいに魚の旨味が口中に広がって、チロ・ロッソのような濃い赤ワインがほしくなる。けっこう病み付きになりそうな味である。もちろん、ペペロンチーノをたくさん入れたサラミ、「サラメ・カラブレーゼ」にも、この力強い赤ワインが良く合う。

CALABRIA
カラブリア州

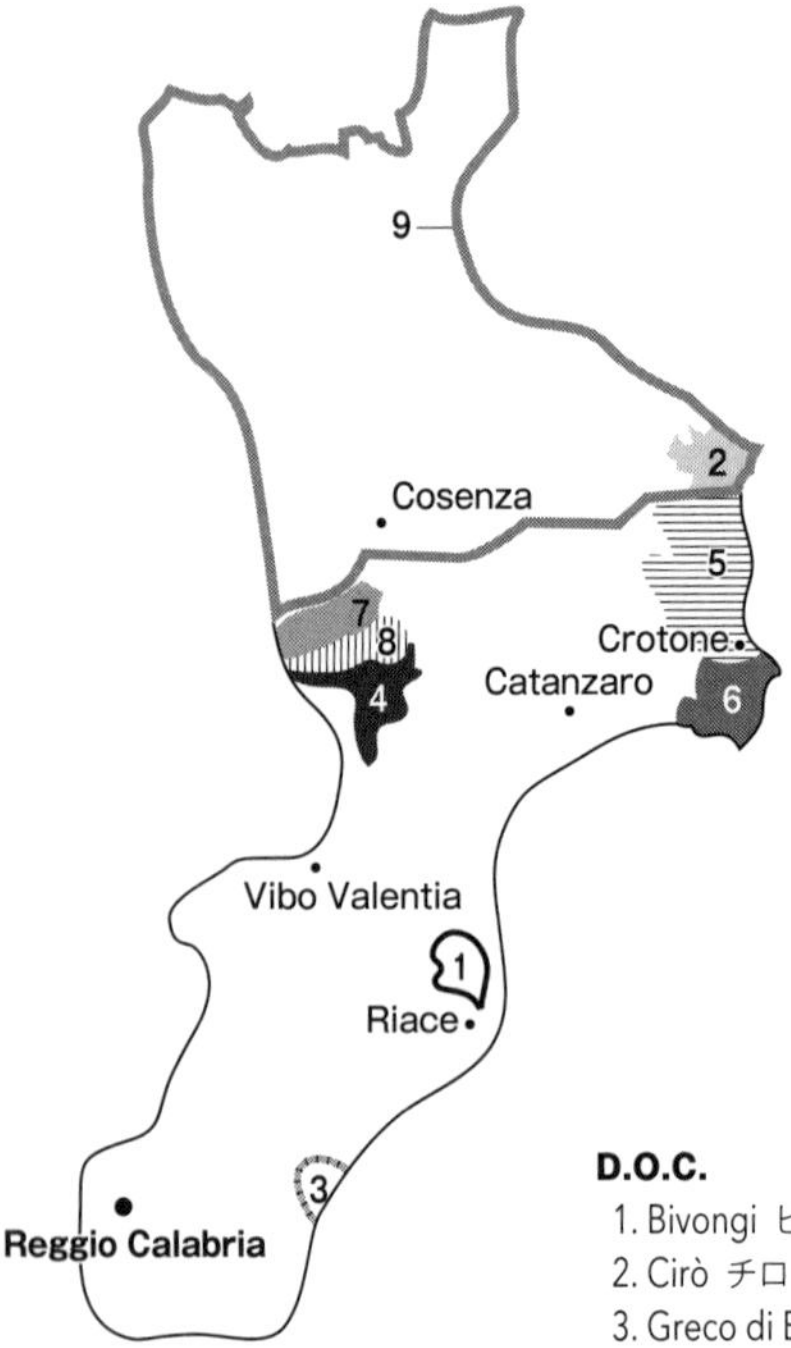

D.O.C.

1. Bivongi ビヴォンジ
2. Cirò チロ
3. Greco di Bianco グレコ・ディ・ビアンコ
4. Lamezia ラメツィア
5. Melissa メリッサ
6. Sant' Anna di Isola Capo Rizzuto
   サンタンナ・ディ・イゾラ・カポ・リッツート
7. Savuto サヴート
8. Scavigna スカヴィーニャ
9. Terre di Cosenza テッレ・ディ・コセンツァ

CIRÒ
チロ

DOC
(1969〜)

〈地域〉
カタンツァーロ県チロ、チロ・マリーナ、メリッサ、クリコーリの地域

2016
4,741,600本

	ha当たりのブドウの収穫	最低アルコール	最低熟成期間
⑦ROSSO ロッソ	11.5 t	12.5%	翌年1月1日以降
⑧—CLASSICO クラッシコ	11.5 t	12.5%	翌年1月1日以降
⑧—CLASSICO SUPERIORE クラッシコ・スペリオーレ	11.5 t	13.5%	翌年1月1日以降
⑨—CLASSICO SUPERIORE RISERVA クラッシコ・スペリオーレ・リゼルヴァ	11.5 t	13.5%	24カ月 翌年1月1日起算
⑧—SUPERIORE スペリオーレ	11.5 t	13.5%	翌年1月1日以降
⑨—SUPERIORE RISERVA スペリオーレ・リゼルヴァ	11.5 t	13.5%	24カ月 翌年1月1日起算

ガリオッポ種（アリアニコの一種）80%以上、その他認定黒ブドウ20%以下、バルベーラ種、カベルネ・フラン種、カベルネ・ソーヴィニヨン種、サンジョヴェーゼ種、メルロー種は10%以下。

色：ルビー色からバラ色まで。
香：繊細で力強い独特のブドウ香がある。
味：コクがあり、タンニンを感ずる辛口。熟成するに従いまろやかさを増す。

肉類のロースト、仔山羊の詰め物料理、軟質、半硬質チーズに向く。

	ha当たりのブドウの収穫	最低アルコール	最低熟成期間
⑥ROSATO ロザート	11.5 t	12.5%	

ロッソと同じ。

オレンジ色を帯びた薄いサクラ色で、繊細な花の香りがあり、調和のとれた辛口と薄甘口。

白身肉、肉入りソースのパスタ、軟質、半硬質チーズ。

	ha当たりのブドウの収穫	最低アルコール	最低熟成期間
③BIANCO ビアンコ	12.5 t	11%	

グレコ・ビアンコ種80%以上、トレッビアーノ・トスカーノ種20%以下。

麦わら色がかった黄色で独特な花の香りがあり、上品で個性的な味わいの辛口と薄甘口。

野菜のアンティパスト、マグロ、カジキマグロの料理、カラブリア地方のパスタ料理に向く。

赤：16〜18℃
白：8〜10℃
ロザート：12〜14℃

・San Francesco（サン・フランチェスコ）　・Malena（マレーナ）
・Ippolito（イッポリト）　・Librandi（リブランディ）

TERRE DI COSENZA
テッレ・ディ・コセンツァ

DOC
(2011〜)

〈地域〉
コセンツァ県の全地域

2016
866,100本

	ha当たりのブドウの収穫	最低アルコール	最低熟成期間
③BIANCO ビアンコ	11 t	10.5%	
①—SPUMANTE スプマンテ（メトド・クラッシコ）	11 t	11%	12カ月 内瓶内熟成9カ月

グレコ・ビアンコ種、ガルナッチャ・ビアンカ種、ペコレッロ種、モントニコ種で60%以上、その他白ブドウ40%以下。

緑掛かった麦わら色で、ブドウ香を含み、フレッシュ感のあるアロマティックな辛口白。

野菜類の前菜、海の幸のリゾット、白身魚のソテーなどに合う。

	ha当たりのブドウの収穫	最低アルコール	最低熟成期間
⑥ROSATO ロザート	11 t	10.5%	
①SPUMANTE ROSÈ スプマンテ・ロゼ（メトド・クラッシコ）	11 t	11%	12カ月 内瓶内熟成9カ月

マリオッコ種60%以上、その他認定黒ブドウ40%以下。

しっかりとしたバラ色で、デリケートな香りを含み、若々しく心地よいアロマのロゼ。

サラミ、スープ類、白身肉のソテーなどに合う。

	ha当たりのブドウの収穫	最低アルコール	最低熟成期間
⑦ROSSO ロッソ	11 t	11.5%	
⑧—RISERVA リゼルヴァ	11 t	11.5%	24カ月
⑦—NOVELLO ノヴェッロ	11 t	11.5%	
⑩—PASSITO パッシート	11 t	12+4%	
⑦⑩—VENDEMMIA TARDIVA ヴェンデミア・タルディーヴァ	11 t	11+2%	

ロザートと同じ。

しっかりしたルビー色で、独特のブドウ香を含み、アロマに富む赤ワイン。

肉類を使ったソースのパスタやリゾット、肉類のローストなどに合う。

※この他、マリオッコ、ガリオッポ、グレコ・ネーロ、アリアニコ、カラブレーゼ、カベルネ・ソーヴィニヨン、メルロー、サンジョヴェーゼの赤、グレコ・ビアンコ、ガルナッチャ・ビアンカ、マルヴァジア・ビアンカ、モントニコ・ビアンコ、ペコレッロ、シャルドネの白がある。ビアンコにはパッシートとヴェンデミア・タルディーヴァがある。

※ヴィーニャ（限定畑）のブドウの収穫量はさらに少なく規定されている。
※サブゾーンは、下記の通り7つ。
コッリーネ・デル・クラーティ、コンドレオ、ドンニチ、エザロ、ポッリーノ、サン・ヴィト・デル・ルッツィ、ヴェルビカーロ
それぞれのサブゾーンの規定は厳しく、ブドウの収穫量はさらに少なく、アルコール度数、熟成期間も異なる。また、リゼルヴァ、ノヴェッロ、パッシート、ヴェンデミア・タルディーヴァ、単一品種なども認められている。

白：8〜10℃　ロザート：12〜14℃　赤：16〜18℃
スプマンテ：8℃　ノヴェッロ：14〜16℃　甘口：12〜14℃

・Cantine Spadafora（カンティーネ・スパダフォーラ）
・Cantina Viola（カンティーナ・ヴィオーラ）　・Serracavallo（セッラカヴァッロ）

カラブリア州の他のDOC

・BIVONGI（ビヴォンジ）（1996～）
コセンツァ県ビヴォンジ中心に造られる赤、白、ロゼワイン。赤（ノヴェッロを含む）、ロゼはガリオッポ種、グレコ・ネロ種、白はグレコ・ビアンコ種、グァルダヴァッレ種、モントニコ種主体。

・GRECO DI BIANCO（グレコ・ディ・ビアンコ）（1980～）
レッジョ・カラブリア県で造られる白。グレコ・ビアンコ種95%以上で造られる黄金色の甘口ワイン。

・LAMEZIA（ラメツィア）（1978～）
カタンツァーロ県ラメツィア・テルメを中心に造られる。赤はネレッロ・マスカレーゼ種、ネレッロ・カップッチョ種主体。白はグレコ種、トレッビアーノ種主体。

・MELISSA（メリッサ）（1979～）
カタンツァーロ県メリッサを中心に造られる。赤はガリオッポ種主体。白はグレコ・ビアンコ種主体。

・SANT'ANNA DI ISOLA CAPO RIZZUTO（サンタンナ・ディ・イゾラ・カポ・リッツート）（1979～）
カタンツァーロ県カポ・リッツート島などで造られる。ガリオッポ種主体の赤とロゼ。

・SAVUTO（サヴート）（1975～）
コセンツァ県ロリアーノを中心に造られる白、赤とロゼ。白はモントニコ種主体でシャルドネ種、グレコ・ビアンコ種などを加える。赤とロゼはガリオッポ種主体。3年以上熟成しアルコールが13.5%に達したものはスペリオーレと表示できる。

・SCAVIGNA（スカヴィーニャ）（1994～）
カタンツァーロ県で造られる。白はトラミネル・アロマティコ種、シャルドネ種主体。赤とロゼはアリアニコ種、マリオッコ種、マルシリア・ネーラ種主体。ともに調和のとれた辛口ワイン。

SICILIA

シチリア州

シチリア州はイタリアの最南端の島を中心とする州で、アフリカのチュニジアまで300kmと近い。また、地中海最大の島であり、北東端は、メッシーナ海峡を隔ててカラブリア州と対する。島全体が山がちで、島東部には3000mを超えるエトナ火山がある。典型的な地中海性気候で、夏はサハラ砂漠からの熱風、シロッコが吹く。気候に恵まれていたことから、古くからブドウ栽培が行われていた。

シチリアはもともと、その歴史や芸術、文化の面から見ても極めて密度の濃い豊かさを持った土地であるが、ワイン醸造の側面からも同様のことがいえる。紀元前7世紀に伝えられたワイン造りは、フェニキア人、ギリシャ人、ローマ人、アラブ人、それに北ヨーロッパ民族によって継続され、特異なキャラクターを与えられている。

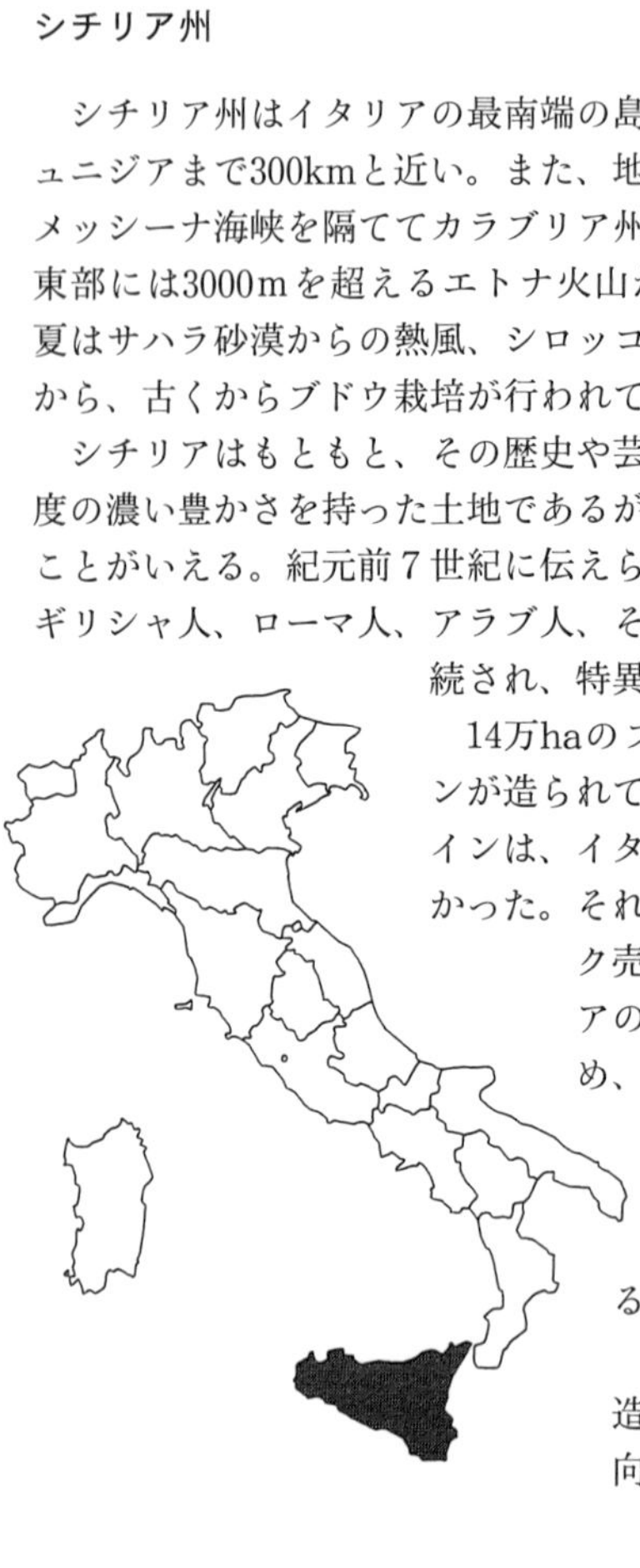

14万haのブドウ畑があり、膨大な量のワインが造られてきたが、近年までシチリア島のワインは、イタリア国内でもあまり流通していなかった。それはブレンド用のワインとしてバルク売りされていたからである。シチリアの平均気温は高く、乾燥しているため、ブドウの成長が早く、成熟した果実は糖度も高く着色効果も高いものになり、低コストでアルコール度数の高い、力強いワインが造れる。

1990年代の初め、この島のワイン造りに転機が訪れた。ワインの品質向上と消費者ニーズに合った味わい

のワイン造りには投資が必要であることが認識され、イタリア政府、州政府、関連団体の援助のもと、設備投資が行われ、多くの優れたワインが生み出されるようになった。

ワインの生産地域は、大きく3カ所に分けることができる。シチリア西部は、マルサラを中心にアルカモなど白ブドウをベースに造られるワインが主体である。中部は、ネーロ・ダヴォラ種、フラッパート種を使用したシチリア唯一のDOCGワイン、チェラスオーロ・ディ・ヴィットーリアが中心となっている。東部は、エトナ山を中心とする地域で、赤用にネレッロ・マスカレーゼ、ネレッロ・カプッチョ、白用にカッリカンテなどのブドウが栽培されている。また島の北側と西側では、それぞれマルヴァジア種とモスカート種から甘口ワインが造られる。

今日シチリアのブドウとして最も注目されているのが、ネーロ・ダヴォラ種で、カラブレーゼ種とも呼ばれている。ギリシャから移植されたといわれるこの品種は、色が濃く力強いワインになるが、ワインのバランスを取るのが難しい。今ではこの品種をベースにカベルネやメルロー、シラーなど国際品種を加えたワインも多くなってきている。

次に赤の土着品種として注目されているのは、ネレッロ・マスカレーゼで、熟成させるとピノ・ネロのような味わいになる。白で興味深いのはグリッロ種で、以前からマルサラ用に使われてきたが、このブドウは独特の酸味を持ち、フレッシュに仕上げることで人気を得てきている。また、この品種はネーロ・ダヴォラの変種ではないかともいわれている。

この島で古くから知られるワインにマルサラがある。カタッラット、グリッロ、インツォリアという3種の白ブドウで造られる酒精強化ワイン。18世紀後半にイギリス人商人ジョン・ウッドハウスによって考案された。黄金色、琥珀色、ルビー色と色による分類と甘さによる分類があ

るが、熟成期間によって1年のフィーネ、2年のスペリオーレ、4年のスペリオーレ・リゼルヴァ、5年のヴェルジネに分類される。しかしこのワインは、時代に合わないワインの一つになっており、食前酒としては強過ぎ、食後酒としても複雑さに欠け、現代風の味わいが期待される。

DOCGに昇格したチェラスオーロ・ディ・ヴィットーリアは、バランスの良いワインが多く生み出されるようになり、シチリアを代表する赤ワインになってきた。

島の南西、チュニジアに近いパンテッレリア島は風の強い島で、古くからヅィビッボと呼ばれるモスカート種からマスカットのアロマを残すモスカート・ディ・パンテッレリアが造られている。輝くような麦わら色で、アロマのしっかりとした甘口ワイン。シチリア名物のフレッシュ羊乳リコッタチーズから作るカッサータやカンノーリなど、この島独自のデザートに合う。このワインにはパッシートタイプ、リキュールタイプ、辛口もある。

アルカモは、他の外来白ブドウを加えて可能性のある白ワインになり、エトナは酸と果実味のバランスがポイントとなっており、ネレッロ・マスカレーゼ種を中心に興味深いワインが生み出されている。

比較的新しいDOCワイン、サンタマルゲリータ・ディ・ベリチェは、映画「山猫」の舞台となった地域のワインで、白はカタッラット、グレカニコ、赤はネーロ・ダヴォラ、メルロー主体で造られる。また、パレルモ県のコンテッサ・エンテッリーナのDOCでは、アンソニカ、ネーロ・ダヴォラなどの土着品種のほか、シャルドネ、メルローなどの品種からも優れたワインが生み出されている。

SICILIA
シチリア州

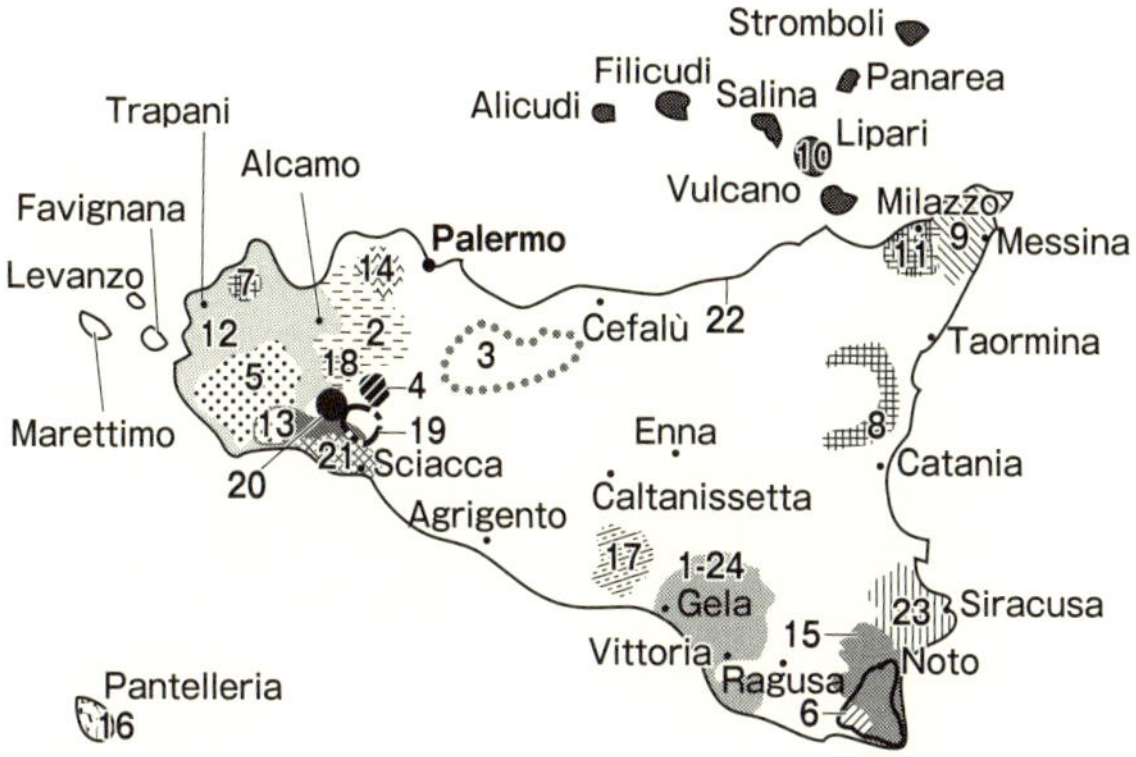

D.O.C.G.

1. Cerasuolo di Vittoria
チェラスオーロ・ディ・ヴィットーリア

D.O.C.

2. Alcamo アルカモ
3. Contea di Sclafani
コンテア・ディ・スクラファーニ
4. Contessa Entellina
コンテッサ・エンテッリーナ
5. Delia Nivolelli デリア・ニヴォレッリ
6. Eloro エローロ
7. Erice エリチェ
8. Etna エトナ
9. Faro ファーロ
10. Malvasia delle Lipari
マルヴァジア・デッレ・リパリ
11. Mamertino di Milazzo o Mamertino
マメルティーノ・ディ・ミラッツォ／マメルティーノ
12. Marsala マルサラ
13. Menfi メンフィ
14. Monreale モンレアーレ
15. Noto ノート
16. Pantelleria パンテッレリア
17. Riesi リエージ
18. Salaparuta サラパルータ
19. Sambuca di Sicilia
サンブーカ・ディ・シチリア
20. Santa Margherita di Belice
サンタ・マルゲリータ・ディ・ベリチェ
21. Sciacca シャッカ
22. Sicilia シチリア
23. Siracusa シラクーサ
24. Vittoria ヴィットーリア

CERASUOLO DI VITTORIA
チェラスオーロ・ディ・ヴィットーリア

DOCG
(2005〜)

〈地域〉
ラグーザ県のヴィットーリアとカルタニセッタ県の市町村

2016
942,800本

	ha当たりのブドウの収穫	最低アルコール	最低熟成期間
⑧DOCG	8 t	13%	7カ月
⑧—CLASSICO クラッシコ	8 t	13%	17カ月

ネーロ・ダヴォラ（カラブレーゼ）種50〜70%、フラッパート種30〜50%。

色：ルビー色がかった桜色。
香：繊細なワインらしい香りを含む。
味：ボディがしっかりしていてアルコールを感じさせる辛口。後口にわずかに苦味を感ずる。

白身肉のローストなどに向くが、熟成したものは赤身肉のローストなどの料理にも向く。

16〜18℃

※このワインは2005年、シチリア島のワインとして初めてDOCGワインに認定された。シチリア島の南部の生産地域は、石灰質の凝灰石と泥土壌が混ざった土壌で、標高は250メートル前後。
シチリア島には、古く地中海を行き来したフェニキア人によってブドウの木が移植され、続いてギリシャ人の移民によって栽培が行われた。BC3世紀の記録が残されている。9世紀、アラブ人によりブドウの木は取り払われたが、1092年、ノルマン王が再びブドウの木を植えた。17世紀の初頭、ヴィットーリアの町の創設者であるヴィットーリア・コロンナ・ヘンリケスが本格的にブドウ栽培を始めた。1900年代の半ばにはバルクで販売されていたが、1970年代、生産者協会が設立されて品質が向上した。
「チェラスオーロ」の名前は、この地方にある「ケラスケス」という赤い実のなる木に由来するといわれる。アブルッツォ地方のロゼワインも同様に「チェラスオーロ」と呼ばれるが、こちらはチェリーの花、つまり「桜色」という意味から「チェラスオーロ」と呼ばれるようになった。

- Cos（コス）
- Buccellato（ブッチェッラート）
- Avide（アヴィデ）
- Planeta（プラネタ）
- Maggiovini（マッジョヴィーニ）
- Poggio di Bartolone（ポッジョ・ディ・バルトローネ）

ALCAMO
アルカモ

DOC
(1972〜)

〈地域〉
トラパニ県アルカモ、パレルモ県サン・ジュゼッペ・イアートを中心とする市町村

2016
2,335,300本

	ha当たりのブドウの収穫	最低アルコール	最低熟成期間
③BIANCO ビアンコ	12 t	11%	
①—SPUMANTE スプマンテ	12 t	11%	
③⑤—VENDEMMIA TARDIVA ヴェンデミア・タルディーヴァ (甘口から辛口まで)	12 t	11+3%	

カタッラット種60%以上、アンソニカ（インツォリア）種、グリッロ種、グレカニコ種、シャルドネ種、ミュッラー・トゥルガウ種、ソーヴィニヨン種40%以下、その他認定ブドウ20%以下。

色：薄い緑色がかった明るい麦わら色から黄金色。香：ブドウ香を含む新鮮な香り。味：新鮮で果汁の風味を残す辛口。ヴェンデミア・タルディーヴァは甘口〜辛口まで。

魚介類のグリルやスープに向く。インヴォルティーニ・ディ・メランザーネ（ナスのロール巻）、フリッテッラ・ディ・ヴェルドゥーラ（野菜の揚げ物）などにも向く。ヴェンデミア・タルディーヴァ甘口は菓子類他、デザート用に向く。

8〜10℃　スプマンテ：8℃　甘口：10〜12℃

	ha当たりのブドウの収穫	最低アルコール	最低熟成期間
③—CLASSICO クラッシコ	12 t	11.5%	

カタッラット・ビアンコ・コムーネ種、カタッラット・ビアンコ・ルチド種80%以上、その他認定ブドウ20%以下。

やや濃い目の麦わら色で、果実や花の香りを含むボディーのしっかりとした白。

ビアンコと同じ

8〜10℃

	ha当たりのブドウの収穫	最低アルコール	最低熟成期間
⑦ROSSO ロッソ	11 t	11.5%	
⑧—RISERVA リゼルヴァ	11 t	12%	24カ月 内6カ月木樽熟成 12月1日起算
⑦—NOVELLO ノヴェッロ	11 t	11%	

カラブレーゼ（ネーロ・ダヴォラ）種60%以上、フラッパート種、サンジョヴェーゼ種、ペッリコーネ種、カベルネ・ソーヴィニヨン種、メルロー種、シラー種、単品種又は混醸で40%以下、その他認定ブドウ10%以下。

やや濃い目のルビー色で、スパイシーな果実香を含むしっかりと調和のとれた辛口。

サラミ、肉系のソースのパスタ、白身肉料理、牛肉のローストなど。

16〜18℃

※その他、白はカタッラット、アンソニカ、グリッロ、グレカニコ、シャルドネ、ミュッラー・トゥルガウ、ソーヴィニヨン、赤はネーロ・ダヴォラ（カラブレーゼ）、カベルネ・ソーヴィニヨン、メルロー、シラーなどが認められており、その品種を85%以上使用すれば、ラベルに品種名を記載することができる。又、ネレッロ・マスカレーゼ種、カラブレーゼ（ネーロ・ダヴォラ）種等主体のロゼはスプマンテも認められている。

- Rallo（ラッロ）
- Spadafora（スパダフォーラ）
- Pellegrino（ペッレグリーノ）
- Rapitara（ラピタラ）

CONTEA DI SCLAFANI
コンテア・ディ・スクラファーニ

DOC
(1996～)

〈地域〉

パレルモ県を中心にカルタニセッタ、アグリジェント県の市町村

2016
278,700本

	ha当たりのブドウの収穫	最低アルコール	最低熟成期間
⑦ROSSO ロッソ	10 t	11%	
⑧—RISERVA リゼルヴァ	10 t	12%	24カ月
⑦—NOVELLO ノヴェッロ	10 t	11%	

ネーロ・ダヴォラ種、ペリッコーネ種で50%以上。その他認定ブドウ10%未満。

紫がかったルビー色で、繊細で心地良いブドウ香を含みアロマのあるしっかりとした味わいの赤。

サラミ、トマト入りパスタ料理、仔羊肉のソテーなどの料理に合う。

	ha当たりのブドウの収穫	最低アルコール	最低熟成期間
⑥ROSATO ロザート	11 t	10.5%	
①—SPUMANTE スプマンテ	11 t	11.5%	

ネレッロ・マスカレーゼ種50%以上。その他認定ブドウ50%未満。

やや薄目のバラ色で、心地よい果実味を含みアロマがありデリケートな味わいの辛口ロゼ。

食前酒から魚ベースの料理に食中を通して楽しめるワイン。

	ha当たりのブドウの収穫	最低アルコール	最低熟成期間
③BIANCO ビアンコ	12 t	10.5%	
①—SPUMANTE スプマンテ	12 t	11.5%	

カタッラット種、インツォリア（アンソニカ）種、グレカニコ種で50%以上。

その他指定ブドウ50%未満。

緑がかった麦わら色で、繊細で心地よい香りを含み、アロマと旨みを含む辛口白。

魚介類のサラダ、イカ入りスパゲッティなど多くのパスタ料理に合う。

	ha当たりのブドウの収穫	最低アルコール	最低熟成期間
③ANSONICA/INZOLIA アンソニカ／インツォリア	12 t	10.5%	

アンソニカ（インツォリア）種で85%以上、その他認定ブドウ15%以下。

やや濃い目の麦わら色で、果実味がありバランスの良い辛口白。

ボイルしたマグロの料理、アサリのスパゲッティ、カジキマグロのソテーなどに合う。

※同様に、カタッラット、グレカニコ、グリッロ、シャルドネ、ピノ・ビアンコ、ソーヴィニヨンなどの白ブドウが認められており、その品種を85%以上使用すれば、ラベルに品種名を記載することができる。
また、DOLCE（甘口）、DOLCE VENDEMMIA TARDIVA（遅摘甘口）などがある。

	ha当たりのブドウの収穫	最低アルコール	最低熟成期間
⑦NERO D'AVOLA ネーロ・ダヴォラ	10 t	11%	
⑧—RISERVA リゼルヴァ	10 t	12%	24カ月
⑦—NOVELLO ノヴェッロ	10 t	11%	

ネーロ・ダヴォラ種85%以上、その他認定ブドウ15%以下。

スミレ色がかったルビー色で、独特の果実味があり、アロマのしっかりとした赤。

サラミ、ラグー入りパスタ、肉類のロースト料理、中程度の熟成チーズなど。

※このほか、ネレッロ・マスカレーゼ、ペッリコーネ、カベルネ・ソーヴィニヨン、メルロー、ピノ・ネロ、シラー、サンジョヴェーゼが認められており、その品種を85%以上使用すれば、ラベルに品種名を記載することができる。

白：8～10℃　スプマンテ：8℃　ロザート：12～14℃　赤：16～18℃　ドルチェ：10～12℃

・Tasca d'Almerita（タスカ・ダルメリータ）　・Feudo Montoni（フェウド・モントーニ）
・Castellucci Miano（カステッルッチ・ミアーノ）

CONTESSA ENTELLINA
コンテッサ・エンテッリーナ

DOC (1993〜)

〈地域〉
パレルモ県コンテッサ・エンテッリーナを中心とする地域

2016
128,700本

	ha当たりのブドウの収穫	最低アルコール	最低熟成期間
⑦ROSSO ロッソ	12 t	11.5%	
⑧—RISERVA リゼルヴァ	12 t	12%	24カ月 内6カ月木樽熟成

カラブレーゼ（ネーロ・ダヴォラ）種、シラー種で50%以上。他アロマティックでない認定黒ブドウ50%以下。

ルビー色で、熟成したものはガーネット色を帯びることもある。ワインらしい独特の濃密な香りがあり、滑らかな味わいの辛口。

サラミ類、肉を使ったソースのパスタ、肉類のローストなど。

16〜18℃

	ha当たりのブドウの収穫	最低アルコール	最低熟成期間
③BIANCO ビアンコ	12 t	11%	
④⑤—VENDEMMIA TARDIVA ヴェンディミア・タルディーヴァ	8 t	15%	18カ月 内500L以下の木樽で6カ月熟成

アンソニカ種50%以上。その他白ブドウ50%以下。

濃い目の麦わら色で、緑を帯びたものもある。独特の新鮮な果実の香りがあり若々しい辛口。

海産物のパスタやグリル、イワシ入りブロティーニなど。

8〜10℃　甘口：10〜12℃
ヴェンデミア・タルディーヴァ：10〜12℃

	ha当たりのブドウの収穫	最低アルコール	最低熟成期間
③ANSONICA アンソニカ	12 t	11.5%	

アンソニカ種85%以上。その他認定ブドウ15%以下。

濃い目の麦わら色でタルディーヴァは黄金色を帯びる。果実香があり、滑らかで口当たりが良いアロマを含むワイン。

甲殻類、海産物のリゾット、魚介類のグリルなど。

8〜10℃

※この他、ロゼ、赤ではメルロー、ネーロ・ダヴォラ、カベルネ・ソーヴィニヨン、シラー、ピノ・ネロ。白ではシャルドネ、グレカニコ、カタッラット、フィアーノ、ヴィオニエ、ソーヴィニヨンが各品種85%以上でDOCに認められている。また、上記白ブドウの2種混醸も認められている。

・Donnafugata（ドンナフガータ）

ELORO
エローロ

DOC
（1994〜）

〈地域〉

シラクーサ県とラグーザ県の多くの市町村

2016
441,300本

	ha当たりのブドウの収穫	最低アルコール	最低熟成期間
⑦ROSSO ロッソ	11 t	12%	

ネーロ・ダヴォラ種90%以上。フラッパート種、ピニャテッロ種で10%以下。

ややスミレ色がかったルビー色で、アルコール感がありタンニンを含むしっかりとした味わいがある。

ラグー入りパスタ料理、肉類のロースト、中程度の熟成チーズに合う。

⑥ROSATO ロザート	11 t	11.5%	

ネーロ・ダヴォラ種、フラッパート種、ピニャテッロ種で90%以上。その他ブドウ10%以下。

ややグレーがかったバラ色で、果実香を含むデリケートな香りを含む酸を感じる辛口。

シチリア風イワシ入りパスタ料理、マグロと玉ねぎの料理などに合う。

⑦PACHINO パキーノ（サブゾーン）	11 t	12%	5カ月
⑧—RISERVA リゼルヴァ	11 t	12%	24カ月 内6カ月木樽熟成 10月15日起算

ネーロ・ダヴォラ種が80%以上。フラッパート種、ピニャテッロ種で20%以下。

ややザクロ色がかったルビー色で、じゃ香の香りを含み、タンニンのしっかりとした赤。

仔羊肉のローストなど、肉類のロースト、グリル料理によく合う。

⑦NERO D'AVOLA ネーロ・ダヴォラ	11 t	12%	

ネーロ・ダヴォラ種、フラッパート種、ピニャテッロ種で90%以上。その他認定ブドウ10%以下。

しっかりしたルビー色で、独特の香りを含み、アロマを含むしっかりとした味わいの赤。

サラミから肉を使ったパスタ料理、肉類のローストなどに合う。

赤：16〜18℃
ロザート：12〜14℃

※このほか、フラッパート、ピニャテッロも90%以上で同様に認められている。

・Felice Modica（フェリーチェ・モディカ）
・Rudini（ルディニ）
・Tenuta La Favola（テヌータ・ラ・ファヴォラ）

ETNA
エトナ

DOC
(1968〜)

〈地域〉

カターニャ県のエトナ山東側の火山灰地域・20の市町村

2016
3,619,500本

ha当たりのブドウの収穫 / 最低アルコール / 最低熟成期間

③BIANCO ビアンコ
9 t　11.5%

カッリカンテ種60%以上、カタッラット種40%以下。

色：麦わら色から黄金色　香：カッリカンテ種独特の上品な香り。

味：新鮮でソフト、調和のとれた辛口。

アンティパスト、魚のフライ、小イカ入りスパゲッティ。

8〜10℃

④BIANCO SUPERIORE ビアンコ・スペリオーレ
9 t　12%

カッリカンテ種80%以上。トレッビアーノ種、ミンネッラ・ビアンカ種他アロマティックでない認定白ブドウ20%以下。

魚のグリル、魚の紙包み焼き、イワシ入りスパゲッティ。

8〜10℃

⑦ROSSO ロッソ
9 t　12.5%

⑧—RISERVA リゼルヴァ
8 t　13%　48カ月 内12カ月木樽熟成

ネレッロ・マスカレーゼ種80%以上、
ネレッロ・マンテッラート（ネレッロ・カップッチョ）種20%以下、その他アロマティックでない認定黒ブドウ10%以下。

色：ルビー色で熟成に従いガーネット色を帯びる。香：独特の濃密なブドウ香。モモの香りも含む。

味：しっかりして、コクがあり調和のとれた辛口。

肉入りのパスタ料理、肉のロースト、子羊のラグサーナ（シチリアで牛乳から造る硬質チーズ）風味。

16〜18℃

⑥ROSATO ロザート
9 t　12.5%

ロッソと同じ。

サクラ色から薄いルビー色で、繊細な香りがありまろやかな辛口。

Maccheroni con sarde alla Siciliana（マッケローニ・コン・サルデ・アッラ・シチリアーナ＝シチリア風イワシ入りマカロニ）、マグロと玉ネギの料理、クスクス（細かい粒状のパスタを蒸し、魚のスープをかけた料理）、白身肉などに向く。

12〜14℃

①SPUMANTE スプマンテ
9 t　11%　18カ月 瓶内二次発酵

ネレッロ・マスカレーゼ種60%以上、その他認定ブドウ40%以下。
※BRUTからEXTRA DRYまで。同種のブドウで造られるスプマンテ・ロザートもある。
スプマンテ：8〜10℃

- Barone di Villagrande（バローネ・ディ・ヴィッラグランデ）
- Biondi（ビオンディ）
- Benanti（ベナンティ）
- I Vigneri（イ・ヴィニェーリ）
- La Gelsomina（ラ・ジェルソミーナ）
- Cantine Nicosia（カンティーネ・ニコジア）

MALVASIA DELLE LIPARI
マルヴァジア・デッレ・リパリ

DOC
(1973〜)

〈地域〉
メッシーナ県リパリ島を中心とするエオリエ諸島

2016
94,000本

	ha当たりのブドウの収穫	最低アルコール	最低熟成期間
⑤DOC	9 t	8+3.5%	
⑤—PASSITO パッシート／DOLCE NATURALE ドルチェ・ナトゥラーレ	9 t	12+6%	7カ月
⑤—LIQUOROSO リクオローゾ	9 t	16+4%（アルコールを添加してから）	6カ月

マルヴァジア・デッレ・リパリ種92%以上、コリント・ネロ種5〜8%。

色：黄金色がかった黄色。
香：原料ブドウのアロマが適度に感じられる。
味：甘く滑らかで調和がとれている。

シチリア地方のリコッタチーズを使ったドルチェや甘味類に向く。瞑想用にも向く。

10〜12℃

※パッシートとは、摘み取ったブドウを陰干しし、干しブドウ状に糖度を上げてから発酵させたワインで、一般的には甘口。
パッシート、リクオローゾはともに黄金色から琥珀色まであり、独特の濃密なアロマとコクのある甘口ワイン。

- Hauner（ハウネル）
- Cantine Colosi（カンティーネ・コロージ）
- Barone di Villagrande（バローネ・ディ・ヴィッラグランデ）

MARSALA
マルサラ

DOC
(1969〜)

〈地域〉
トラバニ県のアルカモ島を除く全ての市町村

2016
15,322,700本

	haあたりのブドウの収穫	最低アルコール	最低熟成期間
④FINE フィーネ	9〜10 t	17.5%	12カ月
④⑤SUPERIORE スペリオーレ	9〜10 t	18%	24カ月
④⑤SUPERIORE RISERVA スペリオーレ・リゼルヴァ	9〜10 t	18%	48カ月
④VERGINE ヴェルジネ／ SOLARES ソラーレス	9〜10 t	18%	60カ月
④VERGINE STRAVECCHIO ヴェルジネ・ストラヴェッキオ／ SOLARES STRAVECCHIO ソラーレス・ストラヴェッキオ	9〜10 t	18%	120カ月
④VERGINE RISERVA ヴェルジネ・リゼルヴァ／ SOLARES RISERVA ソラーレス・リゼルヴァ	9〜10 t	18%	120カ月

カタッラット種、グリッロ種、インツォリア種（OROオーロとAMBRAアンブラはグリッロ種、カタッラット種、アンソニカ種、ダマスキーノ種を使用できる。RUBINOルビーノはペッリコーネ（ピニャテッロ）、カラブレーゼ（ネーロ・ダヴォラ）、ネレッロ・マスカレーゼ種70％以上、その他認定ブドウ30％以下。

色：黄金色のオーロ、琥珀色のアンブラ、ルビー色のルビーノがある。
香：エニシダやアーモンドの香りもある。
味：辛口のセッコ、中辛口のセミ・セッコ、甘口のドルチェがある。

・食前酒、調理用、甘味類、食後酒。
・甘口、中甘口はリコッタチーズを使ったシチリア名物のカッサータやカンノーリに合う。

・食前酒：10〜12℃
・デザート用：12〜14℃
・食後酒：12〜14℃

※ソラーレスとはシェリー酒同様に樽回しを行って熟成されたもの。

〈色による分類〉 ORO（オーロ）黄金色
AMBRA（アンブラ）コハク色
RUBINO（ルビーノ）ルビー色

〈甘さによる分類〉
SECCO（セッコ）（辛口）残糖分40g／l未満
SEMI SECCO（セミ・セッコ）（中辛口）残糖分40〜100g／l
DOLCE（ドルチェ）（甘口）残糖分100g／l以上

※マルサラの造り方
アルコール度12％以上のベースワインを造り、同じブドウから造ったエチルアルコールかブランデーを加え、アルコールを強化して造られるが、中辛口、甘口には、さらにシフォーネと呼ばれる熟成させたアルコールとモストのミックスと濃縮モストを加えて造る。アンブラタイプのみモスト・コット（煮詰めたモスト）を加えても良いことになっている。

・Florio（フローリオ）　・Rallo（ラッロ）
・Pellegrino（ペッレグリーノ）　・De Bartoli（デ・バルトリ）

MENFI メンフィ

DOC (1995～)

〈地域〉
アグリジェント県のメンフィを中心とする地域と、トラパニ県の一部の市町村

2016 1,329,100本

	ha当たりのブドウの収穫	最低アルコール	最低熟成期間
③BIANCO ビアンコ	12t	11%	
③FEUDO DEI FIORI フェウド・デイ・フィオーリ	12t	11.5%	
⑦ROSSO ロッソ	12t	12%	
⑧—RISERVA リゼルヴァ	12t	12.5%	24カ月
⑦BONERA ボネーラ	12t	12%	
⑧—RISERVA リゼルヴァ	12t	12.5%	24カ月
③GRECANICO グレカニコ	12t	11%	

③BIANCO ビアンコ　12t　11%

インツォリア種、シャルドネ種、カタッラット・ビアンコ・ルチド種、グレカニコ種で75%以上。その他のアロマッティックでない認定白ブドウ25%以下。

やや緑がかった麦わら色で、軽やかでデリケートな香りを含み、心地よい味わいの白。

前菜、魚介類のフライ、イカ入りスパゲッティなどに合う。

③FEUDO DEI FIORI フェウド・デイ・フィオーリ　12t　11.5%

シャルドネ種、インツォリア（アンソニカ）種で80%以上。その他の白ブドウ20%以下。

やや緑がかった麦わら色で、ブドウ香があり、アロマを含んだ心地よい飲み口の白。

魚介類のグリル、魚の紙包み焼、若いチーズなどに合う。

⑦ROSSO ロッソ　12t　12%
⑧—RISERVA リゼルヴァ　12t　12.5%　24カ月

ネーロ・ダヴォラ種、サンジョヴェーゼ種、メルロー種、カベルネ・ソーヴィニヨン種、シラー種で70%以上。その他認定ブドウ30%以下。

しっかりとしたルビー色で、独特な香りとスパイスを含み、タンニンを感じる赤。

サラミ、肉入りソースのパスタ料理、肉類のローストなどに合う。

⑦BONERA ボネーラ　12t　12%
⑧—RISERVA リゼルヴァ　12t　12.5%　24カ月

カベルネ・ソーヴィニヨン種、ネーロ・ダヴォラ種、メルロー種、サンジョヴェーゼ種で85%以上。その他認定ブドウ15%以下。

ややガーネット色を帯びたルビー色で、ブドウ香、スパイスを含み果実、タンニンを感じる赤。

イワシ入りパスタ料理、仔羊肉のソテーなどに合う。

③GRECANICO グレカニコ　12t　11%

グレカニコ種85%以上。その他認定白ブドウ15%以下。

やや緑がかった麦わら色で、果実香を含み、しっかりとした味わいの辛口白。

海産物の前菜、海の幸のパスタ料理、魚のグリルなどに合う。

白：8～10℃
赤：16～18℃

※この他、シャルドネ、インツォリア（アンソニカ）などの白はそれぞれ85%以上で、また、ヴェンデミア・タルディーヴァは単一もしくは混醸の甘口白ワイン。
赤は、ネーロ・ダヴォラ、サンジョヴェーゼ、カベルネ・ソーヴィニヨン、シラー、メルローが認められている。

- Settesoli（セッテソーリ）
- Planeta（プラネタ）
- Feudo Arancio（フェウド・アランチョ）

NOTO
ノート

DOC
(1974～)

〈地域〉

シラクサ県のノートを中心とする地域

2016
738,500本

	ha当たりのブドウの収穫	最低アルコール	最低熟成期間
⑤MOSCATO DI NOTO モスカート・ディ・ノート	12.5 t	9.5+2%	
②—SPUMANTE スプマンテ	12.5 t	8+5%	
⑤—LIQUOROSO リクオローゾ	12.5 t	15+6%	5カ月（アルコール添加後5カ月）
⑤—PASSITO DI NOTO パッシート・ディ・ノート	12.5 t	9.5+8.5%	

モスカート・ビアンコ種100%。

金色がかった黄色で、独自のアロマを含む独特の甘口白。

クリームをベースにしたタルトやカッサータのような羊乳リコッタチーズを使用したドルチェ。

	ha当たりのブドウの収穫	最低アルコール	最低熟成期間
⑦ROSSO ロッソ	12 t	12.5%	

ネーロ・ダヴォラ種65%以上、その他アロマティックでない認定黒ブドウ35%以下。

ルビー色で、ワイン香を含むしっかりとした味わいの赤。

サラミや肉類のグリル、中程度の熟成チーズに合う。

	ha当たりのブドウの収穫	最低アルコール	最低熟成期間
⑦NERO D'AVOLA ネーロ・ダヴォラ	11 t	13%	

ネーロ・ダヴォラ種85%以上、その他アロマティックでない認定黒ブドウ15%以下。

濃い目のきれいなルビー色で、デリケートなワイン香を含み、しっかりとした味わいの赤。

赤身肉のグリルや網焼き、羊肉のオーブン焼きなどに合う。

甘口白：10～12℃
リクオローゾ：12～14℃
赤：16～18℃
スプマンテ：8℃

・Zisola（ジゾラ）
・Barone Sergio（バローネ・セルジョ）
・Tenuta La Favola（テヌータ・ラ・ファヴォラ）
・Felice Modica（フェリーチェ・モディカ）

PANTELLERIA
パンテッレリア

DOC
(1971〜)

〈地域〉
トラパニ県パンテッレリア島全域。トラパニよりもチュニジアに近い島

2016
1,283,500本

	ha当たりのブドウの収穫	最低アルコール	最低熟成期間
⑤MOSCATO DI PANTELLERIA モスカート・ディ・パンテッレリア	10 t	11+4%	
⑤PASSITO DI PANTELLERIA パッシート・ディ・パンテッレリア	10 t	14+6%	翌年6月1日以降
②PANTELLERIA MOSCATO SPUMANTE パンテッレリア・モスカート・スプマンテ	10 t	6+6%	
⑤PANTELLERIA MOSCATO DORATO パンテッレリア・モスカート・ドラート	10 t	15.5+6%	
⑤PANTELLERIA MOSCATO LIQUOROSO パンテッレリア・モスカート・リクオローゾ	10 t	15+6%	
⑤PANTELLERIA PASSITO LIQUOROSO パンテッレリア・パッシート・リクオローゾ	10 t	15+7%	翌年2月1日以降
⑤PANTELLERIA ZIBIBBO DOLCE パンテッレリア・ヅィビッボ・ドルチェ	10 t	10% 糖分全量の3分の1が未発酵でなけれけれならない	
③PANTELLERIA BIANCO パンテッレリア・ビアンコ	10 t	11.5%	
①—FRIZZANTE フリッツァンテ	10 t	11.5%	

ヅィビッボ（モスカート・ビアンコ）種100%。
※ビアンコ、フリッツァンテはヅィビッボ種85%、その他認定ブドウ15%以下。

色：濃い黄金色から黄色、琥珀色まで。香：モスカート特有の個性的な芳香。
味：後口にマスカットの風味が残る快い甘口。

カンノーリ（シチリアの名物の菓子。揚げた筒状の生地に新鮮な羊乳リコッタチーズとフルーツ果皮砂糖漬けを混ぜ、詰めた菓子）、カッサータ（羊乳リコッタチーズとチョコレートチップ、果皮砂糖漬けなどを混ぜてつくったケーキ）、その他ビスケット、甘い菓子類、瞑想用にも向く。

8〜12℃　辛口白、フリッツァンテ：8〜10℃

※リクオローゾはワインにミステル（モストとアルコールの混合物）を加えてアルコールを補強し、長期に保存できるようにしたリキュールタイプのワイン。

- Salvatore Murana（サルヴァトーレ・ムラーナ）
- De Bartoli（デ・バルトリ）
- Donnafugata（ドンナフガータ）

	'03	'04	'05	'06	'07	'08	'09	'10	'11	'12	'13	'14	'15	'16
pantelleria パンテッレリア	★★★★	★★★★	★★★★	★★★★	★★★★★	★★★★★	★★★★★	★★★★★	★★★★★	★★★★	★★★★★	★★★	★★★★★	★★★★★

SALAPARUTA
サラパルータ

DOC
(2006～)

〈地域〉
トラパニ県のサラパルータを中心とする地域

2016
1,466,700本

	ha当たりのブドウの収穫	最低アルコール	最低熟成期間
⑦ROSSO	13 t	12.5%	
⑧—RISERVA	11 t	14%	24カ月 内6カ月木樽熟成
⑦—NOVELLO	13 t	11.5%	

ネーロ・ダヴォラ種65%以上。その他アロマティックでない認定黒ブドウ35%以下。
ノヴェッロは、ネーロ・ダヴォラ種50%以上、メルロー種20%以上。

濃い目のルビー色で、心地よいブドウの香りを含み、アロマを残すしっかりした味わいの赤。

仔牛肉のソテーや肉類のロースト料理などに合う。

	ha当たりのブドウの収穫	最低アルコール	最低熟成期間
③BIANCO	13 t	12%	

カタッラット種60%以上、その他アロマティックでない認定白ブドウ40%以下。
（トレッビアーノ・トスカーノを除く）

麦わら色で、繊細な香りを含み、味わいのある辛口白。

前菜の盛合せや魚介類のフリットなどに合う。

	ha当たりのブドウの収穫	最低アルコール	最低熟成期間
③GRILLO	12 t	12%	

グリッロ種85%以上。その他アロマティックでない認定白ブドウ15%以下。
（トレッビアーノ・トスカーノを除く）

しっかりとした麦わら色で、独特の香りを含み、アロマと旨みを含む辛口白。

甲殻類の前菜や魚介類の網焼き、白身肉のソテーなどに合う。

	ha当たりのブドウの収穫	最低アルコール	最低熟成期間
⑦NERO D'AVOLA	12 t	13%	
⑧—RISERVA	11 t	14%	24カ月 内6カ月木樽熟成

ネーロ・ダヴォラ種85%以上。その他アロマティックでない認定黒ブドウ15%以下。

濃い目のルビー色で、果実香を含み、スパイスやアロマを感じるしっかりとした味わいの赤。

肉類のグリルや子豚の丸焼きなどの料理、中程度の熟成チーズに合う。

※この他、赤はカベルネ・ソーヴィニヨン、メルロー、シラー、白は、カタッラット、シャルドネ、インツォリアがある。

赤：16～18℃
白：8～10℃

・Duca di Salaparuta（ドゥーカ・ディ・サラパルータ）
・Madonna del Piraio（マドンナ・デル・ピライオ）
・Villa Scaminaci（ヴィッラ・スカミナーチ）

VITTORIA
ヴィットーリア

DOC
(2005〜)

〈地域〉
ラグーザ県のヴィットーリアとカルタニセッタ県の市町村

2016
752,800本

	ha当たりのブドウの収穫	最低アルコール	最低熟成期間
⑦ROSSO ロッソ	10 t	12%	5カ月
⑦CALABRESE (NERO D'AVOLA) カラブレーゼ(ネーロ・ダヴォラ)	10 t	12%	7カ月
⑦FRAPPATO フラッパート	10 t	12%	7カ月
③ANSONICA (INZOLIA/ INSOLIA) アンソニカ(インツォリアまたはインソリア)	10 t	11.5%	
⑦NOVELLO ノヴェッロ	10 t	11.5%	

⑦ROSSO ロッソ
10 t　12%　5カ月

カラブレーゼ(ネーロ・ダヴォラ)種50〜70%以上、フラッパート種30〜50%。

色:ルビー色がかった桜色。香:繊細なワイン香を含む。味:ボディがしっかりとしていて、アルコールを感じさせる辛口。後味にわずかに苦味が残る。

白身肉のローストに向くが、熟成すれば赤身肉のローストなどにも向く。

16〜18℃

⑦CALABRESE (NERO D'AVOLA) カラブレーゼ(ネーロ・ダヴォラ)
10 t　12%　7カ月

カラブレーゼ(ネーロ・ダヴォラ)種85%以上、その他アロマティックでない認定黒ブドウ15%以下。

ルビー色でデリケートな香りを含む、アロマのある赤ワイン。

16〜18℃

⑦FRAPPATO フラッパート
10 t　12%　7カ月

フラッパート種85%以上、その他アロマティックでない認定黒ブドウ15%以下。

ルビー色で果実香を含む心地良い味の赤。

16〜18℃

③ANSONICA (INZOLIA/ INSOLIA) アンソニカ(インツォリアまたはインソリア)
10 t　11.5%

アンソニカ(インツォリアまたはインソリア)種85%以上、その他の白ブドウ15%以下。

麦わら色で果実香を含み柔らかくバランスの良い辛口白。

8〜10℃

⑦NOVELLO ノヴェッロ
10 t　11.5%

カラブレーゼ(ネーロ・ダヴォラ)種及びフラッパート種80%以上、その他認定黒ブドウ20%以下。

ややスミレ色を帯びたルビー色で果実とスパイス香を含む赤。

16〜18℃

※赤ワインは古くからフランスや北イタリアの銘醸ワイナリーに原料として売られてきたワインだが、近年の品質向上は著しい。長期の熟成に耐えるワインである。

- Cos(コス)
- Buccellato(ブッチェッラート)
- Avide(アヴィデ)
- Bortolone(ボルトローネ)
- Maggiovini(マッジョヴィーニ)
- Planeta(プラネタ)

シチリア州の他のDOC

・DELIA NIVOLELLI（デリア・ニヴォレッリ）（1998～）
トラパニ県で造られる。白、赤の他、ダマスキーノ、シャルドネ、グレカニコ、グリッロ、インツォリア、ミュッラー・トゥルガウ、ソーヴィニヨン、ネーロ・ダヴォラ、カベルネ、メルロー、シラー、ピニャテッロ、サンジョヴェーゼなどのワイン。ノヴェッロ、スプマンテも含む。

・ERICE（エリチェ）（2004～）
トラパニ県のエリチェを中心とする地域で造られる。白はカタッラット種主体、スプマンテはシャルドネ主体、甘口スプマンテは、ヅィビッボ（モスカート・ビアンコ）種主体で造られる。また、ソーヴィニヨン種主体のヴェンデミア・タルディーヴァ（遅摘み）もある。甘口にはモスカート、パッシートがある。赤は、ネーロ・ダヴォラ種主体で24カ月以上熟成させたリゼルヴァもある。

・FARO（ファーロ）（1976～）
メッシーナ県ファーロとガンツィッリで造られる赤。ネレッロ・マスカレーゼ種主体のルビー色の辛口。アメリカへも輸出されている。

・MONREALE（モンレアーレ）（2000～）
パレルモ県モンレアーレを中心に造られる。白、赤、ロゼの他、インツォリア、カタッラット、シャルドネ、グリッロ、ピノ・ビアンコ、カベルネ・ソーヴィニヨン、ネーロ・ダヴォラ、メルロー、ペッリコーネ、ピノ・ネロなどのワインがある。白はカタッラット種とインツォリア種主体。赤はカラブレーゼ（ネーロ・ダヴォラ）種、ペッリコーネ種主体。ロゼはカラブレーゼ（ネーロ・ダヴォラ）種、ネレッロ・マスカレーゼ種、カベルネ・ソーヴィニヨン種主体。ヴェンデミア・タルディーヴァもある。

・RIESI（リエージ）（2001～）
カルタニセッタ県ブテーラ、リエージ、マッツァリーノで造られる。白はアンソニカ（インツォリア）種またはシャルドネ種主体、赤はカラブレーゼ（ネーロ・ダヴォラ）種、またはカベルネ・ソーヴィニヨン種主体。ロゼはカラブレーゼ（ネーロ・ダヴォラ）種、ネレッロ・マスカレーゼ種、カベルネ・ソーヴィニヨン種主体。ノヴェッロ、スプマンテもある。

・SAMBUCA DI SICILIA（サンブーカ・ディ・シチリア）（1995～）
アグリジェント県シャッカに近いサンブーカ中心に造られる。赤、白、ロゼの他、シャルドネ、カベルネ・ソーヴィニヨンのワイン。白はアンソニカ種、カタッラット種、シャルドネ種、赤とロゼはネーロ・ダヴォラ種、ネレッロ・マスカレーゼ種、サンジョヴェーゼ種、カベルネ種主体。

・SANTA MARGHERITA DI BELICE（サンタ・マルゲリータ・ディ・ベリチェ）（1996～）
アグリジェント県サンタ・マルゲリータ・ディ・ベリチェ中心に造られる。赤、白、カタッラット、グレカニコ、アンソニカ、ネーロ・ダヴォラ、サンジョヴェーゼのワイン。白はアンソニカ種、カタッラット種、グレカニコ種主体、赤はネーロ・ダヴォラ種、サンジョヴェーゼ種、カベルネ・ソーヴィニヨン種主体。

・SCIACCA（シャッカ）（1973～）
アグリジェント県シャッカを中心に造られる。赤、白、ロゼの他、インツォリア、グレカニコ、シャルドネ、ネーロ・ダヴォラ、カベルネ・ソーヴィニヨン、メルロー、サンジョヴェーゼのワインがある。白はインツォリア種、グレカニコ種、カタッラット種、シャルドネ種、赤はメルロー種、ネーロ・ダヴォラ種、サンジョヴェーゼ種、カベルネ種主体。リゼルヴァ・ラヤーナという白もある。

※シチリアのワインとして世界中に知られているブランドにCORVO（コルヴォ）やREGALEALI（レガレアーリ）がある。CORVOを造るDuca di Salapaluta社には、ネーロ・ダヴォラ種を100%使用し、大樽と新小樽で熟成させた長期の熟成に耐える赤ワインDUCA ENRICO（ドゥーカ・エンリーコ）がある。REGALEALIを造るTasca d'Almerita社にはネーロ・ダヴォラ種主体のROSSO DEL CONTE（ロッソ・デル・コンテ）、また自社開発したソーヴィニヨン・タスカ種主体の白ワインがある。近年両社ともにプレステージの高い白ワインを目指し、コロンバ・プラティノ、ノッツェ・ドーロなどを造り好評を得た。これらのワインもDOCワインに組み込まれた。
また近年Donnafugata（ドンナフガータ）、Planeta（プラネタ）、Cos（コス）、Maggiovini（マッジョヴィーニ）などの新しい会社も独自の新しいワインを生み出している。

SARDEGNA

サルデーニャ州

サルデーニャ島は地中海の西部に位置し、シチリア島に次いで地中海で2番目に大きな島である。島の形から大男の足跡がこの島を形成したと言い伝えられていた。

島全体が岩に覆われ、北はボニファーチョ海峡を隔ててフランス領コルシカ島と対する。昔からあまり豊かな島ではなかった。州都は南部の中心都市カリアリ。古くからフェニキア、ローマ、ビザンチンなどの支配を受けた。海岸沿いは異民族の略奪に晒される危険が多いため住民たちは内陸部に住み、羊や星を見て暮らしたといわれる。

18世紀にはサルデーニャ王国、19世紀にはイタリア王国に併合された。

北部のコスタ・ズメラルダに代表される素晴らしい海岸線が開発されたのは第二次大戦後のことで、それまで海岸線に人が住むことは少なかった。

サルデーニャ島のブドウ畑は、絶壁にしがみつくような海岸沿い、自然にできた彫刻のような丘の上、オーク樫やコルク樫の森に囲まれた高地などさまざまである。

ブドウの品種は、島の中部、北部のヴェルメンティーノ、南部のカリニャーノ、内陸部のカンノナウ種と、スペイン、カタルーニャ地方の移民が持ち込んだといわれる品種が多く、ワイン造りは、19世紀以降サヴォイア家の支配を受け発展した。

サルデーニャでは、現在でもサルデーニャ語が話されているなど、伝

統に則った生活様式や社会風習、料理が保たれており、イタリア国内においても独自の文化を持つ島として認知されている。

DOCワインの生産地域が島全土で認められているワインにカンノナウ・ディ・サルデーニャ、ヴェルメンティーノ・ディ・サルデーニャ、モスカート・ディ・サルデーニャ、モニカ・ディ・サルデーニャなどがあるが、生産地域は北部、中央部、南部の３つに分けることができる。北部はアルゲーロ、DOCGのヴェルメンティーノ・ディ・ガッルーラなどがある。中央部は、古くからのワイン、ヴェルナッチャ・ディ・オリスターノ、カンノナウ・ディ・サルデーニャのイェルツ、オリエーナがある。南部は、モスカート、ジロ、ヌラグス、ナスコ、カリニャーノ・デル・スルチスがあるが、ほとんどがこの地域独自のブドウ品種である。

〈ヴェルメンティーノ・ディ・ガッルーラ〉

島の北部で造られる、この島唯一のDOCGワイン。1800年代初頭、サヴォイア家のヴィットリオ・エマヌエーレ２世の命により興されたブドウの産地である。これは、海との接岸地域周辺に町を興すという重要な目的があったからである。この地域には主に北からの物資が届き、密輸にとって好立地であったため、対抗策として軍を派遣するだけでなく、新しい社会を作り出す必要があった。この地に新規入植した小作農者の多くがピエモンテ地方出身者であったため、ブドウ栽培が盛んになった。

このワインは麦わら色で独特の心地好いデリケートは果実香があり、辛口でしっかりとした味わいがあり、後口に苦味を含む。甲殻類や魚のグリル、魚介類の煮込み料理などに合うが、この島では伊勢海老のサラダ、アラゴスタ・アッラ・カタラーナなどの料理に合わせることが多い。

〈カンノナウ・ディ・サルデーニャ〉

島全土で造られるワインで、カンノナウ種を90%以上使用する。スペインからこの島に伝わったアリカンテ種がカンノナウと呼ばれるようになった。ヌオーロ県、カリアリ県で造られるものの品質が高いといわれている。ワインは濃いルビー色で熟成するとオレンジ色を帯びる。熟成果実や松ヤニの香りを含み、独特の風味があるが、辛口から甘口、ロゼ、辛口リキュールタイプ、甘口リキュールタイプまでがある。

このほか、この島には多くのワインがあるが、1995年DOCに認められたアルゲーロには、カベルネ種ほか多くの外来種が認められている。その中で興味深いのは、トルバート種である。他の品種よりも2割も水分量の少ない詰まったブドウで、味わいがあり、新鮮な海の幸に良く合う辛口白ワインになる。

マルヴァジア、モスカート種から甘口ワインも造られるが、少量でそのほとんどが地元で消費されている。

近年、本土出身のエノロジストによって造られた、地元品種に外来品種を加えたワイン、「テッレ・ブルーネ」や「トゥリーガ」などもその品質が認められるようになった。

SARDEGNA
サルデーニャ州

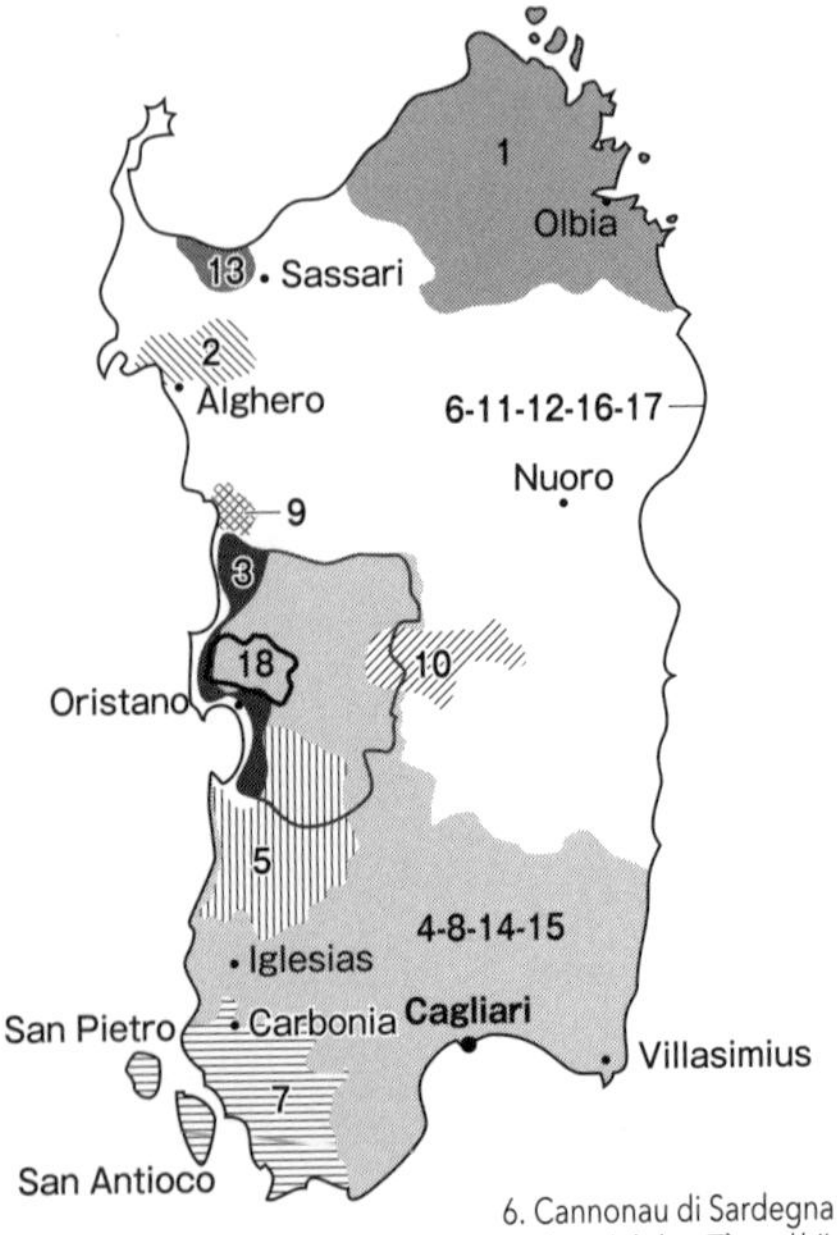

D.O.C.G.

1. Vermentino di Gallura
   ヴェルメンティーノ・ディ・ガッルーラ

D.O.C.

2. Alghero アルゲーロ
3. Arborea アルボレーア
4. Cagliari カリアリ
5. Campidano di Terralba o Terralba
   カンピダーノ・ディ・テッラルバ／テッラルバ
6. Cannonau di Sardegna
   カンノナウ・ディ・サルデーニャ
7. Carignano del Sulcis
   カリニャーノ・デル・スルチス
8. Girò di Cagliari
   ジロ・ディ・カリアリ
9. Malvasia di Bosa マルヴァジア・ディ・ボーザ
10. Mandrolisai
    マンドロリザイ
11. Monica di Sardegna
    モニカ・ディ・サルデーニャ
12. Moscato di Sardegna
    モスカート・ディ・サルデーニャ
13. Moscato di Sorso-Sennori o Moscato di Sorso o Moscato di Sennori
    モスカート・ディ・ソルソ・センノーリ／モスカート・ディ・ソルソ／モスカート・ディ・センノーリ
14. Nasco di Cagliari
    ナスコ・ディ・カリアリ
15. Nuragus di Cagliari
    ヌラーグス・ディ・カリアリ
16. Sardegna Semidano
    サルデーニャ・セミダーノ
17. Vermentino di Sardegna
    ヴェルメンティーノ・ディ・サルデーニャ
18. Vernaccia di Oristano
    ヴェルナッチャ・ディ・オリスターノ

VERMENTINO DI GALLURA
ヴェルメンティーノ・ディ・ガッルーラ

DOCG（1996～）

〈地域〉
サッサリ、ヌオーロの周辺地域

2016
6,010,700本

	ha当たりのブドウの収穫	最低アルコール	最低熟成期間
③⑤DOCG	10 t	12%	翌年1月15日以後
③⑤—VENDEMMIA TARDIVA ヴェンデミア・タルディーヴァ	10 t	13%	翌年1月15日以後
①②—SPUMANTE スプマンテ（9カ月瓶内二次発酵のメトド・クラッシコもある）	10 t	10.5%	12月1日以後
①②—FRIZZANTE フリッツァンテ	10 t	10.5%	12月1日以後
④—PASSITO パッシート	10 t	14+1%	翌年5月1日以後
④⑤—SUPERIORE スペリオーレ	9 t	13%	翌年1月15日以後

ヴェルメンティーノ種95%以上。その他アロマティックでない認定白ブドウ５%以下。

色：薄い麦わら色から麦わら色まで。
香：独特の心地よいデリケートな香り。
味：辛口でやわらかく、アルコールがしっかりとしていて後口にわずかに苦味を含む。

甲殻類や魚のグリル、魚介類の煮込み料理などに向く。特に生ガキやイセエビに合うが、アラゴスタ・アッラ・カタラーナ（カタロニア風イセエビのサラダ）、フリッティ・ディ・マーレ（海産物のフライ）などの料理に合う。

白：8～10℃
スプマンテ：8℃
甘口：10～12℃

※南イタリアの白ワインとして1996年、初めてDOCGに認められたワイン。ヴェルメンティーノ種は1300年頃、当時力を持っていたジェノヴァ人によってこの島にもたらされたといわれる。スペインのアンダルシア地方からカタルーニャ、プロヴァンス、リグーリア地方を経てコルシカ島へ伝えられ、1800年代末にサルデーニャ島北部に伝えられた。もともとはアンダルシア地方の島に生まれた品種で、気候のよく似たサルデーニャ島の水が少なく風の強い気候がよく合っていた。しかし、伝えられて間もなく、運悪くフィロキセラ禍に見舞われ、大きな打撃を受けた。
1918年以降、この品種は島全土に植えられるようになり、島全土で造られるワインがDOCに認められるようになったが、最も気候の適した北部で独自のしっかりとした味わいのワインが生み出されるようになった。また、ここでは特殊な酵母が使われ、独自の繊細な香りを生み出すのに一役買っているといわれる。
1950年代には地域内に3つの生産者組合が作られ、1975年にDOC、1996年にDOCGワインに認められた。

・Capichera（カピケーラ）
・Pedra Majore（ペドラ・マヨーレ）
・Depperu Andrea（デッペル・アンドレア）
・Mancini（マンチーニ）
・Cantina Gallura（カンティーナ・ガッルーラ）

ALGHERO アルゲーロ

DOC (1995〜)

〈地域〉
サッサリ県のアルゲーロを中心とする多くの市町村

2016
3,745,500本

	ha当たりのブドウの収穫	最低アルコール	最低熟成期間
③BIANCO ビアンコ	16 t	10%	
①②—FRIZZANTE フリッツァンテ	16 t	10.5%	
①②—SPUMANTE スプマンテ	16 t	11.5%	
⑤—PASSITO パッシート	16 t	13.5+2.5%	

推奨又は認定ブドウ。

LE ARENARIEやNURAGHE MAJORE（セッラ・モスカ社）などは麦わら色で心地よい香りがあり、アロマティックで味わいのある辛口白ワイン。フリッツァンテは辛口と中甘口がある。

魚介類に向く。

③TORBATO トルバート	14 t	11%	
①②—SPUMANTE スプマンテ	14 t	11.5%	

トルバート種85%以上。その他認定ブドウ15%以下。

TERRE BIANCHE（セッラ・モスカ社）は黄金色を帯びた麦わら色で、果実香を含む新鮮な味わいの辛口白ワイン。スプマンテは辛口から甘口まである。

魚介類の料理に向く。特にイセエビのサラダによく合う。

⑩ROSSO LIQUOROSO ロッソ・リクオローゾ	15 t	17.5+3.5%	36カ月
⑩—RISERVA リゼルヴァ	15 t	17.5+3.5%	60カ月

地域の推奨又は認定ブドウ。

濃いガーネット色でクルミや果実香を含む味わいのある甘口。

フルーツを使ったタルトや食事外にも向く。

※この他、ロッソ、ロッソ・リゼルヴァ、ロザート、ロザート・フリッツァンテ、ソーヴィニヨン、シャルドネ、サンジョヴェーゼ、カニュラーリ、カニュラーリ・リゼルヴァ、カベルネ、カベルネ・リゼルヴァ、メルロー、メルロー・リゼルヴァ、ヴェルメンティーノ・フリッツァンテ、ノヴェッロなどもDOCに認められている。

赤：16〜18℃
白：8〜10℃
スプマンテ：8℃
リクオローゾ：12〜14℃
パッシート：10〜12℃

・Santa Maria La Palma（サンタ・マリア・ラ・パルマ）
・Sella & Mosca（セッラ・モスカ）

CAGLIARI
カリアリ

DOC
(2011〜)

〈地域〉
カリアリ県の多くの市町村、カルボニア・イグレシアス、メディオ・カンピダーノ、オリスターノ県の一部の市町村

2016
649,300本

	ha当たりのブドウの収穫	最低アルコール	最低熟成期間
③⑤MALVASIA マルヴァジア	11 t	14%	
④⑤—RISERVA リゼルヴァ	11 t	14%	12カ月
①②—SPUMANTE スプマンテ	11 t	12%	

マルヴァジア・ディ・サルデーニャ種85%以上。その他認定白ブドウ15%以下。

やや濃い目の麦わら色で、独特の香りを含み、アルコールは高め。辛口から甘口まである。
しっかりした味わいで後口にアーモンドの苦味が残る。

各種デザート及び食事外のも向く。

8〜10℃　甘口：10〜12℃　スプマンテ：8℃

	ha当たりのブドウの収穫	最低アルコール	最低熟成期間
⑦⑩MONICA モニカ	11 t	13%	
⑧⑩—RISERVA リゼルヴァ	11 t	13%	24カ月

モニカ種85%以上。その他認定黒ブドウ15%以下。

やや明るいルビー色で、心地よい香りを含み、やや酸味を感じる。辛口から甘口まである。

サラミ類、肉を使ったソースのパスタ料理などに向く。

16〜18℃　甘口：12〜14℃

	ha当たりのブドウの収穫	最低アルコール	最低熟成期間
⑤MOSCATO モスカート	11 t	14%	

モスカート種85%以上。その他認定白ブドウ15%以下。

金色がかった黄色で、独特のしっかりしたアロマを含む甘口。
独特のマスカットのブドウの味わいを残す心地よい甘みがある。

フルーツを使ったタルトやリコッタチーズのケーキに向く。

10〜12℃

	ha当たりのブドウの収穫	最低アルコール	最低熟成期間
③⑤VERMENTINO ヴェルメンティーノ	15 t	10.5%	
④⑤—SUPERIORE スペリオーレ	11 t	12%	

ヴェルメンティーノ種85%以上。その他認定白ブドウ15%以下。

やや緑がかった麦わら色で、心地よい香りを含む辛口で、
後口にわずかに苦味を残す。辛口の他に甘口もある。

前菜から魚料理全般に向く。リゼルヴァは甲殻類のグリルなどに向く。

8〜10℃　甘口：10〜12℃

※2011年、カリアリ周辺のDOC、マルヴァジア、モニカ、モスカート、ヴェルメンティーノが併合され、カリアリDOCとなった。

- Santadi（サンタディ）
- Meloni Vini（メローニ・ヴィーニ）
- Algiolas（アルジョラス）

CANNONAU DI SARDEGNA
カンノナウ・ディ・サルデーニャ

DOC
(1972～)

〈地域〉
サルデーニャ島全域

2016
13,341,900本

	ha当たりのブドウの収穫	最低アルコール	最低熟成期間
⑦ROSSO ロッソ	11 t	12.5%	翌年4月1日以後
⑧—RISERVA リゼルヴァ	11 t	13%	24カ月 内6カ月は木樽熟成
色：濃いルビー色で熟成するとオレンジ色を帯びる。香：独特の心地よい香り。熟成果実や松ヤニの香りも含む。味：個性的で独特の風味がある。			
⑩PASSITO パッシート	11 t	13+2%	12カ月
⑧LIQUOROSO SECCO リクオローゾ・セッコ ※辛口リキュールタイプ	11 t	18%	12カ月 内6カ月木樽熟成
⑩LIQUOROSO DOLCE リクオローゾ・ドルチェ ※残糖分50g／lの甘口	11 t	16%	12カ月 内6カ月木樽熟成

カンノナウ種85%以上、その他アロマティックでない認定黒ブドウ15%以下。

	ha当たりのブドウの収穫	最低アルコール	最低熟成期間
⑧CLASSICO クラッシコ	9 t	13.5%	24カ月 内12カ月木樽熟成

カンノナウ種90%以上、その他アロマティックでない認定黒ブドウ10%以下。

辛口はイノシシ肉のロースト、甘口はビスケット、ペコリーノ、サルドチーズに向く。
若いうちはあらゆる料理に向き、熟成するとサラミ類、白身肉、赤身肉のロースト料理などに向く。

※カポ・フェッラート、オリエーナ（ネペンテ・ディ・オリエーナ）、イエルズのサブゾーンがある。

	ha当たりのブドウの収穫	最低アルコール	最低熟成期間
⑥ROSATO ロザート	11 t	12.5%	翌年1月1日以後

ロッソと同じ。
明るいサクラ色でさっぱりとした味。
魚介類のスープ、豚肉など白身肉のソテー。

赤：16～18℃　　ロザート：12～14℃
中甘口、甘口：12～14℃　　リクオローゾ：12～16℃

※スペインからサルデーニャ島に伝わったアリカンテ種がカンノナウと呼ばれるようになった。ヌオーロ県やカリアリ県で造られるものの品質が高いといわれている。

・Argiolas（アルジョラス）　・Meloni Vini（メローニ・ヴィーニ）
・Sella & Mosca（セッラ・モスカ）　・Trexenta（トレクセンタ）　・Gabbas（ガッバス）

	'03	'04	'05	'06	'07	'08	'09	'10	'11	'12	'13	'14	'15	'16
cannonau di sardegna カンノナウ・ディ・サルデーニャ	★★★★★	★★★★★	★★★★1/2	★★★1/2	★★★★	★★★★1/2	★★★★1/2	★★★★	★★★★	★★★1/2	★★★★1/2	★★★★1/2	★★★★★	★★★★1/2

CARIGNANO DEL SULCIS
カリニャーノ・デル・スルチス

DOC（1977〜）

〈地域〉
サルデーニャ島の南西部スルチスを中心とする17の市町村

2016
3,228,500本

	ha当たりのブドウの収穫	最低アルコール	最低熟成期間
⑦ROSSO ロッソ	11 t	12%	40日間瓶内熟成
⑧—RISERVA リゼルヴァ	11 t	12.5%	24カ月 内6カ月は木樽熟成
⑨—SUPERIORE スペリオーレ	7.5 t	13%	24カ月 内6カ月木樽熟成
⑩—PASSITO パッシート	7.5 t	14+2%	6カ月 内3カ月は瓶内熟成
⑦—NOVELLO ノヴェッロ	11 t	11.5%	

カリニャーノ種85%以上、その他アロマティックでない認定黒ブドウ15%以下。

ルビー色で濃密で心地良い香りがあり、アロマを含む辛口。ノヴェッロは果実味がある。
パッシートは滑らかな甘口。

仔牛の料理、仔山羊の料理、子豚の料理など。熟成したものは肉類のロースト、ジビエなどに、甘口はデザートに、また食事外にも。

16〜18℃
パッシート：14〜16℃

	ha当たりのブドウの収穫	最低アルコール	最低熟成期間
⑥—ROSATO ロザート	11 t	11.5%	

ロッソと同じ。

やや濃い目のバラ色で心地良いワインらしい香りを含み、調和の取れた辛口。

サラミ類、半硬質チーズ。

12〜14℃

・Santadi（サンタディ）
・Sardus Pater（サルドゥス・パテル）
・Calasetta（カラセッタ）

MONICA DI SARDEGNA
モニカ・ディ・サルデーニャ

DOC
(1972～)

〈地域〉
サルデーニャ島全域

2016
2,664,100本

	ha当たりのブドウの収穫	最低アルコール	最低熟成期間
⑦DOC	15 t	11%	5カ月
⑩—AMABILE アマービレ	15 t	11%	5カ月
①②—FRIZZANTE フリッツァンテ	15 t	11%	5カ月
⑧—SUPERIORE スペリオーレ	15 t	12.5%	10カ月

モニカ種85%以上、その他アロマティックでない認定黒ブドウ15%以下。

明るいルビー色で熟成すると濃い紅色になる。エーテル香を含む心地良い香りの辛口、中甘口、弱発泡性。

サラミ類、肉入りパスタ類、肉類のグリルなど。

16～18℃
甘口：14～16℃

・Argiolas（アルジョラス）
・Santadi（サンタディ）
・Trexenta（トレクセンタ）
・Meloni Vini（メローニ・ヴィーニ）

NURAGUS DI CAGLIARI
ヌラーグス・ディ・カリアリ

DOC
(1974～)

〈地域〉
カリアリ県全地域

2016
2,192,300本

	ha当たりのブドウの収穫	最低アルコール	最低熟成期間
③⑤DOC	16 t	10.5%	
①②—FRIZZANTE フリッツァンテ	16 t	10.5%	

ヌラーグス種85%以上、その他認定白ブドウ15%以下。

色：やや薄い麦わら色、時に緑がかっていることもある。香：心地よいブドウの香り。
味：辛口からやや甘味を含むものまで。アロマを含み酸もしっかりとしている。

魚介類の前菜からスープ、パスタ類まで。

8～10℃　甘口：10～12℃

・Argiolas（アルジョラス）　・Santadi（サンタディ）
・Cantina di Calasetta（カンティーナ・ディ・カラセッタ）

VERMENTINO DI SARDEGNA
ヴェルメンティーノ・ディ・サルデーニャ

DOC (1988～)

〈地域〉
サッサリ、ヌオーロを中心とするサルデーニャ島全域

2016
14,951,200本

	ha当たりのブドウの収穫	最低アルコール	最低熟成期間
③⑤DOC	16 t	10.5%	
①②—SPUMANTE スプマンテ（BrutとDemiseccoがある）	16 t	10＋1%	
①②—FRIZZANTE フリッツァンテ	16 t	10.5%	

ヴェルメンティーノ種85%以上、その他のアロマティックでない認定白ブドウ15%以下。

色：薄い麦わら色から緑がかった麦わら色まで。
香：独特の心地よい香り。
味：フレッシュ感と味わいがあり、後口にわずかに苦味を含む（辛口と中甘口がある）。

魚料理全般に向く。

8～10℃
スプマンテ：8℃
中甘口：10～12℃

- Meloni Vini（メローニ・ヴィーニ）
- Santadi（サンタディ）
- Sella & Mosca（セッラ・モスカ）
- Argiolas（アルジョラス）
- Giovanni Cherchi（ジョヴァンニ・ケルキ）

VERNACCIA DI ORISTANO ヴェルナッチャ・ディ・オリスターノ

DOC (1971〜)

〈地域〉
オリスターノ県オリスターノを中心とする15の市町村

2016
70,800本

	ha当たりのブドウの収穫	最低アルコール	最低熟成期間
④DOC	8 t	15%	24カ月
④—SUPERIORE スペリオーレ	8 t	15.5%	24カ月
④—RISERVA リゼルヴァ	8 t	15.5%	48カ月
④⑤—LIQUOROSO リクオローゾ	8 t	16.5%	36カ月

ヴェルナッチャ・ディ・オリスターノ種100%。

色：黄金色で熟成に従いコハク色を帯びる。
香：アーモンドの花の繊細な香り。
味：上品で繊細かつしっかりとした辛口で、後口にほのかな苦味が残る。リクオローゾは辛口から甘口まである。

食前酒、アンティパスト類、甲殻類、貝類に向く。
生ガキにも向く。食後や食事外にもよい。リクオローゾの辛口は食前酒に、甘口はデザートに向く。

食前酒：8℃
食事中：8〜10℃
リクオローゾ：10〜14℃

※ヴェルナッチャ種は14世紀にスペインからオリスターノの地に伝わったと思われる。
このワインはオリスターノの守護神聖女ジュスティーナの涙から生まれたという言い伝えがある。

- F. lli Serra（フラテッリ・セッラ）
- Josto Puddu（ヨスト・プッドゥ）
- Meloni Vini（メローニ・ヴィーニ）
- Attilio Conti（アッティーリオ・コンティ）
- CONTINI（コンティーニ）

サルデーニャ州の他のDOC

・ARBOREA（アルボレーア）（1987～）
オリスターノ県で造られる。サンジョヴェーゼ種主体の赤とロゼの他、トレッビアーノ種主体の白がある。白には弱発泡性ワインもある。

・CAMPIDANO DI TERRALBA／TERRALBA（カンピダーノ・ディ・テッラルバ／テッラルバ）（1975～）
カリアリ県テッラルバを中心に造られる赤。ボヴァーレ種主体のルビー色で力強い辛口。リゼルヴァ、スペリオーレもある。

・GIRÒ DI CAGLIARI（ジロ・ディ・カリアリ）（1972～）
カリアリ県全域で造られる赤。ジロ種から造られる。明るいルビー色で辛口と甘口の他、リキュールタイプも認められている。長期熟成に耐える強壮酒として知られる。

・MALVASIA DI BOSA（マルヴァジア・ディ・ボーザ）（1972～）
ヌオーロ県ボーザを中心に造られる白。マルヴァジア種から造られる。辛口と甘口。アルコールが高くしっかりした味わいがある。リゼルヴァ、スプマンテもある。

・MANDROLISAI（マンドロリザイ）（1981～）
ヌオーロ県とオリスターノ県にまたがる地域で造られる。赤とロゼがある。ボヴァーレ・サルド種、カンノナウ種、モニカ種主体の辛口。アルコールが12.5％以上、24カ月以上の熟成でスペリオーレと表示できる。

・MOSCATO DI SARDEGNA（モスカート・ディ・サルデーニャ）（1979～）
サルデーニャ県全域で造られる甘口ワイン。モスカート・ビアンコ種主体でブドウの芳香の残る白と発泡性甘口ワイン。また、パッシート、ストラマトゥーロもある。

・MOSCATO DI SORSO-SENNORI／MOSCATO DI SORSO／MOSCATO DI SENNORI（モスカート・ディ・ソルソ・センノーリ／モスカート・ディ・ソルソ／モスカート・ディ・センノーリ）（1972～）
サッサリ県のソルソとセンノーリで造られる甘口白ワイン。モスカート・ビアンコ種のアロマが残るデザートワイン。スプマンテ他リキュールタイプも認められている。

・NASCO DI CAGLIARI（ナスコ・ディ・カリアリ）（1972～）
カリアリ県全域で造られるナスコ種主体の白。辛口から甘口まで。辛口は食前酒、甘口は甘味類に向く。リキュールタイプ。リキュールタイプのリゼルヴァもある。

・SARDEGNA SEMIDANO（サルデーニャ・セミダーノ）（1995～）
カリアリ、サッサリ、ヌオーロ、オリスターノなど広い地域でセミダーノ種主体で造られる白ワイン。辛口、スペリオーレの他、スプマンテ、パッシートがある。

イタリアの主な高級テーブルワイン

(一般的にはスーパー・ヴィーノ・ダ・ターヴォラと呼ばれるワイン)

日本でも高価な日本酒が2級酒のカテゴリーで売られていたのと同様に、イタリアでもDOCG、DOCのワクからはずれてテーブルワインの位置づけで高級ワインが造られるようになった。これは1968年、“サッシカイア”の出現に始まるもので、その地域の指定品種と違う世界的に人気のある品種を使い、バリック樽(オーク材の小樽)を使うなど伝統的な方法と違った製法で造られたワインがほとんどだ。赤ではカベルネ・ソーヴィニヨン種、ピノ・ネロ種、メルロー種、白ではシャルドネ種、ソーヴィニヨン種などを使い、独自の方法で高級ワインに仕上げたものが多い。

これらのワインは世界的な味に合わせて造られ、その多くは外国に輸出されるが、価格もDOCGやDOCワインより高いものがほとんどだ。また、カテゴリーとしてはほとんどのワインがIGTに分類されている。ただ、これらのすばらしいワインの出現により、イタリアワインがさらにわかりにくくなったのは事実だろう。さて、ここではそのなかの主なものをいくつか紹介することにしよう。

なお、ブドウの配合、生産本数は年によって多少変わる。

ピエモンテ

ワイン名	生産者名	使用ブドウ
MONSORDO（現在 DOC LANGHE ROSSO）	Ceretto	カベルネ・ソーヴィニヨン、メルロー、シラー
HARYS（現在 DOC LANGHE ROSSO）	Gillardi	シラー100%

ロンバルディア

ワイン名	生産者名	使用ブドウ
MAURIZIO ZANELLA	Ca'del Bosco	カベルネ・ソーヴィニヨン50%、カベルネ・フラン25%、メルロー25%
PINERO	Ca'del Bosco	ピノ・ネロ100%
CARMENERO	Ca'del Bosco	カルメネーレ100%

トレンティーノ・アルト・アディジェ

ワイン名	生産者名	使用ブドウ
VIGNA DELLE DOLOMITI	Foradori	テロルデゴ100%
SAN LEONARDO	Tenuta San Leonardo	カベルネ・ソーヴィニヨン、カルメネーレ、メルロー
RITRATTO	La Vis-Ritratti	テロルデゴ、ラグレイン

ヴェネト

ワイン名	生産者名	使用ブドウ
FRATTA	Maculan	カベルネ・ソーヴィニヨン54%、カベルネ・フラン46%
ACININOBILI	Maculan	ヴェスパイオーラ100%
LA POJA	Allegrini	コルヴィーナ・ヴェロネーゼ100%
I CAPITELLI	Anselmi Roberto	ガルガーネガ100%
CAMPOFIORIN	Masi	コルヴィーナ、ロンディネッラ、モリナーラ

フリウリ・ヴェネツィア・ジューリア

ワイン名	生産者名	使用ブドウ
BRENG BIANCO	Gravner	ソーヴィニヨン、シャルドネ、ピノ・グリージョ、リースリング・イタリコ

エミリア・ロマーニャ

ワイン名	生産者名	使用ブドウ
RONCO DELLE GINESTRE	Castelluccio	サンジョヴェーゼ100%
RONCO DEL RE	Castelluccio	ソーヴィニヨン・ブラン100%

MASSICONE	Castelluccio	カベルネ・ソーヴィニヨン50%、サンジョヴェーゼ50%
MARZIENO	Zerbina	サンジョヴェーゼ60〜80%、カベルネ・ソーヴィニヨン10〜20%、メルロー10〜20%、シラー15%、アンチェッロッタ3%
MITO	Fattoria Paradiso	メルロー、カベルネ・ソーヴィニヨン、シラー、バルバロッサ

マルケ

ワイン名	生産者名	使用ブドウ
AKRONTE CABERNET SAUVIGNON	Boccadigabbia	カベルネ・ソーヴィニヨン100%
BARRICADIERO	Aurora	モンテプルチャーノ100%
BAROCCO	Terre Cortesi Moncaro	カベルネ・ソーヴィニヨン50%、モンテプルチャーノ50%
CHAOS	Fattoria Le Terrazze	モンテプルチャーノ50%、シラー25%、メルロー25%
KURNI	Oasi degli Angeli	モンテプルチャーノ100%
LUDI	Velenosi Ercole	モンテプルチャーノ85%、カベルネ・ソーヴィニヨン、メルローで15%
PELAGO	Umani Ronchi	モンテプルチャーノ50%、カベルネ・ソーヴィニヨン40%、メルロー10%

トスカーナ

ワイン名	生産者名	使用ブドウ
50&50	Avignonesi e Capannelle	メルロー50%、サンジョヴェーゼ50%
ALLEANZA	Castello di Gabbiano	メルロー60%、カベルネ・ソーヴィニヨン40%
ARCIBALDO	Cennatoio Inter Vineas	カベルネ・ソーヴィニヨン50%、サンジョヴェーゼ・グロッソ50%
AVVOLTRE	Moris Farms	サンジョヴェーゼ75%、カベルネ・ソーヴィニヨン20%、シラー5%
BRANCAIA IL BLU	La Brancaia	メルロー70%、サンジョヴェーゼ25%、カベルネ・ソーヴィニヨン5%
BRUNO DI ROCCA	Vecchio Terre di Montefieri	カベルネ・ソーヴィニヨン100%
CABREO IL BORGO	Tenute del Cabreo	サンジョヴェーゼ70%、カベルネ・ソーヴィニヨン30%
CAMARTINA	Querciabella	カベルネ・ソーヴィニヨン70%、サンジョヴェーゼ30%

CASALFERRO	Barone Ricasoli-Brolio	サンジョヴェーゼ、メルロー
CEPPARELLO	Isole e Olena	サンジョヴェーゼ100%
CIGNALE	Castello di Quarceto	カベルネ・ソーヴィニヨン90%、メルロー10%
CORTACCIO	Villa Cafaggio	カベルネ・ソーヴィニヨン100%
FONTALLORO	Felsina	サンジョヴェーゼ100%
FRACCIANELLO	Fontodi	サンジョヴェーゼ100%
GABBRO	Montepeloso	カベルネ・ソーヴィニヨン100%
I SODI DI SAN NICCOLÒ	Castellare di Castellina	サンジョヴェーゼ85%、マルヴァジア・ネーラ15%
IL CABERLOT DI CARNASCIALE	Il Carnasciale	カベルネ・ソーヴィニヨン、メルロー
IL CABERNET	Il Carnasciale	カベルネ・ソーヴィニヨン、メルロー
IL CARBONAIONE	Poggio Scalette	サンジョヴェーゼ100%
IL PALETO	Folonari-Tenute Nozzole	カベルネ・ソーヴィニヨン100%
LA GIOIA	Riecine	サンジョヴェーゼ100%
LA VIGNA DI ALCEO	Castello di Rampolla	カベルネ・ソーヴィニヨン85%、プティ・ヴェルド15%
LAMAIONE	Frescobaldi-Castelgiocondo	メルロー100%
L'APPARITA	Castello di Ama	メルロー100%
LE PERGOLE TORTE	Montevertine	サンジョヴェーゼ100%
LE STANZE DEL POLIZIANO	Poliziano	カベルネ・ソーヴィニヨン70%、メルロー30%
LUCE DELLA VITE	Frescobaldi-Luce della Vite	サンジョヴェーゼ50%、メルロー50%
LUPICAIA	Castello di Terriccio	カベルネ・ソーヴィニヨン85%、メルロー10%、プティ・ヴェルド5%
MAGARI	Gaja-Ca'Marcanda	メルロー50%、カベルネ・ソーヴィニヨン25%、カベルネ・フラン25%
MASSETO	Tenuta dell'Ornellaia	メルロー100%
MESSORIO	Le Macchiole	メルロー100%
MODUS	Tenimenti Ruffino	サンジョヴェーゼ50%、カベルネ・ソーヴィニヨン25%、メルロー25%
MORMORETO	Frescobaldi-Nipozzano	カベルネ・ソーヴィニヨン、サンジョヴェーゼ、プティ・ヴェルド、カベルネ・フラン
NAMBROT	Tenuta di Ghizzano	メルロー60%、カベルネ・ソーヴィニヨン20%、プティ・ヴェルド20%
NERO DEL TONDO	Tenimenti Ruffino	ピノ・ネロ100%
OLMAIA	Col d'Orcia	カベルネ・ソーヴィニヨン100%

ORENO	Tenuta Sette Ponti	メルロー45%、カベルネ・ソーヴィニヨン40%、プティ・ヴェルド15%
PALAFRENO	Querciabella	メルロー100%
PIPA DELLE MORE	Castello Vicchiomaggio	サンジョヴェーゼ90%、カベルネ・ソーヴィニヨン10%
PUPA PEPU	Bellino Roberto-Podere Brizio	サンジョヴェーゼ主体、カベルネ・ソーヴィニヨン
REDIGAFFI	Tua Rita	メルロー100%
ROCCATO	Rocca delle Macie	サンジョヴェーゼ主体、カベルネ・ソーヴィニヨン
ROMITORIO DI SANTEDAME	Tenimenti Ruffino	コロリーノ60%、メルロー40%
SAFFREDI	Fattoria Le Pupille	カベルネ・ソーヴィニヨン、メルローで90%、プティ・ヴェルド10%
SAN MARTINO	Villa Cafaggio	サンジョヴェーゼ100%
SASSOALLORO	Biondi Santi	サンジョヴェーゼ・グロッソ100%
SCRIO	Le Macchiole	シラー100%
SIEPI	Castello di Fonterutoli	サンジョヴェーゼ50%、メルロー50%
SOLAIA	Antinori	カベルネ・ソーヴィニヨン、プティ・ヴェルド
SOLENGO	Argiano	メルロー、シラー、カベルネ・ソーヴィニヨン、プティ・ヴェルド
SUMMUS	Castello Banfi	サンジョヴェーゼ40%、カベルネ・ソーヴィニヨン35%、シラー25%
SUOLO	Argiano	サンジョヴェーゼ・グロッソ100%
TERRINE	Castello della Paneretta	サンジョヴェーゼ50%、カナイオーロ50%
TIGNANELLO	Antinori	サンジョヴェーゼ80%、カベルネ・ソーヴィニヨン15%、カベルネ・フラン5%
TORO DESIDERIO	Avignonesi	メルロー85%、カベルネ・ソーヴィニヨン15%

アブルッツォ

ワイン名	生産者名	使用ブドウ
EDIZIONE 5 AUTOCTONI	Farnese	モンテプルチャーノ33%、プリミティーヴォ30%、サンジョヴェーゼ25%、ネグロアマーロ7%、マルヴァジア・ロッサ5%

ウンブリア

ワイン名	生産者名	使用ブドウ
CAMPOLEONE	La Fiorita-Lamborghini	メルロー50%、サンジョヴェーゼ50%
VILLA FIDELIA	Sportoletti Ernesto & Remo	メルロー70%、カベルネ・ソーヴィニヨン20%、カベルネ・フラン10%

CERVARO DELLA SALA	Antinori-Castello della Sala	シャルドネ80%、グレケット20%
MUFFATO DELLA SALA	Antinori-Castello della Sala	ソーヴィニヨン60%、グレケット、トラミネル、リースリング、セミヨン40%
SAN GIORGIO	Lungarotti	カベルネ・ソーヴィニヨン50%、サンジョヴェーゼ40%、カナイオーロ10%
MARCILIANO	Falesco	カベルネ・ソーヴィニヨン70%、カベルネ・フラン30%

ラツィオ

ワイン名	生産者名	使用ブドウ
MATER MATUTA	Casale del Giglio	シラー85%、プティ・ヴェルド15%

カンパーニア

ワイン名	生産者名	使用ブドウ
MONTEVETRANO	Montevetrano	カベルネ・ソーヴィニヨン60%、メルロー30%、アリアニコ10%
SERPICO（現在 DOC IRPINIA）	Feudi di San Gregorio	アリアニコ100%
PATRIMO	Feudi di San Gregorio	メルロー100%
MONTIANO	Falesco	メルロー100%
NAIMA（現在 DOC PAESTUM）	Viticoltori de Conciliis	アリアニコ100%
NATURALIS HISTORIA（現在 DOCG TAURASI）	Mastroberardino	アリアニコ100%

プーリア

ワイン名	生産者名	使用ブドウ
TORRE TESTA ACCADEMIA DEI RACEMI	Accademia dei Racemi-Tenuti Tubino	ススマニエッロ100%
NERO	Conti Zecca	ネグロアマーロ70%、カベルネ・ソーヴィニヨン30%
MASSERIA MAIME	Antinori-Vignietti del Sud	ネグロアマーロ100%
PATRIGLIONE	Taurino Cosimo	ネグロアマーロ100%
TORRE TESTA	Tenute Rubino	ススマニエッロ100%
GRATICCIAIA	Vallone	ネグロアマーロ100%
AMATIVO	Cantele	プリミティーヴォ60%、ネグロアマーロ40%

バジリカータ

ワイン名	生産者名	使用ブドウ
L'AUTENTICA	Cantine del Notaio	モスカート・デル・ヴルトゥレ70%、マルヴァジア・デル・ヴルトゥレ30%

カラブリア

ワイン名	生産者名	使用ブドウ
MAGNO MEGONIO	Librandi	マリオッコ100%

シチリア

ワイン名	生産者名	使用ブドウ
LITRA	Abbazia Santa Anastasia	カベルネ・ソーヴィニヨン100%
DON ANTONIO	Morgante	ネーロ・ダヴォラ100%
PLANETA CHARDONNAY（現在 DOC MENFI）	Planeta	シャルドネ100%
PLANETA MERLOT（現在 DOC SICILIA）	Planeta	メルロー100%
SOLE DEI PADRI	Spadafora	シラー100%
COMETA（現在 DOC MENFI）	Planeta	フィアーノ100%
GRUMMONTE	Cottanera	メルロー100%
NOA'	Cusumano	ネーロ・ダヴォラ40%、メルロー30%、カベルネ・ソーヴィニヨン30%
CAMELOT（現在 DOC SICILIA）	Firriato	カベルネ・ソーヴィニヨン60%、メルロー40%
HARMONIUM（現在 DOC SICILIA）	Firriato	ネーロ・ダヴォラ100%

サルデーニャ

ワイン名	生産者名	使用ブドウ
TURRIGA	Argiolas Antonio	カンノナウ85%、カリニャーノ5%、マルヴァジア・ネーラ5%、ヴォヴァーレ5%

V.d.T. I.G.T.(地域表示付きテーブルワイン)一覧表(2016年9月現在) 合計118

〈州別数〉

Lombardia/ロンバルディア州 (15)、Trentino-Alto Adige/トレンティーノ・アルト・アディジェ州 (3)、Veneto/ヴェネト州 (6)、Friuli-Venezia Giulia/フリウリ・ヴェネツィア・ジューリア州 (3)、Liguria/リグーリア州 (4)、Emilia-Romagna/エミリア・ロマーニャ州 (9)、Toscana/トスカーナ州 (6)、Umbria/ウンブリア州 (6)、Marche/マルケ州 (1)、Abruzzo/アブルッツォ州 (8)、Molise/モリーゼ州 (2)、Lazio/ラツィオ州 (6)、Campania/カンパーニア州 (10)、Puglia/プーリア州 (6)、Basilicata/バジリカータ州 (1) Calabria/カラブリア州 (10)、Sicilia/シチリア州 (7)、Sardegna/サルデーニャ州 (15)

州	IGT名		生産中心都市		認定年
Lombardia ロンバルディア州	Alto Mincio IGT	アルト・ミンチョ IGT	Mantova	マントヴァ	1995
	Benaco Bresciano IGT	ベナーコ・ブレシアーノ IGT	Brescia	ブレーシャ	1995
	Bergamasca IGT	ベルガマスカIGT	Bergamo	ベルガモ	1995
	Collina del Milanese IGT	コッリーナ・デル・ミラネーゼIGT	Milano, Lodi, Pavia	ミラノ、ローディ、パヴィア	1995
	Montenetto di Brescia IGT	モンテネット・ディ・ブレーシャ IGT	Brescia	ブレーシャ	1995
	Provincia di Mantova IGT	プロヴィンチャ・ディ・マントヴァ IGT	Mantova	マントヴァ	1995
	Provincia di Pavia IGT	プロヴィンチャ・ディ・パヴィアIGT	Pavia	パヴィア	1995
	Quistello IGT	クイステッロIGT	Mantova	マントヴァ	1995
	Ronchi di Brescia IGT	ロンキ・ディ・ブレーシャ IGT	Brescia	ブレーシャ	1995
	Ronchi Varesini IGT	ロンキ・ヴァレジーニ IGT	Varese	ヴァレーゼ	2005
	Sabbioneta IGT	サッビオネータIGT	Mantova	マントヴァ	1995
	Sebino IGT	セビーノIGT	Brescia	ブレーシャ	1995
	Terrazze Retiche di Sondrio IGT	テッラッツェ・レティケ・ディ・ソンドリオ IGT	Sondrio	ソンドリオ	1995
	Terre Lariane IGT	テッレ・ラリアーネIGT	Como, Lecco	コモ、レッコ	2008
	Valcamonica IGT	ヴァルカモニカIGT	Brescia	ブレーシャ	2003
Trentino-Alto Adige トレンティーノ・アルト・アディジェ州	Mitterberg IGT	ミッテルベルグIGT	Bolzano	ボルツァーノ	1995
	Vallagarina IGT	ヴァッラガリーナIGT	Trento, Verona	トレント、ヴェローナ	1995
	Vigneti delle Dolomiti o Weinberg Dolomiten IGT	ヴィニェーティ・デッレ・ドロミーティ /ワインベルグ・ドロミテン IGT	Bolzano, Trento, Belluno	ボルツァーノ、トレント、ベッルーノ	1997
Veneto ヴェネト州	Colli Trevigiani IGT	コッリ・トレヴィジャーニIGT	Treviso	トレヴィーゾ	1995
	Conselvano IGT	コンセルヴァーノIGT	Padova	パドヴァ	1995
	Veneto IGT	ヴェネトIGT	Belluno, Padova, Rovigo, Treviso, Venezia, Verona, Vicenza	ベッルーノ、パドヴァ、ロヴィーニョ、トレヴィーゾ、ヴェネツィア、ヴェローナ、ヴィチェンツァ	1995
	Veneto Orientale IGT	ヴェネト・オリエンターレIGT	Venezia, Treviso	ヴェネツィア、トレヴィーゾ	1995
	Verona o Provincia di Verona o Veronese IGT	ヴェローナ/プロヴィンチャ・ディ・ヴェローナ/ヴェロネーゼIGT	Verona	ヴェローナ	1995
	Marca Trevigiana IGT	マルカ・トレヴィジャーナIGT	Treviso	トレヴィーゾ	1995

州	IGT名		生産中心都市		認定年
Friuli-Venezia Giulia フリウリ・ヴェネツィア・ジューリア州	Alto Livenza IGT	アルト・リヴェンツァIGT	Pordenone, Treviso	ポルデノーネ、トレヴィーゾ	1995
	delle Venezie IGT	デッレ・ヴェネツィエIGT	Trento, Verona, Vicenza, Padova, Rovigo, Venezia, Belluno, Pordenone, Udine, Gorizia, Trieste	トレント、ヴェローナ、ヴィチェンツァ、パドヴァ、ロヴィーゴ、ヴェネツィア、ベッルーノ、ポルデノーネ、ウディネ、ゴリツィア、トリエステ	1995
	Venezia Giulia IGT	ヴェネツィア・ジューリアIGT	Pordenone, Udine, Gorizia, Trieste	ポルデノーネ、ウディネ、ゴリツィア、トリエステ	1996
Liguria リグーリア州	Colline del Genovesato IGT	コッリーネ・デル・ジェノヴェザートIGT	Genova, Savona, Imperia	ジェノヴァ、サヴォーナ、インペリア	2002
	Colline Savonesi IGT	コッリーネ・サヴォネージIGT	Savona	サヴォーナ	1995
	Terrazze dell'Imperese IGT	テッラッツェ・デッリンペレーゼIGT	Imperia	インペリア	2011
	Liguria di Levante IGT	リグーリア・ディ・レヴァンテIGT	La Spezia	ラ・スペツィア	2011
Emilia-Romagna エミリア・ロマーニャ州	Bianco di Castelfranco Emilia IGT	ビアンコ・ディ・カステルフランコ・エミリアIGT	Bologna, Modena	ボローニャ、モデナ	1995
	Emilia o dell'Emilia IGT	エミリア/デッレミリアIGT	Bologna, Ferrara, Modena, Reggio Emilia	ボローニャ、フェッラーラ、モデナ、レッジョ・エミーリア	1995
	Forli IGT	フォルリIGT	Forli, Cesena	フォルリ、チェゼーナ	1995
	Fortana del Taro IGT	フォルターナ・デル・ターロIGT	Parma	パルマ	1995
	Ravenna IGT	ラヴェンナIGT	Ravenna	ラヴェンナ	1995
	Sillaro o Bianco del Sillaro IGT	シッラーロ/ビアンコ・デル・シッラーロIGT	Rimini	リミニ	1995
	Terre di Veleja IGT	テッレ・ディ・ヴェレイアIGT	Piacenza	ピアチェンツァ	1997
	Val Tidone IGT	ヴァル・ティドーネIGT	Piacenza	ピアチェンツァ	1995
	Rubicone IGT	ルビコーネIGT	Ravenna, Forli, Cesena, Rimini, Bologna	ラヴェンナ、フォルリ、チェゼーナ、リミニ、ボローニャ	1995
Toscana トスカーナ州	Alta Valle della Greve IGT	アルタ・ヴァッレ・デッラ・グレーヴェ IGT	Firenze	フィレンツェ	1995
	Colli della Toscana Centrale IGT	コッリ・デッラ・トスカーナ・チェントラーレ IGT	Firenze, Arezzo, Pistoia, Prato, Siena	フィレンツェ、アレッツォ、ピストイア、プラート、シエナ	1995
	Costa Toscana IGT	コスタ・トスカーナ IGT	Massa-Carrara, Lucca, Pisa, Livorno, Grosseto	マッサ・カッラーラ、ルッカ、ピサ、リヴォルノ、グロッセート	2010
	Montecastelli IGT	モンテカステッリ IGT	Pisa	ピサ	2006
	Toscano o Toscana IGT	トスカーノ/トスカーナ IGT	Arezzo, Firenze, Grosseto, Livorno, Lucca, Massa-Carrara, Pisa, Pistoia, Prato, Siena	アレッツォ、フィレンツェ、グロッセート、リヴォルノ、ルッカ、マッサ・カッラーラ、ピサ、ピストイア、プラート、シエナ	1995
	Val di Magra IGT	ヴァル・ディ・マグラIGT	Massa-Carrara	マッサ・カッラーラ	1995

州	IGT名		生産中心都市		認定年
Umbria ウンブリア州	Allerona IGT	アッレローナIGT	Terni	テルニ	1995
	Bettona IGT	ベットーナIGT	Perugia	ペルージャ	1995
	Cannara IGT	カンナーラIGT	Perugia	ペルージャ	1995
	Narni IGT	ナルニIGT	Terni	テルニ	1995
	Spello IGT	スペッロIGT	Perugia	ペルージャ	1995
	Umbria IGT	ウンブリアIGT	Perugia, Terni	ペルージャ、テルニ	1995
Marche マルケ州	Marche IGT	マルケIGT	Ancona, Ascoli-Piceno, Macerata, Fermo, Pesaro-Urbino	アンコーナ、アスコリ・ピチェーノ、マチェラータ、フェルモ、ペーザロ、ウルビーノ	1995
Abruzzo アブルッツォ州	Colli Aprutini IGT	コッリ・アプルティーニIGT	Teramo	テラーモ	1995
	Colli del Sangro IGT	コッリ・デル・サングロIGT	Chieti	キエティ	1995
	Colline Frentane IGT	コッリーネ・フレンターネIGT	Chieti	キエティ	1995
	Colline Pescaresi IGT	コッリーネ・ペスカレージIGT	Pescara	ペスカーラ	1995
	Colline Teatine IGT	コッリーネ・テアティーネIGT	Chieti	キエティ	1995
	del Vastese o Histonium IGT	デル・ヴァステーゼ/ヒストニウムIGT	Chieti	キエティ	1995
	Terre Aquilane o dell'Aquila IGT	テッレ・アクイラーネ/デッラクイラIGT	L'Aquila	ラクイラ	2008
	Terre di Chieti IGT	テッレ・ディ・キエーティ IGT	Chieti	キエティ	1995
Molise モリーゼ州	Osco o Terra degli Osci IGT	オスコ/テッラ・デリ・オッシIGT	Campobasso	カンポバッソ	1995
	Rotae IGT	ロターエIGT	Isernia	イセルニア	1995
Lazio ラツィオ州	Anagni IGT	アナーニIGT	Frosinone	フロジノーネ	2010
	Civitella d'Agliano IGT	チヴィテッラ・ダリアーノIGT	Viterbo	ヴィテルボ	1995
	Colli Cimini IGT	コッリ・チミニIGT	Viterbo	ヴィテルボ	1995
	Costa Etrusco Romana IGT	コスタ・エトルスコ・ローマーナIGT	Roma	ローマ	2011
	Frusinate o del Frusinate IGT	フルジナーテ/デル・フルジナーテIGT	Frosinone	フロジノーネ	1995
	Lazio IGT	ラツィオIGT	Roma, Viterbo, Frosinone, Latina, Rieti	ローマ、ヴィテルボ、フロジノーネ、ラティーナ、リエティ	1995
Campania カンパーニア州	Benevento o Beneventano IGT	ベネヴェント/ベネヴェンターノ IGT	Benevento	ベネヴェント	1995
	Campania IGT	カンパーニアIGT	Avellino,Caserta, Benevento, Napoli, Salerno	アヴェッリーノ、カセルタ、ベネヴェント、ナポリ、サレルノ	2004
	Catalanesca del Monte Somma IGT	カタラネスカ・デル・モンテ・ソンマIGT	Napoli	ナポリ	2011
	Colli di Salerno IGT	コッリ・ディ・サレルノIGT	Salerno	サレルノ	2004
	Dugenta IGT	ドゥジェンタIGT	Benevento	ベネヴェント	1995
	Epomeo IGT	エポメオIGT	Napoli	ナポリ	1995

州	IGT名		生産中心都市		認定年
Campania カンパーニア州	Paestum IGT	パエストゥムIGT	Salerno	サレルノ	1995
	Pompeiano IGT	ポンペイアーノIGT	Napoli	ナポリ	1995
	Roccamorfina IGT	ロッカモルフィーナIGT	Caserta	カセルタ	1995
	Terre del Volturno IGT	テッレ・デル・ヴォルトゥルノIGT	Caserta, Napoli	カセルタ、ナポリ	1995
Puglia プーリア州	Daunia IGT	ダウニアIGT	Foggia, Barletta-Andria-Trani	フォッジァ、バルレッタ・アンドリア・トラーニ	1995
	Murgia IGT	ムルジアIGT	Bari, Barletta-Andria-Trani	バーリ、バルレッタ・アンドリア・トラーニ	1995
	Puglia IGT	プーリアIGT	Bari, Barletta-Andria-Trani, Brindisi Foggia, Lecce, Taranto	バーリ、バルレッタ・アンドリア・トラーニ、ブリンディシ、フォッジァ、レッチェ、ターラント	1995
	Salento IGT	サレントIGT	Brindisi, Lecce, Taranto	ブリンディシ、レッチェ、ターラント	1995
	Tarantino IGT	タランティーノIGT	Taranto	ターラント	1995
	Valle d'Itria IGT	ヴァッレ・ディトゥリアIGT	Bari, Brindisi, Taranto	バーリ、ブリンディシ、ターラント	1995
Basilicata バジリカータ州	Basilicata IGT	バジリカータIGT	Potenza, Matera	ポテンツァ、マテーラ	1995
Calabria カラブリア州	Arghillà IGT	アルギッラIGT	Reggio Calabria	レッジョ・カラブリア	1995
	Calabria IGT	カラブリアIGT	Reggio Calabria, Cosenza, Crotone, Vibo Valentia	レッジョ・カラブリア、コセンツァ、クロトーネ、ヴィボ・ヴァレンティア	1995
	Costa Viola IGT	コスタ・ヴィオーラIGT	Reggio Calabria	レッジョ・カラブリア	1995
	Lipuda IGT	リプダIGT	Crotone	クロトーネ	1995
	Locride IGT	ロクリデIGT	Reggio Calabria	レッジョ・カラブリア	1996
	Palizzi IGT	パリッツィ IGT	Reggio Calabria	レッジョ・カラブリア	1995
	Pellaro IGT	ペッラーロIGT	Reggio Calabria	レッジョ・カラブリア	1995
	Scilla IGT	シッラIGT	Reggio Calabria	レッジョ・カラブリア	1995
	Val di Neto IGT	ヴァル・ディ・ネートIGT	Crotone	クロトーネ	1995
	Valdamato IGT	ヴァルダマートIGT	Catanzaro	カタンツァーロ	1995
Sicilia シチリア州	Avola IGT	アヴォラIGT	Siracusa	シラクーサ	2011
	Camarro IGT	カマッロIGT	Trapani	トラパニ	1995
	Fontanarossa di Cerda IGT	フォンタナロッサ・ディ・チェルダIGT	Palermo	パレルモ	1995
	Salemi IGT	サレミIGT	Trapani	トラパニ	1995
	Salina IGT	サリーナIGT	Messina	メッシーナ	1995
	Valle Belice IGT	ヴァッレ・ベリチェ IGT	Agrigento, Palermo	アグリジェント、パレルモ	1995
	Terre Siciliane IGT	テッレ・シチリアーネIGT	Agrigento, Caltanisetta, Catania, Enna, Messina, Palermo, Ragusa, Siracusa, Trapani	アグリジェント、 カルタニセッタ、 カターニア、エンナ、 メッシーナ、パレルモ、 ラグーザ、シラクーサ、 トラパニ	2011

州	IGT名		生産中心都市		認定年
Sardegna サルデーニャ州	Barbagia IGT	バルバジアIGT	Nuoro	ヌオーロ	1995
	Colli del Limbara IGT	コッリ・デル・リンバーラIGT	Sassari, Olbia-Tempio	サッサリ、オルビア・テンピオ	1995
	Isola dei Nuraghi IGT	イゾラ・デイ・ヌラーギIGT	Cagliari, Nuoro, Oristano, Sassari, Olbia-Tempio, Ogliastra, Carbonia-Iglesias, Medio Campidano	カリアリ、ヌオーロ、オリスターノ、サッサリ、オルビア・テンピオ、オリアストラ、カルボニア・イングレシアス、メディオ・カンピダーノ	1995
	Marmilla IGT	マルミッラIGT	Cagliari, Oristano	カリアリ、オリスターノ	1995
	Nurra IGT	ヌッラIGT	Sassari	サッサリ	1995
	Ogliastra IGT	オリアストラIGT	Cagliari, Nuoro, Ogliastra	カリアリ、ヌオーロ、オリアストラ	1995
	Parteolla IGT	パルテオッラIGT	Cagliari	カリアリ	1995
	Planargia IGT	プラナルジアIGT	Oristano, Nuoro	オリスターノ、ヌオーロ	1996
	Provincia di Nuoro IGT	プロヴィンチャ・ディ・ヌオーロIGT	Nuoro, Ogliastra, Cagliari, Oristano	ヌオーロ、オリアストラ、カリアリ、オリスターノ	1995
	Romangia IGT	ロマンジアIGT	Sassari	サッサリ	1995
	Sibiola IGT	シビオーラ IGT	Sassari	サッサリ	1995
	Tharros IGT	タッロス IGT	Oristano	オリスターノ	1995
	Trexenta IGT	トレクセンタ IGT	Cagliari	カリアリ	1995
	Valle del Tirso IGT	ヴァッレ・デル・ティルソ IGT	Oristano	オリスターノ	1995
	Valle di Porto Pino IGT	ヴァッレ・ディ・ポルト・ピーノ IGT	Cagliari	カリアリ	1995

ブドウ品種早見表

黒ブドウ

品種	特徴	栽培地域（州）	DOCG、DOC
アリアニコ Aglianico	アリアニコとは、『ギリシャ伝来』を意味し、古代ローマの時代から知られていた。長熟で力強い赤ワインを生み出す。	カンパーニア	タウラージ他
		バジリカータ	アリアニコ・デル・ヴルトゥレ他
バルベーラ Barbera	ピエモンテに始まる素朴な赤ワイン用ブドウ。鮮やかなルビー色でスミレの香りを含み、酸とタンニンが肉の煮込みに良く合う。	ピエモンテ	バルベーラ・ダルバ、 バルベーラ・ダスティ他
		マルケ	
		エミリア・ロマーニャ	
ボンビーノ・ネロ Bombino Nero	プーリア地方バーリ周辺の土着ブドウ。ブドウの収穫量が多いことから、ボン・ヴィーノ（良いワイン）とも呼ばれた。薄目のルビー色でこの地域の他のブドウと混醸されることが多い。	プーリア	カステル・デル・モンテ、 リッツァーノ他
ボナルダ Bonarda	ピエモンテからロンバルディア州にかけて植えられる品種。やわらかく旨味があり、新鮮でやや甘味のあるワインになる。	ピエモンテ	ピエモンテ（ボナルダ）他
		ロンバルディア	オルトレポー・パヴェーゼ他
		エミリア・ロマーニャ	コッリ・ピアチェンティーニ（ボナルダ）他
ブラケット Brachetto	ピエモンテ州アックイを中心とする地域に植えられる。美しいルビー色でアロマティックかつデリケートな甘味のある甘口赤ワインになる。	ピエモンテ	ブラケット・ダックイ、 ピエモンテ（ブラケット）他
カベルネ Cabernet （カベルネ・フラン Cabernet Franc、 カベルネ・ソーヴィニヨン Cabernet Sauvignon）	カベルネ・ソーヴィニヨン、カベルネ・フランともに北イタリアで植えられるが、近年他の地域でも栽培されるようになった。力強いワインになる。	トレンティーノ・アルト・アディジェ	トレンティーノ、 アルト・アディジェ他
		フリウリ・ヴェネツィア・ジューリア	フリウリ・コッリ・オリエンターリ他
		ヴェネト	ピアーヴェ他
カナイオーロ Canaiolo	トスカーナをはじめ、マルケ、ウンブリア、ラツィオなど中部イタリアで栽培され、キアンティをはじめとするワインにサンジョヴェーゼ種と混醸されることが多い。	トスカーナ	キアンティ、 ヴィーノ・ノビレ・ディ・モンテプルチャーノ他
		ウンブリア	トルジャーノ他
カンノナウ Cannonau	スペインの南部、カタルーニャ地方からの移民によってサルデーニャ島に運ばれたブドウ。島全土に植えられ、長熟ワインになる。	サルデーニャ	カンノナウ・ディ・サルデーニャ他
カリニャーノ Carignano	カンノナウ同様、スペインからサルデーニャ島に運ばれた色の濃いブドウ。南フランスではカリニャン、スペインではカリニェーナと呼ばれる。	サルデーニャ	カリニャーノ・デル・スルチス他

品種	特徴	栽培地域（州）	DOCG、DOC
ドルチェット Dolcetto	ピエモンテ州の重要な黒ブドウで、ランゲ地方ではネッビオーロに次ぐ品種。果実味と苦味を含むワインになる。	ピエモンテ	ドルチェット・ダルバ、ドルチェット・ダスティ他
フレイザ Freisa	ピエモンテ州のアスティからトリノにかけて多く栽培されるブドウ。混醸されることが多く、新鮮なバラの香りを含むワインになる。	ピエモンテ	ランゲ（フレイザ）他
ガリオッポ Gaglioppo	南イタリアがギリシャの植民地であった時代から知られる。力強い長熟ワインになる。	カラブリア	チロ・ロッソ他
グリニョリーノ Grignolino	ピエモンテ地方独自の黒ブドウ。明るく薄いルビー色で、デリケートな香りを含む辛口赤ワインになる。	ピエモンテ	グリニョリーノ・ダスティ、グリニョリーノ・モンフェッラート・カザレーゼ他
ラグレイン Lagrein	トレンティーノ・アルト・アディジェ地方で古くから栽培される黒ブドウ。バラ色がかった明るいルビー色で新鮮味のあるワインになる。	トレンティーノ・アルト・アディジェ	トレンティーノ、アルト・アディジェ他
ランブルスコ Lambrusco	エミリア地方の平野部で栽培される黒ブドウ。濃いルビー色の甘口から辛口の発泡性赤ワインにされる。	エミリア・ロマーニャ	ランブルスコ・ディ・ソルバーラ、ランブルスコ・ディ・サンタ・クローチェ他
		ロンバルディア	
		プーリア	
マルツェミーノ Marzemino	強い品種。フルーティでスミレや木イチゴの香りを含み、活き活きとしてアロマのある心地良い飲み口のワインになる。	トレンティーノ・アルト・アディジェ	トレンティーノ他
メルロー Merlot	北イタリアで多く植えられる品種。日常ワインから上級ワインまで、木イチゴなどの新鮮な香りを放つワインになる。	トレンティーノ・アルト・アディジェ	トレンティーノ、アルト・アディジェ他
		フリウリ・ヴェネツィア・ジューリア	コッリョ、フリウリ・グラーヴェ他
		ヴェネト	コッリ・ベリチ、ピアーヴェ他
モンテプルチャーノ Montepulciano	起源ははっきりしていないが、200年ほど前、アブルッツォ地方で作られるようになったといわれる。アブルッツォ、マルケなどをはじめ、中部から南部にかけて作られている。	アブルッツォ	モンテプルチャーノ・ダブルッツォ他
		マルケ	コーネロ、ロッソ・コーネロ他
ネッビオーロ Nebbiolo（ギアヴェンナスカ Chiavennasca、スパンナ Spanna）	イタリアを代表する高級品種で、ピエモンテ地方アルバを中心に栽培されている。バローロ、バルバレスコなどの長熟ワインを生み出す。	ピエモンテ	バローロ、バルバレスコ、ガッティナーラ他
		ロンバルディア	ヴァルテッリーナ・スペリオーレ、ヴァルテッリーナ他
		ヴァッレ・ダオスタ	

品種	特徴	栽培地域（州）	DOCG、DOC
ネグロアマーロ Negroamaro	ヨニコ、ネーロ・レッチェーゼ、ニクラ・アマーロとも呼ばれ、レッチェからブリンディシにかけて作られる。黒く苦味を含むことからこの名前がついた。	プーリア	サリチェ・サレンティーノ、ブリンディシ他
ネレッロ・マスカレーゼ Nerello Mascalese	シチリアのカターニャからシラクーサ、メッシーナにかけての地域で作られる。ブラックチェリーの色になりスミレの香りを含む。熟成するとピノ・ネロ種に近い味わいになる。	シチリア	エトナ・ロッソ、ファーロ他
ネーロ・ダヴォラ Nero d'Avola （カラブレーゼ Calabrese）	紀元前5世紀からシチリア島に植えられていた品種。近年、長熟ワイン用に多くのワイナリーが植えるようになった。	シチリア	チェラスオーロ・ディ・ヴィットーリア、サラパルータ、コンテア・デ・スクラファーニ他
ピエディロッソ Piedirosso	プリニウスの『自然史』の中でも紹介されている古くからある品種。きれいなルビー色で特徴のあるスミレの香りを含む。	カンパーニア	ラクリマ・クリスティ・デル・ヴェスーヴィオ・ロッソ、サンニオ他
ピノ・ネロ Pinot Nero	世界的に知られる品種で、イタリアの中でも主に北部で栽培され、スプマンテや辛口赤ワインの原料になるが、単醸されたり白ワインにされることもある。	トレンティーノ・アルト・アディジェ	トレンティーノ、アルト・アディジェ他
		ロンバルディア	オルトレポー・パヴェーゼ他
		フリウリ・ヴェネツィア・ジューリア	コッリョ他
プリミティーヴォ Primitivo	ヴェネディクト派の修道士によって17世紀に伝えられたといわれる。移民によってカリフォルニアにも運ばれ、ジンファンデルのもとになった。	プーリア	プリミティーヴォ・ディ・マンドゥーリア他
レフォスコ Refosco	通常ペドゥンコロ・ロッソと呼ばれ、茎の枝の部分が赤い色をしている。ルビー色で、ブドウ香を含むワインになる。	フリウリ・ヴェネツィア・ジューリア	フリウリ・コッリ・オリエンターリ他
		ヴェネト	リゾン・プラマッジョーレ他
サンジョヴェーゼ Sangiovese	このブドウをベースとしたキアンティの名は世界中で知られる。トスカーナ、ウンブリアをはじめとするほとんどの州で栽培されている。	トスカーナ	キアンティ他
		エミリア・ロマーニャ	ロマーニャ・サンジョヴェーゼ他
		ウンブリア	トルジャーノ・ロッソ・リゼルヴァ、トルジャーノ他
サンジョヴェーゼ・グロッソ Sangiovese Grosso （ブルネッロ Brunello、プルニョロ・ジェンティーレ Prugnolo Gentile）	サンジョヴェーゼ種を改良して作られた品種。ブルネッロやヴィーノ・ノビレ・ディ・モンテプルチャーノなどの長熟赤ワインになる。	トスカーナ	ブルネッロ・ディ・モンタルチーノ、ヴィーノ・ノビレ・ディ・モンテプルチャーノ他
スキアーヴァ Schiava	13世紀頃からトレンティーノ・アルト・アディジェ地方で植えられるようになったといわれる。香り豊かで軽い味わいの赤ワインになる。	トレンティーノ・アルト・アディジェ	アルト・アディジェ、ヴァル・ダディジェ他

品種	特徴	栽培地域（州）	DOCG、DOC
スキオッペッティーノ Schioppettino	ロンキ・ディ・チャッラ社のラプッツィ・ファミリーによってDOCに認められた。バイオレット色でブドウの香りがあり、タンニンを含むしっかりしたワインになる。	フリウリ・ヴェネツィア・ジューリア	フリウリ・コッリ・オリエンターリ他
テロルデゴ Teroldego	トレンティーノ周辺に植えられる。アロマティックで、ブドウ香を含むまろやかな味わいのワインになる。	トレンティーノ・アルト・アディジェ	テロルデゴ・ロタリアーノ他

白ブドウ

品種	特徴	栽培地域（州）	DOCG、DOC
アルバーナ Albana	古くからロマーニャ地方に植えられていた品種。糖分を多く含み、「マッキナ・ディ・ズッケロ（砂糖製造機）」と呼ばれ、しっかりした味わいのワインになる。	エミリア・ロマーニャ	ロマーニャ・アルバーナ他
アルネイス Arneis	起源ははっきりしないが、ネッビオーロ・ビアンコとも呼ばれる。アルバ周辺で栽培され、フレッシュ感があり、味わい深いワインになる。	ピエモンテ	ロエロ・アルネイス、ランゲ（アルネイス）他
ボンビーノ・ビアンコ Bombino Bianco	スペインから伝えられた品種ともいわれるが確かではない。麦わら色で心地好いワインの香りを含む辛口ワインになる。	プーリア	サン・セヴェロ、カステル・デル・モンテ・ビアンコ他
カタッラット Catarratto	古くからシチリア島の北西部で作られ、マルサラの原料とされてきた。アルカモの白ワインに用いられ、新鮮なブドウの香りを含むワインになる。	シチリア	アルカモ、マルサラ他
シャルドネ Chardonnay	ブルゴーニュ地方から伝えられた品種で、ピノ・ビアンコ種と似ている。リンゴや甘草、ハチミツ、アカシアを思わせる上品なワインになる。	トレンティーノ・アルト・アディジェ	アルト・アディジェ、トレンティーノ他
		ヴェネト	コッリ・エウガネイ他
コーダ・ディ・ヴォルペ Coda di Volpe	ブドウの房がキツネの尻尾に似ていることから、コーダ・ディ・ヴォルペ（イタリア語でキツネの尻尾の意）と名づけられた。ヴェスーヴィオ火山の麓に多く植えられている。	カンパーニア	ラクリマ・クリスティ・デル・ヴェスーヴィオ他
コルテーゼ Cortese	ピエモンテ地方南部が原産で比較的寒さに強い品種。単醸、混醸両方に向き、ワインではガヴィが有名。	ピエモンテ	ガヴィ、コルテーゼ・デッラルト・モンフェッラート
フィアーノ Fiano	古くは「アピエーナ（ミツバチ）」と呼ばれた。果実の甘味にミツバチが集まったため、こう呼ばれたといわれる。濃密で心地好い香りの調和の取れた辛口ワインになる。	カンパーニア	フィアーノ・ディ・アヴェッリーノ他
		プーリア	ブリンディシ他

品種	特徴	栽培地域（州）	DOCG、DOC
フリウラーノ Friulano	食事に良く合うフリウリ地方の日常ワイン用ブドウ。苦味を含むバランスの取れた辛口白ワインとなる。	フリウリ・ヴェネツィア・ジューリア	コッリョ、フリウリ・コッリ・オリエンターリ他
		ヴェネト	
ガルガーネガ Garganega	ヴェネト地方で多く栽培される。ソアーヴェやガンベッラーラなど新鮮でソフトな味わいの白ワインになる。	ヴェネト	ソアーヴェ、 ガンベッラーラ他
グレーラ Glera	ヴェネト州のコネリアーノからヴァルドッビアデネにかけての丘陵地で栽培され、アロマを含み心地良い味わいがあることから、プロセッコの名のスプマンテとして知られるようになった。現在はヴェネト州とフリウリ地方の広い地域で栽培されている。	ヴェネト	コネリアーノ・ヴァルドッビアデネ・プロセッコ、プロセッコ（トレヴィーゾ）他
		フリウリ・ヴェネツィア・ジューリア	プロセッコ（トリエステ）他
グレコ Greco	グレコ・デル・ヴェスーヴィオとも呼ばれた古くから知られる品種で、ローマ時代ヴェスーヴィオ火山の麓で作られていた。しっかりとした味わいのワインになる。	カンパーニア	グレコ・ディ・トゥーフォ他
		プーリア	グラヴィーナ他
グリッロ Grillo	フィロキセラ禍時にプーリアからシチリアに持ちこまれたブドウではないかといわれている。酒精強化ワイン、マルサラの原料として使われていた。ブドウの皮が厚く、アロマを含み、アルコールが高めのワインとなる。	シチリア	アルカモ、 コンテア・デ・スクラファーニ、 コンテッサ・エンテッリーナ、 エリチェ、マルサラ他
マルヴァジア Malvasia	中部イタリアをはじめとする広い地域で栽培される品種。丘陵地と平野では個性が異なり、辛口、甘口ともに特徴のあるワインになる。	ラツィオ	フラスカティ、マリーノ、 コッリ・アルバーニ他
		マルケ	ビアンケッロ・デル・メタウロ他
モスカート Moscato	イタリアの多くの地域で古くから作られるブドウ。フルーティでマスカットのアロマを含み、アスティ・スプマンテなどの甘口ワインになる。	ピエモンテ	アスティ、 モスカート・ダスティ
		シチリア他	モスカート・ディ・パンテッレリア他
ミュッラー・トゥルガウ Müller-Thurgau	ドイツのガイゼンハイムでブドウを研究したスイス人、ミュッラー・トゥルガウ氏がリースリング・レナーノとシルヴァネルをかけ合わせて作ったアロマティックなワイン。	トレンティーノ・アルト・アディジェ	トレンティーノ、 アルト・アディジェ他
		フリウリ・ヴェネツィア・ジューリア	コッリョ他
ノジオーラ Nosiola	トレント周辺で19世紀の初めに生まれた品種といわれる。風味豊かで果実感も残るソフトなワインになる。	トレンティーノ・アルト・アディジェ	ヴァル・ダディジェ、 トレンティーノ他

品種	特徴	栽培地域（州）	DOCG、DOC
パンパヌート Pampanuto	プーリア地方のバーリ周辺で作られるブドウ。黄色がかった麦わら色で新鮮なブドウ香を含むシンプルなワインになる。	プーリア	カステル・デル・モンテ・ビアンコ他
ピコリット Picolit	古代ローマ時代から栽培され、ローマ法王やロシア皇帝も愛飲したといわれる。アカシアの芳香を含み、調和の取れた甘口ワインになる。	フリウリ・ヴェネツィア・ジューリア	フリウリ・コッリ・オリエンターリ他
ピガート Pigato	サヴォーナ周辺で作られるブドウ。ヴェルメンティーノ種との相性が良い。味わい深くアロマティック。	リグーリア	リヴィエラ・リグレ・ディ・ポネンテ他
ピノ・ビアンコ Pinot Bianco	ブルゴーニュ地方を経てイタリアに伝えられたといわれ、北イタリアの広い地域で栽培されている。しっかりした味わいで10年の熟成に耐えるものもある。	トレンティーノ・アルト・アディジェ	トレンティーノ、アルト・アディジェ他
		フリウリ・ヴェネツィア・ジューリア	コッリョ他
ピノ・グリージョ Pinot Grigio	近年アメリカで人気を得た品種。ピノ・ネロ種の性格を受け継いでおり、干草やクルミの香りを含む辛口ワインになる。	トレンティーノ・アルト・アディジェ	トレンティーノ、アルト・アディジェ他
		フリウリ・ヴェネツィア・ジューリア	コッリョ、フリウリ・コッリ・オリエンターリ他
リボッラ・ジャッラ Ribolla Gialla	12世紀には既にフリウリ地方に存在していたといわれる品種。ソフトで新鮮味があり、調和の取れたワインになる。	フリウリ・ヴェネツィア・ジューリア	フリウリ・コッリ・オリエンターリ、フリウリ・グラーヴェ他
リースリング Riesling	ドイツから入ってきた品種。レナーノとイタリコがある。レナーノはアロマティックなワイン。イタリコは新鮮な果実の香りを楽しめるワイン。	ロンバルディア	オルトレポー・パヴェーゼ他
		トレンティーノ・アルト・アディジェ	トレンティーノ、アルト・アディジェ他
		フリウリ・ヴェネツィア・ジューリア	コッリョ他
ソーヴィニヨン Sauvignon	フランスから北イタリアに取り入れられた品種。アロマティックかつなめらかなワインになる。	フリウリ・ヴェネツィア・ジューリア	フリウリ・イゾンツォ、フリウリ・コッリ・オリエンターリ他
		ヴェネト	コッリ・ベリチ他
		ロンバルディア	オルトレポー・パヴェーゼ他
		トレンティーノ・アルト・アディジェ	アルト・アディジェ他
		エミリア・ロマーニャ	ボスコ・エリチェオ他
トルバート Torbato	他の品種と一緒にスペインのカタルーニャ地方から持ち込まれた品種。今日、アルゲーロで作られ、果肉が厚く旨味を含むワインになる。	サルデーニャ	アルゲーロ（トルバート）他
トラミネル Traminer	アルザス、チロルに生まれた品種といわれる。アロマティックでなめらかなワインになる。	トレンティーノ・アルト・アディジェ	トレンティーノ、アルト・アディジェ他
		フリウリ・ヴェネツィア・ジューリア	コッリョ他

品種	特徴	栽培地域（州）	DOCG、DOC
トレッビアーノ Trebbiano	イタリア全土で広く栽培される白ブドウ。ソアーヴェ、フラスカティ、オルヴィエートなど多くのイタリア白ワインの原料になっている。	ヴェネト	ソアーヴェ、ルガーナ
		ウンブリア	オルヴィエート他
		エミリア・ロマーニャ	ロマーニャ・トレッビアーノ他
		ラツィオ	フラスカティ他
ヴェルデーカ Verdeca	ヴェルドーネ、ヴィーノ・ヴェルデとも呼ばれる。プーリア地方のバーリを中心に作られ、独特のアロマを含む辛口ワインになる。	プーリア	ロコロトンド、 マルティーナ他
ヴェルディッキオ Verdicchio	マルキジャーノ、トレッビアーノ・ヴェルデとも呼ばれ、麦わら色で花の香りとアロマを含むワインになる。魚料理に良く合う。	マルケ	ヴェルディッキオ・デイ・カステッリ・ディ・イエージ他
		ラツィオ	
		ウンブリア	
ヴェルドゥッツォ Verduzzo	フリウリ地方の丘陵地帯に多く植えられている品種。柑橘系の風味があり、熟成にしたがい甘味を帯びてくる。	フリウリ・ヴェネツィア・ジューリア	フリウリ・グラーヴェ、 フリウリ・コッリ・オリエンターリ他
ヴェルメンティーノ Vermentino	1300年代、アラゴン王朝の時代にスペインからリグーリア、サルデーニャに伝えられた品種といわれる。フルーティでデリケートな味わいのワインになる。	サルデーニャ	ヴェルメンティーノ・ディ・ガッルーラ、 ヴェルメンティーノ・ディ・サルデーニャ他
		リグーリア	コッリ・ディ・ルーニ他
ヴェルナッチャ Vernaccia	スペインまたはギリシャからリグーリア地方を経て、トスカーナに伝わった品種とサルデーニャに伝わった品種がある。しっかりした味わいのワインになる。	トスカーナ	ヴェルナッチャ・ディ・サン・ジミニャーノ他
		サルデーニャ	ヴェルナッチャ・ディ・オリスターノ他

第５部

イタリアワインと料理の組み合わせ

L'ABBINAMENTO VINI E CIBI

ワインに合わせた料理の選択

イタリアには同じDOC内にも辛口ワインがあったり甘口ワインがあったりするので、料理と合わせる際とまどうが、ここでは白、赤、ロゼといった一般的ワインの区別によっておおまかな料理との相性を見ることにしよう。

辛口白ワイン

Roero Arneis ロエロ・アルネイス

Cinque Terre チンクエ・テッレ

Curtefranca Bianco クルテフランカ・ビアンコ

Lugana ルガーナ

Bianco di Custoza ビアンコ・ディ・クストーツァ

Alto Adige Riesling Renano アルト・アディジェ・リースリング・レナーノ

Alto Adige Pinot Bianco アルト・アディジェ・ピノ・ビアンコ

Romagna Trebbiano ロマーニャ・トレッビアーノ

Orvieto Classico オルヴィエート・クラッシコ

Torgiano Bianco トルジャーノ・ビアンコ

Frascati フラスカティ

Alcamo Bianco アルカモ・ビアンコ

〈料理〉

・魚、卵、生ハム、パテなどを使った軽いアンティパスト

・軽めのソースのパスタ、リゾット

・イカ・タコ類の料理

・軽めのソースの魚料理

なめらかでアロマティックな白ワイン

Soave Classico Superiore ソアーヴェ・クラッシコ・スペリオーレ

Verdicchio dei Castelli di Jesi Classico ヴェルディッキオ・デイ・カステッリ・ディ・イエージ・クラッシコ

Frascati Superiore フラスカティ・スペリオーレ

Greco di Tufo グレコ・ディ・トゥーフォ

Collio Friulano コッリョ・フリウラーノ

Vernaccia di San Gimignano ヴェルナッチャ・ディ・サン・ジミニャーノ

Romagna Albana Secco ロマーニャ・アルバーナ・セッコ

Fiano di Avellino フィアーノ・ディ・アヴェッリーノ

〈料理〉

・アンティパスト全般（辛すぎるものは除く）

・肉を使わないソースのパスタ、リゾット

・軽めのスープ

・魚のグリル、ロースト

・白身肉のソテーなどシンプルな料理

辛口ロゼワイン

Riviera del Garda Bresciano Chiaretto リヴィエラ・デル・ガルダ・ブレシャーノ・キアレット

Alto Adige Lagrein Rosato アルト・アディジェ・ラグレイン・ロザート

Vesuvio Rosato ヴェスーヴィオ・ロザート

Castel del Monte Rosato カステル・デル・モンテ・ロザート

Cirò Rosato チロ・ロザート

Etna Rosato エトナ・ロザート

〈料理〉

・サラミ、鶏肉、チーズ入りアンティパスト

・肉を使ったソースのパスタ、リゾット

・ハーブを使った魚の煮込み料理

・軽いソースの鶏肉、仔牛肉、うさぎ肉の料理

軽めの赤ワイン

Dolcetto ドルチェット（各種）

Grignolino グリニョリーノ（各種）

Oltrepò Pavese Barbera オルトレポー・パヴェーゼ・バルベーラ

Valtellina Rosso ヴァルテッリーナ・ロッソ

Bardolino Classico バルドリーノ・クラッシコ

Valpolicella ヴァルポリチェッラ

Trentino Merlot トレンティーノ・メルロー

Rosso di Montalcino ロッソ・ディ・モンタルチーノ

Torgiano Rosso トルジャーノ・ロッソ

〈料理〉

・シンプルな作りのサラミ

・肉、チーズを使ったソースのパスタ、リゾット

・鶏肉、うさぎ、仔牛など白身肉の料理

しっかりした赤ワイン

Barbera d'Asti Superiore バルベーラ・ダスティ・スペリオーレ

Nebbiolo d'Alba ネッビオーロ・ダルバ

Buttafuoco dell'Oltrepò Pavese ブッタフオコ・デッロルトレポー・パヴェーゼ

Romagna Sangiovese Riserva ロマーニャ・サンジョヴェーゼ・リゼルヴァ

Valtellina Superiore（Inferno, Grumello, Sassella, Valgella, Maroggia） ヴァルテッリーナ・スペリオーレ（インフェルノ、グルメッロ、サッセッラ、ヴァルジェッラ、マロッジャ）

Alto Adige Pinot Nero アルト・アディジェ・ピノ・ネロ

Morellino di Scansano Riserva モレッリーノ・ディ・スカンサーノ・リゼルヴァ

〈料理〉

・豚肉料理

・肉類の煮込み料理、狩猟肉の料理

熟成赤ワイン

Barolo バローロ

Barbaresco バルバレスコ

Gattinara Riserva ガッティナーラ・リゼルヴァ

Sforzato di Valtellina スフォルツァート・ディ・ヴァルテッリーナ

Amarone della Valpolicella アマローネ・デッラ・ヴァルポリチェッラ

Collio Pinot Nero Riserva コッリョ・ピノ・ネロ・リゼルヴァ

Torgiano Rosso Riserva トルジャーノ・ロッソ・リゼルヴァ

Brunello di Montalcino ブルネッロ・ディ・モンタルチーノ

Vino Nobile di Montepulciano ヴィーノ・ノビレ・ディ・モンテプルチャーノ

Chianti Classico Riserva キアンティ・クラッシコ・リゼルヴァ

Taurasi Riserva タウラージ・リゼルヴァ

Montefalco Sagrantino モンテファルコ・サグランティーノ

Cannonau di Sardegna Rosso Riserva カンノナウ・ディ・サルデーニャ・ロッソ・リゼルヴァ

〈料理〉

・牛や羊の肉のローストおよびグリル

・赤身肉の料理

・ジビエ料理

＊以降のページでは、ワイン名の冒頭に種類を表す記号を付した。

◆赤ワイン

◇白ワイン

◆ロゼワイン

●赤スプマンテ

○白スプマンテ

●ロゼスプマンテ

481

最新　基本イタリアワイン【増補改訂第4版】

２０１８年２月９日　初版発行

著　者――林　茂

発行者――小林圭太

発行所――株式会社ＣＣＣメディアハウス

〒１５３-８５４１ 東京都目黒区目黒１―24―12

電話　販売（０３）５４３６-５７２１

　　　編集（０３）５４３６-５７３５

http://books.cccmh.co.jp

印刷・製本――慶昌堂印刷株式会社

ISBN978-4-484-17232-3 Printed in Japan